로스쿨 변호사시험 대비

|제 4 판|

로스쿨 민법입문

변호사
박승수 편저

박영사

PREFACE

　민법은 만법의 기본법이라는 말이 있습니다. 모든 법률문제의 입론과 해석 및 적용 등을 하는 영역에서 민법의 기초가 없으면 길을 잃기 십상입니다. 법률 공부를 하다보면 비단 민사의 경우를 넘어서 공법체계에서도 민법이 근저에 도구개념으로 활용되는 경우가 많다는 것을 알게 됩니다. 그만큼 법학에서의 민법의 중요성은 재언의 여지가 없다 할 것입니다.

　처음 민법을 공부하기 위해 수많은 관련서적들을 뒤적이다 보면 우선 그 방대한 양에 기겁을 하게 됩니다. 압축서술된 교수님의 요약서가 재산법만 2,000페이지가 훌쩍 넘습니다. 저자가 20년이 넘게 사법시험을 공부하고 사법연수원을 거쳐 변호사가 되는 과정 및 수많은 강의를 통해 수험과 실무를 위한 목적으로 정리한 기본서도 1,000여 페이지입니다.

　분량이야 그렇다 치고 그 내용 또한 어렵습니다. 법학이라고 하는 것은 오랜시간 동안 누적되어 발전된 전문영역이어서 일상적이지 않은 전문용어를 기본적으로 사용하므로 심하게 말하면 새로운 언어를 하나 다시 배우는 것과 같습니다. 법적인 논리 또한 난해하기 그지 없습니다. 게다가 규율 대상이 되는 사실과 현상이 교과서에서 처음 설명하는 하나의 제도로만 얽혀 있는 것이 아니라 아직 개념정리도 안 된 나중에 학습하여 습득할 내용들이 뒤섞여 있는 것들이 많습니다.

　따라서 어떻게 처음 민법공부를 해야 하는지 입문방법의 차이가 민법이라는 과목을 가급적 쉽게 정복하는 데 대한 관건이라 할 것입니다. 민법은 기초되는 법리나 개념의 정확한 이해와 암기 그리고 이를 통한 여러 번의 반복이 필요합니다. 저자의 강의지도 경험상 본격적인 민법공부에 앞서 이러한 토대를 세워 놓은 학생들이 폭발적으로 실력향상이 되는 것을 너무나도 많이 보아 왔습니다.

　본서는 이를 위한 민법입문 수험서입니다. 이를 위해 가장 보편적이고 단순하고 간결한 설명을 통해 가족법을 제외한 민법 전반의 쉬운 이해를 할 수 있도록 노력하였으며, 여러 제도들과 법리의 설명을 함에 있어 추상적인 부연보다는 직접적으로 접할 수 있는 간단한 실제사례를 최대한 많이 실었습니다.

본서는 민법을 시험과목으로 하는 모든 국가시험 및 자격시험의 기초교재로서 충분할 것이라 자부합니다. 본서를 통해 입문하시고 본격적인 공부를 하시면 보다 수월하게 합격할 수 있도록 최선을 다했습니다. 본서로 학습하는 수험생 여러분의 합격을 기원합니다.

2022년 7월
박승수 변호사

CONTENTS

민사법의 개관 및 계약의 성립

제1절 민사소송절차의 개관

민사소송절차는 대략 다음과 같이 진행된다. 차근차근 읽어 보면서 「이 상황에서 나는 어디서 무엇을 어떻게 할 것인가?」를 생각해 보라. 구체적인 소송 수행을 어떻게 해야 할 것인지를 생각해 보는 습관을 들이는 것이야말로 실력 향상의 지름길이다.

Ⅰ 분쟁의 발생

민법, 상법 등 실체법은 당사자 사이의 권리관계를 규율한다. 즉, 누가 누구에 대하여 어떤 권리를 가지는지를 규정하는 것이다. 그런데 이런 권리관계는 추상적으로 존재하는 것이다 보니, 당사자 사이에 권리의 유무의 존부에 관하여 다툼이 있을 수 있다. 그런데 자력구제는 금지되므로 법이 정한 절차에 따라 문제를 해결해야 한다. 그 법이 바로 민사소송법인 것이다.

Ⅱ 소장의 제출

사적인 분쟁은 당사자들 사이에 적당히 알아서 해결하는 것이 보통이므로 국가는 원칙적으로 자발적으로 나서지 않는다. 따라서 일방 당사자가 국가기관에 하소연을 하여야 비로소 국가가 나서게 되는 것이다. 그런데 이때의 하소연은 아무렇게나 하는 것이 아니고, 원칙적으로 종이에 써서 법원에 제출하는 방식으로 하여야 한다. 이 종이가 바로 소장이다.

Ⅲ 소장심사

소장에 무엇을 써 놓아야 하는지는 법에 정해져 있다. 소장이 제출되면 재판장은 소장이 방식에 맞게 쓰여 있는지를 심사한다. 심사 결과 방식에 맞지 않는 경우 재판장은 소장을 보정할 것을 명한다. 만약 원고가 이러한 보정명령에 불응하는 경우, 법원은 소장을 각하한다. 소장이 방식에 적합하면 법원은 소장 부본(복사본)을 피고에게 송달한다.

Ⅳ 답변서 제출

피고는 원고가 제기한 소에 대한 자신의 의견을 서면으로 제출해야 한다. 이것을 답변서라 한다. 답변서를 30일 이내에 제출하지 아니한 경우 법원은 변론절차를 거치지 않고 판결을 선고할 수 있다.

Ⅴ 준비절차

모든 분쟁은 궁극적으로 원고와 피고 사이에 사태를 바라보는 시각 차이에서 비롯된다. 따라서 다짜고짜 변론을 시작하면 제3자인 법원으로서는 사건의 윤곽조차 잡기 어려울 것이다. 그래서 일단 쟁점이 무엇인지를 정리하는 절차가 필요하다. 민사소송법은 서면 공방과 변론준비기일이라는 장치를 마련해 놓고 있다.

Ⅵ 변론절차

준비절차를 통해 쟁점이 정리되면 본 절차인 변론절차에 들어간다. 여기서 원고와 피고는 공격과 방어를 주고 받는다. 특히 증거조사는 바로 이 시점에서 이루어진다.

Ⅶ 변론의 종결

양 당사자가 제출할 수 있는 모든 자료를 다 제출하여 더 이상 제출할 것이 없는 경우 법원은 변론절차를 종결한다. 판사는 이날까지 모인 자료를 토대로 판결문을 쓰기 시작하여 보름 정도 후에는 선고를 한다.

Ⅷ 판결의 선고

법원은 판결의 선고라는 형태로 최종 결론을 내린다.
후술하는 소송요건을 갖추지 못한 경우, 원고의 소는 부적법한 소가 되며, 법원은 소를 각하하는 판결을 한다. 소송요건은 갖추었으나 원고가 주장하고 있는 권리를 인정할 수 없는 경우에는 법원은 원고 패소판결, 즉 원고의 청구를 기각하는 판결을 한다. 소송요건을 갖추었고, 권리도 인정할 수 있다면 법원은 원고 승소판결, 즉 원고의 청구를 인용하는 판결을 하여야 한다.

Ⅸ 불복절차

제1심에서 패소한 당사자는 항소를 제기하여 불복할 수 있고, 항소심에서 패소한 당사자는 상고를 제기하여 불복할 수 있다. 상고심은 대법원이 관장한다. 대법원보다 상급 법원은 없으므로 여기서도 패소하면 소송을 끝이 난다. 한편 절차상의 중대한 하자가 있고, 그 하자가 법이 정한 『재심사유』에 해당하는 경우에는 재심의 소를 제기하여 다툴 수도 있다.

위에서 본 바와 같이 민사소송법은 당사자들의 권리관계를 공적으로 확정하고 실현하는 절차를 정하는 절차법으로서의 역할을 한다.

제3절 민사소송에서 민법의 역할

Ⅰ 민법의 의의

민법은 권리의무의 발생, 소멸과 그 내용 기타 법률관계의 실질적인 판단기준을 정하는 실체법으로서의 역할을 한다.

Ⅱ 민법의 구성

① 민법총칙 ┌ 주체
          ├ 객체
          └ 의사표시
② 물권: 등기된 자가 갖는 권리
③ 채권: 사람에게 일정한 청구를 할 수 있는 권리
④ 친족: 부모와 자, 부부, 입양, 혼인, 이혼 등
⑤ 상속: 사망과 상속

1. 민법총칙

가. 주체-사람
   ① 자연인
   ② 법인

나. 객체-목적
   ① 확정
   ② 가능
   ③ 적법
   ④ 사회적 타당성

다. 의사표시
    ① 비진의의사표시
    ② 통정허위표시
    ③ 착오에 의한 의사표시
    ④ 사기·강박에 의한 의사표시
    ⑤ 조건·기한
    ⑥ 소멸시효

2. 물권

가. 물권총론
    ① 물권의 발생−물권각론
    ② 물권의 목적−일물일권주의
    ③ 물권의 효력−물권적 청구권
    ④ 물권의 변동−물권적 합의와 등기 또는 인도
    ⑤ 물권의 소멸

나. 물권각론
    ① 점유권
    ② 소유권
    ③ 용익물권 ┬ 지상권
             ├ 지역권
             └ 전세권
    ④ 담보물권 ┬ 유치권
             ├ 질권
             └ 저당권

3. 채권

가. 채권총론
    ① 채권의 발생−합의(계약)
    ② 채권의 목적 ┬ 특정물채권
              ├ 불특정물채권
              ├ 이자채권
              └ 금전채권

③ 채권의 효력 ┌ 대내적효력 – 채무불이행
              ├ 대외적효력 – 제3자 채권침해
              └ 책임재산의 보전 ┌ 채권자대위권
                                └ 채권자취소권

④ 다수당사자 사이의 채권관계 ┌ 연대채무
                              └ 보증채무

⑤ 채권의 변동 ┌ 채권양도
              └ 채무인수

⑥ 채권의 소멸 ┌ 변제
              ├ 대물변제
              ├ 상계
              ├ 공탁
              └ 면제

나. 채권각론

1) 계약총론
  ① 계약의 성립
  ② 계약체결상의 과실책임
  ③ 동시이행항변권
  ④ 위험부담
  ⑤ 제3자를 위한 계약
  ⑥ 해제와 해지

2) 계약각론
  ① 약정채권 15개
  ② 법정채권 3개 ┌ 사무관리
                ├ 부당이득
                └ 불법행위

4. 친족

5. 상속

Ⅲ 민법의 적용 유형

1. 계약의 원만한 진행

가. 계약의 유효한 성립

① A가 자기 소유의 건물과 토지를 팔겠다고 부동산중개소에 내놓았다. ─ 이러한 A의 행위를 민법에서 법률용어로 '매도청약의 의사표시'를 하였다고 한다.

② B가 A 소유의 건물과 토지를 사겠다고 하였다. ─ 이러한 B의 행위를 민법에서 법률용어로 '매수승낙의 의사표시'를 하였다고 한다.

③ 2021. 11. 1. A와 B는 부동산중개소에서 만나서 매매계약을 체결하였다. 그 내용은 ⅰ) 매매대금은 5억 원으로 정하고, ⅱ) B는 계약 당일 계약금 5천만 원, 2021. 11. 15. 중도금 2억 원, 2021. 12. 15. 잔금 2억 5천만 원을 지급하며, ⅲ) 잔금지급기일에 A는 소유권이전등기에 필요한 서류를 B에게 교부한다고 정하였다. ─ 이와 같은 A와 B의 행위를 민법에서 법률용어로 매도청약과 매수승낙의 의사표시가 있고, 의사의 합치가 있다고 한다. 이때 의사의 합치는 ⅰ) 주관적 합치와 ⅱ) 객관적 합치가 있어야 하는데, ⅰ) 주관적 합치는 당사자에 있어서 일치하는 것을 말하며, ⅱ) 객관적 합치는 목적과 의사표시에 있어서 일치하는 것을 말한다. 따라서 위 사안에서는 ⅰ) 주체에 있어서 A는 B에게 팔고, B는 A로부터 산다는 점, ⅱ) 객체에 있어서 A 소유의 건물과 토지가 매매목적물이라는 점, ⅲ) 의사표시에 있어서 A는 팔고, B는 산다는 점에서 일치하므로 A와 B 사이에 매매계약이 유효하게 성립하였다고 본다(민법 제563조).

나. 유효한 계약의 효과

① 매매계약이 유효하게 성립하면 매매계약에 따른 권리와 의무가 발생한다. ─ 민법에서 법률용어로 이러한 매매계약 등을 법률행위라고 하며, 법률행위는 '의사표시를 요건으로 하는 법률요건'이라고 한다. 그리고 이러한 법률행위를 법률요건으로 법률효과가 발생한다(민법 제568조). 이때 법률효과는 아래와 같다.

② 매수인 B는 계약 당일에 계약금 5천만 원, 2021. 11. 15. 중도금 2억 원, 2021. 12. 15. 잔금 2억 5천만 원을 지급할 의무가 있으며, 매도인 A에게 위 부동산의 인도 및 소유권이전등기를 청구할 권리가 있다.

③ 매도인 A는 B에게 위 부동산의 인도 및 소유권이전등기에 필요한 서류를 교부하고, 같이 등기소에 가서 B 명의로 소유권이전등기를 마쳐주어야 할 의무가 있으며, B에게 매매대금의 지급을 청구할 권리가 있다.

④ 위와 같은 매매계약에 기해 매수인 B가 매매대금을 모두 지급하고, 매도인 A가 자기 소유의 부동산을 인도하고, 소유권이전등기를 이전해 주면 매매로 인한 법률관계는 종료한다. 이와 같이 계약이 원만하게 진행된 경우에는 민사적으로 아무런 문제가 없다.

2. 소유권

가. 소유권의 취득

① 위 선례에서 A와 B 사이에 매매계약이 성립하였다. ─ 이를 민법에서 법률용어로 채권행위(의무부담행위)

라고 한다. 즉 당사자 간의 매매계약에 의해 채권·채무의 발생을 의욕하고 그에 따라 이행할 것이 남아 있는 경우이다.

② A는 B에게 ⅰ) 건물과 토지의 소유권을 이전해 주어야 하며, ⅱ) 건물과 토지의 점유권을 이전해 주어야 한다.

③ A는 B에게 ⅰ) 건물과 토지의 소유권이전등기에 필요한 서류를 교부해 소유권을 이전해 주었고, ⅱ) 건물과 토지의 점유권을 이전해 주었다. - 이를 민법에서 법률용어로 물권행위(처분행위)라고 한다. 즉 직접 물권변동을 가져오는 법률행위로서, 더 이상 당사자 간에 이행할 것이 남아 있지 않은 점에서 채권행위와 차이가 있다.

④ B앞으로 소유권이전등기가 마쳐졌다. 이때부터 B는 위 건물과 토지의 소유권을 취득한다.

나. 유효하게 소유권을 취득하기 위한 요건

① B가 유효하게 소유권을 취득하기 위해서는 ⅰ) A에게 소유권이 있어야 하며, ⅱ) 매매계약이 유효하게 성립하여야 하며, ⅲ) 물권행위가 유효하게 성립하고, 그에 따른 등기와 인도를 해주어야 한다(물권행위가 유효하게 성립하고, 그에 따른 등기와 목적물을 인도해주어야 한다).

② 이때 B가 유효하게 소유권을 취득하였는지 여부, B가 유효하게 소유권을 취득한 경우 B의 소유권을 침해하는 경우 B에게 어떠한 구제수단이 있는지 등은 물권법의 규제 영역이다.

3. 계약의 무효 등 장애사유가 있는 경우

가. 위에서 본 바와 같이 A와 B 사이에 계약이 유효하게 성립하기 위해서는 합의가 있어야 한다. 즉 ⅰ) 주체에 있어서 A는 B에게 팔고, B는 A로부터 산다는 점, ⅱ) 객체에 있어서 A 소유의 건물과 토지가 매매목적물이라는 점, ⅲ) 의사표시에 있어서 A는 팔고, B는 산다는 점에서 일치하므로 일단 A와 B 사이에 계약이 유효하게 성립하였다.

나. 그러나 계약이 무효 또는 취소가 되는 경우가 있다. 즉

1) 주체에 있어서 A 또는 B가

① 권리능력이 없거나(사망한 자인 경우 등),

② 의사능력이 없는 경우(치매에 걸린 경우 등)에 이들 사이의 매매계약은 무효이며,

③ 만일 행위능력이 없는 경우(미성년자, 피한정후견인, 피성년후견인)에는 위 매매계약은 취소할 수 있다.

2) 목적에 있어서

① 목적물이 확정되지 않거나,

② 건물이 이미 불타 없어져서 이전해주는 것이 불가능하거나,

③ 매매계약의 내용이 강행법규에 위반되거나(토지거래허가구역 내의 토지를 매매하면서 토지거래허가를 받지 못한 경우 등),

④ 매매계약의 내용이 선량한 풍속 기타 사회질서에 위반되는 경우(도박 채무를 갚기 위해서 건물을 파는 경우 등)에 위 매매계약은 무효이다.

3) 의사표시에 있어서

① 비진의의사표시이고 상대방이 알거나 알 수 있는 경우(A가 건물과 토지를 팔 생각은 없으나 판다는 의사표시를 하였고, B도 A가 팔 생각이 없음을 알고 있는 경우 등)에 A와 B 사이의 매매계약은 무효이다.

② 통정허위표시인 경우(A가 강제집행의 면탈 목적으로 재산을 빼돌리기 위해서 B와 짜고 B에게 허위로 A의 건물과 토지의 소유권을 이전해주는 경우)에 A와 B 사이의 매매계약은 무효이다.

③ 착오가 있는 경우(B가 A 소유의 토지 위에 건물을 철거하고, 새로이 공장을 지어 사업을 하려는 생각에 A 소유의 건물과 토지를 사려고 하였으나 공장을 지을 수 없는 구역인 경우)에 B는 A와의 매매계약을 취소할 수 있다.

④ 사기가 있는 경우(A 소유의 토지가 시가 금 1억 원 정도인데 A가 B를 속여 금 5억 원 정도 나간다고 하여 B가 산 경우)에 B는 A와의 매매계약을 취소할 수 있다.

⑤ 강박이 있는 경우(A가 B에게 위 토지를 사지 않으면 가족에게 해를 끼치겠다고 하여 할 수 없이 B가 산 경우)에 B는 A와의 매매계약을 취소할 수 있다.

4) 기타 계약이행의 장애사유

① 조건부 매매계약이나 기한부 매매계약 등의 법률행위를 한 경우 조건불성취나 기한미도래의 경우 매매계약에 따른 법률효과를 주장할 수 없다. -이는 민법총칙 조건과 기한에서 설명되고 있다.

② 매매계약에 따른 채권이 기간이 경과함으로써 시효 소멸하는 경우 그 채권을 청구할 수 없다. -이는 민법총칙 소멸시효에서 설명되고 있다.

③ 매매계약에 따른 채무를 변제함으로써 채무가 소멸한 경우 채무의 이행을 청구할 수 없다. -이는 채권총론의 채권의 소멸에서 설명되고 있다.

④ 매매계약에 따른 채무불이행을 이유로 계약을 해제한 경우 계약은 소급적으로 무효가 되어 채무의 이행을 청구할 수 없다. -이는 채권각론의 계약총론에서 설명되고 있다.

다. 무효의 효과-급부청산

1) A와 B 사이의 계약이 무효인 경우나, 취소되어 무효가 된 경우 A 또는 B가 아직 소유권이나 금전을 지급하지 않았으면 A 또는 B는 이를 주지 않아도 된다. 즉 상대방의 이행청구에 대해서 무효 또는 취소를 주장하여 이를 거절할 수 있다. 이때 무효, 취소 또는 기타 장애사유가 인정될 수 있는지 여부에 대해서 민법이 적용되어 문제를 해결하게 된다.

2) 만일 A 또는 B가 소유권이나 금전을 지급하였으면 상대방에게 지급한 것을 돌려달라고 할 수 있고, 또한 A는 B에게 부동산을 사용한 이익을, B는 A에게 금전을 사용한 운용이익을 반환청구할 수 있을 것이다.

4. 채무불이행

가. A와 B 사이의 매매계약이 완전 유효하게 성립되었다.

그런데 만일 A가 B로부터 매매대금을 지급받았음에도 소유권을 이전해 주지 않는 경우, 또는 잔금지급기일에 A가 등기서류를 제공하였음에도 B가 잔금을 지급하지 않는 경우 등이 채무불이행이다.

나. 채무불이행의 유형

① 이행지체-위 예와 같이 이행기일에 이행이 가능함에도 고의 또는 과실로 위법하게 이행을 하지 않는 경우를 말한다.

② **이행불능** - A가 B와 유효하게 매매계약을 체결한 후 A 소유의 건물이 A의 과실로 불이 나서 불타 없어진 경우 A는 B에게 건물의 소유권을 이전해주는 것이 불가능한 경우 등을 말한다.

③ **불완전이행** - A가 이행기에 이행을 하였지만 건물에 금이 가서 붕괴될 위험이 있는 경우와 같이 이행이 불완전한 경우 등을 말한다.

④ **채권자지체** - A가 이행기일에 소유권이전등기에 필요한 서류를 이행제공하였으나 B가 이를 수령할 수 없거나 수령거절하는 경우 등을 말하는데 이를 채무불이행으로 보는 견해가 있다.

⑤ **이행거절** - 만일 잔금지급기일 전에 A가 B에게 건물과 토지의 소유권 이전하는 것을 진지하고도 종국적으로 거절하는 경우 등을 말한다.

⑥ **부수적 주의의무위반** - A의 건물이 특수한 건물이라서 이를 사용하기 위해서는 구체적인 설명이 필요한데, A의 설명이 없었기 때문에 B가 위 건물을 사용하다가 파손된 경우 등을 말한다.

다. 채무불이행의 효과

1) 강제이행

2) 손해배상청구

3) 계약의 해제

라. 채무불이행의 경우 채무불이행에 해당하는지 여부 및 그 효과 등에 대해서 민법이 전형적으로 적용되어 문제를 해결해야 하는 영역이다.

5. 채권담보 - 자세한 내용은 후술함.

가. 채무자의 자력확보

1) 채권자대위권

2) 채권자취소권

나. 담보

1) 인적담보

  가) 연대채무

  나) 보증채무

2) 물적담보

  가) 유치권

  나) 질권

  다) 저당권

  라) 비전형담보

    ① 양도담보

    ② 가등기담보

    ③ 소유권유보부매매

민사서식자료

등기부 등본 (말소사항 포함) - 토지

고유번호 1152-1996-531219

[토지] 서울특별시 강남구 역삼동 123-45

【표　제　부】 （토지의 표시）

표시 번호	접　수	소재지번	지 목	면적	등기원인 및 기타사항
1 (전3)	2019년　5월　10 일	서울특별시　강남구 역삼동 123-45	대	200㎡	
					부동산등기법시행규칙　제3조의　제1항의 규정에 의하여 2018년 6월 15일 전산이기

【갑　　구】 （소유권에 관한 사항）

순위 번호	등기목적	접　수	등 기 원 인	권리자 및 기타사항
1 (전3)	소유권보존	2019년 5월 20일 제11393호	2019년 5월 15일 보존등기	소유자 김갑동　800711-1234123 서울 서초구 서초동 123-12
2	소유권이전	2021년 9월 18일 제42741호	2021년 3월 13일 매매	소유자 홍길동　801112-1234133 서울 강남구 역삼동 45

수수료 금 1,200원 영수함

관할등기소 서울중앙지방법원 등기국

이 등본은 부동산 등기부의 내용과 틀림없음을 증명합니다.

서기 2021년 11월 05일

서울중앙지방법원 등기국　등기관 김 공 정

* 실선으로 그어진 부분은 말소사항을 표시함.
* 등기부에 기록된 사항이 없는 甲구 또는 乙구는 생략함.

등기부 등본 (말소사항 포함) - 건물

고유번호 1152-1996-531219

[토지] 서울특별시 강남구 역삼동 123-45

【표　　제　　부】		(건물의 표시)		
표시번호	접　수	소재지번	건물내역	등기원인 및 기타사항
1	2021년　1월20일	서울특별시 강남구 역삼동 123-45	철근콘크리트조　슬래브지붕 단층주택 100㎡	

【甲　　　　구】		(소유권에 관한 사항)		
순위번호	등기목적	접　　수	등기원인	권리자 및 기타사항
1 (전3)	소유권보존	2021년 5월 20일 제1393호	2021년 5월 15일 보존등기	소유자 홍길동　800711-1234123 서울 서초구 서초동 123-12

수수료 금 1,200원 영수함

관할등기소 서울중앙지방법원 등기국

이 등본은 부동산 등기부의 내용과 틀림없음을 증명합니다.

서기 2021년 11월 05일

서울중앙지방법원 등기국　　　등기관　　　김 공 정

* 실선으로 그어진 부분은 말소사항을 표시함.
* 등기부에 기록된 사항이 없는 甲구 또는 乙구는 생략함.

차용증

채권자 성명 : 홍길동

　　　주소 : 서울 서초구 서초동 123-12

　　　주민등록번호 : 800711-1234123

채무자 성명 : 김갑동

　　　주소 : 서울 강남구 역삼동 45

　　　주민등록번호 : 801112-1234133

차용금 : 금 삼억 원(₩ 300,000,000)

위 금원을 아래와 같은 내용으로 차용합니다.

1. 이자는 연 24%로 하고 매월 10일에 은행송금하기로 함.
2. 원금의 변제기는 2022. 3. 10.로 함.

2021년 3월 10일

채무자 김갑동 (인)

채권자 홍길동 귀하

등기부 등본(말소사항 포함) – 토지

[토지] 서울 강남구 역삼동 45

고유번호 3103-1997-341247

【표 제 부】	(토지의 표시)				
표시번호	접 수	소재지번	지목	면적	등기원인 및 기타사항
1 (전2)	2019년 3월 15일	서울 강남구 역삼동 45	대	500㎡	부동산등기법시행규칙부칙 제3조 제1항의 규정에 의하여 2019년7월14일 전산이기

【甲 구】	(소유권에 관한 사항)			
순위번호	등기목적	접 수	등 기 원 인	권리자 및 기타사항
1 (전2)	소유권 보존	2019년 4월 16일 제1453호	2019년 3월 15일 매매	소유자 이을동 ****** — ****** 서울 종로구 내자동 12
				부동산등기법시행규칙부칙 제3조 제1항의 규정에 의하여 전산이기
2	소유권 이전	2021년 10월 5일 제1500호	2021년 10월 3일 매매	소유자 김갑동 ****** — ****** 서울 강남구 역삼동 500

관할등기소 서울중앙지방법원 등기국 / 발행등기소 법원행정처 등기정보중앙관리소

이 등본은 부동산 등기부의 내용과 틀림없음을 증명합니다.

서기 2021년 8월 5일

등기정보
중앙관리
소전산운
영책임관

【을 구】	(소유권 이외의 권리에 관한 사항)			
순위번호	등기목적	접 수	등 기 원 인	권리자 및 기타사항

1	근저당권설정	2021년 3월 10일
		제5950호
			2021년 3월 10일
			설정계약
				채권최고액 금 300,000,000원
				채무자 김갑동 ****** - *******
				  서울 강남구 역삼동 45
				근저당권자 홍길동
				  800711-1234123
				  서울 서초구 서초동 123-12

--- 이 하 여 백 ---

수수료 금 1,000원 영수함.   관할등기소 서울중앙지방법원 등기국 / 발행등기소 법원행정처 등기정보중앙관리소

이 등본은 부동산 등기부의 내용과 틀림없음을 증명합니다.

서기 2021년 8월 5일

등기정보
중앙관리
소전산운
영책임관

소 장

원고 김 갑 동(金 甲 東)
　　　서울 중구 소공동 190의 6
　　　소송대리인 변호사 이삼수
　　　서울 서초구 서초동 100의 1

피고 최 삼 식(崔 三 植)
　　　서울 서초구 반포동 253의 1

대여금 청구의 소

청 구 취 지

1. 피고는 원고에게 200,000,000원을 지급하라.
2. 소송비용은 피고가 부담한다.
3. 제1항은 가집행할 수 있다.
라는 판결을 구합니다.

청 구 원 인

1. 원고는 피고에게 2021. 7. 1. 200,000,000원을 변제기일 같은 해 9. 30.로 정하여 대여하였습니다.
2. 그런데 피고는 위 변제기일이 지나도 위 대여금을 변제하기 않기에 원고는 피고에게 위 대여금 200,000,000원의 지급을 구하기 위하여 이 사건 청구에 이른 것입니다.

입 증 방 법

1. 甲 제1호증　차용증서
1. 그 밖의 입증방법은 소송의 진행에 따라 제출하겠습니다.

첨 부 서 류

1. 소장부본　1통
1. 납부서　1통
1. 소송대리위임장　1통

2022. 3. 29.

원고 소송대리인

변호사　이 삼 수

답 변 서

사건   2022가합123   대여금
원고   김 갑 동
피고   최 삼 식
   소송대리인 김 삼 수

위 사건에 관하여 피고 소송대리인은 다음과 같이 답변합니다.

청구취지에 대한 답변

1. 원고의 청구를 기각한다.
2. 소송비용은 원고가 부담한다.
라는 판결을 구합니다.

청구원인에 대한 답변

피고는 원고로부터 원고 주장 일시에 원고 주장의 금원을 대여 받은 사실이 없습니다. 원고가 피고의 처와 금전거래를 한 것은 사실로 보이나, 그 금전 거래는 피고의 의사와 무관하게 이루어진 것이고 가사에 이용하기 위한 것도 아닙니다. 따라서 원고의 청구는 부당합니다.

2022. 5. 9.

피고 소송대리인

변호사 김 삼 수

서울중앙지방법원 제3민사부   귀중

답 변 서

사건   2022가합123   대여금
원고   김 갑 동
피고   최 삼 식
　　　소송대리인 김 삼 수

위 사건에 관하여 피고 소송대리인은 다음과 같이 답변합니다.

청구취지에 대한 답변

1. 원고의 청구를 기각한다.
2. 소송비용은 원고가 부담한다.
라는 판결을 구합니다.

청구원인에 대한 답변

1. 피고가 원고로부터 2021. 7. 1. 200,000,000원을 변제기는 같은 해 9. 30.로 정하여 차용한 사실은 이를 인정합니다.
2. 그러나 피고는 원고와 변제기후인 2021. 12. 20. 위 대여금액을 180,000,000원으로 감액하기로 합의한 다음, 2022. 1. 19. 위 180,000,000원을 지급하였으며, 이에 따라 피고의 원고의 대한 대여금채무는 모두 소멸하였습니다.
3. 그러므로 원고의 청구는 부당합니다.

입 증 방 법

1. 을 제1호증　　　　합의서
1. 을 제2호증　　　　영수증

2022. 5. 9.

피고 소송대리인

변호사 김 삼 수

서울중앙지방법원 제3민사부   귀중

답 변 서

사건 2022가합123   대여금
원고 김 갑 동
피고 최 삼 식
    소송대리인 김 삼 수

위 사건에 관하여 피고 소송대리인은 다음과 같이 답변합니다.

청구취지에 대한 답변

1. 이 사건 소를 각하한다.
2. 소송비용은 원고가 부담한다.
라는 판결을 구합니다.

청구원인에 대한 답변

1. 이 사건 소는 소송요건의 흠(당사자능력, 중복제소)이 있습니다.
2. 따라서 이 사건 소는 부적법하므로 각하하여 주시기 바랍니다.

입 증 방 법

1. 을 제1호증   제적등본
1. 을 제2호증   소송계속 증명서

2022. 5. 9.

피고 소송대리인

변호사 김 삼 수

서울중앙지방법원 제3민사부   귀중

서 울 중 앙 지 방 법 원
제 3 민사부
판   결

사건   2022가합123 대여금

원고 김 갑 동(金 甲 東)
　　　서울 용산구 동부이촌동 456의 78
　　　소송대리인 변호사 이 삼 수

피고 최 삼 식(崔 三 植)
　　　서울 서초구 반포동 253의 1
　　　소송대리인 변호사 김 삼 수

변론종결 2022. 7. 30.

주   문
1. 피고는 원고에게 200,000,000원을 지급하라.
2. 소송비용은 피고가 부담한다.
3. 제1항은 가집행할 수 있다.

청구취지 피고는 원고에게 200,000,000원을 지급하라는 판결.

이   유
甲 제1호증, 甲 제2호증의 기재와 증인 최삼용의 증언 및 변론의 전제의 취지에 의하여 원고는 피고에게 2021. 7. 1. 200,000,000원을 변제기일 같은 해 9. 30.로 정하여 대여한 사실이 인정되고 반증이 없다. 그렇다면 피고는 원고에게 대여금 200,000,000원을 지급할 의무가 있으므로 원고의 피고에 대한 이 사건 청구는 이유 있어 인용하여 주문과 같이 판결한다.

　　　　　　　　　　　　　　　2022. 8. 30.
　　　　　　　　재 판 장　　　　판사 김 일 남 (서명)　　　인
　　　　　　　　　　　　　　　판사 이 이 남 (서명)　　　인
　　　　　　　　　　　　　　　판사 박 삼 남 (서명)　　　인

서 울 중 앙 지 방 법 원
제 3 민 사 부
판 결

사건 2022가합123 대여금

원고 김 갑 동(金 甲 東)
서울 용산구 동부이촌동 456의 78
　소송대리인 변호사　이 삼 수

피고 최 삼 식(崔 三 植)
서울 서초구 반포동 253의 1
　소송대리인 변호사 김 삼 수

변론종결　2022. 7. 30.

주 문

1. 원고의 청구를 기각한다.
2. 소송비용은 원고가 부담한다.

청구취지 피고는 원고에게 200,000,000원을 지급하라는 판결.

이 유

원고는 2021. 7. 1. 피고에게 200,000,000원을 변제기일 같은 해 9. 30.로 정하여 대여하였다고 주장하나, 위 주장사실에 부합하는 甲 제1호증, 甲 제2호증는 믿기 어렵고 증인 최삼용의 증언만으로는 이를 인정하기에 부족하며 달리 이를 인정할 만한 증거가 없다. 그렇다면 원고의 청구는 이유 없으므로 이를 기각한다.

2022. 8. 30.

재 판 장　판사 김 일 남 (서명)　인
판사 이 이 남 (서명)　인
판사 박 삼 남 (서명)　인

서 울 중 앙 지 방 법 원
제 3 민사부
판   결

사건   2022가합123   대여금

원고   김 갑 동(金 甲 東)
서울 용산구 동부이촌동 456의 78
   소송대리인 변호사 이 삼 수

피고   최 삼 식(崔 三 植)
서울 서초구 반포동 253의 1
   소송대리인 변호사 김 삼 수

변론종결 2022. 7. 30.

주   문

1. 이 사건 소를 각하한다.
2. 소송비용은 원고의 부담으로 한다.

    청구취지 피고는 원고에게 200,000,000원을 지급하라는 판결.

이   유

이 사건 소는 당사자능력이 없는 자를 상대로 제기한 것으로 '이 사건 소는 부적법하므로 각하한다.'

       2022. 8. 30.

      재 판 장   판사 김 일 남 (서명)   인
              판사 이 이 남 (서명)   인
              판사 박 삼 남 (서명)   인

민법용어 해설

1 민법(民法)

사인간의 생활관계(재산, 가족)를 규율하는 일반사법을 말한다. 상법은 특별사법에 해당한다. 민법은 사법, 일반법, 실체법이다.

2 공법(公法)

국가 기타의 공공단체 상호간의 관계 또는 이들과 個人과의 관계를 규율하는 법을 말한다.

3 사법(私法)

개인 상호간의 관계를 규율하는 법을 말한다.
민법은 일반사법이고 상법은 특별사법이다.

4 법원(法源)

법의 존재형식 또는 법의 연원, 재판의 기준이 되는 법을 말한다. 즉 민사분쟁을 해결하기 위해 적용되는 법규를 말한다. 민법 제1조의 규정.

5 관습법(慣習法)

사회에서 자연적으로 발생한 관행이 일반적으로 인정된 法的 확신에 의하여 법규범으로 승격된 것으로 법원의 判決로 확인된 것을 말한다. 법률에 대해 보충적 효력설이 다수설이다. 법원직권조사사항.

6 사실인 관습(慣習)

사회에서 일반적으로 발생한 관행이 법적 확신을 구비하지 못한 것을 말한다. 사실인 관습은 법률행위의 해석의 기준이 된다.

7 조리(條理)

사물의 본성, 본질적 법칙, 사람의 이성에 기해 생각되는 규범을 말한다.

8 사적자치의 원칙

자기의 일은 자기결정에 의하여, 자기책임으로, 자기지배한다는 원칙을 말한다. 법률행위는 사적자치 원칙의 수단이 된다.

9 법률행위 자유의 원칙

법률행위에 대하여 체결의 자유, 상대방 선택의 자유, 내용결정의 자유, 방식의 자유는 법률행위를 하는 자가 자유로이 결정할 수 있다는 원칙을 말한다. 법률행위는 일정한 법률효과의 발생을 목적으로 하는 하나 또는 수 개의 의사표시를 필요불가결의 요소로 하는 법률요건이다.

10 소유권절대의 원칙

소유자는 그의 소유물을 자유로이 사용, 수익, 처분할 수 있다는 원칙을 말한다.

11 과실책임의 원칙

불법행위나 채무불이행 시에 개인은 자기의 행위에 대해서만 책임질 뿐이고 타인의 행위에 대해서는 책임을 지지 않으며, 나아가 자기의 행위에 대해서도 고의, 과실(過失)이 있는 때에 한하여 책임을 진다는 원칙을 말한다.

12 준용

기존의 법규와 유사한 사항을 규정할 때에 법률을 간결하게 할 목적으로 그 문언을 중복해서 표현하는 것이 아니라 그 기존의 법규를 수정을 가하여 적용시키는 것을 말한다.

13 추정, 간주

입증의 곤란을 구제하기 위한 제도로서 추정은 불명확한 사실을 일단 존재하는 것으로 정하여 법률효과를 발생시키되, 추후 반증(反證)이 있을 때에는 그 효과를 발생시키지 않는 제도를 말하며 간주는 추후 반증만으로는 발생된 효과를 전복시키지 못하는 것을 말한다.

14 선의, 악의

선의는 어떤 사실을 알지 못하는 것이고, 악의는 어떤 사실을 알고 있는 것을 말한다. 선의취득, ~선의의 제3자에게 대항치 못한다.

15 「대항하지 못한다」

주로 선의의 제3자를 보호하여 거래의 안전을 꾀하고자 하는 경우에 사용되는 용어로서 당사자간에 발생한 법률관계를 제3자에 대하여 주장하지 못한다는 것을 말한다.

16 법률불소급의 원칙

법률은 그 효력이 생긴 때로부터 그 이후에 발생한 사실에 대해서만 적용된다는 원칙을 말한다.

17 신의성실의 원칙

법률관계에 참여한 모든 자는 상대방의 정당한 이익을 고려하여 행위할 의무를 부담한다는 원칙을 말한다. 신의성실의 원칙은 채권법에서, 권리남용이론은 물권법에서 발전하였다.

18 사정변경의 원칙

법률행위 특히 계약이 체결된 후에, 계약의 기초가 된 사정이 그 후 당사자 쌍방이 예견할 수 없고 또 당사자의 책임에도 돌아갈 수 없는 사유로 인하여 변경되고, 그 결과 당초의 계약내용으로 당사자를 구속하는 것이 신의, 형평의 관념상 가혹하게 된 경우에 그 계약의 변경 또는 해제가 인정되어야 한다는 원칙을 말한다.

19 권리의 남용

외형상으로는 적법한 권리의 행사인 것처럼 보이나 구체적인 경우에 실질적으로 검토해 볼 때, 권리 본래의 사회적 목적을 벗어난 것이어서 정당한 권리의 행사로서 시인할 수 없는 것을 말한다.

20 정당방위

타인의 불법행위에 대하여 자기 또는 제3자의 이익을 방위하기 위하여 부득이 타인(제3자 포함)에게 가해행위를 한 경우, 위법성이 조각되어 불법행위책임을 지지 않는 것을 말한다.

21 긴급피난

급박한 위난을 피하기 위하여 부득이 타인에게 가해행위를 한 경우, 위법성이 조각되어 불법행위책임을 지지 않는 것을 말한다.

22 자력구제

권리자의 권리가 침해된 경우, 권리자 스스로가 자기의 청구권을 실현하는 것을 말한다.

23 권리능력

권리 또는 의무의 주체가 될 수 있는 추상적, 잠재적인 법률상의 지위 또는 자격을 말한다. 자연인은 출생에 의해 법인은 법인설립등기에 의해 취득한다.

24 의사능력

의사표시를 하는 자가 이성적으로 의사를 결정할 수 있는 능력을 말한다. 책임능력과 유사.

25 행위능력

단독으로 완전, 유효한 법률행위를 할 수 있는 지위 또는 자격을 말한다. 제한능력자는 미성년자, 피한정후견인, 피성년후견인을 말한다.

26 미성년자

성년(만19세)에 달하지 않은 자를 말한다.

27 피한정후견인

질병, 장애, 노력 기타 사유로 인한 정신적 제약으로 '사무를 처리할 능력이 부족한 사람'으로서, 일정한 자의 청구에 의하여, 가정법원으로부터 한정후견개시의 심판을 받은 자를 말한다.

28 피성년후견인

질병, 장애, 노력 그 밖의 사유로 인한 정신적 제약으로 '사무를 처리할 능력이 지속적으로 결여된 사람'에 대하여, 일정한 자의 청구에 의하여 법원의 성년후견개시의 심판을 받은 자를 말한다.

29 실종선고

부재자의 생사불명의 상태가 일정기간(5년 또는 1년) 계속된 경우에 가정법원의 선고에 의하여 사망으로 간주하는 제도를 말한다.

30 법인

법률에 의하여 권리능력이 인정된 사단 또는 재단을 말한다.

31 사단법인

일정한 목적을 위하여 바쳐진 사람의 단체, 즉 사단을 그 실체로 하는 법인을 말한다.

32 재단법인

일정한 목적을 위하여 바쳐진 재산, 즉 재단을 그 실체로 하는 법인을 말한다.

33 권리능력 없는 사단

단체의 실질은 사단임에도 불구하고 법인격을 취득하지 못한 것을 말한다.

34 권리능력 없는 재단

실체는 재단이며서도 법인격을 취득하지 못한 것을 말한다.

35 권리의 객체(客體)

권리에 의해 보호되는 이익(권리의 내용 또는 목적), 또는 권리가 발생하기 위하여 필요한 일정한 대상을 말한다.

36 물건(物件)

유체물 및 전기 기타 관리할 수 있는 자연력을 말한다.

37 부동산(不動産)

토지와 그 정착물(건물, 수목, 미분리과실, 농작물, 교량, 터널, 담장, 제방 등)을 말한다.

※ 토지의 정착물 중 별개의 부동산이 되는 것

　① 건물

　② 입목법에 의한 등기된 수목의 집단

　③ 명인방법을 갖춘 수목

　④ 명인방법을 갖춘 미분리과실

　⑤ 농작물

38 동산(動産)

부동산 이외의 물건을 말한다.

※ 금전

　① 가치(○) 개성(✗) ② 점유＝소유

　③ 물권적 청구권(✗), 선의취득(✗)

39 종물(從物)

물건의 소유자가 그 물건(주물)의 상용에 공하기 위하여 자기 소유인 다른 물건을 이에 부속하게 한 때에, 그 다른 물건을 말한다.

※ 권리에도 유추적용

　① 건물양도 → 대지의 임차권

　② 원본채권 → 이자채권

　③ 저당권의 효력 → 그 부동산에 부합된 물건과 주물

　④ 건물 이외의 저당권 → 그 소유의 지상권

40 원물(元物)

그것으로부터 수익(과실)을 생기게 하는 물건을 말한다.

천연과실(天然果實): 물건의 용법에 의하여 수취하는 출산물을 말한다.

법정과실(法定果實): 물건의 사용대가로 받는 금전 기타의 물건을 말한다.

※ 주식배당금, 권리사용의 대가, 노동의 대가(✗)

41 법률관계(法律關係)

사람의 사회생활관계 가운데에서 법에 의해 규율되는 생활관계를 말한다.

※ 물권관계, 채권관계, 가족권관계

42 권리(權利)

일정한 이익을 향수하게 하기 위하여 법이 인정한 힘을 말한다.

※ 내용에 따른 분류

　① 인격권

　② 가족권

　③ 재산권

　④ 사원권

※ 작용에 따른 분류

　① 지배권

② 청구권

③ 형성권

④ 항변권

43 권한(權限)

타인을 위하여, 그에 대하여 일정한 법률효과를 발생하게 하는 행위를 할 수 있는 법률상의 자격을 말한다. ※ 대리권, 대표권

44 권능(權能)

권리의 내용을 구성하는 개개의 법률상의 힘을 말한다. 소유권의 권능은 사용권, 수익권, 처분권으로 구성되어 있다.

45 권원(權原)

법률상 또는 사실상의 행위를 하는 것을 정당화시키는 원인을 말한다.

46 의무(義務)

의무자의 의사와는 관계없이 반드시 따라야 하는 것으로 법에 의해 강요되는 것을 말한다.

47 지배권(支配權)

타인의 협력을 필요로 하지 않고 일정한 객체를 직접 지배할 수 있는 권리를 말한다. 물권, 무채재산권, 인격권, 친권, 배우자권 등.

48 물권(物權)

권리자가 특정의 물건을 직접 지배하여 이익을 얻는 배타적인 권리를 말한다. 물권법정주의 원칙.

49 청구권(請求權)

채권의 본질적 내용을 이루는 것으로서 특정인이 다른 특정인에 대하여 일정한 행위를 요구할 수 있는 권리를 말한다. 채권적 청구권, 물권적 청구권.

50 채권(債權)

특정인(채권자)이 타인(채무자)에 대하여 일정한 행위(급부)를 요구할 수 있는 권리를 말한다.

51 형성권(形成權)

권리자의 일방적인 의사표시에 의하여 법률관계의 형성, 변경, 소멸 등을 생기게 하는 권리를 말한다. ※ 청구권의 형식으로 되어 있으나 형성권인 것: 증감, 소멸, 매수청구권

52 항변권(抗辯權)

타인의 청구권의 행사를 저지할 수 있는 효력을 갖는 권리를 말한다. 동시이행항변권, 최고검색항변권.

53 기대권(期待權)

권리발생요건 중의 일부만이 발생하고 있을 뿐이기는 하지만 남은 요건이 실현되면 장차 권리를 취득할 수 있는 경우에 현재의 그러한 기대상태를 권리로서 보호한 것을 말한다.

54 권리의 경합(競合)

하나의 생활사실이 수 개의 법규가 정하는 요건을 충족하여, 그 결과 수 개의 권리가 생기는 경우를 말한다. 채무불이행책임과 불법행위책임의 선택적 행사.

55 법규의 경합(競合)

하나의 생활사실이 수 개의 법규가 정하는 요건을 충족하지만 그 중의 한 법규가 다른 법규를 배제하는 것을 말한다.

56 원시취득(原始取得)

타인의 권리에 기초함이 없이 원시적으로 권리를 취득하는 것을 말한다. 신축, 취득시효, 선의취득, 선점, 습득, 발견.

57 승계취득(承繼取得)

타인의 권리에 기초하여 권리를 취득하는 것을 말한다.

58 이전적 승계(移轉的 承繼)

전주에게 속하고 있던 권리가 그 동일성을 유지하면서 종주에게 이전하는 것을 말한다.

59 특정승계(特定承繼)

개개의 권리가 개개의 취득원인에 의하여 취득되는 것을 말한다. 매매, 증여, 교환.

60 포괄승계(包括承繼)

하나의 취득원인에 의하여 다수의 권리가 일괄적으로 취득되는 것을 말한다. 상속, 포괄적 유증, 회사의 합병.

61 설정적 승계(設定的 承繼)

소유권이 가지는 사용, 수익, 처분의 권능 중 일부를 제한 받는 것을 말한다. 제한물권의 설정(전세권).

62 권리의 변경(變更)

권리가 그 내용의 동일성을 잃지 않으면서 그 주체, 내용, 작용에 변경을 받는 것을 말한다.

63 법률요건

일정한 법률효과를 발생하게 하는 원인의 총체를 말한다. 당사자가 표시한 대로 법률효과가 발생하는 법률행위와 준법률행위, 사무관리, 부당이득, 불법행위, 시효 등과 같은 법률의 규정에 따라 법률효과가 발생하는 경우로 구분된다.

64 법률사실

법률요건을 이루는 개개의 사실을 말한다. 법률요건은 하나 또는 수 개의 법률사실로 구성된다.

65 용태

사람의 정신작용에 기하는 법률사실을 말한다. 이에 반해 정신작용에 기인하지 않는 법률사실을 사건이라 한다.

66 적법행위

법률이 가치있는 것으로서 허용하는 행위로서, 의사표시와 준법률행위로 나누어진다.

67 법률행위

의사표시를 요소로 하는 법률요건을 말한다.

68 준법률행위

불법행위와 법률행위를 제외한 나머지 인간의 모든 행위를 말한다.

69 의사의 통지

각종의 최고와 거절과 같이 자기의 의사를 타인에게 통지하는 행위로서 법이 일정한 법률효과를 부여하는 것을 말한다.

70 **관념의 통지**

법률관계의 당사자 일방이 상대방에 대하여 과거 또는 현재의 사실을 알리는 것을 말한다. '~통지'로 끝나지만 그렇지 않은 경우를 반드시 암기하여야 한다. 대리권수여의 표시, (소멸시효 완성전의) 채무의 승인, 채권양도의 통지, 승낙, 인지, 사무처리상황보고 등.

71 **사실행위**

그 행위에 의하여 표시되는 의식의 내용이 무엇이냐를 묻지 않고서, 다만 행위가 행하여져 있다는 것 또는 그 행위에 의하여 생긴 결과만이 법률에 의하여 법률상 의미가 있는 것으로 인정되는 행위를 말한다. 순수사실행위, 혼합사실행위.

72 **법률행위의 성립요건, 효력요건**

법률행위가 법률요건으로서 완전히 그 법률효과를 발생하려면 먼저 법률행위로서 성립하고, 이어서 유효하다는 평가를 받아야 한다.

73 **단독행위**

한 개의 의사표시만으로 성립하는 법률행위를 말한다. 상대방 있는 단독행위와 상대방 없는 단독행위로 구분된다.

74 **계약**

두개의 대립되는 의사표시(청약과 승낙)의 합치에 의하여 성립하는 법률행위를 말한다. 민법상 전형계약은 15종이다.

75 **합동행위**

방향을 같이하는 두 개의 의사표시의 합치에 의하여 성립하는 법률행위를 말한다. 사단법인 설립행위.

76 **요식행위**

일정한 방식(서면, 공증, 신고 등)에 따라 행해져야 그 효력이 인정되는 법률행위를 말한다. 민법상의 원칙은 불요식행위이다.

77 **사후행위**

행위자의 사망으로 그 효력이 생기는 법률행위를 말한다.

78 **유상행위**

자기의 출연에 대하여 상대방으로부터 대등한 출연을 받는 것을 목적으로 하는 행위를 말한다. 그렇지 않는 경우를 무상행위라 한다. 구별실익은 매매에 관한 규정의 준용유무에 있다.

79 **유인행위**

원인된 법률행위의 효력에 의하여 영향을 받는 법률행위를 말한다. 그렇지 않은 경우를 무인행위(어음수표행위)라 한다.

80 **물권행위**

물권변동(발생, 변경, 소멸)을 목적으로 하는 법률행위로서 장차 이행의 문제를 남기지 않는 것을 말한다. 처분권이 존재하여야 한다.

81 **채권행위**

채권의 발생을 목적으로 하는 법률행위로서 장차 이로 발생한 채권, 채무에 관하여 이행의 문제를 남기는 것을 말한다. 의무부담행위.

82 준물권행위

물권 이외의 권리의 발생, 변경, 소멸을 직접 가져오게 하고 후에 이행의 문제를 남기지 않는 것을 말한다. 채권양도, 무체재산권의 양도, 채무면제 등.

83 민법상의 신탁행위

신탁자가 수탁자에게 일정한 경제상의 목적을 달성하기 위하여 권리를 이전하면서, 수탁자는 신탁자에 대하여 그 목적의 범위 내에서 권리를 행사하여야 하는 구속을 받는 법률행위를 말한다. 양도담보, 추심을 위한 채권의 양도 등.

84 원시적 불능

법률행위의 성립 당시에 이미 그 법률행위의 내용이 실현 불가능하게 된 경우를 말한다. 원시적 불능이 있으면 법률행위는 무효로 된다.

85 후발적 불능

법률행위가 성립한 뒤에 그 법률행위의 내용이 실현 불가능하게 된 경우로 법률행위는 유효하나, 채무자에게 고의, 과실에 의해 발생한 경우는 이행불능에 의한 손해배상청구권과 계약해제권, 반면에 채무자의 고의 과실에 의한 것이 아니면 반대급부에 대한 위험부담의 문제가 발생한다.

86 전부불능

법률행위의 내용의 전부가 불능인 경우를 말한다.

87 일부불능

법률행위의 내용의 일부가 불능인 경우를 말한다. 법률행위의 일부불능은 그 전부를 무효로 하는 것을 원칙으로 하되, 다만 그 무효부분이 없더라도 법률행위를 하였을 것이라고 인정될 때에는 나머지 부분은 그대로 유효한 것으로 인정한다.

88 강행규정

법령 중 선량한 풍속 기타 사회질서에 관계있는 규정을 말한다.
강행규정에서는 사적자치가 허용되지 않으며, 그에 위반하는 내용의 법률행위는 무효이다.

89 임의규정

법령 중 선량한 풍속 기타 사회질서와 관계없는 규정으로서, 사적자치가 허용되어 당사자의 의사로 그 적용을 배제할 수 있는 규정을 말한다.

90 효력규정

그 규정에 위반하는 행위의 사법상의 효과가 부정되는 규정을 말한다. 엄격한 표준을 정하여 일정한 자격을 갖춘 자에 대해서만 일정한 기업을 허용하는 경우에 그 법규는 효력규정이라고 보아야 한다. 이 경우 명의대여행위는 효력규정의 위반으로 무효이다.

91 단속규정

그 규정에 위반하여도 벌칙의 적용이 있을 뿐, 행위 자체의 사법상의 효과에는 영향이 없는 규정을 말한다. 무허가음식점영업행위, 공무원의 영리행위, 부동산등기특별조치법의 중간생략등기금지.

92 탈법행위

강행법규의 조문에 직접 정면으로는 위반하지 않는 형식을 갖추었으나, 실질적으로는 그 법규가 금지하

고 있는 내용을 실현하는 행위를 말한다. 연금청구권의 담보금지

93 의사표시

일정한 법률효과를 발생시키고자 하는 내적의사를 외부에 나타내는 행위를 말한다.

94 의사와 표시의 불일치

내심적 효과의사와 표시상의 효과의사가 일치하지 않는 것을 말한다.

95 비진의표시

표의자가 의사와 표시가 일치하지 않는다는 것, 즉 진의 아님을 알면서하는 의사표시를 말한다.

96 허위표시

상대방과 통정하여 하는 진의 아닌 허위의 의사표시를 말한다.

97 착오

표시의 내용과 내심의 의사가 일치하지 않는 것을 표의자 자신이 알지 못하는 것을 말한다.

98 하자 있는 의사표시

타인의 위법한 간섭(사기, 강박)으로 말미암아 방해된 상태에서 자유롭지 못하게 행하여진 의사표시를 말한다.

99 사기에 의한 의사표시

표의자가 타인의 기망행위로 인해 착오에 빠지고, 그러한 상태에서 한 의사표시를 말한다.

100 강박에 의한 의사표시

표의자가 타인의 강박행위로 인해 공포심을 가지게 되고 그 해악을 피하기 위하여 마음 없이 행한 진의 아닌 의사표시를 말한다.

101 의사표시의 수령능력

수령한 의사표시를 요지할 수 있는 능력을 말한다.

102 공시송달

표의자가 과실 없이 상대방을 모르거나 또는 상대방의 주소를 알지 못하는 경우에 민사소송법의 규정에 의하여 의사표시를 한 것으로 간주하는 것을 말한다.

103 대리

타인(대리인)이 본인의 이름으로 법률행위(의사표시)를 하거나 또는 의사표시를 수령함으로써 그 **법률효과가** 직접 본인에 관하여 생기는 제도를 말한다.

104 임의대리

본인의 의사에 의해 대리권이 주어지는 대리를 말한다.

105 법정대리

본인의 의사와는 상관없이 법률의 규정에 의하여 일정한 자에게 주어지는 대리를 말한다.

106 대리권(한)

타인(대리인)이 본인의 이름으로 의사표시를 하거나 또는 의사표시를 받음으로써 직접 본인에게 **법률효과** 를 귀속시킬 수 있는, 법률상의 지위 또는 자격을 말한다.

107 현명주의

대리인이 대리행위를 할 때 본인을 위히어 한다는 의사를 표시하는 것을 말한다.

108 복대리인

대리인이 그의 권한 내의 행위를 하기 위하여, 대리인의 권한으로, 즉 그의 이름으로 선임한 본인의 대리인을 말한다.

109 복임권

대리인이 복대리인을 선임할 수 있는 권한을 말한다.

110 무권대리

대리권 없이 행한 대리행위를 말한다.

111 표현대리

대리인에게 대리권이 없음에도 불구하고 마치 그것이 있는 것과 같은 외관이 있고 또한 그러한 외관의 발생에 관하여 본인이 어느 정도 원인을 주고 있는 경우에, 그 무권대리행위에 대해 본인으로 하여금 책임을 지게 함으로써 선의, 무과실의 제3자를 보호하려는 것을 말한다.

112 법률행위의 무효

법률행위가 성립한 당초부터 법률상 당연히 그 효력이 발생되지 않는 것으로 확정되어 있는 것을 말한다.

113 무효행위의 전환

어떤 법률행위가 무효이기는 하지만 그것이 다른 법률행위로서 요건을 갖추고 양자의 법률효과가 사회, 경제적 목적에 있어서 유사한 것이며 당사자도 구체적 사정에 비추어 그 다른 법률행위로서의 법률효과를 원하였을 것이라고 인정하는 때에는 그 다른 법률행위가 행해진 것으로 인정하는 것을 말한다.

114 무효행위의 추인

어떤 법률행위가 무효인 경우에 그 무효의 원인이 없어진 것을 전제로 하여 그 추인한 때로부터 새로운 법률행위로 보는 것을 말한다.

115 법률행위의 취소

일단 유효하게 성립된 법률행위에 무능력 또는 의사표시에 결함이 있는 경우, 취소권자가 그 법률행위를 취소할 수 있는 것으로 하고, 이 경우 그 취소를 하게 되면 소급해서 무효로 처리되는 것을 말한다.

116 법률행위의 철회

아직 법률행위의 효력이 발생하지 않은 것에 대하여 그 효력을 장래를 향하여 저지시키는 것을 말한다.

117 법률행위(계약)의 해제

유효하게 성립된 계약에 있어서 당사자 일방의 채무불이행이 있는 경우, 그의 상대방이 일방적으로 계약을 소급적으로 소멸시키는 것을 말한다.

118 법정추인

취소할 수 있는 행위에 대해 일반적으로 추인이라고 인정할 수 있는 일정한 사실이 존재할 때 취소권자의 추인 의사를 묻지 않고 법률상 당연히 추인이 있었던 것으로 간주하는 것을 말한다.

119 조건

법률행위의 효력의 발생 또는 소멸을 장래 발생할 것인가의 여부가 불확실한 사실에 의존케 하는 법률행위의 부관을 말한다.

120 기한

법률행위의 효력의 발생, 소멸 또는 채무의 이행을 장래에 발생하는 것이 확실한 사실에 의존케 하는 법률행위의 부관을 말한다.

121 기한의 이익

기한이 도래하지 않음으로써 당사자가 받는 이익을 말한다.

122 기간

어느 시점에서 어느 시점까지 계속된 시간의 구분을 말한다.

로스쿨 민법입문

제1편
민법총칙

제1장 민법의 서론

제1절 민법의 의의

Ⅰ 민법의 의미

민법은 ① 개인과 개인 사이의 생활을 규율하는 '사법'이며(국가와 국민과의 생활을 규율하는 공법과 다르며), ② 사람이기만 하면 누구에게나 일반적으로 적용되는 '일반사법'이며(상인만을 적용대상으로 하는 특별사법인 상법과 다르며), ③ 권리와 의무의 '발생·변경·소멸'을 규율하는 '실체법'(실체법상 의무의 위반 등이 있는 경우에는 일정한 절차를 규율하는 절차법과 다르다)이다.

Ⅱ 실질적 의미의 민법

'실질적 의미의 민법'은 '일반사법'으로서 '실체법'을 위미한다. 여기에는 민법전뿐만 아니라, 민법부속법률, 실질은 민법에 속하면서도 특별법의 형식을 취하고 있는 민사특별법(예 부동산실명법, 주임법, 가담법 등)을 포함한다. 민법 제1조는 실질적 의미의 민법에 관해 그 범위와 적용순위를 정하고 있다.

Ⅲ 형식적 의미의 민법 –민법전

'형식적 의미의 민법'은 '현행민법전'을 말한다.

I 법원의 의의

1. 개념

법원이란 '법의 연원'을 의미하는 것으로서 법을 인식할 수 있는 '법의 존재형식'을 말한다. 즉, 개인과 개인 사이에 분쟁이 있는 경우에 이를 해결하기 위해서 적용되는 것을 말한다.

2. 민법 제1조

> **제1조 【법원】** 민사에 관하여 법률에 규정이 없으면 관습법에 의하고 관습법이 없으면 조리에 의한다.

민법은 제1조에서 민법의 법원으로 인정되는 '범위'와 그들 간의 '적용순위'를 정하고 있다. 구체적으로는, ① 민사관계의 법원은 법률·관습법·조리의 3가지에 한정되며, ② 민사에 관하여 우선적으로 법률이 적용되며, ③ 관습법은 법률이 없을 때만 보충적으로 적용되고, ④ 조리는 관습법마저도 없을 경우 최후적으로 적용된다. ⑤ 즉 제1조는 민사에 관하여 「법률 ⇨ 관습법 ⇨ 조리」의 순으로 적용됨을 규정하고 있다.

II 민법의 법원의 종류

1. 법률

> **(법률의 적용 예)** 예컨대, 甲이 乙에게 1억원을 꿔준 경우 나중에 乙이 1억원을 갚지 않을 것을 대비해서 1억원 정도의 乙 소유의 물건에 저당권을 설정하는데 이는 민법 제356조에 기해서 저당권설정등기를 경료해 두는 경우가 대부분이다. 이 경우 乙이 甲에게 돈을 갚지 않으면 법률인 민법 제356조가 적용되어 甲은 乙로부터 1억원을 받는 대신 乙 소유의 물건을 취득함으로써 1억원을 변제받는 결과가 된다. 이는 법률이 적용되는 경우이다.

민법 제1조의 법률은 성문법, 즉 제정법을 말한다. 국회에서 제정한 법률은 물론이고 그 하위법규범(=명령, 대통령의 긴급명령, 자치법규인 조례와 규칙, 대법원규칙), 헌법에 의해 체결·공포된 조약이나 일반적으로 승인된 국제법규 등이 민사에 관한 것이면 민법의 법원이 된다.

2. 관습법

가. 서설

> **(관습법의 적용 예)** 예컨대, 甲이 乙에게 1억원을 꿔준 경우 나중에 乙이 1억원을 갚지 않을 것을 대비해서 1억원 정도의 乙 소유의 동산을 대신 받아 두고, 만일 乙이 甲에게 돈을 갚지 않으면 甲은 위 동산을 팔아서

1억원을 변제받는 경우도 있는데 이런 경우는 민법에 아무런 규정이 없다. 그러나 우리나라 사회에는 이러한 관행이 있었고, 사회구성원이 위와 같은 관행에 따르기로 **승인**하여 왔는데 이러한 관행을 **대법원 판례**가 인정함으로써 법과 같은 효력을 갖게 되었다. 이를 법률용어로 **양도담보**라고 한다. 이렇게 성립한 법을 **관습법**이라고 한다.

관습법이란 'ⅰ) 사회의 거듭된 관행으로 ⅱ) 사회의 법적 확신에 의하여 법적 규범으로 승인되기에 이르고, ⅲ) 헌법을 최상위 규범으로 하는 전체 법질서에 반하지 아니하는 것으로 ⅳ) 민사에 관한 법원(제1조)을 말한다(법원이 되며, 직권조사사항이다).

나. 성립요건

관습법으로 성립되기 위해서는 ① '관행'이 존재할 것, ② 관행이 '법적 확신'을 취득할 것, ③ 관행이 '헌법을 최상위 규범으로 하는 전체 법질서에 반하지 아니하는 것'으로서 '정당성과 합리성'이 있다고 인정될 수 있을 것을 요한다(판례).

다. 효과 - 법원(法源)

관습법은 민사에 관하여 법원이 된다(민법 제1조, 이하 법이라고 함).

① **(인정 예) 판례**에 의해 관습법으로 인정되고 있는 것으로 ⅰ) 동산 양도담보, ⅱ) 관습법상 법정지상권, ⅲ) 명인방법, ⅳ) 명의신탁(단, 부동산에 있어서는 현재 부동산실명법의 규제를 받음을 주의할 것), ⅴ) 분묘기지권, ⅵ) 사실혼 등이 있다. - 이들은 개별적으로 후에 설명함

② **(부정) 판례**는 ⅰ) 온천에 관한 권리, ⅱ) 관습법상 사도통권, ⅲ) 미등기 무허가건물의 양수인에게는 소유권에 준하는 관습상 물권 등은 인정하지 않는다.

라. 관습법의 효력상실

1) 사유

(관습법의 효력상실의 예) 우리 사회에 ① 종중 구성원의 자격을 성년 남자만으로 제한하는 종래의 관습법이 있었는데, ② 현재 사회에는 양성평등 원칙이 지배적이어서 성년 남자만 구성원이라는 위 관행에 대한 법적 확신이 소멸하였으며, ③ 헌법의 남녀평등원칙에 반하여 더 이상 법적 효력을 가질 수 없게 되었다. 따라서 위 관습법은 효력을 상실하였다고 할 것이다.

이와 같이 **판례**는 『① 관습법으로 '승인된 관행'이 ② '법적 확신'을 갖지 않게 되었다거나(성립요건 2), ③ '전체 법질서'에 부합하지 않게 되었다면(성립요건 3) 관습법으로서의 효력을 상실한다』고 본다.

2) 조리에 의하여 보충 - 제1조

민법 제1조에 의해서 관습법의 효력이 상실되면 조리(사회의 건전한 상식)에 의해서 보충한다. **판례**는 『성년 남자만 구성원으로 보았던 관습법이 효력을 상실하고, '성년 남자와 여자 모두 종중의 구성원'이 된다고 보는 것이 조리에 합당하다』고 보았다.

Ⅰ 근대 민법의 3대 기본원칙

소유권절대의 원칙(사유재산권존중의 원칙-주로 물권법 영역), 사적 자치의 원칙(계약자유의 원칙 및 법률행위 자유의 원칙-주로 채권법 영역), 과실책임의 원칙(자기책임의 원칙-불법행위와 채무불이행책임 영역)을 말한다.

Ⅱ 근대 민법의 3대 원칙의 수정

1. **공공복리의 원칙**(사회적 형평의 원칙)
2. **사적 자치의 원칙**(→ 계약의 공정)
3. **소유권 존중의 원칙**(→ 소유권행사의 공공성)
4. **과실책임의 원칙**(→ 무과실책임 내지 위험책임)

제4절 민법의 적용 및 해석

제5절 민법의 효력범위

제2장 법률관계와 권리·의무

제1절 법률관계

I 법률관계

1. 법률관계의 내용

> (법률관계의 예) 예컨대, 개인의 생활관계 중 물건을 팔고 사는 매매는 민법 제563조, 돈을 꾸고 갚는 소비대차는 민법 제598조, 살 집을 월세는 내고 얻는 임대차는 민법 제618조 등에 의해서 규율되는데 이를 법률관계라고 한다. 그리고, 물건을 산 사람(매수인)이 물건을 판 사람(매도인)에게 돈을 주었는데도 매도인이 물건을 안 주면 매수인은 민법 제563조에 의해서 매도인에게 물건을 달라는 소송을 제기하여 승소판결을 받아서 물건을 강제적으로 받아 올 수 있다는 점이 법률관계의 강제력이며, 이는 다음에서 보는 호의관계와 다른 점이다.

개인들 사이의 생활관계 중 법률에 의하여 규율되는 생활관계를 법률관계라고 한다. 이러한 민법상 법률관계는 법률의 힘에 의하여 그 내용을 강제적으로 실현할 수 있다는 점에서, 강제력이 없는 다른 사회규범과 구별된다.

2. 호의관계

가. 의의

> (호의관계의 예) 예컨대, 출근하는 길에 자동차에 동승하는 것을 약속(호의동승)하거나, 옆집의 아이를 그의 부모의 외출 중에 돌보아주겠다고 약속하는 것 등은 민법에 규정이 없기 때문에 민법에 규율되는 것이 아니다. 따라서 이런 관계는 법률관계가 아니라 사실관계 또는 호의관계라고 한다.

호의(好意)에 기해 일정한 이익을 주고 받는 생활관계를 말한다. 즉 민법 규정이 적용되는 경우는 법률관계, 민법 규정이 적용되지 않는 관계는 호의관계라고 이해하면 될 것이다.

나. 법률관계와의 구별

호의관계는 ① 급부자에게 법률적 의무가 없음에도 불구하고 '무상'으로 급부를 하는 데 특징이 있으며(위 예에서 호의로 차를 태워 주기로 약속한 경우 차를 태워 준 대가를 주지 않아도 된다), ② 상대방에게 급부청구권이 인정되지 않고 따라서 그것을 '강제적'으로 실현시킬 수 없다는 점(위 경우 차를 호의로 태워주고 대가를 주지 않는 경우 돈을 달라고 소송을 제기하여 강제로 돈을 받을 수 없다. 왜냐하면 이는 호의관계로 이를 강제로 규율하는 법률이 없기 때문이다)에서 법률관계와 구별된다. ③ 따라서 법률관계와의 구별은 당사자가 구체적으로 '법적 구속을 받을 의사가' 있느냐에 따라 판단한다(무상으로 급부한다고 하여 항상 호의관계로 되는 것은 아님 ⇨ 돈을 공짜로 꿔주는 증여계약, 물건을 공짜로 빌려주는 사용대차계약은 민법 제554조, 제609조에서 규정되어 있기 때문에 법률관계가 된다).

다. 호의관계의 법률관계로의 편입 – 호의동승은 채권각론 참고

> **(법률관계로 이전의 예)** 위 예에서 甲이 乙을 호의로 차를 태워주다가 사고가 나서 乙이 상해를 입은 경우 乙은 甲에게 손해배상을 청구할 수 있는데, 이는 민법 제750조의 불법행위로 인한 손해배상규정에서 규율하고 있기 때문이다. 즉 손해가 난 경우에는 호의관계에서 법률관계로 이전된다.

원칙적으로 호의관계는 법률문제가 발생하지 않으나 그에 수반하여 손해가 발생한 경우에는 그 손해까지 호의관계로 되는 것은 아니며, 이는 법률관계에 속하는 사항(제750조의 불법행위)으로 가해자에게 손해배상 책임이 인정된다.

Ⅱ 권리와 의무

> **(권리와 의무의 예)** 예컨대, 甲이 자기 소유의 토지를 팔겠다고 매도청약의 의사표시를 하였고, 乙이 甲 소유의 토지를 사겠다고 매수승낙의 의사표시를 하고, 의사의 합치가 있는 경우 甲과 乙 사이에 매매계약이 유효하게 성립하고, 이러한 매매계약을 법률요건으로 법률효과가 발생하는바, ① 매도인 甲은 乙에게 위 부동산의 인도 및 소유권이전등기를 마쳐주어야 할 의무가 있으며, 乙에게 매매대금의 지급을 청구할 권리가 있고, ② 매수인 乙은 매매대금을 지급할 의무가 있으며, 매도인 甲에게 위 부동산의 인도 및 소유권이전등기를 청구할 권리가 있다.

이와 같이 ① 권리는 일정한 생활상의 이익을 얻을 수 있는 법률상 힘을 말하며(위 예에서 甲은 乙로부터 돈을 받을 생활상 이익을, 乙은 甲으로부터 소유권을 취득할 생활상 이익을 얻을 수 있는 힘을 민법 제563조로부터 얻을 수 있다), ② 의무는 의무자가 반드시 따라야 할 법률상의 구속을 말한다(위 예에서 甲은 乙에게 소유권을 반드시 이전해 주어야 할 구속을, 乙은 甲에게 매매대금으로 돈을 주어야 할 구속을 민법 제563조에 의해서 부담한다).

Ⅲ 권리의 경합

1. 의의

'권리의 경합'이란 '하나의 사실이 수 개의 법률요건을 충족함으로써 여러 개의 권리가 발생하는 경우'를 말한다. 여기에는 청구권경합과 법조경합이 있다.

2. 청구권경합 – 청구의 선택적 병합 – 소송물 2개

> **(청구권경합의 예)** 예컨대, 甲이 乙회사의 버스를 타고 가다가 사고가 나서 1,000만원의 손해를 입은 경우 甲은 乙회사에 대해서 乙회사의 운송계약상 채무불이행으로 인한 손해배상청구권과 불법행위로 인한 손해배상청구권 등 2개 청구권을 취득한다. 이때 甲은 2개 청구권 중 어느 청구권이나 따로 청구할 수 있고, 만일 甲이 乙에게 채무불이행으로 인한 손해배상청구권을 행사하여 1,000만원을 지급받은 경우에는 甲이 1,000만원 받으려는 목적이 달성되었으므로 채무불이행으로 인한 손해배상청구권뿐만 아니라 불법행위로 인한 손해배상청구권도 함께 소멸한다. 이때 채무불이행으로 인한 손해배상청구권과 불법행위로 인한 손해배상청구권을 청구권경합이라고 하며, 2개의 청구권이 발생한다.

즉, **청구권경합**이란 '경합하는 여러 개의 권리 중 하나의 권리를 행사함으로써 만족을 얻게 되면 다른 권리는 소멸하나, 경합하는 여러 개의 권리는 각각 독립해서 존재하고, 따로 행사할 수 있으며, 시효기간 등에 있어서 따로 취급되는 경우'를 말한다.

3. 법조경합 – 일반법과 특별법의 경합 – 소송물 1개

> **(법조경합의 예)** 예컨대, 자동차 소유자인 甲이 차 운행 중 타인 乙을 치어 乙에게 손해를 입힌 경우에, 운행자 甲은 乙에게 사고에 대해서 민법 제750조와 자동차손해배상 보장법 제3조의 책임을 지지만, 후자가 전자에 대한 특별법으로서 후자에 의한 손해배상청구권만이 인정된다.

즉, **법조경합**이란 '하나의 사실이 수개의 법규가 정하는 요건을 충족하지만, 그 중의 한 법규가 다른 법규를 배제하고 우선 적용되는 경우'를 말하며, 주로 '일반법과 특별법'의 관계에서 나타나며, 특별법이 우선 적용된다. 이러한 법조경합은 민사소송에서는 청구의 병합이 아니라 1개 청구로 취급된다.

제2절 | 신의성실의 원칙 – 저지의 항변

I 서설

1. 의의

> **제2조【신의성실】** ① 권리의 행사와 의무의 이행은 신의에 좇아 성실히 하여야 한다. ② 권리는 남용하지 못한다.

신의칙이란 계약관계와 같이 '일정한 법률관계'에 있는 자는 서로 상대방의 신뢰에 어긋나지 않도록 성실하게 행동해야 한다는 원칙을 말한다(제2조 제1항). 그 예는 파생원칙에서 보기로 한다.

2. 법적 성격

신의칙은 ① 민법 전반에 걸쳐 적용되는 **추상적 규범**이고, ② 개별적·구체적 규범에 의해 합리성을 확보할 수 없는 경우에 적용되는 **보충적 규범**의 성격을 갖는다. ③ 민사소송에 **판례**는 『신의칙에 반하는 것 또는 권리남용은 강행규정에 위배되므로, 당사자의 주장이 없더라도 법원은 직권으로 판단할 수 있다』고 본아 제2조 제1항을 강행규정으로 '**직권조사사항**'으로 본다. — 이는 민사소송에서 후술하기로 함

Ⅱ 적용요건

판례는 『신의성실의 원칙에 위배된다는 이유로 그 권리 행사를 부정하기 위해서는, ① 상대방에게 신의를 공여하였다거나, 객관적으로 보아 상대방이 신의를 가짐이 정당한 상태에 이르러야 하고, ② 이와 같은 상대방의 신의에 반하여 권리를 행사하는 것이 정의관념에 비추어 용인될 수 없는 정도의 상태에 이르러야 한다』고 본다.

Ⅲ 신의칙 적용의 효과

권리행사가 신의칙에 위반하는 때에는 권리의 남용이 되므로 권리행사로서의 효과가 생기지 않는다. 구체적으로 원고의 권리행사가 신의칙에 반하는 권리행사라는 피고의 주장은 '**권리저지의 항변**'으로 이와 같은 항변이 인정되면 법원은 '**청구기각판결**'을 선고하게 된다.

Ⅳ 파생원칙

1. **사정변경의 원칙** — 권리멸각의 항변 — 신의칙은 권리저지규정의 성격을 가지나 이 경우만 해제 또는 해지권이 발생함

가. 의의

> (사정변경원칙의 예) 예컨대, 2015.1.5. 甲은 甲 소유의 X토지를 乙에게 그 당시 시가인 5억 원에 매도하였고, 매매대금과 소유권이전등기는 10.5.에 해주기로 약정하였는데, 7.5.경 위 토지가 개발제한구역으로 지정되어 토지 시가가 1억 원으로 하락한 경우, 乙은 매매대금으로 5억 원을 지급해야 한다면 현저히 공평원칙 또는 신의칙에 반한다.

따라서 이러한 경우를 乙은 ⅰ) 매매계약을 체결한 법률행위 성립 당시 기초가 된 객관적 사정에(매매대금이 5억 원이었던 사정), ⅱ) 당사자가 예견할 수 없었던 변경이 발생하고(乙이 예견할 수 없었던 국가의 X토지 개발제한구역지정으로 토지 가격이 1억 원으로 하락하는 변경이 발생), ⅲ) 당초의 계약 내용대로의 구속력을 인정한다면 현저히 신의칙에 반하는 경우(乙이 원래 계약대로 5억 원을 지급해야 한다면 현저히 신의칙에 반함), ⅳ) 계약의 내용을 변경된 사정에 맞게 수정하거나 해제 또는 해지할 수 있다(1억 원으로 계약내용을 수정하거나, 매매계약을 해제하여 없던 것으로 함). 이를 '사정변경의 원칙'이라고 한다.

3. 금반언과 실효의 원칙

가. 자기모순금지의 원칙-금반언의 원칙

1) 의의

> (금반언의 예) 토지매매계약이 무효임에도 이를 매수한 乙이 매매가 유효임을 주장하여 소유권이전등기를 마치고 소유자로 행세하여 매도인 甲도 이를 유효하다고 믿고 있었는데, 토지에 대해서 세금이 부과되자 세금부과를 면하기 위하여 乙이 위 매매계약이 무효라고 주장하는 것은 선행행위와 모순된 후행행위로 신의칙에 반하여 허용되지 않는다.

이와 같이 모순행위금지의 원칙이란 '선행행위가 있고, 상대방이 선행행위를 신뢰하였는데, 선행행위와 모순된 후행행위로 신뢰를 해치는 경우, 그 후행행위를 허용하지 않는 원칙'을 말한다.

2) 적용요건

① 행위자의 선행행위가 있을 것(위 예에서 매매가 무효임에도 유효임을 주장하여 소유권이전등기를 함), ② 상대방은 선행행위로 인하여 정당한 신뢰를 형성하였을 것(위 예에서 매도인 甲이 매매가 유효라고 믿고 있었음), ③ 행위자가 선행행위와 모순되는 후행행위를 하였을 것(위 예에서 매수인 乙이 매매가 무효라고 주장하는 것)을 요건으로 한다.

3) 효과-저지의 항변

선행행위에 모순되는 권리의 행사는 허용되지 않는다(위 예에서 매수인 乙의 매매무효 주장은 허용되지 않는다). 이미 후행행위가 행사되었더라도 그 법적 효과가 발생하지 않는다.

나. 실효의 원칙-부작위에 의한 금반언의 원칙

1) 의의

> (실효의 원칙의 예) 회사로부터 퇴직금을 수령하고 회사의 면직처분에 대해서 전혀 다툼이 없이 다른 직종에 종사하여 오다가 면직처분 후 10년이 지난 후에 면직처분 무효확인의 소를 제기하는 것은 실효의 원칙에 의해 허용될 수 없다.

이와 같이 실효의 원칙이란 ' i) 권리자가 상당기간 권리를 행사하지 아니하여(위 예에서 10년간 면직처분 무효 주장을 하지 않음), ii) 상대방이 더 이상 그 권리가 행사되지 아니할 것으로 신뢰할 만한 정당한 기대를 가지게 된 경우(위 예에서 회사는 더 이상 면직처분 무효 주장을 하지 않을 것으로 믿음), iii) 새삼스럽게 권리자가 그 권리를 행사하는 것은(위 예에서 10년이 지나서 면직처분 무효확인의 소를 제기함), iv) 신의칙에 위반되어 허용되지 아니한다는 원칙'을 말한다.

2) 인정 근거

이에 대해서는 **판례**는 '부작위에 의한 금반언의 원칙'으로서 신의칙의 파생원칙으로 본다. 즉 실효의 원칙의 근거를 '자기모순금지의 원칙'에서 도출한다.

3) 실효의 요건

① 권리자가 실제로 권리를 행사할 수 있는 기회가 있어서 그 권리 행사의 기대가능성이 있었을 것, ② 상당한 기간이 경과하도록 권리를 행사하지 아니하였을 것, ③ 의무자인 상대방으로서도 이제는 권리자가 권리를 행사하지 아니할 것으로 신뢰할 만한 정당한 기대를 가지게 되었을 것, ④ 새삼스럽게 그 권리를 행사하였을 것을 요한다.

4) 효과 – 저지의 항변

권리의 행사가 실효요건을 충족하는 경우 그 권리의 행사는 권리남용이 되어 허용되지 않는다(위 예에서 10년이 지나서 제기한 면직처분 무효확인의 소는 청구기각됨). 다만 실효된 권리가 완전히 소멸되는 것은 아니며, 그 권리의 행사만 저지된다.

5) 적용범위

실효의 원칙은 ① 청구권·형성권·항변권 뿐 아니라 물권·친권·상속권 등에 관하여도 원칙적으로 적용되며, ② 특히, **판례**는 '해고무효확인 등의 고용관계를 둘러 싼 분쟁'에서 실효의 원칙을 자주 적용하고 있다. ③ 다만, **소유권**이나 **친권**과 같이 배타적·항구적인 권리에서는 그 '권리의 본질과 배치되지 않는 범위'에서만 이를 인정하고 있으며, ④ **인지청구권**은 '일신전속적 권리'로서 '포기'가 허용되지 않는 이상 거기에 '실효의 법리'가 적용될 여지도 없다.

다. 한계

> **(금반언 적용의 한계)** 금반언에 의하여 권리 행사를 부인하는 것이 민법의 기본질서 또는 강행법규의 취지에 반하게 되는 경우에는 금반언의 원칙이 적용되지 아니한다.

> **(국토이용관리법 위반의 경우)** i) 강행법규인 구 국토이용관리법을 위반한 자가 후에 무효를 주장하는 경우 이를 신의칙에 위배된다는 이유로 배척한다면, ii) 동법의 '입법취지를 완전히 몰각시키는 결과'가 되므로, iii) 그러한 무효주장은 금반언의 원칙에 반하지 않는다.

> **(제한능력자의 행위)** i) 미성년자의 법률행위에 법정대리인의 동의를 요하도록 하는 것은 강행규정이므로, ii) 법정대리인의 동의 없이 체결한 계약을 미성년자가 후에 법정대리인의 동의 없음을 이유로 취소하는 것을 신의칙 위반을 이유로 배척한다면, iii) 미성년자 제도의 입법 취지를 몰각시킬 우려가 있으므로, iv) 이를 취소하는 것이 금반언에 위배된 것이라고 할 수 없다.

제3장 권리의 주체

제1절 권리주체의 총설

권리능력이란 '권리의 주체가 될 수 있는 지위 또는 자격'을 말한다(제3조). 민법상 권리능력을 갖는 자는 '자연인'과 '법인'이다. 권리능력이 없으면 민법상 어떠한 권리도 없기 때문에 아무런 청구를 할 수 없다.

(권리능력의 예) 예컨대, 甲과 乙 사이에 매매계약이 유효하게 성립한 경우, ① 매도인 甲은 乙에게 매매대금의 지급을 청구할 권리가 있고, ② 매수인 乙은 매도인 甲에게 위 부동산의 인도 및 소유권이전등기를 청구할 권리가 있다. 이러한 권리를 가질 수 있는 자격을 권리능력이라고 하며, 자연인과 법인만이 권리능력을 갖는다.

(자연인과 법인의 차이) ① 자연인은 출생함으로써 권리능력을 갖지만, 법인은 법률에 의해서 설립등기를 함으로써 권리능력을 갖는다. ② 자연인은 사망함으로써 권리능력이 소멸하고, 법인은 해산과 청산절차가 종료함으로써 권리능력을 소멸한다.

제2절 자연인

제1관 자연인의 권리능력 -무효, -장애의 항변

제3조 【권리능력의 존속기간】 사람은 생존한 동안 권리와 의무의 주체가 된다.

Ⅰ 권리능력의 시기 -출생

① (출생 시) 민법은 사람은 생존하는 동안 권리와 의무의 주체가 된다고 규정하고 있으므로(제3조), 자연인은 '출생한 때부터' 권리능력을 취득한다(민법상 권리능력을 민사소송에서는 당사자능력이라고 한다). 살아서 출생

한 이상 기형아·조산아 등에 관계없이 권리능력을 갖는다. 권리능력 없는 자의 법률행위는 '무효'이다. ② (출생의 시기)에 관해 태아가 모체로부터 전부 노출한 때에 출생한 것으로 보는 '전부노출설'이 통설이다.

Ⅱ 권리능력의 종기 – 사망

① (사망 시) 자연인은 '사망'으로 권리능력이 소멸된다(제3조). 사망만이 유일한 권리능력 소멸사유이다. ② (사망의 시기)는 호흡과 심장의 고동이 영구적으로 정지한 때이다(맥박이 멈추었을 때 사망한 것으로 본다).

Ⅲ 태아의 권리능력

1. 태아 보호의 필요성과 개별적 보호

> (태아에 관련된 사례) 甲이 운전사 乙의 운전과실로 택시에 치여 즉사하였는데, 甲의 처 丙과 그의 태아 丁이 있는 경우 태아 丁이 乙에게 어떠한 권리를 행사할 수 있는지 문제된다. 태아는 생존한 사람이 아니므로 권리능력이 없다. 따라서 태아는 乙에게 손해배상청구를 할 수 없고 아버지 甲의 재산을 상속받을 수도 없다. 그러므로 민법은 태아를 보호해 주기 위해서 일정한 경우 권리능력을 인정하여 위 사안의 경우 태아는 乙에게 손해배상청구를 할 수 있고, 재산상속도 받을 수 있다.

태아는 '모체의 태(胎) 속에서 자라고 있는 아이'를 말한다. 사람은 생존한 동안 권리 의무의 주체가 된다(제3조). 제3조에 의하면 원칙적으로 태아는 사람이 아니므로 '권리능력'이 인정되지 않는다. 따라서 상속 등에서 불이익을 받게 되는바, '태아보호의 필요성'이 제기되어 민법은 중요한 법률관계에 한정하여 개별적으로 출생한 것으로 보는 '개별적 보호주의'를 취한다.

2. 민법상 태아의 권리능력이 인정되는 개별적인 경우 손상유인

가. 불법행위에 기한 손해배상청구권

① 태아는 손해배상청구권에 관하여는 이미 출생한 것으로 본다(제762조). ② (직접 귀속되는 경우) 제762조는 태아 자신에게 불법행위에 의한 손해배상청구권이 직접 귀속되는 경우는, ⅰ) '직계존속의 사망'에 대한 태아 자신의 '정신적 손해배상청구'의 경우(위 예에서 태아의 아버지 甲의 사망으로 인한 태아 자신의 정신적 손해배상청구를 할 수 있다)와 ⅱ) '태아 자신이 입은 불법행위'에 대한 재산적·정신적 손해배상청구를 하는 경우이다(예컨대 교통사고로 엄마 丙이 상해를 입었고, 이로 인하여 태아가 정상적으로 자라지 못하여 손해를 입은 경우 손해배상을 청구할 수 있다).

나. 상속

태아는 '재산상속'에 관하여는 이미 출생한 것으로 본다(제1000조 제3항: 위 예에서 아버지 甲의 사망으로 甲의 乙에 대한 손해배상청구권을 태아가 상속받아 나중에 상속권리로 乙에 대해서 손해배상을 할 수 있다). 그 결과 직접적인 규정이 없더라도 '대습상속권'(제1001조) 및 '유류분권'(제1112조)에 관하여도 이미 출생한 것으로 본다(→ 이는 후술함).

다. 유증

유증에 관한 '제1064조'는 상속에 관한 태아의 권리능력 규정인 '제1000조 제3항을 준용'하고 있으므로 유증에 관해서도 태아의 권리능력이 인정된다(예컨대, 태아 丁의 할아버지 戊가 X토지를 丁에게 유언으로 증여하였다면 태아 丁은 유증을 받을 수 있다).

라. 인지

父(아버지)는 임신 중에 있는 태아를 자기의 자식이라고 인지할 수 있다(제858조). 인지는 아버지가 혼인 외의 자를 혼인 중의 자로 인정하는 신분행위이다. 따라서 아버지가 혼인 외에서 임신한 태아를 인지하면 혼인 중의 자가 된다.

마. 나머지 청구권-부정

이와 같이 민법의 규정이 없으면 태아는 권리능력이 없기 때문에 나머지 청구권에 대해서는 권리능력이 없어 청구할 수 없다(태아 이름으로 청구를 하면 소각하된다).

3. 권리능력이 인정되는 경우 태아의 권리능력 취득시기

가. 문제점

「이미 출생한 것으로 본다」의 의미가 문제된다. 다만, 이러한 논의는 태아가 살아서 출생한 경우에만 의미를 가지며, 사산된 경우에는 어느 견해에 의하더라도 태아의 권리능력은 인정되지 않는다.

나. 판례의 입장 - 정지조건설

> (정지조건설에 관한 사례) 甲이 운전사 乙의 운전과실로 택시에 치여 즉사하였는데, 甲의 처 丙과 그의 태아 丁이 있는 경우 태아 丁은 태아인 상태에서는 乙에게 손해배상청구를 할 수 없고, 아버지 甲의 재산을 상속받을 수도 없다. 그러나 태아 丁이 살아서 출생하면(조건성취) 아버지가 교통사고 당한 시기에 소급해서 권리능력이 인정되어(정지조건) 태아 丁은 乙에게 손해배상청구를 할 수 있고, 재산상속도 받을 수 있는 것이다.

판례는 정지조건설의 입장으로 ① 태아인 동안 태아는 권리능력이 없고, ② 살아서 출생하면 문제의 사건의 시기에 소급해서 권리능력을 취득하며, ③ 따라서 태아인 동안 상속능력도 없으며, ④ 태아를 위한 법정대리인이 있을 수 없다.

제2관 자연인의 의사능력과 행위능력

I 의사능력 -무효, -장애의 항변

> (의사무능력에 관한 사례) 정신병자 甲이 10억 원 상당의 부동산을 乙에게 1억 원에 판 경우, 또는 술에 만취한 甲이 10억 원 상당의 부동산을 乙에게 1억 원에 판 경우에, 甲은 매매를 하면 10억 짜리 부동산을 1억 원에 팔면 소유권이 乙에게 이전되고, 甲은 엄청난 손해를 입는다는 효과를 판단할 수 없다. 이렇게 매매를 하면 어떤 효과가 발생하는지 판단할 수 있는 능력을 의사능력이라고 하며, 이런 능력이 없는 자를 의사무능력자라고 하며, 의사무능력자의 법률행위는 절대적으로 무효이다. 위 예에서 甲은 의사무능력자로서 甲이 부동산을 판 행위는 무효이다. 이렇게 계약이 무효가 되면 계약에 따른 채권과 채무가 생기지 않는다. 따라서 甲은 乙에게 부동산의 소유권을 이전해 줄 채무가 없다.

1. 의사능력의 의의

의사능력이란 '당사자가 한 의사표시가 어떠한 효과를 가져오는지에 대해 판단할 수 있는 능력'을 말한다. 의사능력에 대한 민법 규정은 없으나 사적자치원칙의 당연한 전제가 된다.

2. 의사능력 유무의 판단기준

의사능력의 유무는 '구체적인 법률행위'와 관련하여 '개별적'으로 판단된다.

3. 의사무능력자의 법률행위의 효력 -절대적 무효

의사무능력자의 법률행위는 '절대적 무효'이다. 그러나 의사무능력자에 의하여 행하여진 법률행위의 무효를 주장하는 것은 '신의칙'에 반하지 않는다.

II 행위능력 -취소, -멸각의 항변

1. 서설

가. 행위능력 제도의 의의 및 취지

> (행위능력과 제한능력자에 관한 사례) 예컨대 17세인 甲이 그 소유인 X토지를 乙에게 팔고, 乙에게 소유권을 이전해 준 경우 甲은 미성년자로서 제한능력자이다. 즉, 행위능력이 없기 때문에 단독으로 유효한 법률행위를 할 수 없다. 따라서 甲은 제한능력을 이유로 乙과의 매매계약을 취소할 수 있다. 매매계약을 취소하면 매매계약이 소급적으로 무효가 되기 때문에 甲은 乙로부터 소유권을 되찾을 수 있다. 이와 같이 민법은 제한능력자를 보호하면서 거래상대방 乙을 희생시키고 있다.

행위능력이란 '단독으로 완전·유효한 법률행위를 할 수 있는 능력'을 말한다(민법상 행위능력은 소송법에서 소송능력이라고 한다). 행위능력이 없는 자를 제한능력자라고 한다. 제한능력자의 법률행위는 취소할 수 있다.

판례는 행위능력제도를 '거래의 안전을 희생'시키더라도 '제한능력자를 보호'하고자 함에 근본적인 입법취지가 있다고 본다.

나. 제한능력자의 종류

제한능력자는 ① 만 19세가 되지 아니한 사람인 미성년자와 ② 정신적 제약으로 사무처리 능력이 결여되거나 부족한 경우 가정법원의 심판에 의해 행위능력이 전부 또는 부분적으로 제한되는 피성년후견인 및 피한정후견인이다.

다. 의사능력제도와의 관계

양자는 ① (차이점) i) 의사무능력자의 법률행위는 무효이나, 제한능력자의 법률행위는 취소할 수 있는 행위라는 점과 ii) 전자는 구체적·개별적으로 판단하지만, 후자는 획일적으로 판단한다는 점에서 차이가 있다. ② (유사점) 그러나 양자는 거래안전을 희생하더라도 의사 또는 제한능력자를 보호해야 한다는 점에 그 취지가 있다. 따라서 무능력을 이유로 한 무효 또는 취소로 선의의 제3자에게 대항할 수 있다.

> **(무효와 취소의 차이점)** ① 법률행위의 무효는 처음 효력이 없기 때문에 아무런 채권과 채무가 발생하지 않는다. ② 그러나 법률행위의 취소는 법률행위 시에는 유효하지만 후에 취소의 의사표시를 하면 법률행위 시로 소급해서 절대적으로 무효로 된다. 취소의 의사표시를 하지 않으면 법률행위는 유효하기 때문에 채권과 채무가 발생한다.

> **(개별적 판단과 획일적 판단의 차이점)** ① 의사무능력자인지는 개개의 행위마다 정신병자인지 술에 취한 자인지 개별 사건마다 판단해야 하지만, ② 제한능력자는 가족관계등록부라는 공적장부에 만 19세 미만, 피성년후견인, 피한정후견인이라고 기재되어 있으므로 위 등록부를 보면 획일적으로 판단할 수 있다.

> **(선의의 제3자에게 대항할 수 있다는 의미)** ① 위 예에서 17세인 甲이 그 소유인 X토지를 乙에게 팔고, 乙에게 소유권이전등기를 해준 다음, 乙이 다시 丙에게 위 X토지를 팔고 소유권이전등기를 해준 경우에 ② 甲이 행위능력이 없다는 이유로 乙과의 매매계약을 취소하고, 乙과 丙으로부터 소유권을 되찾을 수 있는지 문제된다. ③ 이때 거래안전을 우선하면 선의의 丙은 소유권을 완전히 취득하여 丙으로부터는 소유권을 되찾을 수 없다. 선의라 함은 어떠한 사실을 알지 못하는 것을 말하는데, 만일 丙이 '甲이 미성년자라는 사실을 알지 못하는 경우'에 선의의 제3자에 해당한다. ④ 그러나 민법은 거래안전을 희생시키더라도 제한능력자를 보호하는 것을 취지로 한다. 따라서 제한능력자 甲은 乙과의 매매계약을 취소하고 선의의 丙으로부터 소유권을 되찾아 올 수 있다. 이를 제한능력을 이유로 한 취소로 선의의 제3자에게 대항할 수 있다고 하는 것이다.

2. 미성년자의 행위능력

가. 미성년자의 의의

① 만 19세가 되지 아니한 사람을 미성년자라고 한다(제4조; 2013.7.시행 개정민법에 의하면 만 19세가 넘으면 성년자가 된다). ② (성년의제) 다만, 미성년자가 혼인을 한 때에는 성년자로 본다(제826조의2). 이후에 혼인이 해소되더라도 성년의제의 효과는 존속한다. 따라서 혼인한 후에 매매계약 등을 체결한 경우에는 이를 취소할 수 없다.

나. 미성년자 법률행위의 효력 – 취소 요건

1) 원칙 – 취소할 수 있다.

미성년자는 제한능력자이므로 독자적으로 유효한 법률행위를 할 수 없고, 그 행위를 취소할 수 있다(제5조 제2항). 취소는 미성년자 본인이나 법정대리인(예 부모)이 할 수 있다(제140조).

2) 예외 – 취소할 수 없는 경우 – 미성년자가 단독으로 유효하게 할 수 있는 법률행위

가) **법정대리인의 동의를 얻은 경우** – 제5조 제1항 본문: 미성년자가 법정대리인(예 부모)의 동의를 얻어 법률행위를 한 경우에는 위 법률행위를 취소할 수 없다(제5조 제1항 본문).

나) **단순히 권리만을 얻거나 의무만을 면하는 행위** – 제5조 제1항 단서: 부담이 없는 증여를 받는다든가, 채무의 면제를 받는 계약의 체결 등의 행위는 미성년자에게 이익만 주고 불이익이 되지 않으므로 단독으로 할 수 있다.

다) **범위를 정하여 처분이 허락된 재산의 처분행위** – 제6조: 범위를 정하여 처분을 허락한 재산은 미성년자가 유효하게 처분할 수 있으며, 취소할 수 없다(예컨대, 부모가 미성년자에게 생활비에 사용하라는 목적을 정하여 용돈 100만 원을 준 경우에 미성년자가 이를 가지고 술을 사먹어도 그 매매행위는 유효하며 이를 제한능력을 이유로 취소할 수 없다. 왜냐하면 이를 취소할 수 있다면 거래안전을 지나치게 해칠 우려가 있기 때문이다).

라) **영업이 허락된 경우, 그 영업에 관한 행위** – 제8조 제1항: 법정대리인으로부터 허락을 받은 특정한 영업에 관하여, 미성년자는 성년자와 동일한 행위능력을 가진다(예컨대, 부모가 미성년자에게 문방구에 대한 영업을 허락하여 미성년자가 문방구 물건을 구입하고 판매하는 행위는 유효하며, 이를 취소할 수 없다).

마) **촉구권** – 제15조: 상대방이 가지는 촉구권이란 '미성년자 측에게 취소할 수 있는 행위의 추인 여부의 확답을 촉구하는 권리'를 말한다. 미성년자의 상대방은, ① 법률행위를 특정하여 1월 이상의 유예기간을 정하여 추인 여부의 확답을 요구하여야 한다(제15조 제1항). ② 미성년자 측(성년이 된 미성년자나 법정대리인)이 추인 또는 취소의 확답을 한 경우에는 그에 따른 추인 또는 취소의 효과가 발생하며, 유예기간 내에 미성년자 측이 확답을 발송하지 아니한 경우에는, 그 행위를 '추인'한 것으로 간주한다(제15조 제1항·제2항).

> **(촉구권에 관한 사례)** ① 위 예에서 17세인 甲이 그 소유인 X토지를 乙에게 팔고, 乙에게 소유권이전등기를 해준 경우, 乙은 성년이 된 甲이나 甲의 부모에게 1월의 기간을 정하여 추인 여부의 확답을 촉구할 수 있다. ② 이때 추인이란 취소할 수 있는 행위를 추후에 인정하여 취소하지 않겠다는 의사표시이다. ③ 위 유예기간 내에 미성년자 측이 확답을 발송하지 아니한 경우에는, 그 행위를 '추인'한 것으로 간주한다. 추인은 취소하지 않겠다는 의사표시이므로 추인 후에는 다시 매매를 취소할 수 없다.

바) **철회권과 거절권** – 제16조: ① **(철회권 – 계약의 경우)** 미성년자와 계약을 체결한 자는 미성년자 측의 추인이 있기 전까지 법정대리인이나 미성년자에 대하여 자기의 의사표시를 철회할 수 있다(제16조 제1항 본문). 그러나 상대방이 악의인 경우 철회권은 인정되지 않는다(동항 단서). ② **(거절권 – 단독행위의 경우)** 미성년자의 상대방 있는 단독행위에 대하여 상대방은, 미성년자 측의 추인이 있기 전까지 미성년자나 그 법정대리인에 대하여 미성년자의 의사표시를 거절할 수 있다(제16조 제2항). 상대방이 미성년자의 의사표시를 거절하면 그 단독행위는 무효가 된다.

(철회권에 관한 사례) ① 위 예에서 17세인 甲이 그 소유인 X토지를 乙에게 판 경우, 乙은 甲이 추인(취소하지 않겠다는 의사표시)이 있기 전에 매매계약을 철회할 수 있다. ② 철회하면 매매계약은 소급하여 무효가 된다. 따라서 甲이 매매계약을 취소할 수 없다. ③ 이때 乙은 선의, 즉 甲이 미성년자임을 알지 못한 경우에만 철회할 수 있다. 乙이 악의인 경우에는 철회할 수 없다. 악의란 어떠한 사실을 알고 있는 것을 말하는데 여기서는 乙이 甲이 미성년자임을 알고 있는 경우를 말한다.

사) **제한능력자의 속임수**─제17조: 미성년자 자신이 ① 상대방으로 하여금 자기가 능력자임을 오신케 하거나, ② 법정대리인의 동의가 있는 것으로 오신케 하기 위하여 속임수를 쓴 경우에는 미성년자의 취소권이 배제된다(제17조). 보호가치가 없는 미성년자에 대해서 취소권을 박탈한다.

(속임수에 사례) ① 위 예에서 17세인 甲이 그 소유인 X토지를 乙에게 팔면서, 주민등록등본을 위조하여 25세로 속인 경우 甲은 제한능력을 이유로 乙과의 매매계약을 취소할 수 없다. ② 또한 위 예에서 17세인 甲이 그 소유인 X토지를 乙에게 팔면서, 甲의 부모로부터 동의가 있다고 속인 경우에도 甲은 제한능력을 이유로 乙과의 매매계약을 취소할 수 없다.

제3절 법인

제1관 법인의 의의

Ⅰ 법인의 의의

(법인에 사례) ① 법인은 법률에 의해서 만들어진 권리능력자로 예컨대 회사를 생각하면 된다. 이러한 법인은 사람의 머릿속에서만 존재하는 관념적 존재이다. ② 따라서 법률에 반드시 근거가 있어야 한다. 이를 법인의 법정주의라고 한다(민법 제31조). 법률에 의하지 않고는 법인은 성립될 수 없다.

법인이란 '법률에 의하여 법인격이 인정된 단체 또는 재산'을 말한다. 민법은 자연인 외에 법인도 권리능력을 인정하고 있다. 법인에는 사단법인과 재단법인이 있는데, ① 사단법인이란 '구성원과 독립하여 권리·의무의 주체로 인정되는 단체'를 말하며, ② 재단법인이란 '일정한 목적을 위한 재산의 집합에 법인격이 부여된 것'을 말한다.

Ⅱ 법인의 설립근거

이와 같이 법인은 ① 법률의 근거와 ② 정관과 ③ 설립등기가 있어야 한다.

제2관 법인의 설립

I 법인설립의 준칙과 성립시기

> 제31조【법인성립의 준칙】법인은 법률의 규정에 의함이 아니면 성립하지 못한다.
>
> 제32조【비영리법인의 설립과 허가】학술, 종교, 자선, 기예, 사교 기타 영리 아닌 사업을 목적으로 하는 사단 또는 재단은 주무관청의 허가를 얻어 이를 법인으로 할 수 있다.
>
> 제33조【법인설립의 등기】법인은 그 주된 사무소의 소재지에서 설립등기를 함으로써 성립한다.

민법은 법인의 성립에 관하여 법정주의를 취하고 있으며(제31조), 그 성립요건으로 목적의 비영리성, 주무관청의 허가, 설립등기를 요구한다(제31조, 제33조). 따라서 설립등기 시 법인이 성립되며, 등기 전에는 법인이 아니다(등기에는 토지등기부, 건물등기부와 같은 부동산 등기부가 있고, 법인을 설립할 때에 하는 법인설립등기가 있다).

II 비영리사단법인의 설립요건 – 목적의 비영리성 / 설립행위 / 주무관청의 허가 / 설립등기

1. 목적의 비영리성

2. 설립행위 – 정관작성

사단법인의 설립행위는 정관의 작성행위이며, 2인 이상의 설립자가 일정한 사항을 기재한 정관을 작성하여 기명날인하여야 한다(제40조).

3. 주무관청의 허가 – 제32조

4. 설립등기 – 제33조

설립등기는 법인의 성립요건으로 설립등기에 의해 법인격을 취득한다.

III 비영리재단법인의 설립

1. 설립요건

① 목적의 비영리성, ② 설립행위, ③ 주무관청의 허가, ④ 설립등기의 요건을 갖추어야 하는데, ⑤ 재단법인에서는 설립행위에 있어서 정관작성 외에 재단법인의 실체가 될 재산의 출연이 필요하다는 점에서 사단법인과 차이가 있다.

2. 증여·유증에 관한 규정의 준용

> **제47조【증여·유증에 관한 규정의 준용】** ① 생전 처분으로 재단법인을 설립하는 때에는 증여에 관한 규정을 준용한다. ② 유언으로 재단법인을 설립하는 때에는 유증에 관한 규정을 준용한다.

3. 재산의 출연

출연이란 '자기의 재산상의 손실로 상대방을 이득하게 하는 행위'로 '상대방 없는 단독행위'이다(즉, 재단법인을 만들기 위해서 자기 재산을 내놓는 행위를 말한다). 출연재산의 법인에의 귀속시기에 대해서 제48조가 규정하고 있다.

> **제48조【출연재산의 귀속시기】** ① 생전 처분으로 재단법인을 설립하는 때에는 출연재산은 법인이 설립된 때로부터 법인의 재산이 된다.
> ② 유언으로 재단법인을 설립하는 때에는 출연재산은 유언의 효력이 발생한 때로부터 법인에 귀속한 것으로 본다.

① (문제점) 민법상 권리변동의 효력발생시기에 관한 규정에 의하면 출연재산이 부동산인 경우에는 등기 시(제186조), 동산인 경우에는 인도 시(제188조)에 재단법인의 재산이 된다. 여기서 재단법인 설립 시 출연재산의 귀속시기가 제48조에 정한 시기인지 아니면 제186조 등에서 정한 시기인지가 문제된다.
② (판례의 입장) 판례는 ⅰ) (대내적 관계) 출연자와 법인 사이에는 제48조에 의해 '설립등기 시' 재단법인에 귀속하지만, ⅱ) (대외적 관계) 법인과 제3자 사이에는 법인이 제3자에게 대항하려면 '제186조에 따라서 소유권이전등기'를 해야 한다고 하여 '소유권의 관계적 귀속'을 인정하고 있다.

> **(재단법인 출연재산 귀속시기에 관한 사례)** ① (대내관계) 甲이 X재단을 만들면서 Y토지를 출연한 경우 X재단 설립등기 시 Y토지는 X재단의 소유가 된다. 이렇게 출연자와 재단만이 있을 때를 대내관계라고 한다. ② (대외관계) 甲이 X재단을 만들면서 Y토지를 출연한 후 위 토지를 乙에게 매도하고 소유권이전등기를 해준 경우 乙이 먼저 토지에 소유권이전등기를 하였기 때문에 乙이 소유권을 취득한다. 이와 같이 출연자와 재단 이외에 제3자가 나타나면 대외관계라고 한다.

제3관 법인의 능력과 대표기관의 행위에 대한 법인의 책임

Ⅰ 문제의 소재

자연인은 권리능력과 의사능력 및 행위능력이 있어야 유효하게 법률행위를 할 수 있다. 법인은 자연인과 같은 의사가 없기 때문에 의사능력은 없고, 권리능력과 행위능력이 있으며, 이 범위에서 유효하게 법률행위를 할 수 있다. 그리고 법인은 관념상의 존재이기 때문에 법인이 직접 행위를 할 수는 없으며, 법인의 대표기관인 대표이사인 자연인의 행위에 의해서 행위를 할 밖에 없다.
이러한 대표기관의 행위에 대하여 법인은 ① 대표기관의 법률행위로 인한 계약상 이행책임, ② 대표기관의 불법행위로 인한 불법행위책임을 부담할 수 있는지 문제된다.

① 대표기관의 행위에 대하여 법인이 계약상 이행책임을 지기 위해서는 ⅰ) 대표기관이 법인의 정관 목적 범위 내의 행위를 해야 하고(권리능력의 문제), ⅱ) 대표권 범위 내의 행위를 해야 하며(대표권 제한의 문제), ⅲ) 법인에게 법적 효과를 귀속시키려는 의사뿐만 아니라 경제적 이익도 귀속시키려는 의사가 있어야 한다(대표권 남용의 문제).

② 또한 대표기관이 직무에 관하여 행한 불법행위에 대하여 법인은 제35조의 책임을 진다.

Ⅱ 법률행위책임 – 계약상 이행책임

> **(법인의 법률행위책임에 관한 사례)** A법인의 대표이사 甲이 A법인의 권리능력 범위 내와 대표권 범위 내에서 법인의 이익을 위해서 상대방 乙로부터 1억 원을 차용하는 계약을 체결한 경우 위 차용계약은 A법인에게 유효하게 효력이 미치므로 이행기에 A법인은 乙에게 1억 원을 변제해야 한다.

1. 법인의 권리능력 범위 내의 행위일 것

법인은 자연인과 함께 권리능력이 있다. 다만 법인은 자연인이 아니므로 자연인과 같은 권리능력은 없으며, 법률에 근거해서 성립하므로 법률에서 제한하는 범위에서 권리능력이 없으며, 정관에서 권리능력을 정한 경우에는 그 범위에서만 권리능력이 있다.

가. 성질에 의한 제한 – 제한을 위반한 대표기관의 행위에 대해서 법인은 책임이 없다.

법인은 생명권, 친권, 신체상 권리 등을 향유할 수 없다. 또한, 민법은 상속인을 자연인에 한정하고 있으므로(제1000조 이하) 법인은 상속권이 없다. 반면, 법인도 재산권, 명예권, 성명권, 신용권 등은 있다.

나. 법률에 의한 제한 – 제한을 위반한 대표기관의 행위에 대해서 법인은 책임이 없다.

상법 제173조(회사는 다른 회사의 무한책임사원이 되지 못한다) 등이 있다. 법률에 의한 법인의 권리능력 제한은 법률에 의해서 법인이 일정한 법률행위의 권리·의무의 주체가 될 수 없다는 것을 의미하는 것이다. 따라서 회사가 다른 회사의 무한책임사원이 되기로 하는 계약을 체결하면 권리능력이 없어 무효이다.

다. 정관으로 정한 목적에 의한 제한 – 제34조, – 제한을 위반한 대표기관의 행위에 대해서 법인은 책임이 없다.

> **(정관으로 정한 목적에 의한 권리능력 제한에 관한 사례)** ① A법인의 정관에 정한 목적에 비영리사업만 하도록 규정되어 있었다. 그런데 위 법인의 대표이사는 甲은 영리사업을 위해서 乙과 매매계약을 체결한 경우 위 매매계약은 A법인의 정관으로 정한 권리능력의 제한을 위반한 계약으로 권리능력이 없어 무효이다. ② 위 A법인이 학교법인인 경우 대표이사 甲이 학교의 시설확충을 위해서 1억 원을 차용하는 계약을 체결한 경우 위 계약의 객관적·추상적 성질에 따라 판단할 때 학교법인의 정관 목적 달성에 직접·간접으로 필요한 행위라고 할 것이므로 권리능력 범위 내의 행위이다. 따라서 위 차용계약은 유효하다.

1) 의의 및 법적 성질

「법인은 정관으로 정한 목적의 범위 내에서 권리와 의무의 주체가 된다」(제34조). 본조에 대해서 **판례**는 제34조를 법인의 권리능력 제한규정으로 본다. 따라서 대표기관이 법인의 정관 목적 범위 외의 행위를 한 경우 그 행위는 '절대적 무효'이고, '제126조 표현대리'나 '추인'이 성립되지 않으며, 법인은 계약상 이행책임을 지지 않는다.

2) 목적 범위의 판단 ^{직간객추}

제34조의 「목적의 범위 내」의 의미가 문제되는바, **판례**는 목적 범위 내의 행위라 함은 ⅰ) 정관에 명시된 '목적 자체'에 국한되는 것이 아니라 ⅱ) 그 목적을 수행하는 데 있어 '직접·간접'으로 필요한 행위는 모두 포함되며, ⅲ) 목적수행에 필요한지의 여부는 행위의 '객관적·추상적 성질'에 따라 판단할 것이고 행위자의 '주관적 의사'에 따라 판단할 것은 아니라는 입장이다.

2. 대표기관이 대표권 범위 내의 행위를 하였을 것 – 행위능력과 대표권 제한

민법은 '법인의 행위능력'에 관하여 직접적인 명문규정을 두고 있지 않지만, 법인은 권리능력의 범위에서 모든 행위를 할 수 있으며 권리능력의 범위와 행위능력의 범위는 일치한다고 본다. 다만 법인이 직접 행위를 할 수는 없고 대표기관인 대표이사가 법인의 권리능력 범위 내에서 행위를 하면 법인 자체가 행위한 것이 된다. 이때 대표이사의 대표권은 법률과 정관에서 제한할 수 있는데 이 제한을 위반한 법률행위의 효력이 문제된다.

가. 법률에 의한 대표권 제한

> **(법률에 의한 대표권 제한에 관한 사례)** A학교법인의 대표이사는 甲은 감독청의 허가를 받지 않고 乙로부터 1억 원을 차용하는 계약을 체결하였다. 한편 사립학교법 제28조에서 학교법인의 대표이사가 금원을 차용하는 행위를 하는 경우 감독청의 허가를 받도록 규정하고 있다. 이 경우 대표이사 甲의 차용행위는 절대적 무효이다. 따라서 표현대리나 추인이 성립되지 않는다.

1) 문제점

법인의 대표기관이 법률에 의하여 제한되고 있는 대표권을 벗어나는 법률행위를 한 경우, 법인이 계약상 이행책임을 부담하는지 문제된다(강행규정 중 효력규정에서 대표기관이 법률행위를 하는 경우 이사회의 결의를 요구하거나 감독청의 허가를 요하는 규정이 있는데 이는 대표권을 제한하는 규정이다).

2) 판례의 입장

판례는 ① (무효) 학교법인이 감독청의 허가를 받지 않고 금원을 차용한 행위는 강행규정인 사립학교법 제28조 위반으로 '무효'라고 판시하여 '사립학교법 제28조'를 '법률행위의 효력발생요건'으로 보았고, ② (표현대표 부정) 이사회의 심의 없이 이사장이 한 '학교법인의 기본재산 처분행위'에 관하여는 '제126조의 표현대리'에 관한 규정이 준용되지 아니하고, 추인도 할 수 없다는 입장이다(대법 2016.6.9, 2014다64752; 법률행위의 효력발생요건 중 목적은 확정, 가능, 적법, 사회적 타당성이 있을 것을 요하며, 이때 적법은 강행규정 중 효력규정을 위반하지 않을 것을 요하며, 이를 위반하면 절대적 무효로 표현대리나 추인이 성립되지 않는다는 법리가 그대로 적용된다).

나. 정관에 의한 대표권 제한

> **(정관에 의한 대표권 제한에 관한 사례)** ① 예컨대, 정관에서 공동대표로 정한 경우에 이를 위반하여 단독으로 대표행위를 한 경우 또는 대표자가 법인의 채무를 부담하는 계약을 함에 있어서 이사회의 결의를 거치도록 정한 정관의 규정을 위반하여 이사회의 결의를 받지 않은 경우 ② 이러한 제한이 등기된 경우 이를 위반한 행위는 무권대표로 무효이며, ③ 이러한 제한이 등기되어 있지 않은 경우 이를 위반한 행위는 유권대표로 유효하다.

1) 문제점

대표기관의 대표권이 정관에 의해 제한된 경우 이를 위반하여 법률행위를 한 경우에 법인이 계약상 이행책임을 부담하는지 문제된다.

2) 정관에 규정된 대표권 제한의 성질 – 효력요건 – 정관 기재

① 「이사의 대표권에 대한 제한은 정관에 기재하여야 효력이 있다」(효력요건, 제41조). ② 또한 「이사의 대표권 제한은 이를 등기하지 않으면 제3자에게 대항하지 못한다」(대항요건, 제60조).

3) 정관에 규정된 대표권 제한을 위배한 경우의 효력 – 대항요건 – 등기

가) 정관에 의한 대표권 제한이 등기된 경우: 제60조에서는 정관에 의한 대표권 제한으로 제3자에게 대항하기 위해서는 '등기'를 요구하고 있는바, 정관에 의한 대표권 제한이 등기된 경우에는 정관에 규정된 대표권 제한을 위배한 대표기관의 행위는 '무권대표'가 되어 '무효'이므로 법인은 상대방에게 이행책임을 지지 않는다. 다만 이때는 '제126조 표현대표도 성립'하고, '추인'도 인정된다(예컨대 등기는 되어 있지만 그것을 보지 못하여 알지 못하였고, 대표기관이 적극적인 기망행위를 하여 대표권이 있다고 믿은 경우에 대표행위는 유효하다).

나) 정관에 의한 대표권 제한이 등기되지 않은 경우: ① 정관에 의한 대표권 제한이 등기되지 않은 경우 법인은 '제3자'에게 대항할 수 없다. ② (제3자의 범위)에 대해서 **판례**는 『법인의 정관에 법인 대표권의 제한에 관한 규정이 있으나, 등기되어 있지 않다면 선의냐 악의냐에 관계없이 제3자에 대하여 대항할 수 없다』는 입장이다(무제한설). ③ (대표권 제한 위반행위의 효력) 정관에 의한 대표권 제한이 등기되지 않은 경우에 법인은 제3자에게 정관에 의한 대표권 제한을 주장할 수 없게 되어, 대표기관의 행위는 '유권대표행위'가 되어 '유효'하게 된다. 따라서 법인은 상대방에게 이행책임을 져야 한다.

다. 법인의 이익을 위한 행위일 것 – 대표권 남용

> **(대표권 남용에 관한 사례)** A학교법인의 대표이사는 甲은 감독청의 허가를 받고 乙로부터 1억 원을 차용하는 계약을 체결한 다음 위 1억 원을 甲 자신의 사업에 사용하였고(대표권 남용행위), 乙은 甲이 자신의 사업에 횡령하는 것을 알 수 있었다(악의 또는 과실). 이 경우 대표이사 甲의 차용행위는 민법 제107조 제1항 단서에 의해 무효이다.

1) 대표권 남용이론의 의의

대표권 남용이란 법인의 대표기관이 ⅰ) '형식적'으로 '대표권의 범위 내'에서 한 행위지만, ⅱ) '실질적'으로 '자신 또는 제3자의 이익'을 꾀할 목적으로 대표행위를 하는 경우에, ⅲ) 일단 그 법률효과가 법인에 귀속되지만 상대방에게 귀책사유가 있는 경우, 법인이 이를 주장하여 대표행위의 효과를 부정할 수 있다는 이론을 말한다.

2) 법적 근거 – 제107조 제1항 단서 유추적용설

판례는『대리인의 진의가 사리를 도모하는 배임적인 것임을 상대방이 알았거나 알 수 있었을 경우에는 제107조 제1항 단서의 유추적용으로 그 대리인의 행위는 본인의 행위로 성립할 수 없다』고 판시하여, 대리권 남용 사안에서 '제107조 제1항 단서 유추적용설'의 입장을 취한다.

3) 요건 및 효과

판례의 제107조 제1항 단서 유추적용설에 의하면, ① (요건) ⅰ) 대표권 남용행위가 있을 것, 즉 법인의 대표기관이 '법인의 이익'을 위한 것이 아니라 '자신' 또는 '제3자의 이익'을 위해서 대표행위를 하였고, ⅱ) 상대방이 그와 같은 사실을 알았거나 알 수 있었을 것을 요한다. ② (효과) 대표권 남용에 해당하면 제107조 제1항 단서가 유추적용되어, 대표행위는 확정적으로 '무효'가 된다. 따라서 법인은 상대방에게 계약상 이행책임을 지지 않는다.

Ⅲ 불법행위능력

> **(법인의 불법행위에 대한 사례)** 甲 법인의 대표자 乙이 법인의 사무를 집행하고 있던 중 乙이 외관상 직무에 관한 행위로 丙에게 손해를 가한 경우 甲 법인은 丙에 대해서 민법 제35조에 의해서 불법행위로 인한 손해배상책임을 지며, 대표자 乙도 丙에게 민법 제750조에 의해서 불법행위로 인한 손해배상책임을 진다.

1. 의의

법인은 이사 기타 대표자가 그 직무에 관하여 타인에게 가한 손해를 배상할 책임이 있다. 이사 기타 대표자는 이로 인하여 자기의 손해배상책임을 면하지 못한다. 법인의 목적 범위 외의 행위로 인하여 타인에게 손해를 가한 때에는 그 사항의 의결에 찬성하거나 집행한 사원, 이사 등이 연대하여 배상하여야 한다(제35조).

2. 성립요건 대직타

가. 대표기관의 행위일 것

① 대표기관에는 이사(제57조)·임시이사(제63조)·특별대리인(제64조)·청산인(제82조)이 있다. ② '대표기관 아닌 자의 행위'에 관하여는 제756조의 사용자책임이 문제될 뿐이다.

나. 직무에 관한 행위일 것 – 외형이론

> **(직무관련성에 대한 사례)** 甲 법인의 대표자 乙이 법인의 사무를 집행하고 있던 중 乙이 법인의 권리능력 범위 외, 대표권 범위 외, 사익을 도모하는 행위를 하다가 丙에게 손해를 가하였으면 법인은 원칙적으로 손해배상책임을 지지 않으나, 예외적으로 직무행위의 외형을 가지고 있고, 상대방 丙이 대표자 乙의 행위가 직무행위가 아니라는 사실을 모르고(선의), 모르는 데 중과실이 없으면 직무관련성을 인정하여 법인이 손해배상책임을 지게 된다.

① 대표기관이 「직무에 관하여」 타인에게 손해를 가한 경우에만 법인이 불법행위책임을 진다. ② (판례의 입장) 이때 「직무에 관하여」의 의미에 대해서 판례는 ⅰ) '직무에 관한 행위'는 법인의 권리능력 범위 내, 대표권 범위 내, 법인의 이익을 위한 행위로 이런 직무에 관한 행위를 하다가 타인에게 손해를 가하였으면 법인은 당연히 손해배상책임을 진다. ⅱ) 그러나, 법인의 권리능력 범위 외, 대표권 범위 외, 사익을 도모하는 행위는 직무에 관한 행위가 아니므로 이를 하다가 타인에게 손해를 가하였으면 법인은 원칙적으로 손해배상책임을 지지 않으나, 예외적으로 직무행위의 외형을 가지고 있고, 상대방이 선의이고 중과실이 없으면 직무관련성을 인정하여 법인이 손해배상책임을 지게 된다. 이를 '외형이론'이라고 한다.

다. 대표기관이 타인에게 손해를 가할 것

법인의 불법행위가 성립하기 위해서는 '대표기관 개인의 불법행위가 성립'해야 한다. 따라서 대표기관에게 고의 또는 과실이 있어야 하며, 위법한 가해행위로 손해가 발생해야 한다(제750조).

3. 효과 - 법인의 책임

① 대표기관이 「직무에 관하여」 타인에게 손해를 가한 경우 법인은 피해자에게 그 손해를 배상하여야 한다(제35조 제1항 제1문). ② 대표기관이 「직무외형행위에 관하여」 타인에게 손해를 가한 경우에는 ⅰ) 상대방이 선의·무과실인 경우에 법인은 그 손해를 배상하여야 하고, ⅱ) 상대방이 경과실이 있는 경우에도 그 손해를 배상하여야 하지만 과실상계를 해야 하며, ⅲ) 상대방이 악의·중과실이 있는 경우에는 손해배상책임이 없다.

제4관 비법인사단

Ⅰ 의의

> **(비법인사단의 법률행위책임에 관한 사례)** 종중은 사단의 실체는 있으나 설립등기를 하지 않았으므로 비법인사단에 해당한다. A종중의 대표이사 甲이 A종중의 권리능력 범위 내와 대표권 범위 내에서 법인의 이익을 위해서 상대방 乙로부터 1억 원을 차용하는 계약을 체결한 경우 위 차용계약은 A종중에게 유효하게 효력이 미치므로 이행기에 A종중은 乙에게 1억 원을 변제해야 한다.

비법인사단이란 'ⅰ) 사단으로서의 실체는 가지고 있지만, ⅱ) 설립등기를 마치지 않아 법인격을 갖지 못한 조직'을 말한다. ⅲ) 따라서 비법인사단은 권리능력이 없다. 그러므로 비법인사단 명의의 법률행위는 권리능력이 없어 무효이다. ⅳ) 판례는 대표적으로 종중이나 교회를 비법인사단으로 인정한다.

Ⅱ 비법인사단의 법적 지위

1. 사단법인 규정의 유추적용

비법인사단은 법인등기를 하지 않았을 뿐 법인의 실질을 갖고 있는 것이므로, ① 우선 정관의 규정에 의

하며, ② 정관의 규정이 없는 경우에는 사단법인에 관한 민법 규정 중에서 법인격을 전제로 하는 것을 제외하고는 비법인사단에 유추적용된다.

2. 비법인사단의 능력

> (비법인 사단에 대한 사례) 비법인사단인 甲종중의 대표자 乙이 법인의 사무를 집행하고 있던 중 乙이 종중의 권리능력 범위 외, 대표권 범위 외, 사익을 도모하는 행위를 하다가 丙에게 손해를 가하였으면 종중은 원칙적으로 손해배상책임을 지지 않으나, 예외적으로 직무행위의 외형을 가지고 있고, 상대방 丙이 대표자 乙의 행위가 직무행위가 아니라는 사실을 모르고(선의), 모르는 데 중과실이 없으면 직무관련성을 인정하여 종중이 손해배상책임을 지게 된다. 따라서 비법인사단인 甲종중의 불법행위능력도 인정된다.

가. 권리능력 및 불법행위능력

비법인사단의 권리능력은 없으나, **판례**는 ① 법인의 권리능력을 규정한 '제34조'와 ② 법인의 불법행위능력을 규정한 '제35조의 규정'은 비법인사단에도 유추적용된다고 본다. ③ 또한, 종중의 점유시효취득을 인정하고, 불법행위로 인한 손해배상청구도 인정한다.

나. 소송상 당사자능력, 등기능력, 인격권 등

민사소송에 있어서 당사자능력(민사소송법 제52조), 부동산의 등기에 관하여는 등기능력(부동산등기법 제26조 제1항)이 인정된다. 또한 **판례**는 인격권도 인정한다.

3. 재산귀속관계 – 총유에서 후술함

제4장 권리의 목적 —확정·가능·적법·사회적 타당성

제1절 〈 법률행위

제1관 법률행위의 요건

Ⅰ 의의

법률행위란 민법 규정에 의해서 규율되는 행위로 매매계약, 임대차계약, 도급계약 등을 말한다.

Ⅱ 성립요건

> (성립요건의 예) 예컨대, A가 자기 소유의 토지를 팔겠다고 매도청약의 의사표시를 하였고, B가 A 소유의 토지를 사겠다고 매수승낙의 의사표시를 하고, 의사의 합치가 있는 경우 A와 B 사이에 매매계약이 유효하게 성립한다. 이때 성립요건으로 ① 당사자로 A와 B가 있어야 하고, ② 목적으로 부동산의 인도 및 소유권이전 등기채무와 매매대금지급채무가 있어야 하며, ③ 의사표시로 청약과 승낙의 의사표시가 있어야 한다.

1. 일반적 성립요건

모든 법률행위에 공통으로 필요한 일반적 성립요건으로 ① 법률행위 주체로서의 '당사자', ② 법률행위 내용으로서의 '목적', ③ 법률행위의 필수불가결한 요소로서의 '의사표시'가 각각 존재해야 한다.

2. 권리근거규정의 요건사실

법률행위의 성립요건은 민사소송에서 원고의 청구권 규범으로 '권리근거규정'에 해당한다.

권리근거규정에 대한 민법 규정은 ① 채권각론에서 ⅰ) 약정채권 15개, ⅱ) 법정채권 3개가 있으며, ② 채권총론에서 ⅰ) 채무불이행으로 인한 손해배상청구, ⅱ) 채권자대위권, ⅲ) 채권자취소권, ⅳ) 연대 또는 보증채무의 이행청구, ⅴ) 채권양도에 따른 양수금청구, ⅵ) 채무인수인에 대한 청구 등이 있으며, ③ 물권법에서 ⅰ) 소유권에 기한 물건반환청구, ⅱ) 대지인도 및 건물철거청구, ⅲ) 말소등기청구, ⅳ) 진정등기명의 회복을 위한 소유권이전등기청구, ⅴ) 점유시효취득에 기한 소유권이전등기청구, ⅵ) 법정지상권에 기한 청구, ⅶ) 명의신탁에 기한 청구, ⅷ) 가등기담보권실행에 기한 본등기청구, 양도담보권 실행으로 인한 청구 등이 있다.

Ⅲ 유효요건

> (효력발생요건의 예) 위 예에서 ① 당사자 A와 B는 권리능력·의사능력·행위능력을 가져야 하고, ② 목적으로 부동산의 인도 및 소유권이전등기채무와 매매대금지급채무가 확정되고, 실현가능하며, 적법하고, 사회적 타당성이 있어야 하며, ⅱ) 의사표시로 청약과 승낙의 의사표시가 '의사와 표시가 일치하고 하자가 없을 것'을 요한다.

1. 일반적 효력발생요건

① 법률행위 시에 '당사자'가 권리능력·의사능력·행위능력을 가질 것, ② 법률행위의 '목적' 내지 내용이 확정성, 실현가능성, 적법성, 사회적 타당성을 갖출 것, ③ 의사표시에 있어서 '의사와 표시가 일치하고 하자가 없을 것'을 요한다.

2. 반대규정의 요건사실

법률행위의 효력발생요건은 민사소송에서 피고의 항변, 즉 반대규정으로 나타난다. 이에는 ① 민법총칙에서 ⅰ) 당사자(권리능력, 의사능력, 행위능력), ⅱ) 목적(확정, 가능, 적법, 사회적 타당성), ⅲ) 의사표시(비진의표시, 통정허위표시, 착오, 사기·강박), ⅳ) 조건·기한, ⅴ) 소멸시효, ② 채권총론에서 채권 소멸사유(변제, 상계 등), ③ 채권각론에서 계약총론(해제, 동시이행항변 등), ④ 물권법에서는 제213조 단서의 점유할 권리, 실체관계 부합, 유치권 등의 항변이 있다.

Ⅳ 논의의 실익 - 민사소송법에서 자세히 설명함

1. 주장책임의 의의 및 분배

주장책임이란 '변론주의 하에서 주요사실은 당사자가 변론에서 주장하여야 하며 당사자가 자기에게 유리한 사실을 주장하지 아니하면 그 사실은 없는 것으로 취급되는 불이익'을 말한다. 어느 당사자가 주장책임을 지는가를 정한 것을 '주장책임의 분배'라고 하는데, ① '권리근거규정의 요건사실'은 '원고'가, ② '반대규정', 즉 '권리장애·멸각·저지규정의 요건사실'은 '피고'가 각기 주장하여야 한다.

2. 증명책임의 의의 및 분배

증명책임이란 '소송상 어느 요증사실의 존부가 확정되지 않을 때에 당해 사실이 존재하지 않는 것으로 취급되어 법률판단을 받게 되는 당사자 일방의 위험 또는 불이익'을 말한다. 이러한 '증명책임의 분배'에 있어 **판례**는 '법률요건분류설'에 따라 각 당사자는 자기에게 유리한 법규의 요건사실의 존부에 대해 증명책임을 지는 것으로 분배시키고 있다.

법률요건분류설에 따라 구체적으로 보면, ① 권리의 존재를 주장하는 자는 권리근거규정의 요건사실에 대한 주장·증명책임을 지고, ② 그 존재를 다투는 상대방은 반대규정(권리장애규정, 권리멸각규정, 권리저지규정)의 요건사실에 대한 증명책임을 진다.

3. 결론

결국 민법상 성립요건은 민사소송에서 권리근거규정으로 나타나는바, 이에 대한 주장·증명책임은 원고가 지고, 민법상 효력발생요건은 민사소송에서 항변인 반대규정으로 나타나는바, 이에 대한 주장·증명책임은 피고가 진다. 이와 같이 민법과 민사소송법은 유기적으로 연계되어 있으므로 항상 원고가 성립요건(권리근거규정의 요건사실)을 주장하면, 피고는 이를 인정하면서 효력발생요건(반대규정의 요건사실)을 주장함으로써 항변을 하는 구조로 이해해 두어야 한다.

제2관 법률행위의 목적

Ⅰ 서설

1. 법률행위 목적의 의의

> **(목적의 예)** 예컨대, A가 자기 소유의 토지를 팔겠다고 매도청약의 의사표시를 하였고, B가 A 소유의 토지를 사겠다고 매수승낙의 의사표시를 하고, 의사의 합치가 있는 경우 A와 B 사이에 매매계약이 유효하게 성립하고, 이러한 매매계약을 법률요건으로 법률효과가 발생하는바, ⅰ) 매도인 A는 B에게 위 부동산의 인도 및 소유권이전등기를 마쳐주어야 할 의무가 있으며, B에게 매매대금의 지급을 청구할 권리가 있고, ⅱ) 매수인 B는 매매대금을 지급할 의무가 있으며, 매도인 A에게 위 부동산의 인도 및 소유권이전등기를 청구할 권리가 있다. 이때 A의 인도 및 등기를 해주어야 하는 행위와 B의 대금을 지급해주어야 하는 행위를 목적(=내용=급부)이라고 한다. 그리고 위 매매대상인 토지를 '급부의 목적물'이라고 한다.

법률행위의 '목적'이란 '행위자가 그의 법률행위에 의하여 발생시키려고 하는 법률효과'를 말한다. 법률행위의 '내용'(급부)이라고도 한다. 법률행위의 목적은 법률행위의 '목적물'과는 구별된다.

2. 법률행위 목적의 법률행위에서의 기능

가. 법률행위의 성립요건으로서 기능

모든 법률행위에 공통으로 필요한 일반적 성립요건으로 ① 법률행위 주체로서의 당사자, ② 법률행위 내용으로서의 목적, ③ 법률행위의 필수불가결한 요소로서의 의사표시가 각각 존재해야 하는바, 목적은 법률행위의 성립요건이다.

나. 법률행위의 효력발생요건으로서 기능

모든 법률행위에 공통으로 요구되는 일반적 효력발생요건으로 ① '당사자'와 관련해서는 능력(권리능력·의사능력·행위능력)이 있어야 한다. ② 법률행위의 '목적'과 관련해서는 목적이 '확정'되고, '실현가능'해야 하며, '적법성' 및 '사회적 타당성'을 가져야 한다. ③ 의사표시에 관해서는 의사와 표시가 일치하고 의사형성 과정에 하자가 없어야 한다.

따라서 ① 법률행위의 해석에 의해서도 그 내용을 '확정'할 수 없거나, ② 그 내용의 실현이 '불가능'하거나, ③ 그 내용이 '강행법규'에 위반하거나, ④ '선량한 풍속 기타 사회질서에 위반'하는 경우에는, 그 법률행위는 '무효'가 된다. 또 이 무효는 '절대적'인 것이어서 표현대리도 성립하지 않고, 추인도 인정되지 않으며, '선의의 제3자'에 대해서도 대항할 수 있다.

> (무효의 예와 효과) 예컨대, A와 B 사이에 매매계약이 유효하게 성립한 경우, ⅰ) 매도인 A는 B에게 위 부동산의 인도 및 소유권이전등기를 마쳐주어야 할 의무가 있으며, B에게 매매대금의 지급을 청구할 권리가 있고, ⅱ) 매수인 B는 매매대금을 지급할 의무가 있으며, 매도인 A에게 위 부동산의 인도 및 소유권이전등기를 청구할 권리가 있다. 이와 같이 매매계약이 유효하게 성립한 경우에만 채권 및 채무가 발생한다. 그러나 매매계약이 무효인 경우에는 A와 B는 아무런 채권, 채무가 발생하지 않는다. 그리고 절대적 무효인 경우에는 유효가 될 여지가 없기 때문에 표현대리나 추인이 인정될 여지가 없으며, 이러한 무효를 모르는 선의의 제3자도 보호되지 않는다.

Ⅱ 목적의 확정 – 법률행위의 해석

1. 법률행위의 효력발생요건으로서 목적의 확정 – 불확정 시 무효로 권리장애항변

> (목적의 확정에 대한 예) 예컨대, 312번지 토지와 313번지 토지는 서로 인접하여 있다. 그런데 甲은 乙과 乙 소유의 토지를 매수하기로 협의하였는데, 312번지 토지와 313번지 토지 중 어느 토지가 매매목적물인지 확정되지 않았다면 법률행위 해석을 통하여 확정해보고, 그럼에도 확정되지 않는다면 위 매매계약은 무효이다.

가. 목적의 확정의 의의와 판단

법률행위가 유효하기 위해서는 법률행위의 성립당시 '법률행위의 목적'이 확정되거나 확정될 수 있어야 한다. 예컨대, 매매계약의 경우 매매 목적물과 대금은 구체적으로 확정되어야 한다. 만일 확정될 수 없다면 매매계약은 '무효'이다. 이는 법률행위의 해석을 통해서 판단한다.

나. 법률행위 해석의 의의

법률행위의 해석이란 '당사자가 그 표시행위에 부여한 객관적인 의미를 명백하게 하여 법률행위의 내용을 확정하는 것'을 말하다.

2. 법률행위 해석의 방법

가. 자연적 해석

> (자연적 해석의 사례) 예컨대, ① 표의자(甲)와 상대방(乙)이 기관총을 매매하기로 합의하였지만 표시는 피아노로 한 경우 매매 목적물은 자연적 해석에 의해 사실상 이해일치한 (기관총)으로 확정되며, (피아노)로 표시한 것은 오표시로 무효이다. ② 표의자가 착오로 표시를 잘못한 경우(예컨대 890만 원)인데, 상대방이 표의자의 진의(예컨대 980만 원)를 사실상 일치하여 이해한 경우에는 표의자의 진의(980만 원)대로 효력이 발생한다.

1) 의의

자연적 해석이란 '표의자의 진의를 밝히는 제1차적 해석방법'을 말한다. 특히 표의자의 의사와 표시가 '일치하는 경우'는 일치한 대로, '일치하지 않는 경우'에 상대방이 표의자의 진의에 대해서 '사실상 이해의 일치'가 있는 때에는, 법률행위는 '자연적 해석'에 의해 '이해가 일치한 대로 성립'한다.

2) 적용범위

가) 상대방 없는 단독행위: 유언, 재단법인설립, 권리의 포기 등 상대방 없는 의사표시의 경우에 특히 자연적 해석이 적용된다. 보호해야 할 상대방의 신뢰가 없어 표의자의 진의 탐구가 우선되어야 하기 때문이다.

나) 상대방 있는 의사표시: 상대방 있는 의사표시의 경우 자연적 해석은 '오표시 무해의 원칙'으로 나타난다. 위 예에서 ① '합의에 의한 오표시'란 표의자와 상대방이 기관총을 매매하기로 합의하였지만 표시는 피아노로 한 경우 매매 목적물은 자연적 해석에 의해 사실상 이해일치한 (기관총)으로 확정되며, (피아노)로 표시한 것은 오표시로 무효이다. ② '착오에 의한 오표시'는 표의자가 착오로 표시를 잘못한 경우(예컨대 890만 원)인데, 상대방이 표의자의 진의(예컨대 980만 원)를 사실상 일치하여 이해한 경우에는 표의자의 진의(980만 원)대로 효력이 발생한다.

3) 판례의 입장

> (매매목적토지의 지번에 관한 쌍방공통착오 사례) 예컨대, 乙 소유의 312번지 토지와 313번지 토지는 서로 인접하여 있는데 甲은 乙과 312번지 토지를 매수하기로 협의하였다. 그 후 매매계약을 체결하는 과정에서 매매목적물을 313번지 토지의 지번으로 잘못 기재하였고, 이에 기하여 313번지 토지에 관하여 甲명의로 소유권이전등기가 경료되었다고 하더라도, 자연적 해석에 의해서 甲과 乙이 사실상 이해가 일치된 312번지 토지로 매매목적물이 확정된다.

> (타인명의의 법률행위) 판례는 乙이 甲의 이름을 임의로 사용하여 丙과 계약을 체결한 경우에는 누가 그 계약의 당사자인가를 먼저 확정하여야 할 것으로서, 행위자 乙과 상대방 丙의 의사가 甲으로 일치한 경우에는 (자연적 해석)에 의해 그 일치하는 의사대로 甲을 당사자를 확정하여야 한다고 본다.

나. 규범적 해석

> (규범적 해석에 관한 예) 예컨대, 표의자 甲이 매매대금을 착오로 표시를 잘못한 경우(예컨대 890만 원)인데, 상대방 乙이 표의자의 진의(예컨대 980만 원)를 알지 못하는 경우 규범적 해석에 의해서 상대방 乙의 표시에 대한 시각(예컨대 890만 원)에 따라서 매매대금은 890만원으로 확정되며, 표의자 甲은 매매계약을 착오를 이유로 취소하여 불이익을 막을 수 있다.

1) 의의

규범적 해석이란 ' i) 당사자 사이에 사실상 이해의 일치가 되지 않는 경우 ii) 상대방의 표시에 대한 신뢰를 보호하기 위해서 상대방이 이해한 바대로 그 효력이 발생한다는 해석방법'을 말한다. 이는 자연적 해석을 시행한 후 2차적으로 행해지는 해석방법이다.

2) 적용범위

'계약'이나 '상대방 있는 의사표시'와 같이 상대방의 표시에 대한 신뢰를 보호할 필요성이 있는 법률행위에 적용된다.

3) 표의자 보호

규범적 해석에 의하여 의사표시가 확정된 경우, 표의자는 '착오를 이유로 의사표시를 취소'할 수 있다(제109조).

다. 법률행위의 해석과 착오취소의 가부

1) 자연적 해석의 경우

의사와 표시가 일치하지 않아도 당사자들이 서로가 사실상 일치하여 이해한 경우에는 착오취소의 여지가 없다. 왜냐하면 그릇된 표시에도 불구하고 당사자가 일치하여 생각한 의미대로 효력이 있어 착오가 없기 때문이다(위 예에서 313번지 토지의 지번으로 잘못 기재하였다고 하더라도, 자연적 해석에 의해서 312번지 토지로 매매계약이 성립되기 때문에 의사와 표시가 일치하여 착오가 없다).

2) 규범적 해석의 경우

규범적 해석의 경우 법률행위는 표의자가 의욕한 바(980만 원)가 아니라, 상대방이 이해한 바(890만 원)대로 효력이 발생한다. 이때 표의자는 제109조에 의해 착오를 이유로 의사표시를 취소할 수 있다(즉, 위 예에서 표의자 甲의 의사는 980만원인데 표시는 890만원으로 확정되었기 때문에 의사와 표시가 일치하지 않아 착오가 있기 때문이다).

3. 계약당사자의 확정

가. 타인 명의를 사용하여 법률행위를 하는 경우 법률관계

타인(乙) 명의를 사용하여 甲이 법률행위를 하는 방식은 ① '乙 대리인 甲'으로 현명하여 대리행위로 하는 방식, ② 乙 명의를 사용, 즉 타인(乙) 명의로 하는 방식, ③ 甲 명의로 직접 하는 방식, ④ 위 어느 방식으로 법률행위를 하였는지 불분명한 경우로 나누어 볼 수 있다.

이때 ①의 경우는 대리행위가 되어 제114조가 적용되어 본인 乙에게 법률효과가 귀속되고, ③의 경우는 i) 원칙적으로 제115조 본문이 적용되는 결과, 甲 자신의 법률행위가 되어 甲에게 법률효과가 귀속되며, ii) 甲이 乙의 대리인으로 행위하는 것을 상대방이 알았거나 알 수 있었으면 제115조 단서가 적용되는 결과, 대리행위가 되어 본인 乙에게 법률효과가 귀속된다. 그러나 ②, ④의 경우에 甲의 행위가 대리행위인지 아니면 자신의 행위가 되는지 문제되는바, 이를 검토하기로 한다.

나. 타인 명의를 사용하여 법률행위를 하는 경우

1) 법적 규율 – 계약당사자 확정

판례는 타인 명의를 사용하여 법률행위를 한 경우『타인의 이름을 임의로 사용하여 계약을 체결한 경우에는 누가 그 계약의 당사자인가를 먼저 확정하여야 할 것으로서, i) 행위자와 상대방의 의사가 일치한 경우에는 그 일치하는 의사대로 당사자를 확정하여야 할 것(자연적 해석)이지만, ii) 그러한 일치하는 의사를 확정할 수 없을 경우에는 구체적 제반사정을 토대로 상대방이 합리적인 인간이라면 행위자와 명의자 중 누구를 계약당사자로 이해할 것인가에 의하여 당사자를 결정(규범적 해석)하고, 이에 터 잡아 계약의 성립 여부와 효력을 판단하여야 한다』고 판시하여, 타인의 이름을 임의로 사용하여 계약을 체결한 경우 이를 '계약당사자 확정문제'로 보고, 계약당사자의 확정은 '법률행위의 해석'을 통하여 결정하고 있다.

2) 계약명의자가 당사자로 확정되는 경우

가) **계약당사자의 결정기준**: ① 명의자를 당사자로 하기로 사실상 이해의 일치가 있는 경우에는 자연적 해석을 통하여 명의자가 당사자로 확정된다. ② 사실상 이해의 일치가 없는 경우에는 규범적 해석에 의해 상대방의 시각에 의해서 명의자가 당사자로 확정된다. 이러한 경우로는 ⅰ) 신용행위 또는 계속적 거래행위, ⅱ) 행위가 서면이나 전보로 행해진 때, ⅲ) 전화로 이웃 사람 이름으로 음식을 주문한 경우, ⅳ) 매매계약, 보험계약, 분양계약과 같이 계약당사자의 명의가 중요시되는 계약을 들 수 있다.

나) **법률관계**: 해석에 의하여 계약명의자가 당사자로 확정되는 경우에는 대리에 관한 규정이 적용된다. 따라서 ① 행위자에게 대리권이 있거나, 명의사용을 허락받은 경우에는 유권대리의 법률관계로 처리되고, ② 행위자에게 대리권이 없거나, 타인 명의를 무단으로 모용한 경우에는 무권대리가 된다.

다) **무권대리의 경우 거래상대방 보호**: 타인 명의를 사용한 법률행위에서 행위자의 행위가 무권대리가 되는 경우, ① 명의인은 제130조에 의하여 무권대리행위를 추인할 수 있고, ② 명의인의 추인이 없는 경우 상대방은 제135조에 의하여 무권대리인에게 이행청구 또는 손해배상청구를 할 수 있다. ③ (제126조 표현대리의 성립 여부) 이에 대해서 **판례**는 ⅰ) (원칙 부정) 원칙적으로는 제126조 표현대리의 성립을 부정하고 있으나, ⅱ) (예외 인정) 다만, 예외적으로 ㉠ 모용한 사람에게 기본대리권이 있었고, ㉡ 상대방으로서는 모용자가 본인의 권한을 행사하는 것으로 믿은 데 정당한 사유가 있었던 특별한 사정이 있는 경우에는 제126조 표현대리의 성립을 인정하고 있다.

3) 행위자가 계약당사자로 확정되는 경우

가) **계약당사자의 결정기준**: ① 행위자를 당사자로 하기로 사실상 이해의 일치가 있는 경우에는 자연적 해석을 통하여 행위자가 당사자로 확정된다. ② 사실상 이해의 일치가 없는 경우에는 규범적 해석에 의해 상대방의 시각에 의해서 행위자가 당사자로 확정된다. 이러한 경우로 ⅰ) 임대차·고용계약처럼 계약당사자의 인적 성질이 중요한 의미를 가지는 계약, ⅱ) 행위자의 이름이 법률행위의 상대방에게 아무런 의미도 없는 경우(예컨대 호텔의 숙박계약)와 같이 계약당사자의 명의보다 행위자의 개성을 중시하는 계약을 들 수 있다.

나) **법률관계**: 해석에 의하여 행위자가 당사자로 확정되는 경우에 대리법은 적용되지 아니하며, 법률행위의 효과는 당연히 행위자에게 귀속한다. 이때 행위자가 타인 명의를 행세하여 처분행위를 하는 경우 ⅰ) 채권행위는 유효하나, ⅱ) 처분행위는 '무권리자의 처분행위'가 되어 무효이다.

다) **무권리자 처분행위의 경우 거래상대방 보호**: 타인 명의를 사용한 법률행위에서 행위자의 행위가 무권리자 처분행위가 되는 경우, ① 명의자인 권리자는 이를 '추인'할 수 있다. ② 문제는 상대방이 제126조 표현대리의 유추적용과 제108조 제2항의 유추적용으로 처분행위의 유효를 주장할 수 있는지 여부이다. 이에 대해서 **판례**는 『권리자인 명의자가 이를 '통정·용인'하였거나 이를 '알고도 방치'하였다고 할 수 있으면 제126조의 표현대리와 제108조 제2항을 유추적용할 수 있다』고 한다.

다. 계약당사자의 확정과 관련된 문제

1) 계약명의신탁과 중간생략형 명의신탁의 구별－후술함

계약당사자 결정이론에 의하여 구별한다. ① '명의수탁자'가 계약당사자로 결정되는 경우에는 '계약명의신탁'에 해당할 것이지만, ② 비록 명의수탁자의 명의로 계약을 체결하였다고 하여도 명의신탁자를 계약당사자로 할 것에 관하여 계약상대방과 사실상 이해의 일치가 있는 경우에는 '명의신탁자'가 계약당사자로 결정될 것이므로 결국 '중간생략형 명의신탁'이 된다.

2) 타인 명의의 예금계약과 예금주(예금채권자)의 결정

이에 대해서 **판례**는 『① (원칙 예금명의자) (원칙적)으로 금융실명거래 및 비밀보장에 관한 법률에 따라 실명확인 절차를 거쳐 예금계약을 체결하고 그 실명확인 사실이 예금계약서 등에 명확히 기재되어 있는 경우에는, '예금명의자'를 예금계약의 당사자로 본다. ② (예외 출연자) (예외적)으로 예금명의자가 아닌 '출연자' 등을 예금계약의 당사자라고 볼 수 있으려면, ⅰ) 금융기관과 출연자 등과 사이에서 예금명의자와의 예금계약을 부정하여, 예금명의자의 예금반환청구권을 배제하고 ⅱ) 출연자 등에게 예금반환청구권을 귀속시키겠다는 명확한 의사의 합치가 있는 극히 예외적인 경우로 제한되어야 하고, ⅲ) 이러한 의사의 합치는 예금계약서 등의 증명력을 번복하기에 충분할 정도의 명확한 증명력을 가진 구체적이고 객관적인 증거에 의하여 매우 엄격하게 인정하여야 한다』는 입장이다.

Ⅲ 목적의 가능

1. **불능의 의의**－목적이 원시적·객관적·전부 불능이면 무효, －장애의 항변

> (원시적·객관적·전부 불능에 관한 예) 예컨대, 甲이 甲 소유의 건물을 乙에게 매도하는 계약을 체결하였는데 위 건물이 매매계약 체결 전에 이미 화재가 나서 전부 멸실된 경우, 매매목적물이 계약체결 전에 소멸하여 원시적 불능이 되었으며, 전부 멸실되었으므로 객관적·전부 불능이 되었다. 따라서 이러한 매매계약은 무효가 된다.

법률행위의 내용 내지 목적은 법률행위 성립 당시에 실현 가능한 것이어야 한다. 이때 실현 불가능을 '불능'이라고 하고, 목적이 원시적·객관적·전부 불능인 법률행위는 무효이다.

2. 목적의 불능 판단기준 및 불능의 종류

가. 판단기준

법률행위 목적의 불능 여부에 대한 판단기준은 '사회관념'이다. 따라서 '물리적으로 불가능'한 경우뿐만 아니라 물리적으로 가능하더라도 '사회통념상 불가능'이면 역시 법률적으로 불능이다. 또한 불능은 확정적이어야 한다.

나. 불능의 종류

① 법률행위 성립 당시에 이미 불능인 '원시적 불능'(계약체결 이전에 불능인 경우)과 법률행위 성립당시에는 가능하였지만 그 이행 전에 불능인 '후발적 불능'(계약체결 이후에 불능인 경우), ② 전부불능과 일부불능,

③ 어느 누구도 법률행위의 목적을 실현할 수 없는 '객관적 불능'과 해당 채무자만이 실현할 수 없는 '주관적 불능'(타인권리매매) 등으로 나눌 수 있다.

Ⅳ 목적의 적법

1. 법률행위 목적의 적법 —목적이 부적법하면 무효, −권리장애항변

> (목적의 적법에 관한 예) 예컨대, 국토이용관리법에서 토지거래허가구역 내에서 토지매매계약의 경우 국가의 허가를 받아야 한다고 규정되어 있다. 이때 국토이용관리법은 투기방지를 위한 강행규정 중 효력규정에 해당한다. 따라서 토지거래허가구역 내에서 허가 없이 매매계약을 체결한 경우 이 매매계약은 무효이다.

법률행위가 유효하기 위해서는 그 목적이 적법하여야 한다(즉 강행규정 중 효력규정에 위반하지 않아야 한다). 따라서 법률행위의 목적이 강행규정 중 효력규정을 위반하면 그 법률행위는 무효이다.

2. 민법규정의 분류

민법규정은 임의규정과 강행규정으로 나누어지고, 강행규정은 다시 단속규정과 효력규정으로 나누어진다. ① (임의규정)이란 '법령 중 선량한 풍속 기타 사회질서에 관계없는 규정'으로 당사자의 의사에 의하여 배제 또는 변경될 수 있는 규정을 말하는데 임의규정을 위반하는 법률행위는 여전히 유효하다. ② (강행규정)이란 '법령 중 선량한 풍속 기타 사회질서에 관계있는 규정'으로 당사자의 의사에 의하여 배제 또는 변경될 수 없는 규정으로, ⅰ) 강행규정의 입법취지가 어떠한 행위를 금지하는 단속규정(예컨대, 미성년자에게 술 판매를 금지하는 규정이 그 예인데 만일 미성년자에게 술을 판매한 경우 그 매매계약은 유효하며 다만 벌금만 부과하는 규정을 말한다), ⅱ) 이에 위반하는 행위의 사법상 효력을 부인하는 '효력규정'으로 나누어지며, ⅰ) 단속규정에 위반하는 행위의 사법상 효력은 유효하게 인정하되, 일정한 제재만을 가하며, ⅱ) 효력규정에 위반하는 법률행위는 무효이다.

Ⅴ 목적의 사회적 타당성 —제103조

1. 의의 —목적이 사회적 타당성 없는 경우는 무효, 권리장애항변

선량한 풍속 기타 사회질서에 위반하는 사항을 내용으로 하는 법률행위는 '무효'로 한다(제103조).

2. 제103조에 의하여 무효로 되기 위한 요건

가. 객관적 요건

① 법률행위의 목적인 권리의무의 '내용'이 선량한 풍속 기타 사회질서에 위반될 것, ② 그 내용 자체가 반사회질서적인 것이 아니라고 하여도 ⅰ) 법률적으로 이를 '강제'하거나, ⅱ) 법률행위에 반사회질서적인 '조건' 또는 금전적 '대가'가 결부될 것, ③ 표시되거나 상대방에게 알려진 법률행위의 '동기'가 사회질서에 반할 것 등을 요한다.

나. 주관적 요건

법률행위가 사회질서에 반하는 경우, 당사자가 사회질서에 반하는 사정에 대한 인식을 요한다고 보며, 반사회성은 '법률행위 시'를 기준으로 판단한다.

3. 유형화

가. 법률행위의 목적인 권리의무의 '내용'이 선량한 풍속 기타 사회질서에 위반되는 경우

> **(형법상 범죄행위를 목적으로 하는 계약)** ① 법률행위의 내용이 '살인과 같이 형법상 범죄'행위를 내용으로 하는 계약과 '이에 준하는 부정행위'(신체를 매도하기로 하는 계약)를 목적으로 하는 계약은 '무효'이다. ② 그러나, **판례**는 '세금포탈'이나 '강제집행면탈'을 목적으로 하는 계약은 그 자체로 반사회적 법률행위에 해당하지 않는다고 본다.

> **(혼인질서나 가족질서에 반하는 계약)** ① (원칙 무효) 가족법의 원칙인 '일부일처제에 반하는 계약'은 '무효'이다. 즉, '부첩계약은 처의 동의 유무에 관계없이 무효이며, 부첩관계를 청산하는 대가로 일정한 돈을 지급하기로 한 합의 역시 무효이다. ② (예외 유효) 다만, 부첩관계를 해소하기로 하고, 그동안 첩이 바친 노력과 희생을 배상 내지 위자하고, 첩의 장래생활대책을 마련해 준다는 뜻에서 금원을 지급하기로 약정한 것이라면 공서양속에 반하지 않는다고 본다.

> **(윤락행위를 목적으로 하는 계약)** ① 매음행위를 하기로 하는 계약 등은 무효이다. ② **판례**는 ⅰ) 영리를 목적으로 윤락행위를 하도록 알선·강요 등을 하는 자가 윤락행위를 하는 자에 대하여 가지는 채권은 '무효'이며, ⅱ) 윤락행위를 할 자를 고용·모집한 자가 윤락행위를 할 자를 고용·모집함에 있어 성매매의 유인·강요의 수단으로 제공한 '선불금' 등은 '불법원인급여'에 해당한다고 본다.

> **(생존의 기초가 되는 재산의 처분행위)** 장차 취득하게 될 전 재산을 양도하는 계약은 무효이며, 사찰의 존립에 있어서 꼭 필요한 재산인 임야를 증여하는 행위는 무효이다.

> **(사행행위)** 도박자금을 대여하는 계약이나, 도박으로 인한 채무의 변제로 재산을 양도하기로 하는 계약은 무효이다.

> **(매수인이 이중매매에 적극 가담한 경우)** ① 부동산의 이중매매란 ⅰ) 매도인이 제1매수인으로부터 '중도금까지' 지급받은 상태에서 제2매매를 하고, ⅱ) 제2매수인에게 '소유권이전등기를 마쳐준 경우'이다. 예컨대 甲이 甲 소유의 토지를 乙에게 제1매매를 한 다음, 丙에게 제2매매를 하고 소유권이전등기를 해준 경우이다. ② ⅰ) '제2매수인이 제1매수사실을 모르거나 단순 악의인 경우에는 원칙적으로 이중매매는 유효'하다. ⅱ) 그러나, 『제2매수인이 매도인의 제1매수인에 대한 '배임행위에 적극 가담'하였으면, 제2매매는 '제103조의 선량한 풍속 기타 사회질서'에 위반하여 '무효'』라고 한다. 이때 '적극 가담하는 정도'에 관하여, 『ⅰ) 제2매수인이 다른 사람에게 매매목적물이 매도된 것을 '안다는 것만으로는 부족'하고, ⅱ) 제2매수인이 매도인에게 이중으로 매도할 것을 '적극 권유'(적어도 그 매도사실을 알고도 매도를 요청하거나 유도)하여 매매계약에 이르는 정도가 되어야 한다』고 본다.

나. 법률행위의 목적인 권리의무의 내용 자체는 반사회질서적인 것이 아니라고 하여도 다음과 같은 사유가 있는 경우

> **(법률적으로 '강제'되는 경우)** 어떠한 일이 있어도 혼인 또는 이혼하지 않겠다고 약속하고, 위반 시 위약금을 지급하기로 하는 경우 위 약정은 무효이다.

> **(반사회질서적인 '조건'이 결부된 경우)** ① 살인할 것을 조건으로 한 증여계약은 무효이며, ② **판례**는 『원·피고 사이의 '부첩생활의 종료를 해제조건으로 하는 증여계약'은, 부첩관계를 유지시키고, 부첩관계의 종료에 지장을 주는 조건으로서, 공서양속에 반하여 무효라고 할 것이고, 제151조 제1항을 보면, 조건이 선량한 풍속 기타 사회질서에 위반한 것인 때에는, 그 법률행위는 무효로 한다고 규정하였으므로, 만일 피고에 대한 본 건 부동산 증여계약에, 원고 주장과 같은 내용의 조건이 붙어있었다고 하면, 그 '조건만'이 무효인 것이 아니라, '증여계약 자체가 무효'라고 할 것이다』라는 입장이다.

> **(금전적 '대가'가 결부된 경우)** ① 행정기관에 진정서를 제출하여 상대방을 궁지에 빠뜨린 다음 이를 취하하는 조건으로 거액의 급부를 제공받기로 약정한 경우, ② 소송에서 사실대로 증언하여 줄 것을 조건으로 과다한 급부를 할 것을 약정한 것은 제103조 소정의 반사회질서의 법률행위에 해당한다.

> **(형사사건에 관한 성공보수약정이 선량한 풍속 기타 사회질서에 위배되는 것으로 평가할 수 있는지 여부 – 적극)** ① 형사사건에서의 성공보수약정은 선량한 풍속 기타 사회질서에 위배되는 것으로 평가할 수 있다. ② 그런데 그동안 대법원은 성공보수약정이 원칙적으로 유효하다는 입장을 취해 왔으므로, 종래 이루어진 성공보수약정은 민법 제103조에 의하여 무효라고 단정하기는 어렵다. ③ 그러나 대법원이 이 판결을 통하여 형사사건에 관한 성공보수약정이 선량한 풍속 기타 사회질서에 위배되는 것으로 평가할 수 있음을 명확히 밝혔음에도 불구하고 향후에도 성공보수약정이 체결된다면 이는 민법 제103조에 의하여 무효로 보아야 한다. (전)
>
> 2015다200111

다. 동기의 불법

> **(동기의 불법에 관한 예)** 예컨대, 도박자금으로 사용할 동기로 금전을 차용하는 경우, 소비대차계약을 체결한 경우 소비대차 계약 자체는 제103조에 반하지 아니하나, 그 동기가 제103조에 반하는 경우 도박자금으로 사용한다는 동기를 상대방에게 표시되었거나 상대방에게 알려진 경우 소비대차계약은 제103조에 반하여 무효가 된다.

1) 문제점

'법률행위 자체'는 반사회질서적인 것은 아니나 그 '동기'가 반사회질서적인 경우에도 법률행위를 무효로 할 것인지 문제된다.

2) 판례의 입장 – 동기표시설

판례는 『제103조에 의하여 무효로 되는 반사회질서행위는 '표시'되었거나 '상대방에게 알려진' 법률행위의 동기가 반사회질서적인 경우를 포함한다』고 보아, '동기표시설'의 입장이다.

4. 효과 – 법률행위의 절대적 무효

① 선량한 풍속 기타 사회질서에 반하는 법률행위는 '무효'이므로 아직 급부의 이행이 없는 경우에는 그 이행을 할 필요가 없고, 상대방도 급부의 이행을 청구할 수 없다. ② 이 경우 무효는 '절대적 무효'이므로 ⅰ) 당사자가 그 무효를 알고 '추인'하여도 새로운 법률행위로서의 효력은 발생하지 않으며(제139조 단서), ⅱ) '표현대리'도 성립하지 않고, ⅲ) '선의의 제3자'도 보호되지 않는다.

Ⅵ 불공정한 법률행위 – 제104조

1. 의의 – 불공정한 법률행위는 무효, 권리장애항변

> (불공정한 법률행위의 예) 예컨대, 甲이 궁박·경솔 또는 무경험으로 6억 원 상당의 부동산을 乙에게 매도하였다. 이때 乙은 甲의 궁박 등을 알고서 이를 이용하여 1억 원에 매수하였다. 이 경우 급부와 반대급부가 6:1 정도로 현저히 불균형하며, 甲이 궁박·경솔 또는 무경험 상태이며, 乙이 이를 이용하려는 악의가 있으므로 위 매매계약은 제104조에 의해 무효가 된다.

당사자의 궁박·경솔 또는 무경험으로 인하여 현저하게 공정을 잃은 법률행위는 무효로 한다(제104조). 제104조는 제103조의 예시규정이므로, 제104조의 요건을 완전히 갖추고 있지 못한 행위라도 제103조에 위반하는 반사회적 행위가 될 수 있다(판례).

2. 요건

가. 객관적 요건

1) 급부와 반대급부 사이에 현저한 불균형이 있을 것

2) 당사자의 궁박·경솔·무경험이 있을 것

나. 주관적 요건 – 악의가 있을 것

본 조는 약자의 지위에 있는 자의 궁박·경솔·무경험을 이용한 폭리행위를 규제하려는 데에 그 목적이 있으므로, 당사자의 일방이 궁박·경솔·무경험의 상태에 있는 것을 폭리자가 알고서 이를 '이용하려는 의도'를 가지고 있어야 한다. 이러한 '악의가 없을 경우'에는 '과실'이 있다고 하여도 불공정한 법률행위는 성립하지 않는다.

다. 판단시기 – 법률행위 시

급부와 반대급부 사이에 현저한 불균형이 있는지 여부 및 당사자의 궁박·경솔·무경험이 있는지 여부를 판단하는 기준시점은 '법률행위 시'이다.

3. 효과 – 절대적 무효

불공정한 법률행위는 절대적 무효이므로, ① 당사자가 그 무효를 알고 '추인'하여도 효력은 발생하지 않으며(판례는 불공정한 법률행위로서 무효인 경우에는 제139조의 추인에 의하여 그 무효인 법률행위가 유효로 될 수 없으며, 같은 취지에서 법정추인에 관한 규정도 적용될 수 없다고 본다), ② '선의의 제3자'도 보호되지 않는다.

제1관 비진의표시 ─ 제107조 제1항 단서의 경우 무효, ─ 권리장애항변

I 서설

1. 의의

> (비진의 의사표시의 예) 예컨대, ① 甲이 실제 그럴 마음이 전혀 없음에도 "내 컴퓨터를 너에게 줄게"라고 한 경우, 또는 甲이 사직할 의사가 없으면서 고용주의 자신에 대한 신임의 정도를 알아보기 위하여 사직서를 제출한 경우 등이 이에 해당한다. ② (제107조 제1항 본문) 그러한 의사표시에 대한 상대방의 기대를 보호하기 위해서 원칙적으로 유효하다. 즉, 상대방이 甲의 진의를 알지 못하고 알 수도 없는 경우 전자의 경우 상대방이 "정말? 고마워"라고 하거나, 후자의 경우 고용주가 사직서를 바로 수리한 때에는, 그대로 법률행위의 효력이 유효하게 발생한다. 따라서 전자의 경우 甲은 컴퓨터를 주어야 할 채무를 부담하며, 후자의 경우 甲은 사직된다. ③ (제107조 제1항 단서) 그러나 예외적으로 상대방이 그 甲의 진의 없음, 즉 컴퓨터를 줄 의사가 없음을, 사직할 의사가 없음을 알았거나 알 수 있었을 때 甲의 의사표시는 무효이다. 왜냐하면 그러한 상대방의 기대를 보호할 필요가 없기 때문이다. 이때 전자의 경우 甲은 컴퓨터를 주어야 할 채무가 없으며, 후자의 경우 甲은 사직되지 않는다.

비진의의사표시란 '표의자가 자신의 진의와 다르다는 것을 알면서 한 의사표시'를 말한다. 제107조는 「의사표시는 표의자가 진의 아님을 알고 한 것이라도 그 효력이 있다. 그러나 상대방이 표의자의 진의 아님을 알았거나 이를 알 수 있었을 경우에는 무효로 한다」고 규정하고 있다.

2. 구별개념

비진의 의사표시는 '의사와 표시가 불일치하고 표의자가 불일치를 알았으나, 상대방과 통정이 없는 경우'로서, ① 표의자가 불일치를 알고, 상대방과 통정한 경우(제108조 통정허위표시), ② 표의자가 그 불일치의 사실을 알지 못하는 경우(제109조 착오에 의한 의사표시), ③ 의사와 표시가 일치하지만 의사표시의 형성과정에 하자가 있는 경우(제110조 사기·강박에 의한 의사표시)와 구별된다.

II 요건

1. 의사표시의 존재

비진의의사표시가 되기 위해서는 '일정한 효과의사를 추단할 만한 의사표시'가 존재해야 한다.

2. 의사와 표시의 불일치

> **(진의의 예)** 『비록 재산을 강제로 뺏긴다는 것이 표의자의 본심으로 잠재되어 있었다 하여도 표의자가 강박에 의해서나마 증여하기로 하고 그에 따른 증여의 의사표시를 한 이상 증여의 내심의 효과의사가 결여된 것이라고 할 수는 없다』고 보아 증여의 의사표시를 진의로 보아 증여의 효과가 발생한다(**판례**).

> **(진의의 예)** 『명예퇴직을 신청한다는 내용의 사직원을 제출한 것은 '진정으로 마음속에서 명예퇴직을 바란 것은 아니라 할지라도' 그 당시 상황에서 명예퇴직을 하는 것이 '최선이라고 판단'하여 스스로의 의사에 기하여 사직원을 제출한 것이라고 봄이 상당하다』고 보아 사직의 의사표시를 진의로 보아, 사직의 효과가 발생한다(**판례**).

진의와 표시가 일치하지 않아야 한다. 「진의」란 '특정한 내용의 의사표시를 하고자 하는 표의자의 생각'을 말하는 것이지, '표의자가 진정으로 마음속에서 바라는 사항'을 뜻하는 것은 아니다.

3. 표의자가 진의와 표시의 불일치를 알고 있을 것

Ⅲ 효과

1. 당사자 사이에서의 효과

가. 원칙

비진의표시는 원칙적으로 표시된 대로 효력을 발생한다(제107조 제1항 본문). 비진의표시에 대해서 상대방이 선의·무과실일 때 상대방의 기대를 보호할 필요가 있기 때문이다.

나. 예외

상대방이 표의자의 진의 아님을 알았거나 이를 알 수 있었을 경우에 그 비진의표시는 무효이다(제107조 제1항 단서). 그러한 상대방의 기대까지 보호할 필요는 없기 때문이다.

이와 관련하여 민법에서 문제되는 내심의 의사의 예를 정리하면 다음과 같다

> **(선의와 악의)** 선의란 문제되어 있는 당해 사실을 모르는 것, 악의란 알고 있는 것을 말한다. 일상용어로 선의와 악의는 착하다, 나쁘다라는 의미이지만 법학에서는 전혀 다른 의미이다.

> **(과실)** 전혀 부주의가 없는 것을 무과실, 약간의 부주의가 있었던 경우를 경과실, 중대한 부주의가 있었던 경우를 중과실이라고 한다.

> **(선의와 과실)** ⅰ) 전혀 부주의가 없이 모르는 경우를 선의·무과실, ⅱ) 약간의 부주의가 있어서 몰랐던 경우를 선의·경과실, ⅲ) 중대한 부주의가 있어서 몰랐던 경우를 선의·중과실, ⅳ) 확실히 알고 있었던 경우를 악의라고 하며, 민법은 당사자의 내심의 의사를 4단계로 나누어 규율하고 있다.

2. 제3자에 대한 효과 – 재항변

> **(선의의 제3자의 예)** 위 예에서 甲이 실제 그럴 마음이 전혀 없음에도 "내 컴퓨터를 乙에게 줄께"라고 하면서 준 경우, 甲이 그럴 마음이 없다는 것을 乙은 알고 있었다. 따라서 위 컴퓨터 증여계약은 제107조 제1항 단서에 의해서 무효이다. 그런데 乙이 이러한 사실을 모르는 선의의 丙에게 컴퓨터를 팔고 넘겨 준 경우, 제107조 제2항에 의해서 甲은 선의의 丙에게 乙과의 증여계약이 무효라고 주장하지 못하며, 丙은 乙과의 계약이 유효라고 주장할 수 있다는 것이다. 이를 선의의 제3자에게 대항하지 못한다고 하는 것이다.

비진의표시가 예외적으로 무효로 되는 경우에 그 무효는 '선의의 제3자에게 대항하지 못한다'(제107조 제2항). ① 「선의」란 진의 아닌 의사표시임을 '알지 못한 것'을 말한다. '선의'이면 족하고, 선의에 대한 '과실의 유무'는 묻지 않는다. ② 「제3자」란 당사자와 그 포괄승계인 이외의 자로서, 진의 아닌 의사표시를 기초로 형성된 법률관계를 토대로 i) 실질적으로 ii) 새로운 iii) 법률상 이해관계를 맺은 자를 말한다. ③ 「대항하지 못한다」는 의미는 표의자는 선의의 제3자에 대하여 비진의표시의 무효를 주장할 수 없다는 것이다. 따라서 선의의 제3자에 대하여는 표시된 대로의 효력이 생긴다(상대적 무효).

Ⅳ 관련문제 – 대리권 남용, – 제107조 제1항 단서 유추적용론

대표권남용과 대리권남용의 경우에 **판례**는 제107조 제1항 단서를 유추적용하여 대표행위 또는 대리행위를 무효로 본다.

제2관 통정허위표시 – 무효, – 권리장애항변

Ⅰ 서설

1. 의의

> **(통정허위표시의 예)** 예컨대, 甲이 채권자들로부터의 강제집행을 피하기 위하여 친구 乙과 서로 짜고 자신이 소유하는 부동산을 乙에게 매도하는 내용의 매매계약을 한 다음 이를 원인으로 하여 소유권이전등기를 乙에게 이전해 두는 경우이다. 이와 같이 계약을 체결할 진정한 의사 없이 서로 짜고 그 외관을 만들어 내기 위하여 체결한 계약 등을 가장행위라고 하고, 그것을 행하는 의사표시를 통정허위표시라고 한다. 이러한 매매계약은 무효로 하고 있다.

통정허위표시란 '표의자가 상대방과 통정하여 행하는 허위의 의사표시'를 말한다. 통정허위표시는 '무효'이지만(제108조 제1항), '선의의 제3자'에게 대항하지 못한다(제2항).

2. 구별개념

통정허위표시는 '의사와 표시가 불일치하는데 표의자가 불일치를 알고, 상대방과 통정한 경우'로서, ① 표의자가 불일치를 알았으나, 상대방과 통정이 없는 경우(제107조 비진의 의사표시), ② 표의자가 그 불일치의 사실을 알지 못하는 경우(제109조 착오에 의한 의사표시), ③ 의사와 표시가 일치하지만 의사표시의 형성과정에 하자가 있는 경우(제110조 사기·강박에 의한 의사표시)와 구별된다.

Ⅱ 요건

1. 의사표시가 존재할 것

사법상 유효한 의사표시가 존재하는 것과 같은 외관이 존재하여야 한다.

2. 의사와 표시가 불일치할 것

3. 표의자가 진의와 표시의 불일치를 알고 있을 것

4. 상대방과의 통정이 있을 것

Ⅲ 효과

1. 허위표시 당사자 사이에서의 효력 – 제108조 제1항

허위표시는 당사자 사이에서는 언제나 '무효'이다(제108조 제1항). 따라서 누구든지 무효를 주장할 수 있다(위 예에서 甲과 乙 사이의 매매계약은 무효이며, 다른 사람들도 甲과 乙 사이의 매매계약은 무효라고 주장할 수 있다).

2. 제3자에 대한 효력 – 제108조 제2항, – 제108조 제1항의 항변에 대한 재항변

> (선의의 제3자의 예) 예컨대, 甲이 채권자들로부터의 강제집행을 피하기 위하여 친구 乙과 서로 짜고 자신이 소유하는 부동산을 乙에게 매도하는 내용의 매매계약을 한 다음 이를 원인으로 하여 소유권이전등기를 乙에게 이전해 두었는데 乙이 위 부동산을 위와 같은 사정을 모르는 선의의 丙에게 매매계약을 하고 소유권이전등기를 해 준 경우이다. 이때 甲과 乙 사이의 매매계약은 통정허위표시로 무효이지만 甲은 丙에게 甲과 乙 사이의 매매계약이 무효라고 주장할 수 없으며, 丙은 甲과 乙 사이의 매매계약이 유효라고 주장할 수 있다. 따라서 丙은 유효하게 소유권을 취득하며, 甲은 丙을 상대로 丙 등기의 말소청구를 할 수 없다.

통정허위표시의 무효로 '선의의 제3자'에게 대항하지 못한다(제108조 제2항). ① 「선의」란 그 의사표시가 '허위표시임을 모르는 것'을 말한다. 선의이면 족하고 '무과실'은 요건이 아니다. ② 선의의 판단시기는 '법률상 새로운 이해관계를 맺은 때'이다. ③ 제3자의 '선의는 추정'되므로, 허위표시의 '무효를 주장하는 자'가 '제3자의 악의'를 주장·증명해야 한다. ④ 「제3자」란 당사자와 그 포괄승계인 이외의 자로서, '허위표시를 기초로 형성된 법률관계'를 토대로 ⅰ) 실질적으로 ⅱ) 새로운 ⅲ) 법률상 이해관계를 맺은 자를 말한다. 예컨대, 가장매매의 매수인으로부터 목적물을 매수하고, '소유권이전등기'를 받은 자, '저당권설정등기', '가등기', '부동산에 가압류나 압류등기를 한 자'는 제108조 제2항의 제3자에 해당한다. ⑤ 「대항하지 못한다」고 함은 허위표시의 무효를 주장할 수 없음을 의미한다. 따라서 선의의 제3자에 대한 관계에 있어서는 통정허위표시가 유효한 것으로 다루어진다(상대적 무효).

제3관 착오로 인한 의사표시 －취소, －권리멸각항변

I 서설

1. 의의

> **(착오의 예)** ① **(내용의 착오)** 예컨대, 매도인이 매매대금을 980만 원이라고 표시할 생각이었으나 890만 원으로 잘못 표시한 경우, 매수인이 890만 원으로 알고 매수의 승낙의 의사표시를 한 경우 매매계약은 일단 890만 원으로 성립하고, 매도인은 위 착오가 법률행위의 내용의 중요부분에 존재하고, 매도인에게 중대한 과실이 없는 때에는 그 의사표시를 취소할 수 있도록 하고 있다.
> ② **(동기의 착오)** 예컨대, 甲이 甲 소유의 시가 2억 원 상당의 토지를 乙에게 1억 원에 매도하고 소유권이전등기를 해 주었다. 이때 甲은 甲 소유의 토지가 토지거래허가구역으로 지정되어 토지가격이 하락할 것으로 생각하여 싸게 판 것이다. 그런데 토지거래허가구역을 지정되지 않자 甲은 위 매매계약을 착오를 이유로 취소하는 것이다.

착오에 의한 의사표시란 'ⅰ) 법률행위의 해석을 통해 확정된 내용과 표의자의 진의가 일치하지 않고, ⅱ) 표의자가 이를 알지 못한 경우의 의사표시'를 말한다. 제109조는 「의사표시는 법률행위의 내용의 중요부분에 착오가 있는 때에는 취소할 수 있다. 그러나 그 착오가 표의자의 중대한 과실로 인한 때에는 취소하지 못한다.」「이때 의사표시의 취소는 선의의 제3자에게 대항하지 못한다.」고 규정하고 있다

2. 구별개념

착오에 의한 의사표시는 의사와 표시가 불일치하고 표의자가 이를 모르는 경우로서, ① 표의자가 불일치를 알았으나, 상대방과 통정이 없는 경우(제107조 비진의 의사표시), ② 표의자가 불일치를 알고, 상대방과 통정한 경우(제108조의 통정허위표시), ③ 의사와 표시가 일치하지만 의사표시의 형성과정에 하자가 있는 경우(제110조 사기·강박에 의한 의사표시)와 구별된다.

II 요건

1. 법률행위 내용에 착오가 있을 것

가. 법률행위 '내용'의 착오

'법률행위의 내용'은 '당사자, 목적, 의사표시'로 이루어지고, 착오는 '진의와 표시의 불일치'를 말하므로 결국 내용의 착오는 당사자, 목적, 의사표시에서 진의와 표시가 불일치하는 것을 의미한다. 이때 ① '의사의 착오'는 표시행위의 의미를 잘못 이해하고 표시행위를 한 경우(보증인이 신원보증 서류로 알고 서명날인하였는데 실제로는 연대보증 서류이었던 경우)이다. ② '표시상의 착오'는 표시행위의 의미는 옳게 이해하고 있었으나 표시행위 자체를 잘못한 경우(매도인이 매매대금을 980만 원이라고 표시할 생각이었으나 890만 원으로 잘못 표시한 경우)이다.

나. 착오가 있을 것

① 착오는 법률행위 해석을 통해 법률행위가 유효하게 성립한 것을 전제로 하여 의사와 표시가 일치하지 않는 경우를 말하므로, ② '자연적 해석'의 경우 의사와 표시가 일치하지 않아도 당사자들이 서로가 사실상 일치하여 이해한 경우에는 착오취소의 여지가 없다. ③ 그러나, '규범적 해석'의 경우 법률행위는 의사와 표시가 일치하지 않으므로 제109조에 의해 착오를 이유로 의사표시를 취소할 수 있다.

2. 중요부분의 착오가 있을 것

① 법률행위의 중요부분의 착오가 있는 경우에만 착오취소를 할 수 있는데, 중요부분의 판단에 대해서 **판례**는 '이중적 기준'에 의한다. 즉, 중요부분에 해당하기 위해서는 ⅰ) (주관적 기준) '표의자'가 그러한 착오가 없었더라면, 그 의사표시를 하지 않았으리라고 생각될 정도로 중요한 것이어야 하며, ⅱ) (객관적 기준) 보통 일반인도 그러한 의사표시를 하지 않았으리라고 생각될 정도로 중요한 것이어야 한다(**판례**). ③ (경제적 불이익) 다만, **판례**는 『착오로 인하여 표의자가 무슨 '경제적인 불이익'을 입은 것이 아니라면 이를 법률행위 내용의 중요부분의 착오라고 할 수 없다』고 본다.

3. 표의자에게 중대한 과실이 없을 것 - 재항변

> (중과실의 예) 예컨대, 판례는 공장을 경영하는 甲이 공장이 협소하여 새로운 공장을 설립할 목적으로 토지를 乙로부터 매수함에 있어 토지상에 공장을 건축할 수 있는지 여부를 관할관청에 알아보지 아니한 과실은 "중대한 과실"에 해당한다고 보아 위 매매계약을 취소할 수 없다고 본다. 다만, 이때 乙이 甲의 착오를 알고 이용하여 매매계약을 체결한 경우에는 甲이 위 매매계약을 착오를 이유로 취소할 수 있다.

① 「중대한 과실」이란 표의자의 직업, 행위의 종류, 목적 등에 비추어 보통 요구되는 주의를 현저하게 결여한 것을 말한다. ② '상대방'이 표의자에게 중대한 과실이 있음을 증명해야 한다. ③ (상대방이 표의자의 **착오를 알면서 이용한 경우**) 제109조 제1항 단서는 의사표시의 착오가 표의자의 중대한 과실로 인한 때에는 그 의사표시를 취소하지 못한다고 규정하고 있는바, 위 단서 규정은 표의자의 '상대방의 이익을 보호'하기 위한 것이므로, '상대방이 표의자의 착오를 알고 이를 이용한 경우'에는 그 착오가 표의자의 중대한 과실로 인한 것이라고 하더라도 표의자는 그 의사표시를 취소할 수 있다고 할 것이다(또한 상대방이나 타인의 기망에 의해 과실에 빠진 경우에도 중과실로 인정하지 않는다고 본다).

Ⅲ 효과

1. 당사자 사이의 효력 - 제109조 제1항

표의자는 착오를 이유로 법률행위를 취소할 수 있으며, 취소되면 법률행위는 처음부터 무효인 것으로 된다(소급적 무효).

2. 제3자에 대한 효력 – 제109조 제2항

의사표시의 취소는 선의의 제3자에게 대항하지 못한다. 본조의 의미는 통정허위표시에서와 같다.

3. 취소자의 신뢰이익 배상책임 문제

가. 문제점

> **(경과실 착오 취소와 손해배상의 예)** 예컨대, 채권자 甲이 乙에게 1억 원을 꿔주면서 보증인을 요구하자 乙이 丙에게 부탁하여 丙이 보증계약을 체결해 주었고, 이를 믿고 甲은 乙에게 1억 원을 대여해 주었다. 그 후 乙이 부도가 나서 돈을 못 갚자 甲이 丙에게 보증채무이행청구를 하였다. 이에 丙은 경과실로 인하여 착오에 빠져 계약보증서를 발급하고 그 착오를 이유로 보증계약을 취소하였다. 그러자 상대방 甲이 丙에게 제750조의 불법행위로 인한 손해배상으로 1억 원(이와 같이 계약이 유효하다고 신뢰해서 1억 원을 꿔줬는데 계약이 취소돼서 1억 원을 받지 못하는 손해를 입은 경우처럼 계약을 신뢰해서 입은 손해를 신뢰손해라고 한다)을 청구한 경우 이러한 청구가 인정될 수 있는지 문제된 것이다.

표의자가 경과실로 착오에 빠진 경우에는 의사표시를 취소할 수 있는데, 이렇게 취소한 경우, 표의자는 상대방에 대해서 신뢰이익 배상책임을 지는지 문제된다.

나. 판례의 입장 – 부정

판례는 『ⅰ) 불법행위로 인한 손해배상책임이 성립하기 위해서는 '위법성'이 요구되는데, ⅱ) 제109조에서 중과실이 없는 착오자의 착오를 이유로 한 의사표시의 취소를 허용하고 있으므로, ⅲ) 경과실로 인하여 착오에 빠져 계약을 체결한 것과 그 착오를 이유로 계약을 취소한 것이 '위법하다고 할 수 없다'는 점을 근거로, 표의자의 불법행위로 인한 손해배상책임을 부정』하였다.

Ⅳ 동기의 착오

1. 일방 동기의 착오

> **(일방 동기의 착오의 예)** 예컨대, 계약 일방이 토지거래허가구역 지정이 해제되어 토지가격이 상승할 것이라고 오인하여 높은 가격으로 매수하였는데 허가구역 지정이 해제되지 않은 경우, 공장을 지을 목적으로 토지를 매수하였으나 공장을 지을 수 없는 경우, 이와 같은 동기의 착오를 이유로 매매계약을 취소할 수 있는지 문제된다(즉, 계약 내용인 당사자 甲과 乙, 토지, 의사표시에는 착오가 없으나, 이러한 계약을 체결하게 된 동기에 착오가 있는 경우 취소할 수 있는지 문제된다). **판례**는 허가구역 지정해제나 공장목적 등 동기를 상대방에게 표시한 경우나, 위와 같은 동기가 상대방으로부터 유발·제공된 경우에는 동기의 착오는 내용의 착오로 보아 취소할 수 있다는 입장이다.

가. 문제점

'동기의 착오'란 이렇게 '내심의 의사를 결정하도록 한 동기가 인식사실과 일치하지 않는 경우'를 말한다. 제109조는 법률행위 내용에 착오가 있는 경우에만 취소할 수 있다고 규정하고 있으나, 착오는 동기의 착오가 대부분인바, 제109조의 내용의 착오에 동기의 착오를 포함시킬 것인가에 대하여 다툼이 있다.

나. 판례의 입장

① (원칙 동기표시설) 『원칙적으로 동기의 착오를 이유로 법률행위를 취소하려면, 그 동기를 당해 '의사표시의 내용'으로 삼을 것을 상대방에게 '표시'하면 충분하고, 그 동기를 의사표시의 내용으로 삼기로 하는 '합의'까지 이루어질 필요는 없다』고 하여 '동기표시설'의 입장이다. ② (예외) 다만 『예외적으로 동기가 '타인의 기망행위'에 의하거나, '상대방의 부정한 방법'에 의하여 '유발 또는 제공'된 경우에는 그 동기의 표시 여부를 묻지 않고 착오를 이유로 취소할 수 있다』고 한다.

2. 쌍방 동기의 착오

> (쌍방 동기의 착오의 예) 예컨대, 甲이 甲 소유 토지를 10억 원에 乙에게 매도하면서, 세금은 세무사에게 문의하여 5억 원이 부과될 것이라고 예상하고 이는 乙이 대신 납부하기로 하였다. 그런데 세금이 8억 원이 부과된 경우 3억 원 더 부과된 부분은 甲과 乙 쌍방이 공통하여 동기의 착오를 한 경우이다. 이때 판례는 우선 8억 원의 세금이 부과되더라도 乙이 매수하였을 것인가 보충적 해석을 해보고, 다음 乙이 그러한 의사가 없다고 해석되면 甲은 위 매매계약을 착오를 이유로 취소할 수 있다고 본다.

가. 문제점

쌍방이 일치하여 동기의 착오에 빠진 경우에는 일방 동기의 착오와 달리, 우선 계약을 위와 같이 수정해 보고, 수정이 불가능할 때에는 계약의 구속력에서 벗어나도록 한다. 다만 그 이론적 근거에 대하여 논의가 있다.

나. 판례의 입장–보충적 해석

판례는 ① (수정) 『쌍방에 공통하는 동기의 착오가 있는 경우, 당사자가 그러한 착오가 없을 때에 약정하였을 것으로 보이는 내용으로 당사자의 의사를 보충하여 계약을 해석함이 당사자의 진정한 의사에 합치한다』고 하여, 일단 보충적 해석을 시도해 본 후 ② (착오취소) 그것이 불가능하면 매도인의 착오를 이유로 한 취소주장을 인정한다.

제4관 사기·강박에 의한 의사표시–취소, –권리멸각항변

I 사기에 의한 의사표시

1. 의의

> (사기취소의 예) 예컨대, 甲이 甲 소유의 시가 2억 원 상당의 토지를, 乙이 甲 소유의 토지가 토지거래허가구역으로 지정되어 토지가격이 하락할 것이라고 거짓말(고의에 의한 기망)을 해서 甲으로 하여금 그렇게 믿게 하여(동기의 착오에 빠짐) 위 토지를 헐값인 1억 원에 매도의 의사로 매도의 표시(의사와 표시의 일치)를 하여 매매계약을 체결한 경우 甲은 사기를 이유로 乙과의 매매계약을 취소할 수 있다.

사기에 의한 의사표시란 'ⅰ) 타인의 기망행위로 말미암아 착오에 **빠지게 된 결과** ⅱ) 어떠한 의사표시를 하게 되는 경우'를 말한다. 거기에는 '의사와 표시의 불일치가 있을 수 없다.'

2. 요건

사기를 이유로 의사표시를 취소하기 위해서는 ① 사기자의 기망에 의하여 표의자가 착오에 **빠져서** 의사표시를 할 것, ② 사기자에게 표의자를 기망하여 착오에 빠지게 하려는 고의와 그 착오를 바탕으로 하여 표의자로 하여금 의사표시를 하게 하려는 2단의 고의가 있어야 하고, ③ 그 기망행위가 위법해야 하고, ④ 표의자가 기망행위에 의하여 착오에 **빠지고**, 이로 인하여 의사표시를 하여야 한다(인과관계).

Ⅱ 강박에 의한 의사표시

1. 의의

> (강박취소의 예) 예컨대, 甲이 甲 소유의 시가 2억 원 상당의 토지를, 乙이 1천만 원에 팔아라 그렇지 않으면 가족에게 위해를 주겠다고 협박하여(강박), 甲으로 하여금 공포에 **빠지게** 하여(공포에 빠짐) 위 토지를 헐값인 1천만 원에 매도의 의사로 매도의 표시(의사와 표시의 일치)를 하여 매매계약을 체결한 경우 甲은 강박을 이유로 乙과의 매매계약을 취소할 수 있다.

강박에 의한 의사표시란 '타인의 강박행위로 인하여 공포심에 **빠져서** 한 의사표시'를 말한다.

2. 요건

강박을 이유로 의사표시를 취소하기 위해서는 ① 강박에 의하여 표의자가 공포에 **빠져서** 의사표시를 할 것, ② 강박자에게 표의자를 강박하여 공포에 빠지게 하려는 고의와 그 공포에 의해 표의자로 하여금 의사표시를 하게 하려는 2단의 고의가 있어야 하고, ③ 그 강박행위가 위법해야 하고, ④ 표의자가 강박행위에 의하여 공포에 **빠지고**, 이로 인하여 의사표시를 하여야 한다(인과관계).

Ⅲ 효과

1. 취소권의 발생

가. 상대방의 사기·강박의 경우 – 제110조 제1항

표의자는 그 의사표시를 취소할 수 있다(제110조 제1항; 예컨대, 甲이 乙을 기망하여 乙이 의사표시를 한 경우, 乙은 ⅰ) 甲의 기망으로 착오에 빠져 의사표시를 한 사실, ⅱ) 2단의 고의가 있을 것, ⅲ) 기망행위가 위법할 것, ⅳ) 인과관계가 있을 것을 주장·증명해서 의사표시를 취소해야 한다).

나. 제3자의 사기·강박의 경우 – 제110조 제2항

1) 의의

제3자의 사기나 강박으로 상대방 있는 의사표시를 한 경우에는, 상대방이 그 사실을 알았거나 알 수 있었을 경우에 한하여 그 의사표시를 취소할 수 있다(제110조 제2항; 예컨대, A가 乙을 기망하여 乙이 착오에 빠져 甲과 계약을 한 경우, 乙은 ⅰ) A의 기망으로 착오에 빠져 의사표시를 한 사실, ⅱ) 2단의 고의가 있을 것, ⅲ) 기망행위가 위법할 것, ⅳ) 인과관계가 있을 것뿐만 아니라, ⅴ) 상대방 甲이 A가 乙을 기망한 것을 알거나 알 수 있었던 사실까지 주장·증명해서 의사표시를 취소해야 한다).

2) 제110조 제2항의 「제3자」의 범위

판례는 ① 상대방의 대리인 등 '상대방과 동일시할 수 있는 자'의 기망행위는 제110조 제1항의 상대방 사기에 의해 취소할 수 있으나(**판례**는 기망행위를 한 者가 대리인(은행의 출장소장, 부동산중개인)인 경우에는 상대방과 동일시할 수 있는 자로 제110조 제2항의 제3자에 해당하지 않는다고 보아, 따라서 이 경우 표의자는 상대방의 악의·과실을 증명하지 않고도 그 의사표시를 취소할 수 있다), ② 상대방의 '단순피용자'와 '사용자책임을 지는 피용자'의 기망행위는 제110조 제2항의 제3자 사기에 의해 취소할 수 있다고 본다(**판례**는 기망행위를 한 자가 상대방의 피용자(상호신용금고의 기획감사실 과장)인 경우에는 제110조 제2항의 제3자에 해당한다고 보아, 표의자는 상대방의 악의 또는 과실을 증명하여야 그 의사표시를 취소할 수 있다고 보았다).

2. 취소의 효과

가. 당사자 사이의 효력 – 소급적 무효

사기 또는 강박에 의한 의사표시가 취소되면, 그 의사표시는 소급하여 무효로 된다.

나. 제3자와의 효력 – 재항변

사기 또는 강박에 의한 의사표시의 취소로 선의의 제3자에게 대항하지 못한다(제110조 제3항). – 제108조 제2항에서 설명함

Ⅳ 다른 제도와의 관계

1. 착오취소와 사기취소의 경합

가. 표시와 의사가 일치하는 경우 착오취소와 사기취소의 경합 여부 – 긍정

표의자가 타인의 기망행위로 착오에 빠지고, 그러한 상태에서 의사와 일치하는 표시를 한 경우, 그 착오가 법률행위 내용의 중요부분에 관한 것일 때에는 표의자는 사기에 의한 취소권과 착오에 의한 취소권을 선택하여 행사할 수 있다(위 예에서 甲이 乙의 기망에 의해서 동기의 착오에 빠져서 매도의 의사로 매도의 표시를 하여 표시와 의사가 일치하는 경우 甲은 사기취소와 착오취소를 경합적으로 행사할 수 있다).

나. 표시와 의사가 불일치하는 경우 착오취소와 사기취소의 경합 여부 – 부정

> **(의사와 표시의 불일치의 예)** 예컨대, ⅰ) 甲은 乙의 기망에 의해서 신원보증서류에 서명날인한다는 착각에 빠진 상태로 연대보증의 서면에 서명날인한 것으로서, 이는 표시상의 착오(의사와 표시의 불일치)에 해당하므로, ⅱ) 이에 관하여는 사기에 의한 의사표시로 취소할 수 없으며, ⅲ) 착오에 의한 의사표시로만 취소할 수 있다.

판례는 ⅰ) 타인의 기망에 의해 ⅱ) 표의자가 표시와 의사가 불일치하는 의사표시를 한 경우에는 ⅲ) 사기취소를 할 수 없고, ⅳ) 착오취소만 할 수 있다고 본다.

2. 불법행위에 의한 손해배상책임과의 관계 – 경합 긍정

① 사기를 이유로 하는 취소제도와 불법행위를 이유로 하는 손해배상 제도는 성질을 달리하는 별개의 제도이므로 표의자는 취소 또는 손해배상청구를 선택적으로 자유롭게 행사할 수 있다. ② 이때, 피해자가 손해배상청구를 하기 위하여 반드시 그 계약을 취소할 필요는 없으며, ③ 피해자가 손해 전부를 배상받은 경우에도 피해자는 그 계약을 기망을 이유로 취소할 수 있다.

제5관 의사표시의 효력발생

Ⅰ 상대방 없는 의사표시의 효력발생시기

1. 원칙

상대방 없는 의사표시의 효력발생시기에 관한 민법상 일반적인 규정은 없다. 이 경우에는 의사표시를 수령할 상대방이 없기 때문에, 원칙적으로 표시행위가 완료(의사표시가 성립)된 때에 그 효력이 발생한다고 본다(표백주의).

2. 예외

다만 일정한 법률행위에 한해 따로 그 효력발생시기를 정하고 있는바, ① 재단법인 설립의 경우 그 출연재산의 귀속에 있어서는 법인의 성립 시와 유언의 효력발생 시에(제48조), ② 상속포기에 있어서는 상속이 개시된 때에(제1042조), ③ 유언에 있어서는 유언자가 사망한 때에 각각 그 효력이 발생한다(제1073조).

Ⅱ 상대방 있는 의사표시의 효력발생시기

1. 의사표시의 효력발생시기

상대방 있는 의사표시는 ⅰ) 서면의 작성 등 표의자의 표백, ⅱ) 발신, ⅲ) 도달, ⅳ) 요지라는 4단계를 거치게 된다. 이러한 단계 중 어느 시기에 의사표시의 효력이 발생하는지 문제된다.

2. 민법의 도달주의 – 도달주의의 원칙

① 민법은 제111조 제1항에서 「상대방 있는 의사표시는 그 통지가 상대방에 도달한 때로부터 그 효력이 생긴다」고 규정하여 도달주의를 채택하고 있다. ②「도달」이란 사회관념상 상대방이 의사표시의 통지내용을 '알 수 있는 객관적인 상태'에 놓여있는 경우를 말한다. 따라서 채무자가 이를 현실적으로 수령하였다거나 그 통지의 내용을 알았을 것을 요하지 않고, 편지가 우편수신함에 투입되어 있거나 동거의 가족 등에게 교부된 때에는 도달된 것으로 본다. ③ (임의규정) 도달주의 원칙을 정한 제111조는 임의규정이므로 당사자의 약정에 의해 의사표시의 효력발생시기를 따로 정할 수 있다.

3. 예외적 발신주의

가. 최고에 대한 확답

① 제한능력자의 상대방의 최고에 대한 제한능력자 측의 확답(제15조), ② 무권대리인의 상대방의 최고에 대한 확답(제131조), 채무인수에서 채무자의 최고에 대한 채권자의 확답(제455조)에서는 일정한 기간 내에 그 확답을 발송하면 되는 발신주의를 취한다.

나. 총회소집의 통지

총회의 소집은 1주간 전에 그 통지를 발송하여야 한다(제71조).

다. 계약에서 승낙의 통지

격지자간의 계약에서 청약에 대한 승낙의 의사표시는 의사표시를 발송한 때 그 효력을 발생하며, 그때 계약이 성립한다(제531조).

제3절 법률행위의 대리

제1관 대리법 서설

Ⅰ 대리의 의의

> (대리의 예) 예컨대, 서울에 사는 A가 대구에 있는 자신 소유의 토지를 매도하기 위하여 항상 A가 대구에 가서 매매계약을 체결하여야만 한다면 매우 불편하다. 따라서 대구에 있는 B에게 A를 대신해서 자신의 토지를 팔 권한, 즉 대리권을 수여하면 대리인 B가 A 소유의 토지의 매도할 수 있다. 이 대리제도가 있기 때문에 A는 매매계약의 교섭 등을 전부 B에게 맡길 수 있고, 따라서 A는 대리제도 덕분에 자신의 활동범위를 넓힐 수 있는 것이다(사적자치의 확장). 그리고 제한능력자는 스스로 유효한 계약을 체결할 수 없으므로 그 법정대리인이 대신해서 계약을 체결해야 그 효력이 있다. 따라서 제한능력자의 사적자치를 보충하는 것이다.

대리란 'ⅰ) 대리인이 본인의 이름으로 의사표시를 하거나 의사표시를 수령함으로써, ⅱ) 그 법률효과가 직접 본인에게 귀속되도록 하는 제도'를 말한다. ① '임의대리'에서는 '사적 자치를 확장'하는 기능이, ② '법정대리'에서는 '사적 자치를 보충'하는 기능이 보다 강하게 나타난다. ③ 대리의 본질에 대해서 **판례**는 대리인을 표준으로 하여 대리행위의 하자를 결정한다는 제116조 제1항에 비추어 '대리인행위설'의 입장이다.

2. 임의대리권의 발생원인 – 수권행위

> **(임의대리인과 수권행위의 예)** 예컨대, 본인 甲이 대리인 乙에게 丙으로부터 토지의 매수를 부탁(위임)하고, 甲의 명의로 매수할 수 있는 대리권을 수여하는 경우, 토지 위임계약이 기초적 내부관계, 대리권 수여가 수권행위이며, 乙이 丙과 '甲 대리인 乙'이라고 하면서 매매계약을 체결하는 것이 대리행위이다. 이와 같이 본인의 의사에 의해서 대리인을 선임하는 경우를 임의대리인이라고 한다.

가. 수권행위의 의의

임의대리권은 '수권행위'(본인이 대리인에게 대리권을 수여하는 행위)에 의해 발생한다. 수권행위는 본인과 대리인 사이의 기초적 내부관계(데 위임, 도급)와 구별된다.

나. 법적 성질

이에 대해서 통설은 수권행위는 기초적 내부관계와는 별개의 독립된 것으로 대리권의 발생만을 목적으로 하는 본인의 상대방 있는 '단독행위'라고 본다.

다. 기초적 내부관계와의 관계 – 위임과 수권행위와의 관계

1) 수권행위의 독자성

> **(독자성의 예)** 예컨대, 본인 甲이 대리인 乙에게 丙으로부터 토지의 매수를 부탁(위임)하고, 甲의 명의로 매수할 수 있는 대리권을 수여하는 경우, 토지 위임계약이 기초적 내부관계이며, 대리권 수여가 수권행위로 양자가 구별된다. 이를 수권행위의 독자성이라고 한다.

① **(독자성 인정) 판례**는 『 ⅰ) 위임은 위임자와 수임자간의 내부적인 채권·채무관계를 말하고, ⅱ) 대리권은 대리인의 행위의 효과가 본인에게 미치는 대외적 자격을 말하는 것이므로 위임과 대리권 수여는 별개의 독립된 행위이다』라고 하여 '독자성'을 인정한다. ② 그 **(법적 근거)**로는 제128조가 '원인된 법률관계'(위임)와 구별하여 '수권행위'라는 관념을 인정하고 있는 점을 든다.

2) 수권행위의 유·무인성 문제

> **(수권행위의 유인성의 예)** 예컨대, 본인 甲이 대리인 乙에게 丙으로부터 토지의 매수를 부탁(위임)하고, 甲의 명의로 매수할 수 있는 대리권을 수여한 뒤 기초적 내부관계인 위임계약이 무효·취소된 경우, 대리권 수여 행위인 수권행위도 실효되어 무효가 되는 것을 유인성이라고 한다.

① 기초적 내부관계가 무효·취소 등으로 실효된 경우 수권행위도 실효되는지 문제된다. ② **판례**는 제128조 전단(법률행위에 의하여 수여된 대리권은 그 원인된 법률관계의 종료에 의하여 소멸한다)과 규정을 근거로 수권행위도 그 영향을 받아 실효된다는 유인설의 입장이다. ③ 유인설에 의할 경우 기초적 내부관계가 무효·취소되면 수권행위도 취소되므로 대리행위는 무권대리행위가 된다.

Ⅲ 대리권의 범위와 그 제한

1. 대리권의 범위

가. 법정대리권의 범위

법정대리권의 범위는 '법률규정'에 의해 정해진다. 즉, 법정대리인에 관한 근거규정의 해석에 의해 그 범위가 결정된다(제25조, 제913조 등).

나. 임의대리권의 범위

1) 원칙

임의대리권의 범위는 '수권행위'에 의하여 정해진다(그 구체적인 범위는 결국 수권행위의 해석문제이다). **판례**에 의하면 (긍정) ⅰ)『토지매도의 대리권은 중도금이나 잔대금을 수령할 권한과 소유권이전등기를 할 권한을 포함한다』고 보고, ⅱ)『매매계약의 체결과 이행에 관하여 포괄적으로 대리권을 수여받은 대리인은, 약정된 대금지급기일을 연기해 줄 권한도 갖는다』고 보며, ⅲ)『소비대차계약의 대리권은 그 계약의 내용을 이루는 기한을 연기하고 이자와 잔여금을 수령할 권한을 포함한다』고 본다.

2) 보충규정 – 대리권의 범위가 명백하지 않은 경우, – 제118조

가) **범위 보충**: 수권행위에 의해 그 범위가 정해지지 않거나 명확하지 아니한 경우에 대리인은 '관리행위', 즉 '보존행위·이용행위·개량행위만'을 할 수 있을 뿐, '처분행위'는 할 수 없다(제118조).

나) **보존행위**: '보존행위'란 '재산의 가치를 현상 그대로 유지하는 행위'를 말한다(예컨대 가옥의 수선, 부패하기 쉬운 물건의 처분, 소멸시효의 중단, 미등기 부동산의 등기신청, 기한이 도래한 채무의 변제).

다) **이용행위·개량행위**: ① '이용행위'란 '재산의 수익을 올리는 행위'를 말한다(예컨대 물건의 임대나 금전의 이자부 대여). ② '개량행위'란 '가치를 증가시키는 행위'를 말한다(예컨대 채권자의 대리인이 무이자의 금전대여를 이자부로 하는 경우). ③ 이용·개량행위는 대리의 목적인 '물건이나 권리의 성질'을 변하지 아니하는 범위에서만 할 수 있다(제118조 2호). 따라서 채무자의 대리인이 '무이자금전대여'를 '이자부로 바꾸는 행위', '예금을 주식으로 바꾸는 행위'는 할 수 없다.

라) **판단기준**: 제118조의 범위에 해당하는지 여부는 본인에게 이익이 되었는지 여부와 관계없이 문제된 '행위의 성질'에 따라 '추상적'으로 판단한다. ① 따라서 그 행위에 속하는 것이 본인에게 불리하더라도 대리권의 범위에 속하는 것이 되면, 본인은 그 효과를 받는다. ② 반대로 물건이나 권리의 성질을 변하게 한 이용·개량행위는 본인에게 이익이 되더라도 그 행위는 무권대리가 된다.

다. 대리권의 범위를 넘은 대리행위

이는 '무권대리행위'로 '무효'이다. 본인은 이를 추인할 수 있고, 상대방은 표현대리의 성립을 주장할 수 있다.

소권, 해제권)도 대리인이 아닌 본인에게 귀속된다. ③ (대리인의 책임 부정) 대리행위가 유효하면 본인만 이행책임을 지며, 대리인에게 대리의사(대리인이 본인에게 법률효과를 귀속기킨다는 의사)로 법률행위를 하였기 때문에 대리행위에 따른 아무런 이행책임을 지지 않는다.

제5관 복대리

Ⅰ 서설

1. 의의

> **(복대리인의 예)** 본인(A)이 대리인(B)에게 A소유 토지를 매도하라는 대리권을 주었는데, B가 그의 권한으로 C에게 A의 대리인으로 선임하여 토지를 매도하는 일을 맡기는 경우이다. 이때 B를 원대리인, C를 복대리인 이라고 한다. A가 B의 복임행위에 대해서 승낙을 한 경우 복대리인은 본인의 대리인으로 C가 한 대리행위의 효과는 본인 A에게 귀속한다.

복대리인이란 '대리인이 그 권한 내에서 대리인 자신의 이름으로 선임한 본인의 대리인'을 말한다. 대리인의 복임행위에 의하여 선임되므로 복대리인은 언제나 '임의대리인'이다. 이때 대리인이 복대리인를 선임할 수 있는 권한을 '복임권'이라 하고, 그 선임행위를 '복임행위'라고 한다.

2. 법적 성질 – 대리권의 병존적 설정

복임행위의 법적 성질에 대하여는, 복대리인을 선임한 후에도 대리인의 대리권은 소멸하지 않고 존속하므로 대리인의 복임행위는 '대리권의 병존적 설정행위'라는 것이 통설이다. 따라서 복대리권의 범위에 속하는 사항에 관하여는 원대리인의 대리권과 복대리인의 대리권이 병존적으로 존재하게 된다.

Ⅱ 대리인의 복임권과 그 책임 – 요건

1. 임의대리인의 복임권과 책임

가. 권한

① (원칙 부정) 임의대리인은 원칙적으로 복임권을 갖지 못한다. (임의대리인은 본인과 신임관계가 있으며, 언제든지 사임할 수 있기 때문이다.) ② (예외 긍정) 그러나 ⅰ) 본인의 승낙이 있거나, ⅱ) 부득이한 사유가 있는 경우에는 예외적으로 복임권을 갖는다(제120조).

나. 책임

① (원칙) 원칙적으로 임의대리인이 복대리인을 선임하면 그 자체로 채무불이행책임을 진다. ② (예외) 다만, 예외적으로 복임권을 갖게 되어 복대리인을 선임한 때에는 복대리인의 선임·감독에 관해서만 책임을 진다(제121조 제1항). ③ 그러나 대리인이 본인의 지명에 의하여 복대리인을 선임한 경우에는, 그 부적임 또는 불성실함을 알고 본인에게 대한 통지나 그 해임을 태만히 한 때에 한하여 책임을 진다(제2항).

2. 법정대리인의 복임권

가. 권한

법정대리인은 '언제든지' 복임권을 갖는다(제122조 본문). 법정대리인은 본인의 신임을 받아서 대리인이 된 것이 아니고, 임의로 사임할 수 없기 때문이다.

나. 책임

법정대리인에게 복임권을 주는 대신 그 책임은 가중된다. 즉 복대리인의 행위에 의해 본인이 손해를 입은 경우에는, ① 복대리인의 선임·감독에 관하여 과실이 없더라도 그에 대하여 전적인 책임을 진다(제122조 본문). ② 다만, 부득이한 사유로 복대리인을 선임한 경우에는 그 선임·감독상 과실에 대해서만 책임을 진다(단서).

Ⅲ 복대리의 3면 법률관계 - 효과

1. 복대리인과 본인의 법률관계 - 본인의 대리인

복대리인은 대리인에 의하여 대리인의 이름으로 선임되었지만, 민법은 복대리인은 본인에 대하여 대리인과 동일한 권리·의무가 있다고 규정하고 있다(제123조 제2항).

2. 복대리인과 대리인의 관계 - 원대리권에 종속

복대리인이 선임된 경우에도 대리인의 대리권은 존속한다. 복대리인은 대리인의 감독을 받으며, 복대리인의 대리권은 그 범위나 존립에 있어 대리인의 대리권에 종속된다. 따라서 대리권이 소멸하면 복대리권도 소멸한다.

3. 복대리인과 상대방의 법률관계 - 원대리행위와 동일

복대리인은 그 권한의 범위 내에서 직접 본인을 대리한다(제123조 제1항). 즉 제3자에 대한 관계에서 대리인과 전혀 다를 바 없다.

제6관 표현대리

Ⅰ 광의의 무권대리

(무권대리인의 예) ① 본인(A)이 대리인(B)에게 대리권을 주지 않았는데, B가 C에게 A대리인B라고 현명하여 1억 원을 차용하는 대리행위를 한 경우 위 행위는 무권대리행위로 무효이다. ② 이때 본인 A는 대리권을 수여하지 않았으므로 C는 A에게 1억 원을 돌려달라고 할 수 없다. ③ 또한 C는 B에게도 1억 원 반환청구를 할 수 없다. 왜냐하면 B가 C에게 A대리인B라고 현명하여 대리행위를 하였으므로 차용행위의 당사자가 아

니기 때문이다. ④ 따라서 C는 불이익을 입게 되는데 이를 방지하기 위해서 민법은 표현대리와 무권대리로 나누어 상대방을 보호하는 규정을 두고 있다.

무권대리란 '대리권 없이 행한 대리행위'를 말한다. 무권대리의 경우 그 법률효과를 본인에게 귀속시킬 수 없고, 대리의사로 행해진 행위이므로 대리인에게도 귀속시킬 수 없게 되므로 상대방에게 불측의 손해를 입히게 된다. 여기서 상대방의 이익과 본인의 이익을 어떻게 조화시킬 것인지가 문제되는바, 민법은 ① ⅰ) 대리권이 있는 것과 같은 외관이 있고, ⅱ) 외관형성에 본인의 귀책이 있으며, ⅲ) 상대방이 외관을 신뢰한 경우에는 본인에게 책임을 묻고(제125조, 제126조, 제129조), ② 무권대리의 경우에도 ⅰ) 본인이 추인하면 그 효과를 받을 수 있도록 하고(제130조), ⅱ) 추인하지 않으면 무권대리인에게 책임을 묻는 것으로 규정하고 있다(제135조). ①을 표현대리, ②를 협의의 무권대리, 양자를 합쳐 '광의의 무권대리'라고 한다.

Ⅱ 표현대리 일반론

1. 표현대리의 의의 외귀신

표현대리란, 'ⅰ) 대리인에게 대리권이 없음에도 불구하고 마치 그것이 있는 것과 같은 **외**관이 존재하고 (외관의 존재), ⅱ) 본인이 그러한 외관의 형성에 책임져야 할 사정이 있으며(본인의 귀책), ⅲ) 상대방이 그와 같은 외관을 **신**뢰한 경우에(상대방의 신뢰), ⅳ) 상대방을 보호하기 위해서 그 무권대리행위에 대하여 본인에게 책임을 지우는 제도'를 말한다.

2. 표현대리의 본질과 근거

판례는 표현대리를 '무권대리'으로 본다. 다만, '대리권의 외관'을 야기한데 대하여 본인에게 일정한 귀책사유가 있는 경우에 거래안전을 위해 본인에게 책임을 지우도록 하는 권리외관이론에 근거를 두고 있다.

3. 표현대리의 유형

① 대리권 수여표시에 의한 표현대리(제125조), ② 권한을 넘은 표현대리(제126조), ③ 대리권 소멸 후 표현대리(제129조) 세 가지가 있다.

Ⅲ 제125조의 표현대리

1. 의의

(제125조 표현대리의 예) 예컨대, A가 그 소유 건물의 매도에 관해 B에게 대리권을 주려고 위임장을 교부하였으나, 아직 대리권을 주지 않기로 한 경우 그 위임장을 회수하지 않은 상태에서 B가 그 위임장을 가지고 제3자 C와 건물의 매도에 관한 대리행위를 한 경우 등이다. 이때 B는 무권대리인이지만 A가 위임장을 교부하여 대리권이 있는 것 같은 외관을 창출한 데 책임이 있으므로 A는 선의·무과실인 C에게 이행책임이 있다.

「제3자에 대하여 타인에게 대리권을 수여함을 표시한 자는 그 대리권의 범위 내에서 행한 그 타인과 그 제3자 간의 법률행위에 대하여 책임이 있다. 그러나 제3자가 대리권 없음을 알았거나 알 수 있었을 때에는 그러하지 아니하다」(제125조).

2. 요건

가. 대리권 수여의 표시가 있을 것

나. 표시된 대리권의 범위 내에서의 대리행위

다. 표시의 통지를 받은 상대방과의 대리행위

라. 상대방의 선의 · 무과실 – 요건사실이 아니라 항변이다.

IV 제126조의 표현대리

1. 의의

> (제126조 표현대리의 예) 예컨대, A가 B에게 토지에 대해서 담보권 설정의 대리권을 주었는데 그 토지를 매도하는 대리행위를 하거나, 2,000만 원 차용의 대리권을 주었는데 5,000만 원을 차용하는 대리행위를 한 경우 등이다. 이때 B는 매도행위나 3,000만 원에 대해서 무권대리인이지만 A가 담보권 설정, 2000만 원 차용의 대리권을 주었으므로 이와 같은 대리권의 외관을 창출한 데 책임이 있으므로 A는 선의 · 무과실인 C에게 이행책임이 있다.

「대리인이 그 권한 외의 법률행위를 한 경우에 제3자가 그 권한이 있다고 믿을 만한 정당한 이유가 있는 때에는 본인은 그 행위에 대하여 책임이 있다」(제126조).

2. 요건

가. 기본대리권이 존재할 것

대리인은 최소한 일정한 범위의 대리권을 가지고 있어야 한다. '처음부터 전혀 대리권이 없는 경우'에는 본조의 표현대리가 성립될 수 없다.

1) 사실행위에 대한 권한 – 원칙 부정

판례는 제126조의 표현대리가 성립하기 위해서는 대리인에게 '법률행위'에 관한 기본대리권이 있어야 하고, 사실행위에 대한 권한에 대해서 ① (원칙 부정) 원칙적으로 기본대리권이 될 수 없다고 본다(『증권회사로부터 위임받은 고객의 유치, 투자상담 및 권유, 위탁매매약정 실적의 제고 등의 업무는 '사실행위'에 불과하므로 이를 기본대리권으로 해서는 권한초과의 표현대리가 성립할 수 없다』). ② (사자 긍정) 그러나, '사자의 사실행위'를 할 수 있는 권한은 제126조 표현대리의 기본대리권으로 인정하고 있다. 왜냐하면, 상대방의 입장에서 볼 때 사자인지 대리인인지 구별하는 것은 매우 어려우므로, 거래안전을 위해서 사자의 사실행위를 할 수 있는 권한은 제126조 표현대리의 기본대리권으로 인정하고 있다.

2) **제125조 또는 제129조의 표현대리권**—표현대리규정의 중첩 적용 문제,—긍정

　　제125조 대리권 수여표시에 의한 표현대리와 제129조 대리권 소멸 후의 표현대리가 성립하는 경우, 표현대리인이 표시된 또는 소멸한 대리권의 범위를 넘은 대리행위를 한 때에도 제126조가 적용된다.

3) **복대리권**—긍정

　　판례는 『대리인이 임의로 선임한 복대리인을 통하여 권한 외의 법률행위를 한 경우, 상대방이 그 행위자를 대리권을 가진 대리인으로 믿었고 또한 그렇게 믿는 데에 정당한 이유가 있는 때에는, 복대리인 선임권이 없는 대리인에 의하여 선임된 복대리인의 권한도 기본대리권이 될 수 있다』고 하여, 대리인이 복임권 없이 임의로 복대리인을 선임한 경우에 그 선임된 복대리인의 권한도 기본대리권이 될 수 있다고 본다.

4) **일상가사대리권**—긍정

　　부부는 일상가사에 관하여 서로 대리권이 있다(제827조 제1항). **판례**는 일상가사대리권의 성질을 법정대리권으로 보고, 본조의 기본대리권성을 인정한다.

나. 권한을 넘는 표현대리행위를 하였을 것

1) **대리행위가 있을 것**

　　본조가 적용되기 위해서는 권한을 넘는 '대리행위'가 있어야 하며, 원칙적으로 '본인을 위한 것임을 표시'하여야 한다(즉, '甲 대리인 乙'이라고 표시하여 대리행위를 했어야 제126조가 성립한다). 대리행위가 없으면 제126조의 책임은 성립하지 않는다.

2) **권한을 넘는 행위가 있을 것**

　　'기본대리권을 넘는' 행위가 있어야 한다(즉, 1억 원 차용의 기본대리권이 있었으나, 2억 원을 차용한 경우). 다만 그 행위가 기본대리권과 '동종, 유사'한 것일 필요는 없으며, 기본대리권과 '아무런 관계가 없어도' 무방하다(즉, '차용'의 기본대리권이 있었으나, '증여'한 경우 등도 성립함).

다. 정당한 이유—요건사실이지 항변이 아니다

　　① (의미) **판례**는 '정당한 이유'란 'ⅰ) 대리행위의 상대방이 ⅱ) 대리행위 당시 ⅲ) 대리인에게 대리권이 있었다고 믿었고, 그렇게 믿은 데 관하여 과실이 없는 것'을 말한다고 본다. 즉, 상대방의 '선의·무과실'을 의미한다. ② (판단시기) 정당한 이유는 '대리행위 시'를 기준으로 판단하며, 대리행위 이후의 사정을 고려하지 않는다(즉, 무권대리인이 대리행위로 매매계약 시 위조된 위임장을 제시하였으나 등기권리증 등을 제시하지 못하고, 중도금 지급 시 제시한 경우, 대리행위시를 기준으로 등기권리증의 제시가 없었으므로 대리권이 있다고 믿는 데 과실이 있다고 보아, 정당한 이유가 부정된다).

Ⅴ 제129조의 표현대리

1. 의의

> (제129조 표현대리의 예) 예컨대, A가 그 소유 건물의 매도에 관해 B에게 대리권을 주고, 그 후 대리권을 회수하여 대리권이 소멸되었음에도, C에게 매도하는 대리행위를 한 경우 등이다. 이때 B는 매도행위는 무권

> 대리인이지만 A가 대리권을 주었다 소멸시켜서 대리권의 외관을 창출한 데 책임이 있으므로 A는 선의·무과실인 C에게 이행책임이 있다.

「대리권의 소멸은 선의의 제3자에게 대항하지 못한다. 그러나 제3자가 과실로 인하여 그 사실을 알지 못한 때에는 그러하지 아니하다」(제129조).

2. 요건

가. 대리권이 존재하였다가 소멸하였을 것

나. 대리인이 대리권한 범위 내의 행위를 하였을 것

다. 상대방은 선의·무과실일 것 – 항변으로 본다.

Ⅵ 표현대리의 효과

1. 본인과 상대방의 관계

① 표현대리행위의 법률효과는 본인에게 귀속한다. 따라서 본인은 표현대리행위에 대하여 전적인 이행책임을 진다. ② 계약이행책임이므로 '과실상계의 법리'를 유추적용하여 본인의 책임을 경감할 수는 없다. ③ 표현대리는 상대방이 이를 주장하는 경우에 비로소 문제된다(변론주의 사실의 주장책임에 의해 상대방이 주장하지 않는데 본인이 이를 주장할 수는 없다). ④ 상대방이 표현대리를 주장하지 않는 동안에는 표현대리가 성립된다 하여도 여전히 무권대리의 성질을 갖는다. 따라서 무권대리의 추인(제130조), 상대방의 최고권(제131조), 철회권(제134조)이 적용될 수 있다.

2. 상대방과 표현대리인의 관계 – 제135조 적용여부 – 부정

표현대리가 성립하는 경우 상대방은 표현대리인에게 제135조 책임을 물을 수 없다.

3. 본인과 대리인의 관계

표현대리에 의해 본인이 손해를 입은 경우, 본인은 표현대리인에게 기초적 내부관계에 따른 의무의 위반 또는 불법행위책임, 부당이득반환의무, 사무관리에 따른 책임을 물을 수 있다.

Ⅶ 일상가사대리권

1. 의의 및 책임

> **(일상가사대리의 예)** 예컨대, 해외출장 중에 있는 A의 처 B는 자신의 친정오빠의 사업자금을 조달해 줄 목적으로 A 몰래 A의 X토지를 A가 해외출장을 가면서 B에게 맡겨둔 A의 인감도장을 이용하여 위임장을 만들

고 인감증명서를 발급받아 A의 X토지를 A의 대리인 자격으로 C에게 팔고 소유권이전등기까지 해 주었다. 이러한 B의 처분행위는 일상가사대리권을 벗어난 것으로 무권대리행위이고, 제126조 표현대리도 성립하지 아니하므로 무효이다.

① (의의) 일상가사란 '부부의 공동생활에서 필요로 하는 통상의 사무'를 말한다. ② (연대책임) 부부는 일상가사에 관하여 서로 대리권이 있으며(제827조 제1항), 부부의 일방이 일상가사에 관하여 제3자와 법률행위를 할 때에는 다른 일방은 이로 인한 채무에 대하여 '연대책임'을 진다(제832조). ③ (통상 대리와의 차이) ⅰ) 통상의 대리권은 '현명'을 요하며 '본인만' 책임을 지지만, ⅱ) 일상가사대리권은 '현명을 요하지 않으며', 부부 모두 '연대책임'을 진다는 점에서 차이가 있다.

2. 일상가사대리권의 범위

판례는 ① 일상가사의 범위를 ⅰ) 부부의 생활상태, ⅱ) 그 행위의 주관적 목적, ⅲ) 법률행위의 객관적인 성질 등을 고려하여 사회통념에 따라 판단해야 한다고 보아 '개별적·구체적 판단설'의 입장이며, ② 부부 간의 일상가사대리권은 그 동거생활을 유지하기 위하여 각각 필요한 범위내의 법률행위에 국한되어야 할 것이고 아내가 남편 소유의 부동산을 매각하는 것과 같은 '처분행위'는 일상가사의 대리권에는 속하지 아니한다고 본다. ③ '비상가사대리권'은 인정하고 있지는 않는 취지인 것 같다.

3. 제126조 표현대리의 성립여부

1) 요건 검토
부부 일방이 일상가사대리권의 범위를 넘는 법률행위를 한 경우 이는 무권대리행위가 된다. 이때 제126조 표현대리가 성립하는지 문제된다. ① **판례**는 부부의 일상가사대리권을 제126조의 기본대리권으로 인정하며, ② 일상가사대리권의 범위를 넘는 법률행위를 한 경우, ③ 제126조 표현대리가 성립하는지 여부는 결국 상대방에게 '정당한 이유'가 있는지 여부에 달려 있다.

2) 제126조 표현대리의 인정범위 – 정당한 이유의 인정범위
판례는 ⅰ) 대리행위의 상대방이 ⅱ) 일상가사대리권(법정대리권)의 범위를 넘은 행위에 관하여 ⅲ) 대리권의 수여(임의대리권)가 있다고 믿을 만한 정당한 이유가 있다면 ⅳ) 제126조 표현대리가 성립을 인정한다.

3) 정당한 이유의 존부에 대한 판례의 입장
판례는 ① (원칙 처분행위) 부부 일방이 타방 소유의 부동산을 처분하는 경우에 이에 대한 대리권을 주는 것은 사회통념상 이례에 속하며, 이에 필요한 등기서류와 인장을 가지고 있더라도, 이는 흔히 있는 일이고, 입수가 용이하다는 이유로 다른 특별한 사정이 없는 한, 정당한 이유를 인정하지 않는다. ② (예외) 다만, 채무부담행위나, 처분행위의 경우에도 일방이 행방불명되거나, 정신병원에 입원한 경우, 장기간 해외출장 중인 경우 타방이 부동산을 처분하여 생활비 등으로 충당한 경우에는 정당한 이유를 인정하고 있다.

4. 효과

가. 부부일방의 행위가 일상가사 범위 내인 경우
(연대책임) 부부일방의 행위가 일상가사의 범위 내에 속하는 경우, 부부는 연대책임을 진다(제832조).

나. 부부일방의 행위가 일상가사 범위를 넘는 경우

① 부부일방의 행위가 일상가사의 범위를 넘는 경우 그 일방의 행위는 타방에 대하여 무권대리행위가 된다. ② 그러나 제126조 등 표현대리가 성립한다면 부부일방의 대리행위의 효과는 타방에게 귀속된다. 이 때 부부공동생활은 일체성을 이루기 때문에 제832조는 표현대리가 성립하는 경우에도 중첩 적용되며, 따라서 이 경우도 부부는 상대방에 대하여 연대책임을 지게 된다.

제7관 협의의 무권대리

Ⅰ 의의

협의의 무권대리란 '대리권 없는 자의 대리행위로서 표현대리가 성립하지 않는 경우'를 말한다.

Ⅱ 계약의 경우

1. 무권대리행위의 효력 – 유동적 무효

> (무권대리행위의 예) ① 본인(A)이 대리인(B)에게 대리권을 주지 않았는데, B가 C에게 A대리인B라고 현명하여 1억 원을 차용하는 대리행위를 한 경우 위 행위는 무권대리행위로 유동적 무효이다. ② 이때 본인 A는 대리행위를 추인(추후인정)하면 무권대리행위는 확정적 유효가 되고, ③ 만일 추인거절하면 확정적 무효가 된다.

「대리권 없는 자가 타인의 대리인으로 한 계약은 본인이 이를 추인하지 아니하면 본인에 대하여 효력이 없다」(제130조). 무권대리행위는 유동적 무효로 본인이 추인하면 확정적 유효가 되고, 추인거절하면 확정적 무효가 된다.

2. 본인과 상대방 사이의 효과

가. 본인의 추인권

1) 추인의 의의 및 성질

① '추인'이란 '무권대리행위가 있음을 알고 그 행위의 효과를 자기에게 직접 발생케 하는 것을 목적으로 하는 단독행위'로서, '사후의 대리권의 수여'는 아니며, 그 성질은 '형성권'이다. ② 본인은 무권대리인이 한 계약을 추인함으로써 그 효과를 자신이 받을 수 있다(제130조).

2) 추인의 요건

추인의 효력이 발생하려면, ① 본인이 무권대리행위 사실을 알고 있을 것, ② 추인한 사실이 있을 것(추인의 의사표시)을 요한다.

가) 추인권자: 본인, 그 상속인, 법정대리인이다.

나) 추인의 상대방: ① 무권대리행위의 '상대방과 그 승계인' 및 '무권대리인'에 대해서도 추인의 의사표시를 할 수 있다. ② 무권대리인에게 추인하는 경우에는 '상대방이 그 사실을 안 때' 비로소 상대방에게 대항할

수 있다. 따라서 추인이 있음을 알 때까지 상대방은 철회할 수 있다.

다) 추인의 방법: ① 무권대리행위에 대한 추인이 있었다고 하려면 그러한 의사가 표시되었다고 볼 만한 사유가 있어야 하고, 그 방법은 명시적, 묵시적으로 가능하다. ② (추인의 범위) ⅰ) 원칙적으로 일괄추인을 해야 하며, 일부 추인은 허용되지 않는다. ⅱ) 다만, 예외적으로 의사표시가 가분이고 상대방의 동의가 있으면 일부추인도 허용된다고 본다.

3) 추인의 효과

① 추인에 의해 무권대리행위는 '확정적 유효'가 된다. ② (소급효) 추인은 다른 의사표시가 없는 때에는 계약 시에 소급하여 그 효력이 생긴다(제133조 본문). 다만 추인의 소급효는 제3자의 권리를 해하지 못한다(제133조 단서).

나. 본인의 추인거절권

1) 의의

추인거절이란 '본인이 추인의 의사가 없음을 적극적으로 표시하여 무권대리행위를 확정적으로 무효로 만드는 것'을 말한다. 추인거절은 상대방 있는 단독행위이며 그 행사방법은 추인의 경우와 같다. 추인거절이 있으면 '확정적 무효'가 되는바, 본인이 다시 추인할 수도 없고, 상대방도 최고권 및 철회권을 행사할 수 없다.

2) 무권대리인의 지위와 본인의 지위가 동일인에게 귀속한 경우-후술

다. 상대방의 최고권-제131조

법적 지위가 불확정적인 무권대리의 상대방은 상당한 기간을 정하여 본인에게 추인 여부의 확답을 최고할 수 있고, 본인이 그 기간 내에 확답을 발하지 않으면(상대방 보호를 위해 발신주의를 채택) 추인을 거절한 것으로 본다(제131조). '악의의 상대방'도 최고권이 있다.

라. 상대방의 철회권-제134조

무권대리행위의 상대방이 무권대리인과 체결한 계약을 확정적으로 무효화시키는 행위로서, 철회가 있으면 본인의 추인권은 소멸한다. 선의의 상대방에게만 철회권이 인정된다. 철회권의 행사시기는 본인의 추인이 있기 전까지이며, 철회의 상대방은 본인 또는 무권대리인이다.

3. 상대방과 무권대리인 사이의 효과-제135조

가. 의의

> (제135조 책임의 예) ① 본인(A)이 대리인(B)에게 대리권을 주지 않았는데, B가 C에게 A대리인B라고 현명하여 1억 원을 차용하는 대리행위를 한 경우 위 행위는 무권대리행위로 유동적 무효이다. ② 이때 본인 A가 추인거절하면 확정적 무효가 된다. ③ 이 경우 C는 B에게 제135조 책임을 물을 수 있다. 그 내용은 1억 원의 이행책임이나 손해배상책임을 물을 수 있다.

다인의 대리인으로 계약을 한 자가 그 대리권을 증명하지 못하고 또 본인의 추인을 얻지 못한 때에는 그 계약이 철회되지 않는 한, 상대방의 선택에 좇아 계약의 이행 또는 손해배상의 책임이 있다(제135조 제1항).

다만 상대방이 대리권 없음을 알았거나 알 수 있었을 때 또는 대리인으로 계약한 자가 행위능력이 없는 때에는 그 책임이 없다(제2항).

나. 책임의 본질

판례는 ① (법정책임) 민법 제135조 책임은 상대방을 보호하기 위해 무권대리인에게 부과하는 법정의 '무과실책임'이라고 본다. ② (무권대리인의 무과실책임) 따라서 대리권의 흠결에 관하여 대리인에게 과실 등의 귀책사유가 있어야만 인정되는 것이 아니고, 무권대리행위가 제3자의 기망이나 문서위조 등 위법행위로 야기되었다고 하더라도 책임은 부정되지 아니한다(즉, 무권대리인의 귀책사유가 없더라도 제135조의 책임이 인정된다).

다. 책임의 요건

1) 무권대리인이 대리권을 증명할 수 없을 것

2) 본인의 추인을 얻지 못할 것

3) 상대방이 선의·무과실일 것-항변

4) 무권대리인이 행위능력자일 것-항변

5) 표현대리가 성립하지 않을 것-학설상 인정되는 요건

라. 책임의 효과

상대방은 무권대리인에 대하여 '계약의 이행' 또는 '손해배상청구권' 중의 하나를 선택하여 행사할 권리를 갖는다(제135조 제1항). ① 이때 '이행책임'은 대리행위가 본인에게 효력을 발생하였더라면 본인이 상대방에게 부담하였을 것과 같은 내용의 채무를 의미하며, ② '손해배상의 범위'는 제135조 제1항이 이행과 손해배상을 선택적 관계에 있는 것으로 규정하고 있는 점에 비추어, 이행에 상응하는 '이행이익배상'으로 본다.

4. 무권대리인과 본인 사이의 효과

① 본인이 추인을 하지 않는 경우 본인에게 아무런 효력이 생기지 않으므로 본인과 무권대리인 사이에는 아무런 법률관계가 생기지 않는다. ② 본인이 추인을 한 경우에는 무권대리인이 의무 없이 본인의 사무를 관리한 것이 되어 사무관리가 성립한다(제734조). 그 밖에 부당이득(제741조)이나 불법행위가 성립할 수도 있다.

5. 관련문제-무권대리인의 지위와 본인의 지위의 상속

가. 무권대리인이 본인을 상속한 경우

> **(병존설의 예)** ① 본인(A)이 대리인(B)에게 대리권을 주지 않았는데, B가 C에게 A대리인B라고 현명하여 1억 원을 차용하는 대리행위를 한 경우 위 행위는 무권대리행위로 유동적 무효이다. ② 이때 본인 A가 사망하여 무권대리인 B가 상속을 한 경우, ⅰ) 본인 A의 지위에서 추인권과 추인거절권을 상속받으며, ⅱ) 무권

> 대리인 지위도 병존한다고 본다. ③ 이때 B는 C가 선의·무과실인 경우 추인거절권을 행사하는 것은 신의칙에 반해서 할 수 없다.

1) 문제점

무권대리인이 본인을 상속하는 경우 ① 무권대리인이 본인의 지위를 병존하는지 여부, ② 무권대리행위의 효력이 당연유효가 되는지 여부, ③ 본인의 지위에서 추인권과 추인거절권을 모두 행사할 수 있는지 문제된다.

2) 판례의 입장 – 병존설

판례는 ① 상속으로 인해 무권대리인이 본인의 지위를 승계함으로써 양 지위는 병존한다고 보며(병존설), ② 무권대리행위는 당연유효가 되는 것이 아니라, 여전히 무효로 보고, ③ 본인의 지위에서 추인권을 행사할 수 있으나, 추인거절권은 ⅰ) (상대방이 선의·무과실)이어서 무권대리인이 제135조 책임을 져야할 경우에는 무권대리인이 본인의 지위에서 추인거절권을 행사하는 것은 신의칙에 반하여 할 수 없으며, ⅲ) (상대방이 악의나 과실)이 있어서 무권대리인이 제135조 책임을 지지 않는 경우에는 추인거절권을 행사할 수 있다고 본다.

나. 본인이 무권대리인을 상속하는 경우 – 병존설

① (병존설) 본인이 무권대리인을 상속하는 경우에도 본인은 본인의 지위에서 추인할 수도(확정적 유효), 추인을 거절할 수도 있다(확정적 무효)(신의칙에 반하지 않기 때문). ② (추인거절) 본인이 추인거절하여 무권대리행위가 확정적 무효가 된 경우, 상대방이 ⅰ) 선의·무과실이라면 무권대리인은 제135조 책임을 지므로, 본인은 무권대리인의 상속인 지위에서 제135조 책임을 지게 되며(따라서 추인거절할 실익이 없다), ⅱ) 악의나 과실이 있다면 무권대리인은 제135조 책임은 없으나, 제750조 책임을 지므로, 본인은 무권대리인의 상속인 지위에서 제750조 책임을 지게 된다.

Ⅲ 단독행위의 무권대리에서의 법률관계

1. 상대방 없는 단독행위 – 언제나 절대적 무효

소유권의 포기·재단법인의 설립행위와 같은 상대방 없는 단독행위의 무권대리는 본인의 추인여부와 관계없이 언제나 절대적으로 무효이다. 상대방이 없어 상대방 보호에 관한 규정(제131조·제134조)이 적용되지 않기 때문이다.

2. 상대방 있는 단독행위

계약의 해제·채무의 면제·상계 등 상대방 있는 단독행위의 무권대리도 원칙적으로 무효이지만, 이 경우는 대리권의 존재를 신뢰한 상대방을 보호할 필요가 있다. ① 능동대리의 경우에, 상대방이 무권대리행위 당시 동의하거나 또는 그 대리권을 다투지 아니하면 계약의 무권대리의 경우와 동일한 효과가 발생한다(제136조 전문). ② 수동대리의 경우에는 상대방이 무권대리인의 '동의를 얻어' 행위를 한 때에 한하여, 계약에 있어서와 동일한 효과가 생긴다(후문).

제4절 법률행위의 무효와 취소

제1관 법률행위의 무효

I 서설

1. 개념

법률행위의 무효란 '법률행위가 성립한 때부터 법률상 당연히 그 효력이 없는 것으로 확정된 것'을 말한다.

2. 무효사유 –9개 사유

민법상의 무효사유로는, ① 권리무능력자 또는 의사무능력자의 법률행위, ② 불확정적인 법률행위, ③ 원시적 불능인 법률행위, ④ 강행규정에 위반된 법률행위, ⑤ 사회질서에 반하는 법률행위, ⑥ 불공정한 법률행위, ⑦ 진의 아닌 의사표시, ⑧ 허위표시, ⑨ 무권대리행위 등이 있다.

3. 종류

가. 절대적 무효·상대적 무효

① 당사자 사이뿐만 아니라 누구에게나 주장할 수 있는 무효를 '절대적 무효'라고 한다(권리무능력, 의사무능력자의 행위, 불확정적인 법률행위, 원시적 불능인 법률행위, 강행법규 위반행위, 반사회질서의 행위, 불공정행위 – ⅰ) 선의 제3자에게 무효 주장을 할 수 있으며, ⅱ) 추인에 의해 유효하게 할 수도 없다). ② 당사자 간에서는 무효이지만 거래 안전 보호를 위해서 선의의 제3자에 대해서는 주장할 수 없는 무효를 '상대적 무효'라고 한다(비진의표시·허위표시 – ⅰ) 선의 제3자에게 무효 주장을 할 수 없으며, ⅱ) 추인에 의해 유효하게 할 수 있다).

나. 당연무효·재판상 무효

① 법률행위를 무효로 하기 위해 특별한 절차를 필요로 하지 않는 경우를 '당연무효'라 하고, ② 재판에 의하여 무효선고를 받아야 비로소 무효가 되는 경우를 '재판상 무효'라고 한다(인지에 대한 이의의 소(제862조), 친생자관계존부확인의 소(제865조) 등).

다. 확정적 무효·유동적 무효

① '확정적 무효'란 '법률행위의 효력이 확정적으로 발생하지 않는 것'을 말하며, 후에 추인을 하더라도 효력이 생기지 않는다. ② '유동적 무효'란 일단 무효이나, 사후에 일정한 요건이 충족되면 소급적으로 유효로 되는 것을 말한다(ⅰ) 무권대리행위, ⅱ) 무권리자의 처분행위, ⅲ) 토지거래허가 전의 매매계약).

Ⅱ 유동적 무효

1. 유동적 무효의 의의

'유동적 무효'란 '현재는 무효이나, 추후 허가 또는 추인에 의하여 소급하여 유효한 것으로 될 수 있는 것'을 말한다. 그 예로 ⅰ) 무권대리행위, ⅱ) 무권리자 처분행위, ⅲ) 국토의 계획 및 이용에 관한 법률(이하 '구 국토이용관리법'이라고 한다)에 정한 허가를 받지 않은 매매계약 등이 있다. ⅰ) ⅱ)는 별도로 논의하고, 여기서는 ⅲ)만 논의한다.

2. 토지거래허가를 받지 않은 매매계약의 효력

> **(토지거래허가를 받지 않은 매매계약의 효력의 예)** 부동산 거래신고 등에 관한 법률의 규제지역 내에서 甲과 乙이 매매계약을 체결한 경우 ① 우선, 허가를 받기 전의 매매계약이 처음부터 허가를 받지 않기로 하는 것을 내용으로 하는 경우에 매매계약은 '확정적 무효'이다. ② 그러나, '허가를 받을 것을 전제'로 하는 매매계약일 경우에는 허가를 받으면 그 계약은 소급하여 유효한 계약이 되고, 반면 불허가가 된 때에는 무효로 확정되므로 허가를 받기까지는 '유동적 무효'의 상태이다.

가. 문제점

부동산 거래신고 등에 관한 법률 제11조 제6항은 「동법에 정한 토지거래허가를 받지 않은 토지거래계약은 효력을 발생하지 않는다」고 규정하고 있는바, 위 규제지역 내의 토지에 대하여 '허가를 받지 않은 매매계약의 효력'이 문제된다.

나. 판례의 입장 – 유동적 무효

판례는 『① 우선, 허가를 받기 전의 매매계약이 처음부터 허가를 배제하거나 잠탈하는 것을 내용으로 하는 경우에는 '확정적 무효'로서 이후에 유효화 될 여지가 없다. ② 그러나, '허가를 받을 것을 전제'로 하는 매매계약일 경우에는 허가를 받으면 그 계약은 소급하여 유효한 계약이 되고, 반면 불허가가 된 때에는 무효로 확정되므로 허가를 받기까지는 '유동적 무효'의 상태에 있다』고 본다.

3. 유동적 무효상태에서의 당사자 간의 법률관계

> **(유동적 무효인 경우 법률관계의 예)** 부동산 거래신고 등에 관한 법률의 규제지역 내에서 甲과 乙이 '허가를 받을 것을 전제'로 하는 매매계약을 체결한 경우 허가를 받지 못하면 그 계약은 '유동적 무효'의 상태이므로 매도인 甲의 소유권이전등기채무와 매수인 乙의 대금지급채무가 없으며, 갑과 을은 서로 이와 같은 채무의 이행을 청구할 수 없다.

손해배상청구, 계약 해제 불가
주된 급부의무가 없으므로 채무불이행을 이유로 손해배상을 청구하거나, 계약을 해제할 수는 없다.

가. 매매계약의 무효

1) 주된 급부 의무의 이행청구 불가

매매계약이 유동적 무효인 상태에서는 물권적 효력뿐만 아니라, 채권적 효력도 발생하지 않는다. 따라서 매도인의 소유권이전등기의무와 매수인의 대금지급의무는 존재하지 않으며, 각 당사자는 이와 같은 주된 급부의무의 이행을 청구할 수 없다.

2) 손해배상청구, 계약 해제 불가

주된 급부의무가 없으므로 채무불이행을 이유로 손해배상을 청구하거나, 계약을 해제할 수는 없다.

3) 부당이득반환청구의 가부

유동적 무효상태의 매매계약을 체결하고, 그에 기하여 임의로 지급한 계약금 등은 그 계약이 유동적 무효 상태로 있는 한 그를 부당이득으로서 반환을 구할 수 없고, '유동적 무효상태'가 '확정적으로 무효'가 되었을 때 비로소 부당이득으로 그 반환을 구할 수 있다.

나. 허가신청절차 협력의무

> **(허가신청절차 협력의무의 예)** 부동산 거래신고 등에 관한 법률의 규제지역 내에서 甲과 乙이 '허가를 받을 것을 전제'로 하는 매매계약을 체결한 경우 허가를 공동신청해야 하는데 만일 매도인 甲이 허가신청을 하지 않으려고 할 때 매수인 乙은 甲에 대해서 허가신청협력의무 이행의 소를 제기하여 승소확정판결을 받아서 허가신청을 할 수 있다.

1) 인정여부

규제지역 내의 토지에 대하여 매매계약을 체결한 당사자 간에 있어서는 매매계약이 효력 있는 것으로 완성될 수 있도록 서로 협력할 의무가 있으므로, 계약의 쌍방당사자는 공동으로 관할관청의 허가를 신청할 의무가 있다.

2) 협력의무 불이행의 효과

가) **협력의무의 소구가능성**: 협력의무에 위배하여 허가신청절차에 협력하지 않는 당사자에 대하여 상대방은 협력의무의 이행을 소송으로써 구할 이익이 있다.

나) **손해배상청구권**: 매수인이 허가신청협력의무를 이행하지 아니하여, 매도인이 손해를 입은 경우에 매수인은 이 협력의무 불이행과 인과관계가 있는 손해를 배상해야 할 의무가 있다.

다) **계약해제권 부정**: 협력의무는 그 매매계약의 효력으로서 발생하는 매도인의 재산권이전의무나 매수인의 대금지급의무와는 달리 신의칙상의 의무에 해당하는 것이므로, 유동적 무효의 상태에 있는 매매계약의 당사자는 상대방이 허가신청협력의무를 이행하지 아니하였음을 들어 유동적 무효의 상태에 있는 매매계약 자체를 해제할 수 없다(해제는 주된 급부의무의 채무불이행의 경우 할 수 있는바, 토지거래허가는 부수적 급부의무이므로 그 불이행을 이유로 해제할 수 없기 때문이다).

Ⅲ 법률행위의 일부무효 – 일부취소와 일부불능에 유추적용 긍정

> **(일부무효의 예)** 예컨대, 甲이 甲 소유의 토지와 건물을 乙에게 매도하였는데 토지에 관한 매매가 일부무효이고, 건물에 관한 매매는 유효인 경우, 甲은 제137조 본문에 의해 전부무효를 주장할 수 있고, 이때 乙이 건물만이라도 매수하려는 가정적 의사가 있으면 제137조 단서에 의해서 ⅰ) 일체성, ⅱ) 가분성, ⅲ) 가정적 의사를 증명하여 일부무효를 주장하여 건물의 소유권을 취득할 수 있다.

1. 원칙 – 전부무효

① 법률행위의 일부분이 무효인 때에는 그 전부를 무효로 하는 것이 원칙이다(제137조 본문). ② 다만 약관의 규제에 관한 법률(제16조)은 약관의 일부 조항이 무효인 경우 계약은 나머지 부분만으로 유효하게 존속하는 것을 원칙으로 한다(일부무효의 특칙).

2. 예외 – 일부무효

그 무효인 부분이 없더라도 법률행위를 하였을 것이라고 인정될 때에는 나머지 부분은 무효가 되지 아니한다(단서). 법률행위의 일부무효가 인정되기 위해서는 ① 법률행위가 일체적이고(일체성), ② 법률행위가 분할가능하며(분할가능성), ③ 법률행위가 일부무효되더라도 잔존부분을 유지하려는 당사자의 가정적 의사가 인정될 것을 요한다. 법률행위의 일체성은 법률적 관점이 아니라 '경제적 관점'에서 파악해야 한다. 위 요건이 인정되지 않는 경우 일부무효는 원칙으로 돌아가 전부무효가 된다.

Ⅳ 무효행위의 전환

1. 의의

> **(무효행위 전환의 예)** 예컨대, 甲이 1억 원 상당의 甲 소유의 토지를 乙에게 5억 원에 매도하였는데 제104조 불공정 법률행위에 해당하여 매매가 무효가 된 경우, 판례는『매매계약이 약정된 매매대금의 과다로 말미암아 제104조에서 정하는 '불공정한 법률행위'에 해당하여 무효인 경우에도 무효행위의 전환에 관한 제138조가 적용될 수 있다』고 본다. 따라서 당사자 쌍방이 위와 같은 무효를 알았더라면 대금을 다른 액 3억 원으로 정하여 매매계약에 합의하였을 것이라고 예외적으로 인정되는 경우에는, 그 대금액 3억 원으로 하는 매매계약이 유효하게 성립한다. 이와 같이 무효행위가 유효한 행위로 전환될 수 있다.

무효인 법률행위가 다른 법률행위의 요건을 구비하고, 또 당사자가 그 무효를 알았더라면 다른 법률행위를 하는 것을 의욕하였으리라고 인정될 때에는 다른 법률행위로서 효력을 가지게 되는데, 이를 '무효행위의 전환'이라 한다(제138조). 일부무효는 '양적 일부무효'를, 무효행위의 전환은 '질적 일부무효'를 규정한 것이다.

2. 요건

무효행위의 전환이 인정되기 위해서는 ① 일단 성립한 법률행위가 무효일 것, ② 당사자가 그 무효를 알았더라면 다른 법률행위를 하는 것을 의욕하였을 것이라고 인정될 것, ③ 다른 법률행위의 요건을 갖출 것을 요한다.

3. 효과

무효인 법률행위는 '다른 법률행위로서의 효력'을 가진다.

Ⅴ 무효행위의 추인

1. 의의

> **(무효행위 추인의 예)** 예컨대, 甲이 5억 원 상당의 甲 소유의 토지를 乙에게 통정허위표시를 하여 가장매매를 하고 소유권이전등기를 한 경우, 위 매매는 무효이다. 그러나 후에 甲과 乙이 무효임을 알고 새로이 유효한 매매계약을 체결하고 乙이 甲에게 5억 원을 지급하면 위 무효인 매매계약을 추후 인정하는 것으로 취급하여 유효한 매매계약이 된다. 이를 무효행위의 추인이라고 한다.

'무효행위의 추인'이란 '무효인 법률행위를 유효로 인정하려는 당사자의 의사표시'를 말한다. 제139조는 「무효인 법률행위는 추인하여도 그 효력이 생기지 아니한다. 그러나 당사자가 그 무효임을 알고 추인한 때에는 새로운 법률행위로 본다」고 규정하고 있다.

2. 추인의 요건

① 일단 성립한 법률행위가 상대적 무효일 것, ② 당사자는 그 법률행위가 무효임을 알고 추인할 것, ③ 추인 시에 새로운 법률행위로서 유효요건을 갖추고 있을 것, ④ 무효원인이 소멸한 후일 것을 요한다(민법에 규정은 없지만 판례가 요구하는 요건이다).

3. 추인의 방법

① 무효인 법률행위를 추인에 의하여 새로운 법률행위로 보기 위하여서는 당사자가 이전의 법률행위가 무효임을 알고 그 행위에 대하여 추인하여야 한다. ② 한편 추인은 명시적 뿐만 아니라 묵시적으로도 가능하다.

4. 적용범위

① 제139조는 '확정적 무효'인 경우에만 적용되고, 무권대리의 추인처럼 '유동적 무효'인 경우에는 적용되지 않는다(다만 제130조에 의해 본인이 추인할 수 있다). ② 제139조는 '상대적 무효'(제107조 제1항 단서, 제108조)인 경우에만 적용되고, '절대적 무효'인 경우에는 적용되지 않는다(예컨대, 권리능력이나 의사능력이 없는 경우, 목적이 확정되지 않았거나, 불능인 경우, 강행규정 위반이나, 사회질서에 반하는 법률행위(제103·104조)의 경우에는 추인에 의하여 유효로 될 수 없다).

5. 효과

가. 원칙 – 비소급적 추인

당사자가 추인을 한 경우에 '그때부터' 새로운 법률행위를 한 것으로 본다. 이처럼 무효행위의 추인은 소급효가 없고 '장래효'만 있는 것이 원칙이다.

나. 예외 – 소급적 추인

① 당사자 사이의 관계에 있어서만 소급하여 행위 시부터 유효하였던 것으로 할 수 있는 '채권적·소급적 추인'을 인정한다. ② 또한 **판례**는 '무효인 신분행위의 소급적 추인'을 인정하여, 『무효인 혼인이나 무효인 입양과 같은 무효인 신분행위는 후에 당사자가 추인할 경우에 행위 시로 소급해서 그 효과가 발생한다』고 본다(그 동안 신분관계가 있는 것으로 살아왔던 당사자들의 의사를 존중하고 그를 믿은 제3자의 신뢰를 해치지 않기 위해서이다).

Ⅵ 무권리자 처분행위의 효력 및 그 추인

1. 무권리자 처분행위

가. 의의

> **(무권리자 처분행위의 예)** 예컨대, 甲이 乙 소유의 부동산을 원인 없이 자기 앞으로 이전등기한 후 이를 자기 소유라 하여 丙에게 매각하고 등기를 하여 준 경우, 甲은 유효하게 소유권을 취득할 수 없기 때문에 甲이 丙과 한 매매계약은 타인권리매매로 유효하지만, 甲의 처분행위는 무권리자 처분행위로 무효이다. 따라서 丙은 위 부동산의 소유권을 유효하게 취득할 수 없다.

무권리자의 처분행위란 ' ⅰ) 타인의 권리를 처분할 권한이 없는 자가 ⅱ) 타인의 권리를 자신의 이름으로(계약의 당사자로서) ⅲ) 처분하는 행위'를 말한다. 무권리자의 처분행위는 무권리자 자신이 계약당사자라는 점에서, 본인이 계약당사자로 되는 무권대리인의 처분행위와 구별된다.

나. 무권리자 처분행위의 효력

① (무권리자의 채권행위)는 타인권리매매에 해당하는데, 민법은 제569조 이하에서 타인권리매매의 유효함을 전제로 매도인의 담보책임을 규정하고 있으므로 무권리자의 매매계약 자체, 즉 채권행위는 그 효력이 있다. 그러나 ② (무권리자의 처분행위)는 그 효력이 없다(처분권한이 없는 자의 처분행위는 무효이기 때문이다.).

다. 거래상대방의 보호

1) 제126조 표현대리와 제108조 제2항 유추적용의 문제

판례는 무권리자의 처분행위에 대해서 원칙적으로 제126조 표현대리와 제108조 제2항의 유추적용을 부정한다. 다만, 진정한 권리자가 허위 외관을 '통정·용인하였거나 이를 알고도 방치'하였다면 제126조 표현대리 또는 제108조 제2항을 유추적용하여 소유권을 취득하는 것이 가능하다고 한다(위 사례에서 권리자 乙이 丙의 등기를 통정·용인, 알고도 방치한 경우 제126조나 제108조 제2항을 유추적용하여 丙은 소유권을 취득할 수 있다).

2) 무권리자의 처분행위에 대한 추인

무권리자의 처분행위에 대한 추인이란 '권리자가 무권리자에게 사후에 자신의 권리에 대한 처분권한을 부여하는 것'을 말한다('사후적 처분권한 부여의 의사표시'). 따라서 무권리자의 처분행위는 확정적 무효가 아니고, '유동적 무효'상태에 있으며 '추인'으로써 '확정적 유효'로 된다.

제2관 법률행위의 취소

I 의의

법률행위의 취소란, '일단 유효하게 성립한 법률행위의 효력'을, 제한능력 또는 의사표시의 흠(착오, 사기 또는 강박)을 이유로 취소권자의 의사표시에 의하여 행위 시에 소급하여 무효로 하는 것을 말한다.

II 취소의 요건

1. 취소권이 있을 것

제한능력자의 법률행위, 착오, 사기·강박에 의해 법률행위를 하여 취소권이 있어야 한다.

2. 취소권자일 것

① 무효인 법률행위는 법률행위가 성립한 때부터 당연히 그 효력이 없는 것이므로 '누구라도 무효를 주장'할 수 있지만, 취소할 수 있는 법률행위는 일단 그 효력을 발생하고 '법정의 취소권자만'이 취소할 수 있다. ② 취소할 수 있는 법률행위는 제한능력자, 하자 있는 의사표시를 한 자, 그 대리인 또는 승계인에 한하여 취소할 수 있다(제140조). i) 제한능력자는 단독으로, 즉 법정대리인의 동의 없이 법률행위를 취소할 수 있다. ii) 하자 있는 의사표시(착오, 사기·강박)를 한 자도 법률행위를 취소할 수 있다. iii) 대리인은 제한능력자 및 하자 있는 의사표시를 한 자의 대리인을 말하며, 제한능력자의 법정대리인은 제한능력자가 갖는 취소권을 대리행사하는 것이 아니라, 고유의 취소권을 가진다. iv) 반면 임의대리인이 취소권을 행사하기 위해서는 본인의 수권이 있어야 한다.

3. 취소의 상대방

취소할 수 있는 법률행위의 상대방이 확정한 경우에는 그 취소는 그 상대방에 대한 의사표시로 하여야 한다(제142조).

4. 취소의 방법

취소권은 형성권이므로, 취소권자는 그의 일방적 의사표시와 도달에 의하여 취소권을 행사할 수 있다(단독행위). 취소사유를 밝힐 필요는 없다. 또한 불요식행위로서 특별한 방식을 요하지 않는다.

5. 취소권의 배제사유가 없을 것 – 재항변

가. 취소할 수 있는 법률행위의 추인

1) 의의

> **(취소할 수 있는 법률행위 추인의 예)** 예컨대, 甲(18세)이 乙에게 甲 소유의 부동산을 매매계약을 체결한 경우 甲은 위 매매계약을 제한능력을 이유로 취소할 수 있으나, 만 19세가 되어 취소원인이 소멸한 경우 乙에게 취소하지 않겠다는 의사표시로 추인하면 위 매매계약은 확정적 유효가 된다. 더 이상 취소할 수 없다.

취소할 수 있는 법률행위의 추인이란 '취소할 수 있는 법률행위를 취소하지 않겠다는 의사표시'(취소권의 포기, 유동적 유효에서 확정적 유효로 됨)로서, 추인이 있으면 취소할 수 있는 행위는 더 이상 취소할 수 없고 확정적으로 유효로 된다(제143조).

2) 추인의 요건

① **(추인의 요건)** 추인이 인정되기 위해서는 ⅰ) 취소권자(추인권자)가, ⅱ) '취소의 원인이 종료한 후'에, ⅲ) 취소할 수 있는 행위라는 점에 대한 인식을 하고, ⅳ) 추인의 의사표시 및 도달할 것을 요한다. ② **(취소원인의 종료)** 추인은 취소의 원인이 소멸된 후에 하여야만 효력이 있는데, ⅰ) 제한능력자는 능력자가 된 뒤, ⅱ) 착오, 사기·강박으로 의사표시를 한 자는 이러한 비정상적인 상태에서 벗어난 뒤에 해야 한다. ⅲ) 취소원인이 종료되기 전에 한 추인은 효력이 없다. ⅳ) 그러나 법정대리인은 위와 같은 제한 없이 언제나 추인할 수 있다(제144조). ③ **(상대방과 방법)** 그리고 추인의 상대방은 취소할 수 있는 법률행위의 상대방이고, 명시적·묵시적 의사표시로 추인할 수 있다.

3) 추인의 효과

추인하면 취소할 수 있는 법률행위(유동적 유효)는 확정적으로 유효한 행위가 된다.

나. 법정추인

1) 의의

> **(법정추인의 예)** 예컨대, 甲(18세)이 乙에게 甲 소유의 부동산을 매매계약을 체결한 경우 甲은 위 매매계약을 제한능력을 이유로 취소할 수 있으나, 만 19세가 되어 취소원인이 소멸한 후, 乙에게 위 매매계약의 이행으로 소유권이전등기를 해 준 경우 이러한 이행행위는 취소하지 않겠다는 의사표시로 법에서 정한 법정추인으로 보아 위 매매계약은 확정적 유효가 된다. 더 이상 취소할 수 없다.

민법은 추인할 수 있은 후에 당사자 사이에 일정한 사유가 있으면 당연히 추인한 것으로 간주하는데 이를 '법정추인'이라 한다(제145조).

2) 요건

법정추인이 인정되기 위해서는 ① 취소권자가, ② '취소의 원인이 종료한 후'에, ③ 법정추인사유에 해당하는 행위를 하고, ④ 이의를 유보하지 않았을 것을 요한다(다만, 취소할 수 있는 행위라는 점에 대한 인식은 필요없다).

이러한 법정추인사유로는 ⅰ) 전부나 일부의 이행, ⅱ) 이행의 청구, ⅲ) 경개, ⅳ) 담보의 제공, ⅴ) 취소할 수 있는 행위로 취득한 권리의 전부나 일부의 양도, ⅵ) 강제집행 등이 있다(제145조 본문).

3) 효과

그 효과는 확정적으로 유효한 행위가 된다.

다. 취소권의 단기소멸—제척기간

취소권은 '추인할 수 있는 날로부터 3년 내에, 법률행위를 한 날로부터 10년 내'에 행사하여야 한다(제146조). ① 이때 「추인할 수 있는 날」이란 '취소의 원인이 종료'되어 취소권행사에 관한 '법률상 장애'가 없어져서 취소권자가 취소의 대상인 법률행위를 추인할 수도 있고, 취소할 수도 있는 상태가 된 때를 가리킨다. ② 제146조가 규정하는 기간은 소멸시효기간이 아니라 제척기간이다(판례). ③ 어느 것이든 먼저 경과한 때에 취소권은 소멸한다(가령 미성년자가 법률행위를 한 경우에 성년자가 된 날부터 3년, 법정대리인이 미성년자가 법률행위를 한 것을 안 날로부터 3년, 그 법률행위를 한 날로부터 10년 중 어느 것이든 먼저 경과한 때에 취소권은 소멸한다).

Ⅲ 취소의 효과

① (소급적 무효) 법률행위가 취소되면 소급하여 그 법률행위는 무효로 되는 것이므로(제141조 본문), 채권채무가 발생하지 않으므로 채무불이행의 효과는 발생하지 않는다. 따라서 그 법률행위를 원인으로 하는 채무가 이행되지 아니한 때에는 그 채무를 이행할 필요가 없고 이행된 급부는 부당이득반환의 법리(제741조)에 의하여 반환되어야 한다. ② (반환범위) 원상회복에 관하여는 부당이득의 규정이 적용된다. 따라서 ⅰ) 선의의 수익자는 그 받은 이익이 현존하는 한도에서 반환의무를 부담하며, ⅱ) 악의의 수익자는 그 받은 이익뿐 아니라 이에 이자를 붙여 반환하고 손해가 있으면 이를 배상하여야 한다(제748조). ⅲ) 다만 민법은 제한능력자를 보호하기 위하여 제한능력자의 반환범위에 관한 특칙을 두고 있다. 즉 제한능력자는 취소된 행위에 의하여 받은 이익이 현존하는 한도 내에서 상환할 책임이 있을 뿐이다(제141조 단서).

제5절 · 법률행위의 부관

제1관 조건부 법률행위

Ⅰ 서설

1. 의의

> (조건의 예) 예컨대, 甲이 乙에게 乙이 변호사 시험에 합격하면 甲 소유의 부동산을 주겠다고 증여계약을 체결한 경우, 위 변호사 시험에 합격하는 것은 장래에 발생할 것이 불확실하므로 조건에 해당한다.

조건부 법률행위란 '법률행위의 효력의 발생, 또는 소멸'을 '장래에 발생할 것이 불확실한 사실(조건)의 성부'에 의존케 하는 법률행위를 말한다.

2. 조건의 종류

가. 정지조건과 해제조건

> (정지조건과 해제조건의 예) ① 정지조건이란 장래에 발생할 것이 불확실한 사실(조건)이 성취되면 법률행위의 효력이 발생하는 경우로, 예컨대, 시험에 합격하면 자동차를 증여하겠다고 한 경우 증여계약은 즉시 성립하지만 그 증여계약의 효력은 정지조건이 성취되면 발생한다. ② 해제조건이란 이미 발생한 법률행위의 효력이 그 장래에 발생할 것이 불확실한 사실(조건)이 성취되면 소멸하는 경우의 조건으로, 예컨대, 미리 자동차를 증여하고, 인도해 주었지만, 시험에 불합격하면 자동차를 반환하기로 한 경우 증여의 효력은 즉시 발생하지만 시험에 불합격하면 해제조건이 성취되면 증여의 효력이 소멸하므로 자동차를 반환해야 한다.

법률행위의 효력의 '발생'을 조건에 의존케 하는 것이 '정지조건'이라고 하고(제147조 제1항), 이미 발생한 법률행위의 효력의 '소멸'을 조건에 의존케 하는 것을 '해제조건'이라고 한다(제147조 제2항).

나. 가장조건 — 조건이 아니다

외관상으로는 조건의 모습을 띠고 있지만 조건으로서 인정되지 못하는 것을 가장조건이라고 한다. 여기에는 ① 법률행위의 효력의 발생을 위해 법률이 특별히 정하는 요건(예 법인설립행위에서 주무관청의 허가 등)인 법정조건, ② 조건이 '선량한 풍속 기타 사회질서'에 반하는 불법조건(불법조건이 붙은 법률행위는 조건만이 무효가 아니라 그 법률행위 전부가 무효이다(제151조 제1항)), ③ 조건이 법률행위 성립 당시에 이미 실현된 기성조건(기성조건이 정지조건이면 '조건 없는 법률행위'가 되고, 해제조건이면 그 법률행위는 '무효'이다. 예컨대, 시험에 합격하면 자동차를 사주겠다고 약속한 경우에 약속 당시 이미 시험에 합격했다면, 기성조건이 정지조건인 경우이므로 조건 없는 법률행위가 되고, 시험에 합격할 때까지 매월 100만 원을 지급하겠다고 약속한 경우에 약속 당시 이미 시험에 합격했다면, 기성조건이 해제조건인 경우이므로 무효인 법률행위가 된다), ④ 조건이 법률행위 당시에 이미 성취할 수 없는 불능조건(불능조건이 해제조건이면 '조건 없는 법률행위'가 되고, 정지조건이면 그 법률행위는 '무효'이다. 예컨대, 내일 해가 서쪽에서 뜨면 매월 주었던 용돈을 주지 않겠다고 했다면, 불능조건이 해제조건인 경우이므로, 그 법률행위는 조건 없는 법률행위이고, 내일 해가 서쪽에서 뜨면 매수하겠다고 했다면, 불능조건이 정지조건인 경우이므로, 그 법률행위는 무효이다) 등 4가지가 있다.

Ⅱ 조건부 법률행위의 효력

1. 조건의 성취 후의 효력

가. 법률행위의 효력 확정

① 정지조건이 성취되면 조건부 법률행위는 확정적으로 효력을 발생하며(제147조 제1항; 예 시험에 합격하면 부동산을 증여해주겠다는 정지조건부 증여계약을 체결한 경우 시험에 합격하여 조건이 성취되면 그때부터 채권과 채무가 발생한다), ② 해제조건이 성취되면 그 효력은 확정적으로 소멸한다(제147조 제2항).

나. 비소급적 효력

조건성취의 효력은 조건이 성취된 때로부터 그 효력이 발생하거나 소멸하지만(비소급효), 당사자가 조건성취의 효력을 그 성취 전에 소급하게 할 의사를 표시한 때에는 그 의사에 의한다(소급효). 다만 제3자의 권리를 해하지 못한다.

2. 조건성취 이전의 효력

가. 조건부 권리의 보호 – 적극적 보호

조건부의 권리·의무는 일반규정에 의하여 처분(양도·포기·제한물권 설정 등)·상속·보존 또는 담보로 할 수 있다(제149조).

나. 조건부 권리에 대한 침해금지 – 소극적 보호

조건부 권리의 의무자는 조건의 성취여부가 미정인 동안에 조건의 성취로 인하여 생길 상대방의 이익을 침해하지 못한다(제148조). 따라서 의무자가 조건부 권리를 침해한 때에는 의무자에게 손해배상책임이 생긴다.

제2관 기한부 법률행위

Ⅰ 기한의 의의

기한이란 '법률행위의 효력의 발생·소멸 또는 채무의 이행을 장래에 발생할 것이 확실한 사실에 의존하게 하는 부관'을 말한다.

Ⅱ 기한의 종류

1. 시기와 종기

① 시기는 법률행위의 효력이 발생 또는 채무이행의 시기를 장래에 발생할 것이 확실한 사실에 의존하게 하는 기한을 말하며(내년 1월 1일이 되면 증여한다), ② 종기는 법률행위의 효력의 소멸을 장래에 발생할 것이 확실한 사실에 의존하게 하는 기한을 말한다(올해 12월 31일까지 임대한다).

2. 확정기한과 불확정기한

① 확정기한이란 기한의 내용이 되는 사실의 발생시기가 확정 되어있는 기한을 말하고(전세기간을 내년 1월 1일부터 12월 31일까지로 한다), ② 불확정기한이란 기한의 내용이 되는 사실의 발생시기가 확정되어 있지 않은 기한을 말한다(이 건물의 임대차 종료 시는 임대인 甲의 사망 시이다. 이때 사망은 발생할 것이 확실하지만 그 시기가 확정되지 않았기 때문에 불확정기한이다).

Ⅲ 기한부 법률행위의 효력

1. 기한도래의 효과

① 시기 있는 법률행위는 기한이 도래한 때로부터 그 효력이 생긴다. ② 종기 있는 법률행위는 기한이 도래한 때로부터 그 효력을 잃는다(제152조).

2. 기한부 권리

조건부 권리가 보호를 받는 만큼 기한부 권리도 보호를 받아야 한다. 따라서 기한부 권리에도 조건부 권리의 침해금지 및 처분 등에 관한 규정을 준용한다(제154조).

Ⅵ 기한의 이익

1. 의의

> **(기한의 이익의 예)** 예컨대, 甲이 乙에게 2015.1.1.에 1억 원, 이자 월 1%, 변제기 12.31.로 정하여 대여한 경우, 甲이 6.1. 1억 원의 반환청구를 하면 乙은 변제기 12.31.까지 변제를 거절할 수 있는데 이와 같이 채무의 이행기한이 도래하지 않음으로써 乙이 받는 이익을 기한의 이익이라고 한다.

기한의 이익이란 '기한이 존재하는 것, 즉 기한이 도래하지 아니함으로써 당사자가 받는 이익'을 말한다.

2. 기한이익을 갖는 자

① 기한이익을 갖는 당사자는 법률행위의 종류, 당사자의 특약 또는 법률행위 당시의 구체적 사정에 따라 정해진다. 따라서 ⅰ) 무상임치의 경우에 기간의 약정이 있는 경우에도 임치인만, ⅱ) 무이자 소비대차의 경우에는 변제기 이전에는 채무자가 변제할 책임이 없으므로 채무자만 기한이익을 가진다. ⅲ) 이자부 소비대차는 '채무자'와 '채권자' 모두 기한이익이 있다(예컨대, 위 사안에서 乙이 6.1. 1억 원을 반환하겠다고 하면 甲은 변제기 12.31.에 변제받을 것을 이유로 이를 거절하고, 그때까지 이자를 받을 수 있고 이때는 甲도 기한의 이익을 갖는다). ② 제153조 제1항에서 기한이익이 누구를 위하여 존재하는지 불분명한 경우에는 채무자를 위하여 존재하는 것으로 추정하는 규정을 두었다.

3. 기한이익의 포기

기한의 이익은 상대방의 이익을 해하지 않는 한 이를 포기할 수 있다(제153조 제2항). 기한이익을 포기하면 기한이 도래된 것과 같은 효과가 발생한다. 그 효과는 상대적이기 때문에 주채무자가 기한의 이익을 포기하더라도 그것은 보증인에게 효력이 없다.

4. 기한이익의 상실

가. 기한이익 상실의 의의

기한이익을 채무자에게 주는 이유는 채무자를 신용하여 채무자에게 이행의 유예를 주려는 것이므로 채무자에게 신용상실의 사유가 발생한 때에는 기한이익을 상실케 하여 바로 변제하게 하는 것을 말한다.

나. 법정 기한이익 상실

> **(법정기한이익 상실의 예)** 예컨대, 甲이 乙에게 2015.1.1.에 1억 원, 이자 월 1%, 변제기 12.31.로 정하여 대여하면서 乙이 자동차를 담보로 제공한 경우, 6.1. 자동차가 멸실되면, 乙은 변제기 12.31.까지 변제를 거

절할 수 있는 기한의 이익을 상실한다. 이때 甲은 6.1. 1억 원의 이행청구를 하면 乙은 이행을 하여야 하며, 이를 이행하지 않으면 이행지체가 된다. 그러나 甲은 이행청구를 하지 않고, 12.31.까지 이자를 청구할 수도 있다.

1) 상실사유

① 채무자가 담보를 손상·감소·멸실하게 한 때, ② 채무자가 담보제공의무를 이행하지 아니한 때는 채무자는 기한이익을 주장하지 못한다(제388조).

2) 기한이익 상실의 효과

가) **기한이익 주장금지**−이행지체책임의 발생시기: 법정기한이익상실 사유가 발생한 경우, 채무자는 기한이익을 주장할 수 없다. 그러나 당연히 기한의 도래가 의제되는 것은 아니며, 채권자는 바로 그 이행을 청구할 수 있는 지위를 가질 뿐이다. 따라서 ① 채권자는 바로 그 이행을 청구할 수 있으며, 이행을 청구하면 채무자는 이제 채무를 이행할 의무가 있고, 따라서 이를 이행하지 않으면 이행지체에 빠지게 된다. ② 또한 채무자의 이행을 거절하여 기한까지의 이자를 청구할 수도 있다.

나) **소멸시효의 기산점**: 법정기한이익상실사유가 발생한 경우 채권의 소멸시효는 언제부터 진행하는지 문제되는바, '기한의 정함이 없는 채무'의 경우 '채권이 성립한 때'로부터 소멸시효가 진행되므로 이와의 균형상 '법정기한이익상실사유가 발생한 때'로부터 소멸시효가 진행한다고 본다.

(법정기한이익 상실에서 이행지체와 소멸시효의 기산점) ① 甲이 乙에게 2015.1.1.에 1억 원, 이자 월 1%, 변제기 12.31.로 정하여 대여하면서 乙이 자동차를 담보로 제공한 경우, 6.1. 자동차가 멸실되면, 乙은 변제기 12.31.까지 변제를 거절할 수 있는 기한의 이익을 상실한다. ② 이때 기한이익을 상실한 6.1.에 바로 이행지체가 되는 것이 아니라 甲이 1억 원의 이행청구를 하고, 乙이 이행하지 않으면 이행지체가 된다. ③ 그러나 소멸시효는 기한이익을 상실한 6.1.부터 진행한다.

다. 약정기한이익 상실

1) 의의

(약정기한이익 상실의 예) 예컨대, 할부매매에서 1회라도 매매대금 지급을 지체하면 나머지 대금 전액에 대해서 기한이익을 상실하고, 전액을 변제하는 것으로 한 약정을 말한다.

계약을 체결함에 있어서 장래 일정한 사유가 발생하면 채무자가 기한이익을 상실하기로 하는 약정을 할 수 있는데 제388조는 '임의규정'이기 때문에 이러한 약정은 원칙적으로 허용된다.

2) 종류

① 약정된 사유가 발생하면 곧바로 기한이익이 상실되어 이행기가 도래하는 것으로 하는 '정지조건부 기한이익 상실약정'과 ② 약정된 사유가 발생하면 곧바로 기한이익이 상실되는 것이 아니라 '채권자의 청구'(기한이익 상실의 의사표시)가 있어야 비로소 이행기가 도래하는 것으로 하는 '형성권적 기한이익 상실특약'의 두 가지가 있다. ③ 양자의 구별기준에 대해서 **판례**는 『일반적으로 기한이익 상실의 약정이 채권자를 위하여 둔 것인 점에 비추어, '형성권적 기한이익 상실의 특약으로 추정'한다』는 입장이다.

3) 기한이익 상실약정의 효과

가) **정지조건부 기한이익 상실약정**: 정지조건부 기한이익 상실약정을 하였을 경우에는 그 약정에 정한 기한이익 상실사유가 발생함과 동시에 이행기 도래의 효과가 발생하고, ① 채무자는 특별한 사정이 없는 한 그때부터 이행지체의 상태에 놓이게 된다. ② 따라서 채권의 소멸시효도 그때부터 진행한다.

> **(정지조건부 약정기한이익 상실의 예)** 위 예가 정지조건부라면 할부매매에서 1회라도 매매대금 지급을 지체하면 바로 이행지체가 되며, 소멸시효가 진행한다.

나) **형성권적 기한이익 상실약정**

(1) **이행지체책임**: 일정한 사유가 발생한 것만으로 곧바로 기한의 도래가 의제되지는 않고, 채권자가 '기한이익 상실의 의사표시를 한 때'(이행청구 시) 비로소 기한의 도래가 의제된다. 그 구체적 효과는 법정기한이익 상실 사유가 발생한 경우와 같다.

(2) **소멸시효의 기산점: 판례**는 『 ⅰ) '형성권적 기한이익 상실의 특약'이 있는 할부채무에 있어서는 1회의 불이행이 있더라도 ⅱ) 각 할부금에 대해 그 각 변제기의 도래시마다 그때부터 순차로 소멸시효가 진행하고, ⅲ) 채권자가 특히 잔존채무 전액의 변제를 구하는 취지의 의사를 표시한 경우에 한하여 전액에 대하여 그때부터 소멸시효가 진행한다』는 입장이다.

> **(형성권적 약정기한이익 상실의 예)** 위 예가 형성권적이라면 할부매매에서 1회라도 매매대금 지급을 지체하면 바로 이행지체가 되는 것이 아니라 이행청구시부터 이행지체가 되며, 소멸시효가 진행한다.

제5장 소멸시효

제1절 서설

Ⅰ 의의와 존재이유

> **(소멸시효의 예)** 예컨대, 甲이 乙에 대해서 2000.1.1. 변제기로 하여 1억 원을 대여해 준 경우, 甲이 그로부터 10년이 경과하도록 권리행사를 하지 않은 경우 甲의 乙에 대한 대여금채권은 소멸한다. 이를 소멸시효라고 한다.

소멸시효란 'ⅰ) 권리자가 권리를 행사할 수 있음에도 불구하고 ⅱ) 일정기간 동안 권리 불행사 상태가 계속된 경우 ⅲ) 그 권리의 소멸이라는 법률효과를 생기게 하는 법률요건'을 말한다. 시효제도의 존재이유로서 ① 법적 안정성의 확보, ② 증명곤란의 구제, ③ 권리 행사의 태만에 대한 제재를 들고 있다.

Ⅱ 구별제도

1. 제척기간

가. 의의

> **(제척기간의 예)** 예컨대, 甲(18세)이 乙과 매매계약을 체결한 경우 甲은 위 매매계약을 취소할 수 있는데, 위 취소권은 甲이 만 19세가 되어 취소원인이 종료된 날로부터 3년이 경과하면 취소권은 소멸하게 된다. 이는 제146조에서 취소권은 추인할 수 있는 날로부터 3년이 경과하면 소멸한다고 규정하고 있기 때문이다. 이러한 기간을 제척기간이라고 한다.

'제척기간'이란 '법률에서 획일적으로 정한 일정한 권리의 행사기간'을 말한다. 그 기간 내에 권리를 행사하지 않으면 그 권리는 당연히 소멸한다. 제척기간은 권리자로 하여금 당해 권리를 신속하게 행사하도록 함으로써 '법률관계를 조속히 확정'시키려는 데 그 취지가 있다.

나. 법적 성질

1) 판례의 입장

권리자는 어떠한 방법으로 권리를 행사해야 제척기간의 경과에 따른 권리의 소멸을 저지할 수 있는지 문제되는바, 이에 대해서는 **판례**는 ① 제척기간 내에 재판상으로만 권리를 행사해야 되는 출소기간으로 보는 제척기간과 ② 권리행사기간 내에 재판상뿐만 아니라 재판 외에서 권리를 행사하면 되는 제척기간으로 나누어 보고 있다.

2) 제척기간에 대한 판례의 정리

가) **형성권:** ① 제406조 채권자취소권의 제척기간은 출소기간이고, ② 취소권, 매매예약완결권과 같은 형성권의 제척기간은 재판 외 행사기간이다(기간경과 후 소제기하면 소각하판결을 받게 된다).

나) **청구권:** ① 제204조 점유보호청구권과 제999조 상속회복청구권은 출소기간이며, ② 제582조의 하자담보책임에 따른 권리·가등기담보 등에 관한 법률 제11조의 제척기간은 재판 외 행사기간이다(기간경과 후 권리행사하면 청구기각판결을 받게 된다).

다. 소멸시효와의 구별

법문에 '소멸시효가 완성한다.' 또는 '시효로 인하여 소멸한다.'라는 규정이 있으면 소멸시효로 보고, '행사(제기)하여야 한다.'라고 규정한 것은 제척기간으로 본다.

제2절 소멸시효의 요건

Ⅰ 소멸시효의 요건 – 권리멸각항변

시효로 인하여 권리가 소멸하려면, ① 소멸시효의 대상이 될 수 있는 권리일 것(대상적격), ② 권리를 행사할 수 있음에도 불구하고 행사하지 않았을 것(기산점), ③ 권리 불행사의 상태가 일정기간 계속될 것(시효기간)을 요한다.

Ⅱ 소멸시효의 대상이 될 수 있는 권리일 것 – 대상적격

1. 소멸시효의 대상이 되는 권리

채권과 소유권이외의 재산권이 소멸시효의 대상이 된다(제162조). '채권적 청구권'도 소멸시효의 대상이 되며, '물권 중 지상권과 지역권만'이 소멸시효의 대상이 된다. 다만 '물권적 청구권'과 '소유권이전등기청구권'이 소멸시효의 대상이 되는지 문제된다.

2. 소멸시효에 걸리지 않는 권리 – 소멸시효의 대상이 되지 않는 권리

① '소유권'은 항구성을 가지므로 소멸시효에 걸리지 않는다. ② '점유권'과 '유치권'은 점유가 있으면 존재하고, 점유가 없으면 당연히 소멸하는 권리이므로, 소멸시효의 대상이 아니다. ③ '담보물권'은 피담보채권이 존속하는 한 독립하여 소멸시효에 걸리지 않는다(부종성).

3. 소멸시효의 대상 여부가 문제되는 경우

가. 물권적 청구권 –부정

① 소유권에 기한 물권적 청구권이 소멸시효에 걸린다고 한다면 그 침해의 경우에도 방해의 배제를 청구할 수 없게 되어서 소유권이 허구화된다는 점에 비추어, 소유권에 기한 물권적 청구권은 소멸시효에 걸리지 않는다고 할 것이고, ② 제한물권의 침해상태가 계속되는 한 제한물권에 기한 물권적 청구권은 계속 발생한다는 점에 비추어, 제한물권에 기한 물권적 청구권 역시 소멸시효에 걸리지 않는다고 할 것이다.

나. 부동산 소유권이전등기청구권

> **(매매에 기한 소유권이전등기청구권과 소멸시효)**
> ① (원칙) **판례**는 매매에 기한 소유권이전등기청구권의 성질을 채권적 청구권으로 보면서 10년의 소멸시효에 걸린다고 본다. ② (부동산을 인도받아 점유하고 있는 경우) 이에 대해서 **판례**는 이 경우 매수인이 등기청구권을 행사하는 것으로서 권리 위에 잠자는 자로 볼 수 없으므로, 다른 채권과는 달리 소멸시효에 걸리지 않는다고 본다. ③ (매수인이 목적물을 인도받아 점유하다가, 다른 사람에게 처분하여 점유를 승계해 준 경우) 이 경우에 **판례**는, 부동산매수인이 부동산을 인도받은 이상, 이를 사용·수익하다가 '보다 적극적인 권리 행사의 일환'으로서 다른 사람에게 그 부동산을 처분하고 그 점유를 승계해 준 경우에도 그 등기청구권을 행사하는 것은 그 '부동산을 사용·수익하는 경우'와 같으므로 그 등기청구권은 소멸시효에 걸리지 않는다고 본다.

> **(점유취득시효 완성자의 소유권이전등기청구권과 소멸시효)**
> **판례**는 『① (채권적 청구권) 취득시효 완성으로 인한 소유권이전등기청구권은 채권적 청구권으로 10년의 소멸시효에 걸린다. ② (점유 중인 경우) 그러나 그 토지에 대한 점유가 계속되는 한 시효로 소멸하지 아니한다. ③ (점유상실한 경우) 그 후 점유를 상실하였다고 하더라도 이미 취득한 소유권이전등기청구권은 바로 소멸되는 것은 아니나, 그 점유자가 점유를 상실한 때부터 10년간 등기청구권을 행사하지 아니하면 소멸시효가 완성한다』고 본다.

Ⅲ 권리를 행사할 수 있음에도 불행사할 것 –기산점

1. 소멸시효의 기산점 –권리를 행사할 수 있는 때

① 소멸시효는 권리를 행사할 수 있는 때로부터 진행한다(제166조 제1항). ② **(법률상 장애)** 여기서 '권리를 행사할 수 있는 때'란 권리를 행사함에 '법률상 장애사유'가 없음을 말한다(예컨대, 기간의 미도래나 조건불성취 등이 없는 때, 즉 채권자가 기간이 도래하거나, 조건이 성취된 때부터 소멸시효기간이 진행한다). ③ **(사실상 장애)** 따라서 권리자의 개인적 사정이나 법률지식의 부족, 권리존재의 부지 또는 채무자의 부재 등 '사실상 장애'로 권리를 행사하지 못하였다 하여 시효가 진행하지 아니하는 것이 아니고, 이 '사실상의 장애사유'를 알지 못한 것에 '과실이 없다'고 하여도 소멸시효는 진행한다(예컨대, 채무자가 누구인지, 그 주소가 어디인지를 알지 못하거나 그에게 변제자력이 없다는 등 사유가 있어도 기한이 도래하거나, 조건이 성취되면 소멸시효는 진행한다).

2. 개별적 정리

소멸시효기산점과 이행지체기산점의 비교

		소멸시효기산점	이행지체
1	확정기한부 채권	확정기한이 도래한 때	
2	불확정기한부 채권	기한이 객관적으로 도래한 때	채무자가 기한도래를 안 때 또는 채권자의 이행청구 시
3	기한의 정함이 없는 채권	채권 성립시	채권자의 이행청구 시
4	정지조건부 채권	정지조건이 성취된 때	조건 성취된 때

소멸시효기산점 개별정리

			소멸시효기산점				소멸시효기산점
1	기한이익 상실 특약	정지조건부	사유발생시	8		부작위채권	'위반행위를 한 때'
		형성권적	채권자 청구시				
2	반환시기 약정 없는 소비대차		대주가 최고를 할 수 있는 때	9		보증인의 구상권	(사전)구상권이 발생한 때 또는 (사후)현실적 출연행위 시
3	채무불이행으로 인한 손해배상청구권		채무불이행시	10		의사의 치료비 채권	개개 진료행위의 종료시
4	이행불능으로 인한 손해배상채권		이행불능시	11		선택채권	'선택권 행사가능시'
5	대상청구권		원칙: 이행불능시 예외: 보상금 判	12		동시이행항변권이 붙은 채권	'이행기가 도래한 때'
6	불법행위로 인한 손해배상청구권		안 때 3년 있은 날 10년	13		집합건물의 하자보수에 갈음한 손해배상청구권	'각 하자가 발생한 시점'부터 별도
7	부당이득반환청구권		부당이득의 날로부터	14		양육비 청구권	양육비를 지출한 때로부터

Ⅳ 권리 불행사가 일정기간 계속될 것 - 시효기간

1. 채권의 소멸시효기간

채권의 소멸시효기간은 '채권 자체의 성질'에 의하여 결정되는 것이지 '당사자의 의사'에 의하여 좌우되는 것은 아니다.

가. 일반채권 - 제162조 제1항, -10년

보통의 채권이란 제163조 내지 제165조에서 규정하고 있는 채권 및 기타 민법이나 다른 법률에서 특별히 규정하고 있는 채권을 제외한 모든 채권으로서 소멸시효기간은 10년이다.

나. 3년의 단기소멸시효기간에 걸리는 채권–제163조

① 금전채무의 이행지체로 인하여 발생하는 '지연손해금'은 그 성질이 손해배상금이지 이자가 아니며, 민법 제163조 제1호가 규정한 '1년 이내의 기간으로 정한 채권'도 아니므로 3년간의 단기소멸시효의 대상이 되지 아니한다.

② 민법 제163조 제3호에서 3년의 단기소멸시효에 걸리는 것으로 규정한 '도급받은 자의 공사에 관한 채권'은 수급인이 도급인에 대하여 갖는 공사에 관한 채권을 말하는 것이므로, '공동수급체 구성원들 상호 간의 정산금 채권' 등에 관하여는 위 규정이 적용될 수 없다. 이때 제163조 제3호의 '도급받은 자의 공사에 관한 채권'이라 함은 공사대금채권뿐만 아니라 그 공사에 부수되는 채권도 포함한다.

③ 제163조 제6호 생산자 및 상인이 판매한 생산물 및 상품의 대가, 예컨대 물품대금채권 등은 3년의 소멸시효에 걸린다. 상법 제64조 단서에 의하면 다른 법령에 이보다 단기의 시효의 규정이 있는 때에는 그 규정에 의한다고 규정하고 있으므로 상인이 소비자뿐만 아니라 전매를 목적으로 하는 상인에 대하여 판매한 상품의 대가에도 제163조 제6호의 규정이 적용된다고 본다.

다. 1년의 단기소멸시효기간에 걸리는 채권–제164조

라. 상사채권–5년

상행위로 생긴 채권의 소멸시효기간은 5년이다(상법 64조). 당사자 일방에 대하여만 상행위에 해당하는 행위로 인한 채권에도 적용되고, 상인이 영업을 위하여 하는 보조적 상행위도 포함된다.

2. 판결 등에 의하여 확정된 채권의 소멸시효기간–제165조

가. 의의

> **(10년 연장의 예)** 예컨대, 甲이 乙에 대해서 3년의 소멸시효에 걸리는 공사대금청구의 소를 제기하여 승소확정한 경우 공사대금청구의 소멸시효는 10년으로 연장된다.

단기소멸시효에 해당하는 채권에 관하여 소를 제기하여 판결이 확정된 때에는, 그 소멸시효는 그 단기소멸시효가 아니라 10년으로 한다(제165조).

나. 적용요건

① 단기소멸시효에 걸리는 채권일 것, ② 위 채권에 관하여 판결이 확정될 것, ③ 위 채권이 판결의 확정으로 기판력이 발생할 것, ④ 판결 등의 확정 당시 채권의 변제기가 도래하였을 것을 요한다.

다. 효과

1) 소멸시효기간의 연장

판결의 당사자 사이에서 판결이 확정된 때부터 10년의 소멸시효가 적용된다.

2) 주채무자에 대한 판결의 확정의 효력이 연대보증인에게 미치는지 여부–연장 부정

3) 주채무자에 대한 판결의 확정의 효력이 제3취득자 또는 물상보증인에게 미치는지 여부–연장 긍정

3. 그 밖의 재산권의 소멸시효기간

채권과 소유권을 제외한 그 밖의 채산권의 소멸시효기간은 20년이다(제162조 제2항).

제3절 중단과 정지

제1관 소멸시효의 중단 – 재항변

I 서설

1. 의의

> **(시효중단의 예)** 예컨대, 甲이 乙에 대해서 2000.1.1. 변제기로 하여 1억 원을 대여해 준 경우, 甲이 변제기로부터 10년이 경과하기 전인 2005.1.1.에 대여금청구를 한 경우 권리행사를 하였기 때문에 소멸시효의 진행이 중단되고, 대여금청구에 대한 판결확정일부터 다시 10년의 소멸시효가 진행한다.

소멸시효의 중단이란 'ⅰ) 소멸시효의 진행 중에 ⅱ) 권리 불행사라는 소멸시효의 기초가 되는 사실을 깨뜨리는 사정(권리의 행사로 볼 수 있는 사실)이 발생한 경우, ⅲ) 이미 경과한 시효기간의 효력은 소멸되고, ⅳ) 중단사유가 종료한 때로부터 다시 소멸시효가 진행하게 되는 제도'를 말한다(제178조).

2. 근거

시효중단의 근거에 대해서 **판례**는 시효중단제도의 취지는 권리자가 권리를 행사하여 권리 위에 잠자는 자가 아님을 표명함으로써, 시효의 기초인 사실상태를 파괴하였다는 데 있다고 보는 권리행사설의 입장이다.

II 청구

1. 재판상의 청구 – 제170조

> **(재판상의 청구와 시효중단의 예)** 예컨대, 甲이 乙에 대해서 2000.1.1. 변제기로 하여 1억 원을 대여해 준 경우, ① 甲이 2009.1.5.에 乙을 상대로 대여금청구의 소를 제기한 경우 甲의 대여금채권은 시효중단된다. ② 이 소가 각하, 기각 또는 취하된 경우 시효중단의 효력이 없어진다(제174조 제1항). ③ 이 경우 甲이 6월 내에 새로운 재판상 청구 등을 하면 '최초의 제소 시'로 시효중단의 소급을 인정한다(제174조 제2항).

① 재판상 청구는 시효중단의 효력이 있다(제174조 제1항). 제170조의 규정은 재판상 청구가 시효중단사유임을 전제로 규정하고 있다. ② 최초의 재판상 청구가 각하, 기각 또는 취하되는 경우에는 시효중단의 효

력이 없다(제174조 제1항). ③ 이 경우 6월 내에 새로운 재판상 청구 등이 이루어지면 '최초의 제소 시'로 시
효중단의 소급을 인정하고 있다(제174조 제2항).

2. 재판상 청구의 유형

가. 소제기

(민사소송)이면 '이행의 소, 확인의 소, 형성의 소'이든 '본소·반소'이든 최초로 제기하는 소, 소송 계속 중
에 청구의 변경 또는 확장의 형태로 주장되는 소이든 불문한다.

나. 응소행위

> **(응소의 예)** 예컨대, 甲이 乙에 대해서 2000.1.1. 변제기로 하여 1억 원을 대여해 준 경우, 乙이 甲에게
> 2005.1.1.에 대여금채무부존재확인의 소를 제기한 경우 채권자 甲이 위 소송에서 답변서를 제출하여 응소
> 한 경우 권리행사를 하였기 때문에 소멸시효의 진행이 중단되고, 위 소에 대한 판결확정일부터 다시 10년의
> 소멸시효가 진행한다.

1) 문제점

시효중단 사유인 제170조 제1항의 '재판상 청구'에 상대방이 제기한 소송에서 '응소'하여 자신의 권리를
주장하는 것이 포함되는지 문제된다.

2) 응소가 시효중단사유에 포함되는지 여부 – 긍정

판례는 『재판상의 청구에는 시효를 주장하는 자가 원고가 되어 소를 제기한 데 대하여 i) 피고로서 응소
하여 ii) 그 소송에서 적극적으로 권리를 주장하고 iii) 그것이 받아들여진 경우도 포함된다』고 보아 응소
도 시효중단사유로 인정한다.

다. 시효중단의 효과

1) 시효중단의 시기

'소를 제기한 때', 즉 '소장을 법원에 제출한 때'에 발생한다. 한편, '응소행위로 인한 시효중단의 효력'은
피고가 현실적으로 권리를 행사하여 응소한 때, 즉 '답변서를 제출한 때'에 생긴다.

2) 효과의 소멸 및 부활

① 재판상의 청구가 있더라도, '소의 각하·기각 또는 취하'가 있으면, 시효중단의 효력은 없다(제170조 제1항).
② 그러나 이와 같이 소의 각하·기각 또는 취하가 있더라도 '6개월 내'에 재판상의 청구, 파산절차참가,
압류, 또는 가압류, 가처분을 한 때에는 시효는 '최초의 재판상 청구'로 인하여 '중단된 것'으로 간주한다
(제170조 제2항). 즉 각하·기각·취하된 소의 제기에 대하여, '최고로서의 효력'을 인정하는 것이다(제174조).

3. 최고 - 제174조

가. 의의 및 요건

> **(최고의 예)** 예컨대, 甲이 乙에 대해서 2000.1.1. 변제기로 하여 1억 원을 대여해 준 경우, 甲이 乙에게 2005.1.1.에 대여금의 지급을 청구하는 최고를 하고, 그로부터 6월 내에 재판상 청구의 소를 제기하면 최고 시인 1.1.에 시효가 중단된다.

최고는 '채무자에 대하여 채무이행을 청구하는 채권자의 의사의 통지'(준법률행위)로서, 시효중단의 효력은 상대방에게 '도달한 때' 발생한다.

나. 효과

1) 최고의 임시적 수단성

(6개월 내에 재판상 청구) 최고는 다른 중단사유와는 달리 그 자체로서는 '완전한 시효중단의 효력이 없고', 최고 후 '6개월 이내'에 보다 더 강력한 방법을 취한 경우에만 시효중단의 효력이 인정된다. 따라서 주로 시효 완성에 즈음하여 실질적으로 시효기간을 6개월 연장하는 것과 같은 효과가 있다. 또한 '최고'가 있은 후 6개월 내에 다시 '최고'를 하여도 시효중단의 효력은 생기지 않는다.

2) 효과발생시점

① (최고 후 6개월 이내 재판상 청구) 등을 한 경우 '최고 시' 시효중단된다. ② (최고를 여러 번 거듭하다가 재판상 청구) 등을 한 경우에, 시효중단의 효력은 항상 '최초의 최고 시'에 발생하는 것이 아니라 '재판상 청구 등을 한 시점'을 기준으로 하여 이로부터 '소급하여 6개월 이내에 한 최고만' 그 효력을 가진다.

Ⅲ 압류 · 가압류 · 가처분 - 제168조 제2호

1. 의의

> **(가압류의 예)** 예컨대, 甲이 乙에 대해서 2000.1.1. 변제기로 하여 1억 원을 대여해 준 경우, 甲이 2005.1.1. 乙 소유의 X토지에 가압류 신청을 하여 가압류등기가 된 경우 가압류신청시인 1.1.에 시효가 중단된다.

소멸시효는 ① 압류·가압류·가처분으로 인하여 시효중단된다(제168조 제2호). 또한 ② 집행력 있는 채무명의 정본을 가진 채권자가 하는 '배당요구'도 압류에 준하여 시효중단의 효력이 생기며, ③ 경매절차에서 채권자가 채권의 유무 등을 법원에 신고하여 권리를 행사하였다면 그 '채권신고'도 압류에 준하여 시효중단의 효력이 생긴다.

2. 요건

가압류 등으로 시효중단되기 위해서는 ① 가압류 등이 집행될 것, ② 유효할 것, ③ 취소되지 않을 것, ④ 시효의 이익을 받을 자에게 대하여 할 것을 요한다.

3. 효과

가. 시효중단과 그 효력발생시기 – 신청 시

① 압류·가압류·가처분이 '집행되면', 그 '신청 시에 소급'하여 시효중단의 효력이 발생한다. ② 집행에 착수한 이상 집행불능상태가 된 경우에도 시효중단의 효력은 인정된다(이때는 '집행절차가 종료된 때'부터 시효가 다시 진행한다).

나. 시효중단의 효과가 존속하는 기간(★)

① (집행보전의 효력이 존속하는 동안) 제168조에서 가압류를 시효중단사유로 정하고 있는 것은 가압류에 의하여 채권자가 권리를 행사하였기 때문인데 가압류에 의한 집행보전의 효력이 존속하는 동안은 가압류 채권자에 의한 권리행사가 계속되고 있다고 보아야 할 것이므로 가압류에 의한 시효중단의 효력은 '가압류의 집행보전의 효력이 존속하는 동안은 계속된다'.

> (집행보전의 예) 예컨대, 甲이 乙에 대해서 2000.1.1. 변제기로 하여 1억 원을 대여해 준 경우, 甲이 2005.1.1. 乙 소유의 X토지에 가압류 신청을 하여 가압류등기가 된 경우 가압류신청시인 1.1.에 시효가 중단되며, 가압류등기가 되어 있는 동안은 집행보전의 효력이 존속한다고 보아 시효중단된다.

② (흡수 부정) 그리고 제168조에서 가압류와 재판상의 청구를 별도의 시효중단사유로 규정하고 있는데 비추어 보면, 가압류의 피보전채권에 관하여 본안의 승소판결이 확정되었다고 하더라도 가압류에 의한 시효중단의 효력이 이에 흡수되어 소멸된다고 할 수는 없다.

> (흡수부정의 예) 甲은 乙에 대해서 1억 원의 대여금 채권이 있으며, 이를 보전하기 위해서 2000.3.20. 乙 소유의 X토지에 대해 가압류기입등기가 되었다. 그 후 甲은 乙에 대해서 1억 원 대여금청구의 소를 제기하여 승소판결을 받고 2002.4.20. 확정되었다. 2014.3.20. 乙은 甲의 乙에 대한 대여금채권은 甲의 승소확정판결로부터 10년이 경과하여 소멸시효가 완성되어, 甲의 가압류의 피보전채권이 소멸하였음을 이유로 가압류결정 취소의 소를 제기하였다. 법원의 결론은?
>
> ----
>
> [사례결론] ⅰ) 甲의 가압류에 의한 시효중단의 효력은 '가압류의 집행보전의 효력이 존속하는 동안은 계속된다'. ⅱ) 가압류의 피보전채권에 관하여 본안에서 甲의 승소판결이 확정되었다고 하더라도 가압류에 의한 시효중단의 효력이 이에 흡수되어 소멸된다고 할 수는 없다. ⅲ) 따라서 법원은 가압류의 피보전채권이 소멸하였음을 이유로 가압류결정 취소청구를 기각해야 한다.

Ⅳ 승인 – 제168조 제3호

1. 승인의 의의 및 취지

> (채무승인의 예) 예컨대, 甲이 乙에 대해서 2000.1.1. 변제기로 하여 1억 원을 대여해 준 경우, 乙이 2005.1.1. 甲에게 채무가 있다고 인정하면(예 일부변제 또는 기한유예신청 등) 시효가 중단되며, 이때부터 다시 10년의 소멸시효가 진행한다.

승인이란 '시효의 완성 전에 시효의 이익을 받을 자가 시효로 인하여 권리를 잃을 자에 대하여 그 권리를 인정한다는 관념의 통지'(준법률행위)를 말한다(시효이익의 포기인 시효 완성 후의 승인과 구별). 승인이 있으면 권리자가 권리행사를 하지 않았다고 하더라도 권리행사를 게을리 했다고 볼 수 없으며, 그로 인해 권리관계의 존재가 명백해지기 때문에 승인을 시효중단사유로 규정하고 있다.

2. 요건

가. 승인을 할 수 있는 자

① 시효의 이익을 받을 자인 '본인'뿐만 아니라, 그 '대리인'도 승인할 수 있다. ② 이러한 승인을 함에 있어서는 상대방의 권리에 관한 '처분의 능력이나 처분의 권한'이 있음을 요하지는 않지만(제177조), 제177조의 반대해석상 '관리의 능력이나 관리의 권한'은 있어야 하며, 또한 행위능력도 가지고 있어야 한다(제한능력자는 관리능력이 없으므로).

나. 승인의 상대방

소멸시효의 완성으로 인하여 '권리를 잃게 되는 자'(시효중단이 되는 권리의 주체자) 또는 '대리인'에 대하여 행해져야 한다.

다. 승인의 방법

① 채무승인은 이른바 관념의 통지로 여기에 어떠한 효과의사도 필요하지 않고 특별한 형식도 요구되지 않는다. ② 또한 승인은 명시적·묵시적으로도 할 수 있다. 채무자가 시효 완성 전에 ⅰ) '이자를 지급'하거나 ⅰ) '일부변제'하고 담보를 제공하는 것, ⅱ) '기한의 유예'를 요청하는 것이나 ⅲ) '채무를 인수하는 것'은 묵시적 승인으로 본다.

라. 승인의 시기 – 소멸시효의 진행이 개시된 이후

채무승인은 '소멸시효의 진행이 개시된 이후에만' 가능하고, 그 이전에 승인을 하더라도 시효가 중단되지는 않는다고 할 것이고, 또한 '시효 완성 후의 승인'은 의사표시로서 처분행위이며, '소멸시효이익의 포기'에 해당한다.

3. 승인의 효과

① 시효중단의 효력은 승인의 통지가 상대방에게 '도달한 때에 발생'한다. ② 이러한 승인이 있었음에 관한 주장·증명책임은 시효로 인하여 권리를 잃게 될 권리자(상대방) 측이 진다.

Ⅴ 소멸시효 중단의 효과

1. 기본적 효과

가. 시효기간의 불산입

시효가 중단되면 중단까지 경과한 시효기간은 산입하지 않는다(제178조).

나. 중단 후 소멸시효의 기산점

중단사유가 종료한 때부터 즉, ① 재판상 청구로 중단된 경우는 '재판이 확정된 때'(제178조 제2항), ② 압류·가압류·가처분으로 중단된 경우는 이들 절차가 모두 '종료한 때', ③ 승인으로 중단된 경우는 승인이 상대방에게 '도달한 때'부터 소멸시효가 새로이 진행한다.

2. 시효중단의 인적 범위

가. 원칙

시효중단은 '당사자 및 그 승계인간'에만 효력이 있다(제169조).

1) 당사자

중단에 관여한 '직접의 당사자만'을 말하고, 시효의 대상인 '권리의 당사자'를 말하는 것이 아니다.

2) 승계인

시효중단에 관여한 당사자로부터 중단의 효과를 받는 권리를 그 '중단효과 발생 이후'에 승계한 자를 말한다. 포괄승계인과 특정승계인은 이에 포함되나 '중단사유 발생 이전'의 승계인은 포함되지 않는다.

나. 예외

다음의 경우에는 시효중단의 효력이 미치는 인적 범위가 확대된다. ① 물상보증인의 재산에 대해 압류한 경우에 이를 채무자에게 통지하면 채무자에 대해서도 시효가 중단된다(제176조). ② 어느 연대채무자에 대한 이행청구는 다른 연대채무자에게도 효력이 있다(제416조). ③ 주채무자에 대한 시효중단은 보증인에게도 미친다(제440조, 그러나 보증인에 대한 시효중단의 효력은 주채무자에게 미치지 아니한다).

제2관 소멸시효의 정지

소멸시효의 정지란 권리자가 시효를 중단시키는 것이 곤란하거나 불가능한 경우에 일정한 유예기간 동안 시효진행을 멈추게 하였다가 그러한 사정이 없어진 때에 다시 나머지 기간을 진행시키는 제도를 말한다. 시효정지사유로는 제한능력자를 위한 정지(제179조·제180조 제1항), 혼인관계의 종료에 의한 정지(제180조 제2항), 상속재산에 관한 정지(제181조), 천재 기타 사변에 의한 정지(제182조)가 있다.

제4절　소멸시효 완성의 효과

Ⅰ 서설

민법은 소멸시효완성의 효과에 관하여 단지 '소멸시효가 완성한다'(제162조 내지 제164조)고 규정하면서 '완성한다'의 의미에 대해서는 직접적으로 규정하고 있지 않다. 따라서 소멸시효완성의 구체적 의미가 무엇인지 문제된다.

Ⅱ 소멸시효 완성의 효과에 관한 이론구성

1. 판례의 입장 – 절대적 소멸설

당사자의 원용이 없어도 시효의 완성으로서 채무는 당연히 소멸한다고 하여 기본적으로 절대적 소멸설의 입장이다.

2. 판례의 정리 – 절대적 소멸설에 의할 때 구체적 효과

가. 권리의 소멸

절대적 소멸설은 시효 완성으로 권리가 '절대적으로 소멸'한다고 본다.

나. 주장의 필요성

절대적 소멸설에서는 권리는 소멸하지만 변론주의 때문에 당사자의 주장을 요한다고 보며, **판례**는 소멸시효 기간의 만료로 인한 권리 소멸은 그 시효의 이익을 받는 자가 시효 완성의 항변을 하지 않으면 그 의사에 반하여 재판할 수 없다고 본다.

다. 주장자의 범위

판례는 소멸시효의 이익을 받겠다고 항변할 수 있는 자는 권리의 소멸에 의하여 '직접 이익을 받는 자'에 한정된다고 본다.

라. 소멸시효 완성 후의 변제의 효력

절대적 소멸설에 의하면 소멸시효 완성의 사실을 알고 변제하면 비채변제가 되며, 모르고 변제하면 도의관념에 적합한 비채변제가 되어 반환청구가 불가능하다고 본다.

마. 소멸시효이익의 포기

절대적 소멸설에 의하면 '소멸시효 완성의 이익을 받지 않겠다는 의사표시'로 본다.

Ⅲ 소멸시효 완성으로 인한 권리 소멸의 범위

1. 시적 범위 – 소급효

소멸시효의 완성으로 권리가 소멸하는 시기는 '시효기간이 만료한 때'지만, 그로 인한 권리 소멸의 효과는 '기산일에 소급'하여 생긴다(제167조). 따라서 소멸시효로 채무를 면하는 자는 기산일 이후의 이자를 지급할 필요가 없다.

2. 물적 범위 - 종된 권리도 소멸

소멸시효의 완성으로 주된 권리가 소멸하게 되면, 종된 권리도 함께 소급적으로 소멸한다(제183조). 예컨 대, 원본채권이 시효로 소멸하면 '기본적 이자채권'뿐만 아니라 기산일 이후의 '지분적 이자채권'도 함께 소멸한다.

3. 인적 범위 - 소멸시효 완성을 주장할 수 있는 자의 범위

판례는 소멸시효를 원용할 수 있는 사람은 권리의 소멸에 의하여 '직접 이익을 받는 사람'에 한정된다고 본다. '채무자'가 이에 해당한다. 그리고 소멸시효의 대상이 되는 권리의 '직접 의무자'뿐만 아니라, '제3자' 라도 시효소멸로 직접 이익을 받는 관계에 있으면 소멸시효를 원용할 수 있다.

Ⅳ 시효이익의 포기

1. 시효 완성 전의 포기

가. 사전포기금지의 원칙

소멸시효의 이익은 시효기간이 완성하기 전에 미리 포기하지 못한다(제184조 제1항). 다만 시효완성 전에 시효이익을 포기하는 의사표시는 채무승인으로 보아 중단사유로는 인정된다.

나. 배제 · 연장 · 가중의 금지

소멸시효는 법률행위에 의하여 이를 배제 · 연장 또는 가중할 수 없다(제184조 제2항). 그러나 소멸시효를 법 률행위에 의하여 단축 또는 경감하는 것은 무방하다(제148조 제3항). 이 경우는 시효제도의 공익성에 반하 지 않고 오히려 채무자에게 이익이 되기 때문이다.

2. 시효 완성 후의 포기 - 재항변

가. 의의

> **(시효이익 포기의 예)** 예컨대, 甲이 乙에 대해서 2000.1.1. 변제기로 하여 1억 원을 대여해 준 경우, 乙이 소 멸시효 완성 후인 2010.1.1. 이후에 甲에게 채무가 있다고 인정하면(🔟 일부변제 또는 기한유예신청 등) 시효이 익의 포기가 되어 더 이상 소멸시효의 완성으로 인한 권리의 소멸을 주장할 수 없다.

제184조 제1항에 의하여 시효 완성 전 시효이익의 포기는 허용되지 않지만 그 반대해석상 시효 완성 후에 는 소멸시효의 이익을 포기할 수 있다. **판례**의 절대적 소멸설에 의하면 '소멸시효 완성의 이익을 받지 않 겠다는 의사표시'로 본다.

나. 요건

① 시효이익의 포기가 처분적인 성격을 갖기 때문에 시효이익을 포기하는 자는 처분의 능력 내지 권한이 있어야 하며, ② 시효이익을 포기하는 자는 시효 완성의 사실을 알고 포기하는 것이어야 한다. **판례**는 시 효 완성 후에 채무승인을 한 때에는 시효 완성의 사실을 알고 그 이익을 포기한 것이라고 추정할 수 있다

고 본다. ③ 시효이익의 포기의 의사표시와 도달이 있어야 한다. ④ 이때 (시효이익의 포기가 있었는지 여부)는 법률행위의 해석을 통해서 정해지는바, **판례**는 ⅰ) 채권의 소멸시효가 완성된 후에 채무자가 그 '기한의 유예를 요청'한 경우, ⅱ) 또한 '채무의 일부를 변제'한 경우도 그 채무 전부에 대한 시효이익을 포기한 것으로 보고 있다.

다. 효과

① (효과) 소멸시효의 이익을 적법하게 포기한 자는 더 이상 소멸시효의 완성으로 인한 권리의 소멸을 주장할 수 없다. ② (시적 범위) 시효이익을 포기한 경우 포기의 의사표시가 상대방에게 도달한 때에 발생하며, 포기한 때부터 새로이 소멸시효가 진행한다.

③ (포기할 수 있는 자) 시효완성의 이익 포기의 의사표시를 할 수 있는 자는 '시효완성의 이익을 받을 당사자' 또는 그 '대리인'에 한정되고, 그 밖의 '제3자'가 시효완성의 이익 포기의 의사표시를 하였다 하더라도 이는 시효완성의 이익을 받을 자에 대한 관계에서 아무 효력이 없다.

④ (포기의 인적 범위) 그리고 시효이익 포기의 효과는 상대적이기 때문에 시효이익을 포기한 사람과의 관계에서만 효력을 발생하고 다른 사람에 대한 관계에서는 인정되지 않는다(상대효). 예컨대 주채무가 시효로 소멸한 때에는 보증인도 그 시효소멸을 원용할 수 있으며, 주채무자가 시효의 이익을 포기하더라도 보증인(연대보증인, 물상보증인, 제3취득자)에게는 그 효력이 없다.

로스쿨 민법입문

제2편
채권총론

제1장 채권법 서론

제1절 채권법의 의의

제2절 채권관계의 의의

I 채권

채권이란 '특정인(채권자)이 다른 특정인(채무자)에 대하여 일정한 행위(급부)를 청구할 수 있는 권리'를 말한다.

II 채무

1. 채무와 급부의 의의

> (급부의 예) 예컨대, A가 자기 소유의 토지를 팔겠다고 매도청약의 의사표시를 하였고, B가 A 소유의 토지를 사겠다고 매수승낙의 의사표시를 하고, 의사의 합치가 있는 경우 A와 B 사이에 매매계약이 유효하게 성립하고, 이러한 매매계약을 법률요건으로 법률효과가 발생하는바, i) 매도인 A는 B에게 위 부동산의 인도 및 소유권이전등기를 마쳐주어야 할 의무가 있으며, B에게 매매대금의 지급을 청구할 권리가 있고, ii) 매수인 B는 매매대금을 지급할 의무가 있으며, 매도인 A에게 위 부동산의 인도 및 소유권이전등기를 청구할 권리가 있다. 이때 A의 인도 및 등기를 해주어야 하는 행위와 B의 대금을 지급해주어야 하는 행위를 급부(=목적=내용)라고 하며, A의 B에 대한 급부를 요구할 권리와 B의 A에 대한 급부를 요구할 권리를 채권이라고 하며, 이러한 급부를 이행할 의무를 채무라고 한다. 그리고 위 매매대상인 토지를 급부의 목적물이라고 한다.

채무란 '채권에 대응하는 것'으로, '채무자가 채권자에게 일정한 급부를 하여야 할 의무'를 말한다. 급부란 '채권자가 채무자에게 요구할 수 있는 일정한 행위'를 말하며, 채권의 '내용' 또는 '목적'이라고 한다. 이는 '급부의 목적물'과 구별된다.

2. 채무의 구성

가. 급부의무

> **(급부의무의 예)** 예컨대, 복잡한 구조를 가지고 있는 기계의 매매계약에서, 채무자가 그 기계의 점유 및 소유권을 이전해야 하는 것은 주된 급부의무, 기계의 사용설명서 및 보증서 등을 교부해야 하는 것은 종된 급부의무이다.

급부의무란 '채무자는 채권자의 청구에 대하여 일정한 행위를 하여야 할 의무'를 말한다. 급부의무는 계약 또는 법률규정에 의하여 그 내용이 정해지며, '주된 급부의무'와 '종된 급부의무'로 나누어진다.

구별의 실익은 ① 주된 급부의무는 계약이 예정하고 있는 '본래의 의무'로 쌍무계약에서 서로 ⅰ) 동시이행관계에 있으며, 불이행시 ⅱ) 이행청구와 ⅲ) 손해배상청구 및 ⅳ) 해제권을 행사할 수 있는 데 비해, ② 종된 급부의무는 '계약의 내용이 아닌 급부의무'로 ⅰ) 동시이행관계에 있지 않으며, 불이행시 ⅱ) 이행청구와 ⅲ) 손해배상청구권은 인정되나, ⅳ) 해제권은 인정되지 않음이 원칙이다.

나. 부수적 주의의무

부수적 주의의무란 '급부의무를 채무의 내용에 좇아 제대로 실현하기 위해 신의칙상 요구되는 의무'를 말한다(안전배려의무, 설명의무, 통지의무, 정보제공의무, 비밀유지의무, 협력의무 등으로 종된 급부의무 위반의 효과와 비슷하기 때문에 **판례**는 양자를 거의 같이 취급하고 있다).

다. 보호의무

1) 개념

> **(보호의무의 예)** 예컨대, 甲이 물건을 사기 위해서 A백화점에 들어가 물건을 고르던 중 백화점에 전시해 놓았던 물건이 넘어져서 甲이 상해를 입은 경우 甲은 A백화점에 대해서 보호의무 위반이라고 주장하여 채무불이행을 원인으로 인한 손해배상청구를 할 수 있는지 여부가 문제된다. 이와 같이 채무자(A백화점)가 채권실현 과정에서 채권자(甲)의 생명·신체·재산을 보호해 주어야 할 의무를 보호의무라고 한다.

보호의무란 '채권자와 채무자가 일정한 사회적 접촉에 들어서면 채권관계의 실현과정에서 채무자는 채권자의 생명이나 신체 또는 재산 기타 이행이익과 무관한 일체의 다른 법익을 침해하지 아니할 의무'를 말하고, 이를 위반한 경우 채무불이행책임을 부담해야 한다는 이론을 '보호의무론'이라고 한다.

2) 계약상 의무로서 보호의무 인정여부

판례는 ⅰ) (원칙 보호의무 부정)『우리의 사법질서는 '사적 자치의 원칙과 과실책임의 원칙' 등을 근간으로 하고, 이에 따라 '자기책임의 원칙'이 개인의 법률관계에 대하여 적용되므로, 일방 당사자가 상대방 당사자에게 손실이 발생하지 아니하도록 하는 등 상대방 당사자의 이익을 보호하거나 배려할 일반적인 보호의무는 부담하지 아니함이 원칙이다』 ⅱ) (예외 보호의무 긍정) 다만, 『'자기책임의 원칙'도 절대적인 명제라고 할 수는 없는 것으로서, 예외적으로 보호의무 위반을 이유로 한 손해배상책임이 인정될 수 있을 것이다』라는 입장이다.

제2장 | 채권의 목적

제1절 〈 채권의 목적의 의의

> **(채권의 목적의 예)** 예컨대, 토지 매매계약에 있어서 채권의 목적(=내용=객체=급부)은 매도인의 소유권이전 및 목적물 인도의무(=채무자의 행위)와 매수인의 매매대금지급의무(=채무자의 행위)를 말하며, 매매목적물인 토지는 채권의 목적물이다.

채권은 '채권자가 채무자에게 일정한 행위를 청구하는 것'을 내용으로 하는 권리이므로, 채권의 목적은 결국 '채무자의 행위'로 귀결된다. 이러한 채권의 '목적'을 채권의 '내용' 또는 '객체', '급부'라고 한다. 채권의 목적은 '채무자의 이행행위의 객체'를 의미하는 '채권의 목적물'과 개념상 구별되어야 한다.

제2절 〈 특정물채권

I 의의

특정물채권이란 '특정물의 인도를 목적으로 하는 채권'을 말한다. '종류물의 인도를 목적으로 하는 종류채권'(불특정물채권)과 대비된다. 특정·불특정의 구별은 당사자의 '주관적 의사'에 의한다(대체·부대체는 급부의 성질에 따라 '객관적'으로 결정된다).

> **(특정물채권의 예)** 예컨대, 甲이 소유하고 있는 X건물(甲이 소유하고 있는 특정건물은 1개만 있다)을 乙에게 매도한 경우 甲은 특정물인 X건물을 乙에게 인도할 채무를 부담하는데, 이와 같이 특정물의 인도를 목적으로 하는 채권을 특정물채권이라고 한다. 특정물인지 여부는 당사자의 '주관적 의사'에 의해 결정된다(계약 당사자 사이에 물건의 개성에 주안을 두고 계약하면 특정물이다. 예컨대, 특정 토지나 건물매매와 같이 1개만 존재하는 경우 이를 매매하면 특정물이다).

(종류물채권의 예) 종류채권이란 '일정한 종류에 속하는 물건 중에서 일정 수량의 인도를 목적으로 하는 채권'을 말한다(예컨대, 쌀 10가마, 맥주 10상자를 매매하는 경우이다).

(특정물채권과 종류물채권의 구별실익의 예) 예컨대, ⅰ) (특정물이 멸실된 경우) 甲이 소유하고 있는 특정 X건물을 乙에게 매도한 경우 甲은 특정물인 X건물을 乙에게 인도할 채무를 부담하는데, 위 X건물이 멸실된 경우, X건물은 유일하게 존재하므로 다른 비슷한 건물이 있어도 X건물의 인도채무는 면하게 된다. 이를 법률용어로 "특정물은 '매매계약 시' '물건의 위험부담이 채무자(매도인)에게서 채권자(매수인)에게 이전'하기 때문이라고 한다". ⅱ) (종류물이 멸실된 경우) 甲이 乙에게 맥주 10병을 매도한 경우 甲이 맥주를 배달하다가 넘어져서 다 깨진 경우 甲은 다른 맥주 10병을 다시 갖다 주어야 한다. 이와 같이 종류물인 맥주와 같은 경우 멸실되더라도 다른 종류물인 맥주를 인도해 주어야 한다. 이런 점에서 양자가 구별된다.

(물건의 채무자와 채권자 판단기준 – 물건 기준) 특정물 매매계약과 같이 쌍무계약에서 물건을 기준으로 하면 매도인은 물건인도채무자이고, 매수인은 물건인도채권자이나, 매매대금을 기준으로 하면 매수인은 대금지급채무자이고, 매도인은 대금지급채권자이다. 따라서 무엇을 기준으로 판단해야 하는지 문제되는바, 민법은 '물건'을 기준으로 판단한다. 즉 특정물매매에서 매도인은 특정물을 인도할 채무를 부담하므로 채무자이며, 매수인은 채권자로 보아 규율하고 있다.

(대체물채권의 예) 불특정물은 대체물과 구별되는바, 대체물인지 여부는 거래의 일반관념에 의하여 '객관적'으로 결정된다(부대체물은 다른 것으로 바꿀 수 없는 물건이며, 대체물은 다른 물건과 바꿀 수 있는 물건). 따라서 ① 특정물이면서 부대체물(예 피카소의 해바라기 그림, 특정 건물이나 토지의 매매), ② 불특정물이면서 대체물(예 카스맥주 10병 매매), ③ 특정물이면서 대체물(예 가게 냉장고 맨 아래 칸에 있는 맥주 10병의 매매), ④ 불특정물이면서 부대체물(예 피카소가 그린 그림 중 한 개 매매, 甲이 소유하는 10동의 건물 중 1개 매매)로 나눌 수 있다.

(특정채권의 예) 예컨대, 특정물채권은 특정채권과 구별할 것이다. 특정채권은 특정채권자만 만족을 얻는 채권(예 등기청구권 등)을 말한다. 즉 甲이 소유하고 있는 건물을 乙에게 매도한 경우 甲은 특정물인 건물의 소유권을 乙에게 이전해 줄 의무를 부담한다. 甲에게 소유권이전등기채권을 가지고 있는 乙, 甲에게 1억 원의 각 채권을 가지고 있는 丙, 丁이 있는 경우 乙이 甲으로부터 소유권이전등기를 받은 경우 특정채권자 乙만 만족을 얻고, 丙, 丁은 아무런 채권의 만족을 얻지 못한다. 이와 같이 등기청구권은 특정채권자만 만족을 얻는 특정채권이라고 한다.

Ⅱ 채무자의 선관주의의무

1. 의의

(선관주의의무의 예) 예컨대, 甲이 소유하고 있는 특정 X건물을 乙에게 매도한 경우 甲은 특정물인 X건물을 乙에게 인도할 때까지 선량한 관리자의 주의로 보존해야 한다. 이때 선량한 관리자의 주의를 다하지 못해서

건물이 멸실되었을 때는 과실로 멸실되었다고 한다. 즉 민법에서 과실유무는 선량한 관리자의 주의를 다했느냐 여부로 판단한다.

특정물채권의 채무자는 그 물건을 인도하기까지 선량한 관리자의 주의로 보존하여야 한다(제374조). 선관의무는 채무불이행에서 요구되는 채무자의 과실판단의 기준으로 기능한다.

2. 존속기간

특정물채권의 채무자의 선관주의의무는 특정물채권의 성립 시부터(계약 성립 시) 인도 시까지 존속한다. 「인도 시까지」란 이행기가 아니라, 채무자가 '실제로 물건을 인도하기까지'를 뜻한다.

3. 의무 위반의 효과 – 제390조의 채무불이행으로 인한 손해배상책임 발생

계약이 성립한 후 인도할 때까지 ① '채무자가 선관주의의무에 위반'하여 목적물을 멸실·훼손한 경우에는 과실로 멸실된 경우이므로 '채무불이행으로 인한 손해배상책임'을 진다(제390조 본문). ② 그러나 채무자가 선관주의의무를 다하였음에도 불구하고 손해가 생긴 경우는 '채무자의 과실이 없는 경우'에 해당하며, 이 때 채무자는 '채무불이행으로 인한 손해배상책임'을 지지 않는다'(제390조 단서).

Ⅲ 채무자의 목적물 인도의무

1. 현상인도의무

가. 의의 및 문제점

> (현상인도의무의 예) 예컨대, 甲이 소유하고 있는 특정 고려자기를 乙에게 매도한 경우 특정물인 고려자기에 금이 가서 하자가 있는 경우(이와 같이 계약체결 전에 있는 하자를 원시적 하자라고 한다), 매도인이 이행기의 현상인 금이 간 상태로 인도하면 제462조 때문에 완전이행이 되는지 문제되나, 판례는 이행기의 현상대로 인도하여도, 특정물에 하자가 있으면 '불완전이행'이 된다고 본다. 따라서 乙은 甲에게 채무불이행을 이유로 손해배상을 청구할 수 있다.

「특정물의 인도가 채권의 목적인 때에는 채무자는 '이행기의 현상대로' 그 물건을 인도하여야 한다」(제462조). 이와 관련하여 '이행기의 현상대로 물건을 인도'하면, 비록 '특정물에 하자'(일부멸실·훼손)가 있어도 '완전이행'이 되는지 여부가 문제된다.

나. 판례의 입장

판례는 『'특정물채무'에서 '원시적 하자'로 채권자로 하여금 손해를 입게 하였다면 채무자는 '불완전이행'으로서 '채무불이행으로 인한 손해배상책임'을 부담한다』고 하여, 이행기의 현상대로 인도하여도, 특정물에 하자가 있으면 '불완전이행'이 된다고 본다(특정물도그마 부정설).

2. 인도장소 – 채권 성립 당시에 그 물건이 있었던 장소

특정물채권에 있어서 목적물의 인도장소는 채무의 성질 또는 당사자의 의사표시로 정하여지고, 이에 의하여 인도장소가 정하여지지 않은 경우에는 '채권 성립 당시에 그 물건이 있었던 장소'에서 인도하여야 한다(제467조 제1항).

제3절 종류채권

I 서설

1. 의의

종류채권이란 '일정한 종류에 속하는 물건 중에서 일정량의 인도를 목적으로 하는 채권'을 말한다(예컨대, 쌀 10가마, 맥주 10상자를 매매하는 경우).

2. 구별개념

가. 특정물채권과의 구별 – 전술함

종류채권의 목적물은 불특정물이라는 점에서 특정물채권과 구별된다. 특정물인지 여부는 당사자의 '주관적 의사'에 의해 결정된다(계약 당사자 사이에 물건의 개성에 주안을 두고 계약하면 특정물, 물건의 개성에 주안을 두지 않으면 종류물).

나. 제한종류채권과의 구별

> **(제한 종류채권의 예)** 예컨대, 쌀 100가마가 있는 A창고 내의 30가마를 매수하기로 한 경우에, 100가마 중에서 30가마라는 점에서는 종류채권이지만, A창고에 있는 것을 한도로 한다는 점에서 제한종류채권이 된다.

'종류 이외에 다시 일정한 제한을 두어서 일정량의 물건의 인도를 약속'하는 경우가 있는데, 이를 제한종류채권이라고 한다.

II 목적물의 품질

채권의 목적을 종류로만 지정한 경우, 법률행위의 성질(소비대차·소비임치의 경우가 이에 해당)이나 당사자의 의사에 의하여 품질을 정할 수 없는 때에는 채무자는 중등품질의 물건으로 이행하여야 한다(제375조 제1항).

Ⅲ 종류채권의 특정

1. 특정의 의의

> (특정의 예) 예컨대, 甲이 乙에게 맥주 10병을 매도한 경우 甲이 맥주를 배달하기 위해서 가게에서 맥주 10병을 골라 乙의 집에 배달해 준 경우 이렇게 가게에 있는 여러 병의 맥주 중에서 맥주 10병을 고르는 행위를 종류채권의 특정이라고 한다.

종류채권의 특정이란 '채무자가 현실적으로 종류채무를 이행하기 위하여 추상적으로 정해져 있는 물건 가운데서 구체적으로 이행할 물건을 선정하는 것'을 말한다.

2. 특정 방법

가. 계약에 의한 특정 – 지정권자에 의한 특정

당사자의 약정에 의해 당사자 일방 또는 제3자가 지정권을 행사하여 목적물을 특정할 수 있다. 채무자가 채권자의 동의를 얻어 이행할 물건을 지정하는 것 역시 계약에 의한 특정에 해당한다.

나. 채무자가 이행에 필요한 행위를 완료한 때 – 제375조 제2항

약정이 없는 경우에는 제375조 제2항 전문에 의해「채무자가 이행에 필요한 행위를 완료한 때」부터 특정된다.「이행에 필요한 행위」란 '제460조의 채무내용에 좇은 변제제공'을 말한다. 이는 변제의 장소를 기준으로 다음과 같이 정해진다.

1) 지참채무인 경우

> (지참채무 특정의 예) 예컨대, 위 예에서 매도인인 물건 채무자 甲이 매수인인 채권자 乙에게 맥주 10병을 매도한 경우, 甲이 맥주를 배달하기 위해서 가게에서 맥주 10병을 골라 乙의 주소지에 배달해 주어야 한다. 이와 같이 채권자 乙의 주소지에 이행해야 하는 채무를 지참채무라고 하고, 채무자 甲이 채권자 乙의 주소지에서 현실제공, 즉 乙이 맥주를 바로 받을 수 있는 상태에 있을 때 특정된다고 한다.

지참채무란 '채무자가 목적물을 채권자의 주소지에서 이행하여야 하는 채무'를 말한다. 특정물인도 이외의 채무이행은 '채권자의 주소나 영업소'에서 함이 원칙이다(제467조 제2항). 이러한 지참채무에서는 채무자가 '채권자의 주소에서 현실제공'을 한 때(목적물이 채권자의 주소에 도달하고 채권자가 언제든지 수령할 수 있는 상태에 놓여진 때) 특정된다.

2) 추심채무인 경우

> (추심채무 특정의 예) 예컨대, 매수인인 채권자 乙이 매도인인 물건 채무자 甲에게 전화해서 치킨 10마리를 시키고 다 준비되면 乙이 치킨을 받으러 가겠다고 한 경우, 이와 같이 채권자 매수인인 乙이 채무자 甲의 주소지에 와서 추심해서 받아가는 채무를 추심채무라고 하고, 甲은 치킨을 다 준비하면 乙에게 구두제공, 즉 치킨 10마리의 준비를 완료하고 乙에게 전화하여 치킨을 가져가라고 최고하면 특정이 된다.

추심채무란 '채권자가 채무자의 주소에 와서 목적물을 추심하여 변제를 받아야 하는 채무'를 말한다. 이 경우에는 채무자가 구두제공, 즉 변제의 준비를 완료(목적물을 분리해서 채권자가 추심하러 온다면 언제든지 수령할 수 있는 상태)하였음을 통지하고 그 수령을 최고하는 것으로 '특정'된다(제460조 단서).

3) 송부채무인 경우

> **(송부채무 특정의 예)** 예컨대, 위 예에서 매도인인 물건 채무자 甲이 매수인인 채권자 乙에게 책 10권을 매도한 경우, ① 원래 이행장소가 제3자인 丙의 집인 경우 甲은 丙의 주소지에서 현실제공, 즉 丙이 책을 바로 받을 수 있는 상태에 있을 때 특정된다. ② 다만, 甲이 乙의 부탁으로 호의로 丙의 주소지로 보내주기로 한 경우 책을 운송기관에 발송해줄 것을 부탁하면 특정된다.

송부채무란 '채권자 또는 채무자의 주소 이외의 제3지에 목적물을 송부하여야 할 채무'를 말한다. 송부채무의 특정에 대해서 통설은 i) 제3지가 채무의 본래 이행장소인 때에는 지참채무의 경우와 같이 현실제공 시에 특정되며(제467조 제2항 본문), ii) 다만 제3지가 채무의 본래 이행장소가 아니고 채무자의 호의로 제3지에 발송하는 경우에는 발송위탁 시에 특정된다고 본다.

Ⅳ 특정의 효과

1. 특정물채권으로의 전환

종류채권은 특정으로 그 동일성을 유지하면서 특정물채권으로 전환된다. 따라서 채무자는 특정된 목적물에 대해 선관주의의무를 부담한다(제374조).

2. 위험의 이전

가. 물건인도의무

> **(특정 전에 종류물이 멸실된 경우)** 甲이 乙에게 맥주 10병을 매도한 경우 甲이 맥주를 배달하다가 넘어져서 다 깨진 경우 甲은 다른 맥주 10병을 다시 갖다 주어야 한다. 이와 같이 종류물인 맥주와 같은 경우 멸실되더라도 다른 종류물인 맥주를 인도해 주어야 한다.

종류채권의 채무자는 지정된 종류·수량의 물건을 이행기까지 구하여 채권자에게 인도할 의무를 진다. 특정 전에는 목적물이 쌍방의 귀책사유 없이 멸실되더라도 채무자가 인도의무를 부담한다.

나. 특정 후에 목적물이 쌍방의 귀책사유 없이 멸실된 경우

> **(특정 후에 종류물이 멸실된 경우)** 채무자 甲이 채권자 乙의 주소지에서 현실제공, 즉 乙이 맥주를 바로 받을 수 있는 상태에 있을 때 특정된다. 이렇게 乙이 맥주를 배달 받아서 술을 마시다 맥주가 모두 깨진 경우 甲은 다시 乙에게 맥주를 갖다 줄 의무는 없다. 이를 법률용어로 "종류물은 특정 시 물건의 위험이 채무자에서 채권자에게 이전된다"고 한다.

특정 후에 목적물이 쌍방의 귀책사유 없이 멸실되면 채무자의 물건인도의무는 소멸하여 채권자는 채무자에게 이행청구를 하지 못한다. '특정'으로 '물건의 위험'은 채무자(매도인)로부터 '채권자(매수인)에게 이전'되기 때문이다(⇨ 특정물은 계약 시에, 종류물은 특정 시에 물건의 위험이 이전한다).

3. 변경권

목적물이 특정된 후에는 채무자는 원칙적으로 특정된 물건만 인도해야 하고, 당사자의 합의가 없는 한 목적물을 변경하지 못한다. 그러나 특정 이후에 그 물건이 멸실된 경우 채무자는 동종·동량의 다른 물건으로 인도할 수 있는 '변경권'을 가진다(통설). 다만, 목적물의 변경으로 채권자에게 불이익이 있거나 변경에 대해 채권자가 반대의사를 표시하는 경우에는 신의칙상 변경권은 인정되지 않는다.

4. 목적물의 소유권 귀속

종류채권의 목적물은 특정만으로 목적물의 소유권이 이전되지는 않는다(민법이 형식주의를 취하고 있어 공시방법, 즉 동산은 인도, 부동산은 등기를 갖추어야 소유권이 이전되기 때문이다).

제4절 금전채권

I 서설

1. 의의

금전채권이란 '금전의 인도를 목적으로 하는 채권'을 말한다(일반적으로는 일정액의 금전의 인도를 목적으로 하는 금액채권을 의미한다).

> **(금전채권의 예)** 예컨대, 甲이 채권자 乙로부터 1억 원을 차용한 경우 乙은 甲에게 1억 원의 금전을 인도받을 채권이 있다. 이렇게 금전의 인도를 목적으로 하는 채권을 금전채권이라고 한다.

2. 특색

① 금전채권은 '종류채권'이지만 보통의 종류채권과 달리, 일정량의 가치의 인도를 목적으로 하는 가치채권의 성질을 갖는다(즉, 급부되는 금전의 개성 그 자체보다는 금전이 표시하는 일정금액(화폐가치)에 중점이 있는 특색이 있다. 위 예에서 1억 원을 특정의 화폐로 지급하는 데 중점이 있는 것이 아니라 1억 원이라는 가치의 금액을 지급하는 데 중점이 있다). 따라서 목적물의 특정이라는 것은 존재할 수 없고, 이행불능의 상태가 생길 여지도 없다(즉, 어떠한 화폐의 종류이든 불분하고 1억 원의 가치만 지급하면 되므로 지급할 화폐를 골라서 특정할 필요가 없으며, 금전은 항상 존재하므로 특정화폐가 없어서 불능이라고 할 수 없다).

② 이에 비해서 특정금전채권은 특정의 금전의 인도를 목적으로 하는 채권을 말한다(예 기념주화, 봉인된 금전의 임치, 진열을 목적으로 한 특정화폐). 특정금전채권은 순수한 특정물채권에 지나지 않는다(금전채권으로서의 특질은 전혀 없다).

Ⅱ 금전채권의 종류

1. 금액채권

금액채권이란 '일정액의 금전의 인도를 목적으로 하는 금전채권'을 말한다. 이러한 금액채권은 '가분채권'일 뿐만 아니라, 특약이 없는 한 채무자의 선택에 따라 '각종의 통화'로 변제할 수 있다.

2. 금종채권

금종채권이란 '일정한 종류의 통화로 지급하기로 정한 금전채권'을 말한다(예로 1만 원권으로 100만 원을 지급하기로 약정한 채권). 민법 제376조는 「채권의 목적이 어느 종류의 통화로 지급할 것인 경우에 그 통화가 변제기에 강제통용력을 상실한 때에는 다른 통화로 변제하여야 한다」고 정하고 있다.

3. 외화채권

가. 의의

외화채권이란 '다른 나라의 통화, 즉 외화로 지급하기로 정한 금전채권'을 말한다. 여기도 외국금액채권·외국금종채권이 있다.

나. 대용급부권

> **(대용급부권의 예)** 예컨대, 甲이 채권자 乙로부터 외화 100달러를 차용한 경우, 채무자 甲이 채권자 乙에 현실로 지급할 때 우리나라 환율로 환산하여 변제할 수 있다(예컨대, 지급할 때 환율이 1달러당 1,000원이라면 100달러 × 1,000 = 100,000원을 변제할 수 있다). 이는 채권자 乙도 채무자 甲에게 현실로 지급할 때 우리나라 환율로 환산한 금액의 지급을 청구할 수 있다.

1) 채무자의 대용급부권

민법 제378조는 '채권액이 다른 나라 통화로 지정된 때에는 채무자는 '현실로 지급할 때'에 있어서의 이행지의 환금시가에 의하여 우리나라 통화로 변제할 수 있다'고 규정하여 '대용급부권'을 인정하고 있다.

2) 채권자의 대용급부청구권

'채권자'에게 대용급부청구권을 인정하는 규정은 없으나 **판례**는 이를 긍정하며, ① 이때 채권자는 채무자에게 '채무자가 현실로 이행하는 때'의 우리나라 통화로 환산한 금액의 지급을 청구할 수 있다. ② 다만 채권자가 대용권을 재판상 청구하는 경우에 **판례**는 법원이 채무자에게 그 이행을 명함에 있어서는 '채무자가 현실로 이행할 때에 가장 가까운 사실심 변론종결 당시'의 외국환 시세를 우리나라 통화로 환산하는 기준시로 삼아야 한다고 본다.

I 서설

1. 이자채권의 의의

> (이자채권의 예) 예컨대, 甲이 채권자 乙로부터 1억 원을, 2016.1.1.부터 12.31.까지로 정하여 월 1%의 이자를 지급하기로 한 경우 甲은 매월 이자 100만 원(=1억×1%)을 지급해야 하는데, 이를 이자채권이라고 한다. 이렇게 이율이 정해져 있으면 약정이율에 의하고, 약정이율이 없으면 위 법정이율에 의한다.

이자채권이란 '이자의 급부를 목적으로 하는 채권'을 말한다. 이자는 '이율'에 의해 산정되고, '이자에 대한 약정'이 있는 경우, 이율은 '약정이율'에 의하고 이를 정하지 않은 경우에는 '법정이율'에 의한다((민사에 관하여는 연 5푼(제379조), 상사에서는 연 6푼(상법 제54조), 소송촉진특례법 제3조 제1항에 따른 법정이율(연 100분의 12)).

2. 이자의 개념

이자란 '금전 기타 대체물의 사용대가'로서, '원본액과 사용기간에 비례하여 지급되는 금전 기타의 대체물'을 말한다.

II 이자의 제한 - 이자제한법에 의한 제한

> **제1조【목적】** 이 법은 이자의 적정한 최고한도를 정함으로써 국민경제생활의 안정과 경제정의의 실현을 목적으로 한다.
> **제2조【이자의 최고한도】** ① 금전대차에 관한 계약상의 최고이자율은 연 25퍼센트를 초과하지 아니하는 범위 안에서 대통령령으로 정한다.
> [이자제한법 제2조제1항의 최고이자율에 관한 규정]: 이자제한법 제2조 제1항의 최고이자율에 관한 규정에 의하면 금전대차에 관한 계약상의 최고이자율은 연 20퍼센트로 한다(일부개정 2021.4.6. 시행 2021.7.7.).
> ② 제1항에 따른 최고이자율은 약정한 때의 이자율을 말한다.
> ③ 계약상의 이자로서 제1항에서 정한 최고이자율을 초과하는 부분은 무효로 한다.
> ④ 채무자가 최고이자율을 초과하는 이자를 임의로 지급한 경우에는 초과 지급된 이자 상당금액은 원본에 충당되고, 원본이 소멸한 때에는 그 반환을 청구할 수 있다.
> ⑤ 대차원금이 10만 원 미만인 대차의 이자에 관하여는 제1항을 적용하지 아니한다.

> (선택채권의 예) 예컨대, 甲이 乙로부터 乙소유의 X토지 또는 Y건물 중 하나를 매수하기로 하는 계약을 맺은 경우이다. 이 경우 무엇을 선택하느냐에 따라서 매매의 목적이 토지 또는 건물로 정해진다. 이때 선택권은 당사자의 약정에 의해서 정하고, 약정이 없다면 민법은 채무자에게 선택권이 있다고 규정한다.

선택채권이란 수개의 서로 다른 급부 중에서 선택에 의해 어느 급부가 채권의 목적으로 정하여지는 채권을 말한다. 즉, 선택채권은 급부를 확정하기 위한 개념이다. 선택채권에서 급부는 '주는 급부'는 물론 '하는 급부'도 목적으로 할 수 있다.

제3장 채권의 효력

제1절 총설

I 채권의 대내적 효력

1. 채권자의 채무자에 대한 효력

가. 기본적 효력

1) 청구력·급부보유력·강제력

> **(청구력 등의 예)** 예컨대, 甲이 乙에 대해서 2000.1.1. 변제기로 하여 1억 원을 대여해 준 경우, 乙이 변제기에 채무를 변제하지 않으면 甲은 乙에 대해서 1억 원의 대여금반환청구를 할 수 있고(청구력), 乙이 1억 원을 변제하면 甲은 1억 원을 받아 보유할 수 있으며(급부보유력), 乙이 변제하지 않으면 乙을 상대로 소를 제기하여 승소확정판결을 받아서 乙 소유의 부동산에 경매신청을 하여 경매대금에서 1억 원을 배당받아서 채권의 만족을 얻는다(강제력). 이때 채권자 甲의 강제집행의 대상이 되는 乙 소유의 재산을 책임재산이라고 한다.

채권의 기본적 효력은 ① 채권자가 채무자에게 급부를 청구할 수 있는 청구력, ② 채무자가 이행한 급부를 수령하여 보유할 수 있는 급부보유력(이는 부당이득의 성립을 배제)이 있으며, ③ 채무자가 임의로 채무를 이행하지 않는 때에 채권실현 보장을 위한 강제력이 인정된다.

2) 강제력이 없는 채권

> **(불완전채무의 예)** 예컨대, ① 甲이 乙에 대해서 2000.1.1. 변제기로 하여 1억 원을 대여해 준 후, 소제기하지 않기로 하는 합의(부제소합의)를 한 경우 甲은 乙에 대해서 1억 원의 대여금반환청구의 소를 제기할 수도 없고(소구력 없음), 乙 소유의 부동산에 대해서 강제경매신청을 할 수도 없다(강제력도 없음). 이런 채무를 자연채무라고 한다. ② 만일 甲과 乙이 부집행 합의를 한 경우 甲이 승소확정판결을 받아도 강제집행을 할 수 없다. 이를 '책임 없는 채무'라고 한다.

가) **불완전채무**: 채무자가 임의로 채무를 이행하지 않는 때에서는 소제기로서 이행을 청구할 수 있는 소구력과 이행판결이 있음에도 이행하지 않는 때에는 강제집행을 청구할 수 있는 집행력이 인정된다. ① 이때 소구력과 강제력이 모두 인정되지 않는 채권이 있는데, 이를 자연채무라고 하고, ② 강제력만이 인정되지 않는 채권을 책임 없는 채무라고 하며, ③ 이를 합쳐 불완전채무라고 한다.

나) **자연채무**: 자연채무란 '채무로서 성립하고 있지만, 채무자가 임의로 이행을 하지 않는 때에 채권자가 그 이행의 강제를 소로써 구하지 못하는 채무'를 말한다. 따라서 자연채무는 소구력과 강제력이 모두 인정되지 않는다. 예컨대, 부제소합의가 있는 경우의 채무가 그 예이다.

다) **책임 없는 채무**: 채무자가 채무를 이행하지 않는 경우 채권자는 소를 제기하여 이행판결을 받고 집행권원을 얻어 채무자의 일반재산에 대해 강제집행을 함으로써 채권의 만족을 얻게 되는데, 이때 '책임'이란 '채무자의 일반재산이 채권자의 강제집행의 목적으로 되는 것'을 말한다. 책임은 채무에 수반되는 것이 원칙이지만 책임이 수반되지 않는 채무가 있는바, 이를 '책임 없는 채무'라고 한다. 이는 '당사자 사이에 강제집행을 하지 않겠다는 특약을 한 경우'에 책임 없는 채무가 생긴다.

라) **채무 없는 책임**: 채무 없이 책임만 부담하는 경우로 채무자 이외의 자가 책임을 부담하는 경우로서 채무의 주체와 책임의 주체가 서로 분리된다. 여기에는 물상보증인, 저당부동산의 제3취득자가 여기에 속한다.

> **(채무 없는 책임의 예)** 예컨대, 甲이 乙에 대해서 2000.1.1. 변제기로 하여 1억 원을 대여해 준 경우 채무자 乙 대신 제3자인 丙이 丙소유의 재산에 저당권을 설정해 준 경우로 丙을 물상보증인이라고 하며, 丙은 甲에 대해서 채무는 없고, 다만 乙이 1억 원을 변제하지 않으면 丙소유의 재산에 대해서 저당권이 실행되어 소유권을 상실하므로 책임만 진다고 한다.

나. 채무불이행과 그 구제

2. 채무자의 채권자에 대한 효력 – 채권자지체

Ⅱ 채권의 대외적 효력

1. 제3자의 채권침해

2. 책임재산 보전

가. 채권자대위권

나. 채권자취소권

제2절 채권의 기본적 효력

제3절 채무불이행의 유형 및 요건

제1관 채무불이행의 일반적 요건 — 제390조

채무불이행이 성립하기 위해서는 ① 채무의 내용에 좇은 이행을 하지 아니할 것, ② 손해가 발생할 것, ③ 채무자의 귀책사유(고의 또는 과실)가 있을 것, ④ 위법할 것, ⑤ 채무자에게 책임능력이 있을 것을 요한다.

I 채무의 내용에 좇은 이행을 하지 아니할 것 — 채권자가 주장·증명책임 짐

여기에는 ① 이행지체, ② 이행불능, ③ 불완전이행, ④ 이행거절 등이 있다.

II 손해가 발생할 것 — 채권자가 주장·증명책임 짐

III 채무자의 책임으로 돌릴 수 있는 사유(귀책사유)가 있을 것 — 채무자가 주장·증명책임 짐

1. 채무자의 고의·과실

> (고의·과실의 의미) 민법에서는 채무자의 고의와 과실 간에 차이를 두지 않으므로 주로 과실이 문제된다. 민법상 과실에는 앞에서 본바와 같이 경과실(부주의)과 중과실(현저한 부주의)이 있으며, 구체적 과실과 추상적 과실이 있다. 이때 구체적 과실은 채무자 개인의 능력을 기준으로 과실 여부를 정하는 것을 말하며(민법에서는 '자기재산과 동일한 주의'라고 규정하고 있다), 추상적 과실은 일반적인 평균인을 기준으로 부주의 여부를 판단한다. 민법 제390조의 과실은 추상적 경과실을 기준으로 하고 있다.

채무불이행으로 인한 손해배상청구는 채무자의 고의(의도적으로 채무불이행함)나 과실(부주의로 채무불이행함)로 채무의 내용에 좇은 이행을 하지 아니한 경우에만 인정된다(제390조 본문). 따라서 채무불이행에 채무자의 고의나 과실이 없는 때에는 채무자는 손해배상책임을 부담하지 않는다(제390조 단서).

2. 이행보조자의 고의·과실

① 「채무자의 법정대리인이 채무자를 위하여 이행하거나, 채무자가 타인을 사용하여 이행하는 경우에는 법정대리인 또는 피용자의 고의나 과실은 채무자의 고의나 과실로 본다」(제391조). ② 이행보조자란 ⅰ) 채무자의 '법정대리인'과 ⅱ) 채무자가 타인을 사용하여 이행하는 경우의 '피용자'를 말한다. 이행보조자의 고의나 과실은 채무자의 고의나 과실로 본다(이행보조자를 사용하여 이익을 얻는 채무자는 그에 따른 위험도 부담하는 것이 공평의 이념에 부합하기 때문이다). ③ 이행보조자가 채무이행을 위하여 다시 타인을 사용하는 경우 타인을 복이행보조자라고 한다. **판례**는 『이행보조자가 채무의 이행을 위하여 제3자를 '복이행보조자'로서

사용하는 경우에도 '채무자가 이를 승낙'하였거나 적어도 '묵시적으로 동의'한 경우에는 채무자는 복이행보조자의 고의·과실에 관하여 제391조에 의하여 책임을 부담한다』고 본다.2011다1330

> **(직접 이행보조자의 예)** 제391조에서의 이행보조자로서의 피용자라 함은 ⅰ) 채무자의 의사관여 아래 ⅱ) 그 채무의 이행행위에 속하는 활동을 하는 사람을 말한다. 예컨대, 임대업자 甲은 乙과 건물임대차계약을 체결하여 乙은 상점을 운영하였고 甲이 전기배선공사를 하여 주기로 약정하였으며, 이에 甲은 전문시공업자 A에게 전기공사를 맡겼으나, A의 경과실로 화재가 발생하여 乙이 운영하려는 상점이 전소된 경우, 甲에게 과실이 없으나, 이행보조자인 A에게 과실이 있으므로 A의 과실을 채무자 甲의 과실로 보아 乙은 甲에게 채무불이행으로 인한 손해배상청구를 할 수 있다(임대차에서 임대인은 임차인에게 건물을 사용할 수 있게끔 공사해줄 채무가 있다. 따라서 임대인 甲은 채무자, 임차인 乙은 채권자, A는 甲의 채무를 이행해주는 자이므로 이행보조자이다).

> **(복이행보조자의 예)** 만일 A가 직원 B를 시켜 전기공사를 하였는데 직원 B가 경과실로 전기배선공사를 부실하게 하여 화재가 발생한 경우, 채무자 甲과 이행보조자 A에게는 과실이 없으나 복이행보조자 B에게 과실이 있고, 채무자 甲은 A가 복이행보조자 B를 사용하는 것을 승낙하였거나 묵시적으로 동의하였을 것이므로 B의 과실은 채무자 甲의 과실이 되어, 乙은 甲에게 채무불이행으로 인한 손해배상청구를 할 수 있다.

Ⅲ 위법할 것

1. 위법성 판단

『채무불이행에 있어서 확정된 채무의 내용에 좇은 이행이 행하여지지 아니하였다면, 그 자체가 바로 위법한 것으로 평가되는 것이고(즉, 채무불이행을 하면 민법 제390조를 위반하였으므로 위법이 된다), 다만 그 이행하지 아니한 것이 위법성을 조각할 만한 행위에 해당하게 되는 특별한 사정이 있는 때에는 채무불이행이 성립하지 않는 경우도 있을 수 있다』. 즉, 채무불이행의 요건이 구비되면 위법성이 인정되며, 다만 위법성조각사유(동시이행항변권)가 있으면, 채무불이행책임이 성립하지 않는다. 결국 채무불이행에서 위법성 판단은 위법성조각사유(동시이행항변권)가 있는지 여부에 달려 있다.

2. 동시이행항변권

가. 의의

'쌍무계약의 당사자 일방은 상대방이 그 채무의 이행을 제공할 때까지는 자기채무의 이행을 거절할 수 있는 권리'를 가지는바, 이를 '동시이행항변권'이라 한다(제536조).

나. 요건

동시이행항변권을 행사하기 위해서는 ① 쌍무계약에 기한 대가적 채무가 존재할 것(항변), ② 상대방의 채무가 변제기에 있을 것(항변), ③ 이행 또는 이행제공이 없을 것(재항변)을 요한다.

> **(동시이행항변의 예)** A와 B 사이에 매매계약이 유효하게 성립하고, 이러한 매매계약을 법률요건으로 법률효과가 발생하는바, ⅰ) 매도인 A는 B에게 위 부동산의 인도 및 소유권이전등기를 마쳐주어야 할 의무가 있으며, B에게 매매대금의 지급을 청구할 권리가 있고, ⅱ) 매수인 B는 매매대금을 지급할 의무가 있으며, 매도인 A에게 위 부동산의 인도 및 소유권이전등기를 청구할 권리가 있다.

> 만일 이행기가 10.1.이라고 할 때 매도인 A가 B에게 매매대금의 지급을 청구하는 경우 B는 A가 소유권을 이전해 주면 동시에 매매대금을 지급하겠다고 주장하는 것을 동시이행항변이라고 한다. 이렇게 동시이행항변권이 있으면 B가 비록 이행기에 매매대금지급채무를 이행해주지 않아도 **위법성이 없다**고 보는 것이다.

> 반대로 매수인 B가 A에게 소유권이전등기청구를 하는 경우 A는 B가 매매대금을 주면 동시에 소유권을 이전해 주겠다고 동시이행항변을 할 수 있고, 이렇게 동시이행항변권이 있으면 A가 비록 이행기에 소유권 이전등기를 해주지 않아도 **위법성이 없다**고 본다.

> **(이행 또는 이행제공)** 위 예에서 매수인 B가 A에게 이행기에 이미 매매대금을 이행 또는 이행제공을 하였다면 A는 동시이행항변을 할 수 없게 되므로, A가 이행기에 소유권 이전등기를 해주지 않으면 **위법성이 있게** 된다. 반대 경우도 마찬가지이다.

Ⅳ 채무자에게 책임능력이 있을 것

제2관 이행지체

Ⅰ 서설

> **(이행지체의 예)** 예컨대, A가 2016.10.1. 자기 소유의 토지를 B에게 5억 원에 매도하고, 12.1. 소유권이전등기를 해주고, 매매대금을 지급하기로 하였다. 이행기인 12.1.이 도래하여 B가 A에게 5억 원을 지급하였으나 A는 B에게 소유권을 이전해주지 못하였다. 이때 ① A의 채무가 이행기에 있고, ② 그 이행이 가능함에도 A는 이행을 지체하였으며, ③ 이행지체에 대하여 채무자 A의 귀책사유가 있고, ④ B가 매매대금을 이미 지급하여 A의 동시이행항변권도 없으므로 A의 이행지체는 위법하다. 따라서 A의 이행지체책임이 인정된다.

이행지체가 성립하기 위해서는 ① 채무가 이행기에 있고, ② 그 이행이 가능함에도 이행을 지체하였으며, ③ 이행지체에 대하여 채무자의 귀책사유가 있고, ④ 이행지체가 위법할 것을 요한다. 이행지체의 효과로는 ① 강제이행청구권(제389조), ② 손해배상(지연배상, 전보배상 제395조), ③ 책임가중(제392조), ④ 계약해제권(제544조) 등이 발생한다.

Ⅱ 요건 이지귀위

1. 이행기가 도래할 것

채무자는 이행기가 도래하였음에도 이행기를 넘길 때 이행지체책임을 진다. 이때 이행기의 유형을 검토한다(주의할 점: 여기서 이행기는 채무자에게 이행지체책임을 지우는 요건을 의미하며, 채권자가 채권을 행사할 수 있는 시기를 의미하는 것은 아니라는 것이다).

가. 확정기한부 채무

① 확정기한부 채무는 그 기한이 '도래한 때'로부터 지체책임을 진다(제387조 제1항 전문). ② (기한이 도래한 때)라고 규정하고 있으나, 이는 기한이 도래한 날의 '다음 날'을 의미한다(예컨대, 2022.9.1.에 지급하기로 약정한 금전채무는 9.2.부터 이행지체책임을 진다). 이때 '채권자의 이행청구'가 없어도 '이행기를 지나면' 바로 이행지체에 빠진다. ③ (동시이행항변) 다만 상대방이 '동시이행항변권'이 있는 경우에는 '이행제공'을 하여 상대방의 동시이행항변권을 상실시켜야 이행지체에 빠뜨릴 수 있다(위 예에서 봄).

나. 불확정기한부 채무

불확정기한부 채무는 그 '기한이 도래한 때'부터 채권을 행사할 수 있지만(이때부터 소멸시효는 진행함), 채무자가 기한의 도래를 알지 못한 경우에도 이행지체책임을 지우는 것은 가혹하므로, ⅰ) 채무자가 그 기한이 도래하였음을 '안 때'로부터(다음날) 지체책임이 있다(제387조 제1항 후문). ⅱ) 또한 채권자의 최고가 있으면 채무자가 기한의 도래를 알지 못하더라도 그 '최고를 받은 때'로부터(다음날) 지체책임을 진다(예컨대, 甲의 사망 시 1억 원을 주기로 약정한 경우, 채무자 甲의 사망을 알거나, 채권자가 이행최고를 한 때부터 이행지체책임을 진다).

다. 기한을 정하지 않은 채무

기한의 정함이 없는 채무는 그 채무가 발생한 때부터 채권을 행사할 수 있지만, 그때부터 채무자에게 이행지체책임을 지우는 것은 가혹하므로, 채무자가 '이행의 청구를 받은 때'로부터(다음날) 지체책임을 진다(제387조 제2항)(예컨대, 甲이 乙에게 1억 원을 대여해 주면서 언제까지 갚으라고 기한을 정하지 않은 경우, 채권자 甲이 채무자 乙에게 이행최고를 한 때부터 이행지체책임을 진다). 여기에는 법률의 규정에 의해 발생하는 채무인 사무관리로 인한 채무, 부당이득반환채무는 기한의 정함이 없는 채무에 해당하여 이행청구를 받은 때부터 지체책임을 지나, 불법행위로 인한 손해배상채무는 예외적으로 불법행위 시 지체책임을 진다.

라. 기한의 이익을 상실한 채무 – 전술함

① (법정기한의 이익)을 상실하면 즉시 기한도래가 의제되는 것은 아니므로(제388조에 의해 채무자가 담보를 손상, 감소, 멸실시킨 경우에는 기한이익을 주장하지 못한다), 지체책임을 묻기 위해서는 기한 없는 채무와 동일하게 이행청구가 필요하며, '이행의 청구를 받은 때'로부터(다음날) 지체책임을 진다.

② (약정기한의 이익의 상실) 중 ⅰ) '정지조건부 기한이익 상실약정'이 있는 경우에는 '사유발생시'(다음날)에 곧 이행기가 도래하므로 이행지체가 되며, 최고가 불필요하다. ⅱ) 그러나 '형성권적 기한이익 상실약정'이 있는 경우에는 법정기한의 이익 상실의 경우와 같이 '이행의 청구를 받은 때'로부터(다음날) 지체책임을 진다(▣ 할부매매에 1회라도 이행지체가 되면 나머지 할부대금 전부에 대해서 기한의 이익을 상실한다고 규정한 경우 정지조건부인 경우에는 1회라도 이행지체가 되면 바로 이행기가 도래하여 이행지체가 된다. 그러나 형성권적이라면 1회라도 이행지체가 되면 바로 이행기가 도래하는 것이 아니라 채권자가 이행청구 시 이행지체가 된다).

2. 채무이행이 가능함에도 이행하지 아니할 것

채무이행이 가능함에도 불구하고 이행하지 않고 있어야 한다. 따라서 채무자의 귀책사유로 '이행기가 경과된 후 급부가 불가능'하게 된 때에는 '이행불능'으로 취급한다.

3. 귀책사유 – 항변 – 후술함

이행지체에 대하여 채무자의 귀책사유가 있어야 한다. 이에는 ① 채무자 자신의 고의·과실 외에 ② 이행보조자의 고의·과실도 포함된다. 다만 금전채무불이행의 경우에 채무자는 과실 없음을 항변하지 못한다 (제397조 제2항).

4. 위법성 – 항변 – 전술함

이행지체의 위법성 조각사유(유치권, 동시이행항변권 등)가 있으면 이행지체로 되지 않는다.

5. 증명책임

① '이행기에 이행되지 않았다는 사실(이행지체 사실)'에 대해서는 '채권자'가, ② 이행지체의 ⅰ) '귀책사유가 없다'는 사실과 ⅱ) '위법성이 없다'는 사실에 대해서는 '채무자'가 증명책임을 진다.

Ⅲ 효과 강손해

1. 이행의 강제

이행지체에 있어서는 원래의 급부가 여전히 가능하므로 채권자는 그 강제이행을 법원에 청구하여 급부를 강제적으로 실현할 수 있다(제389조). 이 경우에는 '귀책사유가 필요 없다'.

2. 손해배상

가. 원칙 – 지연배상

채권자는 채무자의 '이행지체로 인한 손해의 배상'(지연배상)을 청구할 수 있다(제390조 본문). 채무자는 '본래의 급부'와 함께 '지연배상'도 아울러 제공해야만 채무내용에 좇은 이행제공이 된다(📖 甲이 乙에게 1.5.부터 10.5.까지 1억 원을 대여해 준 경우, 10.5. 다음날로부터 이행지체로 인한 연 5%의 지연이자 상당의 손해배상을 청구할 수 있다).

나. 예외 – 전보배상

> (제395조의 예) 예컨대, 甲이 乙에게 차를 1억 원에 매도하기로 하는 계약을 체결한 후 乙에게 인도 시가지 甲이 丙에게 차의 보관을 맡겼는데, 丙이 이를 분실하자, 甲은 다른 차를 乙에게 인도해 주었다. 그 후 丙이 분실한 차를 찾은 경우, 甲은 제395조를 근거로 그 차의 수령을 거절하고 그에 갈음하는 1억 원의 손해배상을 丙에게 청구할 수 있다. 이를 전보배상이라고 한다.

① 채권자가 '상당한 기간을 정하여 이행을 최고'하여도 이행하지 아니하거나, ② 지체 후의 이행이 '채권

자에게 이익이 없는 때'에는 채권자는 본래의 급부수령을 거절하고 이행에 갈음하는 '손해의 배상(전보배상)'을 청구할 수 있다(제395조).

3. 책임의 가중

> (제392조의 예) 예컨대, A가 2022.10.1. 자기 소유의 자동차를 B에게 500만 원에 매도하고, 12.1. 차를 인도 해주고, 매매대금을 지급받기로 하였다. 이행기인 12.1.이 도래하여 B가 A에게 500만 원을 이행제공 였음에도 A가 B에게 차를 인도하지 못하였다. 이렇게 이행지체 중 12.5. 옆집의 화재로 A의 창고와 창고에 있던 차까지 모두 소실되었다. 이때 ① A의 이행지체가 있고, ② 이행지체 중 옆집의 화재로 채무자 A의 귀책 없이 차가 멸실되었으며, ③ 이행기에 A가 B에게 차를 인도하였으면 옆집 화재로 인해 차가 소실되지 않았을 것이다. 따라서 B는 제392조에 의해 A에게 손해배상을 청구할 수 있다.

이행지체 중에는 채무자의 책임이 가중된다(제392조). 본조가 적용되기 위해서는 ① 이행지체가 있어야 하고, ② 이행지체 중에 채무자의 과실 없이 멸실되어 손해가 발생하여야 하며(만일 이행지체 후 채무자의 과실로 이행불능이 발생한 경우에는 이행불능의 법리에 따라 처리되고 특별히 본조가 적용될 여지가 없다), ③ 제때에 이행되어 급부가 채권자의 수중에 놓여졌다면 그러한 손해가 발생하지 않았을 것이어야 한다(그 증명책임은 채무자가 부담한다).

4. 법정해제권

이행지체 시 채권자는 상당한 기간을 정하여 최고하고, 그 기간 내에도 이행하지 않으면 계약을 해제할 수 있다(제544조 본문).

Ⅳ 금전채무의 이행지체에 관한 특칙 – 금전채무불이행으로 인한 손해배상의 특칙

1. 제397조의 의의

「① 금전채무불이행의 손해배상액은 법정이율에 의한다. 그러나 법령의 제한에 위반하지 아니한 약정이율이 있으면 그 이율에 의한다. ② 전항의 손해배상에 관하여는 채권자는 손해의 증명을 요하지 아니하고, 채무자는 과실 없음을 항변하지 못한다」(제397조).

2. 요건상 특칙 – 제397조 제2항

가. 채권자는 손해의 증명 불요 – 제397조 제2항 전단

채무불이행으로 인한 손해배상을 청구하는 경우 채권자는 손해의 발생과 손해액을 증명해야 한다. 그러나 금전채무불이행의 경우에는 그 증명이 곤란하기 때문에 채권자는 손해의 발생과 손해액의 증명을 요하지 아니한다. 단, 채무불이행 사실 자체는 주장·증명해야 하고, 손해발생사실에 대한 '주장'도 하여야 한다(채무불이행으로 인한 손해배상을 청구하는 경우 채권자는 요건사실인 ⅰ) 채무불이행 사실, ⅱ) 손해의 발생과 손해액을 주장·증명해야 하나, 제397조 제2항 전단에 의해 ⅰ) 채무불이행 사실은 주장·증명해야 하고, ⅱ) 손해의 발생과 손해액은 주장만 하면 증명하지 않아도 된다).

나. 채무자는 무과실의 항변 불가

채무자는 자신에게 귀책사유가 없음을 증명하면 채무불이행책임을 지지 않는다. 그러나 금전채권의 채무자는 과실 없음을 항변하지 못한다. 따라서 자기에게 책임 없는 사유로 이행지체가 발생한 경우에도 손해를 배상해야 한다.

3. 효과상 특칙 – 제397조 제1항

가. 원칙 – 제397조 제1항 본문 – 이자의 약정이율도 없고, 지연손해금률에 대해서도 약정이 없는 경우

(법정이율에 의한 지연손해금) 금전채무불이행의 손해배상을 지연손해금이라고 하며, 지연손해금률이 정해져 있지 않으면 제397조 제1항 본문에 의해 손해배상액은 실제 손해액에 상관없이 '법정이율'(민법에 정해진 연 5%, 상법에 정해진 연 6%, 소송촉진 등에 관한 특례법에 정해진 연 20%)에 의하여 정해지는 것이 원칙이다. 이를 '법정이율에 의한 지연손해금'이라고 한다(예 甲이 乙에게 1.1.부터 12.31.까지 1억 원을 빌려주었는데, 이자의 약정과 지연손해금률의 약정이 없는 경우, 乙은 12.31.이 경과 시부터 민법에 정해진 1억 원의 연 5%의 비율의 지연손해를 배상해야 한다).

나. 예외

1) 약정이율이 정해져 있는 경우 – 제397조 제1항 단서, 이자의 약정이율은 있으나, 지연손해금률에 대해서는 약정이 없는 경우

가) 법정이율보다 높은 약정이율이 있을 경우(=약정이율): 제397조 제1항 단서에 의하면 지연손해금은 법령의 제한에 위반하지 아니한 약정이율이 있으면 그 이율에 의한다. 이를 '약정이율에 의한 지연손해금'이라고 한다(예 甲이 乙에게 1.1.부터 12.31.까지 1억 원을 빌려주었는데, 이자의 약정이율 연 10%의 약정을 하였으나, 지연손해금률의 약정이 없는 경우, 乙은 12.31.이 경과 시부터 법정이율인 연 5% 보다 높은 연 10%의 약정이율에 의한 지연손해를 배상해야 한다).

나) 법정이율보다 낮은 약정이율이 있을 경우(=법정이율): **(금전채무불이행시) 판례**는 『이 단서규정은 약정이율이 법정이율에 이상인 경우에만 적용되고, 약정이율이 법정이율보다 낮은 경우에는 그 본문으로 돌아가 법정이율에 의하여 지연손해금을 정할 것』이라는 입장이다(예 甲이 乙에게 1.1.부터 12.31.까지 1억 원을 빌려주었는데, 이자의 약정이율 연 3%의 약정을 하였으나, 지연손해금률의 약정이 없는 경우, 乙은 12.31.이 경과 시부터 약정이율 3%보다 높은 법정이율인 연 5%의 지연손해를 배상해야 한다).

2) 지연손해금 약정이 있는 경우 – 지연손해금률에 의함 – 법정이율보다 낮더라도 이에 의함

(금전채무불이행시) 제397조 제1항 단서는 이자의 약정이율은 있으나, 지연손해금에 대해서는 약정이 없는 경우에만 적용되며, 당사자 사이에 금전채무불이행의 경우 지연손해금에 대해서 약정을 한 경우에는 그러한 지연손해금률에 의하여 지연손해금을 정할 것이며, 약정이율에 의하지 않는다. 이 경우에는 지연손해금 약정이 법정이율보다 낮더라도 약정에 따른 지연손해금률이 적용된다(예컨대, 甲의 乙에 대한 1,000만 원의 금전채권이 차용금채권으로서 약정이율을 연 5%, 지연손해금률 연 3%로 합의한 경우, 乙이 상환기일을 도과하였다면 甲은 乙의 이행지체에 따른 지연손해금을 약정이율 연 5%나 법정이율 연 5%에 의하지 않고, 지연손해금률 연 3%에 따라 청구할 수 있다).

제3관 이행불능

I 의의

> **(이행불능의 예)** 예컨대, A가 2016.10.1. 자기 소유의 자동차를 B에게 500만 원에 매도하고, 12.1. 차를 인도해주고, 매매대금을 지급받기로 하였다. 이행기인 12.1.이 도래하였으나, A가 B에게 차를 인도하지 못하던 중 A의 과실로 차가 불이 나서 소실된 경우 B는 A에게 이행불능으로 인한 전보배상으로 500만 원을 청구할 수 있고, 매매계약을 해제할 수 있다.

이행불능이 성립하기 위해서는 ① 채권의 성립 후 이행이 불능으로 되었을 것, ② 채무자 등의 귀책사유가 있을 것, ③ 이행불능이 위법할 것을 요한다. 이행불능의 효과로는 ① 손해배상(전보배상), ② 계약해제권(제546조), ③ 대상청구권 등이 발생한다. 여기서는 특히 대상청구권이 중요하다.

II 요건

1. 채권의 성립 후 이행이 불능으로 되었을 것 – 후발적 불능일 것

① 이행불능이란 '절대적·물리적으로 불능'인 경우에 한정할 것이 아니라, '사회통념에 비추어 볼 때 채권자가 채무자의 이행의 실현을 기대할 수 없는 경우'를 말한다. ② 채권 성립 후 불능에 한하며(계약체결 후 후발적 불능일 것), 불능의 판단은 i) 원칙적으로 '이행기'를 기준으로 하나, ii) '이행기 전에 이미 불능'이 확정되면 이행기를 기다리지 않고 곧 이행불능이 되며, iii) 이행지체 후에 생긴 이행불능은 이행불능으로 취급한다(통설·판례).

2. 귀책사유가 있을 것 – 항변

3. 위법성

쌍무계약에서 대가적 의미의 채무가 동시이행관계에 있다고 하더라도, 채무자의 급부의무가 '이행불능'이므로 '동시이행항변권을 소멸'시키기 위해서 그 '이행의 제공'은 필요하지 않다(위 예에서 B는 A에게 500만 원의 이행제공을 하지 않고도 이행불능책임을 물을 수 있다. 왜냐하면 A의 차 인도의무가 이행불능이므로 500만 원의 이행제공이 불필요하기 때문이다).

4. 증명책임

① '이행불능'여부에 관한 사실에 대하여는 '채권자'가 증명해야 한다. ② '채무자'는 채무불이행책임을 면하기 위하여 '귀책사유'와 '위법성'이 없음을 증명해야 한다.

Ⅲ 효과

1. 전보배상청구권

> (전보배상청구권의 예) 위 예에서 이행기인 12.1.이 지나서 12.31.에 A의 차(車)가 불이 나서 소실된 경우, 위 차(車)는 12.31. 이행불능이 되었고, 이때 차의 시가가 600만 원으로 상승되었다면 B는 A에게 전보배상으로 불능당시 시가인 600만 원의 손해배상을 청구할 수 있다.

이행의 전부가 불능으로 된 때에는 본래의 급부를 목적으로 하는 청구권은 소멸하고 그에 갈음하여 '전보배상청구권'이 성립한다. '손해배상액의 산정시기'는 '이행불능당시'를 기준으로 한다.

2. 계약의 법정해제권

채권자는 최고 없이 계약을 해제할 수 있다(제546조). 해제권의 행사는 손해배상의 청구에 영향을 미치지 않는다(제551조).

3. 대상청구권

가. 의의

> (대상청구의 예) 예컨대, 甲이 乙에게 甲 소유의 X토지를 1억 원에 매도하였는데, 위 토지가 국가로부터 수용된 경우 甲의 乙에 대한 위 토지의 소유권이전의무가 이행불능이 된다. 이때 甲이 국가로부터 보상금으로 2억 원을 받을 수 있는 경우 乙은 甲에게 甲이 국가로부터 받을 2억 원을 자신에게 반환하라고 청구할 수 있는 권리가 대상청구권이다(이렇게 국가로부터 강제로 수용되면 위 토지는 국가의 소유가 되며, 甲은 乙에게 위 토지의 소유권을 이전해주는 것이 불능이 된다. 그러나 국가로부터 강제로 수용되었기 甲은 이행불능에 귀책사유가 없다고 본다).

대상청구권이란 'ⅰ) 급부의 후발적 불능으로 인하여, ⅱ) 채무자가 이행목적물에 갈음하는 대상이익을 취득하는 경우, ⅲ) 채권자가 채무자에게 그 이익을 청구할 수 있는 권리'를 말한다. 우리 민법은 이를 규정하고 있지 아니하여 그 인정여부가 문제된다.

나. 인정여부 – 일반적 인정설

판례는 『민법에는 이행불능의 효과로서 전보배상청구권과 계약해제권 외에 별도로 대상청구권을 규정하고 있지 않으나, 해석상 대상청구권을 부정할 이유가 없다』고 판시하여 대상청구권을 인정하고 있다.
또한, **판례**는 ① (채무자에게 귀책사유가 없는 경우) 매도된 토지가 국가로부터 '수용'된 사안처럼 채무자인 매도인에게 귀책사유가 없이 이행불능된 경우뿐만 아니라, ② (채무자에게 귀책사유가 있는 경우) 매도된 토지를 국가에 '공공용지법에 의해 매도'한 사안처럼 채무자인 매도인의 귀책사유가 있는 경우에도 대상청구권을 인정하여 '일반적 긍정설'의 입장이다.

다. 요건

1) 채무자의 급부가 후발적 불능일 것

2) 채무자가 후발적 불능으로 인하여 대상이익을 취득하였을 것-인과관계

3) 채권자에게 물건 또는 권리의 급부를 목적으로 하는 청구권이 존재할 것

4) 쌍무계약의 경우 채권자의 반대급부의 이행이 가능할 것

   판례는 쌍무계약의 경우 대상청구권을 행사하려면 채권자의 반대급부의 이행이 가능할 것을 요한다.

라. 효과

1) 대상청구권의 취득-성질과 행사방법

   ① 채권자는 위 요건이 구비되면 대상청구권을 취득한다. 이때 대상청구권은 원래의 채권에 갈음하는 권리이므로, 원채무에 붙은 항변권 등은 대상청구권에 대해서도 여전히 행사할 수 있다. ② **(채권적 청구권)** 대상청구권은 채권적 청구권(대상의 이전을 청구할 수 있는 권리)에 지나지 않는다. 즉 그 요건이 갖추어졌다고 해서 대상이 채권자에게 직접 이전되는 것은 아니다.

2) 범위-초과수익의 문제

   > **(초과수익의 예)** 예컨대, 甲이 甲 소유의 토지를 乙에게 1억 원에 매도하였는데, 수용되어 수용보상금으로 2억 원을 받은 경우와 같이, 채무자 甲이 취득한 대상이익(2억 원)이 매매대금 1억 원을 넘어서는 경우에도 그 초과수익을 포함한 모든 것을 대상청구할 수 있다.

   판례는 매매의 목적물이 화재로 소실됨으로써 매도인이 지급받게 되는 화재보험금에 대하여 매수인의 대상청구권이 인정되는 이상, 매수인은 목적물에 대하여 지급되는 화재보험금 전부에 대하여 대상청구권을 행사할 수 있고, 인도의무의 이행불능 당시 매수인이 지급하였거나 지급하기로 약정한 매매대금 상당액의 한도 내로 범위가 제한된다고 할 수 없다고 보아 초과수익의 대상청구를 인정하고 있다.

제4관 불완전이행

I 의의

> **(불완전이행의 예)** 예컨대, 甲이 乙에게 甲 소유의 X건물을 1억 원에 매도하고 인도해주었다. 그런데 건물에 금이 가서 붕괴될 위험이 있는 경우와 같이 이행이 불완전한 경우를 말한다.

'불완전이행'이란 '채무의 이행행위가 채무내용에 좇은 완전한 이행이 아닌 경우'를 말한다. 민법은 채무불이행의 유형으로 '이행지체'와 '이행불능'을 예정하고 있지만, **판례**는 '제390조'를 근거로 '불완전이행'을 '독립된 채무불이행의 유형'으로 인정한다.

II 불완전이행의 요건

불완전이행이 성립하기 위해서는 ① 이행행위가 존재하고, ② 이행행위가 불완전하며, ③ 귀책사유가 있고, ④ 위법할 것을 요한다.

1. 이행행위가 존재할 것

2. 이행행위가 불완전할 것

가. 급부의무의 이행이 불완전한 경우

이행이 불완전하다는 것은 '채무내용에 좇은 이행이 아니라는 것'을 의미한다. 불완전이행의 모습은 '주는 채무'와 '하는 채무'에 따라 다르다.

1) 주는 채무의 경우

가) **일부지체·불능**: 주는 채무에 있어서 '채무의 일부'에 관하여 '이행지체' 또는 '이행불능'이 있는 때에는 그 것도 채무내용에 좇은 이행이 아니므로 '불완전이행'이 되나, 이행지체나 이행불능으로 보아 그에 관한 법리가 적용된다(예컨대 사과 100상자의 인도채무를 지는 자가 90상자만을 인도한 경우에 10상자의 인도채무가 남게 되는데, 이때 10상자의 인도채무의 이행이 가능한 때에는 이행지체로, 불가능한 경우에는 이행불능으로 처리된다).

나) **전부이행·불완전 이행**: '전부'의 이행이 있었으나 그 이행이 '불완전'한 경우에 불완전이행이 된다. 이때 주는 채무에 있어서 '매매의 목적인 권리 또는 물건에 하자'(원시적 하자)가 있는 경우 ⅰ) 불완전이행책임이 성립하고, ⅱ) 동시에 '매도인의 담보책임'도 경합적으로 성립한다(그 하자에 대해서 채무자의 귀책이 있는 경우).

> **(불완전이행과 하자담보책임의 경합의 예) 판례**는 『토지매도인(특정물 채무자) 甲이 매도할 토지에 다량의 폐기물을 은밀히 매립하고(원시적 하자), 이를 乙에게 매도함으로써(甲에게 고의가 있음), 매수인 乙로 하여금 그 토지의 폐기물처리비용 상당의 손해를 입게 하였다면, 매도인 甲은 ⅰ) '불완전이행으로서 채무불이행으로 인한 손해배상책임'을 부담하고, ⅱ) 이는 하자 있는 토지의 매매로 인한 '제580조의 하자담보책임'과 '경합적으로 인정'된다』고 판시하여, 매매목적물에 '원시적 하자'가 있는 경우 채무불이행책임과 하자담보책임의 경합을 인정하였다. —하자담보책임은 후술함

2) '하는 채무'의 경우

'하는 채무'란 '물건인도 이외의 작위를 급부내용으로 하는 채무'를 말한다. 하는 채무는 다시 ① (결과채무) 일정한 결과를 실현시켜야 하는 채무(예컨대 도급에 있어서 일을 완성시켜야 하는 수급인의 채무)와, ② (수단채무) 일정한 결과 자체가 아니라 그러한 결과를 얻기 위한 최선의 조치나 노력을 해야 하는 채무(예컨대 의료계약에서 의사의 진료채무)가 있다. 이 경우 ① '결과채무'에서는 '결과의 실현이 불완전'하면 언제나 불완전이행이 되고, ② '수단채무'에서는 '의무 위반'이 있어야 불완전이행이 된다.

3. 채무자의 귀책사유

4. 위법할 것

Ⅲ 불완전이행의 효과

1. 완전한 이행이 가능한 경우

가. 완전이행청구권과 추완청구권

> **(완전이행청구와 추완청구의 예)** 예컨대, ① 甲이 乙에게 차를 매도한 경우 차에 엔진의 하자가 있는 경우에는 다른 차로 교환해달라고 청구할 수 있는데 이를 완전이행청구라고 한다. ② 인도된 자동차의 열쇠나 계기판 등이 고장이면, 그 열쇠부분이나 계기판을 교체하거나 수리하면 충분하며, 차를 교환해달고 할 수 없다. 이때 수리해달라고 청구하는 것을 추완청구라고 한다. ③ 그러나 매도인만 갖고 있는 토지 등 특정물매매에서 특정물에 하자가 있는 경우, 특정물의 개념상 다른 특정물로 바꿔달라고 할 수 없다. 따라서 특정물의 경우 다른 완전물인도청구를 할 수 없으며, 수선해달라는 추완청구만 할 수 있다.

① '종류채권'의 불완전이행과 같이 완전한 이행이 가능한 때에는 채권자는 불완전이행을 반환하고 완전한 이행을 청구할 수 있다(완전이행청구권). ② 완전한 급부가 아니더라도 불완전한 급부 자체의 추완이 가능하고, 추완으로써 완전급부를 하는 것이 제반 사정에 비추어 적법한 채무이행이 되는 경우에는 채권자에게 추완청구권이 인정된다.

나. 손해배상청구권

채권자는 추완이행으로 인하여 생긴 이행지연에 따른 손해배상이나, 확대손해에 대한 손해배상을 청구할 수 있다.

2. 완전한 이행이 불가능한 경우

가. 손해배상청구권

완전한 이행이 불가능하게 된 경우 채권자는 이행불능에 대한 전보배상과 확대손해에 대한 손해배상을 청구할 수 있다.

나. 계약해제권

완전한 이행이 불가능한 경우 채권자는 이행의 최고 없이 바로 해제할 수 있다.

제5관 이행거절

Ⅰ 의의

> **(이행거절의 예)** 예컨대, 甲이 乙에게 甲 소유의 토지를 매도하였는데, 乙이 이행기 전에 위 토지에 주택을 지을 수 없다는 이유로 매매대금지급의 이행을 거절하고, 甲의 이행에 대해서 수령을 거절하는 경우이다.

이행거절이란 '채무자가 ⅰ) 채무이행이 가능함에도, ⅱ) 이를 행할 의사가 없음을 채권자에 대하여 진지하고 종국적으로 표시하여, ⅲ) 객관적으로 보아 채권자로 하여금 채무자의 임의이행을 더 이상 기대할 수 없게 하는 상태'를 말한다.

Ⅱ 독자적인 채무불이행 유형으로서의 이행거절 인정여부

1. 이행거절의 독자적 의미

① 이행거절의 경우에는 채무자의 '채무이행이 가능'하다는 점에서, 그것이 '불가능'한 「이행불능」과 구별된다. ② 이행거절의 경우에는 반대채무의 제공이 무의미하므로 '이행제공'이 없이도 계약 '해제'나 '전보배상청구권'을 행사할 수 있다는 점에서, 계약 '해제'를 위해서는 '이행최고'와 '이행제공'이 필요한 「이행지체」와 구별된다. ③ 이행거절의 경우에는 채무자의 '채무이행이 없다'는 점에서, 그것이 '있는'「불완전이행」과 구별된다. ④ 이행거절의 경우에는 계약해제권을 발생시키거나, '계약해제권을 발생시키지는 않는'「부수의무의 위반」과 구별된다.

2. 인정여부

판례는『계약상 채무자가 '계약을 이행하지 아니할 의사를 명백히 표시'한 경우에 채권자는 신의성실의 원칙상 '이행기 전'이라도 '이행의 최고 없이' 채무자의 '이행거절'을 이유로 계약을 '해제'하거나 채무자를 상대로 '손해배상'을 청구할 수 있다』고 하여 이행거절을 인정하고 있다.

Ⅲ 이행거절의 요건

이행거절이 인정되기 위해서는 ① 이행거절이 있을 것(ⅰ) '채무이행이 가능'할 것, ⅱ) '진지하고 종국적인' 이행거절의 의사표시를 할 것, ⅲ) 객관적으로 보아 채권자가 '채무자의 임의이행을 더 이상 기대할 수 없을 것'), ② 채무자의 귀책이 있고, ③ 채무를 이행하지 아니할 채무자의 명백한 의사표시가 위법한 것으로 평가될 것을 요한다.

Ⅳ 이행거절의 효과

1. 계약해제권

채무자가 ⅰ) '이행기가 도래하기 이전'에 이행거절의사를 밝히는 경우에는 '이행기의 도래여부와 관계없이' 계약을 해제할 수 있으며, ⅱ) 당사자 쌍방의 채무가 그 '이행기를 모두 도과'한 후 일방의 이행거절이 있으면 자기채무의 이행제공이나 최고 없이 계약을 해제할 수 있다.

2. 전보배상청구권

계약상 채무자가 계약을 이행하지 아니할 의사를 명백히 표시한 경우에 채권자는 신의성실의 원칙상 '이행기 전'이라도 '이행의 최고 없이' 채무자의 이행거절을 이유로 채무자를 상대로 손해배상을 청구할 수 있다. 그 손해배상의 산정은 '이행거절 당시의 급부목적물의 시가'를 표준으로 해야 할 것이다.

3. 강제이행청구권

채권자는 채무자의 이행거절에 대해서 '이행기를 기다려' 강제이행을 청구할 수 있다. 이 경우에 채권자는 전보배상청구권과 강제이행청구권을 선택적으로 행사할 수 있다(강제이행은 이행기가 도래한 후에만 할 수 있음에 주의).

제6관 채권자지체 –채무불이행 부정

I 의의

> (채권자지체의 예) 예컨대, 甲이 乙에게 甲 소유의 토지를 매도하였고, 이행기인 12.1.에 채무자 甲이 채권자 乙에게 토지의 소유권이전등기의 이행제공을 하고 매매대금의 이행청구를 하였는데, 乙이 매매대금을 지급하지 못해서 등기의 이행제공을 받을 수 없는 경우, 매매대금을 지급하지 못한 것은 이행지체가 되며, 등기를 수령하지 못한 것은 채권자 乙의 수령지체, 또는 채권자지체라고 한다.

채권자지체란 '채무자가 이행기에 채무내용에 좇은 이행제공을 하였으나 채권자가 이를 수령하지 않거나 필요한 협력을 하지 않는 경우'를 말한다(제400조).

채무는 ① '채무자의 급부행위만'으로 '변제의 결과'를 가져오는 경우(주로 하는 채무)와 ② '채권자의 협력'이 있어야 '변제의 결과'를 가져오는 경우(주로 주는 채무)가 있는데, ① '전자'의 경우는 '채무자 단독으로 변제의 결과를 실현'할 수 있으므로 '채권자지체'가 성립할 여지가 없으나, ② '후자'의 경우는 '채권자가 협력하지 않으면' 변제의 결과를 가져 올 수 없는바, '이행의무를 다한 채무자를 보호'하기 위해서 '채권자에게 일정한 책임'을 지우기 위해 '채권자지체를 인정'한다.

II 법적 성질

1. 문제점

채권자지체의 법적 성질에 따라 '채권자 지체의 요건과 효과'가 달라진다. 논의의 실익은 주로 '채권자의 귀책사유 없이 지체'가 된 경우에도 채권자지체가 성립하는 여부에 있다.

2. 판례 및 학설의 입장

채권자지체의 법적 성질에 관한 명시적인 판례는 없다. 다수설은 채권자지체는 채무불이행책임이 아니며, '민법이 특별히 규정한 법정책임'이라는 법정책임설의 입장이다. 따라서 채권자지체의 요건으로 '채권자의 귀책사유를 요구하지 않으며', 그 효과로는 '제401조 내지 제403조의 효과만이 인정'될 뿐 '손해배상청구권'이나 '계약해제권'은 인정되지 않는다.

Ⅲ 요건

1. 채무이행에 채권자의 수령 또는 협력이 필요할 것

2. 채무내용에 좇은 이행제공이 있을 것

판례는 『① (채권자지체의 성립요건) 제400조 소정의 채권자지체가 성립하기 위해서는 제460조의 채무자의 변제 제공이 있어야 하고, 변제 제공은 ⅰ) (현실제공) 원칙적으로 현실 제공으로 하여야 하며, ⅱ) (구두제공) 다만 채권자가 미리 변제받기를 거절하거나 채무의 이행에 채권자의 행위를 요하는 경우에는 '구두의 제공'으로 하더라도 무방하고, ⅲ) (구두제공 불요) 채권자가 변제를 받지 아니할 의사가 확고한 경우 (이른바, 채권자의 영구적 불수령)에는 구두의 제공을 한다는 것조차 무의미하므로 그러한 경우에는 구두의 제공조차 필요없다고 할 것이지만, ② (채권자지체의 소극적 효과) 그러한 구두의 제공조차 필요 없는 경우라고 하더라도, 이는 그로써 채무자가 채무불이행책임을 면한다는 것(제461조, 채권자지체의 소극적 효과)에 불과하고, ③ (채권자지체의 적극적 효과로서 제538조 제1항 제2문) '제538조 제1항 제2문'의 '채권자의 수령지체 중에 당사자 쌍방의 책임 없는 사유로 이행할 수 없게 된 때'에 해당하기 위해서는 현실 제공이나 구두제공이 필요하다(채권자지체의 적극적 효과)』고 한다. ─이 부분은 후술함

> **(영구적 불수령의 예)** 예컨대, 甲이 乙에게 甲 소유의 토지를 매도하였고, 이행기인 12.1.에 채무자 甲이 채권자 乙에게 토지의 소유권이전등기의 이행제공이 있고, 乙의 수령거절이 있어야 채권자 乙의 채권자지체가 된다. 이때 변제의 제공으로 등기서류를 乙에게 현실적으로 제공하거나, 등기서류를 준비하고 乙에게 말로 수령해가라고 구두제공을 할 수 있고, 이행기 전에 乙이 미리 수령거절할 의사가 확고한 경우(이를, **판례**는 채권자의 영구적 불수령이라고 한다), 구두의 제공을 하지 않아도 채권자지체가 성립한다고 본다.

3. 채권자의 수령거절 또는 수령불능

채권자의 수령거절 또는 수령불능이 있어야 하나, 이것이 반드시 채권자의 귀책사유로 발생하여야 하는 것은 아니다(법정책임설).

Ⅳ 효과

1. 변제제공의 효과 ─채권자지체의 소극적 효과

채권자지체에 해당하면 그때로부터 채무자는 '채무불이행책임을 면'하게 된다(제461조; 위 예에서 채무자 甲은 등기서류의 이행제공, 즉 변제제공 시부터 채무불이행책임을 면한다).

2. 채권자지체책임 – 채권자지체의 적극적 효과

가. 주의의무의 경감

> **(제401조의 예)** 예컨대, 甲이 乙에게 甲 소유의 건물을 매도하였고, 이행기인 12.1.에 채무자 甲이 채권자 乙에게 건물의 소유권이전등기의 이행제공을 하였는데 乙이 수령거절하여 채권자 乙의 채권자지체가 성립된 경우, 그 후에 건물이 채무자 甲의 경과실로 불이 나서 멸실된 경우에 통상적인 경우에는 甲은 乙에 대해서 건물멸실로 인한 이행불능책임을 지지만, 위와 같이 채권자지체 중인 경우에는 甲은 이행불능책임을 지지 않는다.

채권자지체 중에는 채무자는 고의 또는 중대한 과실이 없으면 불이행으로 인한 모든 책임이 없다(제401조). '채무자의 경과실'로 '이행불능'이 있더라도 '면책'된다.

나. 이자지급의무의 면제

이자 있는 채권이라도 채권자지체 중에는 채무자는 이를 지급할 의무가 없다(제402조).

다. 증가비용의 채권자 부담

채권자지체로 인하여 그 목적물의 보관 또는 변제의 비용이 증가된 때에는 그 증가액은 채권자가 부담한다(제403조).

라. 쌍무계약에서 대가위험의 이전

1) 제538조 제1항 제2문

> **(제538조 제1항 제2문의 예)** 예컨대, 甲이 乙에게 甲 소유의 건물을 매도하였고, 이행기인 12.1.에 채무자 甲이 채권자 乙에게 건물의 소유권이전등기의 이행제공을 하였는데 乙이 수령거절하면 채권자 乙의 채권자지체가 성립한다. 그 후에 건물이 옆 건물의 화재로 인하여 쌍방의 책임 없는 사유로 멸실된 경우에 甲은 乙에 대해서 건물의 매매대금지급청구를 할 수 있다.

'채권자의 수령지체 중'에 당사자 '쌍방의 책임 없는 사유'로 '급부가 불능'이 된 경우에 '채무자'는 그 채무를 면하지만 '채권자에 대한 반대급부'(매매대금)를 청구할 수 있다.

2) 채권자지체 중 채무자가 경과실로 목적물을 멸실한 경우 대가위험부담

> **(제401조와 제538조 제1항 제2문의 예)** 예컨대, 甲이 乙에게 甲 소유의 건물을 매도하였고, 이행기인 12.1.에 채무자 甲이 채권자 乙에게 건물의 소유권이전등기의 이행제공을 하였는데 乙이 수령거절하면 채권자 乙의 채권자지체가 성립된다. 그 후에 건물이 채무자 甲의 경과실로 불이 나서 멸실된 경우에 甲의 경과실은 면책되므로 제538조 제1항 2문의 쌍방의 책임 없는 사유로 멸실된 경우에 포함되어, 채무자 甲은 채권자 乙에게 매매대금지급청구를 할 수 있다.

① '제401조'에 의하면 채권자지체 중에는 채무자는 고의 또는 중과실이 없는 한 불이행으로 인한 책임을 부담하지 않는다. ② 따라서 채권자지체 중 채무자가 경과실로 목적물을 멸실케 하였더라도 ⅰ) 채무자는 손해배상책임이 없다. ⅱ) 이때 채무자(매도인)는 채권자(매수인)에게 반대급부(매매대금지급)를 청구할 수 있는지 문제되나, 다수설은 수령지체 중 채무자의 경과실로 인하여 멸실된 경우에는 채무자는 책임을 부담

하지 않으므로 제538조 제1항 제2문의 쌍방의 책임 없는 사유에 포함되어 채무자는 채권자에게 반대급부를 청구할 수 있다는 위험이전긍정설(제538조 제1항 제2문 적용설)의 입장이다.

제4절 채무불이행의 효과

제1관 손해배상

I 서설

1. 손해의 개념

손해란 '채무불이행이 없었더라면 존재할 재산상태'와 '채무불이행이 있은 후의 재산상태'의 차이를 말한다(차액설)(**판례**).

2. 손해의 종류

가. 이행이익의 손해와 신뢰이익의 손해

1) 이행이익의 손해

> (이행이익의 예) 예컨대, 甲이 乙에게 토지를 1억 원에 매도하였는데 甲이 변제기에 토지를 인도해 주지 않은 경우 매매목적물의 가격이 2억 원으로 상승한 경우나, 乙이 1억 원의 토지를 사서 다른 사람에게 2억 원에 다시 팔은 경우, 甲이 토지를 이행기에 제대로 이행하였을 경우 매수인은 가격상승액 1억 원이나, 전매차액 1억 원의 이익을 얻을 수 있었는데, 甲이 이행기에 제대로 이행하지 못해서 1억 원을 상실하게 된 손해를 이행이익이라고 한다.

이행이익의 손해란 '채무가 제대로 이행되었을 경우에 채권자가 얻게 될 이익의 상실'을 말한다. ① '채무불이행으로 인한 손해배상'(제390조)과 ② '타인권리매매로 인한 담보책임으로서 손해배상'(제570조)은 이행이익의 손해배상이다.

2) 신뢰이익의 손해

> (신뢰이익의 예) 예컨대, 대전에 사는 甲으로부터 乙이 甲 소유의 건물을 매수하기 위해서 대전으로 내려가서 숙박하면서 건물에 하자가 있는지 조사하고 중개사에게 중개를 의뢰한 다음 건물이 맘에 들어 매매계약을 유효하게 체결되었다고 신뢰하고 중개료로 100만 원을 주었는데 계약이 무효로 된 경우 乙은 중개료 100만 원을 상실하는 손해를 입는데 이를 신뢰이익의 손해라고 한다.

① '계약의 유효를 믿음으로 인하여 입게 된 손해'로 '계약의 유효를 믿고서 지출한 비용' 상당의 손해를 말한다. 우리 민법에서는 ⅰ) '계약체결상의 과실책임'(제535조), ⅱ) '계약이 채무불이행을 이유로 해제'된

경우 '이행이익의 손해배상'이 원칙이지만, 채권자는 이에 갈음하여 '신뢰이익의 손해배상'을 구할 수 있다 (제551조). ② '계약교섭의 부당파기'의 경우 계약의 체결을 믿음으로 인하여 입게 된 손해의 배상을 구할 수 있다(제750조). ③ '하자담보책임'에서는 목적물에 하자가 없다고 믿고 지급한 대금 중 하자에 상당하는 부분을 말한다.

나. 이행이익의 손해의 내용 – 재산적 손해·비재산적 손해

채무불이행으로 인한 손해는 이행이익의 손해이며, 신뢰이익의 손해는 포함되지 않는다. 이러한 이행이익 에는 재산적 손해와 정신적 손해가 있으며, 재산적 손해는 적극적 손해와 소극적 손해가 있다(**판례**는 손해3 개설의 입장으로 청구가 3개이다).

1) 재산적 손해

재산적 손해란 '재산적 법익에 관하여 생긴 손해'를 말하고, 적극적 손해와 소극적 손해가 있으며, ① '적 극적 손해'란 '채권자의 기존재산의 감소'를(**예**특정물인도채권에서 채무불이행으로 물건의 멸실된 경우 그 시가, 채무 불이행으로 丙이 나서 치료비 지출 등), ② '소극적 손해'란 '채무가 이행되었더라면 채권자가 얻을 이익의 획득 이 방해되어 놓쳐버린 것'을 말한다(**예**시가 1억 원의 물건을 매수한 채권자가 다른 사람에게 2억 원에 팔기로 하였는데 채무불이행으로 채권자가 전매차액인 1억 원이 상실되는 손해 등).

2) 비재산적 손해 – 정신적 손해

비재산적 손해란 '비재산적 법익(**예**생명·신체·자유·명예 등)에 관하여 생긴 손해'를 말하는데, '정신적 손해' 가 주된 손해이다. 정신적 손해는 '채무불이행에 의하여 채권자가 받은 정신적 고통으로 인한 손해'를 말 한다. 특히 정신적 손해의 배상금을 '위자료'라고 한다. **판례**는 '재산상 법률행위'에서는 '재산적 손해'가 '통상손해'이고, '비재산적 손해'는 '특별손해'로 보아 예견가능성이 있을 때에만 채무자가 배상책임을 진다 고 본다.

Ⅱ 손해배상의 방법

1. 원칙 – 금전배상의 원칙

손해배상은 「다른 의사표시가 없으면, 손해는 금전으로 배상한다」(제394조, 제763조에서 준용). 배상의 방법 은 '일시금배상'과 '정기금배상'이 있다(일시금은 한꺼번에 다 배상하는 것을 말하며, 정기금 배상은 매월 100만 원 등 정기적으로 배상하는 것을 말한다).

2. 예외 – 원상회복

가. 당사자의 의사표시

제394조는 다른 '의사표시'라고 규정하고 있지만, 이는 채권자와 채무자의 합의를 의미한다.

나. 법률의 규정

「타인의 명예를 훼손한 자에 대하여는 법원은 피해자의 청구에 의하여 손해배상에 갈음하거나, 손해배상 과 함께 명예회복에 적당한 처분을 명할 수 있다」(제764조). 「명예회복에 적당한 처분」이란 원상회복을 인 정한 것으로, '정정보도' 등이 이에 해당한다.

다. 명문규정이 없는 경우 원상회복을 인정할 수 있는지 여부

1) 문제의 소재
당사자의 의사표시도 없고, 법률에 명문규정이 없는 경우에도 원상회복청구를 인정할 수 있는지 문제
된다.

2) 판례의 입장–부정
『'제763조'에 의하여 불법행위에 준용되는 '제394조'가 금전배상의 원칙을 규정하고 있으므로, '법률에 다
른 규정'이 있거나 '당사자가 다른 의사표시'를 하는 등 특별한 사정이 없는 이상 불법행위자에 대하여 '원
상회복청구는 할 수 없다'』고 하여, '부정설'의 입장이다.

Ⅲ 손해배상의 범위

1. 손해배상의 범위 결정에 관한 이론
판례는 손해배상의 범위에 관하여 '책임원인과 상당인과관계가 인정되는 손해만' 손해배상의 범위에 포함
된다는 '상당인과관계설'의 입장이다.

2. 손해배상의 범위–제393조

가. 민법의 태도
'채무불이행으로 인한 손해배상'은 '통상의 손해'를 그 한도로 한다(제393조 제1항). '특별한 사정으로 인한
손해'는 '채무자가 그 사정을 알았거나 알 수 있었을 때'에 한하여 배상의 책임이 있다(제2항).

나. 통상손해–상당인과관계설의 입장

1) 의의
통상손해란 '채무불이행이 있으면 일반적으로 발생하는 것으로 여겨지는 손해'를 말하며, 상당인과관계에
있는 모든 손해로 채무자의 '예견가능성 유무를 불문'하고, 그 '전부'에 대해 배상청구할 수 있다.

2) 불법행위로 물건이 멸실·훼손된 경우, 통상손해의 범위
『① '물건이 멸실'되었을 때에는 '멸실 당시의 시가'를, ② '물건이 훼손'되었을 때에는 ⅰ) 그 '수리가 불가
능'하다면(이런 경우는 물리적 수리불능으로 본다) 훼손 당시의 '건물의 교환가치'가 '통상의 손해'일 것이고(불법
행위로 인해 건물이 훼손되어 수리가 불가능한 경우 원칙적으로 '건물의 시가' 외에 '건물의 철거비용'은 손해배상의 범위에 포
함되지 않는다), ⅱ) '수리가 가능'한 경우에는 그 '수리비'가 통상의 손해일 것이나, ⅲ) '수리비가 건물의 교
환가치를 넘는 경우'에는 형평의 원칙상 그 손해액은 그 '교환가치 범위 내'로 제한되어야 한다(이런 경우는
경제적인 면에서 수리불능으로 본다). ⅳ) 또한, 수리로 인하여 '훼손 전보다 건물의 교환가치가 증가'하는 경우
에는 그 '수리비에서 교환가치 증가분을 공제한 금액'이 그 (통상)손해이다』.

3) 휴업손해(수리기간 또는 대체구매기간 동안의 사용·수익의 상실이라는 손해)에 관한 판례의 태도
① (손괴) **판례**는 물건(영업용 물건이든, 영업용 물건이 아니든 불문하고)이 일부 '손괴'된 경우, '수리를 위하여 필
요한 합리적 기간 동안의 휴업손해'를 '통상손해'로 '인정'하여 왔다. ② (멸실) **판례**는 한 걸음 더 나아가

『불법행위로 '영업용 물건'이 '멸실'된 경우, 이를 '대체할 다른 물건을 마련하기 위하여 필요한 합리적인 기간 동안 그 물건을 이용하여 영업을 계속하였더라면 얻을 수 있었던 이익', 즉 '휴업손해'는 그에 대한 증명이 가능한 한 '통상의 손해'로서 그 '교환가치'와는 별도로 배상하여야 한다』(예컨대, 영업용 물건인 상점이 멸실된 경우 그 교환가치인 상점의 시가 1억 원과 별도로 대체 상점을 마련할때까지 그 상점을 이용하여 영업을 계속하였더라면 얻을 수 있는 이익으로 매달 500만 원인 휴업손해를 통상의 손해로 청구할 수 있다)는 입장이다.

다. 특별손해

1) 의의

특별손해란 '채권자의 개별적·구체적 사정에 의한 손해'를 말하며, '채무자가 그 사정을 알았거나 알 수 있었을 때'에 한하여 배상책임이 있다. 다만 그러한 사정에 의하여 발생한 '손해의 액수'까지 알았거나 알 수 있었어야 하는 것은 아니다.

2) 예견가능성 판단의 기준시점 – 이행기

특별손해를 판단하는 데 있어 채무자의 예견가능성(알았거나 알 수 있었을 경우)을 판단하는 기준시점이 문제되는바, **판례**는 『특별사정으로 인한 손해배상에 있어서 채무자가 그 사정을 알았거나 알 수 있었는지의 여부를 가리는 시기는 '채무의 이행기까지'를 기준으로 판단하여야 한다』는 입장이다.

3) 채무불이행으로 인한 비재산적 손해(정신적 손해)의 배상

'불법행위'의 경우에는 '비재산적 손해의 배상'에 관한 명문규정(제751조·제752조)을 두고 있으나, '채무불이행'의 경우에는 이에 관한 명문규정이 없어 그 인정여부가 문제되는바, **판례**는 『정신적 손해에 관하여 채무불이행과 불법행위 간에 차이를 두어야 할 아무런 이유가 없으므로, 채권자가 ⅰ) 채무자의 채무불이행으로 인하여 정신적 고통을 받았고, ⅱ) 채무자가 이와 같은 사정을 알았거나 알 수 있었을 경우에는 정신적 고통에 대한 위자료를 청구할 수 있다』고 하여 정신적 손해는 특별손해로 '채무자의 예견가능성'을 기준으로 제한적으로 인정하고 있다.

Ⅳ 손해배상액의 산정

1. 배상액 산정의 기준시점

가. 이행지체로 인한 전보배상의 경우, 통상손해액 산정의 기준시점

판례는 ① 『'이행지체'에 있는 본래의 급부 대신에 명하는 '전보배상'에 대해서 '사실심변론종결시설'을 택한 경우도 있으나, ② 주류는 '최고 후 상당기간경과시설'의 입장이다.

나. 이행불능으로 인한 전보배상의 경우, 통상손해액 산정의 기준시점

판례는 『이행불능으로 인한 손해배상액은 그 의무 이행이 '불능하게 된 당시의 가격'에 의하여야 한다』고 하여, '이행불능시설'의 입장이다.

2. 과실상계

가. 의의

> (과실상계의 예) 예컨대, 채권자 甲이 채무자 乙에게 채무불이행으로 인한 1억 원의 손해배상청구를 하는 경우, 채권자도 손해의 발생에 대해서 30%의 과실이 있는 경우 채무자 乙의 손해배상책임을 1억 원−3,000(30%)=7,000만 원으로 감액해 주는 제도를 말한다.

과실상계란 '채무불이행이나 불법행위에 있어서 배상권리자(채권자 내지 피해자)에게 손해의 발생 또는 확대에 기여한 과실이 있는 경우에, 법원이 이를 참작하여 배상의무자(채무자 내지 가해자)의 손해배상책임을 감면하는 제도'를 말한다(제396조, 제763조에서 준용).

나. 요건

과실상계가 인정되기 위해서는 ① 채권자 또는 피해자에게 손해배상청구권이 있을 것, ② 채권자 또는 피해자에게 과실이 있을 것, ③ 과실상계능력이 있을 것, ④ 인과관계가 있을 것을 요한다.

'과실상계에서의 과실의 의미'에 대하여 **판례**는 '고유한 의미의 과실보다 주의의무의 정도가 완화되는 신의칙상 요구되는 약한 부주의'를 의미하며, 배상권리자에게 '사리변식능력'만 있으면 과실상계할 수 있다고 본다.

다. 과실상계의 효과

1) 필요적 참작

『피해자에게 과실이 인정되면 법원은 '손해배상의 책임' 및 '그 금액'을 정함에 있어서 이를 직권으로 참작하여야 한다』(제396조)(위 예에서 채권자 甲의 과실이 인정되는 경우 채무자가 과실상계해야 한다고 주장하지 않아도 법원이 직권으로 조사해서 참작해야 한다는 의미이다).

2) 참작의 정도−법원의 재량

그러나 '어느 정도로 과실을 참작하느냐'는 '법원의 재량'에 맡겨져 있다. 따라서 배상권리자(채권자 또는 피해자)의 과실정도에 따라 배상의무자의 배상액을 '경감'할 수도 있고, 배상권리자의 과실이 중대한 때에는 배상의무자의 '면책'도 가능하다(위에서 본 바와 같이 채권자의 과실이 있다면 법원은 직권으로 과실을 조사해서 참작해야 하며, 그 과실의 정도가 30%냐 아니면 50%냐 100% 면책해 주느냐 하는 것은 법원이 재량으로 판단한다).

3) 참작의 방법−손익상계와의 순서

판례는 『과실상계를 한 다음에 손익상계를 하여야 한다』고 하여, 배상의무자인 채무자에게 유리한 방법을 채택하고 있다(예컨대, 피해자의 손해가 100만 원, 손해야기행위로 인한 이익이 30만 원, 피해자 과실이 30%인 경우, 피해자의 손해가 100만 원에서 피해자 과실 30%를 과실상계를 하면 70만 원이고, 여기서 손해야기행위로 인한 이익 30만 원을 공제하면 피해자가 배상받을 수 있는 손해액은 40만 원이다).

라. 적용범위

1) 과실상계 긍정 판례

> (손해배상에 적용) 과실상계는 '채무불이행 또는 불법행위로 인한 손해배상책임'에 대해서 적용된다.

(담보책임(무과실책임)의 경우 – 긍정) **판례**는 『'매도인의 하자담보책임'은 법이 특별히 인정한 무과실책임으로서 여기에 '제396조의 과실상계규정이 준용될 수는 없다' 하더라도, 담보책임이 민법의 지도이념인 공평의 원칙에 입각한 것인 이상 하자발생 및 그 확대에 가공한 매수인의 과실을 참작하여 손해배상의 범위를 정함이 상당하다』고 하여, '과실상계의 법리를 적용하지 않고' '신의칙'에 의해 해결하고 있다(수급인의 하자담보책임도 마찬가지이다)

2) 과실상계 부정 판례

(고의에 의한 불법행위로 인한 손해배상의 경우 – 부정)
① '피해자의 부주의를 이용하여 고의로 불법행위를 저지른 자'가 바로 그 '피해자의 부주의를 이유로 자신의 책임을 감하여 달라고 주장하는 것'은 '신의칙'에 반하여 허용되지 않는다.
② 그리고 **판례**는 『예외적으로 고의에 의한 채무불이행으로 인한 이익을 최종적으로 보유하게 하는 것이 공평의 이념이나 신의칙에 반하는 결과를 초래하는 경우에는 채권자의 과실에 터 잡은 채무자의 과실상계 주장을 허용하여서는 안 된다』고 보았다.

(손해배상액이 예정된 경우 – 부정) '손해배상액이 예정'된 경우, **판례**는 '과실상계를 부정'한다. 즉, 판례는 배상예정액이 '부당히 과다'한 경우에는 '채권자의 과실'을 '배상액 감경요소로 직권 참작'되므로 과실상계를 부정한다.

(법률행위에 기한 이행책임의 경우 – 부정) '채무내용에 따른 본래 급부의 이행을 구하는 경우'에는 '과실상계'가 허용되지 않는다. 따라서 '표현대리가 성립하는 경우'에 그 본인은 전적인 이행책임을 져야 하고, 상대방에게 과실이 있다고 하더라도 과실상계법리를 유추적용하여 본인의 책임을 경감할 수 없다.

부당이득과 해제로 인한 원상회복의 경우 – 부정) 과실상계는 본래 '채무불이행 또는 불법행위로 인한 손해배상책임'에 대하여 인정되는 것이고, '부당이득반환청구'에 인정되지 않는다. 따라서 부당이득의 성질을 갖는 '매매계약이 해제되어 원상회복의무의 이행'으로서 이미 지급한 매매대금 기타의 급부의 반환을 구하는 경우에는 과실상계가 적용되지 아니한다.

마. 제3자의 과실 – 피해자측 과실이론

(제3자 과실상계의 예) 예컨대, 피해자측 과실이론을 인정하면, 가령 A(50%과실)와 B(50%과실)가 C에게 공동으로 불법행위를 하였는데 A가 C의 피해자측으로 인정되는 경우, 즉, ⅰ) 피해자와 신분상 내지 생활관계상 일체를 이루는 관계에 있고, ⅱ) 불필요한 구상관계의 순환방지가 필요한 경우에, C가 B에게 100의 손해배상청구하면 B는 ⅰ) 피해자 C의 과실상계와, ⅱ) 피해자측 A의 과실상계를 주장할 수 있어, C에게 A의 과실비율만큼을 공제하고 남은 액수 50(=100−50)만 배상하면 된다.

가) 의의: 피해자측 과실이론이란 '피해자와 신분상 내지 생활관계상 일체를 이루는 관계에 있는 자'의 과실을 '피해자의 과실'로 보아 손해배상액을 산정함에 있어서 참작하자는 이론을 말한다.

나) 인정 근거 – 요건: ① '피해자와 신분상 내지 생활관계상 일체를 이루는 관계에 있는 자(부부나 부자간)' 사이

의 ② '불필요한 구상관계의 순환방지'와 ③ 다른 공동불법행위자의 '무자력에 대한 위험을 분배'하려는 데 그 인정이유가 있다.

3. 손익상계

손익상계란 '채무불이행에 의하여 채권자에게 손해가 발생하는 것과 동일한 원인에 의하여 채권자에게 이익이 발생한 경우, 손해배상액을 산정하는 데 있어 그 이익을 공제하는 것'을 말한다.

Ⅴ 손해배상자의 대위

손해배상자의 대위란 '채권자가 그 채권의 목적인 물건 또는 권리의 가액 전부를 손해배상으로 받은 때에는, 채무자는 그 물건 또는 권리에 관하여 당연히 채권자를 대위하는 것'을 말한다(제399조). 채권자의 부당이익 방지를 위한 것이다(예컨대, 수치인이 임치물을 도난당한 경우에 그 물건의 가액을 임치인에게 손해배상하며, 수치인은 그 물건의 소유권을 당연히 취득한다).

Ⅵ 손해배상액의 예정

1. 의의

> **(손해배상 예정의 예)** 예컨대, 매도인 甲과 매수인 乙이 甲소유의 토지에 대해서 1억 원에 매매계약을 체결하였다. 乙이 계약금으로 1,000만 원을 지급하면서 '매수인 乙이 위약 시 계약금을 포기'하고, '매도인 甲이 위약 시 계약금의 배액을 상환'한다는 '위약금 약정'을 하였다. 이때 乙이 채무불이행을 하여 위약 시 乙은 계약금으로 지급한 1,000만 원을 포기하여 1,000만 원 손해배상으로 지급한 것이 되고, 甲이 채무불이행을 하여 위약 시 甲은 계약금의 배액인 2,000만 원을 상환하여 1,000만 원은 원상회복으로 돌려주고, 나머지 1,000만 원은 손해배상으로 지급해야 한다. 이런 위약금 약정을 '손해배상액의 예정'으로 본다. 이와 같이 손해배상의 예정을 한 경우, 손해가 '0'이어도 1,000만 원을 손해배상해주어야 하며, 손해가 1,000만 원을 초과하여 5,000만 원이 발생해도 채권자도 1,000만 원만을 손해배상으로 청구할 수 있다는 점에 특색이 있다.

손해배상의 예정이란 '채무불이행의 경우에 채무자가 지급해야 할 손해배상액을 당사자 사이의 계약으로 미리 정해 두는 것'을 말한다(제398조). 채권자가 채무자에게 채무불이행을 이유로 손해배상을 청구하려면 '손해의 발생과 손해액'을 증명해야 하는데 이를 증명하는 것이 쉽지 않으므로 미리 일정금액을 손해배상액으로 약정하는데 이를 손해배상액의 예정이라고 한다.

2. 요건

가. 손해배상액 예정의 성립요건

1) 기본채권이 성립될 것
2) 당사자 간에 손해배상액 예정에 대한 합의가 있을 것

나. 예정된 손해배상액 청구요건

1) 기본채권의 채무불이행이 있을 것

2) 채무자의 귀책사유가 있을 것

3) 현실적인 손해발생이 필요한지 여부 - 부정

판례는 『'채무불이행으로 인한 손해배상액 예정'이 있는 경우에는 채권자는 ⅰ) 채무불이행 사실만 증명하면 ⅱ) '손해의 발생 및 그 액'을 증명하지 아니하고 예정배상액을 청구할 수 있다』고 보아 '현실적으로 손해발생이 필요 없다'고 본다. 따라서 채무자가 손해가 발생하지 않았음을 증명하더라도 채권자는 예정액을 청구할 수 있다.

3. 효과

가. 예정액의 청구

1) 원칙

① 채권자가 '실제 손해액이 예정액보다 많다'는 사실을 증명하거나, 채무자가 '실제 손해액이 예정액보다 적다'는 사실을 증명하더라도 '실손해'를 청구할 수 없으며, '예정액만' 청구할 수 있다(예컨대, 매매계약을 체결하면서 채무불이행시 손해배상을 1억 원을 지급하기로 약정하는 경우로, 만일 채무불이행시 실손해가 없거나, 5천만 원인 경우나 2억 원 경우와 관계없이 '1억 원의 손해배상'만을 청구할 수 있다). ② 또한, 특약이 없는 한, 채무불이행으로 인한 '통상손해'는 물론 '특별손해'까지도 예정액에 포함된다(따라서 채권자는 채무불이행으로 인한 특별손해를 따로 청구할 수 없다). ③ 다만, 손해배상액의 예정은 '이행의 청구'나 '계약의 해제'에 영향을 미치지 아니한다(제398조 제3항, 즉 손해배상의 예정이 이행청구 및 계약해제의 포기를 의미하는 것은 아니므로, 이행청구나 계약해제를 할 수 있다).

2) 과실상계 - 부정

'손해배상액이 예정'된 경우, **판례**는 '과실상계를 부정'한다. 즉, 판례는 배상예정액이 '부당히 과다'한 경우에는 '채권자의 과실'을 제398조 제2항에 따라 '직권 감액'되므로 과실상계를 부정한다(만일 과실상계를 인정하면 이중감액되어 부당하기 때문이다).

나. 배상액의 증감

1) 감액

「손해배상예정액이 '부당하게 과다'한 경우 법원은 '당사자의 주장이 없더라도' '직권으로 이를 감액'할 수 있다」(제398조 제2항).

2) 증액

사적 자치의 원칙에 비추어 명문규정이 없는 한 법원의 개입은 허용되지 않으므로, 증액은 부정된다(통설). 다만 폭리행위로서 제104조에 의해 무효가 되는 경우가 있을 뿐이다.

제2관 강제이행

제5절 **채권의 대외적 효력 – 책임재산의 보전**

채권은 그 내용이 다양하지만 그 채무불이행이 있는 경우 금전에 의해 손해배상을 해줘야 하므로 결국 모든 채권은 금전채권이 된다. 이때 채무자가 이를 변제하지 않으면, 채권자는 소를 제기하여 승소확정판결을 받아 채무자의 재산에 대해서 강제로 경매를 하여 그 경매대금에서 채무를 변제받게 된다. 이처럼 채무자의 재산은 모든 채권자들의 채권을 만족시켜주는 수단이 되는데, 이를 법률용어로 '책임재산'이라고 한다. 그런데 채무자는 그 소유의 재산을 자유로이 처분할 수 있으므로 채무자가 자신의 책임재산을 처분하여 책임재산의 감소를 가져와 채무초과상태를 초래할 수 있다. 이를 채무자의 '무자력'이라고 한다. 이때 채권자는 채무자의 책임재산 감소행위에 대해서 간섭하여 위 감소행위를 막을 수 있는데 이를 '책임재산의 보전'이라고 한다. 이에는 채권자대위권과 채권자취소권이 있다.

제1관 채권자대위권

I 의의

> (채권자대위권 행사의 예) 예컨대, 甲이 乙에게 1억 원의 금전채권을 가지고 있고, 乙이 丙에게 1억 원의 채권이 있는데, 乙이 재산이 없어 무자력임에도 丙에 1억 원의 채권추심을 하고 있지 않는 경우 甲은 채권자대위권을 행사하여 乙을 대신하여 乙의 丙에 대한 1억 원의 채권을 청구함으로써 甲의 채권의 만족을 얻을 수 있는 권리이다. 이때 i) 甲의 乙에 대한 채권을 '피보전채권'이라고 하고, ii) 乙이 채무초과상태인 무자력인 것을 '보전의 필요성'이 있다고 하며, iii) 채무자 乙이 제3채무자 丙에게 1억 원의 청구를 하지 않는 것을 '채무자 권리불행사'라고 하고, iv) 乙의 丙에 대한 채권을 '피대위권리'라고 한다.

채권자대위권이란 '채권자가 자기의 채권을 보전하기 위하여, 그의 채무자에 속하는 권리를 대위하여 행사할 수 있는 권리'를 말한다(제404조 제1항).

II 요건

채권자대위권이 인정되기 위해서는 ① '피보전채권'이 있을 것, ② '채권보전의 필요성'이 있을 것, ③ '채무자가 권리를 행사하지 않고' 있을 것, ④ '피대위권리'가 있을 것을 요한다.
①②③요건은 '당사자적격'의 요소이며, '소송요건'으로 '직권조사사항'이므로 '요건흠결 시' '소각하판결'을 받게 된다. ④요건은 '소송물'이므로, '요건흠결시' '청구기각판결'을 받게 된다.

1. 피보전채권이 있을 것 — 당사자적격 요소로 직권조사사항으로 흠결 시 소각하

가. 채권의 존재

채권자대위권은 '채권자가 자기의 채권을 보전'하기 위하여 인정되는 것이므로, 채권자가 채무자에게 채권을 가지고 있어야 한다. 이를 '피보전채권'이라고 한다.

나. 이행기 도래

① (원칙) 피보전채권은 '이행기가 도래'하고 있어야 한다. ② (예외) 그러나 '법원의 허가'를 받은 경우(제404조 제2항), 시효중단 등 '보존행위'를 하는 경우(제404조 제2항 단서)에는 '이행기 전'이라도 채권자대위권을 행사할 수 있다.

2. 채권보전의 필요성이 있을 것 — 당사자적격 요소로 흠결 시 소각하

가. 피보전채권이 '금전채권'인 경우 — 원칙적 채무자의 무자력 필요 — 예외 있음

> (금전채권과 무자력의 예) 예컨대, 채권자대위권은 '채무자의 재산관리의 자유에 대한 간섭'이므로 이를 허용하기 위해서는 '채무자가 무자력'일 때만 허용된다. 위 예에서 甲은 乙에 대해서 1억 원의 금전채권을 갖고 있고, 채무자 乙은 채무가 1억 원인데 재산이 전혀 없어 채무초과상태에 있는 경우를 무자력이라고 하며, 이런 상태가 되어야 채권자대위권을 행사할 수 있다.

채권자대위권은 채권을 '보전할 필요성'이 있어야 하고, 피보전채권이 '금전채권'(금전채권이 아니더라도 불이행으로 손해배상채권으로 변한 경우 포함)일 경우 원칙적으로 채무자가 '무자력'일 것을 요한다. 무자력이란 '채무자의 일반재산이 총 채권자의 채권을 변제하기에 부족한 채무초과상태에 있는 것'을 뜻한다.

나. 피보전채권이 '특정채권'인 경우

> (특정채권과 금전채권의 예) 예컨대, 특정채권은 '특정한 채권자만 만족을 얻는 채권'이다. 예컨대, 甲이 乙에게 시가 3억 원의 토지를 매도한 경우, 乙은 매수인으로 소유권이전등기채권을 가지고 있는 자이고, A,B,C는 甲에 대해서 각 1억 원의 금전채권을 가지고 있는자인 경우, '금전채권자'들은 甲의 채무불이행시 위 甲 소유의 토지에 대해서 강제집행을 신청하여 경매대금 3억 원을 채권액에 비례하여 각 1억 원씩 안분배당 받아가므로, 모든 채권자들이 만족을 얻을 수 있다. 그러나 '등기청구권자'인 乙은 甲의 채무불이행시 등기청구권을 행사하면 乙만 소유권을 취득하여 乙만 채권만족을 얻고, 다른 채권자들 A,B,C는 채권만족을 얻지 못하게 된다. 이때 乙의 등기청구권과 같이 특정채권자만 만족을 얻는 채권을 특정채권이라고 한다.

1) 채무자의 무자력 불요

채무자의 제3자에 대한 '특정채권'을 행사함으로써 채권자의 채무자에 대한 특정채권(등기청구권, 인도청구권, 물권적 청구권)을 보전할 수 있는 경우에는 채무자의 무자력이 요구되지 않는다.

2) 피보전채권이 '등기청구권'인 경우

> (등기청구권의 예) 예컨대, 甲이 乙에게 토지를 매도하고, 乙이 丙에게 다시 미등기 전매를 한 경우 丙은 乙에 대한 소유권이전등기청구권을 보전하기 위해 乙을 대위하여 甲에 대해 소유권이전등기를 乙에게 해줄 것

을 청구할 수 있다. 乙 앞으로 소유권이전등기가 되지 않는 한 丙은 자신의 명의로 소유권등기를 받을 수 없기 때문에 이때에도 乙의 무자력을 요구하면 丙에게 불이익하기 때문이다. 이는 丙의 乙에 대한 '특정채권'을 보전하는 경우이므로 '채무자 乙의 무자력이 요구되지 않는다'고 본다. ⇨ 이때 소로써 등기청구권을 대위행사한 때에는 판결의 확정시 채권자가 단독으로 등기신청을 할 수 있다. 즉 등기청구권은 강제집행절차가 없으며, 등기의무자의 의사에 갈음하는 확정판결을 가지고 등기신청을 하면 신청한 등기가 경료된다.

3. 채무자가 스스로 그의 권리를 행사하지 않을 것 —당사자적격 요소로 흠결 시 소각하

채권자는 채무자가 스스로 '그 권리를 행사하지 않는 경우에만' 채권자대위권을 행사할 수 있다(채무자가 권리를 행사하고 있음에도 불구하고 채권자대위권을 허용한다면 채무자의 재산관리권에 대해서 부당한 간섭이 되기 때문이다). 따라서 ⅰ) 채무자가 권리를 행사하지 않는 한 그 '행사를 반대하는 경우'에도 채권자대위권의 행사는 가능하며, ⅱ) 이미 채무자가 그 권리를 재판상 행사하였을 때에는 설사 '패소의 확정판결'을 받았더라도 채권자대위권을 행사할 수 없다(당사자적격이 없어 소각하).

4. 피대위권리가 있을 것 —채권자대위권의 소송물로 흠결 시 청구기각

가. 채권자대위권의 목적으로 되는 권리

채권자대위권은 채무자의 권리를 채권자가 행사하는 것이므로, ⅰ) '채무자의 제3채무자에 대한 권리'가 있어야 하고, ⅱ) 이를 채권자가 행사해도 무방한 것이어야 하며, ⅲ) 채무자의 책임재산을 보전하는 것이어야 한다. 대부분의 권리는 피대위권리가 인정된다.

나. 채권자대위권의 목적으로 되지 않는 권리 —채무자의 일신전속적 권리 —제404조 제1항 단서

가) 행사상 일신전속적 권리: 채무자에 의해서만 행사될 수 있는 권리, 즉 '일신전속권'은 채권자대위권의 객체가 되지 못한다(제404조 제1항 단서). 이에는 ① '귀속상 일신전속권'(양도되거나 상속될 수 없는 권리)과 ② '행사상 일신전속권'(권리자 자신에 의해서만 행사될 수 있는 권리)이 있는데, 대위권의 객체가 되지 못하는 것은 '후자'이다.

나) 대위 목적이 되지 않는 권리

(1) 신분법상 권리: 신분법상 권리는 행사상 일신전속성을 지니므로 채권자대위권의 대상이 될 수 없다(친생부인권, 인지청구권, 혼인취소권, 입양취소권, 친권자의 자에 대한 재산관리권, 친족간의 부양청구권, 상속회복청구권, 상속의 승인·포기권 등).

(2) 인격권 등: 생명·신체·건강에 대한 권리, 성명권, 명예권, 초상권과 같은 인격권은 원칙적으로 귀속상으로나 행사상으로도 일신전속권에 해당하여 채권자대위권의 대상이 될 수 없다.

(3) 채무자의 자유의사에 맡겨져 있는 권리: 권리의 행사가 채무자의 자유의사에 맡겨져 있는 권리(예컨대 계약의 청약과 승낙·제3자를 위한 계약에서 수익의 의사표시·채권양도의 통지)는 행사상 일신적속적 권리로 채권자대위권의 대상이 될 수 없다.

Ⅲ 채권자대위권의 행사

1. 행사의 방법 – 제3자 소송담당 중 법정소송담당(함께형)

채권자는 '자기의 이름으로' '채무자의 권리'를 행사할 수 있으며, '재판상' 또는 '재판 외'에서 행사할 수 있다. 채권자취소권과 달리 '반드시 재판상 행사'하여야 하는 것은 아니며, '채무자가 반대'하는 경우에도 대위권을 행사할 수 있다.

2. 채권자대위권 행사의 효과

(원칙) 채무자에게 귀속: 채권자대위권은 채권자가 자기 이름으로 행사하는 권리이지만 그 효과는 '직접 채무자에게 귀속'하고 총채권자를 위한 공동담보가 된다. 따라서 채권자는 제3채무자에 대해 '채무자에게 일정한 급부행위를 하라'고 청구하는 것이 원칙이다(⇨ 청구취지에서 '제3채무자는 채무자에게 이행하라'라고 기재한다. 따라서 채권자는 대위권을 행사하여 제3채무자에게 소유권이전등기절차를 '직접 채권자 자신에게 이행할 것을 청구할 수 없다).

(예외) 채권자에게 귀속: 다만, ① 예외적으로 '금전 기타 물건'(동산이나 부동산)의 급부를 목적으로 하는 채권과 같이 채무자의 '변제의 수령'을 요하는 경우에는, 채무자가 수령하지 않는다면 대위권 행사의 목적을 달성할 수 없으므로, ② 채권자는 제3채무자에 대해 ⅰ) 채무자에게 인도할 것을 청구할 수 있음은 물론이지만 ⅱ) 직접 채권자에게 인도할 것을 청구할 수도 있다(⇨ 청구취지에서 '제3채무자는 채권자에게 이행하라'라고 기재한다). ⅲ) 이 경우 채권자는 상계를 함으로써 사실상 우선변제를 받는 것과 같은 결과를 가져올 수 있다(예컨대, 甲이 乙에게 1억 원의 채권이 있고, 乙이 丙에게 1억 원의 채권이 있는 경우, 甲은 丙에 대해서 채권자대위권을 행사하면 '丙은 乙에게 1억 원을 지급하라'고 하는 것이 원칙이다. 그러나 乙이 丙으로부터 1억 원을 수령하지 않으면 甲은 乙로부터 1억 원을 받을 수가 없다. 따라서 이때 甲은 丙에게 채권자대위소송을 하면서 丙은 甲에게 1억 원을 지급하라고 할 수 있다. 이렇게 해서 甲이 丙으로부터 1억 원을 받으면 乙에게 돌려주어야 하는데, 甲을 乙에게 1억 원을 받을 채권이 있으므로 양 채권을 상계할 수 있다는 것이다).

3. 대위권 행사의 통지

(통지의 효과의 예) 예컨대, 위 예에서 甲이 丙에게 채권자대위권을 행사하고 아직 乙에게 통지하지 않았다면 乙은 丙에 대한 피대위권리를 양도하거나 면제하여 처분할 수 있다는 것이다. 그러나, 위 예에서 甲이 丙에게 채권자대위권을 행사하고 乙에게 통지하였다면 乙이 丙에 대한 피대위권리를 양도하거나 포기·면제하여 처분하더라도 甲에게 대항할 수 없다. 따라서 乙의 처분행위는 무효이고, 甲은 丙으로부터 1억 원을 받아낼 수 있다는 것이다.

가. 통지 전 효과 – 채무자의 처분 가능

채권자가 '보전행위 이외의 권리를 행사'한 때에는 '채무자에게 통지'하여야 한다(제405조 제1항). 따라서 채권자대위권의 행사사실을 채무자에게 '통지하지 않은 때'에는 채무자는 그 피대위권리를 처분할 수 있고, 또 이를 채권자에게 대항할 수 있다(제405조 제2항의 반대해석).

나. 통지 후 효과 – 채무자의 처분행위 제한

① **(통지)** 채무자가 그 '통지나 고지를 받은 후'에는 채무자가 그 피대위권리를 '처분'하여도 이로써 채권자에게 대항하지 못한다(제405조 제2항). ② **(채무자가 안 때)** 채무자가 통지를 받지 않았더라도 '대위사실을 안 때'에는 채권자가 통지를 한 것과 같은 효과가 발생하여 그 피대위권리를 '처분'하여도 이로써 채권자에게 대항하지 못한다. 이는 '채무자의 처분행위를 허용하게 되면 채권자에 의한 대위권 행사를 방해하는 것이 되므로 이를 금지하고자 하는 취지'이다(제405조 제2항).

4. 제3채무자의 지위

가. 피대위권리에 대한 항변으로 대항 가능

'제3채무자'는 채무자의 '피대위권리'에서 채무자에 대해 가지는 모든 항변(권리소멸의 항변·상계의 항변·동시이행의 항변·무효의 항변 등)으로써 채권자에게 대항할 수 있다(위 예에서 甲이 丙에게 채권자대위권을 행사하는 경우, 丙은 乙의 丙에 대한 피대위권리에 대해서 변제 등을 하여 소멸시켰다고 항변할 수 있다).

나. 피보전채권에 기한 항변으로 대항 불가

그러나 채무자가 채권자의 '피보전채권'에 대해 가지는 항변으로 '제3채무자'가 대항할 수는 없다(위 예에서 甲이 丙에게 채권자대위권을 행사하는 경우, 丙은 甲의 乙에 대한 피보전채권에 대한 동시이행항변이나 소멸시효 등으로 소멸하였다고 항변할 수 없다. 왜냐하면 甲의 乙에 대한 채권은 계약당사자인 乙만 항변할 수 있고, 제3자인 丙은 항변할 수 없기 때문이다). 예외적으로 **판례**는 채권자대위소송 계속 중 채무자가 채권자에게 위 피보전채권을 전액 변제한 경우나 무효인 경우, 제3채무자는 위 소송에서 채무자의 변제사실이나 무효를 주장할 수 있다고 본다.

제2관 채권자취소권

I 서설

1. 의의

> **(채권자취소권 행사의 예)** 예컨대, 甲이 乙에 대해서 1억 원의 금전채권이 있는데, 乙이 그의 유일한 재산인 시가 1억 원 상당의 토지를 丙에게 증여하여 丙명의로 소유권이전등기가 된 경우, 乙은 丙에게 증여함으로써 무자력이 되었고, 결국 乙과 丙 사이의 증여는 사해행위가 되어, 甲은 채권자취소권을 행사하여 丙을 피고로 乙과 丙 사이의 위 증여계약을 취소하고 丙명의의 소유권이전등기의말소를 청구하는 소를 제기하여, 위 토지의 소유권 명의를 乙 앞으로 회복시킬 수 있는 실체법상 권리이다.

채권자취소권이란 '채무자가 채권자를 해함을 알면서 제3자(수익자)와 채무자의 책임재산을 감소시키는 법률행위(사해행위)를 한 경우에, 채권자가 채무자와 수익자 사이의 사해행위를 취소하고 책임재산에서 일탈된 재산의 원상회복을 재판상 청구할 수 있는 실체법상 권리'를 말한다(제406조 제1항).

2. 법적 성질

(상대적 무효설의 예) 예컨대, 위 예에서 甲은 채권자취소권을 행사하여 丙을 피고로 乙과 丙 사이의 위 증여계약을 취소하고 丙명의의 소유권이전등기의말소를 청구하는 소를 제기하여, 승소판결을 받은 경우 채권자취소권의 행사로 ① 채권자 甲과 수익자 丙사이의 상대적인 관계에서만 채무자 乙과 수익자 丙간의 법률행위를 취소에 의해 무효로 되며, ② 채무자 乙과 수익자 丙간의 법률행위는 여전히 유효하다는 입장이다.

채권자취소권의 법적성질에 대해서 **판례**는 '상대적 무효설'의 입장이다. 즉, 채권자취소권은 ① '사해행위의 취소' 및 '원상회복'을 청구할 수 있는 권리로서 '형성의 소'와 '이행의 소'가 결합된 것으로, ② '취소의 효과'는 ⅰ) 채권자와 수익자 사이에서만 발생하고, ⅱ) 채무자와 수익자 사이의 법률행위에는 영향을 주지 않는다고 보아, ③ '채권자취소소송의 피고'는 '수익자'이고, '채무자'는 아니라고 한다(따라서 채무자는 채권자취소 소송의 당사자가 아니어서 판결의 효력을 받지 아니한다).

Ⅱ 요건

1. **적법요건**–흠결시 소각하 피제대

가. 피고적격

'채권자취소권 행사의 효과'는 '채권자와 수익자 사이에서만 발생'하고, '채무자와 수익자 사이의 법률행위'에는 영향을 주지 않는다(상대적 무효설). 따라서 '채권자취소소송의 피고적격자'는 '수익자(또는 전득자)'이다. '채무자'를 피고로 한 채권자취소소송은 '피고적격이 없어' 부적법 소각하된다.

나. 제소기간

취소원인을 '안 날로부터 1년', '법률행위 있은 날로부터 5년 내'에 행사하여야 한다(제406조 제2항).
① 「취소원인을 안 날」이란 단순히 '채무자의 법률행위가 있었다는 사실'을 아는 것만으로는 부족하고, 그 법률행위가 '채권자를 해하는 행위'라는 것(즉 그에 의하여 채권의 공동담보에 부족이 생기거나 이미 부족상태에 있는 공동담보가 한층 더 부족하게 되어 채권을 완전하게 만족시킬 수 없게 된다는 것)까지 알아야 한다. ② 「법률행위가 있은 날」이란 '사해행위에 해당하는 법률행위'가 '실제로 이루어진 날'을 말한다(예컨대, 甲이 乙에 대해서 1억 원의 금전채권이 있는데, 乙이 그의 유일한 재산인 시가 1억 원 상당의 토지를 丙에게 증여 또는 매도하여 丙명의로 소유권이전등기가 된 경우, 증여계약일 또는 매매계약일이 법률행위를 한 날이고, 소유권이전등기가 경료된 날이 아님에 주의할 것). ③ 이 기간은 제소기간인 '제척기간'이다. 따라서 '기간경과 후 제기한 채권자취소의 소'는 부적법 '소각하'된다.

다. 대상적격

(대상적격의 예) 예컨대, 甲이 乙에 대해서 1억 원의 금전채권이 있는데, 乙이 그의 유일한 재산인 시가 1억 원 상당의 토지를 丙에게 증여하여 丙명의로 소유권이전등기가 된 후, 丙이 丁에게 매도하고 소유권이전등기를 해 준 경우 甲은 수익자 丙과 전득자 丁을 피고로 하여 "1. 수익자 丙과 채무자 乙 사이의 증여계약을 취소한다. 2. 丙과 丁은 乙에게 소유권이전등기의 말소등기를 하라."라고 청구취지를 기재해야 하며, "1. 수

> 익자 丙과 전득자 丁 사이의 매매계약을 취소하라."라고 청구하면, 이 부분은 대상적격이 없어 부적법 소각하된다.

취소의 대상이 되는 사해행위는 ⅰ) '**채무자와 수익자 사이의 법률행위**'에 국한되고, ⅱ) '**수익자와 전득자 사이의 법률행위**'는 취소의 대상이 되지 않는다(→ 수익자와 전득자 사이의 법률행위의 취소를 청구하는 소를 제기하면 소각하된다).

2. 본안요건 – 흠결시 청구기각 ^{피사사}

채권자취소권이 인정되기 위해서는 ① 채무자에 대하여 채권자취소권을 행사하고자 하는 자의 채권이 존재할 것(피보전채권), ② 채무자가 채권자를 해하는 재산권을 목적으로 하는 법률행위(사해행위)를 하였을 것, ③ 채무자와 수익자 또는 전득자가 사해의 사실을 알고 있었을 것(사해의사)을 요한다.

가. 피보전채권이 존재할 것 ^{적시}

1) 피보전채권의 의의 및 흠결의 효과

피보전채권이란 '채권자취소권에 의하여 보전하고자 하는 채권자의 채무자에 대한 채권'을 말한다. 피보전채권의 존재는 '채권자취소소송의 실체법상 법률요건'이다. 따라서 '피보전채권이 부존재'하면 '청구기각'하여야 한다(⇨ 채권자대위권에서 피보전채권은 당사자적격의 요소로, 부존재하면 부적법 소각하 판결을 한다).

2) 피보전채권의 적격

> **(특정채권과 금전채권의 예)** 예컨대, ① 甲이 乙에게 시가 3억 원의 토지를 매도한 경우, 乙은 매수인으로 소유권이전등기채권을 가지고 있는 자이고, 乙은 특정채권자로서 乙이 甲에서 소유권이전등기청구를 하여 승소확정판결을 받으면 乙만 소유권을 취득하므로 乙만 만족을 얻는다. 따라서 乙은 특정채권자이므로 채권자취소권을 행사할 수 없다. ② 만일 A,B,C는 甲에 대해서 각 1억 원의 금전채권을 가지고 있는자인 경우, '금전채권자'들은 甲의 채무불이행시 위 甲 소유의 토지에 대해서 강제집행을 신청하여 경매대금 3억 원을 채권액에 비례하여 각 1억 원씩 안분배당 받아가므로, 모든 채권자들이 만족을 얻을 수 있다. 이렇게 금전채권자들만 채권자취소권을 행사할 수 있다. 왜냐하면 민법 제407조에서 모든 채권자들이 이익을 얻는 경우에만 채권자취소권을 행사할 수 있다고 규정하고 있기 때문이다.

가) **금전채권**: 피보전채권은 원칙적으로 '금전채권'이어야 한다. 왜냐하면, '채권자취소권 행사의 효과'는 '모든 채권자의 이익'을 위하여 그 효력이 있는바(제407조), 금전채권자들은 채무불이행시 강제집행을 신청하여 매각대금을 채권액에 비례하여 안분배당 받게 되어, 모든 채권자들이 만족을 얻을 수 있기 때문이다.

나) **특정채권**

(1) **문제점**: 특정채권이란 '특정한 채권자만 만족을 얻는 채권'을 말한다(예컨대, 등기청구권자는 채무자의 채무불이행시 등기청구권을 행사하여 자신만 소유권을 취득하므로 모든 채권자들이 만족을 얻지 못하는 채권이다). 이러한 특정채권도 피보전채권이 될 수 있는지 문제된다.

(2) **판례의 입장**: **판례**는 '채권자대위권'의 경우와는 달리, '채권자취소권'의 경우에는 '제407조'가 간접적으로 '모든 채권자'를 위하여 채권자취소권이 행사되어야 한다고 규정하고 있다는 점에 비추어, '특정채권

을 보전'하기 위한 경우에까지 '채권자취소권을 행사할 수는 없다'고 본다(→ 따라서 소유권이전등기청구권
과 같은 특정채권을 피보전채권으로 채권자취소의 소를 제기하면 피보전채권으로 인정되지 않으므로 청구기각판결을
받게 된다).

3) 피보전채권의 성립시기

가) **원칙:** 피보전채권은 원칙적으로 '사해행위 이전에 발생한 것'이어야 한다(사해행위 당시에 성립하지 않은 채권에
대해서는 채무자의 사해의사를 인정할 수 없을 뿐만 아니라, 사해행위에 의하여 침해된다는 일이 있을 수 없기 때문이다). '사
해행위 이후에 피보전채권이 성립'된 것이 입증되면 사해행위취소소송은 '청구기각'된다.

나) **예외:** 다만, 예외적으로 피보전채권이 사해행위 이후에 발생하였어도, 『① 사해행위 당시에 이미 '채권 성
립의 기초가 되는 법률관계'가 발생되어 있고, ② 가까운 장래에 그 법률관계에 기하여 채권이 성립되리라
는 점에 대한 '고도의 개연성'이 있으며, ③ 실제로 가까운 장래에 그 '개연성이 현실화되어 채권이 성립'된
경우에는, 그 채권도 채권자취소권의 피보전채권이 될 수 있다.』

4) 피보전채권의 이행기 도래 요부

채권자취소권을 행사하기 위해서는 '피보전채권의 이행기가 도래'해야 하는지 문제된다. **판례**는 '이행기가
도래하기 이전의 채권'이라도 사해행위로부터 보호할 필요성이 있음을 이유로 '이행기의 도래를 요건으로
하지 않는다'. 따라서 사해행위 이전에 이미 발생(성립)한 채권이면, 사해행위 당시 아직 피보전채권의 이
행기가 도래하지 않아도(조건부·기한부 채권을 가지고 있는 경우에도), 채권자취소권을 행사할 수 있다고 한다
(➡ 이점이 피보전채권의 이행기도래를 요구하는 채권자대위권과 다르다).

나. 사해행위가 있을 것

사해행위란 '채무자'가 '채권자를 해함을 알고' '재산권을 목적으로 한' '법률행위'를 말한다.

1) '채무자'의 법률행위

채권자취소권의 대상이 될 수 있는 것은 '채무자'와 수익자 사이의 법률행위만이다. 따라서 채권자가 '전득
자'를 상대로 하여 사해행위취소의 소를 제기한 경우에도, '취소의 대상이 되는 사해행위'는 '채무자와 수
익자 사이의 법률행위'에 국한되고, '수익자와 전득자 사이의 법률행위'는 취소의 대상이 되지 않는다(→대
상적격이 없어 소각하).

2) '재산권을 목적'으로 한 행위

사해행위는 '재산권을 목적으로 한 법률행위'여야 한다(예컨대, 매매, 증여, 대물변제, 담보권설정 등). 따라서 '신
분상 행위'(예컨대, 혼인, 이혼, 입양 등)는 취소할 수 없다.

3) 법률행위

민법 제406조 제1항의 '법률행위'는 ⅰ) 법률행위의 종류(예 단독행위·계약·합동행위, 물권행위·준물권행위·채권
행위 등)를 불문하고 포함되며, ⅱ) '준법률행위'도 포함된다(예 최고, 시효중단을 이한 채무승인, 채권양도의 통지 등
도 채권자취소권 행사의 대상이 될 수는 있다). ⅲ) 그러나 '채무자의 사실행위'는 취소의 목적이 되지 않는다.

4) 사해행위 – '채권자를 해하는' 법률행위

> (사해성 – 무자력) 사해성이란 '채권자를 해한다는 것'은, 이는 '채무자의 법률행위'로 '그의 책임재산이 감소' 하여, '채권의 공동담보에 부족이 생기거나 심화됨'으로써(즉 채무초과상태가 되거나 심화되어), '채권자의 채권 을 완전하게 만족시킬 수 없게 되는 것'을 말한다.

> (무자력의 판단시기) 채무자의 재산처분행위가 사해행위가 되는지는 '처분행위 당시'를 기준으로 판단하여야 한다.

> (무자력의 시적 범위) 채무자의 무자력은 '채무자의 사해행위 당시'에 존재해야 하고, 그러한 무자력상태는 '사실심 구두변론종결시까지 계속'되어야 한다(따라서 행위 당시 무자력이 아니었지만 후에 무자력이 되거나, 행위 당시 무자력이었지만 후에 자력이 회복된 때에는, 사행행위로 되는게 아니다).

> (사해행위의 범위에 관한 예) 乙은 乙 소유의 토지(시가 2억 원)가 있고, A로부터 1억 원을 빌린 다음 A에게 저당권을 설정해주었다. 그 후 甲이 乙에게 2억 원을 빌려주었다. 이때 甲은 저당권이 없기 때문에 일반채권 자라고 하고, A는 저당권으로 1억 원을 우선변제를 받을 수 있기 때문에 우선채권자라고 한다. 일반채권자 들은 채무자가 변제하지 않으면 소를 제기하여 승소확정판결을 받은 다음 채무자 乙의 재산을 강제집행하면 경매절차에서 저당권자 A는 1억 원을 우선변제 받으며, 일반채권자들은 나머지 1억 원에서 안분배당 받는 다. 이와 같이 책임재산은 채무자의 일반채권자들의 담보가 되는 재산을 의미한다. 이때 乙이 丙에게 위 토 지를 매도하여 소유권이전등기를 해주면 사해행위가 되는데, 사해행위의 범위는 일반채권자들의 책임재산의 범위와 일치한다. 따라서 위 경우 책임재산은 1억 원(=시가 2억 원 – 저당권자의 우선채권 1억 원)이며, 그 범위 에서 사해행위가 된다.

다. 사해의사 – 채무자의 악의 및 수익자 또는 전득자의 악의가 있을 것

1) 채무자의 악의 – 제406조 제1항 본문

채무자가 당해 법률행위로 인하여 '자기의 일반채권자들의 공동담보에 부족이 생길 것'이라는 사실을 알고 있어야 한다. 채무자의 사해의사는 사해행위 당시에 존재해야 하며, 후에 인식하게 되어도 사해행위가 아 니다. '채무자의 사해의사'는 '채권자가 이를 증명'해야 한다. 다만 '채무초과상태'의 채무자가 '유일한 재산' 을 특정채권자를 위해 '매각'하여 소비하기 쉬운 금전으로 바꾸는 행위는, 사해행위가 되고 사해의사는 추 정된다.

2) 수익자 또는 전득자의 악의 – 제406조 제1항 단서

① 수익자는 채무자와의 법률행위 당시에, 전득자는 전득 당시에 그로 인해 채권자를 해하게 됨을 알고 있어야 한다. ② 채무자의 악의가 증명되면 수익자 또는 전득자의 악의는 추정된다. 따라서 수익자 또는 전득자가 악 의라는 점에 관하여는 증명책임이 채권자에게 있는 것이 아니고 수익자 또는 전득자 자신에게 선의라는 사실을 입증할 책임이 있다.

Ⅲ 채권자취소권의 행사

1. 행사의 방법 및 당사자적격

가. 재판상 행사

채권자취소권은 반드시 '재판상 행사'해야 한다(⇨ 채권자대위권은 재판상·재판 외 행사할 수 있다). 따라서 사해행위취소를 '소구'하지 않고서, 다만 '항변'으로 주장하지는 못한다(⇨ 채권자대위권은 소구할 수도 있고, 항변할 수 있다).

나. 취소소송의 당사자

1) 원고

① 채권자가 '자기의 이름'으로 행사한다. ② 채권자는 '채무자의 채권자취소권'을 대위하여 행사할 수 있다.

2) 피고적격

채권자취소의 소에서 피고적격은 '수익자' 또는 '전득자'만이고, '채무자'는 피고가 되지 못한다.

다. 취소의 소와 원상회복의 소의 분리 행사 가부

> **1** 통상의 경우 채권자는 제406조 제1항에 따라 ⅰ) 사해행위의 취소와 원상회복을 같이 청구하는데, ⅱ) 사해행위의 취소만을 먼저 청구한 다음 원상회복을 나중에 청구할 수도 있다. 이때 사해행위 취소 청구가 제406조 제2항에 정하여진 기간 안에 제기되었다면 원상회복의 청구는 그 기간이 지난 뒤에도 할 수 있다.
> **2** 그러나, 원상회복의 전제가 되는 사해행위의 취소가 없는 이상 원상회복청구권은 인정되지 않으므로 사해행위의 취소를 구함이 없이 원상회복만을 구할 수는 없다(만일 원상회복청구만 한 경우 법원은 청구기각판결을 하게 된다).

2. 채권자취소권 행사의 범위와 취소의 범위

가. 채권자취소권 행사의 범위

① 채무자의 법률행위가 '전부' 사해행위가 되는 경우(즉 목적물 전부가 채무자의 책임재산인 경우)에는 법률행위 전부가, ② 법률행위 중 '일부만' 사해행위에 해당하는 경우(즉 목적물 일부만 채무자의 책임재산인 경우. 위 예에서 저당권이 설정되어 있는 채무자의 부동산(시가 2억 원)이 사해행위로 양도된 경우 저당권에 의해 우선변제권이 확보된 피담보채무액 1억 원을 제외한 나머지 부분 1억 원만 일반채권자의 책임재산이 되므로 이 부분에 대해서만 사해행위가 성립한다)에는 그 부분에 한하여 사해행위로 취소할 수 있다.

나. 채권자취소권 취소의 범위

1) 원칙

원칙적으로 '취소채권자의 채권액'을 표준으로 해야 한다(판례). 이때 채권액은 '사해행위 당시'를 표준으로 하고, '사실심 변론종결시'까지 발생한 이자와 지연손해금이 포함된다.

2) 예외

① (다른 채권자가 배당요구를 할 것이 명백한 경우)와 같이 보전의 필요성이 있는 때와 ② (목적물이 불가분) 인 경우(예컨대 건물 1동을 증여한 것이 사해행위이고 그 건물의 가액이 채권자의 채권액보다 고액인 경우)에는 그 '전부' 에 대한 취소가 허용된다.

3. 원상회복의 방법

가. 원물반환의 원칙

> **(원물반환의 예)** 사해행위의 '목적물 자체의 반환이 가능'한 경우에는 '원칙적으로 그 목적물의 반환을 청구' 해야 하며, 그 목적물의 '가액의 반환'을 청구하지 못한다(원물반환이 가능함에도 가액배상을 청구하면 청구기각된 다). 목적물이 부동산인 경우에는 등기명의를 채무자에게 환원시키는 방법으로 '말소등기' 또는 '진정명의회 복을 원인으로 한 소유권이전등기'의 형식으로 가능하다.

나. 예외로서의 가액배상

> **(가액배상의 요건)** 예외적으로 거래관념상 원물반환이 불가능하거나 현저히 곤란한 경우 가액배상이 허용되 고, 그 외에 그와 같이 불가능하게 된 데에 상대방인 수익자 등의 고의나 과실을 요하는 것은 아니다.

> **(가액산정과 이행지체책임 시기)** ⅰ) 가액반환은 원물반환에 갈음하는 것이므로 원물반환에 준해서 '채권자취 소소송의 사실심변론종결시'를 기준으로 가액을 산정한다. ⅱ) 가액배상의무는 사해행위의 취소 및 가액배상을 명하는 판결이 확정된 때에 비로소 발생하므로 그 판결이 확정된 다음날부터 이행지체책임이 발생한다.

> **(채권자에게의 반환청구)** 가액반환의 경우 '채무자의 변제수령'을 요하는바, 채무자에게만 반환하도록 하면 '채무자의 수령거절시 곤란한 문제'가 생기므로 '채권자는 직접 자기에게 가액의 반환을 청구'할 수 있다. 이 로써 취소채권자는 상계함으로써 사실상 우선변제를 받을 수 있다.

> **(가액배상의 범위)** ⅰ) 취소채권자의 피보전채권액, ⅱ) 목적물의 공동담보가액, ⅲ) 수익자나 전득자가 취득 한 이익과 비교하여 ⅳ) 가장 적은 금액이 가액배상액으로 정해진다.

Ⅳ 행사의 효과 −상대적 무효설에 따름

> **(행사 효과의 예)** 예컨대, 甲이 乙에 대해서 1억 원의 금전채권이 있는데, 乙이 그의 유일한 재산인 시가 1억 원 상당의 토지를 丙에게 증여하여 丙명의로 소유권이전등기가 된 경우, 乙은 丙에게 증여함으로써 무자력 이 되었고, 결국 乙과 丙 사이의 증여는 사해행위가 되어, 甲은 채권자취소권을 행사하여 丙을 피고로 乙과 丙 사이의 위 증여계약을 취소하고 丙명의의 소유권이전등기의말소를 청구하는 소를 제기하여, 승소확정판 결을 받아 丙명의 등기를 말소하면 위 토지의 소유권 명의는 乙 앞으로 회복되어 채권자 甲은 강제경매신청

을 하여 경매대금에서 배당받아 채권의 만족을 얻을 수 있다. 이때 채권자취소권행사는 채권자 갑에게만 수익자 丙과 채무자 乙 사이의 매매계약이 취소되어 무효가 되지만, 수익자 丙과 채무자 乙 사이에서는 매매계약이 유효하게 취급된다. 따라서 수익자 丙은 법률상 원인 없이 부동산 소유권을 상실하는 손해를 입고 채무자 乙는 매매대금상당의 이익을 얻었으므로 수익자 丙은 채무자 乙에 매매대금상당액의 부당이득반환청구를 할 수 있다.

1. 채무자에 대한 효과

① '채권자와 악의의 수익자 또는 전득자'에 대한 관계에서만 '상대적으로 취소'하는 것이고(상대적 무효), ② 그 취소의 효과는 '채무자'에게 미치지 아니하며, 또한 '채무자와 수익자 사이의 법률관계'에도 아무런 영향을 미치지 아니한다(상대적 무효).

2. 채권자에 대한 효과

채권자취소권의 행사는 '모든 채권자의 이익'을 위하여 효력이 있다(제407조). 즉 수익자 또는 전득자로부터 반환받은 목적물은 채무자의 일반재산으로 회복되어 총채권자를 위한 공동담보가 된다. 따라서 '취소채권자'는 ⅰ) 원칙적으로 우선변제를 받을 권리는 없고, ⅱ) '채무자로부터 임의변제'를 받거나 채무자에 대한 집행권원에 기하여 강제집행을 통한 변제를 받을 수 있을 뿐이다.

3. 수익자·전득자에 대한 효과

사해행위취소의 상대방(수익자 또는 전득자)이 유상취득한 경우에는 반환재산의 가액만큼은 손해를 보는 반면에 재산반환을 받은 채무자로서는 법률상 원인 없이 그만큼 이득을 본 셈이어서 상대방(수익자 또는 전득자)은 채무자에게 '부당이득반환청구'를 통해 손해의 전보를 받을 수 있다.

제4장 다수당사자의 채권관계

제1절 분할채권관계

> **(분할채권의 예)** 예컨대, 甲·乙·丙 3인이 공유물을 300만 원에 매도한 경우 이들은 각자 100만 원의 균등한 매매대금채권을 가지며, 만일 3인이 공동으로 300만 원에 물건을 매수한 경우 이들은 각자 100만 원의 균등한 매매대금채무를 가지는데, 전자가 분할채권, 후자가 분할채무이다.

분할채권관계란 i) 하나의 가분급부에 관하여, ii) 채권자 또는 채무자가 수인인 경우에 iii) 특별한 의사표시가 없으면, iv) 각 채권자 또는 각 채무자가 균등한 비율로 분할된 채권을 가지거나 분할된 채무를 지는 '다수당사자의 채권관계'를 말한다(제408조). 이에는 분할채권과 분할채무가 있다. 분할채권관계는 민법상 다수당사자의 채권관계의 '원칙적 모습'이다.

제2절 불가분채권관계

I 의의

> **(불가분채권의 예)** 예컨대, 급부의 목적물이 불가분인 토지나 건물의 매매에서 수인의 매수인의 인도청구권이나 수인의 매도인의 인도채무 등에서 전자는 불가분채권, 후자는 불가분채무이다.

불가분채권관계란 '하나의 불가분급부에 대해서 수인의 당사자가 채권을 갖거나 채무를 부담하는 채권관계'를 말한다. 채권자가 다수인 불가분채권과 채무자가 다수인 불가분채무가 있다(예컨대, 급부의 목적물이 불가분인 토지나 건물의 매매에서 수인의 매수인의 인도청구권이나 수인의 매도인의 인도채무 등에서 전자는 불가분채권, 후자는 불가분채무).

Ⅱ 성립

채권의 목적이 그 '성질' 또는 '당사자의 의사표시'에 의하여 불가분인 경우에 채권자가 수인인 때에는 각 채권자는 모든 채권자를 위하여 이행을 청구할 수 있고 채무자는 모든 채권자를 위하여 각 채권자에게 이행할 수 있다(제409조).

제3절 연대채무

제1관 연대채무

Ⅰ 서설

1. 연대채무의 의의

> (연대채무의 예) 예컨대, 乙, 丙, 丁이 연대의 약정을 한 다음 甲으로부터 900만 원을 차용한 경우, 甲은 乙, 丙, 丁에게 각자 900만 원 전액의 변제를 청구할 수 있고, 乙, 丙, 丁도 각자 甲에게 900만 원 전부를 이행할 채무를 부담하며, 그 중 1인이 900만 원 전부를 변제하면 다른 채무자들도 채무를 면하게 된다. 이러한 乙, 丙, 丁의 채무를 연대채무라고 한다.

연대채무란 ⅰ) 수인의 채무자가 각각 독립해서 채무 전부를 변제해야 할 채무를 부담하고, ⅱ) 그 중 1인의 채무자가 변제하면 다른 채무자도 채무를 면하게 되는 다수당사자의 채무관계를 말한다(제413조).

2. 법적 성질

가. 복수채무와 독립성

연대채무는 동일한 내용의 하나의 급부를 목적으로 하지만, 채무자 수만큼의 '복수'의 '독립'된 채무이다.

나. 각 채무의 연대성 – 주관적 공동관계

연대채무는 각 채무가 독립성을 갖지만, 하나의 급부의 실현이라는 공동의 목적을 위해 수인의 채무자가 연결되어 있는 점에서 '연대성'을 갖는다. 연대성의 근거는 '주관적 공동관계'이다. 즉 연대채무로 되기 위하여는 채무자간에 채무 전부를 이행하기로 합의할 것이 요구되며, 이를 기초로 채무자간에 주관적 공동관계가 형성되어 이를 근거로 '절대적 효력'이 인정되며, '부담부분과 구상권'이 발생한다. 주관적 공동관계가 없는 경우를 부진정연대채무라 한다.

Ⅱ 연대채무의 성립

1. 법률행위에 의한 성립

연대채무는 당사자 간에 '연대의 약정'이 있는 경우에 성립하며, 연대의 약정은 '하나의 약정'으로 할 수도 있지만, 수인이 순차로 '별개의 계약'을 맺어 연대채무를 성립시킬 수도 있다.

2. 법률에 의한 성립

① 일상가사로 인한 채무에 대한 부부의 연대책임(제832조), ② 상행위로 인한 채무 등은 법률에 의해 연대채무가 성립한다.

Ⅲ 연대채무의 효력

1. 대외적 효력

채권자는 어느 연대채무자에 대하여 또는 동시나 순차로 모든 연대채무자에 대하여 채무의 전부나 일부의 이행을 청구할 수 있고(제414조), 각 채무자는 채무 전부를 각자 이행할 의무가 있으며(제413조), 연대채무도 급부는 하나이므로 채권자가 급부를 받은 한도에서는 다른 채무자의 채무도 소멸한다.

2. 1인의 채무자에게 생긴 사유의 효력

가. 절대효 사유

> **(절대효 사유의 예)** 위 예에서 乙이 甲에게 900만 원을 변제하였으면, 다른 연대채무자들인 丙, 丁에게도 그 효력이 미쳐 모두 채무를 면하게 된다.

연대채무자 중 1인과 채권자 사이에서 발생한 사유가 다른 연대채무자들에게 영향을 주는 사유를 절대적 사유라고 한다. 이에는 변제·대물변제·공탁 등이 있다.

나. 상대효 사유 - 제423조

> **(상대효 사유의 예)** 예컨대, 위 예에서 위 연대채무의 발생원인이었던 丙과 甲사이의 원인계약을 丙이 甲의 기망행위를 이유로 적법하게 취소한 경우, 乙과 丁에게는 취소의 효력이 미치지 아니하여 乙과 丁은 여전히 甲에 대해 900만 원의 채무를 부담한다.

연대채무자 중 1인과 채권자 사이에서 발생한 사유가 다른 연대채무자들에게 영향을 주지 못하는 경우를 상대효 사유라고 한다. 예컨대, 어느 연대채무자에 대한 '법률행위의 무효나 취소'의 원인은 다른 연대채무자의 채무에 영향을 미치지 아니한다(제415조).

3. 대내적 효력 - 구상권

> **(구상권의 예)** 예컨대, 위 예에서 연대채무자들 사이의 부담부분은 균등한 것으로 추정되므로 乙, 丙, 丁은 각 300만 원이 부담부분이 된다. 만일 乙이 甲에게 900만 원을 변제하였다면, 乙은 丙, 丁에게 각 300만 원씩 구상권을 행사할 수 있다.

① 구상권이란 '어느 연대채무자가 채권자에 대한 변제 기타 출재로 다른 채무자를 공동면책케 한 연대채무자가, 다른 연대채무자가 부담하는 부담부분의 한도 내에서 상환을 청구할 수 있는 채권'을 말한다(제425조 제1항). ② **(요건)** 따라서 연대채무자가 ⅰ) 변제 기타 자기의 출재로 ⅱ) 공동면책을 얻은 때에는 다른 연대채무자의 부담부분에 대하여 구상권을 행사할 수 있다. ③ 연대채무자 사이의 구상권행사에 있어서 '부담부분'이란 연대채무자가 그 내부관계에서 출재를 분담하기로 한 '비율'을 말하며, 이때 부담부분은 균등한 것으로 추정되나(제424조), 연대채무자 사이에 부담부분에 관한 특약이 있다면 그 특약에 따라 부담분이 결정된다.

제2관 부진정연대채무

I 서설

1. 의의

> **(부진정연대채무의 예)** 예컨대, 사장 甲(사용자)이 乙을 직원(피용자)으로 고용하였는데, 乙이 사무를 집행하다가 丙에게 1,000만 원의 손해를 가한 경우, 사용자 甲과 피용자 乙은 연대채무를 부담한다는 약정을 하지 않았지만 피해자 丙에 대해서 1,000만 원 전액 채무를 부담하며, 丙은 甲과 乙에게 각각 1,000만 원의 이행청구를 할 수 있으며, 만일 甲이나 乙이 1,000만 원을 변제하였으면 다른 채무자도 채무를 면하게 되는데, 이를 부진정 연대채무라고 한다. 연대채무와 차이는 甲과 乙 사이에 연대하여 채무를 부담한다는 약정, 주관적 공동관계가 없다는 점이다.

부진정연대채무란 '서로 별개의 원인으로 발생한 독립된 채무이지만 동일한 경제적 목적을 가진 채무'를 말한다. 즉 수인의 채무자가 동일한 내용의 급부에 관하여 각자 독립해서 전부의 급부를 해야 할 채무를 부담하고, 그 중 1인 또는 수인의 이행으로 모든 채무자의 채무가 소멸하는 다수당사자의 채권관계이다.

2. 연대채무와의 관계 - 주관적 공동관계 유무

부진정연대채무는 '하나의 동일한 급부에 관하여 수인의 채무자가 각자 독립해서 그 전부를 급부해야 할 의무를 부담한다는 점'에서 연대채무와 공통점을 갖는다.
차이점은 ① 부진정연대채무자 상호간에는 '주관적 공동관계'가 존재하지 않고(주관적 공동관계의 부재), ② 절대적 효력의 범위가 좁아 연대채무에 비하여 '채권의 담보적 효력'이 그만큼 강화되며, ③ 원칙적으로 부진정연대채무자 사이에는 '부담부분'이 없기 때문에 '구상관계'가 존재하지 않는다는 점이다.

Ⅱ 효력

1. 대외적 효력

부진정연대채무자들은 '채무 전액'에 대해서 채무를 부담한다. 따라서 채권자는 부진정연대채무자 1인에 대하여 채무의 전부나 일부의 이행을 청구하거나, 또는 모든 채무자에 대하여 동시 또는 순차로 채무의 전부 또는 일부의 이행을 청구할 수 있다(제414조 유추적용).

2. 1인의 채무자에게 생긴 사유의 효력

> (부진정연대채무에서 절대효와 상대효의 예) 예컨대, 부진정연대채무자 甲과 乙이 채권자 丙에게 1,000만 원의 채무를 부담하는 경우, ① 甲이 丙에게 1,000만 원을 변제하면 乙도 채무를 변제하는 효력이 발생하는 것을 절대효라고 하며, ② 丙이 甲에 대하여 채무를 면제하였다 하더라도 다른 채무자 乙에게 효력이 미치지 않는 것을 상대효라고 한다. 이때 甲은 丙에게 채무가 없으나, 乙은 여전히 丙에게 1,000만 원을 변제할 채무를 진다.

가. 절대효 사유-변제, 대물변제, 공탁, 상계

채권을 만족시키는 사유, 즉 '변제·대물변제·공탁·상계'는 다른 채무자에 대해서 절대적 효력이 있다.

나. 상대효 사유-나머지 사유

그 밖의 사유는 상대적 효력만 있다. 따라서 가령 피해자가 공동불법행위자 중 1인에 대하여 채무를 면제하는 의사표시를 하더라도 다른 공동불법행위자에 대해서는 그 효력이 미치지 아니한다.

3. 대내적 효력 - 구상권

> (부진정연대채무에서 구상권의 예) 예컨대, 위 예에서 甲(사용자)이 丙에게 1,000만 원을 변제한 경우 甲은 피용자 乙에게 대해서 1,000만 원을 물어달라고 구상청구를 할 수 있다.

① (원칙 부정) 부진정연대채무에 있어서는 연대채무와는 달리 채무자 사이에 '주관적 공동관계'가 없기 때문에 '부담부분'이 없으며, 그 결과 '구상관계가 인정되지 않는다'. ② (예외 인정) 다만, 채무자들 사이의 '특별한 내부적 법률관계'(예컨대, 고용관계, 법인과 기관의 관계)가 있는 경우에는 그에 기초하여 **판례**는 '부진정연대채무관계에 있는 자들 사이의 구상'을 인정하고 있다.

제4절　보증채무

I 서설

1. 의의

> **(보증채무의 예)** 예컨대, 甲이 乙에게 1,000만 원을 빌려주면서, 丙이 甲과 보증계약을 체결한 경우 乙을 주채무자라고 하며, 丙을 보증인이라고 한다. 이때 보증인 丙은 주채무자 乙이 1,000만 원을 이행하지 않는 경우, 乙대신 甲에게 1,000만 원을 이행할 채무를 부담한다. 이를 보증채무라고 한다.

보증채무란 'ⅰ) 주채무자가 그의 채무를 이행하지 않는 경우에, ⅱ) 주채무와 동일한 내용의 급부를, ⅲ) 보증인이 이행하여야 할 채무'를 말한다(제428조 제1항).

2. 법적 성질

가. 독립성

보증채무는 '채권자와 보증인 사이의 보증계약'에 의하여 성립하며, 주채무와는 '별개의 독립한 채무'이다(위 예에서 乙의 주채무와 丙의 보증채무는 독립별개의 채무이다).

나. 내용의 동일성

보증채무는 '주채무와 동일한 내용의 급부를 목적'으로 한다. 따라서 주채무는 보증인도 이행할 수 있는 '대체적 급부'여야 한다(위 예에서 乙의 주채무인 1,000만 원 채무와 동일하게 丙도 1,000만 원의 보증채무를 부담한다).

다. 부종성

> **(부종성의 예)** 예컨대, 甲이 乙에게 1,000만 원을 빌려주면서, 丙이 甲과 보증계약을 체결한 경우 乙을 주채무자라고 하며, 丙을 보증인이라고 한다. 이때 주채무가 유효하게 성립해야 보증채무도 유효하게 성립하며, 乙의 주채무가 변제, 무효, 취소 등으로 소멸하면 丙의 보증채무도 당연히 소멸하는 것을 부종성이라고 한다.

보증채무는 주채무의 이행을 담보하는 것을 목적으로 하는 점에서 그 성립·존속(소멸)·내용에 있어서 주채무와 주종관계에 있다.

1) 성립 및 존속상의 부종성

보증채무의 성립 및 소멸은 주채무와 그 운명을 같이 한다. 따라서 '주채무가 무효·취소에 의하여 소멸'된 때에는 보증채무도 소멸한다. '주채무가 소멸시효 완성으로 소멸'된 경우에는 보증채무도 부종성에 따라 당연히 소멸된다.

2) 내용상의 부종성

① 보증인의 부담이 주채무의 목적이나 형태보다 '중한 때'에는 '주채무의 한도로 감축'된다(제430조; 위 예에서 乙의 1,000만 원의 주채무에 대해서 丙이 1,500만 원의 보증채무를 진다고 계약하더라도 보증채무는 주채무 한도인 1,000만 원으로 감축된다). ② 보증인은 '주채무자의 항변사유'로 채권자에게 대항할 수 있고, 주채무자의 항

변포기는 보증인에게 효력이 없다(제433조; 위 예에서 주채무자 乙의 채무가 소멸시효로 소멸되었다면 보증인 丙은 乙의 소멸시효항변으로 채권자 甲에게 대항할 수 있다). ③ 보증인은 '주채무자의 채권에 의한 상계'로 채권자에게 대항할 수 있다(제434조). ④ '주채무자가 채권자에 대하여 취소권·해제권·해지권'이 있는 동안은 보증인은 채권자에 대하여 채무의 이행을 거절할 수 있다(제435조).

3) 이전상의 부종성 – 수반성

주채무자에 대한 채권이 이전되면 보증인에 대한 채권도 원칙적으로 함께 이전한다. 이 경우 채권양도의 대항요건도 주채권의 이전에 관하여 구비하면 족하고, 별도로 보증채권에 관하여 대항요건을 갖출 필요는 없다(위 예에서 乙의 주채무에 대한 甲의 채권을 丁에게 양도하면 丙의 보증채무도 丁에게 양도된다).

라. 보충성

> **(부종성의 예)** 예컨대, 甲이 乙에게 1,000만 원을 빌려주면서, 丙이 甲과 보증계약을 체결한 경우 채권자 甲이 보증인 丙에게 먼저 보증채무이행청구를 하면 丙은 乙에게 먼저 청구하고 집행할 것을 요구할 수 있다. 이를 최고검색의 항변권이라고 하며, 보증채무의 보충성이라고 한다.

보증인은 주채무자가 이행하지 아니하는 채무를 이행할 의무를 지기 때문에(제428조 제1항), 주채무자가 1차적으로 이행의무를 지고, 그 이행이 없을 때에 보증인은 2차적으로 이행의무를 부담하는 보충성을 가진다. 보증인에게 '최고·검색의 항변권'(제437조)을 인정하는 것은 보충성에 기인한다.

3. 보증채무의 종류

① 연대보증(보증인이 주채무자와 연대하여 채무를 부담하는 것), ② 공동보증(동일한 주채무자에 대하여 수인이 보증채무를 부담하는 것), ③ 계속적 보증(계속적 계약관계로부터 발생되는 불확정 채무에 대하여 행하여지는 것으로 근보증이라고도 하며 신용보증·신원보증이 여기에 속함), ④ 부보증(보증채무를 다시 보증하는 것), ⑤ 구상보증(구상채무에 대해 보증채무를 부담하는 것) 등이 있다.

Ⅱ 보증채무의 성립요건

보증채무의 이행청구권이 성립하기 위해서는 ① 주채무가 발생하였을 것, ② 보증계약을 체결하였을 것을 요한다. 보증계약의 당사자는 '채권자와 보증인'이다. '주채무자'는 보증계약의 당사자가 아니다(위 예에서 보증계약은 주채무자 乙과 보증인 丙이 체결하는 것이 아니라, 채권자 甲과 보증인 丙이 체결한다는 점에 주의해야 한다). 보증계약은 피보증채무가 확정될 수 있다면 기본계약의 체결 전이라도 성립될 수 있다.

Ⅲ 보증채무의 대외적 효력

채권자는 변제기가 도래하면 주채무자와 보증인에게 동시에 또는 순차로 전부나 일부의 이행을 청구할 수 있다. 주채무자가 이행을 하지 않은 것이 보증인에 대한 청구의 요건이 되는 것은 아니고, 다만 채권자가 보증인에게 먼저 채무의 이행을 청구한 경우에는 보증인은 채권자에게 최고·검색의 항변권을 행사하여 이행을 거절할 수 있을 뿐이다.

Ⅳ 주채무자 또는 보증인에 관하여 생긴 사유의 효력

1. 주채무자에게 생긴 사유의 효력

① '주채무자에 관하여 생긴 사유'는 '보증채무의 부종성'에 의해 '모두' 보증인에게 그 효력이 미친다(절대효; 위 예에서 주채무자 乙이 甲에게 1,000만 원을 변제하면 보증채무도 변제한 것이 되어 소멸한다). ② 그러나 보증인의 책임이 '가중'되는 사유들은 '상대효'를 갖는다(위 예에서 주채무자 乙이 소멸시효완성 후의 시효이익을 포기하여도 보증인에게는 영향이 없다. 따라서 보증채무는 부종성으로 소멸한다).

2. 보증인에 관하여 생긴 사유의 효력

① 보증인에 관하여 생긴 사유는 원칙적으로 주채무자에게 그 효력이 없다(상대적 효력). 따라서 보증인에 대한 시효중단의 사유가 있다 하여 주채무까지 시효중단되지 않는다. ② 다만, 채권을 만족시키는 사유(변제·대물변제·공탁·상계 등)는 당연히 주채무자에게 '절대적 효력'을 갖는다(위 예에서 보증인 丙이 甲에게 1,000만 원을 변제하면 보증채무와 주채무 모두 소멸한다. 다만 보증인은 주채무자 乙에게 구상할 수 있다).

Ⅴ 보증채무의 대내적 효력 - 구상관계

> **(보증채무에서 구상권의 예)** 예컨대, 위 예에서 보증인 丙이 甲에게 1,000만 원을 변제한 경우, 丙은 乙 대신 채무를 이행하였으므로 1,000만 원을 물어달라고 구상할 수 있다. 이를 보증인의 구상권이라고 한다.

보증인은 채권자에 대한 관계에서는 '자기의 채무'를 이행하는 것이지만, 주채무자에 대한 관계에서는 '타인의 채무'를 변제하는 것이 되어 보증인은 주채무자에 대하여 '구상권'을 가진다. 이때 '구상권의 범위'는 ⅰ) 부탁에 의한 보증인은 위임계약상 '수임인'에 준하고, ⅱ) 부탁 없는 보증인은 '사무관리'에 준하며, ⅲ) 부탁 없이 주채무자의 의사에 반하여 보증인 된 자는 '부당이득'에 준한다.

Ⅵ 연대보증

> **(연대보증의 예)** 예컨대, 甲이 乙에게 1,000만 원을 빌려주면서, 丙이 甲과 보증계약을 체결하면서 주채무자 乙과 연대하여 채무를 부담하기로 약정한 경우 丙을 연대보증인이라고 한다. 이때 주채무가 소멸하면 연대보증인 丙의 채무도 소멸하여 부종성이 있으나, 보충성이 없으므로 채권자 甲이 연대보증인 丙에게 먼저 보증채무의 이행청구를 하여도 보증인 丙은 최고검색의 항변을 할 수 없기 때문에 바로 보증채무를 이행해야 한다. 따라서 실제 거래에서는 주로 연대보증계약을 체결한다.

연대보증이란 '보증인이 채권자에 대하여 주채무자와 연대하여 채무를 부담함으로써 주채무의 이행을 담보하는 보증채무'를 말한다. 그러나 연대보증은 ⅰ) 본질이 보증이므로 주채무에 '부종성'이 있으나, ⅱ) '보충성'이 인정되지 않는다. 즉 보증인의 최고·검색의 항변권은 인정되지 않고(제437조 단서), 이점에서 채권의 담보력이 강화된다.

Ⅶ 공동보증

> (공동보증의 예) 예컨대, 甲이 乙에게 1,000만 원을 빌려주면서, 丙과 丁이 공동으로 채권자 甲과 보증계약을 체결하는 경우를 공동보증이라고 한다. 이때 丙과 丁은 분별의 이익이 있어서 균등한 비율로 보증채무를 부담한다. 즉, 丙과 丁은 각 500만 원씩 보증채무를 부담한다.

공동보증이란 '동일한 하나의 주채무에 대하여 수인이 보증채무를 부담하는 것'을 말한다(제439조). 공동보증도 보통의 보증과 그 성질이 동일하지만, 보증인이 수인이라는 특수성 때문에 대외관계에서 '분별의 이익'이 존재한다. 분별의 이익이란 '각 공동보증인은 주채무를 균등한 비율로 분할한 부분에 대해서만 보증채무를 부담하는 것'을 말한다. 민법은 공동보증인의 분별의 이익을 원칙적으로 인정하고 있다(제439조, 제408조).

Ⅷ 계속적 보증 - 근보증

> (계속적 보증의 예) 예컨대, 甲은 A회사의 이사로 취임하였고, A회사는 2016년 1월 5일 B은행과 계속적 거래약정을 체결하였으며, 甲은 위 거래약정에 의하여 A회사가 B은행에 대하여 부담하는 모든 채무에 대하여 보증기간과 한도액의 정함이 없이 연대보증계약을 하는 경우를 계속적 보증 또는 포괄근보증이라고 한다. 판례는 장래의 불특정 채무의 보증계약은 보증한도액을 정하지 아니하였다고 하여 당연무효라고 볼 수 없다고 보아 포괄근보증계약도 유효하다고 본다.

계속적 보증이란 '계속적 채권관계'에서 생기는 현재 또는 장래의 '불확정'한 채무를 보증하는 것을 말한다.

제5장 채권양도와 채무인수

제1절 채권양도

Ⅰ 서설

1. 의의

> (채권양도의 예) 예컨대, 채권자 甲이 채무자 乙에 대한 1억 원의 채권이 있는 경우, 甲이 丙에게 위 1억 원의 채권을 양도하는 계약을 체결하면 위 채권은 양도인 甲으로부터 양수인 丙에게 동일성을 유지하면서 이전하는 것을 말한다. 따라서 양수인 丙은 채무자 乙에게 양수금 청구를 할 수 있고, 그러면 乙은 丙에게 1억 원을 지급해야 한다.

채권양도란 'ⅰ) 채권의 동일성을 유지하면서, ⅱ) 양도인(구채권자)으로부터 양수인(신채권자)에게 채권을 이전하는, ⅲ) 채권자(양도인)와 양수인 간의 계약을 말한다.

2. 법적 성질

가. 동일성 유지

채권의 양도가 유효하게 이루어지면, 그 채권은 '동일성을 유지'하면서 채권양도인으로부터 채권양수인에게 이전하므로, 그 채권에 '종된 권리'(변제기 미도래의 이자채권, 위약금채권, 보증 등), '동시이행항변'도 당연히 이전된다.

나. 계약(법률행위)에 의한 채권의 이전

채권양도는 양도인과 양수인 사이의 계약이며, 채무자는 계약 당사자가 아니므로 채무자의 동의는 필요 없고, 채무자의 의사에 반한 양도도 유효하며, 낙성계약이므로 채권증서가 있어도 그 교부는 요건이 아니다.

다. 처분행위

① 채권양도는 채권이 양도인으로부터 양수인에게 직접 이전되고, 이행의 문제를 남기지 않기 때문에 '의무부담행위'가 아니라 '처분행위'이다. 즉, 채권의 이전 그 자체를 목적으로 하는 계약(준물권행위)이다. ② 따라서 양도인이 '처분권한'이 있어야 하며, 처분권한이 없는 자의 채권양도는 무효이다. 따라서 양수인은 채권을 취득하지 못한다(예컨대, 압류된 채권의 채권자는 처분권이 없으므로 채권을 양도할 수 없고, 채권양도해도 무효이며, 양수인은 채권을 취득하지 못한다).

라. 의무부담행위(원인행위)와 구별

1) 독자성과 유인성

> **(채권양도와 원인행위의 유인성의 예)** 예컨대, 甲이 A와의 분쟁을 해결할 권한을 위임하면서 甲의 A에 대한 채권을 양도한 후, 甲이 乙에 대한 위임계약을 해지한 사안에서 판례는 원인행위인 위임계약을 해지하면 채권양도계약도 소멸하고, 채권은 甲에 복귀된다고 보아 원인행위에 대해서 채권양도의 독자성과 유인성을 인정한다.

'원인행위'(채권의 매매나 증여계약 등)와 '채권양도행위'(채권의 이전효과를 가져오는 처분행위·준물권행위) 사이에 '독자성'(원인행위와 채권양도계약이 독립별개의 행위인지 여부)과 '유인성'(원인행위가 무효·취소되는 경우 채권양도계약도 무효가 되는지 여부)이 문제된다.

2) 판례의 입장

① '채권양도계약'과 '채권양도의 의무를 발생시키는 계약'('양도의무계약'·'원인행위')은 그 법적 파악에 있어서는 구별되어야 하는 '별개의 독립한 행위'이다(독자성 인정). ② 채권자가 채권의 추심을 위임하여 '채권을 양도'하였으나 양도의 '원인'이 되는 그 '위임이 해지' 등으로 효력이 소멸한 경우에 채권양도계약도 무효가 되어 채권은 양도인에게 복귀된다고 본다(유인성 인정; 원인행위가 소멸하면 채권양도계약도 무효가 되는 것을 유인성이라고 하고, 원인행위가 소멸해도 채권양도계약에 영향이 없어 여전히 유효가 되는 것을 무인성이라고 한다).

Ⅱ 지명채권의 양도성

1. 원칙

「① 채권은 양도할 수 있다. 그러나 채권의 성질이 양도를 허용하지 아니하는 때에는 그러하지 아니하다. ② 채권은 당사자가 반대의 의사를 표시한 경우에는 양도하지 못한다. 그러나 그 의사표시로써 선의의 제3자에게 대항하지 못한다」(제449조). 이때 「채권」은 지명채권을 말하는데, '지명채권'이란 '채권자가 특정되어 있는 채권'이다(예 甲이 乙에게 1억 원을 대여해준 경우 甲은 乙에 대한 1억 원의 채권자인데, 이렇게 채권자가 특정되어 있는 채권을 말함). 이러한 지명채권은 원칙적으로 양도할 수 있다.

2. 예외

가. 채권의 성질이 양도를 허용하지 않는 경우

채권의 성질이 양도를 허용하지 아니하는 때에는 그 채권은 양도할 수 없다. 이때 「채권의 성질이 양도를 허용하지 않는다」는 것은 채권자가 변경되면 그 '동일성'을 잃게 되거나, '채권의 목적'을 이루지 못하게 되는 것을 말한다. 양도성이 문제되는 채권은 개별적으로 후술한다.

나. 당사자가 양도금지특약을 한 경우

> **(양도금지특약의 예)** 예컨대, 채권자 甲이 채무자 乙에 대한 1억 원의 채권이 있는데 양도금지특약을 해 둔 경우, 甲이 丙에게 위 1억 원의 채권을 양도하면, ① 양수인 丙이 위와 같은 채권양도금지특약이 있다는 사실

을 모르고, 모르는데 중과실이 없다면(선의·무중과실) 丙은 乙에게 양수금 청구를 할 수 있고, ② 만일 양수인
丙이 위 금지특약이 있다는 사실을 알거나 중과실로 모른 경우라면(악의·중과실) 채권양도는 무효이므로 丙
은 乙에게 양수금 청구를 할 수 없다.

① 채권자와 채무자는 채권양도금지의 특약을 할 수 있다(제449조 제2항 본문). ② 그러나 채권양도금지의
의사표시로써 '선의의 제3자'에게 대항할 수 없다(제449조 제2항 단서). ③ 따라서 채무자는 양도금지특약이
있음을 이유로 악의나 중과실이 있는 양수인에게 이행거절을 할 수 있다. ④ 채권양도금지특약에 대해서
악의 또는 중과실이 있는 양수인이 채권양수를 받은 후, 채무자가 그 양도에 대하여 '승낙'을 한 때에는
'채무자의 사후승낙'에 의하여 무효인 채권양도행위가 '추인'되어 유효하게 되며 이 경우 양도의 효과는
'승낙 시부터' 발생한다.

다. 법률이 양도를 금지하고 있는 경우

약혼해제로 인한 위자료청구권(제806조 제3항), 이혼으로 인한 위자료청구권(제843조), 파양으로 인한 위자
료청구권(제908조), 부양청구권(제979조) 등은 민법에 의해서 양도가 금지된다.

Ⅲ 지명채권양도의 대항요건

1. 의의

(대항요건의 예) 예컨대, 甲이 乙에 대한 1억 원의 채권이 있는데, 甲이 丙에게 위 1억 원의 채권을 양도한
경우, 채권양도사실을 모르는 乙이 甲에게 이미 채무를 변제하였는데, 다시 양수인 丙에게 채무를 다시 변제
해야 한다면 채무자는 이중변제의 위험이 있다. 따라서 채무자 乙에게 채권양도사실을 통지하거나 乙이 승
낙하여 채무자 乙이 채권양도사실을 알기 전에는 丙은 乙에게 양수금 청구를 할 수 없고, 양도사실을 인식한
후에만 丙은 乙에게 양수금 청구를 할 수 있다고 규율하는 것이다.

지명채권의 양도는 '양도인과 양수인' 사이의 '낙성계약'(채권양도의 청약과 승낙, 의사의 합치만 있으면 성립하는 계
약)에 의해 성립한다. 따라서 채권양도에 관여하지 않는 채무자와 제3자는 채권양도의 사실을 알지 못하
기 때문에 불측의 손해를 입는 경우가 있다. 이에 민법은 '대항요건주의'를 채용하여(제450조 제1항), 당사
자 간에는 '양도계약만'으로 양도의 효력이 발생하지만, 채무자 또는 제3자에게 '대항'하기 위해서는 '통지
또는 승낙'을 요구한다.

2. 채무자에 대한 대항요건

가. 의의 및 취지

① 지명채권의 양도는 양도인이 채무자에게 통지하거나 또는 채무자가 승낙하지 아니하면 채무자에게 대
항하지 못한다(제450조 제1항). ② 이는 통지나 승낙이 있으면 양수인이 채무자에게 자신이 채권자임을 주
장할 수 있다는 의미이다. 따라서 통지 또는 승낙이 있은 후에는, 양수인은 채무자에게 채권의 변제를 청
구할 수 있고, 양도인과 채무자 사이에 행해진 변제·면제 등의 면책행위는 무효이다(위 예에서 채권양도 통지

나 승낙이 있은 후에는 양수인 丙은 채무자 乙에게 양수금 청구를 할 수 있고, 채무자 乙은 양수인에 丙에게만 변제를 해야 한다. 따라서 채무자 乙은 양도인 甲에게 변제를 해도 무효가 된다). ③ 통지나 승낙이 있기 전에는 양수인은 채무자에게 채권을 주장하지 못하며, 채무자는 양수인에게 변제를 거절할 수 있다. 따라서 채무자가 양도인에게 변제한 경우에도 양수인에 대하여 변제의 유효를 주장할 수 있다(위 예에서 채권양도 통지나 승낙이 있기 전에는 양수인 丙은 채무자 乙에게 양수금 청구를 할 수 없고, 채무자 乙은 양도인에 甲에게만 변제를 해야 한다. 따라서 채무자 乙은 양수인 丙에게 변제를 해도 무효가 된다).

나. 채무자에 대한 통지

1) 통지의 요건

가) **당사자**: ① 통지는 반드시 '양도인'이 채무자에 대하여 해야 한다(만일 양도인이 통지하지 않으면, 양도통지에 대한 의사의 진술을 구하는 판결을 받아 이를 채무자에게 보내는 방법으로 할 수 있다). ② '양수인'은 '직접' 통지하지 못하며, 양도인을 '대위'하여도 통지하지 못한다. 다만 양수인이 양도인의 '사자' 내지 '대리인'으로서 하는 통지는 유효하다.

나) **통지의 시기**: 통지는 양도행위와 동시에 해야 할 필요는 없으며 '양도 후'에 하여도 좋다. 그러나 채권양도가 있기 전에 미리 하는 '사전 통지'는 채무자로 하여금 양도의 시기를 확정할 수 없는 불안한 상태에 있게 하는 결과가 되어 원칙적으로 허용될 수 없다.

다) **통지의 도달**: 채권양도의 통지는 채무자에게 '도달함'으로써 효력이 발생하는바, 「도달」이란 '사회통념상 상대방이 통지의 내용을 알 수 있는 객관적 상태에 놓여졌다고 인정되는 상태'를 말한다.

2) 통지의 효과

가) **제451조 제2항**-통지시까지 생긴 사유로의 대항 가능

통지가 없으면, 양수인은 채무자에 대하여 채권양도의 효력을 주장하지 못한다. 그러나, 통지가 있으면 양수인은 채무자에 대하여 채권양도의 효력을 주장하여 양수금 청구를 할 수 있다. 이때 채무자는 통지를 받은 때까지 양도인에 대하여 생긴 사유로써 양수인에게 대항할 수 있다(제451조 제2항).

> (통지 전에 생긴 사유) 「양도인에 대하여 생긴 사유」로는 채무의 불성립, 무효·취소, 변제 기타의 사유에 의한 채권의 소멸, 동시이행항변권, 기한의 유예 등을 예로 들 수 있다(예컨대, 甲이 乙에 대한 1억 원의 채권이 있는데, 甲이 丙에게 위 1억 원의 채권을 양도하고, 乙에게 양도통지를 하였는데, 통지 전에 이미 乙이 甲에 1억 원을 변제한 경우, 丙이 乙에 대해서 양수금 청구를 하면 乙은 통지 전에 甲에 채무를 변제하였음을 항변할 수 있다).

> 따라서 (대항사유가 통지 뒤에 생긴 사유)로는 양수인에게 대항하지 못한다(예컨대, 甲이 乙에 대한 1억 원의 채권이 있는데, 甲이 丙에게 위 1억 원의 채권을 양도하고, 乙에게 양도통지를 하였는데, 통지 후에 乙이 甲에 1억 원을 변제한 경우, 丙이 乙에 대해서 양수금 청구를 하면 乙은 甲에 채무를 변제하였음을 항변할 수 없다).

나) **제452조**

> (제452조 제1항의 채권양도가 처음부터 무효인 경우의 예) 예컨대, 甲이 乙에 대한 1억 원의 채권이 있는데, 甲이 丙에게 위 1억 원의 채권을 양도하고 채무자에게 통지한 후 양도가 무효인 경우 ⅰ) 乙의 채권자는 양

도인 甲이고, ii) 양수인 丙이 채무자 乙에게 양수금 청구를 하면 乙은 이행거절을 할 수 있으며, iii) 乙이 채권양도가 무효임을 모르고 선의로 丙에게 변제하면 유효한 변제가 된다.

통지를 하였으나, 채권양도가 '불성립 또는 무효'인 경우에는 채무자가 '선의'이면 양수인에게 대항할 수 있는 사유로 양도인에게 대항할 수 있다(제452조 제1항). 다만, 양도인은 양수인의 동의를 얻어 양도통지를 '철회'할 수 있다(제452조 제2항).

다. 채무자의 승낙

1) 승낙의 요건

가) **상대방**: 승낙의 상대방에 대해 민법의 규정은 없지만, '양도인' 또는 '양수인' 어느 쪽에 대하여 하더라도 상관없다는 것이 **판례**이다.

나) **승낙의 시기**: 승낙은 '양도 후'에 하더라도 상관없다. 다만, 사전통지가 허용되지 않는 것과 달리 '사전승낙'은 허용된다고 본다.

2) 승낙의 효과

가) **이의를 보류한 승낙의 경우**: ① 이의를 보류한 승낙과, ② 이의를 보류하지 않은 승낙이지만 양수인이 악의·중과실이 있는 경우는 양도인이 '통지'한 경우와 같다. 따라서 위 승낙의 경우는 '제451조 제2항'이 적용되어 채무자는 위 승낙시까지 양도인에게 대항할 수 있는 사유로 양수인에게 대항할 수 있다.

> **(이의를 보류한 승낙의 예)** 예컨대, 甲이 乙에 대한 1억 원의 채권이 있고, 甲이 丙에게 위 1억 원의 채권을 양도하였는데, 채권양도 전에 이미 乙이 甲에 1억 원을 변제한 경우, 丙이 乙에게 채권양도에 대해서 승낙을 요구하자 乙은 이의를 유보한 승낙(채무는 있는데 이미 변제했다고 하는 승낙)을 한 경우, 丙이 乙에 대해서 양수금 청구를 하면 乙은 위 승낙 전에 甲에 채무를 변제하였음을 항변할 수 있다.

나) **이의를 보류하지 않은 승낙의 경우**: 채무자가 이의를 보류하지 않은 승낙을 하고, 양수인이 선의·무중과실인 경우에는 채무자는 양도인에게 대항할 수 있는 사유로 양수인에게 대항할 수 없다(제451조 제1항 본문).

> **(이의를 보류하지 않은 승낙의 예)** 예컨대, 甲이 乙에 대한 1억 원의 채권이 있는데, 甲이 丙에게 위 1억 원의 채권을 양도하였는데, 양도 전에 채무자 乙이 채권자 甲에게 변제하였음에도 이를 변제항변하지 않고, 즉 이의를 유보하지 않고 승낙한 경우 丙이 乙의 변제에 대해서 선의·무중과실이라면 丙의 乙에 대한 양수금 청구 시 乙은 변제항변을 하지 못한다. 따라서 乙은 丙에게 채무를 변제해야 한다.

3. 제3자에 대한 대항요건 – 제450조 제2항

가. 의의 및 취지

채무자 이외의 '제3자'에 대하여 채권양도로 대항하기 위해서는 '확정일자 있는 증서'로 통지 또는 승낙을 할 것을 요한다(제450조 제2항). '확정일자'를 요구하는 것은 채권의 이중양도의 경우 양도인·양수인과 채무자가 통모하여 '채권양도의 일자를 소급함'으로써 '제3자의 권리를 해하는 것을 방지'하려는데 그 취지가 있다.

나. 확정일자 있는 증서에 의한 통지, 승낙

> **(확정일자 있는 증서의 예)** '확정일자'란 '증서에 대하여 그 작성한 일자에 관한 완전한 증거가 될 수 있는 것
> 으로 법률상 인정되는 일자'를 말하며(예컨대, 내용증명우편이나 법원의 전부명령이나 가압류결정 등), 이로써 채권
> 의 양도인, 양수인 및 채무자가 통모하여 통지일 또는 승낙일을 소급하여 제3자의 권리를 침해하는 것이 불
> 가능하게 된다(예컨대, 甲이 乙에 대한 1억 원의 채권이 있는데, 甲이 10.5. 丙에게 위 1억 원의 채권을 양도한 후,
> 10.5.로 확정일자를 받으면 그 이전에 채권양도가 없었음을 법률상 인정하는 증거가 되어, 그 후인 10.10. 丁에게 이중으
> 로 채권을 양도한 경우 甲·丁·乙이 양도일자를 10.5. 이전으로 소급하여 작성해도 그 효력이 없게 된다. 따라서 丙이 채
> 권을 우선하여 취득하게 된다).

다. 제3자의 범위와 대항의 의미

> **(제3자의 예)** 예컨대, 甲이 乙에 대한 1억 원의 채권이 있는데, 甲이 10.5. 丙에게 위 1억 원의 채권을 확정
> 일자 있는 증서로 양도한 후, 10.10. 丁에게 이중으로 채권을 양도한 경우 丁은 이중양수인으로 丙과 양립할
> 수 없으므로, 丁에게 양도는 무효이며, 乙은 丙에게만 변제해야 한다.

① 제3자는 '양도된 채권 자체에 관하여 양수인의 지위와 양립할 수 없는 법률상 지위를 취득한 자'를 말
한다. 여기에는 채권의 이중양수인이 그 예이다. ② '제3자에게 대항하지 못한다'고 함은 ⅰ) 동일채권에
관하여 양립할 수 없는 법률상의 지위를 취득한 자의 지위를 '무효'로 하며, ⅱ) 그 우선하는 효과는 채무
자에게도 미쳐 '채무자'는 우선한 양수인만을 진실의 채권자로 인정하지 않으면 안 된다는 의미이다.

라. 채권의 이중양도 시 제3자의 우열

1) 채권의 이중양도 가능성
민법은 채권양도에 관하여 대항요건주의를 취하고 있기 때문에 제1양수인이 대항요건을 갖추기 전에 제2
양수인이 대항요건을 갖추게 되면 제2양수인이 선·악의를 불문하고 채권을 취득하게 된다. 즉 채권은 이
중양도의 가능성이 있으며, 이때 누가 우선하는지 여부가 문제되는바, 이를 구체적으로 검토한다.

2) 이중양도가 있었고 모두 단순한 대항요건만 갖춘 경우
두 채권양도가 모두 제3자에 대한 대항요건을 갖추지 못했으므로, 양수인들은 서로에 대하여는 자기가 채
권자임을 주장할 수 없다. 이때 누가 우선적 지위를 취득하는지에 관하여, **판례**는 '먼저 통지·승낙'이 있
어 '대항요건을 갖춘 자'가 우선한다는 입장이다.

3) 이중양도가 있었고 그 중 하나의 양도는 단순통지되고 다른 하나는 확정일자부증서로써 통지된 경우
'확정일자 있는 증서'로써 통지된 양도의 양수인만이 진정한 채권자이다. 확정일자 있는 증서에 의한 통지
가 그 일자 및 도달시기에 있어서 단순통지된 양도보다 늦은 경우도 마찬가지이다.

4) 이중양도 모두 확정일자부증서에 의한 통지가 있는 경우

가) 다른 시기에 도달한 경우 우열 기준: **판례**는 채권양도의 공시방법은 채권양도에 대한 채무자의 인식이며,
채권양도의 통지 등이 채무자에게 도달시에 채무자가 인식하게 되므로, 먼저 도달된 양수인이 우선하여
채권을 취득한다고 보아 도달시설의 입장이다

(다른 시기에 도달한 경우 우열 기준의 예) 예컨대, 甲이 乙에 대한 1억 원의 채권이 있는데, 甲이 丙에게 위 1억 원의 채권을 양도, 10.2.로 확정일자를 받고, 양도통지는 10.10. 채무자에게 도달하였으며, 그 후 丁에게 이중으로 채권을 양도, 10.3.로 확정일자를 받고, 양도통지는 10.9. 채무자에게 도달한 경우, 확정일자는 丙이 우선하지만, 丁에게의 양도통지가 채무자 乙에 먼저 도달하였는바, 채무자 乙은 丁에게 채권양도되었다고 알게 되었고, 후에 丙에게 채권양도된 것을 알게 되었으므로, 채권양도에 대한 채무자의 인식은 丁이 우선한다. 따라서 공시방법이 앞선 丁이 채권을 취득한다는 것이다.

나) **동시도달**: 도달일자가 같은 경우로서 그 도달의 시간적 선후가 증명되면 그에 따르면 되고, 양자의 시간적 선후를 정할 수 없는 경우에는 '동시에 도달'된 것으로 '추정'한다. 따라서 채권양도 통지가 채무자에 동시에 송달되어 그들 상호간에 우열이 없는 경우에도 그 채권양수인은 모두 채무자에 대하여, 그 전액에 대하여 채권양수금 청구를 하고 적법하게 이를 변제받을 수 있고, 채무자로서는 각 양수인의 청구에 대하여 변제를 거절할 수 없으며, 이들 중 누구에게라도 그 채무 전액을 변제하면 다른 채권자에 대한 관계에서도 유효하게 면책되는 것이다.

(동시도달한 경우의 예) 예컨대, 甲이 乙에 대한 1억 원의 채권이 있는데, 甲이 丙에게 위 1억 원의 채권을 양도, 10.2.로 확정일자를 받고, 양도통지는 10.10. 채무자에게 도달하였으며, 그 후 丁에게 이중으로 채권을 양도, 10.3.로 확정일자를 받고, 양도통지는 10.10. 채무자에게 도달한 경우, 동시도달로 추정된다. 따라서 丙과 丁은 누구나 채무자 乙에게 1억 원 전액 변제청구를 할 수 있고, 乙은 丙이나 丁에게 전액 변제하면 유효하다.

제2절 │ 채무인수

I │ 채무인수 일반

1. 채무인수의 의의

(채무인수의 예) 예컨대, 乙이 甲에 대한 1억 원의 채무가 있는데, 乙이 丙에게 위 1억 원의 채무를 인수시키는 계약을 한 경우, 이때 乙이 채무를 면하고 丙만 채무를 부담하는 경우가 면책적 채무인수, 乙과 丙이 함께 채무를 부담하는 경우가 병존적 채무인수이다.

채무인수란 '채무의 동일성을 유지하면서 채무를 인수인에게 이전시키는 계약'을 말한다. 채무인수에는 ① 종전 채무자가 채무를 면하고 채무인수인만 채무를 부담하는 '면책적 채무인수'와 ② 종전 채무자가 계속 채무를 부담하면서 채무인수인도 함께 채무를 부담하는 '병존적 채무인수'가 있다.

2. 면책적 채무인수와 병존적 채무인수의 구별

> **(구별의 예)** 예컨대, 乙이 甲에 대한 1억 원의 채무가 있는데, 乙이 丙에게 위 1억 원의 채무를 인수시키는 계약을 하고, 乙과 丙이 같이 채무를 부담하는 병존적 채무인수인 경우 채권자는 乙과 丙에게 이행청구를 할 수 있고, 이행하지 않으면, 乙과 丙의 재산에 강제집행을 할 수 있으므로 채권자에게 이익이 된다. 따라서 의사가 분명하지 않으면 병존적 채무인수로 본다.

'병존적 채무인수'는 '채무의 이전이 없다'는 점에서 '면책적 채무인수'와 구별된다. 채무인수가 병존적인가 면책적인가는 '당사자의 의사해석'의 문제이나, 분명하지 않은 경우에는 채권자 보호를 위해 원칙적으로 '병존적인 것'으로 해석해야 한다.

3. 채무인수의 법적 성질

가. 면책적 채무인수

> **(면책적 채무인수의 예)** 예컨대, 乙이 甲에 대한 1억 원의 채무가 있는데, 乙이 丙에게 위 1억 원의 채무를 인수시키는 계약을 하고, 이때 乙이 채무를 면하고 丙만 채무를 부담하는 면책적 채무인수인 경우 乙은 재산이 있는데 丙은 재산이 없는 경우 채권자 甲의 승낙 없이 면책적 채무인수가 가능하다면 채권자는 丙이 채무를 이행하지 않아도 재산이 없어 강제집행을 할 수 없으므로 채권자에게 불이익하다. 따라서 면책적 채무인수는 채권자의 승낙이 있어야 한다.

이는 '낙성·불요식의 계약'에 의하여 이루어지며, 그 법적 성질은 인수계약의 당사자에 따라 달라진다. ① '채권자와 인수인' 사이의 계약 또는 '채권자·채무자·인수인' 사이의 3면 계약에 의한 채무인수계약은 '의무부담행위인 채권행위'와 '처분행위인 준물권행위'가 결합되어 있는 행위로 봄이 일반적이다. ② '채무자와 인수인' 사이의 계약은 '채권자의 승낙'이 있어야 효력이 생긴다는 점에서, '채권행위'로서의 성질을 가지는 것이고, 채권자의 승낙은 '준물권행위'로 본다.

나. 병존적 채무인수

> **(병존적 채무인수의 예)** 예컨대, 乙이 甲에 대한 1억 원의 채무가 있는데, 乙이 丙에게 위 1억 원의 채무를 인수시키는 계약을 하고, 乙과 丙이 같이 채무를 부담하는 병존적 채무인수인 경우 채권자는 乙과 丙에게 이행청구를 할 수 있고, 이행하지 않으면, 乙과 丙의 재산에 강제집행을 할 수 있으므로 채권자에게 이익이 된다. 따라서 병존적 채무인수를 乙과 丙이 제3자인 채권자 甲을 위한 계약으로 본다.

이는 채무의 이전이 없으므로 '처분행위'가 아니며, 단순한 '의무부담행위'로서의 성질을 가진다. 특히 '채무자와 인수인' 사이의 계약은 '제3자를 위한 계약'에 해당한다.

Ⅱ 채무인수의 효과

1. 면책적 채무인수의 효과

가. 채무의 이전

채무는 그 동일성을 유지하면서 인수인에게 이전된다. 따라서 인수채무에 종된 채무(변제기 도래 전 이자채무, 위약금채무 등)도 함께 이전된다.

나. 항변권의 이전

면책적 채무인수의 경우 종래의 채무는 동일성이 유지되므로 채무인수인은 '전채무자가 채권자에게 대항할 수 있는 사유'로 채권자에게 대항할 수 있다(제458조). 그러나 채권관계의 발생원인인 계약 자체의 '취소권·해제권'은 계약당사자만이 가지는 권리로서 채무인수인이 주장할 수는 없다.

다. 보증 기타 담보의 이전여부

'보증채무'나 '제3자가 제공한 담보'는 채무인수로 소멸한다(제459조 본문). 채무자의 변경으로 인해 채무자의 자력에 변화가 생김으로써 보증인이나 물상보증인에게 불이익이 발생할 우려가 있기 때문이다. 다만 보증인이나 제3자가 '동의한 경우'에는 소멸하지 않는다(동조 단서; 예컨대, 乙이 甲에 대한 1억 원의 채무가 있고, A가 보증채무자인 경우, 乙이 丙에게 위 1억 원의 채무를 인수시키는 계약을 하고, 이때 乙이 채무를 면하고 丙만 채무를 부담하는 면책적 채무인수의 경우 乙은 재산이 있는데 丙은 재산이 없는 경우 보증인 A에게 불이익하다. 따라서 보증채무는 소멸한다는 것이다).

2. 병존적 채무인수의 효과

가. 인수인의 채무의 부담

인수인은 채무자의 채무와 동일한 내용의 채무를 부담하며, 채무자는 면책되지 않는다는 점에서 면책적 채무인수와 근본적인 차이가 있다.

나. 채무자의 채무와 인수인의 채무와의 관계-중첩적 채무인수의 법적 성질

판례는『중첩적 채무인수에서 인수인이 채무자의 부탁 없이 채권자와의 계약으로 채무를 인수하는 것은 매우 드문 일이므로 채무자와 인수인은 ① 원칙적으로 '주관적 공동관계'가 있는 '연대채무관계'에 있고(**판례**는 책임보험에서 보험자는 피보험자의 손해배상채무를 병존적 채무인수한다고 보며, 보험자와 피보험자는 주관적 공동관계가 있으므로 연대채무로 본다), ② 인수인이 채무자의 부탁을 받지 아니하여 '주관적 공동관계'가 '없는 경우'에는 '부진정연대관계'에 있는 것으로 보아야 한다』고 하여, '이원설'의 입장이다.

다. 인수인의 항변권

인수인은 종래의 채무자가 그 채무관계에 있어 가졌던 모든 항변사유로 채권자에게 대항할 수 있다. 이는 면책적 채무인수의 경우와 같다.

라. 담보권의 존속

병존적 채무인수의 경우 채무자의 채무는 그대로 존재하므로 (면책적 채무인수의 경우와는 다르게) 본래 채무에 대한 담보는 존속한다. 따라서 중첩적 채무인수로 인하여 원래의 채무를 위하여 제3자가 제공한 담보는 소멸하지 않는다.

Ⅲ 이행인수

1. 의의

> **(이행인수의 예)** 예컨대, 乙이 甲에 대한 1억 원의 채무가 있는데, 乙이 丙에게 위 1억 원의 채무를 인수시키는 계약을 체결하면서, 丙은 乙에 대해서만 乙대신 甲에게 1억 원의 채무를 갚아줄 채무를 부담하고, 甲에게는 직접 채무를 부담하지 않으며, 甲도 丙에 대해서 아무런 채권이 없는 경우를 이행인수라고 한다.

이행인수란 '인수인이 채무자에 대해 채무자의 채무를 이행할 것을 약정하는 채무자와 인수인 사이의 계약'을 말한다.

2. 요건

① 인수계약의 당사자는 '채무자와 인수인'이고, ② 이행인수의 목적이 되는 채무는 성질상 '제3자의 이행이 허용'되거나, 당사자가 제3자의 이행에 관하여 '반대하는 의사표시'가 없어야 한다. ③ 채무자와 인수인 간에만 효력이 있는 약정이므로 '채권자의 승낙은 불필요'하다.

3. 효과

가. 채무자와 인수인의 관계-乙과 丙 사이의 관계

인수인 丙은 채무자 乙에 대한 관계에서 채무자를 면책케 하는 채무를 부담하게 될 뿐(인수인이 이를 위반하면 채무불이행책임을 부담한다), 채권자 甲이 직접 인수인 丙에 대한 채권을 취득하는 것은 아니다. 따라서 채무자 乙은 인수인 丙이 그 채무를 이행하지 아니하는 경우 인수인 丙에 대하여 채권자 甲에게 이행할 것을 청구할 수 있다.

나. 채권자와 인수인의 관계

채권자 甲은 이행인수인 丙에 대하여 직접 이행의 청구를 할 수 없다. 다만, '채무자 乙의 인수인 丙에 대한 청구권'은 '일신전속적 권리'라고 할 수는 없으므로, 채권자 甲은 채권자대위권에 의하여 채무자 乙의 인수인 丙에 대한 청구권을 '대위행사'할 수 있다.

4. 부동산의 매수인이 매매대금의 지급에 갈음하여 그 부동산에 대한 매도인의 채무를 인수한 경우의 법률관계

> **(이행인수)** 예컨대, 부동산의 매수인이 매매목적물에 관한 근저당권의 피담보채무를 인수하는 한편, 그 채무액을 매매대금에서 공제하기로 약정한 경우, 그 인수는 특별한 사정이 없는 한, 매도인을 면책시키는 채무인수가 아니라 '이행인수'로 보아야 하고, '면책적 채무인수'로 보기 위하여는 이에 대한 '채권자의 승낙'이 있어야 한다(예컨대, 甲은 丙에 대해서 1억 원의 채무가 있고, 이를 담보하기 위해서 甲 소유의 토지에 근저당권을 설정한 경우, 乙이 甲 소유의 토지를 2억 원에 매수하는 계약을 체결하면서, 乙이 매도인 甲의 丙에 대한 1억 원의 채무를 인수하면서 매매대금 2억 원에서 이를 공제하고 1억 원만 지급하기로 하는 계약을 체결한 경우는 이행인수로 본다).

Ⅳ 계약인수

> **(계약인수의 예)** 예컨대, 주택임대차보호법 제3조 제4항에서 대항력 있는 임차권의 경우 임대인이 소유권을 이전하면 매수인은 임대인의 지위를 승계하는바, 이는 계약인수의 성질을 갖는다(보증금반환채무의 면책적 인수).

계약인수란 '계약상의 당사자의 지위를 이전하는 계약'을 말한다(계약상 지위의 이전). 이로 인하여 계약상 당사자가 갖는 권리·의무가 포괄적으로 양수인에게 이전된다는 점에서, 계약상 당사자가 갖고 있는 개개의 채권을 이전하는 채권양도나 개개의 채무를 이전하는 채무인수와 다르다.

제6장 채권의 소멸 —멸각의 항변

제1절 변제

제1관 변제의 의의

> (변제의 예) 예컨대, 乙이 甲 소유의 토지를 1억 원에 매수하는 계약을 체결한 경우 甲은 乙에게 소유권을 이전해주어야 할 채무를 부담하고, 乙은 甲에게 대금을 지급해주어야 할 채무를 부담한다. 이때 甲이 등기서류를 乙에게 주고, 乙이 대금을 甲에게 주는 이행행위가 급부행위이고, 이로써 甲과 채무와 乙의 채무가 소멸하는데, 이렇게 급부가 실현되어 채무가 소멸하는 것을 변제라고 한다.

변제란 '채무의 내용인 급부가 실현됨으로써 채권이 만족을 얻어 소멸하는 것'을 말한다. 변제는 급부행위에 의하여 급부가 실현되는 것을 의미하므로 '급부행위'와 구별하여야 한다.

제2관 변제자

Ⅰ 채무자 자신의 이행

채무의 변제는 원칙적으로 채무자가 할 수 있다.

Ⅱ 제3자에 의한 변제

1. 민법의 태도

① 채무의 변제는 '제3자'도 할 수 있다. 그러나 '채무의 성질' 또는 '당사자의 의사표시'로 제3자의 변제를 허용하지 아니하는 때에는 그러하지 아니하다. ② '이해관계 없는 제3자'는 '채무자의 의사에 반하여' 변제하지 못한다(제469조).

2. 원칙

> **(제3자 변제의 예)** 예컨대, 甲이 乙에 대해서 1억 원의 채권이 있는 경우, 丙이 丙의 이름으로 乙의 채무를 변제하는 경우 유효한 변제가 된다. 만일 丙이 乙의 이름으로 乙의 채무를 변제하면 대리 변제로 제3자 변제가 아니라 채무자 乙의 변제가 된다.

제3자 변제는 ⅰ) '자기의 이름'으로 ⅱ) '타인의 채무'를 ⅲ) '변제한다는 의사'를 가지고 있었음을 요건으로 한다. 채무를 제3자가 변제해도 채권자에게 이익이 되므로 이를 허용한다.

3. 제한

가. 채무의 성질에 의한 제한 – 제469조 제1항 단서

채무의 성질상 제3자 변제가 허용되지 않는 경우에는 제3자가 변제하지 못한다. 채무자의 급부만으로 이루어지는 '일신전속적 채무'는 제3자 변제가 인정되지 않는다(예컨대 저명 교수의 강의할 채무, 유명화가의 그림그릴 채무, 유명배우의 연기 채무 등).

나. 당사자의 의사표시에 의한 제한

당사자가 '반대의 의사표시'를 한 때에는 제3자는 변제하지 못한다(당사자 사이에 제3자의 '변제금지특약'을 한 경우이다. 제469조 제1항 단서). 이 경우 이해관계 있는 제3자도 변제할 수 없다.

다. 법률의 규정에 의한 제한 – 제657조 제2항, 제682조 제1항, 제701조, 제707조

라. 이해관계 없는 제3자가 채무자의 의사에 반하여 변제하는 경우

① 법률상 '이해관계가 있는 자'는 채무자의 의사에 반해서도 변제할 수 있으나(예 연대채무자, 보증인, 물상보증인, 담보부동산의 제3취득자, 후순위담보권자, 부동산의 미등기 매수인 등), '이해관계 없는 제3자'는 '채무자의 의사에 반하여' 변제하지 못한다(당사자 사이에 제3자 '변제금지특약'은 없으나, 채무자의 의사에 반하는 경우임에 주의. 제469조 제2항). 다만, '제3자의 변제'는 채무자에게 유리하므로 채무자의 의사에 반하지 않는 것으로 추정된다. ② '이해관계 없는 제3자'는 '채무자의 의사에 반하여' 변제하지 못하며, 이에 반하는 변제는 '무효'로서 채권이 소멸하지 않는다(이때 변제자는 채권자에게 부당이득반환청구를 하고, 채권자는 채권증서 등을 반환받아 채무자에게 청구하게 된다).

4. 제3자 변제의 효과

① 제3자의 변제가 유효하면 채권은 소멸하고, 채무자에 대해 구상권을 갖는다. 따라서 제3자는 채권자에 대해서 변제자대위를 할 수 있다(후술함). ② 제3자가 ⅰ) 채무자의 부탁으로 변제한 때에는 위임의 비용상환청구권(제688조)에 기해, ⅱ) 부탁없이 변제한 때에는 사무관리에 의한 비용상환청구권(제739조)에 기해 채무자에게 구상할 수 있다. ③ 제3자의 변제제공을 채권자가 수령하지 않는 때에는 채권자지체가 성립한다.

제3관 변제수령권자

I 채권자에의 변제

유효하게 변제를 수령할 수 있는 자를 변제수령권자라고 하는데, 원칙적으로 채권자이다. 다만, 채권이 압류·가압류된 경우, 채권이 질권의 목적인 경우에는 채권자에게 변제수령권한이 없고, 압류·가압류채권자, 질권자가 변제수령권한을 갖는다.

II 제3자에의 변제

1. 원칙

원칙적으로 제3자는 변제수령권한이 없다.

2. 예외

예외적으로 변제수령권한이 있는 제3자를 '표현수령권자'라고 한다. 이러한 표현수령권자에 대한 변제의 경우 변제의 안전을 보호하기 위하여 일정한 요건하에 변제를 유효한 것으로 인정한다. 이에는 ① 채권의 준점유자에 대한 변제, ② 영수증소지자에 대한 변제, ③ 증권적 채권의 증서소지인에 대한 변제 등 세 가지가 있다.

가. 채권의 준점유자에 대한 변제

> **(채권의 준점유자에 대한 변제의 예)** 예컨대, 예금주 甲의 대리인이라고 주장하는 乙이 예금주 甲의 통장과 인감을 소지하고 예금반환청구를 한 경우, A은행이 예금청구서에 나타난 인영과 비밀번호를 신고된 것과 대조 확인하는 외에 주민등록증을 통하여 예금주 甲이 청구인과 동일인이라는 점까지 확인하여 예금을 乙에게 지급하였다면 이는 채권의 준점유자에 대한 변제로서 유효하다. 즉, 이때 乙은 대리인이라고 거짓말을 하였지만 채권자 甲으로부터 대리권을 수여받은 것과 같은 외관이 있으므로, 이런 자를 채권의 준점유자라고 하고, 채무자 A은행은 乙의 대리권을 유효하다고 믿고, 믿는 데 과실이 없으므로 A은행의 乙에 대한 변제는 민법 제470조에 의해서 유효하게 된다.

'채권의 준점유자에 대한 변제'는 변제자가 '선의'이며 '과실이 없는 때'에는 변제로서의 효력이 있다(제470조). 선의 변제자의 신뢰를 보호함으로써 거래의 신속과 안전을 도모하기 위함이다.

나. 영수증소지자에 대한 변제 — 제471조

① 영수증을 소지한 자에 대한 변제는 그 소지자가 변제를 받을 권한이 없는 경우에도 효력이 있다. 그러나 변제자가 그 권한 없음을 알았거나 알 수 있었을 경우에는 그러하지 아니하다(제471조). ② **(위조된 영수증)**에 대해서는 제470조의 채권의 준점유자에 대한 변제로서 유효하게 될 수는 있으므로 본조는 적용되지 않는다. ③ **(진정한 영수증)** 따라서 제471조가 제470조와는 별도로 일정한 요건 하에 변제를 유효한 것으로 규정하는 점에서, 본조의 영수증은 반드시 진정한 것이어야 한다.

다. 증권적 채권의 증서소지인에 대한 변제

증권적 채권의 증서소지인에 대한 변제는 변제자에게 '악의 또는 중과실 없는 한' 유효한 변제가 된다(제518조, 제524조). 이는 증권적 채권의 유통을 보장하기 위한 것이다.

Ⅲ 권한 없는 자에 대한 변제 — 제472조

변제받을 권한 없는 자에 대한 변제는 무효이나, 민법 제472조는 「변제받을 권한 없는 자에 대한 변제의 경우에도 그로 인하여 채권자가 이익을 받은 한도에서 효력이 있다」고 규정하고 있다. 변제자가 무권한의 수령자에 대해서 부당이득청구를 하고, 이를 다시 채권자에게 변제하는 급부순환을 방지하기 위한 것이다.

제4관 변제의 제공

Ⅰ 변제제공의 의의

> **(변제제공의 예)** 예컨대, 乙이 甲 소유의 토지를 1억 원에 매수하는 계약을 체결한 경우 甲은 乙에게 소유권을 이전해주어야 할 채무를 부담하고, 乙은 甲에게 대금을 지급해주어야 할 채무를 부담한다. 그 후 이행기에 甲이 소유권이전에 필요한 등기서류를 乙에게 제공한 경우, 이때 甲이 등기서류를 제공하는 행위가 '변제의 제공'이고, 乙이 이를 수령하지 않는 경우 乙은 채권자지체책임을 지고, 채무자 甲은 채무불이행책임을 면하게 된다.

변제의 제공이란 '채무의 이행에 채권자의 협력이 필요한 경우 채무자가 채무의 이행에 필요한 준비를 다하여 채권자의 협력을 요구하는 것'을 말한다. 민법은 채권자에게 ① 소극적으로 채무자의 채무불이행책임을 면하게 하는 '변제제공'에 관한 규정과 ② 적극적으로 지체책임을 부담시키기 위한 '채권자지체제도'를 두고 있다.

Ⅱ 변제제공의 방법

1. 민법의 태도

민법은 「변제는 채무내용에 좇은 현실제공으로 이를 하여야 한다. 그러나 채권자가 미리 변제받기를 거절하거나 채무의 이행에 채권자의 행위를 요하는 경우는 변제준비의 완료를 통지하고 그 수령을 최고하면 된다.」고 규정하여 변제제공의 방법으로 '현실의 제공'과 '구두제공'의 두 가지를 규정하고 있다(제460조).

2. 현실의 제공 — 제460조 본문

가. 의의

변제는 원칙적으로 '채무내용에 좇은 현실의 제공'으로 하여야 한다(제390조, 제460조). 현실의 제공이란 '채무자로서 하여야 할 이행행위를 완료하여, 채권자의 협력만 있으면 곧 급부결과를 실현할 수 있는 상태를 만드는 것'을 말한다. 이는 구체적인 채무의 내용에 따라 결정된다.

나. 금전채무

1) 전액제공의 원칙

채무의 전액제공이 원칙이며, 이행기가 도과된 경우에는 원본과 지연이자까지 지급해야 유효한 현실제공이 된다. 채무액의 '일부만'을 제공하는 것은, 채권자의 승낙이 없는 한 현실제공이 아니다. 이 경우 채권자는 수령을 거절할 수 있다.

2) 통화나 거래상 통화와 동일하게 취급되는 지급수단

통화로 지급하는 것이 원칙이나 거래상 통화와 동일하게 취급되는 '우편환의 송부', '자기앞수표의 교부'는 현실제공으로 인정된다. 그러나 '보통의 수표' 또는 '약속어음'의 제공 등은 당사자 사이의 특약이 없는 한, 유효한 변제의 제공이 아니다.

다. 물건의 인도 채무

1) 특정물인도채무의 경우

'채무의 성질' 또는 '당사자의 의사표시'로 변제의 장소를 정하지 아니한 때에는 특정물의 인도는 '채권 성립 당시에 그 물건이 있던 장소'에서 하여야 한다(제467조 제1항). 채무자는 하자 없는 완전한 특정물을 인도할 의무가 있으므로 불완전한 물건을 이행기의 현상대로 인도하는 것은 적법한 현실제공이 되지 않는다.

2) 불특정물인도채무의 경우

불특정물인도채무는 '지참채무'로서 '채권자의 현주소지'에 도달하여 수령가능한 상태가 되어야 현실의 제공이 된다.

라. 등기이전채무의 경우

> (등기이전채무의 예) ① 등기의 '공동신청주의'에 따라 채무자(매도인)가 '등기신청에 필요한 서류를 갖추어 등기소에 출두함'으로써 현실제공이 된다. ② 매수인이 계약의 이행에 '비협조적인 태도'를 취하면서 잔대금의 지급을 미루는 등 소유권이전등기서류를 수령할 준비를 아니한 경우에는 매도인으로서도 '그에 상응한 이행의 준비'를 하면 족하다 할 것이며, 이 경우 매도인이 부동산매도용 인감증명서를 발급받아 놓고 인감도장과 등기권리증 등을 준비하였다면 비록 위임장 및 검인계약서는 갖추지 않았더라도, 이행의 제공은 이로써 충분하다.

3. 구두의 제공

구두제공이란 '변제준비의 완료를 통지하고, 그 수령을 최고하는 것'을 말한다(제460조 단서). 변제준비완료란 '채권자가 수령을 원하면 곧바로 이행할 수 있는 정도'를 말한다. 다음과 같은 경우 구두제공으로 족하다.

가. 채권자가 미리 변제받기를 거절한 경우

채권자의 수령거절의 의사는 '명시적'일 수도 있고, '묵시적'일 수도 있다(예컨대, 이유 없는 수령기일의 연기나 해제 요구, 반대급부의 이행거절 등). 이 경우에도 채무자는 변제의 준비를 완료하고 그 수령을 최고하는 구두의 제공은 하여야 한다.

나. 채무의 이행에 채권자의 행위를 필요로 하는 경우

채무를 이행하는데 채권자의 협력행위가 필요한 경우(예컨대, 미리 공급하는 재료에 가공해야 할 채무, 추심채무, 채권자가 지정하는 장소나 기일에 이행해야 할 채무 등)에는 채권자의 협력이 없으면 채무자는 급부를 실현할 수 없기 때문에 구두제공만으로 이행제공이 있다고 본다.

Ⅲ 변제제공의 효과

1. 이행지체책임의 면책

채무자가 채무내용에 좇은 변제의 제공을 하면 그때로부터 채무불이행책임을 면하게 된다(제461조). 따라서 채무불이행으로 인한 손해배상·계약해제 등이 발생하지 않는다.

2. 채무의 존속

변제의 제공이 있더라도 급부가 실현되지 않은 경우에는 채무는 여전히 존속한다. 이 경우 그 급부가 물건의 인도나 금전의 지급인 경우에는 채무를 면하기 위하여 변제공탁할 수 있다(제487조).

3. 약정이자의 발생정지

채무자가 채무내용에 좇은 변제의 제공을 하면 그때로부터 약정이자는 발생하지 않는다.

4. 채권자지체의 성립

변제의 제공이 있는 경우 ① 소극적으로 채무자의 '채무불이행책임'을 면하게 하는 한편, ② 적극적으로 채권자에게 '채권자지체'책임을 지게 한다. 채권자지체의 법적 성질을 법정책임으로 보게 되면 변제제공의 효과는 채권자지체의 효과와 동일하게 된다(제400조~제403조).

5. 종류채권의 특정

'채무내용에 좇은 변제의 제공'을 한 때 특정이 이루어진다.

6. 쌍무계약의 경우 –동시이행항변에서 후술함

쌍무계약에서 당사자들은 동시이행항변권이 있으며, 동시이행항변권이 있는 동안에는 상대방의 이행제공이 없는 한 채무불이행책임을 지지 않는다. 그러나 당사자 일방의 변제의 제공이 있으면 상대방은 동시이행의 항변권을 상실하게 되어, 그때부터 이행지체에 따른 책임을 지게 된다. 이때 일회적 이행제공의 경우 상대방의 동시이행의 항변권은 여전히 존속하여, 소멸하지 않으므로 이행지체책임을 지지 않는다. 따라서 계속적 이행제공을 해야 상대방은 동시이행의 항변권을 상실하고, 이행지체에 빠지게 된다(계속적 이행제공설).

제5관 변제의 충당

Ⅰ 의의

> **(변제의 충당의 예)** 예컨대, 변제충당은 채무자가 채권자에게 1,000만 원의 대여금채무과 1,000만 원의 물품대금채무를 부담하는 경우 채무총액 2,000만 원에는 부족하고, 각 독립된 채무 1,000만 원의 변제에는 부합하는 경우, 예컨대, 1,000만 원을 변제하는 경우 두 개의 금전채무 중 어느 변제에 해당하는 것인지 객관적으로 정할 수 없으므로, 어느 채무의 변제에 충당할지 정하는 것이 필요하다.

변제의 충당이란 '채무자가 동일한 채권자에 대하여 ① 같은 종류의 수개의 채무(刚 수개의 독립된 금전채무)를 부담하는 경우, 또는 ② 1개의 채무의 변제로서 수 개의 급부(刚 임대차에서 수개월 분의 차임)를 해야 할 경우에, 변제의 제공이 그 채무 전부를 소멸하게 하지 못하는 때에 그 중 어느 채무의 변제에 충당할 것인가를 정하는 것'을 말한다.

Ⅱ 충당의 순서

변제충당은 ① 계약에 의한 변제충당(합의충당)에 의하며, ② 합의가 없는 경우에는, 채무자가 원본 외에 비용과 이자를 지급한 경우 제479조에 의해 비용·이자·원본 순으로 충당된다. 이때 비용·이자·원본의 순서는 지정충당으로는 깨뜨릴 수 없고, 합의만으로 깨뜨릴 수 있다.③ 합의가 없고, 제479조도 적용이 없는 경우에는 지정에 의해 충당되며(제476조의 지정변제충당), ④ 지정이 없는 경우 법정변제충당(제477조)의 순서에 의한다.

제6관 변제로 인한 대위

Ⅰ 서설

1. 의의

> **(변제자 대위의 예)** 예컨대, 乙은 甲에 대한 1억 원의 금전채무를 담보하기 위하여 자신이 소유하고 있는 X 부동산에 저당권을 설정하고, 丙에게 부탁하여 丙은 甲과 보증계약을 체결하고, 보증인 丙이 乙의 채무 전액을 변제한 경우 보증인(丙)은 주채무자(乙)에게 1억 원을 물어달라고 하는 구상권을 취득하고, 보증인은 변제할 정당한 이익이 있는 자로서 당연히 채권자(甲)를 '변제자대위'를 하여 채권자 甲의 乙에 대한 채권과 저당권이 丙에게 이전하여(제481조, 법정대위), 丙은 乙에 대해서 구상권과 甲의 채권과 저당권을 취득하고 양자는 청구권경합관계로 보는 제도이다.

변제자대위란 ' ⅰ) 채무자 이외의 제3자가 채무자를 위하여 변제함으로써, ⅱ) 채무자에 대하여 구상권을 취득하는 경우에, ⅲ) 그 구상권의 범위 내에서 종래 채권자가 가지고 있었던 채권 및 그 담보에 관한 권리가 법률상 당연히 변제자에게 이전하여 ⅳ) 변제자가 그 권리를 행사할 수 있는 제도'를 말한다. 이러한 변제자대위는 '대위변제자의 구상권 확보'를 목적으로 하는 제도이다.

2. 구상권의 근거

'제3자'가 ① '채무자의 부탁을 받아 변제'한 때에는 위임사무처리비용의 상환청구권(제688조), ② '부탁 없이 변제'한 때에는 사무관리비용의 상환청구권(제739조), ③ '불가분채무'나 '연대채무자' 또는 '보증인'이 변제한 때에는 각각의 규정(제411조, 제425조, 제441조), ④ '물상보증인'이 변제한 때에는 보증채무에 관한 규정(제341조)에 의해 구상권이 각 발생한다. ⑤ (구상권 부정) 그러나, 제3자가 채무자에 대해서 증여를 해줄 의사로 채권자에게 변제한 경우에는 구상권이 발생하지 않는다.

3. 법적 성질

판례는 채권자의 채권은 제3자의 변제로 소멸하지만, 그 소멸은 채권자와 채무자 사이에서의 상대적인 것으로서, 채무자와 변제자 사이에서는 소멸하지 않고 채권이 변제자에게 이전한다고 해석하는 '법률상 채권이전설'의 입장이다(위 예에서 보증인 丙이 채무자 乙대신 1억 원을 변제한 경우, 채권자 甲의 乙에 대한 채권과 저당권이 丙에게 이전한다고 보는 것이다. 이를 '변제자대위'라고 하는 것이다).

4. 구상권과 변제자대위 와의 관계

① (청구권 경합) 변제자는 ⅰ) 채무자에 대한 '고유의 구상권'과 ⅱ) 대위에 의한 '채권자의 채권'을 행사할 수 있으므로, ⅲ) 구상권의 범위 내에서 '청구권의 경합'이 생기며, 변제자가가 고유의 구상권을 행사하든 대위하여 채권자의 권리를 행사하든 자유이며, 변제한 제3자가 그 중 어느 한 권리의 행사에 의하여 목적을 달성하면 다른 권리도 소멸한다. ② (별개의 권리) 위 구상권과 변제자 대위권은 그 원본, 변제기, 이자, 지연손해금의 유무 등에 있어서 그 내용이 '다른 별개의 권리'이다.

Ⅱ 변제자대위의 요건

1. 변제 기타 출재로 채권자에게 만족을 주었을 것

변제자가 '자기의 출재와 명의'로 채권자에게 만족을 주어 채무자의 채무를 면하게 하였어야 한다. 채권의 '일부에 대해 변제' 등을 한 경우에도 그 일부의 범위에서 대위변제가 성립한다(제483조).

2. 변제자가 채무자에 대하여 구상권을 가질 것

변제자대위는 변제자의 구상권의 효력을 확보하기 위한 제도이기 때문에, 구상권이 있을 때만 변제자대위가 인정되며, 구상권이 없는 경우에는 변제자대위가 성립할 여지가 없다(예컨대, 위의 예에서 보증인 丙이 乙에게 1억 원을 증여한다는 의사로 甲에게 변제한 때에는 丙은 乙에게 구상권이 없기 때문에 변제자대위가 성립하지 않는다는 것이다).

3. 변제할 정당한 이익 또는 채권자의 승낙이 있을 것

가. 법정대위

법정대위란 '변제할 정당한 이익이 있는 자'가 변제함으로써 법률상 당연히 채권자의 권리를 취득하는 것을 말한다(제481조). 법정대위는 '채권자의 승낙'과 '채권양도의 대항요건'도 필요하지 않으며, 법률상 '당연히' 채권자를 대위한다. 여기서 '변제할 정당한 이익이 있는 자'란, 'ⅰ) 변제를 하지 않으면 채권자로부터 집행을 받게 되거나 또는 ⅱ) 채무자에 대한 자기의 권리를 잃게 되는 지위에 있는 ⅲ) 법률상의 이익을 가지는 자'를 말한다(예컨대, 불가분채무자·연대채무자·(연대)보증인·물상보증인·담보물의 제3취득자·양도담보권자·이행인수인 등이다).

나. 임의대위

① 임의대위는 ⅰ) '변제할 정당한 이익이 없는 자'가 ⅱ) '변제와 동시'에 ⅲ) '채권자의 승낙'을 얻음으로써 채권자를 대위하는 경우를 말한다(제480조 제1항). 변제를 수령한 채권자는 승낙한 것으로 추정된다. ② 민법은 채무자를 보호하기 위하여 '지명채권양도의 대항요건과 효력'에 관한 제450조 내지 제452조의 규정을 준용하고 있다(제480조 제2항). 따라서 변제자가 채무자 및 제3자에게 대위를 주장하기 위해서는 채권양도의 대항요건을 갖추어야 한다.

Ⅲ 변제자대위의 효과

1. 구상채권과 원채권 및 그 담보권의 취득 및 관계

변제자대위가 있게 되면 변제자는 ① 채무자에 대한 자기 고유의 구상채권과 ② 변제자대위에 의해서 변제자에게 이전된 채권자의 채무자에 대한 원채권 및 그 담보권을 취득한다. 이 양 권리는 실체법상의 발생근거 및 권리내용이 다르므로 별개의 채권으로서 병존하게 되어 청구권이 경합하는 결과가 된다. 대위변제자는 그 중 어느 권리를 행사할 것인가를 자유로이 정할 수 있다(법률상 권리이전설).

2. 대위자와 채무자 사이의 효과

① (전부대위) 채권자를 대위하는 자는 자기의 권리에 의하여 '구상할 수 있는 범위'에서 '채권 및 그 담보에 관한 권리'를 행사할 수 있다(제482조 제1항). 대위로 인하여 채권자가 채무자에 대해 가지고 있었던 원채권은 그 담보권과 함께 전액 대위변제자에게 '법률상 당연히 이전'한다(따라서 채권자의 저당권은 등기 없이도 대위자에게 당연히 이전된다. 그러나 이와 별개로 대위변제자는 채권자에게 저당권이전의 부기등기를 청구할 수 있다). ② (일부대위) 채권의 일부에 관하여 대위변제가 있는 경우에는, 대위변제자는 '그 변제한 가액에 비례하여' '채권자와 함께' 채권자의 채권 및 그 담보권에 관한 권리를 행사할 수 있다(제483조 제1항).

3. 대위자와 채권자 사이의 효과

가. 채권자의 채권증서·담보물의 교부의무

① 채권 전부의 대위변제를 받은 채권자는 그 채권에 관한 증서 및 점유한 담보물은 대위자에게 교부하여

야 한다. ② 채권의 일부에 대한 대위변제가 있는 때에는 채권자는 채권증서에 그 대위를 기입하고 자기가 점유한 담보물의 보존에 관하여 대위자의 감독을 받아야 한다(제484조).

나. 법정대위자를 위한 채권자의 담보보전의무

> (채권자의 담보보전의무의 예) 예컨대, 甲은 乙에게 1억 원을 빌려주었고, 丙은 乙을 위하여 甲에게 연대보증을 하였으며, 丁은 丁 소유의 X 부동산에 甲에게 근저당권(피담보채권은 5천만 원)을 설정하여 주었고, 乙은 丁으로부터 근저당권을 말소하여 달라는 독촉에 시달리게 되자, 甲에게 부탁하여 甲으로 하여금 X 부동산에 대한 근저당권을 말소하게 하였는데 丁이 X부동산을 매도하여 乙과 丁이 무자력상태가 된 경우, 甲의 과실로 인하여 X 부동산에 대한 근저당권이 상실되었으므로 丙은 그 상실로 인하여 상환을 받을 수 없는 한도에서(피담보채권인 5천만 원) 그 책임을 면한다(그러므로 보증인 丙은 5천만 원(=1억 원-5천만 원)만 책임을 진다).

법정대위자를 위한 채권자의 담보보전의무란 '법정대위자가 있는 경우에 채권자의 고의나 과실로 담보가 상실되거나 감소된 경우에는, 대위할 자는 그 담보의 상실 또는 감소로 인하여 상환을 받을 수 없는 한도에서 책임을 면하는 것'을 말한다(제485조).

4. 법정대위자 상호간의 효과 — 수인의 법정대위자 상호간의 관계(제482조 제2항)

1	보증인의 제3취득자에 대한 대위(긍정): 보증인은 미리(변제 후 제3취득자의 권리취득 전에) 전세권이나 저당권의 등기에 그 대위를 부기(저당권이전의 부기등기를)하지 아니하면 전세물이나 저당물에 권리를 취득한 제3자에 대하여 채권자를 대위하지 못한다(제1호).
2	제3취득자의 보증인에 대한 대위(부정): 제3취득자는 (담보권 존재 사실을 알고 즉 담보의 부담을 각오하고 부동산을 취득한 자이므로) 보증인에 대하여 채권자를 대위하지 못한다(제2호).
3	제3취득자 사이의 대위: 제3취득자 중의 1인은 각 부동산의 가액에 비례하여 다른 제3취득자에 대하여 채권자를 대위한다(제3호).
4	물상보증인 사이의 대위: 수인의 물상보증인 중 1인이 변제하거나 담보권 실행으로 소유권을 잃은 경우 (제3취득자들 상호간의 관계와 마찬가지로) 그는 각 부동산의 가액에 비례하여 다른 물상보증인에 대하여 채권자를 대위한다(제4호).
5	물상보증인과 보증인 사이의 대위: ① 물상보증인과 보증인간에는 그 인원수에 비례하여 채권자를 대위한다. 그러나 물상보증인이 수인인 때에는, (먼저) 보증인의 부담부분을 제외(=공제)하고, 그 잔액에 대하여 (물상보증인들이) 각 재산의 가액에 비례하여 채권자를 대위한다. ② 이 경우에 그 재산이 부동산일 때에는 제1호의 규정을 준용한다(제5호).

5. 제3취득자와 물상보증인의 정리

> (제3취득자와 물상보증인의 예) 예컨대, 乙은 甲에 대한 1억 원의 금전채무를 담보하기 위하여 乙 소유의 토지에 저당권을 설정하고, ① (보증인) 丙에게 부탁하여 丙은 甲과 보증계약을 체결하였고, ② (물상보증인) 丁에게 부탁하여 丁소유의 건물에 甲명의의 저당권을 설정해 주었다(이 경우 丁은 甲에 대해서 채무도 없으면서 丁소유의 건물에 대해서 甲에게 저당권을 설정해 주었는데 이런 자를 물상보증인이라고 한다). ③ (제3취득자) 그 후 i) (채무자 소유의 저당부동산의 제3취득자) 채무자 乙이 자신의 토지의 소유권을 戊에게 양도하였다(이 경우 戊는 甲의 저당권이 있는 채무자 乙소유의 토지의 소유권을 취득하였으므로 제3취득자에 해당한다). ii) (물상보증

인 소유의 부동산에의 제3취득자) 물상보증인 丁도 그 소유의 건물의 소유권을 A에 양도하였다(이 경우 A는 甲의 저당권이 있는 물상보증인 丁소유의 토지의 소유권을 취득하였으므로 제3취득자에 해당한다).

① 제3취득자는 '저당부동산의 소유권 등을 취득한 제3자'를 말하며, 제3취득자는 ⅰ) '채무자 소유의 저당부동산의 제3취득자'와 ⅱ) '물상보증인 소유의 저당부동산의 제3취득자'로 구분된다.

② 물상보증인이란 '타인의 채무를 담보하기 위하여 자기의 물건 위에 저당권 등을 설정한 자'를 말한다. 물상보증인은 담보로 제공한 물건의 한도에서 책임을 부담할 뿐이며, 채권자에게 채무를 부담하지 않는다. 따라서 채무자가 채무를 이행하지 않을 경우 채권자는 물상보증인이 제공한 물건을 경매하여 우선변제를 받을 수는 있어도 물상보증인에 대하여 채무이행청구는 할 수 없다(이 점에서 보증인과 다르다).

제2절 ▶ 대물변제

Ⅰ 서설

1. 의의

> **(대물변제의 예)** 예컨대, 乙이 甲에게 1억 원의 금전채무가 있는데, 위 채무변제에 갈음하여, 乙 소유의 부동산의 소유권을 이전해주기로 하고 甲이 이를 승낙하면서 소유권이전등기를 받는 경우와 같이 본래급부인 1억 원의 채무에 갈음하여 다른급부인 소유권을 이전해주기로 하고, 채권자 甲이 승낙하면 대물변제가 되어 변제와 동일한 효력을 갖게 되어 1억 원의 채무가 소멸한다.

대물변제란 'ⅰ) 채무자가 다른 내용의 급부(대물급부)를 본래의 급부에 갈음하는 것으로 제공하고(청약), ⅱ) 채권자가 그 급부를 본래의 급부에 갈음하는 것으로 승낙하면서 이를 수령하는 경우'를 말하며, 변제와 동일한 효력을 갖는다(제466조).

2. 법적 성질

판례는 대물변제는 그 성립에 채권자의 승낙이 있어야 하므로 '계약'이고, 또 현실적인 대물급부가 있어야 하므로 '요물계약'이며, 본래의 급부의 대가로서 이루어진 점에서 '유상계약'이라고 한다(계약설).

Ⅱ 대물변제의 예약과 구별

> **(대물변제의 예약의 예)** 예컨대, 乙이 甲으로부터 1억 원을 차용하면서 乙이 변제기에 변제하지 못하는 경우, 乙 소유의 부동산의 소유권을 위 금전채무의 변제에 갈음하여 급부할 것을 미리 약정하는 경우이다. 이는 금

전세권을 담보하려는 데 있기 때문에 대물변제의 법리가 아닌 담보의 법리를 적용해야 한다고 본다. —이는 가등기담보법에서 자세히 후술함

대물변제 예약이란 '채무자가 본래의 급부에 갈음하여 다른 급부를 할 것을 미리 약속하는 것'을 말한다. 일종의 '변칙적인 담보제도'로서 많이 행해지고 있다. 민법상 명문규정은 없으나 계약자유의 원칙상 당연히 인정된다.

제3절　공탁

I 서설

1. 변제공탁의 의의

(변제공탁의 예) 예컨대, 乙이 甲으로부터 1억 원을 차용하였고, 乙이 변제기에 변제하려고 하는 채권자 甲이 변제를 받지 않는 경우, 계속해서 지연이자가 늘어나므로 乙은 위 1억 원을 국가기관인 공탁소에 변제공탁을 함으로써 채무를 소멸시킬 수 있다.

변제공탁이란 ' i) 채권자가 변제를 받지 않거나 받을 수 없는 경우나 ii) 변제자가 과실 없이 채권자를 알 수 없는 경우에 iii) 변제자가 채권자를 위하여 변제의 목적물을 공탁소에 임치함으로써 iv) 채무를 면하는 제도'(제487조)를 말한다.

2. 법적 성질 - 공법관계설

(법적성질의 예) 위 예에서 채무자 乙은 위 1억 원을 국가기관인 공탁소에 변제공탁을 하고, 공탁공무원의 수탁처분과 공탁물보관자의 공탁물수령으로 그 효력이 발생하여 채무소멸의 효과를 가져오는 것이고, 채권자 甲에 대한 공탁통지나 채권자 甲의 수익의 의사표시가 있는 때에 공탁의 효력이 생기는 것이 아니다.

판례는 『변제공탁은 i) 공탁공무원의 수탁처분과 공탁물보관자의 공탁물수령으로 그 효력이 발생하여 채무소멸의 효과를 가져오는 것이고, ii) 채권자에 대한 공탁통지나 채권자의 수익의 의사표시가 있는 때에 공탁의 효력이 생기는 것이 아니다』라고 하여, '공법관계설'의 입장이다.

Ⅱ 요건

1. 공탁원인의 존재

채권자가 '변제를 받지 아니하거나' '받을 수 없는 때'에는 변제자는 채권자를 위하여 변제의 목적물을 공탁하여 그 채무를 면할 수 있다. 변제자가 '과실 없이 채권자를 알 수 없는 경우'에도 같다(제487조).

2. 공탁의 당사자

공탁의 당사자는 공탁자와 공탁소이다. 채권자는 당사자가 아니고 그 효과를 받는 제3자에 불과하다. 제3자의 변제가 허용되는 경우에는 제3자에 의한 공탁도 가능하다. 채권자의 수익의 의사표시는 필요하지 않다.

3. 공탁의 목적물 – 변제공탁할 수 있는 채무일 것

① (주는 채무) '주는 채무'에 한하며, 동산, 유가증권, 물품이 공탁의 목적물이 된다. ② (부동산) '부동산'을 공탁의 목적물로 할 수 있는가에 관하여 **판례**는 부동산을 공탁의 목적으로 삼는데 '부정'적이라고 본다. ③ (현존 확정채무) 또한 **판례**는 변제공탁의 목적인 채무는 '현존'하는 '확정채무'여야 하지만, 그 의미는 '장래의 채무'나 '불확정채무'는 원칙적으로 변제공탁의 목적이 되지 못한다는 것일 뿐, 채무자에 대한 각 채권자의 채권이 '동일한 채권이어야 한다는 의미는 아니라고 본다'. ④ (자조매각) 변제의 목적물이 공탁에 적합하지 않거나, 멸실·부패할 염려가 있거나 또는 보관에 과다한 비용이 소요될 경우에는, 변제자는 법원의 허가를 얻어 그 물건을 경매하거나 시가로 방매하여 그 대가를 공탁할 수 있다(제490조, 공탁법 제90조, 제88조). 이를 '자조매각'이라고 한다.

4. 공탁의 내용

공탁의 본래의 채무의 내용에 좇은 것이어야 한다. 변제공탁이 유효하려면 채무 전부에 대한 변제의 제공 및 채무 전액에 대한 공탁이 있음을 요하고, ① (일부공탁 원칙적 무효) 채무 전액이 아닌 일부공탁은 그 부분에 관하여서도 효력이 생기지 않으며, ② (조건부 공탁) 본래의 채권에 부착되어 있지 않은 조건을 붙여서 한 공탁은, 조건뿐만 아니라 공탁 그 자체가 무효로 된다.

Ⅲ 변제공탁의 효과

1. 채권의 소멸

가. 공탁의 효력과 발생 시기

변제공탁에 의해 채무는 소멸한다. ① 이때 변제공탁은 공탁공무원의 수탁처분과 공탁물보관자의 공탁물 수령으로 그 효력이 발생하여 채무소멸의 효과를 가져오는 것이고, 채권자에 대한 공탁통지나 채권자의 수익의 의사표시가 있는 때에 공탁의 효력이 생기는 것이 아니다. ② 공탁에 의해 채무가 소멸하므로 그 채무를 담보하는 저당권·보증채무·이자채무 등도 소멸한다.

나. 공탁물 회수와 채무소멸의 관계

제489조에서 공탁자는 공탁물을 회수할 수 있고, 회수하면 공탁하지 아니한 것으로 보기 때문에 공탁에 의한 채무소멸의 관계가 문제된다. 이에 대해서 **판례**는 『공탁에 의하여 채권은 소멸하지만, 공탁자가 공탁물을 회수하면 공탁시에 소급해서 채무소멸의 효과가 발생하지 않는 것』이라고 보아 '해제조건설'의 입장이다.

2. 공탁물출급청구권

공탁물출급청구권이란 '공탁으로 인하여 채무가 소멸하는 대신 채권자가 공탁소에 대하여 공탁물의 수령을 청구할 수 있는 권리'를 말한다. 채권자의 공탁물출급청구권은 본래의 급부청구권에 갈음하는 공권이므로 그 권리의 성질과 범위는 본래채권과 동일하다. 따라서 본래의 급부청구권에 선이행 또는 동시이행의 항변권이 붙어 있는 경우에는 채권자는 자기의 급부를 이행하지 않으면 공탁물을 수령할 수 없다.

3. 공탁물 회수청구권

① (의의) 공탁물회수청구권이란 '공탁자가 일정한 사유가 있는 경우에 공탁소에 대하여 공탁물의 회수를 청구할 수 있는 권리'를 말한다. 이는 '지명채권'의 성질을 갖는다. ② (법적 성질) 공탁물회수권은 일종의 '형성권'이며, 재산적 가치가 있으므로 양도할 수 있고 압류·전부의 객체가 된다. ③ (효과) 변제자가 공탁물을 회수한 때에는 공탁하지 아니한 것으로 본다(제489조 제1항 제2문). 따라서 공탁의 효과가 소급적으로 소멸하여 채무는 처음부터 소멸하지 않은 것으로 된다.

제4절 상계 – 멸각의 항변

I 서설

1. 의의

> (상계의 예) 예컨대, 甲은 乙에 대해서 1억 원의 금전채권이 있는데 乙도 甲에 대해서 8천만 원의 금전채권이 있는 경우 乙의 甲에 대한 상계의 의사표시에 의하여 甲의 금전채권 1억 원 중 대등액 8천만 원을 소멸시키는 것이다. 乙이 상계를 하는 경우 乙의 甲에 대한 채권을 자동채권, 甲의 乙에 대한 채권을 수동채권이라고 한다.

상계란 '채권자와 채무자가 동종의 채권·채무를 가지는 경우에, 그 채권과 채무를 대등액에서 소멸시키는 일방적 의사표시'를 말한다(제492조). 상계를 하는 당사자가 상대방에 대하여 갖는 채권을 '자동채권'이라 하고, 상대방이 상계를 하는 당사자에 대하여 갖는 채권을 '수동채권'이라 한다.

2. 기능

① 간이결제기능 및 ② 서로에게 변제의 확보수단이 되는 담보적 기능을 한다.

3. 성질

상계는 독립한 채권 소멸원인으로, 단독행위이다. 물론 계약자유의 원칙상 '상계계약'도 유효하다.

Ⅱ 상계요건-상계적상

상계가 인정되기 위해서는 ① 서로 같은 종류의 채권이 대립하고 있을 것(=수동채권과 자동채권의 존재 사실), ② 상계적상이 현존할 것(=적어도 자동채권의 이행기가 도래하였을 것), ③ 상계의 의사표시와 도달이 있을 것, ④ 상계가 금지되는 채권이 아닐 것(재항변)을 요한다.

1. 동종의 채권이 서로 대립하고 있을 것

가. 대립하는 채권이 같은 종류일 것

대립하는 채권이 '금전채권' 등 '같은 종류의 급부'를 목적으로 하는 채권이어야 한다. 따라서 상계할 수 있는 것은 '종류채권'에 한한다.

나. 자동채권

자동채권은 원칙적으로 상계자(채무자)가 피상계자(채권자)에 대하여 갖는 채권이어야 한다.

다. 수동채권

1) 원칙

① 수동채권은 원칙적으로 피상계자(채권자)가 상계자(채무자)에 대하여 갖는 채권이어야 한다. 상계의 대상이 되는 채권은 상대방과 사이에서 '직접 발생한 채권'에 한하는 것이 아니고 '제3자로부터 양수' 등을 원인으로 하여 취득한 채권도 포함한다. ② 그러나, 상대방이 제3자에 대하여 가지는 채권을 수동채권으로 하여 상계할 수는 없다.

2. 상계적상의 현존-양 채권이 변제기에 있을 것

① '자동채권'은 반드시 변제기에 있어야 한다. (자동채권의 변제기가 도래하지 않았음에도 불구하고 상계를 인정한다면, 상대방은 기한의 이익을 상실하게 되기 때문이다.) ② 그러나 '수동채권'은 변제기 도래 전이라도 상계될 수 있다. (상계자는 기한의 이익을 포기할 수 있기 때문이다.)

3. 상계의 의사표시와 도달이 있을 것

4. 상계가 금지되는 채권이 아닐 것 – 재항변

가. 당사자의 의사표시에 의한 상계금지

계약자유의 원칙상 당사자 사이의 상계금지특약이 가능하나, 이로써 선의의 제3자에게 대항하지 못한다.

나. 채무의 성질에 의한 상계금지 – 동시이행항변권이 붙은 채권의 상계금지

① '동시이행항변권이 붙어 있는 채권'은 이를 '자동채권'으로 하여 상계하지 못한다(제492조 제1항 단서). 이를 허용하면 상대방은 이유 없이 동시이행항변권을 잃기 때문이다(예컨대, 甲이 乙에 대해서 1억 원의 대여금채권이 있는데, 乙이 甲에 대해서 1억 원의 매매대금채권을 자동채권으로 상계하는 경우, 이를 허용하면 甲의 乙에 대한 매매에 기한 소유권이전등기청구의 동시이행항변권을 상실하게 되므로 상계를 허용하지 않는다).

② 그러나 '동시이행항변권이 붙어 있는 상대방의 채권'을 '수동채권'으로 하여 상계하는 것은 허용된다. 채무자가 자신의 항변권을 포기할 수 있기 때문이다(예컨대, 甲이 乙에 대해서 1억 원의 매매대금채권이 있는데, 乙이 甲에 대해서 1억 원의 대여금채권을 자동채권으로 상계하는 경우, 乙은 甲에 대한 매매에 기한 소유권이전등기청구의 동시이행항변권을 포기하고 상계를 하면 되기 때문이다).

③ '자동채권과 수동채권이 서로 동시이행관계에 있는 경우에는 동시이행항변권이 붙은 채권을 자동채권으로 하는 상계는 허용된다(예컨대, 매도인 甲은 매수인 乙에 대해서 매매대금채권 1억 원이 있고, 매수인 乙은 매도인 甲에 대해서 하자담보책임에 기한 1억 원의 손해배상채권은 동시이행관계에 있으므로, 양자의 상계는 허용한다). 상계를 허용하는 것이 '동시이행관계에 있는 채권·채무 관계를 간명하게 해소'할 수 있기 때문이다.

다. 법률에 의한 제한

1) 고의의 불법행위로 인한 손해배상채권을 수동채권으로 하는 상계 – 제496조

> **(제496조의 예)** 예컨대, 甲은 乙에 대해서 1,000만 원의 금전채권이 있는데, 乙이 변제하기 않자 乙을 고의로 구타하여 乙이 甲에 대해서 1천만 원의 불법행위로 인한 손해배상채권이 있는 경우, 甲이 乙의 甲에 대한 고의의 불법행위로 인한 손해배상채권을 수동채권으로 하고, 甲의 乙에 대한 1,000만 원의 금전채권을 자동채권으로 하여 상계할 수 없다.

고의의 불법행위로 인한 손해배상채권을 수동채권으로 하는 상계를 허용한다면 보복적 불법행위를 유발하게 될 우려가 있기 때문에 제496조는 이를 불허하는바, 그 취지는 ① '고의에 의한 불법행위의 발생을 방지'함과 아울러 ② 고의의 불법행위로 인한 '피해자에게 현실의 변제'를 받게 하려는 것이다.

2) 압류금지채권을 수동채권으로 하는 상계 – 제497조

① 채권이 압류하지 못할 것인 때에는 그 채무자는 상계로 채권자에게 대항하지 못한다(제497조; 예컨대, 급여채권은 2분의 1 상당액에 대해서는 압류할 수 없는데 위 급여채권을 수동채권으로 하여 상계할 수 없다). 이는 압류금지의 취지를 관철하여 상대방에게 현실의 변제를 받게 하기 위한 것이다. ② 압류금지채권을 수동채권으로 하는 경우에만 금지될 뿐, 자동채권인 경우에는 상계가 허용된다.

3) 지급금지채권을 수동채권으로 하는 상계 – 제498조

가) 의의 및 취지: 「지급을 금지하는 명령을 받은 제3채무자는 그 후에 취득한 채권에 의한 상계로 그 명령을 신청한 채권자에게 대항하지 못한다」(제498조). 여기서 '지급금지명령을 받은 채권'이란 압류 또는 가압류

를 당한 채권을 말한다(송달시를 기준으로 함). 본 규정의 취지는 제3채무자가 채무자에 대하여 채권을 가지는 경우 자신의 채권을 자동채권으로 하여 상계함으로써 채무를 청산할 수 있다는 기대감을 보호하기 위한 것이다.

나) 지급금지명령 송달 이후에 취득한 채권(취득+변제기 도래)을 자동채권으로 하는 상계

> **(원칙)** 지급금지명령 송달 이후에 취득한 채권(취득+변제기 도래)을 자동채권으로 하는 상계는 제498조에 의해 원칙적으로 허용되지 않는다.

> **(예외)** 그러나, 자동채권의 성립의 기초가 지급금지명령 전에 존재하였으면 상계가 허용된다(예컨대, 매수인이 매매대금채권의 가압류결정을 송달받은 후 물건의 하자로 인한 손해배상청구권을 취득한 경우처럼 자동채권과 수동채권이 동시이행관계가 있는 경우에는 예외적으로 상계가 허용된다).

다) 지급금지명령 송달 이전에 취득한 채권을 자동채권으로 하는 상계

> **(문제점)** 제498조의 반대해석상 지급금지명령 전에 자동채권을 취득(발생)하였지만, 그 명령 후에 변제기가 도래한 경우 언제나 상계할 수 있는지 문제된다.

> **(판례의 입장)** 판례는 『ⅰ) 채권압류명령 또는 채권가압류명령을 받은 제3채무자가 압류채무자에 대한 반대채권을 가지고 있는 경우에 상계로써 압류채권자에게 대항하기 위하여는, ⅱ) 압류의 효력 발생 당시에 대립하는 양 채권이 상계적상에 있거나(자동채권이 발생하고 변제기가 도래한 경우), ⅲ) 그 당시 반대채권(자동채권)의 변제기가 도래하지 아니한 경우에는 그것이 피압류채권(수동채권)의 변제기와 동시에 또는 그보다 먼저 도래하여야, ⅳ) 제3채무자는 자동채권에 의한 상계로 지급을 금지하는 명령을 신청한 채권자에게 대항할 수 있다』고 하여, '제한설'의 입장이다.

> **(관련사례)** 甲은 乙에 대하여 3,000만 원의 차용금채무를 부담하고 있으며, 그 변제기가 2008.10.30.이다. 甲은 2008.6.30. 乙에게 4,000만 원 상당의 물품을 공급하고 乙에 대하여 물품대금채권을 취득하였는데 그 변제기가 2008.9.30.이다. 그 후 乙의 채권자인 丙은 乙의 甲에 대한 대여금채권에 대하여 압류 및 전부명령을 발령받았고, 그 명령이 2008.9.1. 甲에게 송달되자 甲을 상대로 전부금 청구의 소를 제기하였다. 그 소송에서 甲이 상계항변을 할 수 있는가?
> [결론] 사안에서 ① 수동채권은 乙의 甲에 대한 대여금 채권으로 丙이 乙의 채권에 대한 압류명령이 송달(08.9.1.)되었고, 변제기는 08.10.30.이다. ② 자동채권은 甲의 乙에 대한 물품대금채권으로 압류명령의 송달(08.9.1.) 전인 08.6.30.에 취득하였고, 변제기(08.9.30.)는 압류명령의 송달 후이나, ③ 甲의 채권의 변제기(08.9.30.)가 乙의 채권에 변제기(08.10.30.)보다 먼저 도래하는 것이 명확하므로 甲의 丙에 대한 상계의 항변은 인정된다.

Ⅲ 효과

1. 채권대등액의 소멸과 상계 충당

① 상계에 의하여 당사자 쌍방의 채권은 대등액에서 소멸한다(제493조 제2항). ② 상계자에게 상계적상에

있는 수동채권이 수개이고 자동채권으로 그 수개의 수동채권을 모두 소멸시킬 수 없는 경우에는 변제의 충당에 관한 규정이 준용된다(상계충당 제499조).

2. 상계의 소급효 – 상계적상일

상계의 의사표시를 하면 각 채무는 '상계할 수 있었던 때'에 대등액에서 소멸된 것으로 본다(제493조 제2항). 그러므로 상계적상이 생긴 때로부터 이자발생이 정지되고, 이행지체도 소멸한다.

제5절 경개

(경개의 예) 예컨대, 乙이 甲에 대해서 1억 원의 채무가 있는데 1억 원의 채무를 소멸시키고, 물건을 인도하기로 하는 채무를 성립시키는 계약을 말한다.

경개란 '채무의 중요한 부분을 변경함으로써 신채무를 성립시키는 동시에 구채무를 소멸시키는 유상계약'으로, 구채무에 대한 소멸원인이 된다. 구채무의 소멸과 신채무의 성립이 하나의 경개계약의 내용으로 되어 있기 때문에 양자 사이에는 '인과관계'가 존재한다. 이와 같은 경개에는 ① 채무내용의 변경에 의한 경개(제500조, 예컨대, 乙이 甲에 대해서 1억 원의 채무가 있는데 1억 원의 채무를 소멸시키고, 물건을 인도하기로 하는 채무를 성립시키는 계약을 말한다), ② 채무자변경에 의한 경개(제501조, 甲의 A에 대한 채무를 소멸시키고 대신 乙의 A에 대한 채무를 성립시키는 A와 乙의 계약), ③ 채권자변경에 의한 경개(제502조, 구채권자 A의 甲에 대한 채권을 소멸시키는 대신 신채권자 B의 甲에 대한 채권을 성립시키는 甲·A·B 삼면계약)가 있다.

제6절 면제

제506조【면제의 요건, 효과】 채권자가 채무자에게 채무를 면제하는 의사를 표시한 때에는 채권은 소멸한다. 그러나 면제로써 정당한 이익을 가진 제3자에게 대항하지 못한다.

면제란 '채권자가 채무자에 대한 일방적 의사표시로 채권을 소멸시키는 것'을 말한다(제506조). 면제는 채권자의 단독행위로서 결국 '채권의 포기'에 지나지 않는다.

제7절 혼동

> (혼동의 예) 예컨대, 채권자 甲이 1억 원의 채무자 乙을 상속하는 경우 甲은 乙에 대해서 1억 원의 채권과 채무을 모두 갖게 된다. 이때는 1억 원의 채권과 채무는 혼동으로 소멸한다고 한다. 또한 채무자가 자기에 대한 채권을 양수하는 경우 채권과 채무는 소멸한다.

'혼동'이란 '채권과 채무가 동일한 주체에 귀속하는 것'을 말한다. 이때에는 채권·채무는 소멸한다.

memo

로스쿨 민법입문

제3편
채권각론

제1장 계약 총론

제1절 계약의 자유와 제한

제1관 계약의 의의

제2관 계약의 자유와 그 제한

제3관 약관에 의한 계약

제2절 계약의 성립

I 계약의 성립요건으로서의 합의

1. 의의

> (합치의 예) 예컨대, 甲이 자신 소유의 X토지를 1억 원에 매도할 것을 乙에게 청약하고, 乙이 甲으로부터 X 토지를 1억 원에 매수하겠다고 승낙한 경우, ⅰ) 객관적 합치는 X토지를 1억 원에 매매한다는 점에서 합치 이고, ⅱ) 주관적 합치는 매도인 甲과 매수인 乙이 서로 당사자라는 점에서 합치이다.

계약은 '서로 대립되는 2인 이상의 당사자의 의사표시의 합치'에 의하여 성립한다. 합치가 있다고 하기 위 해서는 '객관적 합치'와 '주관적 합치'를 필요로 한다. ① '객관적 합치'란 의사표시가 내용적으로 일치하는 것을, ② '주관적 합치'란 상대방이 누구냐에 관하여 잘못이 없는 것을 말한다.

2. 불합의와 착오

가. 불합의

객관적·주관적 합치가 없으면 계약은 성립하지 않는데, 이러한 '의사표시의 불합치'를 '불합의'라고 한다.

이러한 불합의에는 '의식적 불합의'와 '무의식적 불합의'가 있다. ① '의식적 불합의'란 당사자가 의식적으로 불일치를 초래하는 것으로 청약에 조건을 붙이거나 변경을 가하여 승낙하는 것(제534조)을 말하며, ② '무의식적 불합의'란 의사표시 사이의 불합치를 당사자가 모르는 경우를 말한다.

나. 무의식적 불합의와 착오의 구별

> (불합치의 예) 예컨대, 甲이 자신 소유의 X토지를 1억 원에 매도할 것을 乙에게 청약하고, ① 乙이 甲으로부터 X토지를 9천만 원에 매수하겠다고 승낙한 경우는 의식적 불합의이며, 이는 乙이 승낙거절하고, 9천만 원으로 새로운 청약으로 본다. ② 위 예에서 객관적 또는 주관적 합치는 있어 계약이 성립하였지만, 甲이 의사는 2억에 매도하려고 하였으나 표시를 1억 원으로 표시한 경우 甲은 착오에 빠졌다고 하며(규범적 해석에 의해 1억 원으로 확정), 甲은 착오를 이유로 매매계약을 취소할 수 있다는 점에서 차이가 있다. ③ 만일 甲이 乙에게 매도한 의사로 "물건 1,000킬로 송부"써서 보냈는데, 乙은 甲이 1,000킬로 매수한다는 의사표시로 잘못 알고, 乙 역시 매도할 의사로 甲에게 1,000킬로를 보낸 경우 甲과 乙 모두 매도할 의사만 있으므로 객관적 합치가 없고, 이를 당사자가 모르는 경우이므로 무의식적인 불합의이며, 계약은 성립하지 않는다.

① '무의식적인 불합의'는 의사표시 사이의 불합치를 당사자가 모르는 경우이며, ② '착오'는 하나의 의사표시에 있어서 의사와 표시 사이에 불합치가 있는 경우이다. ③ '착오'는 중요부분에 관한 경우에는 취소할 수 있는 반면(제109조), '무의식적 불합의'는 아무리 경미해도 계약은 처음부터 성립하지 않는다.

Ⅱ 청약과 승낙에 의한 계약성립

1. 청약

가. 의의

> (청약과 청약의 유인의 예) 예컨대, 甲이 자신 소유의 X토지를 1억 원에 매도할 것을 乙에게 제의하는 것을 청약이라고 한다. ① 예컨대, 구인광고, 음식의 메뉴, 물품판매광고, 기차의 시간표 게시, 주택의 임대광고, 아파트 분양광고 등은 상대방으로 하여금 청약하라는 표시이므로 청약의 유인으로 볼 수 있으나, ② 정찰가격이 붙은 상품의 진열, 자동판매기 설치는 가격이 정해져 있으므로 확정적 의사표시로 청약으로 본다.

① 청약이란 '일방이 타방에게 일정한 내용의 계약을 체결할 것을 제의하는 의사표시'를 말한다(청약은 의사표시로서 법률행위는 아니다. 즉 청약과 승낙은 의사표시로서 양자의 합치가 있으면 그 때 비로소 법률행위가 된다). ② (청약의 유인과 구별) 청약은 계약체결의 '확정적 의사'가 있다는 점에서, 타인으로 하여금 자기에게 청약을 하게 하려는 '청약의 유인'과 구별된다. 양자는 상대방의 의사표시가 있기만 하면 곧 계약을 성립시킬 확정적인 구속력 의사가 있는지 여부에 따라 판단한다.

나. 요건

① '청약의 상대방'은 '특정인'인 것이 원칙이나, '불특정다수인'에 대한 청약도 유효하다(자동판매기의 설치, 신문광고에 의한 청약). ② 청약은 그에 응하는 승낙만 있으면 곧 계약이 성립하는 '확정적 의사표시'여야 한다. 따라서 청약은 계약의 중요한 점이 모두 확정되어 있어 있어야 한다(계약의 중요하고 본질적인 요소인 당사자·목적·의사표시 등이 확정되어야 하며, 이러한 단계에 이르러야 청약으로 성립하고, 이에 이르지 못하면 청약으로 성립하지 못한다).

다. 청약의 효과

1) 효력발생시기

상대방에게 '도달한 때'로부터 그 효력이 생긴다(제111조 제1항). 청약자가 그 통지를 발송한 후 사망하거나 행위능력을 상실하여도 청약의 효력에는 영향이 없다(제2항).

2) 청약의 구속력

ⅰ) (원칙) 청약의 효력이 발생하면 이를 임의로 철회하지 못한다(제527조). 이를 '청약의 구속력'이라고 한다. ⅱ) (예외) 청약의 효력이 발생하기 전까지는 철회할 수 있고, 처음부터 철회할 수 있음을 유보한 경우, 승낙기간을 정하지 않은 대화자 사이의 청약의 경우 철회할 수 있다.

3) 승낙적격－청약의 존속기간

청약은 그것에 대한 승낙만 있으면 계약을 성립하게 하는 효력, 즉 승낙을 받을 수 있는 효력을 가지고 있는데, 이를 '승낙적격'이라고 한다. ① 승낙기간이 정해져 있는 경우에는 그 승낙기간 내에 '승낙의 통지를 받지 못한 때에' 청약은 그 효력을 잃는다(제528조 제1항). ② 승낙기간을 정하지 않은 때에는 승낙에 필요한 상당한 기간 내에 '승낙의 통지를 받지 못한 때에' 그 청약은 효력을 잃는다(제529조).

> (승낙기간의 예) 예컨대, 甲이 자신 소유의 X토지를 1억 원에 매도할 것을 乙에게 2016.8.8. 18:00까지 승낙기간을 정하여 청약한 경우, 乙이 그 날 18:58에 승낙의 통지를 하였다면 청약은 효력을 잃고, 계약은 성립하지 않는다.

2. 승낙

가. 의의

승낙이란 '청약에 대응하여 계약을 성립시킬 목적으로 청약자에 대해 행하는 수령자의 의사표시'를 말한다. 이때 청약의 상대방에게 청약을 받아들일 것인지 여부에 관하여 회답할 의무가 있는 것은 아니므로, 청약자가 미리 정한 기간 내에 이의를 하지 아니하면 승낙한 것으로 간주한다는 뜻을 청약시 표시하였다고 하더라도 그 회답이 없다고 하여 승낙한 것으로 되지는 않는다.

나. 요건

① (청약과 달리) '불특정 다수인'에 대한 승낙은 불허되며, '특정의 청약자'에 대해서만 할 수 있다. ② 승낙은 청약에 대한 '무조건적 동의'이어야 한다. 승낙자가 청약에 대하여 조건을 붙이거나 변경을 가하여 승낙한 때에는 그 청약의 거절과 동시에 새로 청약한 것으로 본다(제534조). 이 경우에는 청약자가 승낙을 하여야 계약이 성립한다.

> (조건이나 변경을 가한 승낙의 예) 예컨대, 甲이 자신 소유의 X토지를 1억 원에 매도할 것을 乙에게 청약하고, 乙이 甲으로부터 X토지를 9천만 원에 매수하겠다고 승낙한 경우가 변경을 가한 승낙으로 이는 乙이 승낙거절하고, 9천만 원에 매수하겠다는 새로운 청약으로 본다. 이 경우 甲이 9천에 매도하겠다는 승낙을 하면 계약이 성립한다.

다. 승낙의 효력

(승낙기간을 정한 경우) 청약자는 원칙적으로 승낙의 통지가 그 기간 내에 청약자에게 도달해야 계약이 성립한다. 다만 승낙의 통지가 승낙기간 후에 도달하였지만, 보통 기간 내에 도달할 수 있는 발송인 경우 청약자는 지체 없이 승낙자에게 연착의 통지를 하여야 한다(제528조 제2항 본문). 청약자가 연착의 통지를 하지 않는 경우는 승낙의 통지는 연착되지 않은 것으로 본다(제528조 제3항).

(관련사례) 甲은 乙에게 자신이 소유하고 있는 골동품을 1,000만 원에 팔려고 하였다. 그리하여 편지로 그러한 내용의 청약을 하면서 그에 대한 회답을 2015.10.10.까지 해달라는 말을 덧붙였다. 그리고 그 편지는 2015.9.15.에 발송되어 같은 달 17.에 乙에게 도착되었다. 한편 그러한 편지를 받은 乙은 10.5.에 청약을 받아들이겠다는 내용의 편지를 甲에게 발송하였다. 甲은 10.10.이 지나도 아무런 조치를 취하지 않았는데 乙의 편지가 10.12.에야 甲에게 도착하였다. 이 경우 甲과 乙 사이에 계약이 성립하는지 여부와 시기는?

[사례결론] 甲의 청약에는 승낙기간이 부가되어 있고, 乙의 승낙통지는 승낙기간인 10.10.을 도과한 10.12.에야 도착하였으므로 원칙적으로는 계약이 성립할 수 없을 것이다. 다만 사안의 경우 乙은 승낙의 통지를 통상 승낙기간 내에 도달이 가능하다고 볼 수 있는 10.5.에 발송하였고, 甲은 10.10.이 지나도록 지연의 통지나 연착의 통지를 하지 않았으므로 승낙은 그 효력이 있다. 사안은 甲의 지연 내지 연착의 통지가 없어 乙의 승낙이 지연 내지 연착되지 않은 것으로 보아야 하므로 계약은 乙의 승낙의 의사표시가 발송된 때인 10.5.에 성립한다고 할 것이다.

(승낙기간을 정하지 아니한 경우)에 계약의 청약은 청약자가 상당한 기간 내에 승낙의 통지를 받지 못한 때에는 그 효력을 잃는다(제529조).

(연착된 승낙의 효력) 이때 연착된 승낙의 효력은, 이미 정해진 승낙기간 또는 상당한 기간 이후에 도달한 승낙의 의사표시는 일정한 경우를 제외하면(제528조 제2항, 제3항), 그 자체가 승낙으로서 효력을 지니지 않지만, 새로운 청약으로서의 효력은 가질 수 있다(제530조).

라. 청약과 승낙의 합치

계약 성립을 위해 요구되는 의사의 합치는 당해 계약의 내용을 이루는 '모든 사항'에 관하여 있어야 하는 것은 아니나, 그 '본질적 사항'이나 '중요 사항'에 관하여는 구체적으로 의사의 합치가 있거나 적어도 장래 구체적으로 특정할 수 있는 기준과 방법 등에 관한 합의는 있어야 한다.

3. 계약의 성립시기

가. 격지자간의 계약성립시기

(계약성립시기의 예) 甲은 乙에게 자신이 소유하고 있는 골동품을 1,000만 원에 팔려고 하였다. 그리하여 편지로 그러한 내용의 청약을 하면서 그에 대한 회답을 2015.10.10.까지 해달라는 말을 덧붙였다. 이에 乙이 10.5.에 청약을 받아들이겠다는 승낙의 편지를 甲에게 발송하여 10.7.에 도달한 경우 계약은 10.5. 발송시 계약은 성립한다. 다만 승낙이 甲에게 도달하지 아니하면 계약은 성립하지 않는다.

1) 문제점

청약에 대한 승낙을 함으로써 계약이 성립한다. 따라서 계약의 성립시기는 곧 승낙의 효력발생시기이다. 그런데 제528조 제1항과 제529조는 도달주의(계약은 도달해야 승낙이 유효하다고 규정)를 취하고 있는 반면, 제531조는 격지자간의 계약에 관하여 발신주의(격지자간의 계약은 승낙의 통지를 발송한 때에 성립한다)를 규정하고 있는바, 양 조항의 관계에 비추어 언제 계약이 성립하는지 문제된다. 이에 대한 판례는 없기 때문에 학설에 의한다.

2) 학설의 대립

다수설은 거래의 신속을 도모하고자 하는 제531조의 입법취지에 비추어, 승낙의 통지를 발송한 때에 계약은 성립하며, 다만 그 통지가 청약기간 내에 도달하지 않는 경우에는 계약은 소급하여 성립하지 않는다는 해제조건설의 입장이다(⇨ 승낙적격이 있는 동안 승낙이 도달하면 계약은 승낙을 발송한 때 성립하고, 승낙이 도달하지 않으면 계약은 성립하지 않는다).

나. 대화자간의 계약성립시기

이에 대한 명문규정은 없으나, 의사표시의 일반원칙에 따라 승낙의 의사표시가 청약자에게 도달한 때에 계약이 성립한다고 본다.

Ⅲ 교차청약

당사자간에 동일한 내용의 청약이 상호 교차된 경우에는 양 청약이 상대방에게 '도달한 때'에 계약이 성립한다(제533조).

Ⅳ 의사실현에 의한 계약의 성립

(의사실현의 예) ① '청약자의 의사표시'가 있는 경우로는 ⅰ) 청약한 목적물의 제작을 시작하는 행위, ⅱ) 청약과 동시에 보내온 물건을 소비하거나 사용행위를 하는 때, ② '관습'의 경우에는 ⅰ) 유료주차장에 차를 주차시키는 행위, ⅱ) 슈퍼마켓에서 물건을 집는 행위, ⅲ) 버스나 택시 등에 승차하는 행위 등이 있을 때 계약은 성립한다.

의사실현이란 '승낙의 의사표시로 인정되는 사실'을 말한다. 민법은 「청약자의 의사표시나 관습에 의하여 승낙의 통지가 필요하지 아니한 경우에는, 계약은 승낙의 의사표시로 인정되는 사실이 있을 때에 성립한다(제532조)」고 규정하고 있다.

Ⅴ 제535조의 계약체결상 과실책임 – 원시적·객관적 전부불능

(계약체결상 과실책임과 신뢰손해의 예) 예컨대, 甲이 자신 소유의 건물을 1억 원에 매도할 것을 乙에게 청약하여, 乙이 승낙하여 계약이 성립되었다. 계약 체결 전에 乙은 위 건물이 하자가 없는지 확인하기 위해서 조

사비용으로 100만 원을 지출하였고, 계약체결 후 乙은 계약이 유효하게 체결되었다고 믿고, 중개사 丙에게 100만 원의 중개료를 지급하였다. 그런데 위 건물이 계약체결되기 전에 불이 나서 멸실된 것이 밝혀져서, 매매목적물이 원시적, 객관적 전부불능이 되어 매매가 무효가 되었다. 이때 乙은 甲에게 신뢰손해로 계약이 유효하게 체결되었다고 신뢰가 부여된 이후에 지출한 중개료 100만 원을 제535조에 의해 청구할 수 있으나, 건물조사비용은 계약체결이 좌절되어 어쩔 수 없다고 생각하고 지출한 비용이므로 이는 신뢰손해로 아니므로 청구할 수 없다.

1. 요건

가. 계약체결행위가 있었을 것

나. 계약 목적이 불능으로 무효일 것

계약 목적이 '원시적·객관적·전부' 불능이어서 그 계약이 무효이어야 한다.

다. 계약 체결시 배상의무자의 악의 또는 과실이 존재할 것

라. 계약 체결시 상대방은 선의·무과실일 것

2. 효과

가. 손해배상책임 – 제535조 제1항 전문

목적이 불능한 계약을 체결한 때에는 그 불능을 알았거나 알 수 있었을 자는 상대방에게 손해를 배상해야 한다.

나. 손해배상의 범위

신뢰이익의 손해, 즉 계약의 유효를 믿었음으로 인하여 받은 손해에 한정되며, 그 손해액은 이행이익의 손해액을 넘지 못한다(제535조 제1항 단서). 신뢰손해란 계약체결에 관한 확고한 신뢰가 부여된 이후에 지출한 비용으로, 그러한 신뢰가 없었더라면 통상 지출하지 아니하였을 비용 상당의 손해라고 할 것이며, 아직 계약체결에 관한 확고한 신뢰가 부여되기 이전 상태에서 계약교섭의 당사자가 계약체결이 좌절되더라도 어쩔 수 없다고 생각하고 지출한 비용(예컨대 경쟁입찰에 참가하기 위하여 지출한 제안서, 견적서 작성비용)은 여기에 포함되지 아니한다.

제1관 계약의 효력 일반

민법은 쌍무계약에 공통된 효력으로 동시이행의 항변권(제536조), 위험부담(제537조, 제538조), 제3자를 위한 계약(제539조~제542조)을 규정하고 있다. 쌍무계약이란 계약당사자가 서로 대가적 의미를 가지는 채무를 부담하는 계약을 말하는바, 쌍무계약에서 양 당사자가 서로 부담하는 급부의무는 대가적 관계에 있다. 이는 쌍무계약의 견련성(성립, 이행, 존속상의 견련성)으로 나타나다.
① 쌍무계약으로 발생한 일방의 채무가 원시적 불능 등으로 성립하지 않거나, 무효·취소된 경우에는 그 대가적 의미를 갖는 상대방의 채무도 성립하지 않는다(성립상의 견련성). ② 쌍무계약으로 발생한 각 채무는 상대방이 이행할 때까지 자기채무의 이행을 거절할 수 있는 관계가 있다(이행상의 견련성; 제536조 동시이행의 항변권). ③ 쌍무계약으로 발생한 일방의 채무가 채무자에게 책임 없는 사유로 급부불능이 되어 더 이상 존속하지 않으면 그와 대가관계에 있는 상대방의 채무도 원칙적으로 소멸한다(존속상의 견련성; 제537조, 제538조 위험부담).

제2관 동시이행의 항변권

1. 의의

'쌍무계약의 당사자 일방은 상대방이 그 채무의 이행을 제공할 때까지는 자기채무의 이행을 거절할 수 있는 권리'를 가지는바, 이를 '동시이행항변권'이라 한다(제536조).

> **(동시이행항변의 예)** 예컨대, A와 B 사이에 매매계약이 유효하게 성립한 경우, ⅰ) 매도인 A의 부동산의 인도 및 소유권이전등기의무와, ⅱ) 매수인 B는 매매대금지급의무가 있으며, 양자는 동시이행관계에 있다.
> 만일 이행기가 10.1.이라고 할 때 매도인 A가 B에게 매매대금의 지급을 청구하는 경우 B는 A가 소유권을 이전해 주면 동시에 매매대금을 지급하겠다고 주장하는 것을 동시이행항변이라고 한다. 이렇게 동시이행항변권이 있으면 B가 비록 이행기에 매매대금지급채무를 이행해주지 않아도 민법 제536조에 의해 위법성이 없다고 보는 것이다.
> 반대로 매수인 B가 A에게 소유권이전등기청구를 하는 경우 A는 B가 매매대금을 주면 동시에 소유권을 이전해 주겠다고 동시이행항변을 할 수있고, 이렇게 동시이행항변권이 있으면 A가 비록 이행기에 소유권이전등기를 해주지 않아도 민법 제536조에 의해 위법성이 없다고 본다.

> **(이행 또는 이행제공이 있는 경우)** 위 예에서 매수인 B가 A에게 이행기에 이미 매매대금을 이행 또는 이행제공을 하였다면 A는 동시이행항변을 할 수 없게 되므로, A가 이행기에 소유권이전등기를 해주지 않으면 위법성이 있게 된다. 반대 경우도 마찬가지이다. 즉, 동시이행항변권은 상대방이 이행제공이 있을 때까지 존속하며, 이행제공시 소멸한다.

2. 요건

동시이행항변권을 행사하기 위해서는 ① 쌍무계약에 기한 대가적 채무가 존재할 것(항변), ② 상대방의 채무가 변제기에 있을 것(항변), ③ 이행 또는 이행제공이 없을 것(재항변)을 요한다.

가. 쌍무계약에 기한 대가적 채무가 존재할 것

> (동산 매매)의 경우에는 매도인의 목적물인도의무와 매수인의 대금지급의무가,

> (부동산 매매)의 경우에는 매도인의 소유권이전등기의무 및 목적물인도의무와 매수인의 잔대금지급의무가 동시이행관계에 있다(등기된 부동산이나 미등기된 부동산 모두 동시이행관계가 인정된다). 이때 매수인이 매도인을 상대로 매매목적 부동산 중 '일부'에 대해서만 소유권이전등기의무의 이행을 구하고 있는 경우, 매도인은 매매잔대금 '전부'에 대하여 동시이행의 항변권을 행사할 수 있다.

나. 상대방의 채무가 변제기에 있을 것

가) **원칙:** 상대방의 채무가 변제기에 있어야 동시이행항변을 할 수 있고, 상대방의 채무는 아직 변제기에 있지 않고, 자기의 채무만 변제기에 있는 당사자는 동시이행항변권이 없다(제536조 제1항 단서)(예컨대 매매계약의 경우 매도인의 소유권이전의무와 매수인의 대금지급의무는 상환성이 인정되지만, 매수인의 중도금지급의무는 선이행의무이므로 동시이행항변권이 인정되지 않는다).

나) **예외**

(1) **상대방의 채무가 이행기에 달한 경우:** 선이행의무자가 이행하지 않고 있는 동안에 상대방의 채무가 이행기에 달한 경우에는 선이행의무자도 상대방의 청구에 대하여 동시이행항변을 할 수 있다.

> (중도금지급의무의 경우) 예컨대, 매수인이 선이행의무가 있는 중도금지급을 하지 아니한 채 잔대금지급일을 경과한 경우에는 ① 매수인의 i) 중도금 및 ii) 이에 대한 지급일 다음날부터 잔대금지급일까지의 지연손해금과 iii) 잔대금의 지급채무는 ② 매도인의 소유권이전등기의무와 동시이행관계에 있다. 따라서 매수인은 잔금지급기일 이후부터는 중도금을 지급하지 않아도 이에 따른 이행지체책임을 지지 않는다.

(2) **불안의 항변권–제536조 제2항:** 당사자 일방이 상대방에게 먼저 이행해야 할 경우에도 상대방의 이행이 곤란할 현저한 사유가 있는 때에는 자기의 채무이행을 거절할 수 있다.

다. 상대방의 이행 또는 이행제공이 없을 것–동시이행의 항변에 대한 재항변

① 제536조 제1항은 '당사자 일방은 상대방이 그 채무이행을 제공할 때까지' 자기 채무의 이행을 거절할 수 있다고 규정하고 있으므로 동시이행항변권은 상대방이 채무의 이행을 하거나 그 제공을 할 때까지 존속한다. 따라서 i) 상대방이 이행을 한 경우, ii) 상대방이 이행제공을 계속하고 있는 경우(계속적 이행제공)에는 동시이행항변권은 소멸하였으므로, 동시이행항변권은 인정되지 않는다. ② (증명책임) 부동산매매계약에서 i) 매수인의 소유권이전등기청구에 대하여 매도인이 잔대금 지급의 동시이행항변을 한 경우, '매수인'이 잔대금을 지급하였거나 이행의 제공을 하였음을 증명하여야 하며, ii) 반대로 매도인의 매매대금청구에 대하여 매수인이 소유권이전등기와 동시이행항변을 한 경우 '매도인'이 소유권이전등기를 하였거나 이행의 제공을 하였음을 증명해야 한다.

3. 효과

가. 행사의 효과

> **(동시이행항변의 예)** 예컨대, A와 B 사이에 매매계약이 유효하게 성립한 경우, ⅰ) 매도인 A의 부동산의 인도 및 소유권이전등기의무와, ⅱ) 매수인 B는 매매대금지급의무가 있으며, 양자는 동시이행관계에 있다. 만일 이행기가 10.1.이라고 할 때 매도인 A가 B에게 매매대금의 지급을 청구하는 경우 B는 A가 소유권을 이전해 주면 동시에 매매대금을 지급하겠다고 동시이행항변을 하면, 법원은 "피고는 B는 A로부터 소유권이전등기를 받음과 동시에 1억 원을 지급하라."는 상환이행판결을 해야 한다.

가) **이행거절 권능 - 권리저지항변:** 동시이행항변권은 '상대방의 채무이행이 있기까지 자신의 채무이행을 거절할 수 있는 권리'로서, 이러한 '이행거절 권능'이 주된 효력이다. 다만 '소송법상 항변'이기 때문에 소송에서 이를 '주장'해야 그 효력이 발생한다(변론주의의 사실의 주장책임). 따라서 동시이행항변권의 주장이 없는 한, ⅰ) 상대방의 청구권은 그대로 효력을 발생하며(상대방이 채무의 이행 또는 이행제공이 없더라도), ⅱ) 법원은 이 항변권의 존재를 고려할 필요 없이 상대방의 청구를 인용해야 한다.

나) **소송상의 효력:** 『원고가 제기한 이행청구소송에서 피고가 동시이행항변권을 주장하고, 동시이행항변이 이유 있는 경우에, 원고가 이행을 제공할 때까지 이행을 거절할 수 있기 때문에, 법원은 원고패소판결이 아니라, '피고는 원고의 이행과 상환으로 이행해야 한다'는 상환이행판결(원고일부승소판결)을 내려야 한다』.

나. 존재의 효과

가) **이행지체의 불성립:** 동시이행항변권을 가지는 채무자는 비록 이행기에 자신의 채무를 이행하지 않더라도 정당한 것으로 평가되어 위법성이 없기 때문에, 이행지체가 되지 않는다. 그 결과 이행지체를 전제로 한 손해배상책임이나 해제권 등이 발생하지 않는다. 이와 같은 효과는 이행지체책임이 없다고 주장하는 자가 반드시 동시이행의 항변권을 '행사'하여야만 발생하는 것은 아니며, '존재'만으로 발생한다.

> **(이행지체 불성립의 예)** 예컨대, A와 B 사이에 매매계약이 유효하게 성립한 경우, ⅰ) 매도인 A의 부동산의 인도 및 소유권이전등기의무와, ⅱ) 매수인 B는 매매대금지급의무가 있으며, 양자는 동시이행관계에 있다. 만일 이행기가 10.1.이라고 할 때 매도인 A가 B에게 매매대금의 지급을 청구하는 경우 B는 A가 소유권을 이전해 주면 동시에 매매대금을 지급하겠다고 주장하는 것을 동시이행항변이라고 한다. 이렇게 동시이행항변권이 있으면 B가 비록 이행기에 매매대금지급채무를 이행해주지 않아도 민법 제536조에 의해 위법성이 없다고 보므로 이행지체가 되지 않는다. 즉, 당사자 쌍방이 모두 이행의 제공을 하지 않고서 이행기를 경과한 때에는, 그 이후 쌍방의 채무는 동시이행관계에 있게 되어 '기한의 정함이 없는 채무'로서, 일방이 자기의 채무이행을 제공하고 상대방에 대하여 이행의 최고를 함으로써 상대방은 이행지체에 빠지게 된다.

나) **동시이행항변권이 붙은 채권을 자동채권으로 하는 상계금지:** '동시이행항변권이 붙어 있는 채권은 이를 자동채권'으로 하여 상계하지 못한다(제492조 제1항 단서). 이를 허용하면 상대방은 이유 없이 동시이행항변권을 잃기 때문이다. - 상계에서 전술함

제3관 위험부담

I 서설

1. 위험의 개념

'위험'이란 '당사자 쌍방의 책임 없는 사유로 급부가 불능이 된 경우에 발생한 불이익'을 말하는데, 물건의 위험(급부위험)과 대가의 위험(반대급부의 위험)으로 나뉜다.

2. 물건의 위험부담

물건의 위험이란 '물건이 멸실됨으로써 이를 인도받지 못하는 불이익'을 말한다. ① (특정물매매)의 경우 계약체결 전에는 채무자(매도인)가 물권의 위험을 부담하지만, '계약체결 후' 물건이 멸실되면 채권자(매수인)는 채무자(매도인)에게 그 물건의 이행을 청구하지 못하는데 이를 두고 물건의 위험이 채무자(매도인)에게서 채권자(매수인)에게 이전된다고 한다. ② (종류물매매)의 경우 특정되기 전에 물건이 멸실하면 채권자(매수인)는 여전히 채무자(매도인)에게 물건의 이행을 청구할 수 있는데 이때 채무자(매도인)가 물건의 위험을 부담한다고 하며, '특정된 이후' 물건이 멸실되면 채권자(매수인)는 채무자(매도인)에게 물건의 이행을 청구할 수 없는데 이를 두고 물건의 위험이 채무자에게서 채권자에게 이전된다고 한다. – 전술함

3. 대가의 위험부담 – 반대급부위험

대가의 위험(반대급부의 위험)이란 '물건의 멸실로 인하여 물건을 인도하지 못함으로써 그 반대급부인 대가를 받지 못하는 불이익'을 말한다. 예컨대, 특정물매매에서 계약체결 후 물건이 멸실된 경우, 물건의 위험은 채권자(매수인)가 부담한다. 이때 ① 채무자(매도인)가 채권자(매수인)에게 매매대금(반대급부)의 지급을 청구할 수 있으면 채권자(매수인)가 대가위험(반대급부의 위험)을 부담한다고 하고, ② 청구할 수 없으면 채무자(매도인)가 대가위험(반대급부의 위험)을 부담한다고 한다.

II 대가의 위험부담

1. 입법주의 및 민법의 태도

① 채무자위험부담주의, ② 채권자위험부담주의, ③ 소유자주의, ④ 분담주의가 있다. 우리 민법은 제537조에서 원칙적으로 '채무자위험부담주의'를 채택하고 있으며, 제538조에서 예외적으로 '채권자위험부담주의'를 채택하고 있다.

2. 채무자위험부담주의

> (채무자위험부담주의의 예) 예컨대, 매도인 甲과 甲 소유의 토지에 대해서 乙 사이에 매매계약이 유효하게 성립한 경우, 국가가 위 토지를 강제수용하여 채무자 甲과 채권자 乙의 귀책사유 없이 채무자 甲의 채권자 乙

에 대한 소유권이전등기의무가 이행불능된 경우, 채무자 甲의 토지인도의무는 면하고, 甲은 채권자 乙에 대해서 매매대금반환청구를 할 수 없다. 서로 이행한 것이 없다면 매매계약은 소멸하며, 이미 이행한 것이 있는 경우는 부당이득으로 반환청구할 수 있다. 이때 채무자가 매매대금지급을 청구할 수 없다고 하여 채무자 위험부담주의라고 한다.

쌍무계약의 당사자 일방의 채무가 당사자 쌍방의 책임 없는 사유로 이행할 수 없게 된 때에는 채무자는 상대방의 이행을 청구하지 못한다(제537조). **판례**는『ⅰ) 쌍무계약에서 당사자 쌍방의 귀책사유 없이 채무가 이행불능된 경우, ⅱ) 채무자는 급부의무(물건인도의무)를 면함과 더불어 반대급부(매매대금)도 청구하지 못하므로, ⅲ) 쌍방 급부가 없었던 경우에는 계약관계는 소멸하고(매매계약은 소멸), ⅳ) 이미 이행한 급부는 법률상 원인 없는 급부가 되어 부당이득의 법리에 따라 반환청구할 수 있다』고 본다.

3. 채권자위험부담주의

가. 제538조 제1항 제1문

> **(채권자위험부담주의 중 제538조 제1항 제1문의 예)** 예컨대, 매도인 甲과 甲 소유의 건물에 대해서 乙 사이에 매매계약이 유효하게 성립한 후, 채권자인 매수인이 건물을 살펴보면서 담배를 피우다 과실로 불이 붙는 바람에 건물이 소실된 경우와 같이 채권자의 귀책사유에 의하여 급부가 불능이 된 경우에는, 채무자 甲의 건물인도의무는 면하나, 甲은 채권자 乙에 대해서 매매대금지급청구를 할 수 있다. 이때 채권자가 매매대금을 지급해야 하므로 채권자위험부담주의라고 한다.

채권자의 귀책사유에 의하여 급부가 불능이 된 경우에 채무자는 그 물건인도채무를 면하지만, 채권자에 대한 반대급부청구권(매매대금청구권)을 상실하지는 않는다(제538조 제1항 제1문).

나. 제538조 제1항 제2문

> **(채권자위험부담주의 중 제538조 제1항 제2문의 예)** 예컨대, 매도인 甲과 甲 소유의 건물에 대해서 乙 사이에 매매계약이 유효하게 성립한 후, 이행기에 매도인 甲이 건물의 소유권과 점유의 이행제공을 하였으나, 채권자인 매수인이 매매대금을 마련하지 못하여, 건물의 수령을 지체하던 중 옆건물에 불이 붙는 바람에 甲 소유의 건물이 소실된 경우와 같이 채권자의 수령지체 중 쌍방의 책임 없는 사유로 급부가 불능이 된 경우에는, 채무자 甲의 건물인도의무는 면하나, 甲은 채권자 乙에 대해서 매매대금지급청구를 할 수 있다. 이때 채권자가 매매대금을 지급해야 하므로 채권자위험부담주의라고 한다.

수령지체 중에 당사자 쌍방의 책임 없는 사유로 급부가 불능이 된 경우에 채무자는 그 물건인도채무를 면하지만, 채권자에 대한 반대급부청구권을 상실하지는 않는다(제538조 제1항 제2문).

다. 제538조 제2항 – 채무자의 이익상환의무

> **(제538조 제2항의 예)** 예컨대, 매도인 甲과 甲 소유의 건물에 대해서 乙 사이에 1억 원에 매매계약이 유효하게 성립한 후, 이행기에 매도인 甲이 건물의 소유권과 점유의 이행제공을 하였으나, 채권자인 매수인이 매매대금을 마련하지 못하여, 건물의 수령을 지체하던 중 옆건물에 불이 붙는 바람에 甲 소유의 건물이 소실된

경우와 같이 채권자의 수령지체 중 쌍방의 책임 없는 사유로 급부가 불능이 된 경우에는, 채무자 甲의 건물 인도의무는 면하나, 甲은 채권자 乙에 대해서 1억 원의 매매대금지급청구를 할 수 있다. 이때 매도인 甲이 화재보험금 5천만 원을 받게 되는 경우 제538조 제2항에 의해 이를 채권자 乙에게 상환하여야 한다. 따라서 乙은 5천만 원을 지급하면 된다.

채무자는 자기의 채무를 면함으로써 얻은 이익을 채권자에게 상환하여야 한다(제538조 제2항). 당해 이익에는 적극적으로 얻은 이익뿐만 아니라 소극적으로 지출하지 않게 된 비용도 포함된다.

Ⅲ 위험의 이전

1. 의의

(위험의 이전의 예) 예컨대, 매도인(채무자) 甲이 매수인(채권자) 乙에게 물건을 매도하고, 이행기에 물건을 인도해 준 후, 물건이 멸실된 경우 매수인 乙은 물건을 다시 인도해 달라고 청구할 수 없으므로 물건의 위험을 부담하고, 乙은 물건의 매매대금을 지급해야 하므로 대가위험도 부담하는데, 이런 상태를 위험이 채권자 乙에게 이전되었다고 한다.

'위험부담'은 채무자에게 채무가 있는 상태에서 문제되는 것이고, '위험'은 채무자가 채무의 이행을 마친 후에 물건이 멸실된 경우와 같이 물건의 위험과 대가의 위험 모두 채권자에게 이전되는 것을 말한다. 다만, 구체적으로 언제 위험이 이전되는지가 문제된다.

2. 매매에서의 위험의 이전시기

가. 목적물이 동산인 경우

1) 원칙
동산의 경우 위험은 '인도'로써 상대방에게 이전된다. 인도에는 현실인도, 점유개정, 간이인도, 반환청구권 양도가 모두 포함된다.

2) 소유권유보부매매인 경우 – 후술함
동산 소유권유보부매매의 경우 동산 인도 시에 위험이 매수인에게 이전하므로, 매수인이 인도 받은 후 대금 완납 전에 쌍방의 귀책사유 없이 목적물이 멸실된 경우 매수인은 매도인에게 다른 동산의 인도를 청구할 수 없으나, 매매잔대금은 지급해야 한다.

나. 목적물이 부동산인 경우
부동산의 경우 위험의 이전시기가 소유권이전등기 시인지, 목적물의 인도 시인지 문제된다. ① 매수인이 '등기를 이전' 받으면 물건에 대한 '법적인 지배권'을 취득하게 되고, ② 목적물을 '인도' 받으면 '목적물에 대한 지배가능성'을 갖게 되므로, ③ 둘 중 어느 하나라도 있으면 매수인에게 위험이 이전한다고 보아야 한다.

제4관 제3자를 위한 계약

I 서설

1. 의의

> **제539조【제3자를 위한 계약】** ① 계약에 의하여 당사자 일방이 제3자에게 이행할 것을 약정한 때에는 그 제3자는 채무자에게 직접 그 이행을 청구할 수 있다.
> ② 전항의 경우에 제3자의 권리는 그 제3자가 채무자에 대하여 계약의 이익을 받을 의사를 표시한 때에 생긴다.

> **(제3자를 위한 계약의 예)** 예컨대, 甲이 乙에게 물건을 매도한 경우, 매도인 甲은 소유권이전등기의무를, 매수인은 대금지급의무를 부담하는데 매도인 甲이 소유권이전등기는 乙에게 해주면서 매매대금은 제3자인 丙에게 이전해줄 것을 요구하고, 乙이 이를 승낙하는 경우를 말한다. 이때 甲을 요약자, 乙을 낙약자, 丙을 수익자라고 하며, 甲과 乙과의 관계는 기본관계, 甲과 丙과의 관계를 대가관계, 乙과 丙과의 관계를 수익관계라고 한다.

제3자를 위한 계약이란 '계약에 의하여 당사자 일방이 제3자에게 이행할 것을 약정하는 것'을 말한다.

2. 삼면관계

가. 기본관계 – 보상관계

요약자와 낙약자의 관계를 말한다. 이는 계약의 본질적 내용을 이루므로 그 하자는 계약의 효력에 영향을 미치고, 낙약자는 기본관계상의 항변으로 수익자에게 대항할 수 있다(위 예에서 요약자 甲과 낙약자 乙과의 관계는 기본관계이고, 낙약자의 채무는 기본관계로부터 발생하기 때문에 기본관계는 제3자를 위한 계약의 본질적 요소가 되므로, 낙약자 乙은 동시이행항변 등 기본관계상의 항변으로 수익자 丙에게 대항할 수 있다).

나. 대가관계 – 원인관계

요약자와 수익자의 관계를 말한다. 대가관계는 제3자를 위한 계약의 내용이 아니므로 계약의 성립이나 효력에 영향이 없다(위 예에서 요약자 甲과 수익자 丙과의 관계가 대가관계이고, 수익자 丙은 낙약자 乙에게 대가관계상 항변으로 대항할 수 없다).

다. 수익관계

낙약자와 제3자의 관계이며 둘 사이에는 계약이 존재하지 않는다. 다만 제3자는 수익의 의사표시를 낙약자에게 하여야 하며(제539조 제2항), 그때 비로소 제3자는 낙약자에 대해 급부청구권을 가지며 이를 행사할 수 있다(위 예에서 낙약자 乙과 수익자 丙과의 관계를 수익관계라고 한다).

Ⅱ 성립 요건

1. 요약자와 낙약자 간에 유효한 계약의 성립

요약자와 낙약자 간에 유효한 계약이 성립해야 한다(기본관계). 기본관계가 무효·취소 또는 해제되면 제3자는 채권을 취득하지 못하고, 낙약자는 기본관계에 기한 항변으로 제3자에게 대항할 수 있다.

2. 제3자 약관의 존재

요약자와 낙약자 간의 계약의 내용으로, '제3자에게 직접적으로 권리를 취득시키려는 제3자 약관'이 포함되어 있어야 한다.

3. 제3자의 특정

제3자를 위한 계약 당시 수익자를 '특정'할 수 있어야 한다. 이때 제3자는 계약 당시 '현존'하지 않아도 되므로 '태아'나 '성립 전의 법인' 등을 위한 계약도 유효하다. 다만, '수익의 의사표시'를 할 때에는 제3자가 현존, 특정되어 있어야 한다.

Ⅲ 효과

1. 요약자와 낙약자의 관계 – 기본관계

가. 낙약자의 요약자에 대한 권리

① 낙약자는 기본관계에 따른 채권을 취득한다. ② 낙약자는 요약자의 채무불이행을 이유로 계약을 해제할 수 있다. 이 경우 제3자의 동의를 요하지 않는다.

나. 요약자의 낙약자에 대한 권리

요약자는 낙약자에 대하여 제3자에게 채무를 이행할 것을 청구할 수 있다. 이는 수익자의 낙약자에 대한 권리와는 별개의 권리이다. 따라서 낙약자의 채무불이행이 있는 경우 '수익자'뿐만 아니라 '요약자'도 낙약자에 대해서 손해배상을 청구할 수 있다.

2. 요약자와 수익자의 관계 – 대가관계

대가관계가 무효·취소·해제된 경우 제3자를 위한 계약에는 영향이 없다. 따라서 요약자가 낙약자에 대해 자신에게 이행할 것을 청구할 수 있게 되는 것은 아니고, 요약자는 수익자에게 부당이득반환청구를 할 수 있을 뿐이다.

3. 수익자(제3자)와 낙약자 사이의 법률관계 – 수익관계

가. 제3자의 권리 취득 – 제539조 제2항

제3자가 낙약자에 대하여 수익의 의사표시를 하면 직접 낙약자에 대하여 권리를 취득한다(다만 수익의 의사표시는 제3자가 권리를 취득하기 위한 요건이지, 제3자를 위한 계약의 성립요건은 아님을 주의). 낙약자는 제3자에 대하여 상당한 기간을 정하여 계약의 수익 여부의 확답을 최고할 수 있고 그 기간 내에 확답이 없으면 제3자가 수익을 거절한 것으로 본다(제540조).

나. 낙약자의 항변 – 제542조

① 낙약자는 '기본관계'에 기한 항변으로 수익자에게 대항할 수 있다. 이때 수익자는 민법상의 제3자 보호규정(제107조~제110조)에서 말하는 제3자에 해당하지 않는다. (수익의 의사표시를 한 것만으로는 실질적으로 새로운 이해관계를 맺은 것으로 볼 수 없기 때문이다.) 그러나 제3자의 권리가 발생한 후에는 당사자(요약자와 낙약자)는 그들의 합의에 의하여 이를 변경 또는 소멸시키지 못하기 때문에(제541조), 그로 인한 사유로는 낙약자가 제3자에게 대항할 수 없다(예컨대, 제3자가 수익의 의사표시를 한 뒤에는 낙약자가 요약자와 기본관계를 합의해제하였더라도 이로써 수익자에게 대항하지 못한다). ② 그러나, 낙약자는 '대가관계'에 기한 항변으로 수익자에게 대항하지 못한다. 대가관계의 효력은 기본관계나 제3자를 위한 계약의 성립이나 효력에 영향을 미치지 아니하기 때문이다.

다. 낙약자의 채무불이행

'수익자'는 ① 낙약자에 대해 채무불이행을 원인으로 한 손해배상을 청구할 수 있다. ② 그러나 계약당사자가 아니므로 직접 계약을 해제할 수는 없다. 해제권은 계약당사자인 요약자만 갖는다.

제4절 | 계약의 해제와 해지

제1관 서설

Ⅰ 의의 및 법적 성질

> (해제와 해지의 예) 예컨대, ① 甲이 乙에게 물건을 매도한 경우, 이행기에 매도인 甲이 소유권이전등기의무를 이행지체한 경우, 매수인 乙이 위 매매계약을 해제한다는 의사표시를 하면, 매매계약시로 소급해서 무효가 된다. ② 계속적 계약인 임대차계약에서 임차인이 2번에 걸쳐서 월세지급의무를 연체한 경우 임대인은 임대차계약을 해지할 수 있다. 해지의 의사표시가 도달하면 그때부터 장래적으로 임대차계약은 효력이 없게 된다.

① '해제'란 유효하게 성립한 계약(일시적 계약)을 채무불이행 등 사유가 있는 때에 일방적 의사표시로 소급적으로 소멸시키는 형성권을 말하고, ② '해지'란 유효하게 성립한 계약(계속적 계약)을 일방적 의사표시로 장래를 향해 소멸시키는 형성권을 말한다.

Ⅱ 해제의 종류 – 해당부분에서 후술함

① 당사자가 미리 계약에 의하여 유보한 '약정해제권', ② 약정해제권의 일종인 해약금 해제, ③ 채무불이행이 있는 경우 법률규정에 의하여 주어지는 '법정해제권', ④ 당사자 사이의 청약과 승낙에 의한 '합의해제권'이 있다.

Ⅲ 해제와 구별되는 유사제도

1. 합의해제와 구별 – 후술함

2. 실권약관과 구별 – 후술함

3. 해제조건과 구별

해제조건은 '계약의 당사자가 정한 조건(주로 채무불이행)이 성취되면 계약이 자동적으로 실효되는 것으로 정한 경우'로서, 즉 해제의 의사표시가 없이도, 조건의 성취라는 사실만으로 '장래'를 향해 계약이 실효되는 점에서 해제와는 다르다(해제는 해제권을 행사해야 비로소 그 효력이 발생하며, '소급'하여 실효된다).

4. 취소와 구별

① (같은 점) 권리자의 일방적 의사표시에 의해 법률행위의 효력을 소급적으로 소멸케 하는 점에서 취소와 해제는 같다. ② (차이점) ⅰ) (적용범위) 해제는 계약에 특유한 제도인 데 비해, 취소는 계약에 한하지 않고 모든 법률행위에서 인정되며, ⅱ) (발생원인) 취소권은 제한능력·착오·사기강박에 의한 의사표시를 이유로 법률의 규정에 의해 발생하지만, 해제는 당사자의 약정과 채무불이행 기타의 사유를 원인으로 하는 법률의 규정에 의해 발생하며, ⅲ) (효과) 취소의 경우에는 부당이득에 의한 반환의무가 발생하지만, 해제의 경우에는 원상회복의무와 손해배상의무가 발생하는 점이 다르다.

5. 철회와 구별

철회는 '의사표시가 확정적으로 효력을 발생하기 전에 장래에 향하여 소멸시키는 것'을 말한다. 해제나 철회가 단독행위인 점에서는 같지만, 철회의 사유가 다르며, 해제는 이미 그 계약이 효력을 발생한 것을 소급하여 실효시키는 점에서 철회와 다르다(예컨대, 민법 제16조에서 제한능력자의 상대방은 제한능력자와의 계약을 철회할 수 있다. 이렇게 철회하면 장래적으로 계약의 효력이 소멸한다).

제2관 약정해제권

Ⅰ 서설

1. 의의

> **(약정해제권의 예)** 예컨대, 토지거래허가구역 내의 토지에 관하여 매매계약을 체결하면서 1년 후 잔금지급기일까지 허가구역의 지정이 풀리지 않으면 위 매매계약을 해제하기로 약정하는 경우가 그 예이다. 위 경우 1년 후 허가구역의 지정이 풀리지 않으면 매수인은 유보된 해제권을 행사하여 매매계약을 해제할 수 있다.

당사자는 계약에 의하여 일정한 경우 해제권이 발생하는 것으로 약정할 수 있는데(제543조 제1항 참조), 이를 '약정해제권'(해제권 유보)이라고 한다.

2. 해약금의 약정해제권의 추정 – 후술함

'해약금'이란 '채무불이행과 상관없이 당사자 일방이 이행에 착수할 때까지 교부자는 이를 포기하고 수령자는 그 배액을 상환하여 매매계약을 해제할 수 있는 권리를 유보하고 수수되는 금전 등'을 말한다. 매매계약을 체결하면서 계약금만 교부된 경우 제565조 제1항은「당사자 간에 다른 특약이 없는 한, 당사자의 일방이 이행에 착수할 때까지 교부자는 이를 포기하고 수령자는 그 배액을 상환하여 매매계약을 해제할 수 있다」고 규정하여 해제권을 유보한 것으로 추정한다.

Ⅱ 해약금에 기한 해제권 행사의 요건

해약금에 기한 해제권을 행사하기 위해서는 ① 계약금을 교부하였을 것, ② 다른 약정이 없을 것, ③ 당사자 일방이, ④ 이행에 착수하기 전에, ⑤ 교부자는 포기, 수령자는 배액상환할 것, ⑥ 해제의사표시가 도달할 것을 요한다.

1. 금전 기타 물건을 계약금 등 명목으로 교부할 것

계약금은 다른 약정이 없는 한 해약금으로 추정된다. 계약금 계약은 '요물계약'이므로 계약금이 지급되어야 계약금 계약이 성립한다. 계약금이 일부만 지급된 경우 해약금 해제를 할 수 있는지 문제된다.

> **(계약금이 전부 지급된 경우의 예)** 예컨대, 甲은 자신 소유의 X 토지를 乙에게 2억 원에 매도하면서 계약금을 2천만 원, 잔금을 1억 8천만 원으로 약정하면서 乙로부터 계약금 2천만 원을 받았다. 계약금이 2천만 원 전부가 교부되었으므로 계약금계약이 성립하였다. 따라서 乙은 계약금을 포기하고 계약을 해제할 수 있고, 甲은 乙로부터 수령한 2천만 원의 배액인 4천만 원을 제공하고 매매계약을 해제할 수 있다.

> **(계약금이 일부 지급된 경우의 예)** 위 매매계약 당시 甲은 계약금 중 1천만 원을 받으면서 나머지 계약금의 지급을 1주일간 유예해 주었다. 위 매매계약이 있은 다음 날 X토지의 거래가격이 4억 원으로 급등하자, 甲

은 乙에게 2천만 원을 제공하면서 위 매매계약의 해제를 통고하였다. 위 매매계약은 해제되었는가? 사안에서 甲과 乙은 계약금을 2천만 원으로 약정하였으나 매매계약 당시에는 계약금 1천만 원만 교부되었으므로 아직 계약금계약이 성립하지 않았다. 따라서 사안의 경우 계약금계약이 성립되지 않았으므로 甲이 乙로부터 수령한 1천만 원의 배액인 2천만 원을 제공했다고 하더라도 매매계약은 해제되지 않는다. 이때 약정계약금 2천만 원의 배액인 4천만 원을 제공하고 매매계약을 해제할 수 있다.

2. 당사자 사이에 다른 약정이 없을 것 – 위약금 약정과 해약금 추정의 관계

(위약금 약정이 있는 경우의 예) 예컨대, 甲은 자신 소유의 X 토지를 乙에게 2억 원에 매도하면서 계약금을 2천만 원, 잔금을 1억 8천만 원으로 약정하면서 乙로부터 계약금 2천만 원을 받으면서, 「교부자가 채무불이행시 수령자는 계약금을 몰수하고, 수령자가 채무불이행시 교부자에게 배액상환」이라는 위약금 약정이 있는 경우, 이행의 착수 전에는 계약금을 포기하거나, 배액상환하여 계약을 해제할 수 있다. 그러나 이행착수 후에는 해약금 해제는 할 수 없고, 교부자인 乙의 위약시 계약을 몰수하고, 수령자 甲의 위약시 배액상환해야 한다. 즉, 이행착수 전에는 해약금의 성질을 갖고, 착수 후에는 위약금의 성질을 갖는다.

가. 문제점

제565조 제1항에 의하면 계약금은 '다른 약정'이 없으면 해약금으로 추정된다. 그런데 계약금이 위약금의 성질을 갖는 경우, 즉 계약금을 수수하면서 「교부자가 채무불이행시 수령자는 계약금을 몰수하고, 수령자가 채무불이행시 교부자에게 배액상환」이라는 위약금 약정이 있는 경우, 위 약정을 제565조 제1항의 '다른 약정'에 포함된다고 보아 해약금의 성질을 배제하는 것인지 문제된다.

나. 판례의 입장

판례는 『위약금의 약정이 있는 경우에는 그 계약금은 제398조 제1항의 손해배상액의 예정의 성질을 가질 뿐만 아니라, 제565조의 해약금의 성질도 가진다』고 하여, '병존긍정설'의 입장이다.

3. '당사자의 일방'

판례는 『'당사자의 일방'이라는 것은 매매 쌍방 중 어느 일방을 말하는 것이고, '상대방'으로 국한되지 않으므로 스스로 이미 이행에 착수한 당사자도 역시 계약을 해제하지 못한다』고 한다.

4. '이행에 착수'할 때까지

'이행에 착수'한다는 것은 객관적으로 외부에서 인식할 수 있을 정도로 '채무의 이행행위의 일부'를 행하거나 또는 이행을 하는 데 필요한 '전제행위'를 하는 것을 말한다(**판례**). 따라서 단순히 '이행의 준비만'으로는 부족하나, 반드시 계약 내용에 들어맞는 이행 제공의 정도까지 이르러야 하는 것은 아니다.

5. 교부자는 포기하고 수령자는 배액 상환

① '교부자'가 해제의 의사표시를 한 경우에는 당연히 계약금 포기의 효력이 생기므로 계약금 포기의 의사

표시를 별도로 할 필요는 없다. ② '수령자'가 해제의 의사표시를 한 경우에는 계약금의 배액을 현실로 제공하여야 한다.

6. 해제의 의사표시와 도달

계약해제의 의사표시를 해야 하며, 의사표시가 '도달'되어야 한다.

Ⅲ 해제의 효과

① 계약을 소급적으로 소멸시키지만, 이행의 착수 전에만 가능하므로 원상회복의무는 인정될 여지가 없다. ② 채무불이행을 이유로 한 해제가 아니므로 손해배상청구권도 인정되지 아니한다.

제3관 법정해제권

Ⅰ 해제 요건

1. 이행지체에 의한 해제권의 발생

> (이행지체로 인한 해제의 예) 예컨대, 甲은 자신 소유의 X 토지를 5.1. 乙에게 2억 원에 매도하면서 10.1. 이행하기로 하였다. 이행기인 10.1.에 甲은 乙에게 소유권이전등기를 제공하면서 매매대금의 이행청구를 하였다(이때 이행제공은 완전한 이행의 제공이 있어야 한다). 이에 乙이 이행를 지체하자 甲은 10.7.까지 이행의 최고를 하였다. 甲은 최고기간 동안 등기를 이행준비를 해두었다(이때 이행제공은 이행의 준비만 있으면 된다). 이때 乙이 10.7.까지 이행을 하지 않으면, 甲에게 해제권이 발생한다. 이에 甲이 10.10. 해제의 의사표시를 하고 (이때는 이행의 제공을 하지 않아도 된다), 乙에게 도달하면 계약은 해제되어 소급적으로 무효가 된다.

가. 이행지체를 원인으로 한 계약 해제의 요건

이행지체를 원인으로 계약이 해제되기 위해서는 ① 이행지체가 있을 것, ② 채권자가 상당한 기간을 정하여 이행을 최고할 것, ③ 최고기간 내에 이행되지 아니하였을 것, ④ 해제의 의사표시와 그 도달이 있을 것을 요한다(제544조).

나. 요건 검토

1) 이행지체가 있을 것

이행지체가 성립하기 위해서는 ① 채무의 이행기가 도래하였을 것, ② 채무의 이행이 가능함에도 이행하지 아니하였을 것, ③ 채무자의 귀책사유가 있을 것, ④ 위법할 것을 요한다.

2) 상당한 기간을 정하여 이행을 최고할 것

채권자는 ⅰ) 처음에 채무자를 이행지체에 빠뜨리게 하려면 이행의 제공을 해야 하고 이때 이행제공의 정도는 '완전한 이행제공'이 있어야 한다. ⅱ) 그 후 상당기간을 정하여 이행을 최고하는 동안에도 이행의 제공을 해야 하며, 이때 이행제공의 정도는 자신의 반대채무의 '이행준비만'으로 된다고 본다. iii) 이행최고 기간 경과 시 해제권이 발생하면, 그 이후에 해제권을 행사하는 때에는 다시 이행제공을 할 필요는 없다.

3) 최고기간 내에 이행되지 아니하였을 것

최고기간 동안 이행하지 않으면 최고기간 경과 시 해제권이 발생한다. 다만 해제권을 행사해야 계약이 실효되며, 해제권을 행사하지 않으면 계약이 실효되는 것은 아니므로, 해제권이 발생한 후에도 채무자가 해제의 의사표시가 있기 전에 채권자에게 원래의 채무 및 그에 대한 지연손해금채무를 이행제공하면 해제권은 소멸한다.

4) 해제의 의사표시와 그 도달

당사자가 계약을 해제할 권리가 있는 때에는 그 해제는 상대방에 대한 의사표시로 한다(제543조 제1항). **판례**는『최고의 기간 내에 이행이 없으면 계약은 당연히 해제된다는 뜻을 표시하는 최고는 이행청구와 동시에 기간 내에 이행이 없는 것을 정지조건으로 하여 미리 해제의 의사를 표시하고 있는 것으로 보아야 하며, 그것은 기간의 경과 후에 다시 해제의 의사표시를 하는 것에 비하여 채무자에게 불이익을 주지 않으므로 유효하다』고 본다. 이때 채무이행 없이 최고기간이 경과하면 해제의 의사표시 없이 바로 해제의 효과가 발생한다.

2. 이행불능에 의한 해제권의 발생

이행불능을 이유로 계약을 해제하기 위해서는 ① 채권이 성립한 후 이행이 불능으로 되었을 것, ② 해제의 의사표시가 있고, 도달되었을 것을 요한다(제546조). 이행지체와는 달리 계약의 목적 달성이 불가능하므로 '이행기'를 기다릴 필요가 없고, '최고'를 요하지 않는다.

3. 불완전이행에 의한 해제권의 발생

채무불이행의 유형으로 불완전이행을 인정하는 이상 민법의 규정이 없더라도 불완전이행으로 계약의 목적이 달성할 수 없는 경우에는 해제권이 발생한다고 본다.

4. 이행거절에 의한 해제권 발생

채무자가 이행기가 도래하기 이전에 이행거절의사를 밝히는 경우에는 '이행기의 도래여부'와 관계없이 계약을 해제할 수 있으며, 당사자 쌍방의 채무가 그 이행기를 모두 도과한 후 일방의 이행거절이 있으면 자기채무의 '이행제공'이나 '최고' 없이 계약을 해제할 수 있다.

5. 채권자지체에 의한 해제권의 발생 – 채총 채권자지체에서 전술

6. 사정변경의 원칙에 의한 해제권의 발생 – 민총 사정변경의 원칙에서 전술

7. 담보책임에 의한 해제권의 발생 – 채각 담보책임에서 후술

Ⅱ 해제권의 행사

1. 해제의 의사표시

① (해제권자) 해제권이 발생한 경우에도, 이를 행사할 것인지 여부는 해제권자의 자유이다. 해제권은 계약 자체로부터 발생하는 권리이므로 계약당사자 또는 그 지위를 승계한 자만이 행사할 수 있다. ② (해제의 의사표시) 행사의 방법은 해제권을 행사하는 경우에는 상대방에 대한 의사표시로써 한다(제543조 제1항). 따라서 상대방에게 도달한 때로부터 그 효력이 생긴다.

2. 해제권 행사의 불가분성

가. 해제권 행사의 불가분성 – 임의규정

「당사자의 일방 또는 쌍방이 수인인 경우에는 계약의 해지나 해제는 그 전원으로부터 또는 전원에 대하여 하여야 한다」(제547조 제1항). 즉, 당사자 일부에 대해서만 해제의 의사표시를 한 경우에는 그 자에 대해서조차도 해제의 효과가 발생하지 않는다. 이때 '전원'의 의미는 반드시 공동으로 동시에 행사하여야 한다는 의미는 아니다. 순차적으로 행사했을 때 마지막 자에 대한 해제의 의사표시가 행하여진 경우에 비로소 해제의 효과가 발생한다.

나. 해제권 소멸에 있어서 불가분성

「해지나 해제의 권리가 당사자 1인에 대하여 소멸한 때에는 다른 당사자에 대하여도 소멸한다」(제547조 제2항). 즉, 해제권을 가진 자 측이 수인인 경우 1인의 당사자에 대하여 해제권이 소멸하면 다른 당사자의 해제권도 소멸한다.

Ⅲ 해제의 효과

1. 해제의 효과에 관한 이론구성 – 직접효과설

판례는 해제에 의하여 계약은 '소급적으로 소멸'하므로 미이행채무는 이행의무를 면하고, 기이행채무는 부당이득으로 반환해야 한다는 직접효과설의 입장이다.

2. 계약의 소급효 채물원삼동손

가. 계약에 따른 채권·채무의 소급적 소멸

① 계약을 해제하면 계약은 소급하여 그 효력을 잃는다. ② 따라서 당사자는 계약의 구속으로부터 해방되며 그 결과 이행하지 않은 채무는 이행할 필요가 없고(급부이행 전 해제하면 원상회복할 것이 없고 계약의 구속력만 해방되므로 해방효단계라고 함), 이미 이행된 급부는 원상회복의 의무가 발생한다(급부이행 후 해제되면 원상회복을 해야 하므로 원상회복단계라고 함).

나. 계약해제가 물권관계에 미치는 영향 – 채권·채무의 소급적 소멸에 따른 물권행위의 효력도 소급적 소멸

해제권 행사 전에 계약의 이행으로 물권변동이 일어난 경우, 해제로 인하여 그러한 물권변동에 어떠한 영

향을 미치는지 문제된다.

> **(물권적 효과설)** 판례는 물권행위의 '유인성'을 인정하는 전제에서, 해제에 의한 채권행위의 효력이 상실되면 물권행위의 효력도 소급적으로 소멸하므로, 채권행위가 해제되면 물권행위도 소멸하여 일단 이전된 권리가 당연히 권리자에게 복귀한다고 보아, '물권적 효과설'의 입장이다.

> **(소멸시효)** 따라서 매매계약이 해제된 경우에도 매수인에게 이전되었던 소유권은 당연히 매도인에게 복귀하는 것이므로, 해제에 따른 매도인의 원상회복청구권은 '소유권에 기한 물권적 청구권'이라고 할 것이고 이는 '소멸시효의 대상이 되지 아니한다'.

> **(물권적 효과설의 예)** 예컨대, 甲이 乙에게 甲 소유의 토지를 매도하고, 소유권이전등기가 마쳐진 후, 甲이 乙의 채무불이행을 이유로 매매계약을 해제한 경우 매매계약은 소급적으로 무효가 되며, 유인성에 의해 乙 명의의 소유권이전등기도 소급적으로 무효가 되어 소유권은 甲에게 복귀되고, 甲은 소유권에 기한 물권적 청구권으로 말소등기청구를 할 수 있다.

3. 원상회복의무

가. 의의

> **(원상회복의 예)** 예컨대, 甲이 5.1. 乙에게 1억 원을 받고, 甲 소유의 토지를 매도하고, 소유권이전등기가 마쳐진 후, 甲이 10.1. 乙의 채무불이행을 이유로 매매계약을 해제한 경우 매매계약은 소급적으로 무효가 되며, 유인성에 의해 乙 명의의 소유권이전등기도 소급적으로 무효가 되어 소유권은 甲에게 복귀되고, 甲은 원물반환으로 소유권에 기한 물권적 청구권으로 말소등기청구를 할 수 있으며, 乙은 원물반환으로 원금 1억 원과 5.1.부터 연 5%의 법정이율에 의한 이자의 반환을 청구할 수 있다. 만일 乙이 원물반환하는 것이 불능인 때에는 가액반환으로 불능당시 시가(2억 원)를 반환해야 한다.

당사자 일방이 계약을 해제한 때에는 각 당사자는 그 상대방에 대하여 원상회복의무가 있다(제548조 제1항). '직접효과설'에 의하면 원상회복의무는 부당이득반환의무로서의 성격을 갖지만, 부당이득의 반환범위에 관한 제748조가 적용되는 것이 아니라, 이에 대한 특칙으로 제548조가 적용된다고 한다(☆ 따라서 그 이익 반환의 범위는 이익의 현존 여부나 청구인의 선의·악의를 불문하고 특단의 사유가 없는 한 받은 이익의 전부이다). 부당이득반환채무의 특칙이므로 '기한의 정함이 없는' 채무이다.

나. 범위

1) 원물반환의 원칙

이익의 현존여부나 선·악을 불문하고 받은 급부 전부를 반환해야 한다. 이때 원물반환이 원칙이다. 따라서 ① 계약의 이행으로 소유권이 이전된 경우 계약이 해제되면 물권적 효과설에 의해서 소유권은 등기나 인도 없이 당연히 복귀되므로 등기나 점유의 반환청구가 원상회복의 내용이 된다. ② 채권의 양도에서 해제된 때에는 채무자에 대한 해제의 통지가 원상회복의 내용이 된다. ③ 금전의 경우에는 받은 날로부터 반환할 때까지의 이자를 가산하여 반환해야 한다(제548조 제2항).

2) 가액반환

원물의 반환이 불가능하거나 또는 수령자에게 이익이 되지 않는 경우에는 가액반환을 해야 한다. 그 가액 산정의 시기에 대해서 **판례**는 원물반환의 '불능당시'(처분당시)의 가액을 기준으로 본다.

3) 이자의 반환

민법 제548조 제2항은 계약해제로 인한 원상회복의무의 이행으로서 반환하는 금전에는 그 받은 날로부터 이자를 가산하여야 한다고 하고 있는바, ① (부당이득의 성질) 위 이자의 반환은 원상회복의무의 범위에 속하는 것으로 '부당이득반환의 성질'을 가지는 것이지 반환의무의 '이행지체로 인한 지연손해금'이 아니다. ② (이율) 따라서 당사자 사이에 그 이자에 관하여 특별한 약정이 있으면 그 '약정이율'이 우선 적용되고 '약정이율이 없으면 민사 또는 상사 법정이율'이 적용된다.

4. 제3자의 보호

가. 제3자의 의의 및 범위

1) 제3자의 의의

> **(제3자의 예)** 예컨대, 甲이 乙에게 甲 소유의 토지를 매도하고 소유권이전등기를 마쳐주고, 이를 乙이 丙에게 전매하고 소유권이전등기가 마쳐진 후, 甲이 乙의 채무불이행을 이유로 매매계약을 해제하더라도 丙은 유효하게 소유권을 취득한다. 이때 丙에 소유권이전등기가 마쳐지지 않은 상태에서 해제된 경우에는 '완전한 권리'를 취득한 것이 아니므로 제3자에 해당하지 않는다.

계약 해제로 인한 원상회복의무는 제3자의 권리를 해하지 못한다(제548조 제1항 단서). 「제3자」란 'ⅰ) 그 해제된 계약으로부터 생긴 법률적 효과를 기초로 하여 실질적으로 새로운 법률상 이해관계를 가졌을 뿐 아니라, ⅱ) 등기·인도 등으로 완전한 권리를 취득한 자'를 말한다.

> **(계약상의 채권**(매매대금채권 또는 소유권이전등기채권)**의 양수인 - 부정) 판례**는 『① 제548조 제1항 단서의 제3자란 계약이 해제되는 경우 그 해제된 계약으로부터 생긴 법률효과를 기초로 하여 해제 전에 새로운 이해관계를 가졌을 뿐 아니라 등기·인도 등으로 완전한 권리를 취득한 자를 말하고, ② '계약상의 채권을 양수한 자'는 제3자에 해당하지 않는다』고 한다.

2) 제3자의 범위

> **(제3자의 예)** 예컨대, ① 甲이 乙에게 甲 소유의 토지를 매도하고 소유권이전등기를 마쳐주기 전에, 乙이 丙에게 전매한 경우, 甲이 乙의 채무불이행을 이유로 매매계약을 해제하더라도 등기가 없었기 때문에 원상회복을 할 필요가 없어 이때 이해관계 맺은 丙은 제3자에 해당하지 않는다. ② 甲이 乙에게 甲 소유의 토지를 매도하고 소유권이전등기를 마쳐주고, 이를 乙이 丙에게 전매하고 소유권이전등기가 마쳐진 후, 甲이 乙의 채무불이행을 이유로 매매계약을 해제한 경우 丙은 선·악의를 불문하고 소유권을 취득하나, 만일, 丙이 해제 이후에 乙부터 매수하고 소유권이전등기를 한 경우라면 丙이 선의인 경우에만 제3자에 해당하여 소유권을 취득하고, 악의인 경우에는 소유권을 취득할 수 없다.

판례는 ① **(해방효 단계)** 매매계약 후 급부이행 전에 이해관계를 맺은 자는 제3자에 포함되지 않으며(왜냐하면 제548조 제1항 단서는 본문의 원상회복의무를 전제로 하기 때문에 급부이행 이후에 이해관계를 맺은 제3자만 보호되며, 해방효 단계에서 이해관계를 맺은 제3자는 보호되지 않기 때문이다), ② **(원상회복 단계)** 급부이행 이후에는 ⅰ) 해제의 의사표시 전에 이해관계를 맺은 자뿐만 아니라, ⅱ) 해제의 의사표시가 있은 후 그 해제에 의한 말소등기가 있기 이전에 이해관계를 갖게 된 선의의 자도 (거래의 안전을 위해) 「제3자」에 포함된다고 본다. 이때 ⅰ) 매매계약 후 해제의 의사표시 전에 이해관계를 맺은 자는 선·악의를 불문하고 보호를 받지만, ⅱ) 해제 후 말소등기 전에 이해관계를 맺은 제3자는 선의인 경우에만 보호된다. 즉, 계약해제로 인한 원상회복등기 등이 이루어지기 이전에 해약당사자와 양립되지 아니하는 법률관계를 가지게 되었고 계약해제 사실을 몰랐던 제3자에 대하여는 계약해제를 주장할 수 없고, 이 경우 제3자가 '악의'라는 사실의 주장·증명책임은 '계약해제를 주장하는 자'에게 있다.

5. 손해배상의 청구

제551조는 「계약의 해제는 손해배상의 청구에 영향을 미치지 않는다」고 규정하고 있는바, 그 성질은 채무불이행을 원인으로 한 손해배상책임이다(**판례**). **판례**는 『ⅰ) 채무불이행을 이유로 계약 해제와 아울러 손해배상을 청구하는 경우에 이행이익(그 계약이행으로 인하여 채권자가 얻을 이익)의 배상을 구하는 것이 원칙이지만, ⅱ) 그에 '갈음하여' 신뢰이익(그 계약이 이행되리라고 믿고 채권자가 지출한 비용)의 배상을 구할 수도 있다(예컨대, 임차인이 지출한 중개수수료, 회식비, 예납금, 상가임차인이 지출한 광고비 등)』는 입장으로 정리하여, 사실상 종래 판례를 변경하였다.

6. 해제와 동시이행

① 제549조는 당사자 간의 원상회복의무 사이에만 동시이행관계를 인정한다. ② **(손해배상의무와 동시이행관계 긍정)** 손해배상의무에 대해서는 규정이 없지만, **판례**는 '손해배상의무'에 대해서도 동시이행관계를 인정하고 있다.

제4관 합의해제

> (합의해제의 예) 예컨대, 甲이 乙에게 甲 소유의 토지를 매도하고 소유권이전등기를 마쳐 준 후, 채무불이행 사유 등이 없음에도 甲이 계약을 해제하자고 청약하고, 乙이 이를 승낙하면 합의해제가 되어 매매계약이 소급적으로 소멸한다. 만일 乙이 丙에게 전매하고 소유권이전등기가 마쳐진 후, 甲과 乙이 합의해제한 경우 丙은 제548조 제1항 단서의 제3자에 해당하여 유효하게 소유권을 취득한다.

계약의 합의해제란 '해제권의 유무를 불문하고 계약당사자 쌍방이 합의에 의하여 기존의 계약의 효력을 소멸시켜 당초부터 계약이 체결되지 않았던 것과 같은 상태로 복귀시킬 것을 내용으로 하는 새로운 계약'을 말한다. 계약자유의 원칙상 합의해제는 당연히 인정된다.

제5관 실효약관-실권조항

I 의의

> **(실효약관의 예)** 예컨대, 매수인이 대금지급기일에 대금을 지급하지 않아 채무불이행시에는 즉시 계약은 자동적으로 해제된다고 약정하는 경우이다. 이때 자동해제조항은 ⅰ) 해제권유보라고 해석하면 채무불이행시 바로 해제되는 것이 아니라 이행최고를 하고, 불이행시 해제의 의사표시를 해야 해제된다고 본다. ⅱ) 그러나 해제조건부 해제조항으로 해석하면 채무불이행시 최고와 해제의사표시 없이 바로 해제된다고 본다.

실권조항이란 '채무불이행의 경우에 채권자의 특별한 의사표시가 없더라도 당연히 계약의 효력을 잃게 하고 채무자의 계약상 권리를 상실케 하는 내용의 계약조항'을 말한다.

II 판례의 입장

1. 계약금의 경우-해제권 유보약정

> **(계약금과 실효약관의 예)** 예컨대, 매도인 甲과 매수인 乙이 매매계약을 체결하면서 매도인이 위약시에는 계약금의 배액을 배상하고 매수인이 위약시에는 지급한 계약금을 매도인이 취득하고 계약은 자동적으로 해제된다는 약정이다. 이때 판례는 자동해제조항은 해제권유보라고 해석하여 채무불이행시 바로 해제되는 것이 아니라 이행최고를 하고, 불이행시 해제의 의사표시를 해야 해제된다고 본다.

판례는 계약금 실효약정과 결합된 위약금 약정의 경우에는 '해제권 유보약정'으로 본다. 『매도인이 위약시에는 계약금의 배액을 배상하고 매수인이 위약시에는 지급한 계약금을 매도인이 취득하고 계약은 자동적으로 해제된다는 조항은 위약 당사자가 상대방에 대하여 계약금을 포기하거나 그 배액을 배상하여 계약을 해제할 수 있다는 '해제권 유보조항'이라 할 것이고, 최고나 통지 없이 해제할 수 있다는 특약이라고 볼 수 없다』. 따라서 계약을 해제하기 위해서는 '이행최고'를 해야 하며, 해제권을 행사해야 해제된다고 본다.

2. 중도금의 경우-선이행의무이므로 해제조건부약정

> **(중도금과 실효약관의 예)** 예컨대, 매도인 甲과 매수인 乙이 매매계약을 체결하면서 중도금지급기일에 중도금 미지급시 계약은 자동적으로 해제된다는 약정이다. 이때 판례는 중도금과 자동해제조항은 해제조건부해제라고 해석하여 중도금지급의무는 선이행의무이므로 중도금지급기일에 중도금을 지급하지 않으면 바로 채무불이행이 되어 해제의 의사표시를 하지 않아도 바로 자동해제된다고 본다.

판례는 중도금의 이행지체를 요건으로 하는 실권약관의 경우에는 그 요건의 충족으로 계약이 당연히 실효된다고 본다. 『매매계약에 있어서 매수인이 중도금을 약정한 일자에 지급하지 아니하면 그 계약은 자동해제된다고 하는 특약이 있는 경우 매수인이 약정한대로 중도금을 지급하지 아니하면 해제의 의사표시를 요하지 않고 그 불이행 자체로써 계약은 그 일자에 자동적으로 해제된 것이라고 보아야 한다』.

3. 잔금의 경우 — 해제조건부 약정 — 동시이행관계이므로 이행제공해야 자동해제

> **(잔금과 실효약관의 예)** 예컨대, 매도인 甲과 매수인 乙이 매매계약을 체결하면서 잔금지급기일에 잔금 미지급시 계약은 자동적으로 해제된다는 약정이다. 이때 판례는 잔금과 자동해제조항은 해제조건부해제라고 해석한다. 그러나 잔금의 경우는 소유권이전등기와 동시이행관계에 있으므로 잔금지급기일에 잔금을 지급하지 않아도, 매도인이 등기의 이행제공을 하지 않으면 매수인은 동시이행항변을 할 수 있으므로 위법성이 없어서 이행지체가 되지 않는다. 따라서 채무불이행이 되지 않으므로 잔금미지급시 바로 자동해제되지 않는다. 그러므로 매도인은 등기를 이행제공해야 매수인을 이행지체에 빠뜨려 채무불이행이 되므로 그때 자동해제된다고 본다.

판례는 『부동산 매매계약에 있어서 매수인이 잔대금지급기일까지 그 대금을 지급하지 못하면 그 계약이 자동적으로 해제된다는 취지의 약정이 있더라도 매수인의 잔대금지급의무와 매도인의 소유권이전등기의무는 '동시이행의 관계'에 있으므로 매도인이 잔대금지급기일에 소유권이전등기에 필요한 서류를 준비하여 매수인에게 알리는 등 '이행의 제공'을 하여 매수인으로 하여금 '이행지체'에 빠지게 하였을 때에 비로소 자동적으로 매매계약이 해제된다고 보아야 하고 매수인이 그 약정기한을 도과하였더라도 이행지체에 빠진 것이 아니라면 대금 미지급으로 계약이 자동해제된다고는 볼 수 없다』고 한다(실효약관은 채무불이행시 자동해제된다는 조항이므로 채무불이행이 있어야 자동해제된다).

제6관 계약의 해지

> **제550조 【해지의 효과】** 당사자 일방이 계약을 해지한 때에는 계약은 장래에 대하여 그 효력을 잃는다.

계속적 계약에서 당사자의 일방적 의사표시만으로 그 효력을 장래에 대하여 소멸시키는 것을 해지라고 한다. 해지는 해지권자의 일방적 의사표시에 의해 이루어진다는 점에서 해제권과 마찬가지로 형성권이다. 당사자 일방이 계약을 해지한 때에는 계약은 장래에 대하여 그 효력을 잃는 점에서, 소급하여 계약이 실효되는 해제와 다르다.

제2장 계약 각론

계약각론에서는 약정채권 15개(증여·매매·교환·소비대차·사용대차·임대차·고용·도급·여행계약·현상광고·위임·임치·조합·종신정기금·화해), 법정채권 3개(사무관리·부당이득·불법행위)를 규정하고 있다. 이하에서는 중요한 약정채권과 법정채권을 검토하기로 한다.

제1절 증여

Ⅰ 증여의 의의

> **(증여의 예)** 예컨대, 甲이 자기 소유의 토지를 무상으로 乙에게 주겠다고 증여청약의 의사표시를 하였고, 乙이 위 토지를 받겠다고 수증승낙의 의사표시를 하고, 의사의 합치가 있는 경우 甲과 乙 사이에 증여계약이 유효하게 성립하고, 이러한 증여계약을 법률요건으로 법률효과가 발생하는바, ⅰ) 증여자 甲은 위 토지의 인도 및 소유권이전등기를 마쳐주어야 할 의무가 있으며, ⅱ) 수증자 乙은 아무 의무를 부담하지 않는다.

증여는 'ⅰ) 당사자 일방(증여자)이 무상으로 재산을 상대방(수증자)에게 수여하는 의사를 표시하고, ⅱ) 상대방이 이를 승낙함으로써 성립하는 계약'을 말한다(제554조).

Ⅱ 증여의 효력

1. 증여자의 급부의무

증여자는 증여계약에 따른 재산을 이전할 의무를 부담한다. 이전할 때까지 자기재산과 동일한 주의의무로 보관하여야 한다고 보는 것이 타당하다.

2. 증여자의 담보책임

가. 원칙—부정

증여자는 증여의 목적인 물건 또는 권리의 하자나 흠결에 대하여 책임을 지지 아니한다(제559조 제1항 본문).

나. 예외–긍정

① 증여자가 그 하자나 흠결을 알고 수증자에게 고지하지 아니한 때에는 담보책임을 진다(제559조 제1항 단서). 그러나 수증자가 알고 있었던 때에는 담보책임을 지지 않는다. ② 부담부 증여에서 증여자는 그 '부담의 한도'에서 매도인과 같은 담보책임이 있다(제559조 제2항).

3. 증여계약의 해제

가. 서면에 의한 증여의 해제–부정

① 서면에 의한 증여는 해제할 수 없다. ② 증여의사가 서면에 나타나 있으면 충분한다. ③ 서면은 증여 이후에 작성되어도 무방하다.

나. 서면에 의하지 않은 증여의 해제–긍정

1) 의의

「증여의 의사가 서면으로 표시되지 아니한 경우에는 각 당사자는 이를 해제할 수 있다」(제555조). ① 증여자가 경솔하게 증여하는 것을 방지함과 동시에 ② 증여자의 의사를 명확하게 하여 후일에 분쟁이 생기는 것을 피하려는 취지이다.

2) 해제 요건

'증여의사'가 '서면'으로 표시되지 않을 것을 요한다. (증여서면의 의미) 이때 증여서면에 대해서 **판례**는『증여자가 자기의 재산을 상대방에게 주는 증여의사가 문서를 통하여 확실히 알 수 있는 정도로 서면에 나타나 있으면 충분하다』고 한다. 따라서 반드시 증여계약서라는 형식에 의할 필요는 없다(예컨대, 서면 자체는 매도증서로 되어 있다고 하더라도 그것이 증여를 목적으로 하는 경우에는 증여의 서면에 해당하는 것으로 본다).

3) 해제권의 행사

가) 해제의 법적 성질: 제555조에서 말하는 해제는 일종의 '특수한 철회'일 뿐, 제543조 이하에서 규정한 본래 의미의 해제와는 다르므로 '형성권의 제척기간의 적용'을 받지 않는다. 따라서 10년이 경과한 후에 이루어졌다 하더라도 원칙적으로 적법하다. 해제는 각 당사자, 즉 증여자뿐만 아니라 수증자도 할 수 있다.

나) 해제의 제한: 서면에 의하지 않는 증여는 당사자가 해제할 수 있으나, 이미 이행한 부분에 대하여는 영향을 미치지 않는다(제558조).

(1) '이미 이행한 부분'의 의미: 이는 증여자가 증여계약에서 부담한 채무의 주요한 부분이 실행된 것을 말한다. ① 현실증여는 언제나 이행을 끝낸 것으로 된다. ② 동산의 증여는 동산의 인도가 이행이 된다.

③ (부동산의 등기) 물권변동에 관하여 형식주의를 채택하고 있는 현행 민법의 해석으로서는 부동산 증여에 있어서 이행이 되었다고 함은 그 부동산의 인도만으로써는 부족하고 이에 대한 소유권이전등기절차까지 마친 것을 의미한다. 따라서 등기가 이루어진 이상 그 인도가 없다고 하더라도 이는 이미 이행된 것에 해당한다.

(2) '영향을 미치지 아니한다'의 의미: 이미 이행된 부분에 대하여는 '해제권을 행사할 수 없다'는 의미이다.

Ⅲ 특수한 증여

1. 부담부 증여 - 제561조

> **(부담부 증여의 예)** 예컨대, 甲은 자신의 조카인 乙에게 자신을 부양할 것을 조건으로 甲 소유의 X 토지를 증여하고, 소유권이전등기를 경료해 주었는데, 乙은 甲을 부양하지 않았다. 이에 甲은 乙과의 증여계약을 해제하고 소유권이전등기의 말소청구를 하였다. 사안은 乙에게의 부담부증여에 해당한다 할 것이고, 부담부증여에는 제561조에 의하여 쌍무계약에 관한 규정이 준용되므로, 상대방이 부담의무를 이행하지 아니한 경우에는 부담부증여를 해제할 수 있는바, 乙은 위 증여의 조건이 되는 부담을 이행하지 아니하였으므로, 위 부담부증여계약은 적법하게 해제되었다고 할 것이다.

부담부 증여란 '수증자도 일정한 급부를 하여야 할 채무를 부담하는 증여계약'을 말한다. 부담부 증여에 대하여는 제561조에 의하여 '쌍무계약에 관한 규정이 준용'되어 부담의무 있는 상대방이 자신의 의무를 이행하지 아니할 때에는 비록 증여계약이 이미 이행되어 있다 하더라도 증여자는 그 계약을 '해제'할 수 있고(이는 법정해제이다), 그 경우 '제555조'와 '제558조'는 적용되지 아니한다.

2. 사인증여 - 제562조

사인증여란 '증여자의 사망으로 그 효력이 발생하는 증여'를 말한다. 민법은 '사인증여'에 '유증에 관한 규정'을 준용하고 있다(제562조, 예컨대, 甲이 乙에게 증여를 하면서 증여자 甲의 사망시 효력이 생기는 것으로 계약하는 경우를 말한다. 유증은 유언으로 증여를 하는 단독행위를 말한다).

제2절 | 매매

제1관 매매의 의의

> **(매매의 예)** 예컨대, A가 자기 소유의 토지를 팔겠다고 매도청약의 의사표시를 하였고, B가 A 소유의 토지를 사겠다고 매수승낙의 의사표시를 하고, 의사의 합치가 있는 경우 A와 B 사이에 매매계약이 유효하게 성립하고, 이러한 매매계약을 법률요건으로 법률효과가 발생하는바, ⅰ) 매도인 A는 B에게 위 부동산의 인도 및 소유권이전등기를 마쳐주어야 할 의무가 있으며, B에게 매매대금의 지급을 청구할 권리가 있고, ⅱ) 매수인 B는 매매대금을 지급할 의무가 있으며, 매도인 A에게 위 부동산의 인도 및 소유권이전등기를 청구할 권리가 있다.

① 매매란 'ⅰ) 당사자 일방(매도인)이 상대방(매수인)에게 재산권의 이전을 약정하고, ⅱ) 이에 대해 상대방이 그 대금을 지급할 것을 약정함으로써 성립하는 계약'을 말한다(제563조). 매매는 유상·쌍무·낙성·불요식계약으로서, 가장 전형적인 유상계약(재산권이전과 대금지급이 서로 대가적 출연의 관계)이다.

제2관 매매의 성립요건

제3관 매매의 효력

I 매도인의 의무

1. 권리이전의무

매도인은 매수인에 대하여 매매의 목적이 된 권리를 이전하여야 한다. 권리 그 자체를 이전하여야 하므로 (제568조 제1항), 매매의 목적인 권리가 물권인 경우에는 등기·등록 또는 인도에 협력해야 하고, 채권인 경우에는 채무자에게 통지하여야 한다. 또한 완전한 소유권의 이전이어야 하므로, 가압류등기나 (근)저당권 등기가 되어 있는 경우에는 이를 말소해서 이전해주어야 한다. 특별한 약정이나 관습이 없으면 매수인의 대금지급의무와 동시이행관계에 있다(제568조).

2. 과실의 귀속

> **제587조【과실의 귀속, 대금의 이자】** 매매계약 있은 후에도 인도하지 아니한 목적물로부터 생긴 과실은 매도인에게 속한다. 매수인은 목적물의 인도를 받은 날로부터 대금의 이자를 지급하여야 한다.

이는 '매도인의 목적물의 과실(사용이익)'과 '매수인의 매매대금의 이자' 사이의 등가성을 규정한 것으로 매도인의 매매목적물의 인도시를 기준으로 과실수취권을 규정한 것이다. 이는 특정물채무에서 이행기 이후의 과실이 채권자에게 귀속되는 것의 특칙적 성격을 갖는다.

(이자 지급과 손해배상 부정) ⅰ) 매매에 있어서 매수인의 대금지급 채무가 이행지체에 빠졌다 하더라도, ⅱ) 그 목적물이 매수인에게 인도될 때까지는 매도인은 그 목적물에서 생기는 과실을 수취할 수 있는 한편 그 목적물의 관리 보존의 비용도 자기가 부담하여야 하는 것이고, ⅲ) 그 반면 매수인은 '매매대금의 이자'를 지급할 필요가 없는 것이므로, ⅳ) 매도인은 매수인의 대금지급의무 이행의 지체를 이유로 하여 그 목적물의 인도가 이루어지기 이전의 기간 동안의 '목적물의 관리보존의 비용의 상환'이나 '매매대금의 이자 상당액의 손해배상청구'를 할 수 없다고 보며(매도인이 매수인의 대금지급의무 이행지체를 이유로 매매대금의 이자 상당액의 손해배상을 청구하기 위해서는 매매 목적물을 매수인에게 현실적으로 인도하여야 한다),

II 매수인의 의무 – 대금지급의무

매수인은 대금지급의무를 부담한다(제563조). 대금지급과 관련하여 특약이 없다면, 다음에 의한다.

1. 대금지급기일

매매의 당사자 일방에 대한 의무이행의 기한이 있는 때에는 상대방의 의무이행에 대하여도 동일한 기한이 있는 것으로 추정한다(제585조).

2. 대금지급장소

종류물인 경우 지참채무의 원칙에 의해 매도인의 주소에서 지급하여야 하지만(제467조 제2항), 매매의 목적물의 인도와 동시에 대금을 지급하는 경우에는 그 목적물의 인도장소에서 대금을 지급하여야 한다(제586조).

3. 대금지급거절권

민법 제588조는「(권리주장자가 있는 경우와 대금지급거절권) ① (요건) ⅰ) 매매의 목적물에 대하여 권리를 주장하는 자가 있는 경우에, ⅱ) 매수인이 매수한 권리의 전부나 일부를 잃을 염려가 있는 때에는, ② (효과) 매수인은 그 '위험의 한도'에서 대금의 전부나 일부의 지급을 거절할 수 있다. 그러나 매도인이 상당한 담보를 제공한 때에는 그러하지 아니하다.」고 규정하여 매수인의 대금지급거절권을 인정하고 있다. ③ (담보제공) 그러나 매도인이 상당한 담보를 제공한 때에는 그러하지 아니하다. ④ (공탁) 이 경우에 매도인은 매수인에 대하여 대금의 공탁을 청구할 수 있다(제589조).

제4관 매도인의 담보책임

Ⅰ 매매의 목적인 권리의 전부가 타인에게 속하는 경우 -제570조, 제571조(타인권리매매와 담보책임)

1. 의의

> (타인권리매매의 예) 예컨대, 甲이 乙에게 A소유의 토지를 팔겠다고 매도청약의 의사표시를 하였고, 乙이 매수승낙의 의사표시를 하여, 매매계약이 유효하게 성립하는 경우이다. 이렇게 甲은 타인인 A권리의 매매를 유효하게 할 수 있다. 甲은 乙에게 A권리를 취득해서 이전해 줄 의무를 부담한다.

① 타인권리매매란 ⅰ) 타인의 '특정물'에 대한 권리를 ⅱ) '자신의 이름'으로 '매매'하는 것을 말한다. 이때 매도인은 매수인에 대하여 타인의 권리취득이전의무를 부담한다(제569조). 자신이 계약당사자가 된다는 점에서 '대리'와 구별되며, 무권리자의 '의무부담행위'라는 점에서 무권리자의 처분행위와 구별된다. ② 제569조는 타인권리매매의 유효성을 전제로 한 규정이므로 타인권리매매는 유효하다.

2. 매도인의 담보책임

가. 의의 및 법적 성질

타인권리매매에서 매도인은 매수인에 대하여 권리취득이전의무를 부담하는데(제569조), 매도인이 권리취득이전의무를 이행할 수 없는 경우에는 담보책임을 진다(제570조). 매도인의 담보책임은 매도인의 귀책사유 유무를 묻지 않는 '무과실책임'으로서, 매도인의 권리취득이전의무의 이행을 확실하게 보장한다.

나. 요건

1) 타인권리매매일 것

2) 매도인이 그 권리를 취득하여 매수인에게 이전할 수 없을 것

3) 매도인의 귀책사유는 그 요건이 아니다.

다. 효과

1) 계약해제권

① 매수인은 선·악 불문하고 계약을 해제할 수 있으며, ② 매도인의 귀책사유를 불문하고, 이행의 최고를 요하지 않는다.

2) 손해배상청구권

가) 매수인의 선의: ① 선의의 매수인은 해제권을 행사함과 더불어 손해배상을 청구할 수 있고, 또한 계약을 해제함이 없이 곧 이행이익의 배상을 청구할 수 있다. ② 악의의 매수인은 해제할 수 있으나, 손해배상을 청구할 수는 없다.

나) 손해배상의 범위와 산정시기: **판례**는 ⅰ) (손해배상의 범위) 타인권리매매로 인한 담보책임의 본질은 채무 불이행책임이라 할 것이므로 '이행이익배상'으로 보며, ⅱ) (손해배상액 산정의 기준시점)은 '이행불능시'이 며, 『부동산을 매수하고 소유권이전등기까지 넘겨받았지만, 진정한 소유자가 제기한 등기말소청구소송에 서 매도인과 매수인 앞으로 된 소유권이전등기의 말소를 명한 판결이 확정됨으로써 매도인의 소유권이전 의무가 이행불능된 경우, 그 손해배상액 산정의 기준시점은 위 '판결이 확정된 때'』로 본다.

> (타인권리매매로 인한 담보책임의 예) 예컨대, 甲이 乙과 A소유의 토지에 대해서 매매계약이 유효하게 성립 하였는데 甲이 乙에게 A권리를 취득해서 이전해 주는 것이 불능일 때, 乙이 A권리매매라는 것을 몰랐을 때 (선의)는 해제와 손해배상을 청구할 수 있으나, 이를 알았을 때(악의)에는 해제만 할 수 있고, 손해배상을 청 구할 수는 없다. 다만 다음에서 보는 바와 같이, 악의 매수인은 매도인이 귀책사유가 있을 때 제390조의 채 무불이행으로 인한 손해배상청구를 할 수 있다.

라. 채무불이행책임

1) 문제점

'악의의 매수인'은 해제권만을 가지고 손해배상청구권을 가지지 않는바(제570조 단서), 매도인에게 귀책사 유가 있는 경우 채무불이행책임으로서 손해배상을 청구할 수 있는지 문제된다.

2) 판례의 입장

판례는 『타인의 권리를 매매의 목적으로 한 경우에 있어서 그 권리를 취득하여 매수인에게 이전하여야 할 매도인의 의무가 '매도인의 귀책사유'로 인하여 '이행불능'이 되었다면 매수인이 매도인의 담보책임에 관 한 제570조 단서의 규정에 의해 손해배상을 청구할 수 없다 하더라도, 채무불이행 일반의 규정(제546조, 제390조)에 쫓아서 계약을 해제하고 손해배상을 청구할 수 있다』고 본다. 다만 『매도인의 귀책사유에 관한 증명책임은 '매수인'에게 있다』고 한다.

Ⅱ 권리의 일부가 타인에게 속하는 경우 – 제572조, 제573조

1. 요건

ⅰ) 매매의 목적인 권리의 일부가 타인에게 속하기 때문에 ⅱ) 매도인이 그 부분의 권리를 취득하여 매수 인에게 이전할 수 없는 경우여야 한다.

2. 효과 – 담보책임

① (대금감액청구) 매수인의 선·악의를 불문하고 권리의 일부가 타인에게 속한 부분의 비율로 대금의 감액을 청구할 수 있다(제572조 제1항). 그리고 ② (해제권) 선의의 매수인에 한해, 잔존한 부분만이면 이를 매수하지 아니하였을 때에는 계약전부를 해제할 수 있다(제572조 제2항). 또한 ③ (손해배상) 선의의 매수인은 대금감액 또는 계약해제와 아울러 손해배상도 청구할 수 있다(제572조 제3항). 이 경우에 매도인이 매수인에 대하여 배상하여야 할 손해액은 '이행이익 상당액'이다.

Ⅲ 수량이 부족하거나 일부멸실이 있는 경우 – 제574조

1. 요건

① 수량을 지정한 매매에 있어서 목적물이 부족하거나, ② 목적물의 일부가 계약당시에 이미 멸실된 경우에는 권리의 일부가 타인에게 속한 경우의 매도인의 담보책임에 관한 규정을 준용한다(제574조).

2. 수량을 지정한 매매의 의미

> (의의) '수량을 지정한 매매'라 함은 '당사자가 매매의 목적인 특정물이 일정한 수량을 가지고 있다는 데 주안을 두고 대금도 그 수량을 기준으로 하여 정한 경우'를 말한다(⇨ 목적물의 실제 수량이 당사자들이 계약 당시에 예상하였던 수량보다 부족한 경우에 매수인이 매도인에게 그 부족한 수량에 상당하는 금원의 반환을 청구할 수 있는지 문제되는데, ⅰ) 그 매매가 제574조에 정한 수량지정매매에 해당하는 경우에는 매수인은 대금감액청구를 할 수 있지만, ⅱ) 그렇지 않은 경우에는 특별한 사정이 없는 한 그와 같은 청구를 할 수 없다. 왜냐하면 후자의 경우에 매수인의 의사는 목적물 자체의 소유권을 취득하는 것이고 목적물의 수량은 대금을 결정하는 방편에 불과하므로 매수인은 목적물 자체의 소유권을 취득함으로써 계약의 목적을 완전히 달성했다고 보아야 하기 때문이다. 따라서 어떠한 매매가 수량지정매매에 해당하는지 여부는 실제로 중요한 의미를 갖는다).

> (면적을 기준으로 매매한 경우 긍정) 예컨대 甲은 30평의 아파트를 평당 1,000만 원으로 해서 3억 원에 분양받았는데 실제는 3평이 부족한 경우, 이는 일정한 평수에 주안을 두고 대금도 수량을 기준으로 매수하였으므로 수량지정매매이며, 3평이 부족하므로 담보책임으로 3,000만 원의 대금감액청구를 할 수 있다.

3. 효과 – 담보책임

선의의 매수인에 한해 대금감액청구권·계약해제권·손해배상청구권이 인정된다(제574조).

Ⅳ 권리가 타인의 제한물권에 의하여 제한을 받고 있는 경우 – 제575조

> (제575조의 예) 예컨대, 매도인 甲이 甲 소유의 토지를 乙에게 매도하였는데 토지에 丙의 지상권이 설정되어 있는 경우 매도인은 매수인에 대해서 제575조의 하자담보책임을 진다. ① 선의의 매수인은 계약의 목적을 달성할 수 없는 경우에 한하여 계약을 '해제'할 수 있고, ② 기타의 경우에는 '손해배상만'을 청구할 수 있다.

1. 요건

① 매매 목적물이 지상권·지역권·전세권·질권·유치권 또는 대항력을 갖춘 임대차의 목적이 된 경우나, ② 매매의 목적이 된 부동산을 위하여 있어야 할 지역권이 존재하지 않는 경우일 것을 요한다.

2. 효과 – 담보책임

① (해제권) 선의의 매수인은 계약의 목적을 달성할 수 없는 경우에 한하여 계약을 '해제'할 수 있고, ② (손해배상청구) 기타의 경우에는 '손해배상만'을 청구할 수 있다. ③ (대금감액청구 부정) 그러나 감축되어야 할 금액을 비율적으로 산출할 수 없기 때문에 '대금감액청구권'은 인정되지 않는다.

Ⅴ 저당권 또는 전세권의 행사로 소유권을 취득할 수 없거나 상실하는 경우 – 제576조

> **(제576조의 예)** 예컨대, 매도인 甲이 甲 소유의 토지를 乙에게 매도하였는데 토지에 丙의 저당권이 설정되어 있는 경우 저당권의 실행으로 매수인이 그 소유권을 취득할 수 없거나 취득한 소유권을 상실한 경우에 매도인은 매수인에 대해서 제576조의 하자담보책임을 진다. ① 매수인은 선·악의를 불문하고 계약을 '해제'할 수 있고, ② 매수인이 그의 출재로 소유권을 보존한 때에는 매도인에게 상환을 청구할 수 있으며, 매수인이 손해를 받은 때에는 따로 그 배상을 청구할 수 있다.

1. 요건

① 매매의 목적이 된 부동산에 설정된 저당권 또는 전세권의 실행으로, ② 매수인이 그 소유권을 취득할 수 없거나 취득한 소유권을 상실한 경우에 담보책임이 발생한다. 저당권·전세권이 '설정'되었다는 것만으로는 담보책임이 발생하지 않으며, '실행'된 경우에 담보책임이 발생한다. 이때 담보책임에 관한 규정은 임의규정이므로 면제나 포기 특약이 가능하다.

2. 효과 – 담보책임

① (해제권) 매수인은 선·악의를 불문하고 계약을 '해제'할 수 있다. ② (손해배상청구) 그리고 매수인이 그의 출재로 소유권을 보존한 때에는 매도인에게 상환을 청구할 수 있다. 한편, 매수인이 손해를 받은 때에는 따로 그 배상을 청구할 수 있으며, 그 손해배상의 범위에 관해서 **판례**는 신뢰이익의 배상으로 본다. ③ (상환청구권) 그리고 매수인이 그의 출재로 소유권을 보존한 때에는 매도인에게 상환을 청구할 수 있다.

Ⅵ 매도인의 하자담보책임

1. 특정물 매매에 있어서 하자담보책임 – 제580조

가. 의의와 법적 성질

> **(하자담보책임의 예)** 예컨대, 매도인 甲이 甲 소유의 토지(특정물)에 다량의 폐기물을 매립하고(원시적 하자) 그 위에 토사를 덮은 다음 乙에게 매도함으로써 매수자로 하여금 그 토지의 폐기물처리비용 상당의 손해(확대손해)를 입게 하였다면 매도인은 매수인에 대해서 제580조의 하자담보책임을 진다. 그리고 매도인은 '불완전이행'으로서 '채무불이행으로 인한 손해배상책임'도 경합적으로 인정된다. 따라서 제580조의 하자담보책임의 법적 성질은 채무불이행책임이다.

매매목적물인 특정물에 원시적 하자가 있는 경우 매수인은 매도인에게 하자담보책임을 물을 수 있다.

나. 요건

제580조의 하자담보책임이 성립하기 위해서는 ① 매매목적물인 특정물에 하자가 있고 ② 매수인이 선의·무과실일 것이 요구된다. 하자담보책임은 무과실책임이므로 매도인의 고의·과실은 필요 없다.

1) 특정물에 하자가 있을 것

가) **하자의 의의 및 존재시기**: ① '하자의 의미'에 관해서 **판례**는 『매매목적물이 거래통념상 기대되는 객관적 성질·성능을 결여하거나(객관적 하자), 당사자가 예정 또는 보증한 성질을 결여한 경우(주관적 하자)』라고 한다. ② 하자의 존재시기에 대해서 **판례**는 『하자의 존부는 매매계약 성립시를 기준으로 판단하여야 할 것(원시적 하자만)』이라는 입장으로, 『계약 성립 후에 발생한 하자(후발적 하자)』에 대해서는 채무불이행책임이 적용된다』고 한다.

나) **목적물에 대한 법률적 장애**

> **(법률상 장애의 예)** 공장 부지를 매수하였으나 법령상 공장을 지을 수 없는 경우와 같이 매매목적물에 법률상 장애가 있는 경우, 이를 물건의 하자(제580조)로 볼 것인지, 권리의 하자(제575조)로 볼 것인지가 문제된다.

> **(판례의 입장)** 『건축을 목적으로 매매된 토지에 대하여 건축허가를 받을 수 없어 건축이 불가능한 경우, 위와 같은 법률적 장애는 매매목적물의 하자에 해당한다』고 하여, '물건하자설'의 입장으로 매도인은 제580조 하자담보책임을 진다고 본다.

2) 매수인은 선의·무과실일 것
3) 매도인의 귀책사유는 필요 없다.

다. 효과 – 하자담보책임의 내용

1) 계약해제권
매매목적물의 하자로 인해 계약의 목적을 달성할 수 없는 경우에는 계약을 해제할 수 있다.

2) 손해배상청구권

매수인은 매도인에게 제580조의 하자담보책임에 기해서 손해배상청구를 할 수 있다. 이때 손해배상의 범위에 대해서 판례는 '담보책임의 본질'이 '매도인의 무과실책임'임을 이유로 그 손해배상의 범위는 '신뢰손해'(하자가 없는 물건값－하자가 있는 물건 값)에 국한된다고 보며, '확대손해'는 하자담보책임의 손해배상에는 포함되지 않는다고 보는 것 같으며, 제390조의 채무불이행책임으로 인한 손해배상에 포함된다고 보는 것 같다(다만 위 **판례**의 입장은 분명하지 않기 때문에 견해가 대립되고 있는 부분이므로 자신의 견해를 논리일관되게 정리해두면 될 것이다).

2. 종류물 매매에 있어서 하자담보책임 - 제581조

> **(하자담보책임의 예)** 예컨대, 매도인 甲이 甲 소유의 쌀(종류물) 100가마를 乙에게 매도하고 인도하였는데 쌀 10가마가 썩어서 매수자로 하여금 그 쌀 10가마 상당의 손해를 입게 하였다면 매도인은 매수인에 대해서 제581조의 하자담보책임을 진다. 그리고 매도인은 '불완전이행'으로서 '채무불이행으로 인한 손해배상책임'도 경합적으로 인정된다. 따라서 제581조의 하자담보책임의 법적 성질도 채무불이행책임이다.

가. 법적 성질

종류물 매매에서는 하자 없는 목적물의 인도가 현실적으로 가능하므로 매도인은 하자 없는 종류물 인도의무를 부담한다. 따라서 종류물 매매에서의 담보책임의 본질은 '채무불이행책임'이다.

나. 요건

종류물 매매에서 하자담보책임을 묻기 위해서는 ① 매매의 목적물을 종류로 지정한 경우에도 그 후 특정된 목적물에 하자가 있을 것, ② 매수인은 선의·무과실일 것을 요한다(제581조). 매도인은 무과실책임을 진다.

다. 하자담보책임의 효과

1) 매매계약의 해제

매수인은 하자로 인하여 계약의 목적을 달성할 수 없는 경우에는 매매계약을 해제할 수 있다.

2) 손해배상청구

매수인은 손해배상도 청구할 수 있다. 이때 손해배상의 범위에 대해서 **판례**는 분명하지 않지만, 담보책임은 무과실책임이기 때문에 신뢰이익의 배상만이며, 확대손해 또는 하자결과손해는 포함되지 않는다고 본다.

3) 완전물급부청구

매수인은 계약해제권 또는 손해배상청구권을 행사하지 않고 하자 없는 완전물의 급부를 청구할 수 있다(제581조 제2항)(즉 계약해제권 또는 손해배상청구권과 완전물급부청구권은 선택채권의 관계에 선다).

Ⅶ 채권양도인의 담보책임

Ⅷ 경매에 있어서의 담보책임

제5관 소유권유보부매매

Ⅰ 서설

1. 의의

> **(소유권유보부매매의 예)** 예컨대, 甲이 甲 소유의 동산을 乙에게 1,000만 원에 매도하면서 매매대금은 매월 100만 원씩 10개월간 납부하기로 할부매매를 한 경우를 甲이 乙에게 위 동산을 인도하되, 매매대금이 모두 지급될 때까지 매도인 甲에게 소유권이 있고, 매수인 乙이 매매대금을 완납하면 소유권이 자동적으로 매수인 乙에게 이전되기로 한다는 특약이 있는 매매를 말한다.

소유권유보부매매란 '매매계약을 체결함에 있어 매도인이 매매목적물을 매수인에게 인도하되, 매매대금이 모두 지급될 때까지 매도인에게 소유권을 유보하고, 매수인이 매매대금을 완납하면 소유권이 자동적으로 매수인에게 이전되기로 한다는 특약이 있는 매매'를 말한다.

Ⅱ 법적 성질 – 정지조건부 소유권이전설

즉, **판례**는 소유권유보부매매에 있어서 소유권의 이전은 매수인의 매매대금완납을 정지조건으로 하여 이루어진다고 본다. 즉 ⅰ) 매수인이 매매대금을 완납할 때까지는 목적물의 소유권은 여전히 매도인에게 있으며, ⅱ) 매수인은 대금완납이라는 조건이 성취되면 소유권을 취득할 수 있다는 물권적 기대권을 갖기 때문에 목적물에 대한 사용·수익권한을 가지며, ⅲ) 매매대금을 완납하면 별도의 의사표시 없이 매도인과 매수인의 물권적 합의가 효력을 발생하고, 목적물은 이미 인도되었기 때문에, 그와 동시에 매매목적물의 소유권이 매수인에게 이전된다고 본다.

제3절 교환

교환이란 '당사자 쌍방이 금전 이외의 재산권을 이전할 것을 약정함으로써 성립하는 계약'을 말한다(제596조).

> **(교환의 예)** 예컨대, 甲이 자기 소유의 X토지를 乙과 乙 소유의 Y토지와 바꾸자고 교환의 의사표시를 하자, 乙도 승낙의 의사표시를 하여, 의사의 합치가 있는 경우 甲과 乙 사이에 교환계약이 유효하게 성립하고, 이러한 교환계약을 법률요건으로 법률효과가 발생하는바, ⅰ) 甲은 위 X토지의 인도 및 소유권이전등기를 마쳐주어야 할 의무가 있으며, ⅱ) 乙은 위 Y토지의 인도 및 소유권이전등기를 마쳐주어야 할 의무가 있다.

제4절　소비대차

I 소비대차의 의의

1. 의의 및 청구 유형

> **(소비대차의 예)** 예컨대, 乙이 甲에게 1억 원을 빌려달라고 차용의 청약의 의사표시를 하자, 甲이 승낙의 의사표시를 하여, 의사의 합치가 있는 경우 甲과 乙 사이에 소비대차계약이 유효하게 성립하고, 이러한 소비대차계약을 법률요건으로 법률효과가 발생하는바, ⅰ) 대여인인 甲은 1억 원을 이전해주어야 할 의무가 있으며, ⅱ) 차용인인 乙은 이행기에 1억 원을 반환할 의무를 진다.

소비대차란 'ⅰ) 당사자의 일방(貸主)이 금전 기타 대체물의 소유권을 상대방(借主)에게 이전할 것을 약정하고, ⅱ) 상대방은 그와 동종·동질·동량의 물건을 반환할 것을 약정함으로써 성립하는 계약을 말한다(제598조).

대여금반환청구소송에서는 ① 대여원금 외에, ② 이자, ③ 지연손해금이 함께 청구되는 경우가 많은데, 이들 청구가 모두 금원지급청구이긴 하지만 이 청구들은 각 다른 소송물로서 별개의 청구이다.

2. 청구원인의 요건사실 – 사례풀이구조

가. 대여금반환청구

① 소비대차계약체결사실 + ② 목적물의 인도사실 + ③ 변제기의 도래사실

나. 이자청구

① 원금채권의 존재 + ② 이자의 약정 + ③ 금전의 인도 및 인도시기

다. 지연손해금청구

① 원금채권의 발생 + ② 반환시기 및 그 도과 + ③ 손해의 발생과 그 범위

Ⅱ 대물반환의 예약과 차주의 보호 –가등기담보법에서 후술함

1. 대물반환의 예약

「차용물의 반환에 관하여 차주가 차용물에 갈음하여 다른 재산권을 이전할 것을 예약한 경우에는 그 재산의 예약 당시의 가액이 차용액 및 이에 붙인 이자의 합산액을 넘지 못한다」(제607조). 「전 2조의 규정에 위반한 당사자의 약정으로서 차주에 불리한 것은 환매 기타 여하한 명목으로도 그 효력이 없다」(제608조).

2. 대물반환의 예약에서 차주의 보호

판례는 제607조를 위반한 대물변제의 예약은 무효이나, 약한 의미의 양도담보계약을 함께 맺은 것으로 보아, 담보의 목적으로 부동산에 대하여 신탁적으로 소유권을 이전한 부분까지 당연무효로 되는 것은 아니라고 하여, 이른바 '청산형' 양도담보로 전환·존속하는 것으로 본다. 따라서 양도담보권자가 소유권을 취득하기 위해서는 그 차액을 정산할 의무를 부담한다.

Ⅲ 준소비대차

준소비대차란 'ⅰ) 소비대차에 의하지 아니하고 금전 기타의 대체물을 지급할 의무가 있는 경우에, ⅱ) 당사자가 그 목적물을 소비대차의 목적으로 할 것으로 약정하는 것'을 말한다(제605조, 예컨대, 甲의 乙에 대한 매매대금채무를 소비대차의 목적으로 할 것을 약정하는 경우이다).

제5절 사용대차

Ⅰ 사용대차의 의의

> (사용대차의 예) 예컨대, 甲이 乙에게 甲소유의 차를 무상으로 빌려주고, 乙이 이를 사용·수익한 후 그 물건을 반환할 것을 약정함으로써 사용대차계약이 유효하게 성립하고, 이러한 사용대차계약을 법률요건으로 법률효과가 발생하는바, ⅰ) 대주인 甲은 위 차를 인도해주어야 할 의무가 있으며, ⅱ) 차주인 乙은 이행기에 위 차를 반환할 의무를 진다.

사용대차란 'ⅰ) 당사자 일방(대주)이 상대방(차주)에게 무상으로 사용·수익하게 하기 위해서 목적물을 인도할 것을 약정하고, ⅱ) 상대방은 이를 사용·수익한 후 그 물건을 반환할 것을 약정함으로써 성립하는 계약'을 말한다(제609조).

Ⅲ 사용대차의 종료

① 차주는 약정시기에 차용물을 반환하여야 한다(제613조 제1항). ② 시기의 약정이 없는 경우에는 차주는 계약 또는 목적물의 성질에 의한 사용·수익이 종료한 때에 반환하여야 한다(제613조 제1항). 그러나 사용·수익에 족한 기간이 경과한 때에는 대주는 언제든지 계약을 해지할 수 있다.

제6절 │ 임대차

제1관 임대차 사례풀이구조

제2관 임대차계약 – 보증금반환청구와 임대목적물반환청구의 제1요건사실

Ⅰ 임대차의 의의와 법적성질

> (임대차계약의 예) 예컨대, 乙이 甲에게 甲 소유의 건물을 보증금 1억 원, 월세 100만 원에 사용·수익하게 해달라고 임차 청약의 의사표시를 하고, 甲이 사용·수익하게 해주겠다고 임대 승낙의 의사표시를 하여, 의사의 합치가 있는 경우 甲과 乙 사이에 임대차계약이 유효하게 성립하고, 이러한 임대차계약을 법률요건으로 법률효과가 발생하는바, ⅰ) 임대인 甲은 위 건물을 인도하여 乙이 사용·수익하게 할 의무가 있으며, ⅱ) 임차인 乙은 월세인 차임을 지급할 의무를 부담한다.

임대차는 'ⅰ) 당사자의 일방(임대인)이 상대방(임차인)에게 목적물을 사용·수익하게 할 것을 약정하고, ⅱ) 상대방이 이에 대하여 차임을 지급할 것을 약정함으로써 성립하는 채권계약을 말한다(제618조).

임대차 계약은 유상·쌍무·낙성·불요식계약으로서 물건의 사용·수익을 목적으로 하는 채권계약이며, 차임지급을 계약의 본질적 요소로 하고 있다.

Ⅱ 임대차 계약의 효과

1. 임대인의 의무

가. 목적물을 사용·수익하게 할 의무

1) 목적물인도의무와 사용·수익에 필요한 상태를 유지하게 할 의무

임대인의 목적물을 사용·수익하게 할 의무에 기초하여, 임차인이 목적물을 사용·수익하게 하기 위해서 ① 임대인은 '목적물을 임차인에게 인도'하고, ② 계약존속 중 그 '사용·수익에 필요한 상태를 유지하게 할 의무'를 부담한다(제623조).

2) 수선의무

임대인은 계약존속 중 임차인이 목적물을 '사용·수익하는데 필요한 상태를 유지하게 할 의무'를 부담하므로, 목적물이 사용·수익에 적합하지 않으면 임대인은 이를 수선할 의무를 부담한다.

나. 임대인의 담보책임

임대차는 유상계약이므로 매매에 관한 규정이 준용되며(제567조), 따라서 임대인은 매도인과 같은 담보책임을 진다.

다. 비용상환의무

임차인의 비용상환청구권에서 상술한다.

2. 임차인의 의무

가. 차임지급의무

1) 의의

임차인은 임차물을 사용·수익하는 대가로서 임대인에게 차임을 지급할 의무를 부담한다(제618조). 차임은 반드시 금전일 필요는 없으며 물건으로 지급해도 무방하다.

2) 차임연체와 해지

건물 기타 공작물의 임대차에서 임차인의 차임연체액이 2기의 차임액에 달하는 때에는 임대인은 계약을 해지할 수 있다(제640조). 차임지급의 연체는 연속될 것을 요하지 않으며, 임대인이 상당한 기간을 정하여 이를 최고할 필요도 없다. 본조는 강행규정이다(제652조).

나. 임차물의 사용·수익상의 보관의무

1) 용법에 따른 사용·수익의 의무

임차인은 임대차계약 또는 그 목적물의 성질에 의하여 정하여진 용법으로 임차물을 사용·수익하여야 한다(제654조, 제610조 제1항).

2) 통지의무

임차물이 수리를 요하거나 임차물에 대하여 권리를 주장하는 자가 있는 때에는 임차인은 지체 없이 임대인에게 이를 통지하여야 한다(제634조). 그러나 임대인이 이미 이를 안 때에는 그러하지 아니하다.

3) 임대인의 임대물보존행위에 대한 인용의무

임대인이 임대물의 보존에 필요한 행위를 하는 때에는 임차인은 이를 거절하지 못한다(제624조). 임대인이 임차인의 의사에 반하여 보존행위를 하는 경우에 임차인이 이로 인하여 임차의 목적을 달성할 수 없는 때에는 계약을 해지할 수 있다(제625조).

다. 임차물반환의무 및 원상회복의무

① 임대차가 종료되면 임차인은 임차목적물 자체를 임대인에게 반환하여야 할 계약상의 의무를 부담한다.
② 임차인이 임차물을 반환하는 때에는 이를 원상으로 회복하여야 하고, 부속시킨 물건은 철거할 수 있다(제654조, 제615조).

제3관 임차인의 임차보증금반환청구 등에 관하여

임차인의 임대인에 대한 보증금반환청구와 손해배상청구에 대해서 검토한다.

Ⅰ 임차인의 보증금반환청구권의 성립

1. 청구권의 발생요건

① 임대차계약의 체결, ② 보증금의 지급, ③ 임대차계약의 종료를 요한다. 요건사실 순으로 논의하기로 한다.

2. 임대차계약의 체결 – 임대차의 성립에서 전술함

3. 보증금의 지급

가. 보증금의 의의와 기능 및 성질

① (의의) 보증금이란 '부동산의 임대차에 있어 임차인의 채무를 담보하기 위하여 임차인 또는 제3자가 임대인에게 교부하는 금전 기타의 유가물'을 말한다. ② (기능) 보증금은 ⅰ) 임차인의 손해배상채무를 담보하고, ⅱ) 차임청구권을 담보하며, ⅲ) 차임지급기능을 한다. ⅳ) 또한 보증금을 지급해야 보증금반환청구를 할 수 있다.

나. 구별개념 – 권리금과 구별

① 권리금이란 임대차 목적물인 상가건물에서 영업을 하는 자 또는 영업을 하려는 자가 영업시설·비품, 거래처, 신용, 영업상의 노하우, 상가건물의 위치에 따른 영업상의 이점 등 유형·무형의 재산적 가치의 양도 또는 이용대가로서 임대인, 임차인에게 보증금과 차임 이외에 지급하는 금전 등의 대가를 말한다(상가건물 임대차보호법 제10조의 3). ② (구별개념) ⅰ) '권리금'은 임대차에 있어서 부동산이 가지는 '장소적 이익에 대한 대가'로서, ⅱ) 임대차에 있어 '임차인의 채무를 담보'하기 위하여 지급하는 '보증금'과 구별되며, ⅲ) '임차목적물의 사용수익에 대한 대가'인 '차임'과도 구별된다.

다. 보증금의 법적 성질 – 보증금반환청구권의 발생시기와 반환범위

판례는 ① (정지조건부 권리) 보증금은 임대인에게 목적물을 '인도할 때' 임차인의 모든 채무를 공제한 잔액이 있을 것을 조건으로 하여 그 잔액에 관하여 발생하는 정지조건부 권리로서 ② (발생시기) 임대차 '종료시'에 보증금반환청구권이 발생하고 바로 이행기에 도달하며, ③ (반환범위) 다만 목적물을 '인도할 때까지' 발생한 임차인의 모든 채무를 공제한 나머지만을 임차인에게 반환할 의무가 있다고 본다(따라서 임차인은 임대차 종료시 보증금반환청구를 하고, 이에 임대인이 인도시까지 임차인의 채무를 공제하는 항변을 하게 된다).

라. 보증금의 효력 – 담보적 효력

① 보증금의 담보적 효력이란 '임대인이 임차인에게 갖는 모든 채권을 보증금으로부터 우선적으로 변제받을 수 있는 효력'을 말한다(따라서 임차인의 다른 채권자는 임차인의 보증금반환채권에 대해서 임대인에 우선하여 변제받을 방법이 없다). ② 담보하는 채무의 범위는, '임대차계약 중에 발생한 채무' 뿐만 아니라 '임대차관계가 종료되어 목적물을 반환하는 때'까지 그 임대차관계에서 발생하는 '임차인의 모든 채무'를 담보한다.

4. 임대차의 종료 – 보증금반환청구와 임대목적물반환청구의 제3요건사실

임대차관계는 ① 존속기간의 만료, ② 해지의 통고, ③ 즉시해지, ④ 임대인의 사용, 수익케 할 의무의 이행불능으로 인한 당연종료에 의해 종료된다.

5. 임대인의 지위승계

> (임대인지위승계의 예) 예컨대, 임대인 甲이 甲 소유의 건물에 대해서 임차인 乙과 보증금 1억 원에 임대차계약을 체결하였고, 임차인 乙이 대항력을 갖춘 후 甲이 丙에게 위 건물의 소유권을 이전하면 丙은 임대인의 지위를 승계하고, 보증금반환채무를 면책적 인수를 하므로, 임차인 乙은 양수인 丙에 대해서 보증금반환청구를 할 수 있다. 이때 양수인 丙은 임차인 乙에게 목적물반환채권으로 동시이행항변을 할 수 있다.

전술한 바와 같이 임차목적물의 양수인은 임차인의 임차권이 대항력을 갖춘 경우 '계약상 임대인의 지위를 인수'하며(계약인수), 임차보증금반환채무를 '면책적으로 인수'하게 된다.

Ⅱ 임대인의 항변 – 동시이행항변/갱신의 항변/공제의 항변

1. 동시이행항변

'임차인의 목적물반환의무'와 '임대인의 연체차임을 공제한 나머지 보증금의 반환의무'는 '동시이행'의 관계에 있으므로, 임차인의 보증금반환청구에 대해서 임대인은 목적물반환과 동시이행항변을 할 수 있다.

2. 갱신의 항변

임차인이 임대기간의 만료를 이유로 임대차종료를 주장하면서 임차보증금반환청구를 하면 이에 대한 항변으로 임대인은 임대차기간의 갱신을 주장하면서 임대차종료사실을 다툴 수 있다.

3. 공제의 항변

가. 공제의 항변의 의의

임차보증금은 위에서 본 바와 같이 임대차관계에서 발생하는 '임차인의 모든 채무'를 담보하는 '담보적 효력'이 있으며, 이 효력에 의하여 임대인은 임대차에 관련된 자신의 채권을 '우선변제'받을 수 있다. 이러한 임대인의 우선변제권의 행사를 실무상 '공제'라고 하며(상계권의 행사가 아님), 임차인의 임차보증금반환청구의 소에서 임대인은 '공제항변'을 할 수 있으며, 그 요건사실은 공제대상 채권의 발생사실이다(이에 대해서 임차인은 공제대상 채권이 변제 등의 이유로 소멸하였음을 재항변사실로 주장·증명할 수 있다).

나. 임차인의 채무불이행으로 인한 공제의 범위

판례는 『임대인의 보증금반환의무는, 임대차관계가 종료되는 경우에 그 보증금 중에서 목적물을 반환받을 때까지 생긴 연체차임 등 임차인의 모든 채무를 공제한 나머지 금액에 관하여서만 비로소 이행기에 도달하여 임차인의 목적물반환의무와 서로 동시이행의 관계에 있다』고 하여, 임대차 종료 후라도 임차물을 반환하기 전까지 생긴 채무는 보증금에 의하여 담보된다는 입장이다.

Ⅲ 임차인의 임대인에 대한 손해배상청구권의 성립

① (손해배상청구권의 성립) 임차인은 임대인에게 ⅰ) (임대인의 방해행위로 이행불능) 임대인의 방해행위로 임차인의 임대차 목적물에 대한 임차권에 기한 사용·수익이 사회통념상 불가능하게 됨으로써 임대인의 귀책사유에 의하여 임대인으로서의 의무가 이행불능되어 임대차계약이 종료되었다고 하는 경우와 ⅱ) (임차목적물의 멸실로 이행불능) 임대인이나 제3자의 귀책사유로 그 임대차계약의 목적물이 멸실되어 임대인의 이행불능 등으로 임대차계약이 종료되는 경우에 임차인은 임대인에게 손해배상청구를 할 수 있다.

제4관 임대인의 임차목적물반환청구 등에 관하여

임대인의 임차인에 대한 임차목적물반환청구와 손해배상청구, 연체차임청구, 부당이득반환청구 등을 검토한다.

Ⅰ 임대인의 임차목적물반환청구권의 성립

1. 청구권의 발생요건

① 임대차계약의 체결, ② 목적물의 인도, ③ 임대차계약의 종료를 요한다.

2. 임대차계약의 체결 – 임대차의 성립에서 전술함

3. 임차목적물의 인도 – 임대인이 임차목적물을 인도했어야 한다.

4. 임대차계약의 종료 – 전술함

5. 임대인의 지위 승계

> **(임대인지위승계의 예)** 예컨대, 임대인 甲이 甲 소유의 건물에 대해서 임차인 乙과 보증금 1억 원에 임대차계약을 체결하였고, 임차인 乙이 대항력을 갖춘 후 甲이 丙에게 위 건물의 소유권을 이전하면 丙은 임대인의 지위를 승계하고, 보증금반환채무를 면책적 인수하므로, 목적물반환청구는 양수인 丙이 임차인 乙에 대해서 해야 한다. 이때 임차인 乙은 보증금반환채권으로 동시이행항변을 할 수 있다.

전술한 바와 같이 임차목적물의 양수인은 임차인의 임차권이 대항력을 갖춘 경우 '계약상 임대인의 지위를 인수'하며(계약인수), 임차보증금반환채무를 '면책적으로 인수'하게 된다.

II 임차인의 항변 – ① 동이항(보증금/부매청/지매청) ② 유치권(필요비/유익비)

1. 보증금반환청구권으로 동시이행항변 등

가. 동시이행항변

① 임대차계약의 기간이 만료된 경우에 '임차인이 임차목적물을 인도할 의무'와 '임대인이 보증금 중 연체차임 등 당해 임대차에 관하여 인도시까지 생긴 모든 채무를 청산한 나머지를 반환할 의무'는 모두 이행기에 도달하고 이들 의무 상호간에는 동시이행의 관계에 있다. ② 따라서 임대인의 목적물반환청구에 대해서 임차인은 보증금지급과 동시이행을 주장할 수 있다(이에 대해서 임대인은 임차인의 채무로 공제의 재항변을 할 수 있고, 임차인은 공제대상채권의 소멸사실로 재재항변을 할 수 있다).

나. 유치권–부정

임대인의 목적물반환청구에 대해서 임차인은 보증금반환채권을 피담보채권으로 유치권을 행사할 수 있는지 문제되는바, **판례**(부정)는 보증금반환채권은 제320조의 「그 물건에 관하여 생긴 채권」이 아니라고 하여 유치권의 성립을 부정하고 있다.

2. 임차인의 부속물매수청구권의 행사 – 동시이행항변

> **(부속물매수청구권의 예)** 예컨대, 임대인 甲이 甲 소유의 건물에 대해서 임차인 乙과 보증금 1억 원에 임대차계약을 체결한 후, 임차인 乙이 비용을 들여 주방시설, 난방시설, 유리문, 샤시 등을 설치한 경우 이들은 임차목적물인 건물과 독립된 물건으로 부속물에 해당하면, 임대차 종료시 임차인 乙은 임대인 甲에게 위 부속물의 매수를 청구할 수 있다. 매수청구권은 형성권으로 매수의 의사표시를 하면 위 부속물에 대해서 바로 매매계약이 성립한다. 임대인 甲이 乙에게 임차목적물반환청구를 하면 임차인 乙은 부속물매수청구권을 행사하여 매매대금을 받을 때까지 동시이행변을 할 수 있다.

부속물매수청구권이란 'ⅰ) 건물 기타 공작물의 임차인이 ⅱ) 그 사용의 편익을 위하여 ⅲ) 임대인의 동의를 얻어 이에 부속한 물건이나 임대인으로부터 매수한 ⅳ) 부속물이 있는 때에는 ⅴ) 임대차의 종료시에 ⅵ) 임대인에 대하여 그 부속물의 매수를 청구할 수 있는 권리'를 말한다(제646조). 임대인의 임차목적물반환청구에 대해서 임차인이 부속물매수청구권을 행사하여 동시이행항변을 할 수 있다.

3. 토지임차인의 지상물매수청구권 – 동시이행항변

> **(지상물매수청구권의 예)** 예컨대, 임대인 甲이 甲 소유의 토지에 대해서 임차인 乙과 보증금 1억 원에 임대차계약을 체결한 후, 임차인 乙이 비용을 들여 건물을 신축한 경우 임대기간 만료시 임차인 乙은 임대인 甲에게 위 지상물의 매수를 청구할 수 있다. 매수청구권은 형성권으로 매수의 의사표시를 하면 위 지상물에 대해서 바로 매매계약이 성립한다. 임대인 甲이 乙에게 임차목적물반환청구를 하면 임차인 乙은 지상물매수청구권을 행사하여 매매대금을 받을 때까지 동시이행항변을 할 수 있다.

지상물매수청구권이란 'ⅰ) 토지임차인이 ⅱ) 토지임대차의 기간이 만료한 경우에 ⅲ) 지상물이 현존한 때에는 ⅳ) 임대인에게 계약의 갱신을 청구할 수 있고(제643조, 제283조 제1항), ⅴ) 임대인이 그 갱신을 원하지 아니하는 경우에는 임대인에게 지상물의 매수를 청구할 수 있는 권리'를 말한다(제643조, 제283조 제2항). 임대인의 임차목적물반환청구에 대해서 토지임차인이 지상물매수청구권을 행사하여 동시이행항변을 할 수 있다.

4. 유치권 항변

가. 필요비상환청구권 – 유치권의 항변

> **(필요비의 예)** 예컨대, 임대인 甲이 甲 소유의 건물에 대해서 임차인 乙과 보증금 1억 원에 임대차계약을 체결한 후, 임차인 乙이 비용을 들여 건물을 보수한 경우 보수비용은 임차목적물의 가치보존을 위한 필요비에 해당하며, 비용 지출 즉시 임차인 乙은 임대인 甲에게 위 필요비상환청구를 할 수 있다. 임대인 甲이 乙에게 임차목적물반환청구를 하면 임차인 乙은 필요비상환으로 '유치권의 항변'을 할 수 있다.

필요비란 '임차물 자체의 가치보존을 휘해 투입된 비용'을 말하며(**판례**는 임차목적물의 보수나 수선하면서 들인 비용 등을 필요비로 본다), 임차인이 필요비를 지출한 때에는 임대인에게 그 상환을 청구할 수 있다(제626조 제1항). 임대인은 임차물을 사용·수익케 할 의무가 있으므로(제623조), 그 유지를 위하여 수선의무가 있기 때문에 임차인이 임차물의 가치보존을 위해 필요비를 지출하였다면, 이는 임대인이 지출할 것을 대신 지출한 것이 되므로 임차인은 이를 상환청구할 수 있으며, 임대인이 임차목적물반환청구를 하면 필요비상환채권으로 '유치권의 항변'을 할 수 있다.

나. 유익비상환청구권 – 유치권의 항변

> **(유익비의 예)** 예컨대, 임대인 甲이 甲 소유의 건물에 대해서 임차인 乙과 보증금 1억 원에 임대차계약을 체결한 후, 임차인 乙이 1,000만 원의 비용을 들여 건물을 도색, 도배를 한 경우 이 비용은 임차목적물의 가치증가을 위한 유익비에 해당하며, 임대차종료시에 임대인 甲은 임차인 乙에게 그 가액의 증가가 현존한 때에 한하여 임차인의 지출한 금액(1,000만 원)이나 그 증가액(1,500만 원)을 상환하여야 한다(임대인이 선택하여 적은 금액을 상환함). 임대인이 임차목적물반환청구를 하면 유익비상환채권으로 '유치권의 항변'을 할 수 있다.

유익비란 '임차인이 임차물의 객관적 가치를 증가시키기 위하여 투입한 비용'을 말한다. 임차인이 유익비를 지출한 경우에는 임대인은 임대차종료시에 그 가액의 증가가 현존한 때에 한하여 임차인의 지출한 금액이나 그 증가액을 상환하여야 한다(제626조 제2항). 임대인이 임차목적물반환청구를 하면 유익비상환채권으로 '유치권의 항변'을 할 수 있다.

Ⅲ 임대인의 임차인에 대한 손해배상청구권의 성립

임차목적물이 전부 멸실된 경우 임대인의 임차목적물을 사용·수익케 할 의무가 이행불능이 되었으므로 임대차계약은 임차인의 해지의 의사표시를 기다리지 않고 당연 종료된다. 그 결과 임차인의 목적물 반환의무와 임대인의 보증금반환의무가 발생한다. 이 경우 임차인의 귀책사유로 목적물 반환의무가 불가능하게 되어 임대인이 임차인에게 손해배상청구를 할 수 있다.

임대인은 임차인에게 목적물반환청구, 손해배상청구 외에 연체차임청구나 부당이득반환청구를 할 수 있다. 이 경우는 임차보증금반환청구에서 임대인의 공제항변에서 본 바와 같이 각 청구권 발생에 관한 요건사실을 주장·증명하면 된다.

제5관 임차권의 양도 및 임차물의 전대

> **(임차권 양도의 예)** 예컨대, ① 임대인 甲이 甲 소유의 건물에 대해서 임차인 乙과 보증금 1억 원에 임대차계약을 체결한 후, 임차인 乙이 丙에게 임차권을 양도하는 경우이다. ② 이때 임대인 甲의 동의가 있으면 임차권은 동일성을 유지하면서 양수인 丙에게 이전되고, 임차권양도인 乙은 임차인의 지위에서 벗어난다. ③ 그러나 임대인 甲의 동의가 없으면 양도하지 못하고, 그에 위반하여 양도하면 임대인은 임차인에 대해서 임대차 계약을 해지할 수 있다.

> **(전대차의 예)** 예컨대, ① 임대인 甲이 甲 소유의 건물에 대해서 임차인 乙과 보증금 1억 원에 임대차계약을 체결한 후, 임차인 乙이 다시 丙에게 위 건물을 임대하는 경우이다. 이때 임차인 乙을 전대인이라고 하며, 丙을 전차인이라고 한다. ② 이때 임대인 甲의 동의가 있으면 전대차는 유효하며, 전차인은 임대인에 대해 '직접 의무를 부담'한다(제630조 제1항). ③ 그러나 임대인 甲의 동의가 없으면 전대하지 못하고, 그에 위반하여 전대하면 임대인은 임차인에 대해서 임대차 계약을 해지할 수 있다.

임차권의 양도란 '임차권을 동일성을 유지하면서 이전하는 것'을 말하며, 전대차란 '임차인이 다시 임대인이 되어 임차목적물을 타인에게 임대하는 것'을 말한다. 민법은 「임차인은 임대인의 동의 없이 그 권리를 양도하거나 임차물을 전대하지 못한다(제629조 제1항). 임차인이 그에 위반하여 무단양도·무단전대한 경우 임대인은 계약을 해지할 수 있다(제629조 제2항).」고 규정하고 있다.

제6관 임차권의 대항력

Ⅰ 의의

> **(대항력의 예)** 예컨대, 임대인 甲이 甲 소유의 건물에 대해서 임차인 乙과 보증금 1억 원에 임대차계약을 체결한 후, 임대인 甲이 丙에게 소유권을 이전해 준 경우, 丙이 임차인 乙에게 임차목적물의 반환을 청구하면 임차인 乙은 채권만 가지고 있기 때문에 물권자인 소유권 양수인 丙에게 대항할 수 없어 위 건물을 인도해주어야 한다. 그러나 임차인이 법이 요구하는 대항력을 갖추면 건물의 인도를 거절할 수 있는데 이를 임차권의 대항력이라고 한다.

임차권의 대항력이란 '임차인이 제3자에 대하여도 임차권을 주장할 수 있는 효력'을 말한다. 임차권은 임차인이 임대인에 대해서만 임차권을 주장할 수 있는 채권이기 때문에 임차목적물의 소유권이 제3자에게 이전된 때에는 임차인은 제3자에게 임차권을 주장할 수 없다. 따라서 제3자가 소유권에 기해 목적물의 인도를 청구하면 임차인은 제3자에게 대항할 수 없어 패소당하는 불이익을 입는다. 이에 법은 일정한 경우 임차인이 제3자에 대하여도 임차권을 주장할 수 있도록 규정하고 있는바, 이를 '임차권의 대항력'이라 한다.

Ⅱ 대항력의 취득

1. 민법상 대항력의 취득

가. 임차권 등기

제621조는 「① 부동산임차인은 당사자 간에 반대약정이 없으면 임대인에 대하여 그 임대차등기절차에 협력할 것을 청구할 수 있다. ② 부동산임대차를 등기한 때에는 그때부터 제3자에 대하여 효력이 생긴다」고 규정하여 임차인을 보호한다.

나. 건물의 소유를 목적으로 한 토지 임대차에서 임차인이 그 건물에 관하여 등기를 마친 경우

> **(제622조의 예)** 예컨대, 임대인 甲이 甲 소유의 토지에 대해서 임차인 乙과 보증금 1억 원에 임대차계약을 체결한 후, 임차인 乙이 위 토지 위에 건물을 신축하고 보존등기를 하면 토지임차권에 대항력이 생긴다. 따라서 임대인 甲이 丙에게 토지소유권을 이전해 준 경우, 丙이 임차인 乙에게 임차목적물의 반환을 청구하면 임차인 乙은 토지의 인도를 거절할 수 있다.

제622조 제1항은 「건물의 소유를 목적으로 한 토지 임대차는 이를 등기하지 아니한 경우에도 임차인이 그 지상건물을 등기한 때에는 토지에 관하여 권리를 취득한 제3자에 대하여 임대차의 효력을 주장할 수 있다」고 규정하고 있다.

2. 주택임대차보호법상 대항력의 취득

가. 주택임대차보호법의 대항력의 발생

대항력이 발생하기 위해서는 적법한 임대차계약을 전제로, ① 주택의 인도와 ② 주민등록을 갖추어야 한다. ① 주택의 인도에는 주택의 '직접점유'뿐만 아니라 '간접점유'(임차인이 전대를 하는 경우)를 하게 되는 경우도 포함된다. ② 그리고 주민등록 자체뿐만 아니라, 전입신고와 주민등록 사이의 일정한 시간적 간격으로 인한 보호의 공백을 없애기 위해 '전입신고를 한 때'에 주민등록이 된 것으로 본다(주임법 제3조 제1항 제2문).

나. 대항력의 취득 시기

> **(주임법상 대항력의 예)** 예컨대, 임대인 甲이 甲 소유의 주택에 대해서 임차인 乙과 보증금 1억 원에 임대차계약을 체결한 후, 임차인 乙이 10.1. 위 주택을 인도받고, 주민등록으로 전입신고를 하면, 그 다음날인 10.2.에 대항력을 취득한다. 임대인 甲이 丙에게 주택의 소유권을 이전해 준 경우, 丙이 임차인 乙에게 주택의 반환을 청구하면 임차인 乙은 주택의 인도를 거절할 수 있다.

임차인이 '주택의 인도'와 '주민등록'을 마친 때에는 그 '익일'부터 제3자에 대하여 효력이 생긴다(주임법 제3조 제1항 제1문). 그 이유는 주택에 대해 주임법에 의한 임차권의 대항력과 제3자의 저당권의 등기가 같은 날 이루어진 경우에 그 선후관계를 정하는 것이 곤란하기 때문에 그 '다음날 오전 0시부터' 대항력을 가지는 것으로 정한 것이다(따라서 임차권의 대항력 요건으로서 주택의 인도 및 주민등록과 그 주택에 대한 제3자의 저당권등기가 같은 날 이루어진 경우 제3자의 저당권이 우선하게 된다).

3. 상가건물 임대차보호법상 대항력의 취득

가. 대항력의 발생 요건

임대차는 그 등기가 없는 경우에도 임차인이 ① 건물의 인도와 ② 사업자등록을 신청한 때에 대항력이 생긴다(상임법 제3조).

나. 대항력의 취득 시기

> **(상임법상 대항력의 예)** 예컨대, 임대인 甲이 甲 소유의 상가건물에 대해서 임차인 乙과 보증금 1억 원에 임대차계약을 체결한 후, 임차인 乙이 10.1. 위 상가건물을 인도받고, 사업자등록을 신청하면, 그 다음 날인 10.2.에 대항력을 취득한다. 임대인 甲이 丙에게 상가건물의 소유권을 이전해 준 경우, 丙이 임차인 乙에게 위 건물의 반환을 청구하면 임차인 乙은 위 건물의 인도를 거절할 수 있다.

임차인이 건물의 인도와 사업자등록을 신청한 때에는 그 '다음 날' 0시부터 제3자에 대하여 효력이 생긴다(상임법 제3조 제1항).

제7관 임차인의 임차보증금의 회수

Ⅰ 임차인이 임차보증금을 회수하는 방법

임차인이 보증금을 회수할 수 있는 방법은 ① 임차인이 임대인을 상대로 보증금의 반환을 청구하는 것과 ② 임차주택에 대해 다른 채권자에 의해 경매 등이 개시되는 경우에 임차인이 우선변제를 받는 것, 두 가지가 있다. ③ 그러나 임차인에게 경매청구권은 인정되지 않는다. 이하에서 차례로 검토하기로 한다.

Ⅱ 임차인이 임대인을 상대로 보증금반환청구의 소를 제기하는 방법 – 전술함

임대인이 임대차기간 만료 후 보증금을 반환하지 않은 경우, 임차인은 임대인을 상대로 보증금의 반환을 청구하고, 임대인이 이에 응하지 않을 때에는 보증금반환청구의 소를 제기하여 확정판결을 받아 그 집행권원에 기해 강제경매를 신청하여 보증금을 회수할 수 있다.

Ⅲ 임차보증금의 우선변제권 –주택임대차보호법상의 보증금 회수 방법

1. 의의

임차인은 ① 임차인이 임대인을 상대로 보증금의 반환을 청구하는 것 이외에 ② 임차주택에 대해 다른 채권자에 의해 경매 등이 개시되는 경우에 임차인이 우선변제를 받는 방법으로 보증금을 회수할 수 있다. 주임법에서도 「주택임대차의 '대항력'과 임대차계약증서상에 '확정일자'를 갖춘 임차인은 민사집행법에 의한 경매 또는 국세징수법에 의한 공매시 임차주택(대지를 포함)의 환가대금에서 후순위권리자나 그밖의 채권자보다 우선하여 보증금을 변제받을 권리가 있다(동법3조의2 제2항).」고 규정하고 있다.

2. 주택임대차보호법상의 보증금의 보호

가. 우선변제권 –동법 제3조의2, 제8조
주택임대차의 '대항력'과 '확정일자'를 갖춘 임차인은 민사집행법에 기한 경매 또는 국세징수법상 공매시 임차주택의 환가대금에서 후순위권리자 기타 채권자보다 우선하여 보증금을 변제받을 권리가 있다(앞서 본 바와 같이 종래는 임대차가 종료한 후에만 우선변제청구가 가능했으나, 이 규정은 삭제되었기 때문에 이제는 임대차계약을 해지하지 않고도 배당요구를 할 수 있게 되었다).

나. 임차권등기명령 –동법 제3조의3 제1항
임차인이 이사가야 할 경우 인도, 주민등록, 확정일자의 요건을 갖추지 못하는바, 우선변제권을 잃게 되어 문제가 있었으나, 임차인이 단독으로 법원에 임차권등기명령을 신청하여 등기가 경료되면 주거를 이전하더라도 대항력과 우선변제권을 그대로 유지할 수가 있다.

다. 강제경매신청과 인도 –동법 제3조의2 제1항
보증금반환청구소송에서 승소하여 강제경매신청을 하려면 동시이행관계에 있는 주택을 인도해야 하는데 그렇게 하면 우선변제권을 잃게 되어 문제가 있으나, 이러한 경우 민사집행법 규정에도 불구하고 반대의무의 이행 또는 이행제공을 집행개시의 요건으로 하지 아니한다고 명문으로 규정하였다. 따라서 임차인은 '임차주택을 인도하지 않고도' 보증금반환청구소송의 확정판결 등에 기해 강제경매를 신청할 수 있다.

라. 보증금 중 일정액의 보호 –동법 제8조 제3항–소액보증금 최우선변제권
보증금 중 일정액은 다른 담보물권자에 우선하여 변제받을 권리가 있다.

3. 요건

임차주택에 대해 다른 채권자에 의해 경매 등이 개시되는 경우에 임차인이 우선변제를 받기 위해서는 ① 주택임대차의 '대항력'과 ② 임대차계약증서상에 '확정일자'를 갖출 것, ③ 경락기일까지 임차인의 배당요구가 있을 것, ④ 임차인은 임차주택을 인도할 것을 요한다.

4. 효과

주택임차인이 대항요건과 임대차계약증서상에 확정일자를 갖춘 경우에는 임차주택(대지를 포함한다)의 환가대금에서 후순위권리자나 그 밖에 채권자보다 우선하어 보증금을 받을 권리가 있다(동법 3조의2 제2항).

Ⅳ 소액보증금의 보호

1. 소액보증금의 요건

소액보증금에 대해서는 다른 선순위담보권자가 있어도 그에 우선하여 보증금을 변제받을 수 있다. 예컨대, 우선변제 받기 위해서는 ① 보증금이 서울특별시에서는 1억 5천만 원 이하, 수도권정비계획법에 따른 과밀억제권역, 세종특별자치시, 용인시, 화성시 및 김포시 1억 3천만 원 이하, 광역시, 안산시, 광주시, 파주시, 이천시 및 평택시 7천만 원 이하, 그 밖의 지역에서는 6천만 원 이하여야 하고(동법 제8조 제3항, 동법 시행령 제11조), 위 금액을 조금이라도 넘는 경우에는 보호를 받지 못한다. ② 임차인은 주택에 대한 '경매신청의 등기 전'에 대항력(주택의인도와 주민등록)을 갖추어야 한다(동법 제8조 제1항 제2문). ③ 임대차계약서에 '확정일자'는 그 요건이 아니다.

2. 소액보증금의 효과

가. 최우선변제권

임차인은 보증금 중 일정액을 다른 담보물권자보다 우선하여 변제받을 권리가 있다(동법 제8조 제1항 재1문). 경매개시결정의 등기 전에 임차인이 주택의 인도와 주민등록을 갖추는 것을 전제로, 선순위 다른 담보권이 성립하여 있더라고 그에 우선하여, 최우선변제권이 있다(다만 소액보증금반환채권은 배당요구가 필요한 배당요구채권에 해당한다).

나. 우선변제를 받을 '보증금 중 일정액의 범위'

① 주택(대지를 포함) 가액의 2분의 1을 최고한도로 하여, 서울특별시 5천만 원 이하, 수도권정비계획법에 따른 과밀억제권역, 세종특별자치시, 용인시, 화성시 및 김포시 4천 300만 원 이하, 광역시(수도권정비계획법에 따른 과밀억제권역에 포함된 지역과 군지역은 제외함), 안산시, 광주시, 파주시, 이천시 및 평택시 2천 300만 원 이하, 그 밖의 지역에서는 2천만 원 이하로 하며(동법 시행령 제10조 제1항), ② 하나의 주택에 임차인이 2명 이상이고 그 각 보증금 중 일정액을 모두 합한 금액이 주택가액의 2분의 1을 초과하는 경우에는, 그 2분의 1에 해당하는 금액을 기준으로 각 임차인의 보증금에 비례하여 분할한다(동법 시행령 제10조 제3항).

제7절 고용

고용이란 당사자 일방(노무자)이 상대방에 대하여 노무를 제공할 것을 약정하고, 상대방(사용자)이 이에 대해 보수를 지급할 것을 약정함으로써 그 효력이 생기는 계약(제655조)으로서, 그 법적 성질은 유상·쌍무·낙성·불요식계약이고, 인적 신뢰관계를 바탕으로 하는 계속적 채권관계이다.

I 　도급의 의의

> **(도급의 예)** 예컨대, 甲이 공사대금을 줄 것이니 건물을 지어줄 것을 乙에게 부탁하여 도급청약의 의사표시를 하였고, 乙이 건물을 지어주겠다고 수급승낙의 의사표시를 하여, 의사의 합치가 있는 경우 甲과 乙 사이에 도급계약이 유효하게 성립하고, 이러한 도급계약을 법률요건으로 법률효과가 발생하는바, ⅰ) 도급인 甲은 공사대금을 지급해 주어야 할 의무가 있으며, ⅱ) 수급인 乙은 건물을 완공하여 일을 완성할 의무를 부담한다.

도급이란 'ⅰ) 당사자 일방(수급인)이 어떤 일을 완성할 것을 약정하고, ⅱ) 상대방(도급인)이 그 일의 결과에 대해 보수를 지급할 것을 약정함으로써 성립하는 계약'을 말한다(제664조). 그 법적 성질은 낙성·불요식계약이고, 일의 완성에 대한 대가로 보수를 지급하므로 쌍무·유상계약이다.

II 　도급의 효력

1. 수급인의 의무

가. 일을 완성할 의무

1) 일의 완성의 의미

수급인은 약정된 기한 내에 계약의 내용에 좇아 일을 완성할 의무를 진다(제664조). 이때 '일의 완성'의 의미에 관하여 **판례**는 『공사가 도중에 중단되어 예정된 '최후의 공정을 종료'하지 못한 경우에는 공사가 미완성된 것으로 볼 것이지만, 공사가 당초 예정된 '최후의 공정까지 종료'하고 그 '주요 구조 부분이 약정된 대로 시공'되어 사회통념상 일이 완성되었고, 다만 그것이 불완전하여 보수를 하여야 할 경우에는 공사가 완성되었으나 목적물에 하자가 있는 것에 지나지 아니한다』고 본다.

2) 일의 완성 위반의 효과 - 지체상금

> **(지체상금)** 수급인이 약정된 시기까지 일을 완성할 의무를 지는데, 수급인이 준공기한 내에 공사를 완성하지 아니한 때에는 도급인에게 지연손해금을 배상하여야 하는데, 도급계약에서 이에 관하여 미리 '지체상금'(매 지체일수마다 계약에서 정한 지체상금률을 계약금액에 곱하여 산출한 금액)을 정하는 경우가 대부분이다.

> **(손해배상의 예정)** 지체상금은 손해배상의 예정으로 보며, 부당히 과다하다고 인정되는 경우에는 법원이 민법 제398조 제2항에 의하여 적당히 감액할 수 있다.

나. 완성물 인도의무

① (검수) 수급인은 '완성물의 인도의무'도 있다. 이때 목적물의 인도는 완성된 목적물에 대한 단순한 '점유

의 이전만'을 의미하는 것이 아니라 도급인이 목적물을 검사한 후 그 목적물이 계약내용대로 완성되었음을 '명시적 또는 묵시적으로 시인'하는 것까지 포함하는 의미이다(이를 '검수'라고 한다). ② (동시이행항변 인정) 수급인의 목적물인도의무와 도급인의 보수지급의무는 '동시이행의 관계'에 있다. ③ (유치권 인정) 목적물이 도급인의 소유이고, 수급인이 점유하고 있는 때에는, 보수채권은 그 물건에 관하여 생긴 채권이므로, 수급인은 보수를 지급받을 때까지 '유치권'을 행사할 수 있다.

다. 완성물의 소유권이전의무 – 신축건물의 소유권 귀속관계 후술

1) 도급인이 재료의 전부 또는 주요부분을 제공한 경우 – 도급인 귀속

이 경우에는 완성된 목적물이 동산이든 부동산이든 이를 묻지 않고, 소유권은 원시적으로 '도급인에게 귀속'한다. 도급인이 소유권을 원시취득한다고 할 때 그 귀속시기에 관해서는 '목적물의 완성과 동시에 귀속'한다고 본다.

2) 수급인이 재료의 전부 또는 주요부분을 제공한 경우

가) 제작물공급계약

수급인이 도급인의 주문에 따라 자기소유의 재료를 사용하여 만든 물건을 공급할 것을 약정하고, 이에 대하여 도급인이 대가를 지급하기로 약정하는 계약을 제작물공급계약이라고 한다. 제작물공급계약의 성격에 관하여 **판례**는 제작물이 대체물인 때에는 매매이고, 부대체물인 때에는 도급이라고 보므로, 건물신축공급계약은 부대체물이므로 도급의 성질을 갖는다.

나) 소유권 귀속

판례는 ① (원칙 수급인 귀속)『특약이 없는 한, 수급인이 건물건축자재 일체를 부담하여 신축한 건물은 도급인에게 인도할 때까지는 수급인의 소유』라고 하여, 원칙적으로 수급인 귀속설의 입장이다. ② (예외 도급인 귀속)『다만 특약이 있는 경우, 예컨대, 수급인이 자기의 노력과 재료를 들여 건물을 완성하더라도 도급인과 수급인 사이에 '도급인 명의'로 '건축허가'를 받아 '소유권보존등기'를 하기로 하는 등 완성된 건물의 소유권을 도급인에게 귀속시키기로 합의한 것으로 보여질 경우에는 그 건물의 소유권은 도급인에게 원시적으로 귀속된다』고 한다.

2. 도급인의 의무

가. 보수지급의무

도급인은 수급인에게 보수지급의무가 있다. 이때 보수는 그 완성된 목적물의 인도와 동시에 지급하여야 한다. 그러나 목적물의 인도를 요하지 아니하는 경우에는 그 일을 완성한 후 지체 없이 지급하여야 한다(제665조).

나. 보수지급의무의 담보 – 부동산공사수급인의 저당권설정청구권

부동산공사의 수급인은 그 보수청구권을 담보하기 위하여 그 목적부동산 위에 저당권의 설정을 부동산소유자인 도급인에게 청구할 수 있다(제666조).

3. 수급인의 담보책임

가. 의의 및 법적 성질

민법은 수급인의 담보책임의 내용으로 ① 하자보수, ② 손해배상, ③ 계약해제의 3가지를 인정한다(제667조~제672조). 담보책임의 법적 성질에 대해서 **판례**는 수급인의 귀책사유를 묻지 않으므로 '무과실책임'이라고 한다.

나. 책임의 요건

① 완성된 목적물 또는 완성 전의 성취된 부분에 '하자'가 있을 것(제667조 제1항), ② 하자가 도급인이 제공한 재료의 성질 또는 도급인의 지시로 인한 경우가 아닐 것(다만, 재료 및 지시가 부적당함을 알고도 수급인이 도급인에게 고지하지 아니한 때에는 담보책임을 진다. 제669조), ③ 담보책임면제의 특약이 없을 것(다만, 수급인이 알면서 고지하지 아니한 사실에 대해서는 그 특약이 무효이다. 제672조). ④ 수급인의 귀책사유는 요구되지 않는다.

다. 책임의 내용

1) 하자보수청구권

> **(원칙)** 완성된 목적물 또는 완성 전의 성취된 부분에 하자가 있는 때에는 도급인은 수급인에 대하여 상당한 기간을 정하여 그 하자의 보수를 청구할 수 있다(제667조 제1항).

> **(예외)** 다만 그 하자가 중요하지 않고 보수비용이 과다한 경우에는 수급인에게 하자보수의 책임을 물을 수는 없고(제667조 제1항 단서), 손해배상책임만을 부담하게 된다(예컨대, 수급인이 완성하여 인도받은 건물의 외벽에 균열이 생겼을 뿐만 아니라 발코니가 수평으로 시공되지 않은 점을 발견하였는데, 그러한 하자를 보수함에는 5억 원의 추가비용이 소요되는 반면 그 하자로 인한 건물가치의 감소분은 1억 원 상당인 경우, 제667조 제1항 단서의 그 하자가 중요하지 않고 보수비용이 과다한 경우에 해당된다고 볼 수 있으며, 도급인은 수급인에게 하자보수의 책임을 물을 수는 없으므로 하자보수에 소요되는 비용인 5억 원을 청구할 수는 없고, 하자로 인한 건물가치의 감소분인 1억 원의 손해배상청구만 할 수 있다고 본다).

> **(변제기)** i) 수급인의 공사비 채권의 변제기는 '건물의 준공, 인도일'이라 할 것이나, ii) 도급인의 하자보수 채권의 변제기는 도급인이 '그 권리를 행사한 때'라고 보아야 할 것이다.

2) 손해배상청구권

가) 내용: ① 도급인은 하자의 보수에 '갈음'하여 또는 보수와 '함께' 손해배상을 청구할 수 있다(제667조 제2항). 수급인의 과실은 요구되지 않는다. ② 그 하자가 '중요하지 않고' '보수비용이 과다한 경우'에는 수급인에게 하자보수의 책임을 물을 수는 없고(제667조 제1항 단서), 손해배상책임만을 부담하게 된다.

나) 동시이행 − 손해배상의 액에 상응하는 보수의 액: '도급인의 손해배상청구'와 '수급인의 보수청구' 사이에는 동시이행의 항변권이 준용되며(제667조 제3항), 이 경우 채무이행을 제공할 때까지 그 '손해배상의 액에 상응하는 보수의 액'에 관하여만 자기의 채무이행을 거절할 수 있을 뿐, 그 '나머지 액의 보수에 관하여는 지급'을 거절할 수 없다.

3) 계약의 해제

가) **요건:** ⅰ) '완성된 목적물의 하자'로 인하여 ⅱ) 계약의 목적을 달성할 수 없는 때에는 ⅲ) 도급인은 계약을 해제할 수 있다(제668조). 하자보수청구권의 경우와 달리, '완성 전의 성취된 부분에 하자'가 있는 때에는 해제권은 인정되지 않는다.

나) **해제의 제한:** ① 완성된 목적물이 '건물 기타 공작물'인 경우에는, 그 하자로 인해 계약의 목적을 달성할 수 없는 때에도 해제할 수 없다(제668조 단서). ② 이는 '강행규정'이며 따라서 도급인은 하자의 보수나 손해배상을 청구할 수밖에 없다. 이 경우에 해제를 인정한다면 수급인에게 과대한 손해를 줄 뿐만 아니라 이미 완성된 건물을 철거하는 것은 사회경제적으로도 큰 손실이기 때문에 해제를 제한한 것이다. ③ 따라서 ⅰ) 건물 등이 '완성된 후'에는 채무불이행을 원인으로 해서도 도급계약을 해제할 수 없다. ⅱ) 그러나 건물 등이 '완성되기 전'에는 채무불이행을 이유로 도급계약을 해제할 수 있다.

라. 담보책임의 존속기간

① 하자의 보수, 손해배상의 청구 및 계약의 해제는 목적물의 인도를 받은 날로부터 1년 내에 하여야 한다(제670조). ② 토지, 건물 기타 공작물의 수급인은 목적물 또는 지반공사의 하자에 대하여 인도 후 5년간 담보의 책임이 있다. 그러나 목적물이 석조, 석회조, 연와조, 금속 기타 이와 유사한 재료로 조성된 것인 때에는 그 기간을 10년으로 한다(제671조). ③ 민법상 수급인의 하자담보책임에 관한 기간은 제척기간으로서 재판상 또는 재판외의 권리행사기간이며, 재판상 청구를 위한 출소기간이 아니다.

Ⅲ 도급에서의 위험부담

일의 완성 후 검수 전에 멸실·훼손된 경우 위험부담

> **(사실관계)** 甲은 2010.4.5. 건축업자인 丙과 도급계약을 체결하였다. 丙은 신축공사를 완료한 후 甲에게 공사가 완료되었음을 알리고 공사대금을 지급할 것과 신축건물을 인수받아 갈 것을 통고하였다. 甲은 공사대금을 마련하지 못하여 공사대금의 지급을 지체하고 있다. C는 자신이 토지소유자임을 내세워 X토지 위의 건물을 임의로 철거하였다. 이때 丙의 甲에 대한 공사대금채권은 존속하는가?

> **(민법의 입장)** ① 당사자 쌍방의 귀책사유 없이 목적물이 멸실·훼손된 경우에는 수급인의 일을 완성할 의무는 소멸하나, 수급인은 지출된 비용과 보수도 청구하지 못한다(제537조). ② 그러나 도급인의 귀책사유로 급부불능이 되거나 도급인의 수령지체 중에 급부불능이 된 경우에는, 수급인은 보수를 청구할 수 있으나, 수급인이 면하게 되는 노력이나 비용은 도급인에게 상환하여야 한다(제538조).

> **(사례의 결론)** 사안에서 丙은 신축공사를 완료한 후 甲에게 신축건물을 인수받아 갈 것을 통고하였는데, 甲이 공사금을 마련하지 못하여 수령하지 못했으므로 甲의 수령지체가 된다(제400조). 그러던 중 C가 건물을 임의로 철거하였으므로 甲과 丙 쌍방에 책임 없는 사유로 건물이 멸실되었다. 이는 도급인 甲의 수령지체 중 쌍방의 책임 없는 사유로 丙의 건물인도채무가 불능이 되었으므로 대가위험이 도급인 甲에게 이전되어 甲은 丙에게 공사대금지급채무를 부담한다(제538조 1항 2문). 따라서 丙의 甲에 대한 공사대금채권은 소멸하지 않고 여전히 존속한다.

제9절 현상광고

현상광고란 'ⅰ) 당사자의 일방(광고자)이 특정의 행위를 한 자에게 일정한 보수를 지급할 것을 표시하고, ⅱ) 이에 응한 자(응모자)가 그 광고에 정한 지정행위를 완료함으로써 성립하는 계약을 말한다(제675조).

제10절 위임

Ⅰ 위임의 의의

(위임의 예) 예컨대, 甲이 乙에게 토지를 사달라고 부탁하여(丙의 치료, 소송사건의 처리, 채무의 변제 등) 위임청약의 의사표시를 하였고, 乙이 토지를 사다주겠다고 수임 승낙의 의사표시를 하여, 의사의 합치가 있는 경우 甲과 乙 사이에 위임계약이 유효하게 성립하며, 이러한 위임계약을 법률요건으로 법률효과가 발생하는바, ⅰ) 위임인 甲은 보수를 지급할 의무가 있으며, ⅱ) 수임인 乙은 사무처리를 해줄 의무를 부담한다.

위임이란 'ⅰ) 당사자 일방(위임자)이 상대방(수임자)에 대하여 사무의 처리를 위탁하고, ⅱ) 상대방이 이를 승낙함으로써 성립하는 계약'을 말한다(제680조). 타인의 노무를 이용하는 계약이라는 점에서 고용·도급과 공통되지만, 수임인이 위탁받은 사무를 자유재량에 의해 처리한다는 점에서 고용과 구별되고, 타인의 사무를 처리한다는 활동 그 자체에 목적을 두는 점에서 도급과 구별된다.

Ⅱ 위임의 효력

1. 수임인의 의무

가. 선관주의의무–제681조, **나. 복임권의 제한**–제682조, **다. 보고의무**–제683조

라. 취득물 인도 및 취득권리 이전의무

① 수임인은 위임사무의 처리로 인하여 받은 금전 기타의 물건 및 그 수취한 과실을 위임인에게 인도하여야 한다. ② 수임인이 위임인을 위하여 자기의 명의로 취득한 권리는 위임인에게 이전하여야 한다(제684조). 수임인이 위임인에게 인도할 금전 또는 위임인의 이익을 위하여 사용할 금전을 자기를 위하여 소비한 때에는 소비한 날 이후의 이자를 지급하여야 하며 그 외에 손해가 있으면 배상하여야 한다(제685조 수임인의 금전소비의 책임).

2. 위임인의 의무

가. 보수지급의무

① 수임인은 특별한 약정이 없으면 위임인에 대하여 보수를 청구하지 못한다. ② 수임인이 보수를 받을 경우에는 위임사무를 완료한 후가 아니면 이를 청구하지 못한다. 그러나 기간으로 보수를 정한 때에는 그 기간이 경과한 후에 이를 청구할 수 있다. ③ 수임인이 위임사무를 처리하는 중에 수임인이 책임 없는 사유로 인하여 위임이 종료된 때에는 수임인은 이미 처리한 사무의 비율에 따른 보수를 청구할 수 있다(제686조 수임인의 보수청구권).

나. 비용선급의무-제687조, 다. 필요비상환의무-제688조 제1항

라. 채무대변제 및 담보제공의무

수임인이 사무처리에 필요한 채무를 부담한 때에는 위임인에게 자기에 갈음하여 그 채무를 변제하게 할 수 있고, 그 채무가 아직 변제기에 이르지 않은 때에는 상당한 담보를 제공하게 할 수 있다(제688조 제2항).

마. 무과실의 손해배상책임-제688조 제3항

Ⅲ 위임의 종료

1. 종료사유

가. 기간의 만료

나. 당사자 일방의 해지

① 위임계약은 각 당사자가 언제든지 해지할 수 있다. ② 당사자 일방이 부득이한 사유 없이 상대방의 불리한 시기에 계약을 해지한 때에는 그 손해를 배상하여야 한다(제689조 위임의 상호해지의 자유).

다. 당사자의 사망 또는 파산, 수임인의 성년후견개시심판-제690조

2. 위임종료의 특칙

가. 수임인의 긴급처리의무

위임종료의 경우에 급박한 사정이 있는 때에는 수임인, 그 상속인이나 법정대리인은 위임인, 그 상속인이나 법정대리인의 위임사무를 처리할 수 있을 때까지 그 사무의 처리를 계속하여야 한다. 이 경우에는 위임의 존속과 동일한 효력이 있다(제691조 위임종료시 긴급처리).

나. 위임종료의 대항요건

위임종료시의 사유는 이를 상대방에게 통지하거나 상대방이 이를 안 때가 아니면 이로써 상대방에게 대항하지 못한다(제692조).

I 임치의 의의

> **(임치의 예)** 예컨대, 甲이 자기 소유의 물건을 乙에게 보관해달라고 부탁하여 임치 청약의 의사표시를 하였고, 乙이 물건을 보관해 주겠다고 수치 승낙의 의사표시를 하여, 의사의 합치가 있는 경우 甲과 乙 사이에 임치계약이 유효하게 성립하고, 이러한 임치계약을 법률요건으로 법률효과가 발생하는바, ⅰ) 임치인 甲은 물건의 보관비용을 지급할 의무를 부담하며, ⅱ) 수치인 乙은 물건을 보관할 의무를 부담한다.

임치란 '당사자 일방(임치인)이 상대방(수치인)에 대하여 금전이나 유가증권 기타 물건의 보관을 위탁하고 상대방이 이를 승낙함으로써 성립하는 계약'을 말한다(제693조).

II 임치의 효력

III 소비임치

1. 의의

> **(소비임치의 예)** 예컨대, 임치인 甲이 수치인 乙은행에게 1,000만 원을 예금하면 1,000만 원의 소유권은 乙은행에게 이전하고 甲이 예금반환청구를 하면 동종·동질·동량의 1,000만 원을 임치인에게 반환할 것을 정하는 계약을 소비임치라고 한다.

소비임치란 'ⅰ) 당사자의 계약으로 임치물의 소유권을 수치인에게 이전하여 수치인이 임치물을 소비하고, ⅱ) 그와 동종·동질·동량의 물건을 임치인에게 반환할 것을 정한 임치'를 말한다(제702조). 보통의 임치는 수치인이 임치한 물건 자체를 반환해야 한다는 점에서 소비임치와 구별된다. 소비임치의 목적물은 대체물에 한한다.

2. 법적 성질

가. 임치

나. 요물계약

3. 법률효과

소비임치는 수치인이 임치물의 소유권을 취득하고 동종·동량의 것을 반환하면 된다는 점에서 소비대차와 유사하기 때문에 소비대차의 규정이 준용된다(제702조 본문). 그러나 반환시기에 대한 약정이 없는 경우에는 언제든지 임치인은 그 반환을 청구할 수 있다(제702조 단서). 이 점이 소비대차와 다르다(제603조 제2항).

4. 예금계약

가. 예금계약의 성질

> **(예금계약과 성질)** 예컨대, 임치인 甲이 수치인 乙은행에게 1,000만 원을 예금하면 1,000만 원의 소유권은 乙은행에게 이전하고 甲이 예금반환청구를 하면 동종·동질·동량의 1,000만 원을 임치인에게 반환할 것을 정하는 계약을 예금계약이라고 하며 소비임치계약으로 1,000만 원의 물건을 수치인에게 주어야만 계약이 성립하므로 요물계약이라고 한다. 예금계약은 예금자 甲이 예금의 의사를 표시하면서 乙은행에 돈을 제공하고 은행창구 직원이 1,000만 원을 받아 '확인'을 하면 그로써 성립하며, 금융기관의 직원이 그 받은 돈을 금융기관에 입금하지 아니하고 이를 횡령하였다고 하더라도 예금계약은 성립한다.

예금계약은 '은행 등 법률이 정하는 금융기관을 수치인으로 하는 금전의 소비임치계약'으로서 수치인은 임치물인 금전 등을 보관하고 그 기간 중 이를 소비할 수 있고 임치인의 청구에 따라 동종 동액의 금전을 반환할 것을 약정함으로써 성립하는 '요물계약'이다.

나. 예금계약의 성립시기

① '현금으로 예금'하는 경우에는, 예금계약은 예금자가 예금의 의사를 표시하면서 금융기관에 돈을 제공하고 금융기관이 그 의사에 따라 그 돈을 받아 '확인'을 하면 그로써 성립하며, 금융기관의 직원이 그 받은 돈을 금융기관에 입금하지 아니하고 이를 횡령하였다고 하더라도 예금계약은 성립한다. ② '계좌이체'에 의한 예금의 성립시기는 '예금원장에 입금의 기록이 된 때'이다.

제12절 조합

> **(조합의 예)** 예컨대, 甲, 乙, 丙 세 사람은 각자 재산을 출연하여 자동차정비업소를 공동으로 경영하기로 하는 조합을 결성하는 경우를 말한다.

조합계약이란 'ⅰ) 2인 이상이 상호출자하여 ⅱ) 공동사업을 경영할 것을 약정하는 법률행위'를 말한다(제703조). '조합계약'에 의해 성립한 단체를 '조합'이라고 해야 하지만, 민법은 양자를 엄격하게 구별하여 사용하고 있지는 않다. 『조합에 관한 민법의 규정은 임의규정이므로 당사자 사이에 특별한 의사표시가 있으면 민법의 규정에 우선하여 당사자사이의 의사표시에 따라야 한다.』

제13절　종신정기금

제725조【종신정기금계약의 의의】 종신정기금계약은 당사자 일방이 자기, 상대방 또는 제3자의 종신까지 정기로 금전 기타의 물건을 상대방 또는 제3자에게 지급할 것을 약정함으로써 그 효력이 생긴다.

제14절　화해

Ⅰ 화해의 의의

(화해의 예) 예컨대, 甲은 내과전문의로서 A가 감기몸살에 걸렸다는 진단을 한 후 타이레놀 등이 포함된 약을 조제하여 주었는바, A가 그 약을 먹고 잠자리에 들었다가 사망하자 A의 상속인인 乙은 甲에게 1,000만 원의 손해배상을 청구하자 甲은 500만 원만 지급하겠다고 하였고, 양자간에 화해를 하여 손해배상으로서 7백만 원을 지급하기로 합의하는 경우 화해계약이 성립한다.

민법상 화해란 '당사자 쌍방이 서로 양보하여 그 분쟁을 끝낼 것을 약정하는 계약'을 말하며(제731조), 그 목적은 당사자 등이 그들의 자유로운 약정에 의해 분쟁을 해결히는 데 있다. 화해계약은 서로 손실을 입는 것으로서 유상계약이며, 쌍방이 양보하는 것은 서로 대가적이라는 점에서 쌍무계약이고, 낙성·불요식계약이다.

Ⅱ 화해계약의 성립요건

화해가 성립하기 위해서는 ① 당사자 간의 분쟁이 있을 것, ② 상호 양보할 것, ③ 분쟁을 종지하기로 하는 약정이 있을 것을 요한다(제731조).

Ⅲ 화해의 효력

1. 기본적 효력

가. 법률관계를 확정하는 효력

당사자가 다투었던 법률관계는 화해계약의 내용에 따라 결정된다.

나. 법률관계를 창설하는 효력

화해에 의해 새로운 법률관계가 생기고 새로운 권리의 득실이 있게 된다. 따라서 일방이 양보한 권리는 소멸하고, 상대방이 그 권리를 그대로 취득하게 된다(제732조; 위 예에서 乙의 甲에 대한 1,000만 원 채권은 소멸하고, 700만 원 채권을 새로이 취득한다).

2. 착오에 기한 화해계약의 취소

화해계약이 성립되면 ① (원칙 불허) '화해계약의 목적인 분쟁사항'에 착오가 있는 경우에는 원칙적으로 착오를 이유로 취소하지 못하며, ② (예외 허용) 다만 '화해당사자의 자격' 또는 '화해의 목적인 분쟁 이외의 사항'에 착오가 있는 경우에는 취소할 수 있다(제733조). '화해의 목적인 분쟁 이외의 사항'은 분쟁의 전제 또는 기초가 된 사항으로 쌍방당사자가 예정한 것이어서 상호양보의 내용으로 되지 않고 다툼이 없는 사실로 양해된 사항을 말한다.

> **(화해의 착오취소의 예)** 예컨대, 甲은 내과전문의로서 A가 감기몸살에 걸렸다는 진단을 한 후 타이레놀 등이 포함된 약을 조제하여 주었는바, A가 그 약을 먹고 잠자리에 들었다가 사망하자 A의 상속인인 乙은 甲에게 1,000만 원의 손해배상을 청구하자 甲은 500만 원만 지급하겠다고 하였고, 양자간에 화해를 하여 손해배상으로서 7백만 원을 지급하기로 합의하는 경우 화해계약이 성립한다.

> **(원칙)** 이때 700만 원으로 합의한 것이 착오에 의한 것이라고 하여 취소할 수 없다.

> **(예외)** 만일 A의 사망원인이 연탄가스로 인한 질식으로 판명된 경우라면 이는 분쟁의 전제가 된 사항으로 쌍방당사자가 예정한 것이어서 상호양보의 내용으로 되지 않고 다툼이 없는 사실로 양해된 사항으로 화해의 목적인 분쟁 이외의 사항에 관한 착오가 있는 경우에 해당한다. 따라서 甲은 乙과의 화해계약을 착오를 이유로 취소할 수 있다.

3. 화해계약의 사기를 이유로 한 취소

제733조의 규정에 의하면, 화해계약은 화해의 목적인 분쟁에 관한 사항에 착오가 있는 경우 착오를 이유로 취소하지 못하지만, 화해계약이 사기로 인하여 이루어진 경우에는 화해의 목적인 분쟁에 관한 사항에 착오가 있는 때에도 제110조에 따라 이를 취소할 수 있다고 할 것이다.

제9절의2 여행계약

제674조의2【여행계약의 의의】 여행계약은 당사자 한쪽이 상대방에게 운송, 숙박, 관광 또는 그 밖의 여행 관련 용역을 결합하여 제공하기로 약정하고 상대방이 그 대금을 지급하기로 약정함으로써 효력이 생긴다.

제674조의3【여행 개시 전의 계약 해제】 여행자는 여행을 시작하기 전에는 언제든지 계약을 해제할 수 있다. 다만, 여행자는 상대방에게 발생한 손해를 배상하여야 한다.

제674조의4【부득이한 사유로 인한 계약 해지】 ① 부득이한 사유가 있는 경우에는 각 당사자는 계약을 해지할 수 있다. 다만, 그 사유가 당사자 한쪽의 과실로 인하여 생긴 경우에는 상대방에게 손해를 배상하여야 한다.
② 제1항에 따라 계약이 해지된 경우에도 계약상 귀환운송(歸還運送) 의무가 있는 여행주최자는 여행자를 귀환운송할 의무가 있다.
③ 제1항의 해지로 인하여 발생하는 추가 비용은 그 해지 사유가 어느 당사자의 사정에 속하는 경우에는 그 당사자가 부담하고, 누구의 사정에도 속하지 아니하는 경우에는 각 당사자가 절반씩 부담한다.

제674조의5【대금의 지급시기】 여행자는 약정한 시기에 대금을 지급하여야 하며, 그 시기의 약정이 없으면 관습에 따르고, 관습이 없으면 여행의 종료 후 지체 없이 지급하여야 한다.

제674조의6【여행주최자의 담보책임】 ① 여행에 하자가 있는 경우에는 여행자는 여행주최자에게 하자의 시정 또는 대금의 감액을 청구할 수 있다. 다만, 그 시정에 지나치게 많은 비용이 들거나 그 밖에 시정을 합리적으로 기대할 수 없는 경우에는 시정을 청구할 수 없다.
② 제1항의 시정 청구는 상당한 기간을 정하여 하여야 한다. 다만, 즉시 시정할 필요가 있는 경우에는 그러하지 아니하다.
③ 여행자는 시정 청구, 감액 청구를 갈음하여 손해배상을 청구하거나 시정 청구, 감액 청구와 함께 손해배상을 청구할 수 있다.

제674조의7【여행주최자의 담보책임과 여행자의 해지권】 ① 여행자는 여행에 중대한 하자가 있는 경우에 그 시정이 이루어지지 아니하거나 계약의 내용에 따른 이행을 기대할 수 없는 경우에는 계약을 해지할 수 있다.
② 계약이 해지된 경우에는 여행주최자는 대금청구권을 상실한다. 다만, 여행자가 실행된 여행으로 이익을 얻은 경우에는 그 이익을 여행주최자에게 상환하여야 한다.
③ 여행주최자는 계약의 해지로 인하여 필요하게 된 조치를 할 의무를 지며, 계약상 귀환운송 의무가 있으면 여행자를 귀환운송하여야 한다. 이 경우 상당한 이유가 있는 때에는 여행주최자는 여행자에게 그 비용의 일부를 청구할 수 있다.

제674조의8【담보책임의 존속기간】 제674조의6과 제674조의7에 따른 권리는 여행 기간 중에도 행사할 수 있으며, 계약에서 정한 여행 종료일부터 6개월 내에 행사하여야 한다.

제674조의9【강행규정】 제674조의3, 제674조의4 또는 제674조의6부터 제674조의8까지의 규정을 위반하는 약정으로서 여행자에게 불리한 것은 효력이 없다.

제3장 법정채권관계

제1절 사무관리

I 의의

> (사물관리의 예) 예컨대, 甲과 乙은 이웃이며, 경계를 같이 하는 각자 소유의 토지 위에 A주택과 B주택을 소유하고 있다. 그런데 甲의 A주택이 간밤의 폭풍우로 신속하게 수리하지 않으면 붕괴될 지도 모르는 상태였다. 그런데 甲은 해외여행 중이었기 때문에 옆집에 사는 乙은 A주택의 손실이 더 커지는 것을 방지하기 위해서 甲의 대리인 乙이라고 하면서 건축업자인 丙에게 1,000만 원에 주택의 수리를 의뢰하였고, 丙이 이를 수리한 경우, 乙은 甲에게 수리비 1,000만 원을 청구할 수 있다. 이는 乙이 甲과 계약을 체결한 것이 아니므로 약정채권이 있는 것이 아니라 민법 제734조에서 정한 사무관리에 기해서 수리비를 청구할 수 있는 것이다.

사무관리란 '법적 의무 없이 타인을 위하여 그의 사무를 처리하는 행위'를 말한다(제734조). 민법은 사무관리를 적법행위로 인정하여 이를 채권발생원인으로 하고 있다. 사무관리가 인정되는 것은 타인의 이익을 증진하는 것이 사회연대·상호부조의 이상에 부합하기 때문이다(사회부조설).

II 성립 요건

사무관리가 인정되기 위해서는 ① 의무가 없이, ② 타인을 위한 의사로, ③ 타인의 사무를 관리하고, ④ 본인에게 불리하거나, 본인의 의사에 반하지 않을 것을 요한다.

1. 의무가 없을 것

2. 타인을 위한 의사가 있을 것

판례는 사무관리가 성립하기 위해서는 타인을 위하여 사무를 처리하는 의사, 즉 관리의 사실상의 이익을 타인에게 귀속시키려는 의사가 있어야 한다고 본다(주관설).

3. 타인의 사무를 관리할 것

'타인'의 사무이어야 하므로, 자기의 사무를 관리하거나, 자기 사무를 타인의 것으로 오인하여 처리하였더라도 사무관리가 성립하지 않는다.

4. 본인에게 불리하거나 본인의 의사에 반하지 않을 것

처음부터 본인에게 불리하거나 본인의 의사에 반하는 것이 명백한 경우에는 사무관리가 성립하지 않는다.

Ⅲ 효과

1. 관리자(乙)의 의무

가. 관리자의 주의의무

(본인의 이익·의사에 적합) 관리자는 사무의 성질에 좇아 가장 본인에게 '이익되는 방법'으로 이를 관리하여야 한다(제734조). 관리자가 본인의 의사를 알았거나 알 수 있는 때에는 그 '의사에 적합'하도록 관리하여야 한다(제734조 제2항).

나. 취득물의 인도·이전의무

(전부인도의무) 관리인은 사무관리로 인하여 받은 금전 기타의 물건 및 그 수취한 과실 '전부'를 본인에게 인도하여야 한다. 관리인이 본인을 위하여 자기의 명의로 취득한 권리는 본인에게 이전하여야 한다(제738조, 제684조).

2. 본인(甲)의 의무

가. 비용상환의무

① (필요비·유익비) 관리자가 필요비 또는 유익비를 지출한 때, 본인은 자신의 의사에 반하지 않는 경우에는 필요비 또는 유익비의 전액을 상환해야 하고, 자신의 의사에 반하는 경우에는 현존이익의 한도에서 비용상환의무를 진다(제739조 제1항; 위 예에서 乙은 甲에게 수리비인 필요비 상환청구를 할 수있다). ② (채무대변제) 관리자가 본인을 위하여 필요 또는 유익한 채무를 부담한 때에는 본인에게 관리자에 갈음하여 이를 변제하게 할 수 있고, 그 채무가 변제기에 있지 아니한 때에는 상당한 담보를 제공하게 할 수 있다(제739조 제2항, 제688조 제2항; 위 예에서 乙은 甲에게 乙의 丙에 대한 수리비채무를 대신 변제해 줄 것을 청구할 수있다).

나. 손해보상의무 – 제740조

관리자가 사무관리를 함에 있어서 과실 없이 손해를 받은 때에는 본인은 현존이익의 한도에서 그 손해를 보상할 의무가 있다.

다. 보수지급의무 – 부정

관리자에게 보수를 지급할 민법상 의무는 없다. 다만 유실물법이나 수상구조법 등의 특별법에서 보수지급의무가 인정되는 경우가 있을 뿐이다.

제2절 부당이득

Ⅰ 서설

1. 부당이득의 의의

> **(부당이득의 예)** 예컨대, 甲이 甲 소유의 토지를 乙에게 1억 원을 받고 매도하여, 위 토지를 인도해주고, 소유권이전등기를 해주었다. 그런데 甲과 乙 사이의 매매계약이 무효, 취소된 경우 甲은 乙에게 위 토지와 乙이 위 토지를 인도받은 때부터 반환할 때까지 사용이익을 부당이득으로 반환청구할 수 있으며, 乙도 甲에게 1억 원 및 甲이 1억 원을 받은 때부터 반환할 때까지의 이자를 부당이득으로 반환청구할 수 있다.

부당이득이란 'ⅰ) 법률상의 원인 없이 ⅱ) 타인의 재산 또는 노무로 인하여 이익을 얻고 ⅲ) 이로 인하여 타인에게 손해를 가하는 경우'를 말한다(제741조). 부당이득제도는 이득자의 재산상 이득이 법률상 원인을 결여하는 경우에 공평·정의의 이념에 근거하여 이득자에게 그 반환의무를 부담시키는 것이다.

2. 불법행위로 인한 손해배상청구권과의 관계 - 청구권경합

판례(별개의 소송물)는 부당이득반환청구권과 불법행위로 인한 손해배상청구권은 서로 실체법상 별개의 청구권으로 존재하고, 그 각 청구권에 기초하여 이행을 구하는 소는 소송법적으로도 소송물을 달리하므로, 채권자로서는 어느 하나의 청구권에 관한 소를 제기하여 승소 확정판결(기판력)을 받았다고 하더라도, 아직 채권의 만족을 얻지 못한 경우에는 다른 나머지 청구권에 관한 이행판결을 얻기 위하여 그에 관한 이행의 소를 제기할 수 있다고 본다.

Ⅱ 성립요건

부당이득이 성립하기 위해서는 ① 법률상 원인이 없을 것, ② 타인의 노무 또는 재산으로 이익을 얻었을 것, ③ 타인에게 손해가 발생하였을 것, ④ 이익취득과 손해발생 사이에 인과관계가 있을 것을 요한다.

1. 법률상 원인이 없을 것

판례는 부당이득의 성립 요건 중 '법률상 원인의 흠결' 여부는 공평의 이념을 기초로 한 규범적 판단의 영역에 속하며, 그 유형은 ① 급부부당이득이란 급부의 원인이 된 법률행위의 부존재, 무효·취소 또는 해제 등으로 인한 급부의 반환이 여기에 해당한다. ② 침해부당이득이란 '타인의 재산을 권한 없이 사용함으로써 타인의 권리를 침해하는 경우에 인정되는 이득'을 말한다. ③ 점유자의 상환청구권(제203조), 유치권자의 상환청구권(제325조) 등의 규정이 이에 해당한다.

2. 타인의 노무 또는 재산으로 이익을 얻었을 것

가. '이익'의 의미

'이익을 얻는다'는 것은 재산이 적극적으로 증가하는 경우와 소극적으로 당연히 발생하였을 재산의 감소를 면한 경우를 모두 포함하며, 법률상 원인 없이 이득하였음을 이유로 한 부당이득반환에 있어서 이득이라 함은 '실질적인 이익'을 가리키는 것이다.

나. 실질적 이익에 관한 판례의 입장

(임대차에 관하여) 판례는 『임대차에서 임차인이 임대차계약관계가 소멸된 이후에 임차목적물부분을 계속 점유하기는 하였으나, 이를 본래의 임대차계약상의 목적에 따라 사용·수익하지 아니하여 '실질적인 이득'을 얻은 바 없는 경우에는, 그로 인하여 임대인에게 손해가 발생하였다고 하더라도 임차인의 부당이득반환의무는 성립하지 아니한다』고 본다(예컨대, 임대인 甲이 임차인 乙에게 토지를 임대해 준 경우, 乙이 임대차 기간이 만료된 이후에 토지를 사용하면서 계속 점유하고 있다면 토지 사용이익을 부당이득으로 甲에게 반환해 주어야 하지만, 乙이 토지를 사용·수익을 하지 않고 있는 경우에는 실질적 이득이 없으므로 乙은 甲에게 위 토지의 사용이익을 부당이득으로 甲에게 반환해 주어야 할 의무가 없다).

(건물을 소유함으로써 타인의 토지를 법률상 원인 없이 점유하고 있는 경우 부당이득 성부) 판례는 『타인 소유의 토지 위에 권한 없이 건물을 소유하고 있는 자는 그 자체로써 법률상 원인 없이 타인의 재산으로 인하여 토지의 차임에 상당하는 이익을 얻고 이로 인하여 타인에게 동액 상당의 손해를 주고 있다고 보아야 한다』는 입장으로, 건물을 사용·수익하고 있지 않더라도 '토지'에 대해서는 부당이득이 성립한다고 한다(예컨대, 토지 소유자인 甲으로부터 乙이 토지를 임대하여 점유하면서, 위 토지 위에 건물을 신축하여 소유하고 있는 경우, 토지 임대차가 종료된 후에도 건물을 소유함으로써 토지를 점유하고 있으면, 건물을 사용·수익하고 있지 않더라도 토지에 대해서는 여전히 실질적 이익이 있으므로 위 토지의 사용이익을 부당이득으로 반환해야 한다).

3. 손해가 발생하였을 것

① (손해의 발생) 일방의 이득에 따라 상대방이 손해를 입었어야 하고, 일방이 이득을 얻었더라도 타인이 손해를 입지 않았다면 부당이득이 성립하지 않는다. ② (손해의 범위) 손해에는 기존의 재산이 감소한 경우뿐만 아니라, 당연히 증가하였을 이익이 상실된 경우도 포함된다. 반환해야 할 이득은 손실자가 입은 '손해의 범위'에 한정된다.

4. 수익과 손해 사이의 인과관계

수익과 손해 사이에 사회관념상 인과관계가 있으면 족하며, 직접적인 것일 필요가 없다고 보는 것이 **판례**의 입장이다.

Ⅲ 부당이득의 효과

1. 부당이득반환청구권의 발생

부당이득이 성립하면 이득자는 그 이득을 반환하여야 한다(제741조). ① 부당이득의 반환청구권은 '10년의 소멸시효'에 걸리며, 청구권이 '발생한 때'로부터 진행한다. ② 부당이득반환의무는 '이행기한의 정함이 없는 채무'이므로 채무자는 '이행청구를 받은 때' 비로소 지체책임을 진다.

2. 반환의 방법

'원물반환'이 원칙이나 원물반환이 불가능한 경우에는 '가액반환'이 가능하다(제747조 제1항). 그 가액은 그 '처분당시의 대가'이다.

3. 반환의 범위

가. 선의의 수익자

선의의 수익자는 '그 받은 이익이 현존한 한도에서' 반환의무를 부담한다(제748조 제1항). 현존이익이란 '받은 목적물 자체 또는 그 가액으로서 남아 있는 것'을 말한다. 예컨대, 취득한 금전을 그대로 보유하고 있거나, 예금하거나 입원비로 지출하거나 생활비로 지출한 경우에는 그로 인하여 생활비의 지출을 면하였기 때문에 이익이 현존한다고 보고, 낭비·멸실·훼손한 경우에는 이익은 현존하지 않는 것으로 본다.

나. 악의의 수익자

① 악의의 수익자는 그 받은 이익에 이자를 붙여 반환하고 손해가 있으면 이를 배상하여야 한다(제748조 제2항). ② 수익자가 이익을 받은 후 법률상 원인 없음을 안 때에는 그때부터 악의의 수익자로서 이익 반환의 책임이 있고(제749조 제1항), 선의의 수익자가 패소한 때에는 그 소를 제기한 때부터 악의의 수익자로 본다(제749조 제2항). ③ 이때 부당이득반환의무자가 악의의 수익자라는 점에 대하여는 이를 주장하는 측에서 증명책임을 진다.

Ⅳ 특수한 부당이득

1. 협의의 비채변제

가. 원칙－제741조

채무가 없음에도 불구하고 채무자로서 변제하였다면 당연히 부당이득반환채권을 갖는다.

나. 예외－제742조, 제744조

① 채무 없음을 알고 변제한 때에는 그 반환을 청구하지 못한다(제742조). ② 채무 없는 자가 착오로 인하여 변제한 경우에 그 변제가 도의관념에 적합한 때에는 그 반환을 청구하지 못한다(제744조).

2. 변제기 전에 변제 - 제743조

변제기에 있지 아니한 채무를 변제한 때에는 그 반환을 청구하지 못한다. 그러나 채무자가 착오로 인하여 변제한 때에는 채권자는 이로 인하여 얻은 이익을 반환하여야 한다(제743조).

3. 착오에 기한 타인채무 변제 - 제745조

가. 타인의 채무임을 알고 변제한 경우

제3자의 변제로서 유효한 변제가 되므로(제469조), 변제자와 채권자 사이에는 부당이득의 문제가 생기지 않고 변제자는 채무자에 대해 사무관리 또는 부당이득에 기한 청구권을 행사할 수 있다.

나. 타인의 채무를 모르고 변제한 경우

원칙적으로 변제자는 그 급부를 부당이득으로서 반환청구할 수 있다. 그러나 채권자가 선의로 증서를 훼멸하거나 담보를 포기하거나 시효로 인하여 그 채권을 잃은 때에는 변제자는 그 반환을 청구하지 못한다(제745조 제1항). 이러한 경우에 변제자는 채무자에 대하여 구상권을 행사할 수 있다(제2항).

4. 불법원인급여 - 제746조

가. 부당이득반환청구 - 제741조, - 권리근거규정의 주장

> (말소등기청구) 甲은 乙과 도박을 하던 중 1억 원의 도박채무를 지자 그 담보를 위하여 자기 소유의 A부동산에 대하여 乙 명의로 근저당권을 설정하여 주었고, 甲소유의 B부동산을 소유권이전등기를 해주었다. 돈을 탕진한 甲은 위 근저당권설정등기와 소유권이전등기의 말소를 구하고 있다.

선량한 풍속 기타 사회질서에 반하는 법률행위는 '무효'이므로, 이미 급부가 이행이 된 경우에는 그것을 '부당이득'으로 반환청구 할 수 있다. 만일 법률상 원인 없이 소유권을 이전한 경우 소유권에 기한 물권적 청구권을 행사하여 소유권의 반환청구(말소등기청구)를 할 수 있다.

나. 불법원인급여 해당여부 - 제746조 본문, - 항변규정

> (제746조 본문의 불법원인급여에 해당 여부) 이때 위 등기가 제746조 본문의 불법원인급여에 해당하면 말소청구를 할 수 없다. 위 사안에서 ① 甲과 乙간의 도박채무부담행위는 지나치게 사행적인 행위로 제103조에 반하여 무효이므로 불법에 해당하며, ② 그러한 불법한 원인에 기해서 ③ 甲이 乙에게 등기를 해주어 급여를 한 것이다. 이때 소유권이전등기는 종국적 급여이므로 제746조 본문의 불법원인급여에 해당하여 반환청구를 할 수 없으나, 저당권설정등기는 종국적 급여에 해당하지 않으므로 불법원인급여에 해당하지 않아 반환청구를 할 수 있다.

1) 불법원인급여의 의의

불법원인급여란 「불법의 원인으로 인하여, 재산을 급여하거나 노무를 제공한 때에는, 그 이익의 반환을 청구하지 못하는 것을 말한다」(제746조 본문). '스스로 불법을 저지른 자가 그 불법을 원용하여 법의 보호를 요구하는 것은 허용되지 않는다'는 원리를 근거로, 제103조와 함께 '사회질서에 반하는 법률행위를 억제'하기 위한 것이다.

2) 불법원인급여의 요건

불법원인급여에 해당되기 위해서는 ① 불법한, ② 원인에 기하여, ③ 급여를 하였을 것을 요한다.

가) **불법**: **판례**는 『 ⅰ) 제746조가 규정하는 불법원인이라 함은 그 원인 되는 행위가 '선량한 풍속 기타 사회질서에 위반하는 경우'를 말하는 것으로서, ⅱ) '강행규정'에 위반하는 경우라 할지라도 그것이 선량한 풍속 기타 사회질서에 위반하지 않는 경우에는 이에 해당하지 않는다』고 판시하여, '제103조의 선량한 풍속 기타 사회질서 위반'으로 보고 있다.

나) **불법원인**: 급부의 원인이 된 법률행위 또는 그 법률행위에 의하여 달성하려고 하는 사회적 목적이 불법이어야 한다.

다) **급여**: ① **(자발적)** 급여자의 '자발적 의사'에 의한, 재산적 가치 있는 출연이 있어야 한다. ② **(종국적)** ⅰ) 급여는 '종국적인 것'이어야 한다. 따라서 ㉠ '부동산소유권'을 이전하는 경우에는 '소유권이전등기'가 행해져야만, ㉡ '동산소유권'을 이전해야 하는 경우에는 '인도'가 있어야만 불법원인급여에 해당한다(반환청구 부정). ⅱ) 급여가 종국적이지 않은 경우에는 수익자가 이를 실현하려면 국가의 협력이나 법의 보호를 요구해야 하는데 이는 스스로 불법을 저지른 자가 그 불법의 효과를 원용하는 것이기 때문에 불법원인급여에 해당하지 않는다(반환청구 긍정). **판례**도 『도박채무의 담보로 부동산에 '근저당권을 설정'한 경우 수익자가 그 이익을 얻으려면 경매신청을 하는 것과 같이 국가의 협력을 요구해야 하므로, 그 급여는 소유권이전과 같은 종국적인 것이 되지 못하여 불법원인급여에 해당하지 아니한다』고 본다(따라서 등기설정자는 무효인 근저당권설정등기의 말소를 구할 수 있다).

3) 불법원인급여의 효과 – 제746조 본문

① **(반환청구 부정)** 급여자는 그의 급여로 수익자가 얻은 '이익'의 반환을 청구하지 못한다. ② **판례**는 『 ⅰ) 급여를 한 사람은 그 원인행위가 법률상 무효라 하여 상대방에게 '부당이득반환청구'를 할 수 없음은 물론 ⅱ) '소유권에 기한 반환청구'도 할 수 없고, ⅲ) 따라서 급여한 물건의 소유권은 급여를 받은 '상대방에게 귀속'되며, ⅳ) 따라서 이를 '전득한 제3자'에게도 반환청구를 할 수 없다』.

다. 제746조 단서 – 재항변규정

불법원인이 '급여자'에게는 없고, '수익자'에게만 있는 경우에는 부당이득의 반환청구를 허용하고 있다(예컨대, 제104조의 불공정 법률행위의 경우 수익자에게만 불법원인이 있다고 본다).

> **(제746조 단서의 예)** 위 예에서 소유권이전등기의 경우 乙이 甲을 상대로 사기도박을 하여 1억채무를 지게 한 경우와 같이 불법원인이 乙에게만 있으므로 제746조 단서에 의해서 반환청구를 할 수 있다.

Ⅴ 다수당사자 사이의 부당이득

1. 전용물소권

> **(전용물 소권의 예)** 예컨대 임차인(B)이 임차물에 관하여 수리업자(C)와 수리계약을 체결하고 수리가 완료되었는데, 수리대금이 지급되지 않은 상태에서 차임지체를 이유로 임대차계약이 해지되어 임차물이 임대인(A)에게 반환된 경우에, 수리업자가 임대인에게 수리대금 상당액을 부당이득으로서 반환청구할 수 없다.

계약상의 급부가 '계약 상대방'뿐만 아니라 '제3자의 이익'으로도 되는 경우에 급부를 한 당사자가 '제3자'에게 부당이득반환청구를 할 수 있는지의 문제이다. 이에 대해서 판례는 위 경우 제3자에 대한 직접 청구를 인정하는 경우 '계약법의 기본원리에 반하는 결과'를 초래하고, '일반채권자의 이익'을 해치게 되며, 수익자의 '항변권 등을 침해'하게 되어 부당하다는 이유로 이를 부정한다.

2. 횡령이나 편취한 돈의 변제

> **(횡령한 돈의 변제)** 예컨대, 甲은 A회사의 직원인데 위 회사의 돈을 횡령하거나, 편취한 돈을 가지고, 甲의 채권자에 乙에게 변제한 경우, 乙이 위 사정을 알았거나, 중과실로 몰랐다면 A회사는 乙에게 위 돈을 부당이득반환청구할 수 있다.

예컨대 채무자가 피해자로부터 횡령한 금전을 채권자에 대한 채무변제에 사용한 경우 피해자는 채권자에게 직접 부당이득을 원인으로 그 돈의 반환을 청구할 수 있는지 문제된다. **판례**는 ① 채무자가 피해자로부터 횡령이나 편취한 돈을 채권자에 대한 변제한 경우 '채권자가 악의 또는 중과실'인 경우 법률상 원인이 없어 부당이득청구를 할 수 있고, ② 채권자가 '단순한 경과실'만 있는 경우에는 법률상 원인이 있어 부당이득청구를 할 수 없으며, ③ 채무자의 채권자에 대한 채무변제뿐만 아니라 채무자의 채권자의 다른 채권자에 대한 채무변제의 경우에도 적용된다고 본다.

3. 채권자의 지시 또는 부탁에 의하여 제3자에게 급부한 경우 - 단축급부

> **(단축급부의 예)** 예컨대 甲이 乙에게 1억 원에 부동산을 매도하고 이어 乙이 丙에게 그 부동산을 1억 원에 미등기전매하였는데, 乙의 지시에 의하여 丙이 甲에게 직접 매매대금을 지급한 경우, 乙과 丙 사이의 매매가 무효인 경우 丙은 甲에게 지급한 1억 원을 부당이득으로 반환청구할 수 없으며, 乙에게 부당이득으로 1억 원의 반환청구를 해야 한다.

판례는『계약의 일방 당사자가 계약 상대방의 지시 등으로 급부과정을 단축하여 계약 상대방과 또 다른 계약관계를 맺고 있는 제3자에게 직접 급부한 경우, 그 급부로써 급부를 한 계약 당사자의 상대방에 대한 급부가 이루어질 뿐 아니라 그 상대방의 제3자에 대한 급부로도 이루어지는 것이므로 계약의 일방 당사자는 제3자를 상대로 법률상 원인 없이 급부를 수령하였다는 이유로 부당이득반환청구를 할 수 없다』고 하여, 丙은 甲에게 직접 부당이득을 원인으로 그 매매대금의 반환을 청구할 수 없고, 丙은 계약상대방인 乙에게 부당이득반환을 청구하여야 한다고 본다.

제3절 불법행위

제1관 불법행위책임의 의의

고의 또는 과실로 인한 위법행위로 타인에게 손해를 가한 자는 그 손해를 배상할 책임이 있다(제750조). 손해의 사후적 전보를 목적으로 하며, 손해의 공평·타당한 부담을 그 지도원리로 하는 법률규정에 의한 채권의 발생원인, 즉 법률요건이다.

제2관 일반불법행위의 성립 – 제750조

I 성립요건 – 제750조

불법행위가 성립하기 위해서는 ① 고의 또는 과실이 있을 것, ② 위법할 것, ③ 가해행위를 하였을 것, ④ 손해가 발생하였을 것, ⑤ 가해행위와 손해발생 사이에 인과관계가 있을 것, ⑥ 가해자에게 책임능력이 있을 것(항변사유)을 요한다.

II 요건 검토

1. 고의 또는 과실이 있을 것

가. 의의

고의란 '손해가 발생하리라는 것을 인식하면서 위법행위를 하는 것'을, 과실이란 '손해발생을 예견할 수 있었음에도 부주의로 이를 예견하지 못하고 위법행위를 하는 것'을 말한다. 민법에서는 고의와 과실 간에 차이를 두지 않는다. 그래서 불법행위에서는 주로 과실 유무가 문제된다. 그리고 과실의 기준은 채무불이행에서와 마찬가지로 추상적 경과실이 그 기준이 된다.

2. 위법할 것

① 가해자의 가해행위가 '법질서에 위배되는 것'을 말한다. 불법행위는 타인의 권리를 침해하는 것이고, 타인의 권리는 민법에서 규정하고 있으므로 그 침해는 민법을 위반하게 되는 것이므로 일단 위법성이 인정된다. ② 다만, 민법은 위법성 조각사유로 「 i) 타인의 불법행위에 대하여 자기 또는 제3자의 이익을 방위하기 위하여 부득이 타인에게 손해를 가한 자는 배상할 책임이 없다. 그러나 피해자는 불법행위에 대하여 손해의 배상을 청구할 수 있다. ii) 전항의 규정은 급박한 위난을 피하기 위하여 부득이 타인에게 손해를 가한 경우에 준용한다」(제761조)고 규정한다.

3. 가해행위가 있을 것

'작위'뿐만 아니라 '부작위'도 포함된다. 단 부작위의 경우는 '작위의무'가 있어야 한다.

4. 손해의 발생

> **(불법행위에서 손해의 예)** 예컨대, 甲소유 토지를 乙이 등기를 위조하여 소유권이전등기를 한 다음 丙에게 1억 원에 매도하고 소유권이전등기를 해 주었다. 그로부터 1년 후 甲이 이를 알고 乙과 丙을 상대로 말소등기청구를 하여 乙과 丙은 패소확정판결을 받아 그들의 등기를 모두 말소되었다. 패소확정당시 위 토지의 시가는 5억 원으로 상승해 있었다.
>
> 이때 丙은 乙에 대해서 매매계약의 이행불능으로 인한 손해배상청구를 한 경우, 채무불이행으로 인한 손해는 채무불이행이 없었더라면 있었을 재산상태(만일 乙의 채무불이행이 없었더라면 丙이 소유권을 취득하였을 것이므로 2억 원의 재산이 있게 된다)에서 채무불이행이 있는 현재의 재산상태(乙의 채무불이행으로 丙이 소유권을 취득하지 못하였으므로 현재 재산은 0이다)를 뺀 것으로 불능당시 시가인 5억 원의 손해배상을 청구하게 된다.
>
> 그러나 丙이 乙에게 불법행위가 없었다면 있었을 재산상태(만일 乙의 불법행위가 없었더라면 丙은 1억 원의 매매대금을 주지 않았을 것이므로 1억 원의 재산이 있게 된다)에서 불법행위가 있은 현재의 재산상태(만일 乙의 불법행위로 丙이 乙에게 1억 원 주었으므로 현재 재산은 0이다)를 뺀 매매대금상당액인 1억 원이 손해가 된다.
>
> 즉, 채무불이행으로 인한 손해는 채무가 제대로 이행된 경우 채권자가 취득할 하였을 이익 상당이지만, 불법행위로 인한 손해는 피해자가 가지고 있었던 권리를 침해를 원래 상태로 회복시켜 주는 것이기 때문에 양자는 다르다.

가해행위에 의해 손해가 발생하여야 하며, 여기의 손해에는 재산적(적극적·소극적손해)·정신적 손해를 모두 포함한다. 불법행위에서도 손해의 범위는 차액설이 적용된다. 즉, 불법행위가 없었다면 있었을 재산상태에서 불법행위가 있은 현재의 재산상태를 뺀 것이 손해가 된다.

5. 가해행위와 손해발생 사이의 인과관계 – 상당인과관계

가해행위에 의하여 손해가 발생하여야 한다. 즉, 가해행위와 손해 사이에 원인과 결과라는 필요조건관계가 존재해야 한다.

6. 책임능력 – 항변

책임능력이란 '행위의 결과가 위법하여 법률상 비난받는 것임을 인식할 수 있는 능력'으로서, 고의·과실을 인정하는 전제가 된다. 민법은 「미성년자가 타인에게 손해를 가한 경우에 그 행위의 책임을 변식할 지능이 없는 때에는 배상의 책임이 없다」(제753조), 「심신상실 중에 타인에게 손해를 가한 자는 배상의 책임이 없다. 그러나 고의 또는 과실로 인하여 심신상실을 초래한 때에는 그러하지 아니하다」(제754조)고 규정하고 있다.

<h1 style="text-align:center">제3관 공동불법행위 – 제760조</h1>

I 서설

1. 의의 및 취지

공동불법행위란 '수인이 공동으로 불법행위를 하여 타인에게 손해를 주는 경우'를 말한다(제760조). 공동불법행위로 인한 손해에 대하여 '연대하여 배상책임'을 지도록 하여 '피해자를 두텁게 보호'하자는데 취지가 있다.

2. 민법의 태도

> **제760조【공동불법행위자의 책임】** ① 수인이 공동의 불법행위로 타인에게 손해를 가한 때에는 연대하여 그 손해를 배상할 책임이 있다.
> ② 공동 아닌 수인의 행위 중 어느 자의 행위가 그 손해를 가한 것인지를 알 수 없는 때에는 전항과 같다.
> ③ 교사자나 방조자는 공동행위자로 본다.

위 규정의 차이는 ① 제1항에 해당하는 경우 그 수인은 연대하여 배상책임을 지고, 가해자의 행위가 손해발생과는 무관하다는 사실을 입증해도 면책되지 않지만, ② 제2항에 해당하는 경우에는 자기의 행위가 손해발생과 무관하다는 사실을 입증하면 면책될 수 있다는 점에 있다. 따라서 '면책가능성'과 '증명책임'에서 '제1항'의 공동불법행위가 피해자를 더욱 두텁게 보호한다.

II 요건

1. 협의의 공동불법행위 – 제760조 제1항

수인이 공동의 불법행위로 타인에게 손해를 가한 때에는 연대하여 그 손해를 배상할 책임이 있다.

가. 각 가해행위가 '독립성'이 있을 것

① 각자의 행위가 '일반불법행위의 요건'을 충족시켜야 하므로, 각 가해자에게 고의·과실·책임능력·위법성 및 손해와 결과 사이에 인과관계가 있어야 한다. ② (인과관계) 다만, **판례**는 인과관계에 대해서는 '각자의 행위가 인과관계'가 있어야 할 필요는 없고, '가해자들의 공동행위와 손해발생과의 인과관계'가 있으면 된다고 본다.

나. 각 가해행위가 '공동성'이 있을 것 – 공동의 의미

1) 문제점

공동불법행위가 성립되려면 각 '행위가 공동성'이 있어야 하는바, 이때 '공동의 의미'가 무엇인지 문제된다. 여기서 공동은 주관적 공동(공모나 공동인식 등)과 객관적 공동('수인의 행위가 손해에 공동의 원인'이 되는 경우)이 있다.

2) 판례의 입장

『공동불법행위의 성립에는 공동불법행위자 상호간에 '공동의 인식'이 필요하지 아니하고 '객관적으로 각 행위에 관련공동성'이 있으면 족하므로, 관련공동성이 있는 행위에 의하여 손해가 발생하였다면 그 손해 배상책임을 면할 수 없다』고 하여, '객관적 공동설'의 입장이다.

3) 판례의 정리

판례에 의하면 ① 주관적 공동과 객관적 공동이 모두 있는 경우에는 제760조 제1항이 적용되며, ② 둘 다 없는 경우에는 제2항이 적용된다고 본다. ③ 문제는 '주관적 공동'은 없고 '객관적 공동'은 있는 경우인바, **판례**는 객관적 공동설에 의하여 제760조 제1항의 공동불법행위가 된다고 보며, 따라서 공동불법행위자가 자신의 행위와 손해결과 사이에 인과관계가 없음을 증명해도 면책될 수 없으며, 공동책임을 진다고 본다.

> **(주관적 공동과 객관적 공동이 모두 있는 경우)** 예컨대, 甲과 乙이 공모하여(주관적 공동) 丙에게 거짓말을 하여 1억 원을 편취한 경우(객관적 공동), 또는 甲과 乙이 공모하여(주관적 공동) 丙을 폭행한 경우(객관적 공동) 등이다.

> **(주관적 공동과 객관적 공동이 모두 없는 경우)** 예컨대, 수인 중 한 사람의 행위를 빼버려도 같은 결과가 발생했을 경우라고 인정되면, 주관적 공동도 없고, 객관적 공동도 없는 경우로서, 제760조 제2항에 해당할 수 있을 뿐이다. 예컨대 甲 집단과 乙 집단이 가벼운 싸움(즉 살인의 공동원인이 되지 못할 만큼 경미한 싸움이었을 경우) 도중 甲 집단 중의 1인이 乙 집단원 1인을 살해한 경우라면, 甲 집단원 중 어느 한 명이 빠졌더라도 같은 결과가 발생했을 것이라고 인정할 수 있게 된다. 따라서 객관적 공동도 없는 경우에 해당하여(살인을 공모 인식한 바 없으므로 주관적 공동도 물론 없다) 제2항이 적용될 수 있을 뿐이다. 이때 甲 집단원 각자는 자신의 행위와 살해 사이에 인과관계가 없음을 증명하면 면책될 수 있다는 점에 논의의 실익이 있다.

> **(주관적 공동은 없으나 객관적 공동만 있는 경우)** 예컨대, ⅰ) 甲의 차가 乙을 한 번 치었는데 이때는 경미한 찰과상 정도만 입고, 옆으로 넘어 졌는데 정상속도로 뒤따라오던 丙의 차가 또 乙을 치어 乙이 사망한 경우, ⅱ) 따로 보면 별것 아닌 두 공장 폐수가 한 곳에 모여 오염피해를 발생시킨 경우 등 '공동불법행위자 중 1인의 행위가 없었다면 그 손해가 발생하지 않았을 것이라는 조건관계'가 있는 경우 등이다.

2. 가해자 불명의 복수행위 — 제760조 제2항

'공동 아닌 수인의 행위' 중 누구의 행위가 그 손해를 가한 것인지 알 수 없는 때에도 '연대하여 손해를 배상할 책임'이 있다. 다만 자기의 행위와 손해의 발생 사이의 인과관계가 없음을 입증한 때에는 책임을 면한다.

3. 교사·방조 — 제760조 제3항

가. 의의

> **(교사와 방조의 예)** 예컨대, ⅰ) 甲을 乙에게 사기쳐서 돈을 편취해오라고 시키고(교사), 乙이 이에 따라 丙에게 거짓말을 하여 1억 원을 편취한 경우(객관적 공동)가 교사이며, ⅱ) 甲이 칼을 갖다 주어 乙이 이 칼을 가지고 丙을 폭행한 경우(객관적 공동)가 방조이다.

교사자나 방조자는 공동행위자로 본다. '교사'란 타인으로 하여금 불법행위의 의사결정을 하게 하는 것을 말한다. 교사의 방법과 수단에는 아무런 제한이 없다. '방조'란 '불법행위를 용이하게 하는 직·간접의 모든 행위'를 말한다.

나. 부작위에 의한 방조

> **(부작위에 의한 방조의 예)** 예컨대, A은행의 경비원인 甲이 乙이 위 은행에서 돈을 훔쳐가는 것을 알면서도 모르는 척하여(부작위에 의한 방조) 乙이 위 은행에서 돈을 훔쳐간 경우이다.

판례는 '방조'는 ① '작위'에 의한 경우뿐만 아니라, ② '작위의무 있는 자'의 '부작위'로 인하여 불법행위자의 실행행위를 용이하게 하는 경우도 포함된다.

다. 과실에 의한 방조 – 긍정

> **(과실에 의한 방조의 예)** 예컨대, A은행의 경비원인 甲이 乙이 위 은행에서 돈을 훔쳐가는 것을 부주의로 알지 못하여(과실에 의한 방조) 乙이 위 은행에서 돈을 훔쳐간 경우이다.

판례는 손해의 전보를 목적으로 하여 과실을 원칙적으로 고의와 동일시하는 민사법의 영역에서는 '과실에 의한 방조도 가능'하다고 본다.

Ⅲ 효과 – 공동불법행위자의 책임

1. 부진정연대책임

제760조의 '연대하여'의 의미가 무엇인지 문제되는바, **판례**는 피해자를 두텁게 보호하자는 제760조의 입법취지와 다른 특수불법행위에 있어서의 책임관계를 부진정연대채무로 보는 것과의 형평에 비추어, '부진정연대채무'로 본다.

2. 손해배상의 범위와 과실상계

가. 손해배상의 범위 – 전체적 평가

> **(전체적 평가의 예)** 예컨대, 甲의 차가 乙을 한 번 치었는데 이때는 경미한 찰과상 정도만 입고(10% 정도의 과실), 옆으로 넘어 졌는데 정상속도로 뒤따라오던 丙의 차가 또 乙을 치어(10% 정도 과실) 乙이 사망한 경우에도 전체적으로 평가하여 100% 책임을 진다.

공동불법행위로 인한 손해배상책임의 범위는 피해자에 대한 관계에서 가해자들 '전원의 행위'를 '전체적으로 함께 평가'하여 정하여야 하고, 그 손해배상액에 대하여는 가해자 각자가 그 금액의 전부에 대한 책임을 부담하는 것이며, 가해자의 1인이 다른 가해자에 비하여 불법행위에 가공한 정도가 경미하다고 하더라도 그 가해자의 책임 범위를 손해배상액의 일부로 제한하여 인정할 수 없다.

나. 과실상계

> **(전체적 평가의 예)** 예컨대, 甲의 차(60%의 과실)와 乙의 차(40%의 과실)가 충돌하여 甲의 차에 동승하였던 丙이 1,000만 원의 상해를 입힌 경우, 피해자 丙의 과실이 10% 있을 때 甲에 대해서 50%(=60%−10%)의 손해를, 乙에게 30%(40%−10%)의 손해를 개별적으로 평가하는 것이 아니라 전체적으로 평가하여 丙을 甲과 乙에게 900만 원(=100%−10%)을 청구할 수 있다.

(전체적 평가) 공동불법행위책임에 대해서 과실상계를 함에 있어서는 피해자의 공동불법행위자 각인에 대한 과실비율이 서로 다르더라도, 피해자의 과실을 공동불법행위자 각인에 대한 과실로 '개별적으로 평가'할 것이 아니고, 그들 '전원에 대한 과실'로 '전체적으로 평가'해야 한다.

3. 구상관계

> **(구상의 예)** 예컨대, 甲의 차(60%의 과실)와 乙의 차(40%의 과실)가 충돌하여 甲의 차에 동승하였던 丙이 1,000만 원의 상해를 입힌 경우, 甲이 丙에게 1,000만 원을 변제한 경우, 甲과 乙은 과실비율에 따라 각 60:40의 부담부분이 있고, ⅰ) 甲은 자기의 부담부분 이상인 1,000만 원을 변제하여 ⅱ) 공동면책을 얻었으므로 ⅲ) 甲은 乙에게 400만 원의 구상권을 행사할 수 있다.

(구상요건) 공동불법행위자는 부진정연대책임을 지되, 공동불법행위자들 내부관계에서는 '과실비율에 따른 부담부분'이 있는 것으로서, 공동불법행위자 중 1인이 ⅰ) 자기의 부담부분 이상을 변제하여, ⅱ) 공동의 면책을 얻게 하였을 때에는 ⅲ) 다른 공동불법행위자에게 그 부담부분의 비율에 따라 구상권을 행사할 수 있다.

제4관 특수불법행위

Ⅰ 미성년자의 감독자의 불법행위책임

1. 미성년자의 책임능력

책임능력이란 '책임을 변식할 수 있는 능력'을 말한다. 미성년자가 타인에게 손해를 가한 경우에 그 행위의 책임을 변식할 지능이 없는 때에는 배상의 책임을 지지 않는다(제753조). 책임능력은 획일적으로 판단할 것이 아니라 구체적인 경우에 따라 개별적으로 판단하여야 한다. **판례**는 대체로 12세 내지 14세부터 책임능력을 인정하고 있다.

2. 책임능력 없는 미성년자의 감독의무자의 책임

가. 민법의 태도

> **제755조【감독자의 책임】** ① 다른 자에게 손해를 가한 사람이 제753조 또는 제754조에 따라 책임이 없는 경우에는 그를 감독할 법정의무가 있는 자가 그 손해를 배상할 책임이 있다. 다만, 감독의무를 게을리하지 아니한 경우에는 그러하지 아니하다.
> ② 감독의무자를 갈음하여 제753조 또는 제754조에 따라 책임이 없는 사람을 감독하는 자도 제1항의 책임이 있다.

> **(제755조의 예)** 예컨대, 부 甲과 모 乙의 자인 丙(10살)이 과실로 丁에게 1,000만 원의 손해를 입힌 경우, 丙은 책임무능력자이므로 손해배상책임이 없으면, 부모인 甲과 乙 및 초등학교 교사인 戊가 丁에 대해서 제755조에 의한 손해배상책임을 진다. 이들은 부진정연대채무이다.

나. 감독의무자 책임의 요건

감독자의 책임이 인정되기 위해서는 ① 책임무능력자가 타인에게 손해를 가할 것, ② 감독의무자 또는 대리감독자가 감독의무를 위반할 것을 요한다.

다. 감독의무자 책임의 효과

감독의무자(예컨대, 책임무능력자의 부모)와 감독의무자를 대신하여 책임무능력자를 감독하는 대리감독자(예컨대 탁아소의 보모, 유치원과 초등학교의 교사 등)가 손해배상책임을 진다. 따라서 양자 간에는 '부진정연대채무관계'가 생긴다.

3. 책임능력 있는 미성년자의 감독의무자의 책임

> **(책임능력 있는 미성년자의 감독의무자의 책임의 예)** 예컨대, 부 甲과 모 乙의 자인 丙(18살)이 과실로 丁에게 1,000만 원의 손해를 입힌 경우, 丙은 책임능력자이므로 제750조의 손해배상책임이 있다. 그러나 丙은 무자력이므로 丁은 1,000만 원의 손해배상을 받을 수 없고, 丙은 책임능력자이므로 丙의 부모인 甲과 乙에게 제755조에 의한 손해배상청구를 할 수 없다. 그러면 丁에게 더 손해이므로 판례는 丁이 丙의 부모인 甲과 乙에게 직접 제750조에 기해서 손해배상청구를 할 수 있도록 하고 있다.

가. 문제점

제755조에 의하면 미성년자가 책임무능력자로 불법행위책임을 부담하지 않는 경우에만 감독의무자가 책임을 진다(보충적 책임). 따라서 미성년자가 책임능력이 있는 경우에는 제755조를 근거로 감독의무자에게 책임을 물을 수 없게 되는바, 이는 부당하다. 왜냐하면 미성년자의 불법행위로 인하여 손해를 입은 피해자의 입장에서 보면, 미성년자에게 책임능력이 없으면 자력이 있는 감독자에게 책임을 물어서 손해의 배상을 받을 수 있지만, 미성년자에게 책임능력이 있으면 그에게 자력이 없어서 실제로 손해의 배상을 받을 수 없는 경우가 많기 때문이다. 여기서 미성년자가 책임능력이 있는 경우에 감독의무자에게 책임을 물을 수 있는지 여부와 그 법적 근거가 무엇인지가 다투어진다.

나. 감독의무자의 손해배상책임의 법적 근거 – 제750조 적용

판례는 『① '제755조'는 미성년자에게 책임이 없을 때에만 적용되는 '보충적 책임'이고, ② 미성년자가 '책임능력이 있어' 불법행위책임을 지는 경우에는 그 손해가 감독의무자의 의무위반과 상당인과관계가 있으면 감독의무자는 '제750조의 손해배상책임'이 있다할 것이므로, '피해자'가 감독의무위반사실 및 손해발생과의 상당인과관계의 존재를 증명해야 한다』고 하여, '제750조 적용설'의 입장이다.

Ⅱ 사용자책임

1. 서설

가. 의의

> **(사용자책임의 예)** 예컨대, 甲 운송회사의 직원 乙이 회사의 사무집행으로서 운송을 하다가 乙의 과실로 운송물이 丙에게 떨어져 전치 3주의 상해를 입은 경우, 丙은 乙에게는 제750조에 의한 손해배상청구를, 甲회사에게는 제756조의 사용자책임을 물어 손해배상청구를 할 수 있다. 乙과 甲 사이의 채무는 부진정연대채무이다.

사용자책임이란 '타인을 사용하여 어느 사무에 종사하게 한 자(사용자)는, 피용자가 그 사무집행에 관하여 제3자에게 손해를 가한 때에, 그 손해를 배상할 책임'을 말한다(제756조).

나. 책임의 근거 – 보상책임

판례는 사람을 고용하여 활동영역을 확장하여, 그에 상응하는 많은 이익을 추구하면, 타인에게 손해를 가하게 하는 경우도 많아질 것이므로 이러한 손해를 사용자로 하여금 부담케 하는 것이 공평의 이상에 합치된다는 '보상책임'의 원리에 입각하고 있다.

다. 책임의 성질

1) 중간책임

사용자는 피용자의 선임·감독상 과실이 없다는 사실을 입증하여 면책될 수 있는 점에서 그 증명책임이 가해자에게 전환된 '중간책임'으로 본다. 다만 **판례**는 면책주장을 인정한 예가 없어 사실상으로는 무과실책임에 가깝게 운영되고 있다.

2) 대위책임

판례는 ① 사용자책임은 피용자의 불법행위로 인한 손해배상책임을 대위하여 책임을 지는 것으로 보고 있다(대위책임설). ② 이에 의하면 피용자의 행위가 제750조 불법행위책임이 인정될 때에만 사용자가 책임을 지고, ③ 사용자의 피용자에 대한 구상권이 인정된다(제756조 제3항).

2. 요건

사용자책임이 성립하기 위해서는 ① 타인을 사용하여 어느 사무에 종사하게 할 것, ② 피용자가 그 사무집행에 관하여, ③ 제3자에게 손해를 가할 것, ④ 사용자가 면책사유 있는 것을 증명하지 못할 것(항변)을 요한다.

가. 타인을 '사용'하여 어느 '사무'에 종사하게 할 것 – 사용관계의 존재

제756조의 사용자책임이 성립하려면 사용관계, 즉 사용자가 피용자를 '실질적으로 지휘·감독하는 관계'에 있어야 하며 지휘·감독관계가 없으면 사용자책임이 성립하지 않는다(⇨ 제391조의 이행보조자책임에서 지시·감독관계를 요구하지 않는 것과 다르다).

나. 사무집행에 관하여 – 외형이론

제756조의 '사무집행에 관하여'는 피용자의 불법행위가 ① 사무집행 자체이거나 ② 사무집행행위는 아니더라도 외형상 사무집행라고 보이고, 피해자가 선의 또는 무중과실인 경우에는 이를 사무집행에 관하여 한 행위로 본다. ③ 따라서 위 행위가 '사무집행행위에 해당하지 않음'을 '피해자'가 '알았거나 또는 중대한 과실'로 인하여 알지 못한 경우에는 사용자책임을 물을 수 없다.

다. 제3자에게 손해를 주었을 것

① (제3자의 범위) 제3자란 '사용자와 직접 가해행위를 한 피용자를 제외한 그 밖의 자'를 말한다. ② (대위책임설) 그리고 대위책임설의 입장에서 '피용자의 행위가 제750조의 불법행위요건을 충족'해야만 사용자책임이 성립한다(피용자의 고의, 과실, 책임능력 등).

라. 사용자가 면책사유 있는 것을 증명하지 못할 것 – 항변사유, – 중간책임

판례는 사용자측의 면책주장을 거의 인정하지 아니하여 사실상 무과실책임과 같이 운영되고 있다.

3. 효과

가. 사용자·대리감독자의 책임

사용자와 대리감독자는 피용자의 불법행위에 대해서 직접 피해자에게 손해배상책임을 진다. 이들의 손해배상책임은 피용자의 손해배상채무와 '부진정연대채무관계'에 있다.

나. 피용자에 대한 구상권 – 대위책임설

사용자 또는 대리감독자가 손해배상을 한 때에는 피용자에 대하여 구상할 수 있다(제756조 제3항). 따라서 사용자는 피용자에게 민법 '제756조 제3항'을 근거로 구상청구를 할 수 있다. 사용자책임의 본질에 대해서 **판례**는 '대위책임설' 입장에서 사용자는 피용자에 대해서 전부 구상청구가 가능하다. 다만, 판례는 피용자의 보호를 위해서 '신의칙'에 의해서 구상범위를 제한하고 있다.

Ⅲ 도급인의 불법행위책임 – 제757조 단서

도급인은 원칙적으로 수급인이 제3자에게 가한 손해를 배상할 책임이 없으나, 예외적으로 도급 또는 지시에 관하여 중대한 과실이 있는 경우에는 배상책임을 진다(제757조). 이 경우 수급인도 일반불법행위책임(제750조)을 지며, 양자는 부진정연대채무의 관계에 있다.

Ⅳ 공작물 점유자 및 소유자의 책임

1. 의의

> (공작물책임의 예) 예컨대, 甲소유의 건물을 乙에게 임대하여 乙이 점유·사용하고 있는 경우, 위 건물의 간판이 떨어져서 행인 丙이 전치 3주의 상해를 입은 경우, 위 간판은 공작물이므로 丙은 제758조의 공작물책임을 물어 1차적으로 점유자 乙에게 과실이 있다면 乙에게, 2차적으로 乙에게 과실이 없다면 소유자 甲에게 손해배상청구를 할 수 있다.

공작물책임이란 '공작물의 설치 또는 보존의 하자로 인하여 타인에게 손해를 가한 때에는 공작물 점유자가 손해를 배상할 책임'을 말한다. 그러나 점유자가 손해방지에 필요한 주의를 해태하지 아니한 때에는 그 소유자가 손해를 배상할 책임이 있다. 점유자 또는 소유자는 그 손해의 원인에 대한 책임 있는 자에 대하여 구상권을 행사할 수 있다(제758조).

2. 요건

공작물책임이 인정되기 위해서는 ① 공작물일 것, ② 설치 및 보존의 하자가 있을 것, ③ 하자로 인해 타인에게 손해를 가할 것을 요한다.

가. 공작물일 것

공작물이란 인공적 작업에 의해 제작된 물건(동산과 부동산 포함)을 말한다.

나. 설치 및 보존의 하자가 있을 것

설치 또는 보존상의 하자란 공작물이 그 용도에 따라 통상 갖추어야 할 '안전성을 결여'한 상태를 말한다.

다. 하자로 인해 타인에게 손해를 가할 것 – 하자와 손해의 인과관계

하자와 손해 사이에 인과관계가 인정되어야 한다. 다만 공작물의 하자가 '유일한 원인'이 될 필요는 없으므로 '자연력의 작용이나 피해자의 행위가 경합'하는 경우에도 책임이 인정된다. 다만 피해자의 과실은 '과실상계' 규정의 준용을 받는다(제763조).

라. 면책사유가 없을 것 – 항변

공작물점유자는 손해의 방지에 필요한 주의를 해태하지 않았음을 증명하여 책임을 면제받을 수 있다.

3. 배상책임자

공작물의 설치 또는 보존의 하자로 인하여 타인에게 손해를 가한 때에는 ① 제1차적으로 공작물의 점유자가 손해를 배상할 책임이 있고, ② 공작물의 소유자는 점유자가 손해의 방지에 필요한 주의를 해태하지 아니한 때에 비로소 제2차적으로 손해를 배상할 책임이 있다.

4. 점유자가 피해자인 경우 소유자책임 – 긍정

판례는 임차인이 임차주택의 하자로 연탄가스중독사고 피해를 입은 사안과 같이 점유자가 공작물의 하자로 인하여 직접 손해를 입은 경우에 『공작물의 임차인인 직접점유자나 그와 같은 지위에 있는 것으로 볼 수 있는 사람이 공작물의 설치 또는 보존의 하자로 인하여 손해를 입은 경우에는 소유자가 그 손해를 배상할 책임이 있는 것이고, 이 경우에 공작물의 보존에 관하여 피해자에게 과실이 있다고 하더라도 과실상계의 사유가 될 뿐』이라고 하여, '소유자의 책임을 인정'하였다.

5. 구상권

손해를 배상한 점유자나 소유자는 따로 손해의 원인에 대해 책임 있는 자, 즉 설계자, 시공자, 관리책임자, 가해행위자 등이 있을 때에 그에 대하여 구상권을 행사할 수 있다(제758조 제3항). 다만 이는 일반불법행위책임이므로 행위자의 과실이 인정되어야 한다.

6. 수목에 대한 책임

공작물의 책임에 대한 규정은 수목의 재식 또는 보존에 하자 있는 경우에 준용된다(제758조 제2항). 이 경우에도 수목의 점유자 또는 소유자는 그 손해의 원인에 대한 책임이 있는 자에게 구상권을 행사할 수 있다(제758조 제3항).

Ⅴ 동물점유자의 책임

동물이 타인에게 손해를 가한 경우에 그 동물의 점유자 또는 보관자는 타인의 손해에 대하여 배상책임이 있다(제759조).

제5관 불법행위법의 현대적 문제 – 특별법상 손해배상책임

Ⅰ 자동차 손해배상책임

1. 서설

가. 의의

> **(자동차손해배상책임의 예)** 예컨대, 甲소유의 자동차를 운행하다가 乙을 치어 乙에게 전치 3주의 상해를 입은 경우, 乙은 甲에게 민법 제750조의 불법행위로 인한 손해배상청구를 할 수 있으나, 자배법 제3조가 특별법으로 법조경합에 의해서 우선 적용되어, 자배법상 손해배상청구만 할 수 있다.

「자기를 위하여 자동차를 운행하는 자는 그 운행으로 인하여 다른 사람을 사망하게 하거나 부상하게 한 때에는 그 손해를 배상할 책임을 진다. 다만 면책사유가 있는 경우에는 그러하지 아니하다」(자동차손해배상보장법 제3조, 이하 '자배법'이라고 함).

나. 자배법의 적용범위

1) 인적 손해

'인적 손해'에만 적용되며(자배법 제1조, 제3조), '물적 사고'에 대해서는 적용되지 않는다. 물적 사고에 대한 손해배상책임의 근거는 제750조, 제756조이다.

2) 자배법 제3조는 민법의 특별규정 - 법조경합

교통사고로 인한 인적 사고의 경우에 자배법은 민법의 특별법으로 우선 적용된다. 그러나 자배법상의 손해배상책임이 인정되지 않는 경우에는 민법상의 불법행위책임이 인정될 수 있다.

2. 자동차운행자책임의 요건

자배법상 손해배상책임이 인정되기 위해서는 ① 자기를 위하여 자동차를 운행하는 자가, ② 그 운행으로 인하여, ③ 다른 사람을, ④ 사망하게 하거나 부상하게 하고, ⑤ 면책사유가 없을 것(항변사유)을 요한다.

가. 자기를 위하여 자동차를 운행하는 자일 것

'자기를 위하여 자동차를 운행하는 자'라 함은 자동차의 운행을 지배하여 그 이익을 향수하는 책임주체로서의 지위에 있는 자를 말하는 것으로 운행자이기 위해서는 '운행이익'과 '운행지배'가 있어야 한다.

나. 자동차의 운행으로 인하여

① 「자동차」는 50cc 이상의 오토바이를 포함하며, ② 「운행」이란 사람이나 물건의 운송여부에 관계없이 자동차를 당해 장치의 용법에 따라 사용하는 것을 말한다(자배법 제2조 제2호). 즉, 자동차의 용도에 따라 그 구조상 설비되어 있는 각종의 장치를 각각의 장치목적에 따라 사용하는 것을 말한다(고유장치설).

다. 타인을 사망하게 하거나 부상하게 하였을 것

'타인'이란 '운행자와 과실 있는 운전자 및 운행보조자 이외의 모든 자'를 말한다. 인적 손해는 사망이나 부상을 의미한다.

라. 면책사유가 없을 것

운행자가 다음의 면책사유를 증명하면 운행자책임을 지지 아니한다(자배법 제3조 단서).

3. 자동차운행자책임의 효과

자동차운행자에게 자배법상의 불법행위가 인정되면, 피해자는 '직접 가해 차량'의 책임보험자에 대하여 보험금의 지급을 청구할 수 있다(자배법 제10조). 배상액은 '책임보험액'을 한도로 한다(자배법 제5조).

4. 관련문제 - 호의동승

가. 의의

호의동승이란 '자동차의 운행자가 대가를 받음이 없이 호의에 의하여 동승케 하는 것'을 말한다. 이러한 호의동승은 '무상동승'의 일종이며, 법적 구속을 받으려는 의사가 없는 '호의행위'이다.

나. 자배법 제3조의 운행자책임 성부

> **(호의동승으로 인한 감경의 예)** 乙은 甲의 승용차로 함께 구경을 가던 중 丁의 차와 충돌하는 사고를 내게 되었고, 이 사고로 인하여 乙은 사망하였다. 이에 乙의 단독상속인인 A는 상속권리로 甲과 丁을 상대로 불법행위로 인한 손해배상으로 각자 1억 원을 지급하라는 청구의 소를 제기하였다. 이 소송에서 甲은 호의동승으로 인한 책임감경을 주장한 경우 호의동승 자체로 인한 책임감경은 인정되지 아니하나, 인적관계(甲과 乙은 애인사이), 동승경위(乙의 권유로), 운행목적(벗꽃놀이)을 고려하여 신의칙상 호의동승에 의한 책임제한은 인정될 수 있다.

판례는 ① i) 호의동승자의 책임을 제한하는 '법규정'이 없으며, ii) 호의동승자가 운행이익 및 운행지배를 갖는다고 해도 '우발적·일시적인 것'이므로, 원칙적으로 호의동승 그 자체는 운행자의 배상액 감경사유로 될 수 없다고 본다. ② 다만, 동승의 경위 등을 고려하여 구체적 사안에 따라서는 신의칙에 비추어 운행자의 책임을 감경하고 있다.

II 제조물책임

1. 의의

> **(제조물책임의 예)** 예컨대, 甲은 현대자동차를 타다가 위 자동차가 급발진하여 벽에 부딪히는 바람에 3주의 상해를 입은 경우, 甲은 현대차에게 대해서 제조물책임에 기한 손해배상청구를 할 수 있다.

제조물책임이란 '제조업자는 제조물의 결함으로 인하여 생명·신체 또는 재산에 손해(당해 제조물에 대해서만 발생한 손해는 제외한다)를 입은 자에게 그 손해를 배상하여야 하는 책임'(제조물책임법 제3조 제1항)을 말한다.

2. 책임의 요건

제조물책임이 성립하기 위해서는 ① 제조업자가 ② 제조물의 ③ 결함으로 인하여 ④ 생명·신체 또는 재산에 손해를 가할 것(인과관계가 있을 것), ⑤ 면책사유가 없을 것을 요한다.

3. 효과

① 민법 규정이 적용되며(동법 제8조), 제조업자 등은 결함과 인과관계가 있는 모든 손해에 대하여 피해자에게 손해를 배상해야 한다(제393조). ② 그러나 피해가 결함이 있는 제품 자체에만 그친 경우에는 제조물책임법이 적용되지 않는다(동법 제3조 제1항 참조). ③ 즉, 제조물책임이란 제조물에 통상적으로 기대되는 안전성을 결여한 결함으로 인하여 i) '생명·신체나 제조물 그 자체 외의 다른 재산에 손해'가 발생한 경우에 제조업자 등에게 지우는 손해배상책임이고, ii) 제조물에 상품적합성이 결여되어 '제조물 그 자체에 발생한 손해'는 제조물책임의 적용 대상이 아니므로, '하자담보책임'으로서 그 배상을 구하여야 한다.

제6관 불법행위의 법률효과

Ⅰ 손해배상청구권의 발생

1. 의의

불법행위가 성립하면 가해자는 피해자에게 그 손해를 배상할 책임을 지게 되므로(제750조), 피해자(원고)는 가해자를 상대로 당연히 손해배상청구권을 취득한다. 불법행위에 기한 손해배상청구권에는 채무불이행에 기한 손해배상규정(제393조·제394조·제396조·제399조)이 준용된다(제763조).

2. 손해배상청구권의 소멸시효

① '피해자나 그 법정대리인'이 '손해 및 가해자 모두를 안 때'로부터 3년이 경과하면 소멸시효가 완성된다(제766조 제1항). ② 3년의 단기시효에 걸리지 않더라도 '불법행위를 한 날로부터' 10년이 경과하면 그 손해배상청구권은 시효로 소멸한다. 이 기간의 성질에 관해 **판례**는 이를 '소멸시효기간'으로 본다. '불법행위를 한 날'이란 '가해행위가 있은 때'가 아니라, 가해행위로 인하여 '잠재적인 손해가 현실적으로 발생한 때'를 말한다(제766조 제2항). ③ 민법은 제766조 제3항을 신설하여 "미성년자가 성폭력, 성추행, 성희롱, 그 밖의 성적 침해를 당한 경우에 이로 인한 손해배상청구권의 소멸시효는 그가 성년이 될 때까지는 진행되지 아니한다."고 규정하였다. 미성년자가 성폭력 등 성적 침해를 당한 경우, 해당 미성년자가 성년이 될 때까지 손해배상청구권의 소멸시효가 진행되지 아니하도록 하여 미성년자인 피해자가 성년이 된 후 스스로 가해자에게 손해배상을 청구할 수 있도록 보장함으로써 '성적 침해를 당한 미성년자에 대한 보호 강화'를 취지로 한다.

Ⅱ 손해배상의 방법

1. 금전배상주의

원칙적으로 '금전배상주의'를 취하지만(제763조, 제394조), 예외적으로 '다른 규정'(제764조의 특칙)이 있거나 당사자의 '다른 의사표시'(제763조, 제394조)가 있을 경우에는 그에 따른다.

2. 명예훼손의 특칙

명예를 훼손한 자에게는 손해배상에 갈음하거나 손해배상과 함께 '명예회복에 적당한 처분'(반론보도청구, 명예훼손기사의 취소광고 등)을 법원이 명할 수 있다(제764조).

Ⅲ 손해배상의 범위 —통상손해와 특별손해

1. 손해의 개념

판례는 차액설(가해원인이 없었더라면 존재하였을 이익상태와 가해가 행하여진 현재의 이익상태의 차이)에 의해 손해를 판단한다.

2. 손해와 책임범위

제393조에 따라 통상손해와 특별손해로 구별하여 배상범위를 결정하고 있다.

Ⅳ 손해배상액의 산정

1. 손해배상액산정의 기준시기 — 불법행위시

① 특별한 사정이 없는 한 '불법행위 당시', 즉 손해배상의 채권이 발생한 때를 기준으로 하여 손해배상액을 산정함이 원칙이다. ② 따라서 불법행위로 인한 손해배상채무는 그 성립과 동시에(불법행위의 날) 채권자의 청구 없어도 바로 이행지체가 된다.

2. 손해배상액의 산정방법

판례는 불법행위로 인한 손해배상에 있어서 손해를 ① 적극적 재산상 손해, ② 소극적 재산상 손해, ③정신적 손해의 3가지로 분류하고 있다.

Ⅴ 위자료청구권

1. 위자료의 의의와 본질

위자료란 정신적 손해를 금전으로 배상해 주는 손해배상금을 말한다. 위자료의 본질에 대하여 **판례**는 정신적 손해에 대한 전보를 목적으로 하는 순수한 손해배상이라고 보는 배상설의 입장이다.

2. 위자료의 청구권자

판례는 ① (제751조를 제750조의 손해)에는 정신적 손해도 포함된다는 취지를 명백히 하기 위해 둔 '주의적 규정'으로 이해하고, ② (제752조)를 '피해법익'과 '위자료청구권자'를 '제한'하는 규정한 것으로 보아, 생명침해의 경우 피해자의 직계존속, 직계비속, 배우자(법률혼 배우자와 사실혼 배우자 포함)는 '정신상 고통을 증명할 필요 없이' 당연히 위자료를 청구할 수 있다고 한다. 따라서 ③ (신체침해의 경우 피해자 이외의 근친자)도 '정신적 고통을 증명하여' 제750조 및 제751조에 의하여 위자료를 청구할 수 있으며, 생명침해의 경우 제752조에 규정되지 않은 친족도 정신적 고통을 증명하여 제750조 및 제751조에 의하여 위자료를 청구할 수 있다. 구체적으로는 '형제자매나 미인지의 子' 등이 이에 해당한다. ④ **(소멸시효)** 생명침해의 불법행위로 인한 피해자 본인의 위자료 청구권과 민법 제752조에 의한 배우자 등 유족의 정신적 피해로 인한 그 고유의 위자료 청구권은 별개이므로 소멸시효 완성 여부도 각각 그 권리를 행사한 때를 기준으로 판단하여야 한다.

3. 위자료청구권의 발생 및 상속가능성

가. 피해자의 즉사와 위자료청구권의 발생여부 — 시간적 간격설

판례는『피해자가 '즉사'한 경우라도 '치명상을 받을 때'와 '사망'과의 간에는 '시간적 간격'이 있다 할 것이

고 아무리 순간적이라 할지라도 피해자로서의 정신적 고통을 느끼는 순간이 있다』는 이유로(시간적 간격설), 일단 사자 본인에게 위자료청구권이 발생하고 그것이 상속인에게 상속된다고 한다.

나. 위자료청구권의 상속가능성 – 긍정

판례는 위자료청구권은 ⅰ) 금전급부를 목적으로 하는 청구권이므로 ⅱ) 일신전속적 권리가 아니며, ⅲ) 청구의 의사표시가 없더라도 상속된다. ⅳ) 다만 피해자가 이를 면제, 포기 등의 특별한 사정이 있으면 상속되지 않는다고 본다.

로스쿨 민법입문

제4편
물권법

제1장 물권법 서론

제1절 물권의 본질

I 물권의 의의

물권이란 '특정한 물건을 직접 지배하여 그로부터 배타적으로 이익을 얻는 것을 내용으로 하는 권리'를 말한다. 물권은 '배타성, 절대성을 가지는 지배권'이다.

II 물권의 객체

1. 권리의 객체의 의의

권리의 객체란 '권리에 의해 보호되는 이익인 권리의 목적이 되는 일정한 대상'을 말한다. 이러한 권리의 객체는 권리의 종류에 따라 다르다(예컨대 물권은 물건, 채권은 채무자의 급부행위). 물권의 객체인 '물건'에 대해서 논의한다.

2. 물건

가. 개념

민법상 물건이란 「유체물 및 전기 기타 관리할 수 있는 자연력」을 말한다(제98조).

1) 유체물 또는 관리할 수 있는 자연력

2) 외계의 일부일 것

3) 독립한 물건일 것

독립한 물건이냐의 판단은 물리적으로 결정하는 것이 아니라, 사회통념 내지 거래관념에 따라 결정한다. 하나의 독립한 물건에는 하나의 물권만이 성립한다는 '일물일권주의'의 원칙에 따라 물건의 일부나 구성부분 또는 물건의 집단은 원칙적으로 물권의 객체가 되지 못한다. 다만, 공시방법이 있고 사회적 필요가 있다면 물건의 일부나 구성부분 또는 물건의 집단에도 물권이 인정될 수 있다.

나. 단일물, 합성물, 집합물

1) 단일물

2) 합성물

3) 집합물 – 별도 목차로 대체

3. 집합물

가. 집합물의 개념

> **(집합물의 예)** 예컨대, 甲 소유의 양돈장에 돼지가 500마리가 있다. 이때 각 돼지 500마리는 각 500개의 물건으로 소유권도 500개이다. 그러나 500마리 전체를 하나의 소유권의 객체로 할 수 있는지 문제되는데, 이를 집합물이라고 한다. 만일 500마리 전체를 하나의 소유권의 객체로 하면 한 마리 마다 소유권이 있고, 전체로서 소유권이 있어서 일물일권주의에 반하여 하나의 소유권이 성립하지 않는다. 그러나 판례는 500마리가 특정되고 공시방법이 있으면 1개의 양도담보권이 성립될 수 있다고 본다.

집합물이란 '다수의 물건들이 집합하여 경제적으로 단일한 경제적 가치를 가지고 거래상으로도 일체로 취급되는 물건'을 말한다.

나. 집합물 위에 하나의 물권이 성립될 수 있는지 여부

1) 특별법이 있는 경우

특별법상으로 등기·등록 등의 공시방법이 규정되어 있고, 이에 따라 공시방법을 갖추는 경우에는 집합물도 1개의 물건으로 다루어진다(공장 및 광업재단 저당법, 입목에 관한 법률은 복수의 물건을 법률상 하나의 물건으로 취급하여 그 위에 하나의 담보권을 설정할 수 있도록 하고 있다).

2) 특별법이 없는 경우

집합물의 공시방법을 규정하는 특별법이 없는 경우, 집합물을 1개의 물건으로 인정할 수 있는지 문제된다.

가) **원칙 – 부정**: 원칙적으로 일물일권주의 내지 특정의 원칙상 수 개의 물건을 법률상 하나의 물건으로 다루어 그 위에 하나의 물권의 성립을 인정할 수는 없다.

나) **예외 – 긍정**: 예외적으로 일물일권주의원칙의 취지에 반하지 않는다면 비록 특별법이 없더라도 집합물 위에 1개의 물권의 성립을 인정할 수 있다. 다만 ① 수 개의 물건을 법률상 하나의 물건으로 취급하여 그 위에 하나의 물권의 성립을 인정할 사회적 필요성이 있을 것, ② 특정성을 구비할 것, ③ 공시방법을 갖출 것을 요한다. 이러한 경우로 내용이 변동하는 동산의 집합물(예컨대 양어장 내의 뱀장어, 양돈장 내의 돼지, 제강회사 내의 원자재) 위에 양도담보권을 설정할 수 있다. – 양도담보에서 후술

4. 물건의 분류

가. 융통물과 불융통물

나. 가분물과 불가분물

다. 대체물과 비대체물(대체물과 부대체물은 물건의 개성이라는 객관적 성질에 의하여 구별되고, 특정물과 불특정물은 당사자의 주관적 의사에 의하여 결정된다)

라. 특정물과 불특정물

마. **소비물과 비소비물**(소비물은 물건의 성질상 그 용도에 따라서 1회 사용하면 다시 동일한 용도로 사용할 수 없는 물건(**예** 술·음료수·곡물·식품·금전)이고, 비소비물은 물건의 용도에 따라서 반복하여 사용·수익할 수 있는 물건(**예** 서적·건물·토지)이다. 물건의 사용대가로 받는 금전(=금전의 사용대가인 이자, 물건의 사용대가인 차임, 토지의 사용대가인 지료) 기타의 물건은 법정과실로 한다(제101조 2항)).

Ⅲ 동산과 부동산

1. 서설

토지 및 그 정착물을 부동산이라 하고(제99조 제1항), 부동산 이외의 물건을 동산이라 한다(제2항).

2. 부동산

가. 토지

나. 토지의 정착물

1) 건물

① 건물은 토지로부터 완전히 독립한 '별개의 부동산으로 각기 따로 처분될 수 있으며 별개로 등기하여야 한다(부동법 제14조). ② 건물인지 여부는 사회통념에 따라 판단하는데, **판례**에 의하면 적어도 '벽·기둥·지붕시설'은 되어 있어야 한다고 보며, 건물의 신축공사를 도급받은 수급인이 사회통념상 독립한 건물이라고 볼 수 없는 정착물을 토지에 설치한 상태에서 공사가 중단된 경우에 위 정착물은 토지의 부합물에 불과하다고 본다. ③ 1동의 건물의 일부도 독립성이 있다면 구분소유권등기를 하여 독립한 소유권의 객체가 될 수 있다(제215조, 집합건물법).

2) 입목에 관한 법률에 따라 등기된 입목

입목법에 의해 입목등기부의 소유권보존등기를 받은 수목의 집단을 입목이라 한다. 입목은 독립한 부동산으로서 토지와 분리하여 양도·저당권의 설정이 가능하다.

3) 명인방법을 갖춘 수목이나 그 집단 또는 미분리과실

명인방법(표찰 등을 붙여 소유자가 누구라는 것을 명백히 인식할 수 있도록 공시하는 것)을 갖춘 수목이나 그 집단 또는 미분리과실은 독립한 부동산으로 토지와 분리하여 소유권양도·양도담보설정의 대상이 된다. 다만, 등기할 수 없으므로 저당권이나 가등기담보권을 설정할 수는 없다. 토지로부터 분리된 수목은 동산임에 유의한다.

4) 농작물

① 농작물은 토지의 일부로서 토지소유자에게 속함이 원칙이나, 타인의 토지 위에 정당한 권원에 의거하여 재배·경작한 것은 토지에 부합하지 않고 별도의 부동산으로 취급된다(제256조 단서). ② 다만, **판례**는 『권한 없이 타인의 토지에 농작물을 심은 경우에도 이를 경작자의 소유로 인정하고 있으며, 이 경우 명인방법을 갖출 필요도 없다』고 본다.

3. 동산

가. 의의

동산은 부동산 이외 물건을 말한다.

나. 금전의 특수성

금전도 동산이지만 개성이 중시되지 않고 그 가치에 중점이 있으므로 특별취급을 받는다. ① 금전은 점유가 있는 곳에 소유가 있으며 선의취득이 적용될 여지가 없다. ② 금전을 도난당한 경우에는 물권적 반환청구권이 인정되는 것이 아니라, 채권으로서 부당이득반환청구 또는 불법행위로 인한 손해배상청구권이 인정된다. ③ 물권의 관념화가 인정되지 않으므로 간접점유도 인정되지 않는다. ④ 다만 기념주화와 금전이라도 개성이 중시되는 것은 일반 동산과 다를 바 없다.

Ⅳ 주물과 종물

> **(주물과 종물의 예)** 예컨대, 배와 노, 자물쇠와 열쇠, 말과 안장, 주택과 창고 등에서 전자를 주물, 후자를 종물이라고 하며, 종물은 주물의 처분에 따른다. 즉 주물을 매도하면 종물도 따라서 매도된다.

> **(주된 권리와 종된 권리의 예)** 예컨대, 주된 권리인 건물의 소유권이 양도되면 종된권리인 그 건물을 위한 대지의 임차권이나 지상권도 건물의 양수인에게 이전하며, 주된 권리인 원본채권 양도의 효력은 종된 권리인 이자채권에도 미친다.

> **(제358조의 예)** 예컨대, 주물 위에 저당권이 설정된 경우에 그 저당권의 효력은 종물에도 미친다(제358조). 저당권 설정 후의 종물에도 저당권의 효력이 미침은 물론이다. 제358조는 저당부동산의 종된 권리에도 유추적용되므로, 건물에 대한 저당권의 효력은 그 대지이용권인 지상권이나 임차권에도 미친다(**판례**).

물건의 소유자가 그 물건의 상용에 공하기 위하여 자기소유인 다른 물건을 이에 부속하게 한 때에 그 물건을 '주물'이라 하고, 주물에 부속된 다른 물건을 '종물'이라고 한다(제100조 제1항). 종물은 주물의 처분에 따른다(제100조 제2항).

Ⅴ 원물과 과실

> **(천연과실의 예)** 예컨대, 원물인 돼지가 출산한 새끼 돼지는 천연과실에 해당하고, 그 천연과실의 수취권은 원물인 돼지의 사용권을 가지는 소유자인 乙에게 귀속된다.

> **(법정과실의 예)** 예컨대, 건물사용의 대가인 차임, 토지사용의 대가인 지료, 금전사용의 대가인 이자 등이 있다.

① 물건으로부터 생기는 경제적 수익을 '과실'이라 하고, 과실을 생기게 하는 물건을 '원물'이라 한다. 과실에는 '천연과실'과 '법정과실'이 있으며(제101조), 과실분배에 관하여 다툼이 있는 경우에 수취권자와 그 범위를 미리 규정하여 분쟁을 해결하고자 하는 데 그 취지가 있다.

② 천연과실이란 '물건의 용법에 의해 수취하는 산출물'을 말한다(제101조 제1항). 천연과실은 그것이 원물로부터 「분리하는 때」에 이를 수취할 권리자에게 속한다(제102조 제1항).

③ 법정과실이란 물건의 사용대가로 받는 금전 기타의 물건을 말한다(제101조 제2항). 법정과실은 '수취할 권리의 존속기간의 일수의 비율'로 취득한다(제102조 제2항).

Ⅵ 일물일권주의

1. 의의

일물일권주의란 '하나의 물권의 객체는 독립한 하나의 물건이어야 한다는 원칙'을 말한다. 구체적 의미로 ① 첫째, 하나의 물건에는 앞의 물권과 동일한 내용을 갖는 물권은 다시 성립할 수 없다. ⅰ) 따라서 하나의 물건에 소유권이 성립한 후에는 다시 소유권이 성립할 수 없다(예컨대, 1개의 물건 위에 소유권이 2개 있을 수 없다. 지상권이나 전세권 등도 2개 있을 수 없다). ⅱ) 그러나 소유권과 제한물권처럼 서로 내용이 다른 물권의 경우는 하나의 물건 위에 성립할 수 있다(예컨대, 1개의 물건 위에 1개의 소유권과 1개의 지상권, 1개의 전세권 등이 성립할 수는 있다). ⅲ) 저당권 등은 동일한 내용이 물권이지만 앞의 물권의 효력을 해치지 않는 범위 내에서 뒤의 물권이 성립할 수 있다(예컨대 1순위 저당권 설정 후 2순위 저당권의 설정은 인정되며, 다만 1순위 저당권자가 우선변제를 받고 나머지가 있는 때에 2순위 저당권자가 후순위로 변제를 받게 된다). ② 둘째, 물권은 하나의 독립된 물건 위에만 성립할 수 있다. 따라서 ⅰ) '물건의 일부나 구성부분'에는 물권이 성립할 수 없고, ⅱ) '수 개의 물건 전체', 즉 집합물 위에는 하나의 물권이 성립할 수 없다.

2. 일물의 표준

하나의 물건인지 여부는 '사회통념 내지 거래관념'에 따라 판단한다. ① 토지는 토지대장, 임야대장 등 지적부에 '1필의 토지'로 등록되었는지 여부로, ② 건물은 토지와는 별개의 물건으로 원칙적으로 '1동의 건물'이 하나의 물건이 된다.

3. 예외

가. 물건의 일부나 구성부분

1) 토지

① (원칙) 1필의 토지의 일부를 분필의 절차를 밟기 전에는 처분하지 못한다. ② (예외) 그러나 ⅰ) '1필의 토지 일부' 위에 '용익물권의 설정'은 가능하다(예 구분지상권, 지역권, 전세권 등). ⅱ) 1필의 토지의 일부에 대한 시효취득이 인정된다(다만, 일부가 다른 부분과 구분되어 시효취득자의 점유에 속한다는 것을 인식하기에 족한 객관적인 징표가 계속하여 존재할 것을 요한다.

2) 건물

① (원칙) 1동의 건물의 일부에 대해서도 구분 또는 분할의 등기절차를 밟기 전에는 처분하지 못한다. ② (예외) 민법 제215조와 집합건물법에 의해 1동의 건물의 일부에 대해서도 '구분소유'가 인정되고, 건물의 일부 위에 '용익물권'(전세권)의 설정이 가능하다.

3) 수목

수목은 원칙적으로 토지에 부합하나, 입목법에 의해 등기된 수목의 집단과 관습법상 명인방법을 갖춘 수목 또는 수목의 집단은 토지와는 독립한 부동산으로 취급된다.

4) 미분리 과실

미분리 과실은 원칙적으로 토지에 부합하나, 명인방법을 갖추면 독립한 물건으로서 거래의 목적이 된다. 이 경우 그 성질은 부동산으로 본다.

5) 농작물

농작물은 토지에 부합하지 않는다. 따라서 정당한 권원에 의한 경우뿐만 아니라, 권원없이 경작된 농작물일지라도 토지와 별개인 독립된 부동산으로 취급된다. 명인방법을 갖추지 않아도 언제나 경작자의 소유에 속하지만, 처분 시에는 명인방법을 갖추어야 한다.

나. 물건의 집단 내지 집합물

① 각종 특별법(입목법에 의한 수목의 집단, 각종 재단저당법에 의한 공업재단, 광업재단 등)이 있는 경우와, ② 특별법이 없더라도 **판례**는 『일단의 증감 변동하는 동산을 하나의 물건으로 보아 이를 채권담보의 목적으로 삼는 '유동집합물에 대한 양도담보설정계약'의 경우에, ⅰ) 그 목적물이 장소, 수량, '특정'되고, ⅱ) '점유개정에 의한 공시방법'을 갖추었다면 양도담보권의 목적이 될 수 있다』는 입장이다.

제2절 물권의 종류

Ⅰ 민법상의 물권

1. 점유권

2. 소유권

3. 용익물권

4. 담보물권

Ⅱ 물권법정주의

1. 의의

> **제185조【물권의 종류】** 물권은 법률 또는 관습법에 의하는 외에는 임의로 창설하지 못한다.

물권법정주의란 'ⅰ) 물권의 종류와 내용은 민법 기타 법률이 정하는 것에 한하여 인정되며, ⅱ) 당사자가 임의로 그 밖의 물권을 창설할 수 없다는 원칙'을 말한다(제185조).

물권법에 있어서의 물권의 종류와 내용은 본조에 의해 획일적·제한적으로 정해지기 때문에 채권법에서와 같이 계약자유의 원칙이 인정되지 않는다. 따라서 물권법은 본조에 의해 '강행규정'의 성질을 갖는다.

2. 내용

물권은 법률과 또는 관습법에 의하는 외에는 당사자가 임의로 창설하지 못한다.

가. 법률

이때 법률은 '형식적 의미의 법률만'을 의미하고, '명령이나 규칙'은 포함되지 않는다. 민법에서 인정하는 물권은 ① 점유권, ② 소유권, ③ 용익물권, ④ 담보물권이 있다.

나. 관습법 – 전술함

관습법에 의해서 인정하는 물권은 양도담보권, 관습법상 법정지상권 등이 있다. 이 때 법률과 관습법의 관계가 문제된다.

다. 임의로 창설하지 못한다.

임의로 창설하지 못한다는 것은 '종류강제'와 '내용강제'의 두 가지 의미가 있다.

① (종류강제) 법률 또는 관습법이 인정하지 않는 '새로운 종류의 물권'을 당사자의 약정에 의하여 만들지 못한다. **판례**도 ⅰ) (관습상의 사도통행권)『법률이 인정하지 않는 새로운 종류의 물권을 창설하는 것은 허용되지 아니한다. 따라서 '관습상의 사도통행권'은 물권법정주의에 위배되어 인정되지 않는다』고 본다. ⅱ) (관습법상 소유권) 미등기 무허가건물의 양수인이라 할지라도 그 소유권이전등기를 경료받지 않는 한 건물에 대한 소유권을 취득할 수 없고, 그러한 건물의 취득자에게 소유권에 준하는 관습상의 물권이 있다고 볼 수 없다.

② (내용강제) 법률 또는 관습법이 인정하는 물권의 내용과 '다른 내용'을 부여하지 못한다. 따라서 소유권의 사용·수익 권능을 대세적, 영구적으로 포기할 수 없다.

3. 위반의 효과

① 본조는 강행규정으로 이에 위반하는 '물권적 합의'는 '무효'이다. ② 이에 위반한 '채권계약의 효력'에 관하여는 ⅰ) 그 효력이 있으므로 계약 위반의 책임을 물을 수 있다는 견해가 있으나, ⅱ) 강행법규 위반의 법률행위는 확정적으로 '무효'이므로 거기서 어떤 이행청구권이 발생할 수 없게 되어 계약 위반의 책임도 발생할 수 없다고 본다.

▣ 서설

물권은 '직접성·배타성 및 절대성'을 가지며 이로부터 물권에 공통되는 일반적 효력으로서 '우선적 효력'과 '물권적 청구권'이 나온다.

▣ 우선적 효력

물권은 그 직접성·배타성으로부터 뒤에 성립한 물권이나 채권에 우선하는 효력을 가진다. 이러한 우선적 효력을 구체적으로 보면 다음과 같다.

1. 물권 상호간의 우선적 효력

① 일물일권주의 원칙상 하나의 물건에는 하나의 물권만이 성립하며, 같은 종류의 물권이 같이 성립할 수 없다(예컨대, 甲이 소유권을 취득한 물건에 乙이 다시 소유권을 취득할 수 없다). ② 목적물의 교환가치를 지배하는 저당권은 동일 물건에 두 개 이상 성립할 수 있고, 이들 상호간에는 먼저 성립한 저당권이 우선한다(예컨대, 1순위 저당권이 우선변제를 받고 나머지가 있는 때에는 2순위 저당권자가 변제를 받을 수 있을 뿐이다). ③ 같은 종류의 물권이 아닌 경우에는 하나의 물건에 같이 성립할 수 있으며, 시간적으로 먼저 성립한 물권이 후에 성립한 물권에 우선한다(예컨대, 하나의 토지에 저당권이 설정된 후 지상권이 설정될 수 있고, 저당권의 실행이 있으면 지상권은 소멸하며, 그 반대의 경우에는 지상권이 저당권에 우선하여 저당권의 실행이 있더라도 지상권은 존속한다). ④ 점유권은 물건에 대한 '사실상 지배' 자체만을 보호하고, '물건의 사용가치나 교환가치'를 지배하는 권리가 아니므로 점유권은 본권에서와 같은 '우선적 효력'이 인정되지 않으며, 따라서 '본권과 병존'할 수 있으며, '두 개 이상의 점유권'이 직접점유와 간접점유 등으로 병존할 수 있다(예컨대, 하나의 물건에 1개의 소유권만 성립하지만, 점유권은 직접점유와 간접점유 2개 성립할 수 있다).

2. 채권에 우선하는 효력

가. 원칙

하나의 물건에 물권과 채권이 성립하는 경우 성립시기를 불문하고 항상 물권이 채권보다 우선한다. 이는 물권이 모든 사람에 대해서 물건의 직접 지배를 통해 배타성과 절대성을 갖기 때문이다(예컨대, 甲 소유의 토지에 乙과 임대차계약을 체결한 후, 丙에게 지상권을 설정해준 경우, 丙은 乙을 배제하고 지상권자로서 토지를 배타적으로 사용할 권리를 갖는다).

나. 예외

① 부동산 물권변동청구권 보전을 위한 가등기를 한 경우에는 가등기 시점을 기준으로 물권과의 우열이 정해진다(후에 본등기를 하는 것을 전제로 함). ② 법률이 성립시기를 불문하고 채권이 물권에 우선하는 효력을

인정하는 경우로 ⅰ) 근로기준법상 임금우선특권(동법 제38조), ⅱ) 주택임대차보호법상 소액보증금의 최우선변제권(동법 제8조), ⅲ) 선박채권자의 우선특권(상법 제782조·제783조) 등이 있다. ③ 성립시기가 앞서는 채권이 물권에 우선하는 경우로 ⅰ) 등기된 부동산임차권(제621조), ⅱ) 대항력(주민등록과 주택인도)을 갖춘 주택임차권과 ⅲ) 임대차보증금반환청구권(주임법 제3조) 등이 있다.

Ⅲ 물권적 청구권

1. 서설

가. 의의 및 인정취지

물권적 청구권이란 '물권자가 그 방해자에 대하여 그 방해의 제거 또는 예방에 필요한 일정한 행위를 청구할 수 있는 권리'를 말한다. '물권의 효력을 확보'하기 위한 것이다.

나. 종류

물권적 청구권은 물권의 방해 모습에 따라 ① 물권적 반환청구권(물건에 대한 점유침탈 시에 물권자는 그 반환을 청구해서 점유를 회복하는 권리로, 甲 소유의 동산을 乙이 절취한 경우, 甲 소유의 토지를 乙이 무단으로 점유하는 경우 甲은 소유권에 기한 물권적 청구권을 행사하여 그 반환을 청구하는 권리가 그 예이다), ② 물권적 방해제거청구권(물권자가 물건의 점유의 침탈 이외의 형태로 방해를 받는 경우에 그 방해의 제거를 청구하는 권리로, 甲 소유의 토지 위에 乙이 무단으로 건물을 지어 甲의 토지소유권의 행사를 방해하는 경우 그 건물의 철거를 청구하거나, 무효인 등기에 대해서 말소를 청구하는 경우이다), ③ 물권적 방해예방청구권(물권을 장차 방해할 염려가 있는 경우 그 예방을 청구할 수 있는 권리로, 甲의 옆집의 공사로 甲의 소유의 주택이 붕괴될 염려가 있는 그 예방으로 공사의 중지를 청구하는 경우이다)이 인정된다.

다. 민법의 규정

민법은 물권적 청구권에 관한 일반규정 대신, ① 점유권에 기한 물권적 청구권(제204조~제207조)과 ② 소유권에 기한 물권적 청구권(제213조, 제214조)에 관한 규정을 두고, 소유권에 기한 물권적 청구권에 관한 규정을 다른 물권에 준용한다(지상권: 제290조, 지역권: 제301조, 전세권: 제319조, 저당권: 제370조). 이때 지상권, 전세권에는 제213조 및 제214조가 준용되나, 점유할 권리가 없는 지역권, 저당권에는 제214조만 준용된다.

2. 물권적 청구권의 성질

가. 독립한 청구권

물권은 물건에 대한 직접적인 지배권이지만, 물권적 청구권은 상대방에 대한 청구권으로 물권의 효력에 기해 발생하는 '독립된 청구권'이면서, 물권에 '부종하는 특수한 청구권'이다.

나. 물권에 의존하는 권리

① 물권적 청구권은 그 기초되는 물권과 운명을 같이 한다. 따라서 물권적 청구권만을 독립하여 양도할 수는 없다. 또한 물권적 청구권은 채권적 청구권에 우선하고, 소멸시효에 걸리지 않는다. ② 방해자 내지 침해자에게 물건의 반환 내지 방해의 제거 등 특정한 행위를 청구한다는 점에서 채권과 유사하다. 따라서

채권법 규정의 일부는 물권적 청구권의 성질에 반하지 않는 한 유추적용될 수 있다. 다만 채권양도에 관한 규정은 적용될 수 없다.

3. 물권적 청구권의 내용 – 비용부담

가. 문제점

물권적 청구권의 내용이 물권자가 상대방에게 적극적인 행위를 청구할 수 있는 '행위청구권'인지 아니면 상대방이 물권자의 행위를 인용해야 하는 '인용청구권'인지가 '비용부담'과 관련하여 문제된다.

나. 판례의 입장

판례는 『타인의 토지위에 건립된 건물을 철거할 의무는 그 건물을 법률상 사실상 처분할 지위에 있는 사람에게 있다』고 함으로써, 물권적 청구권이 적극적 '행위청구권임'을 전제로 하며, 비용은 상대방이 부담해야 한다고 본다.

제2장 | 물권의 변동

제1절 ▶ 물권변동 총설

Ⅰ 물권변동의 의의

물권변동이란 '물권의 발생·변경·소멸'을 말한다(이를 물권의 주체의 관점에서 보면 물권의 취득·변경·상실이 된다).

Ⅱ 물권변동의 모습

1. 법률행위에 의한 물권변동과 법률행위에 의하지 않은 물권변동
2. 동산물권의 변동과 부동산물권의 변동
3. 소유권의 변동과 제한물권의 변동

Ⅲ 물권변동과 공시의 원칙

1. 공시의 원칙

가. 의의

> (공시의 원칙의 예) 예컨대, 甲이 자기 소유의 토지를 乙에게 매도하는 경우 乙이 甲의 소유임을 보여주라고 하면, 甲은 토지 자체를 보여주는 것이 아니라 등기부에 甲명의로 소유권등기가 되어 있는 것을 보여준다. 이렇게 甲의 소유임을 대외적으로 보여주는 것을 공시방법이라고 한다. 즉, 甲 소유의 부동산을 乙에게 매도한 경우, 매매계약만으로는 소유권이 변동되지 않고, 乙에게 소유권이전등기를 해주어야 乙에게 소유권 이전이라는 소유권의 변동이 있게 된다. 이때 등기를 공시방법이라고 하고, 소유권이전등기를 해야 소유권 변동이 있게 된다는 원칙이 공시의 원칙이다.

공시(公示)란 '물권의 현상을 외부에서 알 수 있도록 하는 일정한 표상'을 말하며, 공시의 원칙이란 '물권의 변동이 있으려면 공시방법이 수반되어야 한다는 원칙'을 말한다. 물권의 공시는 물권의 배타성을 실현하는 수단으로 기능하며, 물권거래의 안전에 기여한다.

나. 현행법상의 공시방법

부동산물권변동에 있어서는 등기(제186조, 부동산등기법), 입목등기(입목법에 의해 소유권·저당권을 공시), 명인방법(관습법상 인정되는 공시방법으로 수목·미분리과실 등의 소유권과 양도담보권 공시) 등이, 동산물권에 있어서는 현실의 인도(제188조 제1항), 간이인도(제188조 제2항), 점유개정(제189조), 목적물반환청구권의 양도(제190조) 등이 갖추어져야 한다. 한편, 자동차·항공기·건설기계 등은 특별법에 의해 '등록'되어야 한다.

다. 물권변동에 관한 입법주의

① 물권적 합의만으로 물권변동의 효력이 발생하고, 공시방법은 제3자에 대한 대항요건에 불과하다는 대항요건주의(의사주의, 불법주의; 예컨대, 甲 소유의 부동산을 乙에게 매도한 경우, 매매계약만으로는 소유권이 乙에게 이전되나, 乙이 소유권이전등기를 하기 전에는 제3자에게 소유자임을 대항하지 못한다는 입장이다)와 ② 당사자간의 물권적 합의 외에 공시방법도 갖추어야 물권변동의 효력이 발생한다는 성립요건주의(형식주의, 독법주의; 예컨대, 甲 소유의 부동산을 乙에게 매도한 경우, 매매계약만으로는 소유권이 변동되지 않고, 乙에게 소유권이전등기를 해주어야 乙에게 소유권 이전된다는 입장이다)가 대립한다. ③ 우리 민법은 물권변동의 효력발생요건으로 등기(제186조), 인도(제188조 이하)를 요구하여 성립요건주의를 취하고 있다.

2. 공신의 원칙

가. 개념

공신의 원칙이란 '공시방법을 신뢰하여 거래한 자는, 그 공시방법이 실체적 권리관계와 일치하지 않더라도, 공시된 대로의 권리가 존재하는 것처럼 다루어서, 신뢰한 자가 권리를 취득한다는 원칙'을 말한다. 이는 '물권거래의 안전'과 신속을 보장하기 위해서 인정되는 제도이다.

나. 현행법상의 공신의 원칙

1) 동산물권변동 - 긍정

> **(동산에서 공신력 인정)** 예컨대, 甲이 점유하고 있는 동산을 乙에게 매도한 경우, 甲이 진정한 소유권자가 아니더라도 乙이 甲에게 소유권이 있다고 신뢰하여 매수하고, 점유를 이전받은 경우 乙이 위 동산의 소유권을 취득한다는 원칙이다. 즉, 공시방법을 신뢰하면 소유권을 취득할 수 있는 힘을 공신력이라고 한다.

동산은 빈번하게 또 대량으로 거래된다는 점에서 '공신의 원칙'을 채택하여 '진정한 권리자'보다는 '거래안전을 보호'하는 입장을 취하고 있다(제249조 선의취득).

2) 부동산물권변동 - 부정

> **(부동산에서 공신력 부정)** 예컨대, 진정한 소유권자가 아닌 甲이 등기를 위조하여 X부동산에 소유권이전등기를 하고 이를 乙에게 매도한 경우, 乙이 甲에게 소유권이 있다고 신뢰하여 매수하고 소유권이전등기를 이전받은 경우라도 乙은 위 부동산의 소유권을 취득하지 못한다. 등기에 공신력을 인정하지 않기 때문이다.

부동산의 경우 '거래의 안전'(동적 안전)보다는 '진정한 권리자의 보호'(정적 안전)에 중점을 두어 '공신의 원칙'을 인정하지 않고 있다. 즉, 등기의 공신력을 인정하지 않는다. 현재 등기부의 등기표시가 불완전하여 진실한 거래관계와 일치하지 않는 경우가 많기 때문이다.

부동산등기에 공신력이 인정되지 않으므로, 민법은 의사표시에 있어서 선의의 제3자 보호규정(제107조 제2항, 제108조 제2항, 제109조 제2항, 제110조 제3항), 계약해제시 원상회복에 관한 규정(제548조 제1항 단서), 부동산실명법 제4조 제3항, 가담법 제11조 등의 개별규정을 통해 제3자를 보호하고 있다.

다. 공신의 원칙과 유사제도

표현대리(제125조, 제126조, 제129조), 채권의 준점유자에 대한 변제(제470조), 영수증소지자에 대한 변제(제471조), 지시채권의 소지인에 대한 변제(제518조), 금전·어음·수표 그 밖의 유가증권의 선의취득(제250조 단서; 어음법 제16조; 수표법 제21조) 등이 있다.

제2절 법률행위에 의한 부동산물권의 변동°

[물권변동] – 성립요건주의	부동산	동산
법률행위(매매)에 의한	제186조 법률행위+등기(성립요건)	제188조 법률행위+인도(성립요건) 인도방법(제189조~제190조)
법률행위에 의하지 아니한 (법률의 규정)	제187조 법률요건 충족+등기 ×	[일반규정 ×] – 개별적 규정만 有 법률요건 충족+개별적 규정에서 정함

제1관 성립요건주의 – 제186조

> (성립요건주의의 예) 예컨대, 甲 소유의 부동산을 乙에게 매도한 경우, 매매계약(채권행위)만으로는 소유권이 변동되지 않고, 甲과 乙 사이에 소유권 변동에 관한 합의(물권행위)와 乙에게의 소유권이전등기 두 가지를 모두 갖추어야 乙에게 소유권이 이전된다. 이를 성립요건주의라고 한다.

> **제186조 【부동산물권변동의 효력】** 부동산에 관한 법률행위로 인한 물권의 득실변경은 등기하여야 그 효력이 생긴다.

제186조에 따라 '법률행위(물권행위)'와 '등기'의 두 요건을 갖추었을 때 법률행위에 의한 부동산물권변동의 효력이 발생한다. 이러한 성립요건주의의 원칙은 점유권과 유치권 외에 소유권·지역권·지상권·전세권·저당권·권리질권에 대한 법률행위에 의한 모든 물권변동에 적용된다.

제2관 물권변동의 요건으로서 물권행위

Ⅰ 물권행위의 개념

물권행위란 '물권변동을 직접목적으로 하는 법률행위'로서, '처분행위'이므로 '이행의 문제가 남지 않으며', 처분권을 요하므로 '처분권 없는 자의 물권행위'는 무효이다.

Ⅱ 물권행위의 독자성과 유인성

1. 채권행위와 구별

채권행위란 '채권발생을 목적으로 하는 법률행위'로서, '의무부담행위'로서 '이행의 문제'가 남게 되며, 처분권을 요하지 않는다(따라서 타인권리매매도 제569조에 의해 유효하게 성립한다).

2. 물권행위의 독자성

> **(독자성의 예)** 예컨대, 甲 소유의 부동산을 乙에게 매도한 경우, ⅰ) 매매계약을 체결하고, ⅱ) 잔금지급과 상환으로 등기서류를 교부하고, ⅲ) 乙 앞으로 소유권이전등기가 마쳐진 경우, ⅰ)의 매매계약이 채권행위이며, ⅱ)의 잔금지급과 상환으로 등기서류를 교부하는 행위를 물권행위라고 한다. 이러한 물권행위의 독자성을 판례는 부정하고 있다.

물권행위는 채권행위와 개념상 구별되는 독자성이 있는지 문제된다. 이에 대해서 **판례**는 물권행위의 독자성을 부정하고 있다.

3. 물권행위의 유인성

> **(유인성의 예)** 예컨대, 甲 소유의 부동산을 乙에게 매도한 경우, ⅰ) 매매계약을 체결하고, ⅱ) 잔금지급과 상환으로 등기서류를 교부하고, ⅲ) 乙 앞으로 소유권이전등기가 마쳐진 경우, 매매계약이 실효(무효·취소·해제)되면, 물권행위(물권적 합의와 등기)도 실효되어 무효가 된다. 이때 乙명의 소유권이전등기를 말소하지 않아도 소유권은 甲에게 복귀한다. 이러한 물권행위의 유인성을 판례는 긍정하고 있다.

① 채권행위가 실효(무효·취소·해제)되더라도 물권행위 자체가 유효하면 물권행위는 유효하다는 무인성설이 있으나, ② 채권행위가 실효되면 물권행위도 효력을 상실한다고 보는 것이 당사자의 의사에 부합한다는 점에 비추어, 유인성설이 타당하다. ③ **판례**도 유인성을 인정한다.

4. 물권행위와 등기와의 관계

제186조는 「부동산에 관한 법률행위로 인한 물권의 변동은 등기하여야 그 효력이 생긴다」고 정하고 있는바, 물권행위와 등기와의 관계가 문제된다. 이에 대해서 **판례**는 물권행위는 직접 물권의 변동을 가져오는

법률요건이므로, 제186조가 형식주의를 취하는 이상 '물권적 합의와 등기'로써 '물권행위'를 구성한다고 본다(즉, 채권행위와 등기서류를 교부하는 행위로서 물권행위의 독자성은 부정하지만, 물권적 합의와 등기를 합쳐서 물권행위를 구성한다고 보아 이런 의미의 물권행위는 인정하고 있다).

제3관 물권변동의 요건으로서 부동산등기

Ⅰ 등기의 의의와 효력발생요건

① (의의) 등기란 '부동산의 표시와 부동산에 관한 일정한 권리관계(예컨대 권리의 설정·이전·변경·소멸 등)를 등기공무원이 법정절차에 따라 등기부라는 공적 장부에 '기재하는 행위' 또는 '그 기재 자체'를 말한다. ② (부동산물권변동의 효력발생요건) 판례는 등기는 '물권의 효력발생 요건'이고 효력존속 요건이 아니므로 물권에 관한 등기가 원인없이 말소된 경우에 그 물권의 효력에는 아무런 영향을 미치지 않는다고 본다.

Ⅱ 등기의 종류

1. 사실의 등기와 권리의 등기

① 사실의 등기(권리의 객체인 부동산의 물리적 현황(위치·목적·면적)을 공시하는 등기로 표제부에 기재된 것)와 ② 권리의 등기(부동산의 권리관계를 공시하는 등기로서 甲구란(소유권)과 乙구란(소유권 이외의 권리)에 기재된 것)가 있다.

2. 보존등기와 권리변동의 등기

① 보존등기(건물의 신축 등 미등기부동산에 관하여 소유자의 신청에 의하여 최초로 새로운 등기용지를 편성하여 행하여지는 소유권의 보존등기. 단, 취득시효에 의한 소유권의 취득은 법률규정에 의한 원시취득이므로 보존등기를 하여야 하지만 실무상으로는 이전등기로 행하여짐)와 ② 권리변경의 등기(기존에 편성된 등기용지에 소유권보존등기를 기초로 하여 그 후에 행하여지는 권리변동의 등기)가 있다.

3. 권리의 기재내용에 의한 분류 — 기입등기·경정등기·변경등기·말소등기(말소등기는 소유권에 기한 방해배제에서 후술)·멸실등기·회복등기

① 기입등기(새로운 등기원인에 의하여 등기용지에 어떤 사항을 등기부에 새로이 가입하는 등기로서 소유권보존등기와 소유권이전등기 등), ② 경정등기(신청인 또는 등기관의 착오로 처음부터 등기와 실체관계와의 사이에 불일치가 있는 경우에 이를 시정하기 위한 등기로서 권리변동과 무관하다), ③ 변경등기(등기와 실체관계와의 사이에 후발적 불일치가 있는 경우에 이를 해소하기 위하여 기존등기의 일부를 변경하는 등기), ④ 말소등기(등기에 대응하는 실체관계가 없는 경우에 그 등기를 법률적으로 소멸시킬 목적으로 기존 등기의 전부를 말소하는 등기), ⑤ 멸실등기(기존의 등기된 부동산이 전부 멸실된 경우에 행하여지는 등기), ⑥ 회복등기(기존 등기가 부당하게 소멸된 경우 이를 원상으로 회복하는 등기로서 말소회복등기와 멸실회복등기가 있었으나, 후자는 법 개정으로 폐지됨)로 분류된다.

4. 등기방법 내지 형식에 의한 분류 – 주등기와 부기등기

① 주등기(표시란의 표시번호나 甲구·乙구의 순위번호에 각각 독립된 표시번호·순위번호가 붙게 되는 보통의 등기를 말한다)와 ② 부기등기(독립된 번호 없이 기존의 주등기의 번호를 그대로 사용하고, 다만 주등기 번호에 가지번호를 붙여서 하는 등기)가 있다.

5. 등기의 효력에 의한 분류 – 종국등기와 예비등기, – 가등기는 후술

① 종국등기(등기의 본래의 효력 즉 물권변동의 효력을 발생하게 하는 등기로 본등기라고도 함)와 ② 예비등기(등기 본래의 효력과는 직접관계가 없고 장차 행하여질 등기에 대비하여 행하는 등기로서 가등기와 예고등기가 있는데, 예고등기는 현행법에서 폐지하였다)가 있다.

Ⅲ 가등기

1. 의의

> **(가등기의 예)** 예컨대, 甲 소유의 부동산을 乙에게 매도하고, 매수인 乙이 소유권이전등기청구권을 보전하기 위해 미리 가등기를 해둔다. 만일 가등기를 하지 않으면, 甲이 丙에게 다시 매도하여 먼저 소유권이전등기를 해주면, 丙이 소유권을 유효하게 취득하고, 乙은 丙에게 대항할 수 없다. 그러나 가등기를 해둔 경우에는 甲이 丙에게 다시 매도하여 먼저 소유권이전등기를 해주더라도, 乙이 후에 가등기에 기해 본등기를 하면 순위보전적 효력에 의해서 그 순위는 가등기의 순위에 따르게 되고, 가등기와 본등기 사이 제3자 丙명의의 등기는 그 효력을 잃어 직권말소하게 된다. 다만 물권변동은 본등기 시에 일어난다.

가등기란 ⅰ) 부동산 물권(소유권·지상권·지역권·전세권·저당권 권리질권) 또는 임차권의 설정·이전·변경·소멸의 청구권을 보전하거나, ⅱ) 이들 청구권이 '정지조건부 또는 시기부'이거나 '기타 장래에 있어서 확정될 것인 때'(매매예약에 따른 권리)에 ⅲ) 그 본등기의 순위보전을 위해 하는 예비등기를 말한다(부동산등기법 제3조, 이하 부등법이라고 함). 가등기는 '순위보전기능'을 목적으로 한다.

2. 가등기의 종류

가등기는 ① 본등기의 순위를 보전하기 위하여 행하는 '청구권보전의 가등기'와 ② 채권담보의 목적으로 경료되는 '담보가등기'가 있다. 전자는 '부동산등기법', 후자는 '가등기담보 등에 관한 법률'에 의해 규율된다.

3. 가등기의 요건

가. 가등기를 할 수 있는 '권리'일 것

가등기를 할 수 있는 권리는 소유권·지상권·지역권·전세권·저당권·권리질권·임차권이다.

나. 가등기를 할 수 있는 '경우'일 것

가등기를 할 수 있는 경우는 ⅰ) 위 권리의 설정·이전·변경·소멸의 청구권을 보전할 때(예 부동산매매에서 매수인의 소유권이전등기청구권보전을 위한 가등기), ⅱ) 이들 청구권이 '정지조건부 또는 시기부'일 때(예 혼인을 하면 부동산을 양도하기로 한 때), ⅲ) '기타 장래에 있어서 확정될 것인 때'(매매예약에 따른 권리)에 한한다.

다. '채권적 청구권' 보전을 위한 것일 것

(채권적 청구권 보전) 가등기는 물권의 변동을 목적으로 하는 '채권적 청구권' 보전의 목적을 위한 것에 한한다. '물권적 청구권'을 보전하기 위해서는 가등기를 할 수 없다.

제4관 등기절차–등기신청과 등기청구권

ⅠＩ 등기신청

1. 등기의 절차

가. 등기의 신청

1) 원칙 – 공동신청주의

> **(공동신청주의의 예)** 예컨대, 甲 소유의 토지를 乙에게 매도한 경우 매도인 甲과 매수인 乙이 공동으로 등기소에 출두하여 乙명의로 소유권이전등기신청을 하면 등기소에서 乙 앞으로 소유권이전등기를 해주는 것이다.

등기신청은 '등기권리자'와 '등기의무자'가 공동으로 하는 것이 원칙이다(부등법 제23조). 이는 등기와 관련된 법률관계의 당사자들을 등기신청에 참가시킴으로써 '등기의 진정성을 보장'하기 위한 것이다.

2) 공동신청주의의 예외–단독신청

① 공동신청에 의하지 않더라도 ⅰ) 등기의 진실성을 보장할 수 있거나, ⅱ) 등기의 성질상 등기의무자가 없어 공동신청을 할 수 없는 경우에는 단독신청이 인정된다. ② 이에는 ⅰ) 소유권보존등기 또는 소유권보존등기의 말소등기는 등기명의인으로 될 자 또는 등기명의인(부등법 제23조 제2항), ⅱ) 상속, 법인의 합병, 그 밖에 대법원규칙으로 정하는 포괄승계에 따른 등기는 등기권리자(부등법 제23조 제3항), ⅲ) 판결에 의한 등기는 승소한 등기권리자 또는 등기의무자(부등법 제23조 제4항), ⅳ) 부동산표시의 변경이나 경정의 등기는 소유권의 등기명의인(부등법 제23조 제5항), ⅴ) 등기명의인표시의 변경이나 경정의 등기는 해당 권리의 등기명의인(부등법 제23조 제6항)이 단독으로 신청한다.

나. 등기신청에 대한 심사와 등기의 실행–형식적 심사주의

등기신청에 대한 심사에는 ① 실체법상 권리관계와 일치하는지 여부까지 심사하는 '실질적 심사주의'와, ② 신청서류에 의해 형식상의 등기요건에 합치하는지 여부만을 심사하는 '형식적 심사주의'가 있다. ③ 부동산등기법 제29조는 등기관이 등기신청을 부적법한 것으로서 각하하여야 할 경우를 한정적으로 정하고 있을 뿐만 아니라, 그 방법은 서면심사를 원칙으로 하는 점에서 등기공무원에게 형식적 심사권만 부여하여 '형식적 심사주의'를 취하고 있다.

2. 등기권리자와 등기의무자의 개념

가. 등기권리자 · 등기의무자의 개념

등기권리자란 '등기될 사항에 의하여 직접적으로 권리를 얻거나 또는 의무를 면하게 되는 등기명의자'를 말하고, 등기의무자란 '등기될 사항에 의하여 직접적으로 권리를 잃거나 또는 부담을 받게 되는 등기명의자'를 말한다.

나. 등기청구권과의 구별

등기청구권이란 '등기권리자가 등기의무자에 대하여 등기에 협력할 것을 청구할 수 있는 실체법상 권리'를 말한다. 공동신청주의 때문에 일방이 등기신청에 협력하지 않는 경우 다른 일방은 등기청구권을 행사할 수 있다. 이와 같이 등기청구권은 실체법상 권리이지만, 등기권리자 · 등기의무자의 개념은 실체적 권리관계와는 무관한 부동산등기법상 절차적 개념이다.

> **(등기권리자와 의무자의 예)** 예컨대, 甲 소유의 토지를 乙에게 매도한 경우 매도인 甲과 매수인 乙이 공동으로 등기소에 출두하여 乙명의로 소유권이전등기를 신청해야 하는데, 매도인 甲이 등기에 협력하지 않으면, 乙은 甲을 상대로 매매에 기한 소유권이전등기청구의 소를 제기하여 승소확정판결을 받아 乙이 등기소에 단독으로 판결에 기한 소유권이전등기청구를 하면, 등기소에서 소유권이전등기를 해주게 된다. 이때 乙은 甲에 대해서 실체법상 등기청구권을 갖는 것이고, 부등법상 乙은 등기권리자이고 甲은 등기의무자라는 점에서 차이가 있다. 이와 같이 등기신청은 등기권리자가 등기의무자를 상대로 해야 한다.

> **(등기에 관한 소의 특성)** 그러나 소유권이전등기의 소제기는 실체법상 등기청구권자인 乙이 원고가 되어 상대방인 甲을 상대로 해야 한다. 등기에 관한 소는 승소확정판결을 받아 등기소에 단독으로 등기신청을 하면 등기소에서 바로 등기를 하게 된다. 따라서 등기에 관한 소에서 승소확정판결에 기해서 강제경매신청을 하는 것이 아니라는 점을 주의해야 한다. 따라서 강제경매를 막는 청구이의의 소를 제기할 수 없다.

Ⅱ 등기청구권

1. 의의

등기청구권이란 '등기권리자가 등기의무자에 대하여 등기에 협력할 것을 청구할 수 있는 실체법상의 권리'를 말한다. 부동산등기법은 등기의 신청에 있어 공동신청주의를 취하고 있기에 등기의무자가 등기신청에 협력하지 않는다면 등기권리자는 등기를 신청할 수 없게 되는바, 이 경우 등기권리자에게 등기청구권을 인정할 실익이 있다.

2. 구별개념

① (등기신청권) '등기청구권'은 사인에게 등기신청에 필요한 협력을 구하는 사법상 권리로서, 등기공무원인 국가기관에 대하여 등기를 신청하는 공법상 권리인 '등기신청권'과는 구별된다. ② (등기인수청구권) '등기인수청구권'은 '등기권리자가 자기 이름으로 등기를 하지 아니함으로써 등기의무자가 과세상의 문제 또

는 소유자로서의 책임을 벗어나기 위해서 등기권리자에게 등기의무의 이행을 수취할 것을 청구할 수 있는 권리'인 바, **판례**(긍정)는 『등기의무자가 자기 명의로 있어서는 안 될 등기가 자기 명의로 있음으로 인하여 사회생활상 또는 법상 불이익을 입을 우려가 있는 경우에는, '소의 방법'으로 '등기권리자'를 상대로 등기를 인수받아 갈 것을 구하고 그 판결을 받아 등기를 강제로 실현할 수 있다』고 하여 이를 인정한다(청구취지: '피고는 원고로부터 목적부동산에 관하여 소유권이전등기신청절차를 인수하라'고 기재한다).

> **(등기인수청구권의 예)** 예컨대, 甲 소유의 토지를 乙에게 매도한 경우 매도인 甲과 매수인 乙이 공동으로 등기소에 출두하여 乙명의로 소유권이전등기를 신청해야 하는데, 매수인 乙이 매도인 甲의 등기신청에 협력하지 않는 경우, 甲은 乙을 상대로 매매에 기한 등기인수청구의 소를 제기하여 승소확정판결을 받아 甲이 등기소에 단독으로 판결에 기한 소유권이전등기청구를 하면, 등기소에서 소유권이전등기를 해주게 된다.

3. 등기청구권의 성질

가. 법률행위에 의한 등기청구권 - 채청

판례는 '형식주의'를 취하고 있는 현행민법상 법률행위에 의한 등기청구권은 '채권적 청구권'이라고 본다 (예컨대, 매매에 기한 소유권이전등기청구권, 저당권설정계약에 기한 저당권설정등기청구권 등).

나. 실체관계와 등기가 일치하지 않는 경우 - 물청

> **(물권적청구권의 예)** 예컨대, 甲소유의 부동산에 대해서 乙이 등기를 위조하여 무단으로 소유권이전등기를 해놓은 경우, 乙은 소유권을 취득할 수 없으므로 여전히 甲이 소유권자이다. 따라서 甲은 소유권에 기한 방해배제청구로서 乙을 상대로 말소등기청구 또는 진정명의회복을 원인으로 한 소유권이전등기청구의 소를 제기할 수 있다. 이러한 청구는 물권적 청구권이다.

판례는 무권리자가 등기를 위조하는 등 실체관계와 등기가 일치하지 않는 경우 불일치를 제거하기 위한 등기청구권은 물권의 효력으로서 발생하는 '물권적 청구권'이라고 본다. 진정한 권리자는 제214조에 기해 '말소청구' 또는 '진정명의회복을 원인으로 한 소유권이전등기청구'를 할 수 있다.

다. 채권행위의 실효에 의한 등기청구권 - 물청

> **(해제의 예)** 예컨대, 甲소유의 부동산에 대해서 乙에게 매매하고 이에 기해 소유권이전등기를 해주었는데, 甲이 乙과의 매매계약을 해제하여 매매계약이 소급적으로 무효가 된 경우, 유인성에 의해서 물권행위도 무효가 되어 소유권은 甲에게 복귀하고, 甲을 해제로 인한 원상회복청구로 乙을 상대로 말소등기청구를 할 수 있다. 이러한 원상회복청구도 甲의 소유권에 기한 방해배제청구로서 물권적 청구권이다.

판례는 『계약에 따른 채무이행으로 이미 등기를 하고 있는 경우에 그 원인행위인 채권계약이 '해제'되면 계약의 이행으로 변동이 생겼던 물권은 당연히 그 계약이 없었던 원상태로 복귀하고, '해제에 따른 매도인의 원상회복청구권'은 '소유권에 기한 물권적 청구권'이라 할 것이다』라는 입장으로 '유인성'을 인정하여, 채권행위의 실효에 의한 등기청구권을 '물권적 청구권'으로 본다.

라. 점유취득시효의 경우 – 채청 – 후술함

판례는 『제245조 제1항에 '20년간 소유의 의사로 평온 공연하게 부동산을 점유하는 자는 등기함으로써 그 소유권을 취득한다'고 규정하고 있으므로(법률의 규정에 의한 물권변동으로 소유권이전등기를 하지 않아도 소유권을 취득하지만 법은 소유권이전등기를 요구한다), 위 소유권 취득기간의 만료만으로는 소유권 취득의 효력은 없으나, 이를 원인으로 하여 소유권 취득을 위한 등기청구권은 발생한다』고 하여, 점유취득시효로 인한 등기청구권을 '채권적 청구권'으로 보고 있다.

마. 명의신탁 해지로 인한 등기청구권 – 후술함

판례는 ① 신탁관계의 '종료자체'를 원인으로 하는 소유권이전등기청구권은 '채권적 청구권'으로서, ② 명의신탁 해지로 인하여 '복귀된 소유권'에 기한 등기청구권 또는 말소등기청구는 '물권적 청구권'으로서 성질을 갖는다고 본다.

4. 등기청구권과 소멸시효

가. 채권적 청구권인 등기청구권의 소멸시효

채권적 청구권인 등기청구권은 제162조 제1항 규정에 의하여 10년의 소멸시효에 걸린다. 문제는 다음과 같은 경우이다.

1) 미등기매수인의 등기청구권과 소멸시효 – 민법총칙 부동산매수인의 등기청구권의 소멸시효 전술

가) 원칙: **판례**는 매매에 기한 소유권이전등기청구권의 성질을 채권적 청구권으로 보면서 10년의 소멸시효에 걸린다고 본다(제162조 제1항 참조).

나) 부동산을 인도받아 점유하고 있는 경우: **판례**는 이 경우 매수인이 등기청구권을 행사하는 것으로서 권리 위에 잠자는 자로 볼 수 없으므로, 다른 채권과는 달리 소멸시효에 걸리지 않는다고 본다.

다) 매수인이 목적물을 인도받아 점유하다가, 다른 사람에게 처분하여 점유를 승계해 준 경우: **판례**는, 부동산매수인이 부동산을 인도받은 이상, 이를 사용·수익하다가 보다 적극적인 권리 행사의 일환으로써 다른 사람에게 그 부동산을 처분하고 그 점유를 승계해 준 경우에도 그 등기청구권을 행사하는 것은 그 부동산을 사용·수익하는 경우와 같으므로 그 등기청구권은 소멸시효에 걸리지 않는다고 하였다.

2) 점유취득시효 완성자의 등기청구권과 소멸시효

판례는 『① 취득시효 완성으로 인한 소유권이전등기청구권은 채권적 청구권으로 10년의 소멸시효에 걸린다. ② 그러나 그 토지에 대한 점유가 계속되는 한 시효로 소멸하지 아니한다. ③ 그 후 점유를 상실하였다고 하더라도 이미 취득한 소유권이전등기청구권은 바로 소멸되는 것은 아니나, 그 점유자가 점유를 상실한 때로부터 10년간 등기청구권을 행사하지 아니하면 소멸시효가 완성한다』고 하여, 점유취득시효 완성자가 그 점유를 상실한 경우에는 소멸시효의 대상이 된다고 한다(이점에서 매매에 기한 소유권이전등기청구권과 차이가 있다는 점에 주의할 것).

5. 등기청구권의 양도

> **(등기청구권의 양도의 예)** 예컨대, 甲소유의 부동산에 대해서 乙에게 매도한 경우, 乙은 甲에 대해서 매매에 기한 소유권이전등기청구권을 가지고 있는데, 乙이 丙에게 채권적 청구권인 등기청구권을 양도한 경우, 채권양도의 대항요건으로 乙이 甲에게 통지만 한 경우에는 그 양도의 효력이 없으며, 甲이 채권양도를 승낙하여야 양도의 효력이 있게 된다.

판례는 『부동산의 매매로 인한 소유권이전등기청구권은 '채권적 청구권'으로 그 '이행과정에 신뢰관계'가 따르므로, 그 '권리의 성질상 양도가 제한'되고, 그 양도에 '채무자의 승낙이나 동의'를 요한다고 할 것이므로 통상의 채권양도와 달리 양도인의 채무자에 대한 '통지만'으로는 채무자에 대한 대항력이 생기지 않는다. 따라서 소유권이전등기청구권을 매수인으로부터 양도받은 양수인은 매도인이 그 양도에 대하여 '동의하지 않고' 있다면 매도인에 대하여 채권양도를 원인으로 하여 소유권이전등기절차의 이행을 청구할 수 없다』는 입장이다.

6. 진정명의회복을 위한 소유권이전등기청구권 –물청

가. 의의와 법적 성질

> **(진정명의회복을 위한 소유권이전등기청구의 예)** 예컨대, 甲소유의 부동산에 대해서 乙이 등기를 위조하여 무단으로 소유권이전등기를 해놓은 경우, 甲은 소유권에 기한 방해배제청구로서 乙을 상대로 말소등기청구를 하는 대신 진정명의회복을 원인으로 한 소유권이전등기청구의 소를 제기할 수 있다. 이는 제214조의 소유권에 기한 방해배제청구권으로 물권적 청구권이다.

진정명의회복을 위한 소유권이전등기청구권이란 '실체적 권리관계에 부합하지 않는 무효의 등기가 마쳐진 경우에 이를 진실한 권리관계에 합치시키는 방법으로서 진정한 소유자가 말소등기 대신에 진정한 권리자 명의로 이전등기를 청구할 수 있는 권리'를 말한다. 제214조의 소유권에 기한 방해배제청구권으로 물권적 청구권이다.

나. 허용여부 –허용

판례는 종래 이를 부정하였으나, 그 후 『자기 앞으로 소유권을 표상하는 등기가 되어 있었거나, 법률의 규정의 의하여 소유권을 취득한 자가 진정한 등기명의를 회복하는 방법으로는 현재의 등기명의인을 상대로 그 등기의 말소를 구하는 외에 진정한 등기명의의 회복을 원인으로 한 소유권이전등기절차의 이행을 직접 구하는 것도 허용되어야 한다』고 판시하여, 이를 허용하고 있다.

다. 허용요건

진정등기명의회복을 위한 소유권이전등기청구의 본질은 제214조의 소유권에 기한 방해배제이므로 그 요건을 구비해야 한다. 따라서 ① 청구권자는 당해 부동산에 대해 소유권을 가지고 있어야 하고, ② 상대방은 현재의 등기명의인이어야 하며, ③ 그 등기가 원인무효이어야 한다.

라. 소송물 동일 – 기판력의 문제

판례는 『말소등기에 갈음하여 허용되는 진정등기명의회복을 원인으로 한 소유권이전등기청구권과 무효등기의 말소청구권은 ① 어느 것이나 진정한 소유자의 등기명의를 회복하기 위한 것으로서 실질적으로 그 '목적이 동일'하고, ② 두 청구권 모두 소유권에 기한 방해배제청구권으로서 그 '법적 근거와 성질이 동일'하므로, 그 소송물은 실질상 동일한 것으로 보아야 하고, 따라서 소유권이전등기 말소청구소송에서 패소 확정판결을 받았다면 그 '기판력'은 그 후 제기된 진정등기명의회복을 원인으로 한 소유권이전등기청구소송에도 미친다』고 보았다.

제5관 등기의 유효요건

I 의의

제186조는 법률행위에 의한 부동산물권변동에 관하여 '성립요건주의'를 채택하고 있는바, 부동산물권변동이 되기 위해서는 '물권행위'와 '등기'의 두 가지 요건을 유효하게 갖추어야 하며, 등기는 다시 ① 형식적 유효요건과 ② 실질적 유효요건을 구비해야 한다.

II 등기의 형식적 유효요건

① 등기할 수 있는 사항에 대한 등기의 존재, ② 관할등기소에서 등기가 행하여질 것, ③ 1부동산 1등기기록의 원칙에 따라, ④ 부동산등기법이 정한 등기절차에 따라 등기가 행해질 것을 요한다. 1부동산 1등기기록의 원칙에 반하는 중복등기가 문제된다. – 후술함

III 등기의 실질적 유효요건

'등기'는 물권행위의 내용을 공시하는 것이므로 '물권행위와 부합'하는 것이어야 한다. 또한 물권행위와 등기 중 그 어느 하나가 존재하지 않거나, 유효하지 못하면 물권변동은 생기지 않는다.

IV 실체관계에 부합하는 등기

1. 의의

'등기가 실체적 권리관계에 부합한다'는 것은 '그 등기절차에 어떤 하자가 있더라도, 진실한 권리관계와 합치되는 것이면 유효한 등기로 인정하는 것'을 의미한다. 이는 ⅰ) '등기경제'와 ⅱ) 등기는 '현재의 권리관계를 공시'하면 충분하기 때문에 인정되고 있다.

2. 인정범위

> **1** **판례**는 중간생략등기이며, 3자간의 합의가 있었다는 항변 또는 전소유명의자와 피고 사이에 중간생략
> 등기의 합의가 없었더라도 관계 당사자들 사이에 매매계약이 체결되어 이행되는 등 적법한 원인행위가 성립
> 한 경우,

> **2** 등기부상 등기원인(매매)과 다른 실제 등기원인(증여)이 있었던 경우,

> **3** 무효의 등기이지만 유용의 합의가 있는 경우,
> 등 형식적 유효요건을 결한 등기라도 실체관계에 부합한다면 유효하다고 한다.

3. 한계

등기경제의 관점보다 '더 중대한 공익적 요청'이 있는 경우에는 등기가 실체관계에 부합하더라도 '무효'이
다(예컨대 중복등기에서 비록 후행보존등기가 실체관계에 부합하더라도 무효이다. 이를 유효하다고 보면 중복등기가 양산되어
등기제도의 근간이 무너지기 때문이다).

Ⅴ 중복등기 - 1부동산 1등기기록에 위반하는 등기

1. 의의

개정 부동산등기법은 제15조 제1항에서 「등기부를 편성할 때에는 1개의 부동산에 대하여 1개의 등기기록
을 둔다」고 규정하여 1부동산 1등기기록주의(물적편성주의)를 취하고 있다. 이때 하나의 부동산에 중복하여
등기기록이 존재하는 경우를 '중복등기'라고 한다.

2. 등기명의인이 동일한 경우 중복등기의 효력 - 무효

> (등기명의인이 동일한 경우의 예) 예컨대, 甲소유의 X토지에 대해서 2000.1.5. 甲명의로 보존등기가 경료된
> 후, 다시 2010.1.5. 甲명의로 다시 보존등기가 경료된 경우, 후행 보존등기는 무효이다.

동일부동산에 관하여 동일인 명의로 중복등기가 경료된 경우 부등법이 1부동산 1등기기록주의를 채택하
고 있는 이상 뒤에 경료된 등기는 무효이고, 이 무효인 등기에 터 잡아 타인명의로 소유권이전등기가 경
료되었다고 하더라도 실체관계에 부합하는 여부를 가릴 것 없이 이 등기 역시 무효이다.

3. 등기명의인이 동일하지 않은 경우의 중복등기의 효력

> (등기명의인이 다른 경우의 예) 예컨대, X토지에 대해서 2000.1.5. 甲명의로 보존등기가 경료된 후, 다시
> 2010.1.5. 乙명의로 다시 보존등기가 경료된 경우, 선행 보존등기가 원인무효가 아닌 한, 후행 보존등기는
> 무효이다.

가. 문제점

등기관의 전산착오 등으로 인하여 중복등기가 이루어진 경우, 선행보존등기와 후행보존등기 중 어느 등기가 유효한 등기인지에 대해서 다툼이 있다.

나. 판례의 입장

판례는 『동일부동산에 관하여 등기명의인을 달리하여 중복된 소유권보존등기가 경료된 경우에는 ⅰ) 먼저 이루어진 소유권보존등기가 원인무효가 되지 아니하는 한, ⅱ) 뒤에 이루어진 보존등기는 비록 그 부동산의 매수인에 의해 이루어진 경우에도 1부동산 1등기기록주의를 채택하고 있는 부동산등기법 아래에서는 무효』라고 하여, 절충설('실체법적 절차법설' 혹은 '절차법적 절충설'이라고도 함)을 따르고 있다.

Ⅵ 무효등기의 유용 – 실체관계부합 등기

1. 의의

무효등기의 유용이란 'ⅰ) 등기가 행하여졌으나 ⅱ) 그것이 실체관계에 부합되지 않아서 무효로 된 후에 ⅲ) 그와 부합하는 실체관계가 있게 된 경우, ⅳ) 기존의 무효등기를 새로운 실체관계를 공시하는 등기로 그대로 이용하는 것'을 말한다.

2. 무효등기 유용의 요건과 효과

가. 요건

무효등기 유용이 인정되려면 ① 구 실체관계가 소멸하고 이를 공시하던 등기가 무효일 것, ② 등기가 말소되지 않고 있던 중 구 실체관계와 내용이 동일한 새로운 실체관계가 발생할 것, ③ 무효등기유용의 합의가 있을 것, ④ 유용합의 이전에 등기부상 이해관계 있는 제3자가 존재하지 아니할 것을 요한다.

나. 효과

등기유용의 요건을 갖춘 경우, 무효인 등기는 '유효인 등기'로서 물권을 공시하며 그에 상응하는 물권이 발생한다. 등기유용의 효력은 '소급효'를 갖지 못하며, 그 요건을 갖춘 때에 비로소 물권발생의 효과가 발생한다.

3. 처음부터 원인무효인 등기의 유용

> (처음부터 원인무효인 등기의 유용의 예) 예컨대, 甲소유의 X토지에 대해서 甲이 乙과 통정허위표시를 하여 매매에 기한 소유권이전등기를 하면, 위 등기는 무효이다. 그 후, 다시 甲과 乙이 유효하게 매매계약을 체결한 경우, 원칙적으로는 乙명의의 소유권이전등기를 말소하고, 다시 소유권이전등기를 해야 하나, 위 무효인 乙명의의 등기를 다시 쓰기로 합의(유용합의)를 하면 위 乙명의등기는 합의시부터 유효하게 된다. 다만, 유용합의 이전에 乙이 丙에게 소유권이전등기를 해준 경우처럼 이해관계있는 제3자가 있으면 유용합의를 할 수 없다.

무효인 가장매매를 원인으로 한 소유권이전등기 후 유효하게 계약이 체결된 경우 이를 인정하여도 부당한 결과를 가져오지 않으며, 선등기·후합의의 경우에도 합의시에 물권이 변동한다는 점에 비추어 유효하다.

4. 처음에는 유효한 등기였으나 나중에 실체관계가 없어져 무효로 된 등기의 유용

가. 채무자와 채권자 사이의 등기유용의 합의

> **(원인무효인 저당권 등기의 유용의 예)** 예컨대, 甲이 乙에게 1억 원을 대여해주고 乙소유의 토지에 저당권을 설정해 둔 경우, 채무자(乙)가 채권자(甲)에게 1억 원의 피담보채무를 모두 변제함으로써 저당권이 소멸된 경우(부종성) 그 저당권설정등기는 무효나, 그 후 乙이 甲으로부터 1억 원을 다시 꾸고, 위 무효인 저당권등기를 다시 쓰기로 합의(유용합의)를 하면 위 甲명의의 저당권등기는 합의시부터 유효하게 된다. 다만, 유용합의 이전에 乙이 丙에게 소유권이전등기를 해준 경우처럼 이해관계 있는 제3자가 있으면 유용합의를 할 수 없다.

저당권등기에 기재된 피담보채권이 무효·취소 또는 변제 등에 의하여 소멸된 후, 새로 채권이 성립된 경우, 무효등기의 유용 합의가 이루어지기 전에 등기상 이해관계가 있는 제3자가 생기지 않은 경우에 한하여 무효등기의 유용이 허용된다.

5. 표제부 등기의 유용–소유권보전등기의 유용

표제부 등기의 유용은 허용되지 않는다. 따라서 멸실된 건물의 보존등기를 멸실 후에 신축한 건물의 보존 등기로 유용할 수는 없다. 만일 이를 유효로 인정한다면 건물에 관한 '중복등기'가 발생할 가능성이 있기 때문이다.

Ⅶ 실제와 다른 등기원인에 의한 등기

예컨대, 증여에 의한 소유권이전등기를 매매에 기한 것으로 한다든지, 원인무효에 의한 말소등기를 진정한 등기명의회복을 원인으로 한 소유권이전등기를 한다든지, 법률행위의 취소·해제에 의한 말소등기를 다른 원인으로 하여 이전등기를 하는 것 등인데, **판례**는 이러한 등기가 현재의 권리상태를 반영하고 '실체관계에 부합한다는 점'을 근거로 '유효'한 것으로 본다.

Ⅷ 중간생략등기

1. 서설

가. 의의

> **(중간생략등기의 예)** 예컨대, 甲 소유의 토지를 甲에서 乙에게, 乙에서 丙에게 매도된 경우에 乙의 등기를 생략한 채 甲에서 바로 丙 앞으로 소유권이전등기를 하는 경우이다.

중간생략등기란 '최초양도인으로부터 중간양수인에게로의 등기를 생략하고 직접 최종양수인에게 행해진 등기'를 말한다.

나. 문제점

중간생략등기와 관련해서는 ⅰ) 이미 경료된 중간생략등기의 유·무효 여부와 ⅱ) 아직 중간생략등기를 하기 전에 최종양수인이 최초양도인에게 이전등기청구권을 행사할 수 있는지 여부가 문제된다.

2. 부동산등기특별조치법의 성격

① 중간생략등기는 투기·탈세 등의 목적으로 악용되어 왔는데, 이러한 문제를 막기 위해 '부동산등기특별조치법'이 제정되었다. ② 부동산등기 특별조치법은 중간생략등기의 신청 그 자체를 금지하고 있으며(동법 제2조 제2항·제3항), 탈세·투기·법령회피 목적으로 이를 위반한 경우에는 형사처벌까지 규정하고 있다(동법 제8조 제1호). ③ (이 규정의 성격)에 대해서 **판례**는 『부동산등기특별조치법을 위반하여 순차 매도한 당사자 사이의 중간생략등기합의에 관한 사법상 효력까지 무효로 한다는 취지는 아니라고 할 것』이라고 하여, '단속규정'으로 보아, 중간생략등기의 합의는 '유효'로 볼 수 있다.

3. 이미 경료된 중간생략등기의 유효성

> **(중간생략등기의 유효성)** 예컨대, 甲 소유의 토지를 甲에서 乙에게, 乙에서 丙에게 매도된 경우에 乙의 등기를 생략한 채 甲에서 바로 丙 앞으로 소유권이전등기를 한 경우, 丙등기의 효력이 문제된다. 甲에서 丙에게로의 소유권이전은 제186조 법률행위에 의한 물권변동으로 채권행위와 물권적 합의 및 등기가 있어야 한다. 그런데 甲과 丙사이는 매매계약과 물권적 합의가 없으므로 丙등기는 무효이다. 그러나, **판례**는 ① 甲, 乙, 丙 사이에 각 매매가 유효하게 성립하고, 3자간 중간생략등기의 합의가 있으면 丙의 등기는 유효하다고 보며, ② 3자간 중간생략등기의 합의가 없더라도 丙등기가 실체관계에 부합하면 유효하다고 본다.

가. 문제점

① 최초양도인으로부터 최종양수인에게 곧바로 등기가 된 경우에 양자 사이에 매매계약과 물권행위가 없기 때문에 위와 같은 중간생략등기는 원칙적으로 무효이다. ② 그러나 위 등기가 현재의 권리상태를 반영하고 실체관계에 부합한다면 유효로 볼 수도 있다. ③ 이에 중간생략등기의 효력을 인정할 것인지에 대해서 다툼이 있다.

나. 판례의 입장

판례는 중간생략등기가 이미 이루어진 경우 ① '3자간에 중간생략등기에 관한 합의'가 있거나, ② 합의가 없더라도 그 관계 당사자들 간에 '매매계약이 적법하게 성립되어 이행된 이상' 그 중간생략등기는 유효하다(즉, 적법한 등기원인에 의하여 성립되어 실체관계에 부합하는 경우에는 유효하다)고 보고 있다. ③ 이때 '중간생략등기의 합의'란 부동산이 전전매도된 경우 '각 매매계약이 유효하게 성립함을 전제'로 그 이행의 편의상 '최초매도인으로부터 최종매수인 앞으로 소유권이전등기를 경료하기로 한다는 당사자 사이의 합의'에 불과하다라는 입장이다.

라. 구체적 검토

1) 최초양도인과 중간자와 최종 양수인 사이에 중간생략등기의 합의가 있는 경우-중간생략등기 유효

2) 최초양도인과 중간자와 최종 양수인 사이에 중간생략등기의 합의가 없더라도 각 매매계약이 적법하게 성립되어 이행된 경우-중간생략등기는 실체관계에 부합하여 유효

3) 최초양도인과 중간자 사이의 계약이 무효·취소·해제된 경우 중간생략등기의 효력

판례의 입장에 의하면, 중간생략등기의 합의가 있거나, 실체관계에 부합하기 위해서는 각 매매계약이 유효하게 성립함을 전제로 하므로 최초양도인과 중간자 사이의 계약이 무효·취소·해제된 경우에는 ① (원칙 무효) 3자 합의는 없거나 소급적으로 무효가 되고, 등기는 실체관계에 부합하지 않아 무효이다. ② (예외 유효) 다만 최종양수인의 등기는 제3자 보호규정(예: 제107조 제2항, 제108조 제2항, 제109조 제2항, 제110조 제3항)이 있는 경우에 실체관계에 부합하여 유효할 수 있다.

4) 중간자와 최종 양수인 사이의 계약이 무효·취소·해제된 경우 중간생략등기의 효력

판례는 이 경우에는 3자 합의가 없거나, 소급적으로 무효가 되고, 등기는 실체관계에 부합하지 않기 때문에 '무효'라고 본다.

5) 최초양도인과 중간자와 최종 양수인 사이에 각 매매가 무효인 경우-중간생략등기 무효

토지거래허가구역 내에서 처음부터 '허가를 잠탈할 의사'로 '중간생략등기의 합의' 아래 전매차익을 얻을 목적으로 소유자 甲으로부터 乙, 丙을 거쳐 丁에게 전전매매한 경우, 그 '각각의 매매계약은 모두 확정적으로 무효'로서, 토지거래허가를 받아 최종 매수인 앞으로 소유권이전등기를 경료하더라도 그러한 중간생략등기는 적법한 토지거래허가 없이 경료된 등기로서 '무효'이다.

4. 미경료시 중간생략등기청구권

> (중간생략등기청구권의 인정 예) 예컨대, 甲소유의 토지가 순차로 乙·丙에게 매도된 후, 丙이 甲에게 중간생략등기합의를 원인으로 직접 소유권이전등기청구를 할 수 있는지 문제된다. **판례**는 甲, 乙, 丙 3자간에 중간생략등기합의를 한 경우에 丙은 甲에게 직접 소유권이전등기청구를 할 수 있다고 본다. 이때 3자간에 각 매매가 유효하게 성립된 경우에만 중간생략등기 합의가 유효하며, 어느 한 매매계약이 무효 등이 되면 중간생략등기 합의도 그 효력을 상실하여 중간생략등기청구권이 인정되지 않는다.

가. 문제점

아직 중간생략등기가 경료되기 전에 최종양수인이 최초양도인에게 중간생략등기 합의에 기초하여 자신에게 직접 소유권이전등기를 경료해 줄 것을 청구할 수 있는지 문제된다.

나. 판례의 정리

판례는 ① 3자간에 중간생략등기의 합의가 있어야 중간생략등기청구권이 인정되며, ② 중간생략등기의 합의는 '각 매매계약이 유효하게 성립함을 전제'로 그 이행의 편의상 최초양도인으로부터 최종양수인 앞으로 소유권이전등기를 경료하기로 한다는 당사자 사이의 합의이므로, 어느 한 계약이 무효·취소·해제되면 중간생략등기 합의도 그 효력을 상실하여 중간생략등기청구권이 인정되지 않는다는 입장이다.

제6관 등기의 효력 –등기의 추정력

I 서설

1. 등기의 효력

본등기는 ① 권리변동적 효력, ② 순위확정적 효력, ③ 대항적 효력, ④ 추정적 효력이 있다.

2. 등기추정력의 의의

등기추정력이란 '어떤 등기가 있으면 그에 대응하는 실체적 권리관계가 존재하는 것으로 추정되는 효력'을 말한다.

3. 인정근거

① 등기가 진실한 권리관계와 부합할 개연성이 상당히 높기 때문이라는 점, ② '동산의 점유에 권리추정력'이 인정된다면(제200조) '점유보다 한층 더 우수한 공시방법'인 등기에 관하여도 추정력이 인정되어야 한다는 점(제200조의 유추해석)을 근거로 든다.

II 법적 성질

> (등기추정력의 예) 예컨대, 甲소유의 토지를 乙에게 매도하고 소유권이전등기를 해준 경우, 현재 등기명의인은 乙이므로, 乙이 적법·유효한 소유권자라고 법률상 추정된다. 따라서 甲이 乙명의의 등기말소청구를 하려면 乙명의의 등기가 원인무효임을 주장·증명해야 한다. 왜냐하면 등기의 추정력으로 乙이 적법·유효한 소유권자라고 법률상 추정되면 증명책임이 전환되어 오히려 甲이 乙이 적법한 소유권자가 아니라는 사실을 주장·증명해야 하기 때문이다.

등기의 추정력의 본질론에 관한 논의의 실익은 '증명책임이 전환'되는지 여부에 있다. 이에 대하여 판례는 등기의 추정력을 '제200조의 점유에 대한 적법성 추정규정'을 유추하여 '법률상 권리 추정'으로 본다. 따라서 '증명책임의 전환'이 일어나기 때문에 '추정사실'은 '본증'인 '반대사실의 증거'로만 깨뜨릴 수 있다.

제3절 법률행위에 의하지 않은 물권변동

I 민법의 태도

> **제187조【등기를 요하지 아니하는 부동산물권취득】** 상속, 공용징수, 판결, 경매 기타 법률의 규정에 의한 부동산에 관한 물권의 취득은 등기를 요하지 아니한다. 그러나 등기를 하지 아니하면 이를 처분하지 못한다.

① 본조는 '상속, 공용징수, 판결, 경매 기타 법률의 규정'에 의한 물권변동으로 규정하고 있지만 '법률행위에 의하지 않는 물권변동'의 모든 경우를 의미한다(예컨대, 건물을 신축한 경우 등기 없어도 건물의 완성시 소유권을 취득하는데, 이러한 내용의 법률의 규정은 없기 때문이다). ② 본조의 법률에는 '형식적 의미의 법률'뿐만 아니라 '관습법'도 포함되며, ③ 본조는 '물권의 취득'이라고 규정하고 있지만, 취득에 한하지 않고 물권의 소멸 등 물권의 변동 전부에 적용된다.

Ⅱ 제187조 본문의 적용범위

1. 상속 등 포괄승계

> **(상속의 예)** 예컨대, 甲은 X토지를 소유하고 있는데, 甲이 사망하면 甲의 자 乙에게 상속된다. 이때 乙명의로 소유권이전등기를 하지 않아도 민법 제1005조에 의해서 상속인 乙의 소유가 된다. 즉, 법률의 규정에 의한 물권변동이므로 등기 없어도 乙의 소유가 된다.

상속은 피상속인의 사망으로 개시되며(제997조), 상속인은 상속개시시부터 피상속인의 재산에 관한 포괄적 권리의무를 승계한다(제1005조). 따라서 피상속인의 사망과 동시에 부동산은 그 등기 없이도 상속인의 소유로 된다. 상속과 같이 포괄승계의 효과를 가져오는 '포괄유증'(제1078조)이나 '회사의 합병'의 경우에도 동일하다.

2. 국가의 권력행위에 의한 직접적인 물권변동

가. 공용징수

> **(공용징수의 예)** 예컨대, 甲소유의 X토지를 국가가 강제수용하는 경우 국가가 甲에게 보상금을 지급하거나, 공탁하면 국가명의의 소유권이전등기를 하지 않아도 공익사업법 제40조에 의해서 국가의 소유가 된다. 즉, 법률의 규정에 의한 물권변동이므로 등기 없어도 국가의 소유가 된다.

공용징수는 '국가나 지방자치단체 등이 특정의 공익사업을 위하여 개인의 재산권을 강제로 취득하는 것'을 말한다. 토지를 목적으로 하는 경우에는 '공익사업을 위한 토지 등의 취득 및 보상에 관한 법률'이 적용되며, 이에 의하면 토지수용위원회가 재결로서 결정한 수용개시일에 사업시행자가 보상금을 지급하거나 공탁하면 등기 없어도 토지소유권을 원시적으로 취득한다(동법 제40조).

나. 판결

> **(판결의 예)** 예컨대, 채권자 甲이 채무자 乙에게 1억 원을 대여해 주었는데 乙이 그의 유일한 재산을 丙에게 소유권이전등기를 해준 경우, 甲은 수익자 丙을 피고로 "乙과 丙 사이의 매매계약을 취소하고, 丙등기를 말소하라"고 채권자취소의 소를 제기하여, 甲이 승소확정판결을 받으면, 丙등기를 말소하지 않아도, 민사소송법 제498조에 의해서 위 판결이 확정된 때에 丙은 소유권을 상실한다.

① (형성판결) 판결은 이행판결·확인판결·형성판결이 있다. 판결에 의한 부동산 물권취득은 등기할 필요

가 없으나 이때의 판결이란 판결 자체에 의하여 부동산 물권취득의 형성적 효력이 생기는 '형성판결만'을 말하며, '이행판결'이나 '확인판결'은 제외된다(즉, 소유권이전등기의 이행판결의 경우 승소확정판결에 의해 단독으로 등기신청을 할 수 있을 뿐이고, 그 '등기가 된 때'에 비로소 소유권 변동의 효력이 생긴다는 점에 주의할 것이다).② (**형성판결의 예**)로, ⅰ) 사해행위취소의 판결, 공유물분할판결, 상속재산분할판결 등이 있다. 이러한 판결에 의해 물권변동이 일어나는 시기는 그 '판결이 확정된 때'이다(민사소송법 제498조). ⅱ) 재판상 화해나 조정, 청구의 포기·인낙은 확정판결과 동일한 효력을 가지는데, 그 내용이 당사자 간의 '법률관계형성'에 관한 것인 때에는 그 조서도 '형성판결'에 포함된다.

다. 경매

> (**경매의 예**) 예컨대, 채권자 甲이 채무자 乙에게 1억 원을 대여해 주었는데 乙이 변제하지 않는 경우, 甲은 乙을 상대로 소제기를 하여 승소확정판결을 받아 乙의 재산에 강제경매를 신청한다. 위 경매절차에서 丙이 경매를 받아 매각대금을 완납하면, 丙에게 소유권이전등기가 경료되지 않아도, 민사집행법 제135조에 의해서 매각대금완납시 바로 소유권을 취득한다.

민사집행법에서 집행권원에 의한 강제경매와 담보권에 의한 임의경매를 규율하는데 양자 모두 소유권의 취득시기는 매수인이 '매각대금을 완납한 때'이다(민사집행법 제135조).

3. 기타의 경우

가. 점유권이나 유치권과 같이 권리의 성질상 등기를 할 수 없는 경우

나. **물건의 생멸 또는 증감**(예컨대, 신축건물의 소유권취득, 즉 자기의 노력과 재료를 들여 건물을 신축한 사람은 소유권보존 등기와 관계없이 사회통념상 독립한 건물이라고 볼 수 있는 형태와 구조를 갖춘 때 소유권을 원시취득한다)

다. 소유자가 존재하지 않거나 불명한 경우

라. 첨부, 특히 부동산과 부동산의 부합

마. 혼동

바. 피담보채무의 소멸로 인한 담보물의 소멸

사. 존속기간이 있는 제한물권에서 존속기간의 만료

아. 법정지상권, 관습법상 법정지상권, 법정저당권, 대위로 인한 저당권의 이전 등

4. 예외 – 점유취득시효

점유취득시효는 법률규정에 의한 물권취득이므로 등기를 필요로 하지 않음이 원칙(제187조)이나, 제245조 제1항은 소유권이전등기를 요구한다(제187조 물권변동의 유일한 예외). 따라서 점유취득시효가 완성되어도 바로 소유권을 취득하는 것이 아니라, 소유권이전등기를 해야 소유권을 취득한다.

Ⅲ 제187조 단서-등기 없이 취득한 부동산 물권의 처분

① 제187조 단서에 의해 등기 없이 부동산물권을 취득하였다 할지라도, 이를 다시 처분하려면 이미 취득한 물권을 등기하여야 한다(예컨대, 상속인이 상속받은 부동산을 매도하는 경우에는 먼저 상속등기를 하여야 타인에게 그 부동산을 매도할 수 있으며, 관습법상 법정지상권을 취득한 자가 이를 처분하려면 먼저 지상권설정등기를 하여야 한다). ② 따라서 부동산 물권을 등기 없이 취득한 자가 자기 앞으로 등기 없이 이를 처분하면, 상대방은 부동산 물권을 취득하지 못한다. 다만, 채권행위는 유효하게 할 수 있다.

제4절 동산물권의 변동

제1관 권리자로부터의 취득

Ⅰ 성립요건주의

> **제188조【동산물권양도의 효력, 간이인도】**① 동산에 관한 물권의 양도는 그 동산을 인도하여야 효력이 생긴다. ② 양수인이 이미 그 동산을 점유한 때에는 당사자의 의사표시만으로 그 효력이 생긴다.
>
> **제189조【점유개정】** 동산에 관한 물권을 양도하는 경우에 당사자의 계약으로 양도인이 그 동산의 점유를 계속하는 때에는 양수인이 인도받은 것으로 본다.
>
> **제190조【목적물반환청구권의 양도】** 제3자가 점유하고 있는 동산에 관한 물권을 양도하는 경우에는 양도인이 그 제3자에 대한 반환청구권을 양수인에게 양도함으로써 동산을 인도한 것으로 본다.

민법은 동산물권의 양도에 관하여 그 동산을 인도하여야 효력이 생긴다고 규정하여(제188조 제1항), 동산물권의 변동에 있어서도 부동산에서처럼 '물권행위'와 그 공시방법으로서 '인도'를 요하는 '성립요건주의'를 채택하고 있다.

Ⅱ 동산물권변동의 요건

1. **물권행위**

2. **인도**

가. 동산물권의 공시방법으로서 인도

인도란 동산의 점유를 이전하는 것, 즉 사실상의 지배를 이전하는 것을 말한다.

나. 인도의 종류

1) 현실의 인도 – 제188조 제1항
실제로 물건의 사실상의 지배를 양도인으로부터 양수인에게 이전하는 것을 말하며, 공시방법으로서의 '인도'는 '현실의 인도'가 원칙이다.

2) 간이인도 – 제188조 제2항
'양수인'이 이미 그 동산을 점유하고 있는 경우에는, 당사자의 '소유권이전의 의사표시만'으로 소유권양도의 효력이 생긴다. 간이인도가 있는 경우에 양수인의 점유는 '타주점유'에서 '자주점유'로 전환된다(예컨대, 甲 소유의 동산을 임차하고 있는 乙이 그 동산을 매수하는 경우이다. 이때에는 따로 현실의 인도를 할 필요 없이 당사자의 의사표시만으로 인도한 것과 같은 효력이 생긴다).

3) 점유개정 – 제189조
동산물권을 양도하면서 당사자의 계약으로 양도 후에도 '양도인'이 계속 점유하기로 한 경우(점유매개관계의 합의가 있는 경우)에는 '양수인'이 인도받은 것으로 본다. 점유개정이 있는 경우에 양도인은 타주점유로서 직접점유를, 양수인은 점유매개관계를 통해 자주점유로서 간접점유를 하게 된다(예컨대, 甲 소유의 동산을 乙에게 매도하면서 동시에 甲이 乙로부터 임차하는 경우이다. 이때 甲은 타주·직접점유를, 乙은 자주·간접점유를 하게 된다).

4) 목적물반환청구권의 양도 – 제190조
제3자가 점유하고 있는 동산의 물권을 양도하는 경우에는, 양도인이 그 제3자에 대한 반환청구권을 양수인에게 양도함으로써 그 동산을 인도한 것으로 본다. 제3자의 직접점유 하에 놓여 있는 목적물을 양도인의 간접점유를 발생하게 한 법률관계를 소멸시키지 아니한 채 양도할 수 있는 방법이다(예컨대, 甲 소유의 동산을 乙에게 임치한 상태로 丙에게 양도하는 경우이다. 이때 甲은 간접점유자이고 乙은 직접점유자인데, 甲이 임치계약에 따라 乙에게 갖는 반환청구권을 丙에게 양도함으로써 丙이 간접점유자가 되면서 소유권을 취득한 것을 말한다).

제2관 무권리자로부터의 취득 – 선의취득

I 서설

1. 의의

(선의취득의 예) 예컨대, 甲 소유의 동산을 乙에게 임치해 놓았는데 乙이 이를 丙에게 매도하고 점유를 이전해 준 경우, 매매계약은 타인권리매매로서 유효하지만, 점유를 이전해 준 것은 무권리자의 처분행위로서 무효이다. 따라서 丙은 소유권을 취득할 수 없지만, 丙이 乙이 점유하고 있어서 소유권자라고 믿는 데 과실이 없는 경우 민법 제249조에 의해서 선의취득하여 소유권을 취득하게 된다. 즉, 동산의 점유라는 공시방법을 믿은 자에게 소유권을 취득할 수 있는 힘, 공신력이 인정되기 때문에 소유권을 취득한다.

제249조 【선의취득】 평온, 공연하게 동산을 양수한 자가 선의이며 과실 없이 그 동산을 점유한 경우에는 양도인이 정당한 소유자가 아닌 때에도 즉시 그 동산의 소유권을 취득한다.

선의취득이란 '동산점유자를 권리자로 믿고 평온·공연하게 선의·무과실로 그 동산을 취득한 경우에 비록 양도인이 정당한 권리자가 아니라 할지라도 양수인에게 그 동산에 관한 소유권 또는 질권(제349조)의 취득을 인정하는 제도'이다(제249조). 선의취득제도는 동산의 경우 '점유에 공신력을 인정하는 것'으로 '거래안전을 보호'하기 위한 취지이다.

2. 인정 범위

선의취득의 인정범위에 대하여 민법은 '진정한 소유자의 보호'와 '거래안전의 보호'라는 법익의 비교·형량이라는 관점에서 두 가지로 나누어 규정한다. ① '권리자의 의사에 의해' 타인에게 점유가 맡겨진 동산의 경우(점유위탁물, 즉 임대차나 임치 등)에는, 양도인에게 점유를 맡긴 권리자의 외관창출에 대한 책임을 묻는 것이 타당하다고 보아, 제3자는 소유권을 선의취득하는 것으로 규정한다(제249조). ② 그러나 '권리자의 의사에 의하지 않고' 점유가 이탈된 동산의 경우(점유이탈물, 즉 도품이나 유실물)에는 권리자의 외관창출에 대한 책임이 없다고 보아, 이 경우에는 권리자가 일정기간 내에 그 동산의 반환을 청구할 수 있는 것으로 규정한다(제250조).

> **(제249조 적용의 예)** 예컨대, 甲 소유의 동산을 乙에게 임치해 놓은 경우와 같이 甲의 의사에 기해서 乙에게 점유를 맡긴 경우 乙이 소유권자와 같은 외관이 있고, 이러한 외관 창출에 소유권자 甲의 책임이 있으며, 이러한 외관에 대해서 丙이 선의·무과실인 경우 거래안전을 보호하기 위해서 민법 제249조에서 丙의 선의취득을 인정하여 丙이 동산의 소유권을 취득한다.

> **(제250조 적용의 예)** 예컨대, 甲 소유의 동산을 乙이 절도하여 점유한 경우와 같이 甲의 의사에 반해서 乙이 점유하고 있는 경우, 乙이 소유권자와 같은 외관 창출에 소유권자 甲의 책임이 없으므로, 이러한 외관에 대해서 丙이 선의·무과실인 경우 거래안전을 보호하기 위해서 일단 丙의 선의취득을 인정하지만, 소유권자를 보호하기 위해서 민법 제250조에서는 선의취득 시부터 2년 내에 丙에게 동산의 반환청구를 인정한다.

Ⅱ 선의취득의 요건 —소유권자의 소유권에 기한 동산반환청구에 대한 항변

동산선의취득이 성립하기 위해서는 ① '동산'을 객체로 할 것, ② '양도인'이 '무권리자'로서 '점유'하고 있을 것, ③ '양수인'이 '유효한 거래행위'를 통하여 '평온·공연·선의·무과실'로 동산의 점유를 취득할 것을 요한다.

1. 객체에 관한 요건

선의취득의 대상은 '동산'에 한한다. 다음은 문제되는 것을 검토한다.

가. 금전

① 금전이 '가치의 표상'으로 유통되는 경우는 선의취득의 대상이 아니다. 이때의 금전은 물건으로서의 '개성'은 중시되지 않아 '선의취득'의 적용은 없고, '점유 있는 곳에 소유권도 있다'고 보아 부당이득반환청구권의 문제로 처리한다. ② 그러나 금전이 '단순한 물건'으로서 거래되는 경우(예컨대, 진열의 목적으로 특정화폐

를 급부하는 경우)에는 선의취득에 관한 규정이 적용된다. 제250조 단서의 금전은 물건으로서의 금전을 의미한다(따라서 제249조만 적용되며, 제250조의 도품·유실물의 특칙은 적용되지 않는다).

나. 등기·등록으로 공시되는 동산

① 점유가 아닌 '등기나 등록'으로 공시되는 동산(20톤 이상의 선박, 자동차, 항공기, 건설기계 등)은 선의취득의 대상이 될 수 없다. ② 그리고 양도가 금지된 동산은 선의취득의 대상이 되지 못한다(예컨대, 문화재나 법률상 양도가 금지된 것 등).

2. 양도인에 관한 요건

가. 양도인이 무권리자일 것

(무권리자)란 '동산의 소유권'이 없는 경우(예컨대, 임차인, 수치인 등이 양도한 경우, 양도인의 소유권이 무효·취소·해제되어 소급적으로 소유권을 상실한 자의 양도 등) 또는 '처분권'이 없는 경우'를 말한다(예컨대, 가압류된 동산을 소유자가 타인에게 매도하고 인도한 경우 선의취득이 인정된다).

나. 양도인이 동산을 점유하고 있었을 것

양도인은 목적물을 점유하고 있어야 한다. '직접점유'이든 '간접점유'이든 혹은 '자주점유'이든 '타주점유'이든 불문한다. '점유보조자'의 사실상 지배도 포함된다(즉, 甲이 상점을 운영하는 경우 직원 乙이 상점의 동산을 점유하는 것을 점유보조자의 점유라고 하며, 乙의 점유는 甲의 의사에 기해서 점유하는 것이므로 乙이 丙에게 동산을 매도하고 점유를 이전해 주면 선의취득이 성립한다).

3. 양수인에 관한 요건

가. 유효한 거래행위가 있을 것

1) '거래행위'가 있을 것

동산물권취득에 관한 거래행위가 있을 것을 요한다. '특정승계'에 한하고(예컨대, 매매, 증여, 질권설정계약, 양도담보계약 등), '포괄승계'는 포함되지 않는다. '경매'는 그것이 공경매라고 하더라도 '매매계약'으로서의 성질을 지니는 것이므로, 거래행위에 해당한다(판례는 채무자 이외의 자의 소유에 속하는 동산을 경매한 경매절차에서 그 동산을 경락받아 경락대금을 납부하고 이를 인도받은 경락인은 동산의 소유권을 선의취득한다고 본다).

2) 거래행위가 '유효'할 것

양도인이 무권리자라는 점을 제외하고서는 아무런 흠이 없는 유효한 거래행위이어야 한다. 제한능력·착오·사기·강박·대리권의 흠결 등으로 취소, 무효로 되는 때에는 선의취득은 인정되지 않는다.

나. 양수인이 점유를 취득할 것

1) 현실의 인도, 간이인도

① (현실인도)는 당연히 선의취득이 가능하다. ② (간이인도) 동산의 선의취득에 필요한 점유의 취득은 이미 현실적인 점유를 하고 있는 양수인에게는 '간이인도'에 의한 점유취득으로 그 요건은 충족된다.

2) 점유개정-부정

판례는 점유개정은 관념적 점유이전방법 중에서 가장 불명확하고, 외부에서 거래행위의 존재를 전혀 인식할 수 없으므로 이를 인정하면 권리자에게 너무 가혹하다는 점을 근거로 선의취득을 부정한다(예컨대, 甲소유의 동산을 임차하고 있는 乙이 이를 丙에게 매도하고, 점유개정의 방법으로 인도받은 경우, 乙이 종전대로 점유하고 있으므로 외부에서 매도하였다는 사실을 전혀 인식할 수 없기 때문에 선의취득이 부정된다).

3) 목적물반환청구권의 양도-긍정

판례는 '반환청구권의 양도통지'로 인하여 점유개정의 경우보다는 선의취득행위의 존부가 '외부로부터 인식되기 쉽다는 점'을 이유로 긍정한다(예컨대, A소유의 동산을 甲이 임차하여 점유하던 중 乙에게 임치한 상태로 乙에 대한 반환청구권을 丙에게 양도하고, 乙에게 양도통지를 하면, 양도통지로 인해 외부에서 양도사실을 인식할 수 있기 때문에 선의취득이 인정된다).

다. 평온·공연·선의·무과실일 것

거래행위는 평온·공연·선의·무과실일 것을 요한다.

Ⅲ 선의취득의 효과

① '선의취득자'는 권리(소유권 또는 질권)를 취득하고, '종전 소유자'는 소유권을 상실하게 되는 법률효과가 '법률규정'에 의하여 발생한다. ② 선의취득자는 동산의 소유권을 '원시취득'한다. ③ 원칙적으로 선의취득이 인정되는 경우 이는 제249조에 의한 권리취득으로 이익을 보유할 수 있는 법률상 원인이 되므로, 선의취득자는 부당이득반환의무를 지지 않는다.

Ⅳ 도품 및 유실물에 관한 특칙-재항변

1. 의의

> (도품의 예) 예컨대, 甲 소유의 동산을 乙이 훔쳐서 丙에 팔아버린 경우, 乙의 행위는 형법상 절도죄에 해당한다. 따라서 민법 제250조의 도품에 해당하게 되며, 이는 甲의 의사에 반하여 점유가 이전된 경우이므로 본인인 甲에게 귀책사유가 없으므로 甲은 丙에게 제250조에 의해서 동산의 반환청구를 할 수 있다.

> **제250조 【도품·유실물에 대한 특례】** 전조의 경우에 그 동산이 도품이나 유실물인 때에는 피해자 또는 유실자는 도난 또는 유실한 날로부터 2년 내에 그 물건의 반환을 청구할 수 있다. 그러나 도품이나 유실물이 금전인 때에는 그러하지 아니하다.
>
> **제251조 【도품·유실물에 대한 특례】** 양수인이 도품 또는 유실물을 경매나 공개시장에서 또는 동종류의 물건을 판매하는 상인에게서 선의로 매수한 때에는 피해자 또는 유실자는 양수인이 지급한 대가를 변상하고 그 물건의 반환을 청구할 수 있다.

도품 및 유실물의 경우에는 제3자가 선의취득의 요건을 갖추고 있더라도, 피해자 또는 유실자는 도난 또는 유실한 날로부터 2년 내에 점유자에 대하여 그 물건의 반환을 청구할 수 있다. 그러나 도품이나 유실물이 '금전'인 때에는 반환을 청구하지 못한다(제250조). 이는 선의취득자의 이익과 진정한 소유자의 이익을 조화하고자 하는 취지이다(즉, 점유자의 점유라는 외관창출에 소유권자의 귀책이 없기 때문에 반환청구를 인정하는 것이다).

2. 적용요건

도품·유실물에 관한 특칙이 적용되기 위해서는 ① 제249조에 의한 선의취득의 요건이 구비될 것, ② 도품(점유자의 의사에 반하거나) 또는 유실물(의사에 기하지 않고 점유를 상실)일 것을 요한다.

가. 제249조 선의취득의 요건이 구비될 것

나. 도품·유실물일 것

점유자의 의사에 반하거나(도품으로 절도·강도), 의사에 기하지 않고(유실물) 점유를 상실하여야 한다. 따라서 사기·공갈·횡령의 경우에는 하자가 있더라도 권리자의 의사에 의하여 점유가 이전되었으므로 본 조가 적용되지 않는다(즉, 점유자의 점유라는 외관창출에 소유권자의 귀책이 있기 때문에 반환청구가 인정되지 않는다).

다. 점유보조자의 횡령

> **(점유보조자의 횡령의 예)** 예컨대, 甲이 상점을 운영하는 경우 직원 乙이 상점의 동산을 점유하는 것을 점유보조자의 점유라고 하며, 乙이 위 동산을 횡령하여 丙에 팔아버린 경우, 형법상 절도죄에 해당한다. 따라서 민법 제250조의 도품에 해당하게 되면 甲은 丙에게 반환청구를 할 수 있다. 그러나 乙의 점유는 甲의 의사에 기해서 점유하는 것이므로 민법 독자적 판단에 의하면 乙의 점유에 甲의 귀책이 있으므로 乙이 丙에게 동산을 매도하고 점유를 이전해 주면 제249조의 선의취득만이 성립하고, 제250조는 적용이 없다고 본다. 따라서 甲은 丙에게 반환청구를 하지 못한다.

① 점유보조자가 소유자의 물건을 임의로 처분하여 횡령한 경우 '형법상 절도죄'가 성립하는바, 이를 '도품'으로 보아 제250조를 적용할 것인지 문제된다. ② 이에 대해서 **판례**(적용 부정)는 점유보조자가 횡령한 것이 도품에 해당하는지 여부는 형법과 달리 '민법의 독자적 기준'에 의하여 판단해야 하는바, 점유보조자의 점유는 '본인의 의사에 기한 점유'이므로 도품의 특칙이 적용되지 않고, 결국 제249조만 적용된다고 본다.

3. 적용의 효과

피해자 또는 유실자는 도난 또는 유실한 날로부터 2년 내에 그 물건의 반환을 청구할 수 있다.

가. 대가의 변상 – 제251조

양수인이 도품이나 유실물을 ① 경매나 공개시장에서 또는 동종류의 물건을 판매하는 상인에게서 ② 선의로 매수할 것을 요한다. ③ 그러면 피해자 또는 유실자는 양수인이 지급한 대가를 변상하고 그 물건의 반환을 청구할 수 있다.

제5절 물권의 소멸

I 소멸사유

1. 목적물의 멸실
2. 소멸시효의 완성
3. 물권의 포기
4. 존속기간의 만료

II 물권의 혼동

1. 의의

혼동이란 서로 대립하는 2개의 법적 지위가 동일인에게 귀속하는 현상을 말한다. 혼동을 인정하는 이유는 두 개의 법적 지위를 병존시켜 두는 것은 무의미하기 때문이다. 따라서 양립시킬 특별한 사정이 있는 경우에는 혼동으로 물권·채권·채무가 소멸하지 않는다. 민법상 혼동이 발생하는 경우는 '물권과 물권의 혼동' 및 '채권과 채무'의 혼동이 있다.

2. 소유권과 제한물권의 혼동

가. 원칙

> (물권혼동의 예) 예컨대, 乙이 甲으로부터 1억 원을 차용하고, 乙소유의 토지에 甲명의로 저당권을 설정해 준 후, 甲이 위 토지의 소유권을 취득하면 소유권과 저당권이 甲에게 귀속하므로 저당권은 혼동으로 소멸한다.

동일한 물건에 대한 소유권과 제한물권이 동일인에게 귀속한 경우에는 그 제한물권은 소멸하는 것이 원칙이다(제191조 제1항 본문)(예컨대 저당권자가 저당목적물의 소유권을 취득하면 저당권은 소멸한다).

나. 예외

> (혼동한 제한물권이 제3자의 권리의 목적인 때의 예) 예컨대, A가 B소유의 토지 위에 지상권을 가지고 있고, 그 지상권이 C의 저당권의 목적인 때에는, A가 토지소유권을 취득하더라도 A의 지상권은 소멸하지 않는다.

> ('본인 또는 제3자의 이익'을 위하여 필요한 경우의 예) 예컨대, A가 B소유의 토지 위에 저당권을 가지고 있고, 제3자 C가 동일한 B소유의 토지 위에 후순위 저당권을 가지고 있는 경우에, A가 매매로 B소유의 토지 소유권을 취득하더라도 A의 저당권은 소멸하지 않는다. 만일에 A의 저당권이 소멸한다면 후순위의 C가 선순위로 올라가게 되어 부당하게 유리한 지위를 차지하여 A의 이익을 해치게 되기 때문이다. 이 경우에는 A의 B에 대한 채권의 담보를 위하여 'A의 저당권을 존속시킬 합리적 필요'가 있다.

① 제한물권이 '제3자의 권리의 목적'인 때에는 소멸하지 않는다(제191조 제1항 단서). ② 그러나 **판례**는 '본인 또는 제3자'의 이익을 위하여 그 제한물권을 존속시킬 필요가 있다고 인정되는 경우에도 혼동으로 제한물권은 소멸하지 않는다고 본다.

3. 혼동의 효과

① (원칙 절대적 소멸) 혼동에 의한 물권 소멸의 효과는 절대적이다. 따라서 어떤 사유로 혼동이전의 상태로 법률상태가 복귀해도, 일단 소멸한 권리는 부활하지 않는다(예컨대, 지상권자가 소유권을 취득하여 지상권이 혼동으로 소멸한 후 소유권을 다시 제3자에게 양도한 경우 지상권이 다시 부활하지 않는다). ② (예외 부활) 그러나 혼동을 생기게 한 원인이 부존재하거나 또는 원인행위가 무효·취소·해제 등으로 효력을 가지지 않는 때에는 혼동은 생기지 않았던 것으로 되고 소멸한 물권은 부활한다.

제3장 기본물권

제1절 점유권

제1관 점유

I 의의

> (점유의 예) 예컨대, 甲이 시계를 소지하고 있는 경우에, 甲의 시계에 대한 소지 원인은 소유자, 임차인, 수치인, 절취하여 가지고 있는 경우 등 여러 가지가 있을 수 있는데, ① 이 모든 경우에 점유원인을 묻지 않고 甲이 시계를 가지고 있는 그러한 사실적 지배상태를 일단 인정하고, 그 사실적 지배상태를 법적으로 보호하려는 것이 점유제도이다. ② 甲이 시계의 소유권을 가지고 있는 경우 이는 시계를 가지고 있는 것을 법률적으로 정당화시켜주는 주는 권리로 본권이라고 한다. ③ 시계를 절취한 자는 점유권은 있으나, 점유할 본권은 없으며, 절취당한 자는 시계에 대한 점유권은 없으나 소유권은 있다는 점을 구별해야 한다.

물건을 사실상 지배하고 있는 경우에 그 물건의 사실상 지배상태 그 자체를 보호하는 제도를 '점유제도'라 한다. 물건의 지배를 정당화시켜 주는 법률상의 권리를 '본권'이라고 한다. 점유는 본권이 있느냐 없느냐를 묻지 않고서 보호된다.

II 점유의 요건

점유가 인정되기 위해서는 ① 사실적 지배가 있을 것, ② 점유설정의사가 있을 것을 요한다.

1. 사실적 지배로서 점유 – 제192조 제1항

> (사실적 지배의 예) 예컨대, 甲이 주차장에 차를 세우고 집에 온 경우에도 차에 대한 점유가 인정되며, 토지에 대한 소유권이전등기를 경료 받았다면 위 토지에 대한 점유가 인정되며, 건물의 소유자는 토지를 점유하는 것으로 된다.

(사실상의 지배)라 함은 '사회관념상 물건이 어떤 사람의 지배권 내에 있다고 볼 수 있는 객관적 상태'를 말한다. 사실상의 지배가 성립하기 위해서는 '공간적 지배관계'(물리적 지배가능성, 타인의 인식가능성, 타인의 간섭배제가능성)와 '시간적 지배관계'(어느 정도의 계속성)가 필요하다.

2. 점유설정의사

> (점유설정의사의 예) 예컨대, 점유자가 시계를 가지고 있다는 의사는 필요하다. 그러나 자신도 모르는 사이에 이웃의 물건이 넘어 온 경우 그 물건에 대한 점유설정의사가 없기 때문에 점유는 성립하지 않는다.

점유가 인정되기 위해서 '점유의사'는 필요 없지만, 적어도 물건의 사실적 지배관계를 가지려는 의사, 즉 '점유설정의사'는 필요하다.

Ⅲ 점유보조자

> (점유보조자의 예) 예컨대, 甲이 상점을 운영하면서 乙을 직원으로 고용하여 상점의 물건들을 점유하게 한 경우에 乙을 점유보조자라고 한다. 이때 乙은 독자적으로 물건을 점유하게 된 것이 아니라, 甲의 지시를 받아 물건을 점유하게 된 것이므로 乙은 점유권이 없으며, 甲만 점유권이 있다. 따라서 ⅰ) 점유보조자 乙의 점유보호청구권 행사는 인정되지 않고, ⅱ) 점유보조자 乙이 타인의 물건을 불법적으로 점유하는 경우, 점유자 甲을 상대로 소유물 반환청구를 해야 한다.

제195조【점유보조자】 가사상·영업상 기타 유사한 관계에 의하여 타인의 지시를 받아 물건에 대한 사실상의 지배를 하는 때에는 그 타인만을 점유자로 한다.

점유보조자란 '가사상·영업상 기타 유사한 관계에 의하여 타인의 지시를 받아 물건에 대한 사실상의 지배를 하는 자'를 말한다. 이때 그 '타인만이 점유자'이며, '점유보조자'는 '점유권'을 취득하지 못한다(제195조).

Ⅳ 간접점유

> (간접점유자의 예) 예컨대, 甲이 甲소유의 건물을 乙에게 임대한 경우, 임대차계약을 점유매개관계라고 하며, 乙이 직접점유자이고, 甲이 간접점유자이다. 점유보조자는 점유권이 인정되지 않지만, 간접점유자 乙은 점유권을 가지므로 점유에 관한 규정이 적용되며(제194조), 점유보호청구권이 인정된다(제207조).

제194조【간접점유】 지상권, 전세권, 질권, 사용대차, 임대차, 임치 기타의 관계로 타인으로 하여금 물건을 점유하게 한 자는 간접으로 점유권이 있다.

간접점유란 '점유매개관계에 기하여 어떤 자가 타인에게 점유를 이전한 경우에, 그 어떤 자가 물건에 대해 직접 사실상의 지배를 하지 않고 있음에도 불구하고 점유자로서의 점유를 인정하는 것'을 말한다. 민법은 지상권, 전세권, 질권, 사용대차, 임대차, 임치 기타의 관계(점유매개관계)로 타인(직접점유자)으로 하여금 물건을 점유하게 한 자(간접점유자)는 간접으로 점유권이 있다고 규정하고 있다(제194조).

제2관 점유의 종류

I 자주점유와 타주점유 – 취득시효에서 후술함

> **(자주점유와 간접점유의 예)** 예컨대, 甲이 甲소유의 건물을 乙에게 매도하고 토지를 인도해 준 경우, 매수인
> 은 乙은 이때부터 소유의 의사를 가지고 점유하므로 자주점유이고, 매도인은 甲은 이때부터 乙의 소유라고
> 생각하면서 점유하므로 타주점유이다.

① 자주점유란 '소유의 의사를 가지고 하는 점유'를 말하고, ② 타주점유란 '소유의 의사가 없는 점유'를 말
한다.

II 하자 있는 점유와 하자 없는 점유 – 평온·공연점유와 강포·은비점유

① '폭력에 의하지 않은 점유'가 '평온한 점유'이고, ② '남 몰래(은비) 하지 않은 점유'가 '공연한 점유'이다.
③ '하자 있는 점유'는 '악의·과실·폭력·은비에 의한 점유' 및 '점유가 계속되지 않은 점유'를 말하며, 이
러한 것이 없는 점유를 '하자 없는 점유'라고 한다.

III 선의점유와 악의점유

1. 의의

> **(선의점유의 예)** 예컨대, 甲이 甲소유의 건물을 乙에게 매도하고 소유권이전등기를 해주고 인도해 준 경우,
> 매매계약이 무효임에도 乙이 무효임을 모르고 점유하는 경우, 乙은 소유권이 없음에도 소유권이 있다고 확
> 신하면서 점유하는 경우이므로 선의점유라고 한다. 만일 乙이 무효임을 알아서 소유권이 없음을 알고서 점
> 유하면 악의점유이다.

① 선의점유란 '본권이 없음에도 본권이 있는 것으로 믿고 하는 점유'를 말하고, ② 악의점유란 '본권이 없
음을 알면서' 또는 '본권의 유무에 대하여 의심을 품으면서 하는 점유'를 말한다.

2. 선의점유의 추정 – 제197조

> **제197조 【점유의 태양】** ① 점유자는 소유의 의사로 선의, 평온 및 공연하게 점유한 것으로 추정한다.
> ② 선의의 점유자라도 본권에 관한 소에 패소한 때에는 그 소가 제기된 때로부터 악의의 점유자로 본다.

① 점유자의 선의·악의가 불분명한 경우에는 '선의로 추정'한다(제197조 제1항). ② 그러나 선의 점유자가
'본권의 소'에서 '패소'하면, 그 '소가 제기된 때'로부터 '악의의 점유자'로 본다(제197조 제2항).

Ⅳ 과실 있는 점유와 과실 없는 점유

선의점유를 전제로, ① '본권이 있다고 믿는 데에 과실이 있는 경우'를 과실 있는 점유라 하며, ② '과실이 없는 경우'를 과실 없는 점유라 한다. ③ 점유자의 무과실은 추정되지 않으므로 점유자가 과실 없음에 대해서 증명책임을 진다.

제3관 점유권의 취득과 소멸

Ⅰ 점유권의 취득

1. 원시취득

> **(원시취득의 예)** 예컨대, 甲이 아무도 주인이 없는 물건을 점유하는 경우를 무주물선점이라고 하며, 타인이 잃어버린 유실물을 습득한 경우, 토지에 매장된 물건을 발견한 경우에는 甲이 물건의 점유를 처음으로 취득한다고 하여 원시취득한다.

원시취득이란 '물건에 대한 사실상 지배가 성립하면 점유권을 당연히 원시적으로 취득하는 것'으로, 그 취득행위는 사실행위이다(예컨대, 무주물선점·유실물습득·매장물발견).

2. 승계취득

가. 특정승계

> **(점유승계의 예)** 예컨대, 甲이 10년간 점유하고 있는 물건을 乙에게 점유를 이전하여, 乙이 10년간 점유한 경우 乙은 자기만의 10년간만의 점유을 주장할 수도 있고(이를 점유의 분리라고 한다), 乙만의 점유와 甲의 점유의 승계를 주장하여 20년 점유한다고 주장할 수 있다(이를 점유의 승계라고 한다). 점유의 승계를 주장하는 경우 전점유자인 甲에게 점유의 하자가 있는 경우, 하자도 승계된다. 예컨대, 甲이 악의 점유자이고, 乙이 선의의 점유자인 경우 乙은 선의 점유 10년을 주장하거나, 甲과의 점유승계를 주장하면 20년 악의의 점유가 된다.

> **제199조 【점유의 승계의 주장과 그 효과】** ① 점유자의 승계인은 자기의 점유만을 주장하거나 자기의 점유와 전점유자의 점유를 아울러 주장할 수 있다. ② 전점유자의 점유를 아울러 주장하는 경우에는 그 하자도 승계한다.

① **(점유권의 양도)**는 ⅰ) 양도합의와 ⅱ) 점유물의 이전, 즉 인도로 그 효력이 생기는데(제196조 제1항), 그 인도는 '현실의 인도'뿐만 아니라 '간이인도'·'점유개정' 및 '목적물반환청구권의 양도'에 의해서도 가능하다(제196조 제2항). ② **(점유권의 분리와 승계)** 점유권이 특정승계되는 경우 점유자의 승계인은 '자기의 점유만'을 주장하거나, '자기의 점유와 전점유자의 점유를 아울러 주장'할 수 있고(제199조 제1항), 전점유자의 점유를 아울러 주장하는 경우에는 그 '하자도 승계'한다(제199조 제2항). 다만, '점유의 효과'(시효취득완성)까지 승계하는 것은 아니다.

나. 포괄승계

> (점유권의 상속의 예) 예컨대, 타주점유을 하던 甲이 사망하고, 乙이 점유권을 상속한 경우, 乙은 자기만의 점유를 분리하여 주장할 수 없고, 甲의 점유 및 하자의 승계만 인정되어 乙은 타주점유가 된다.

제193조【상속으로 인한 점유권의 이전】 점유권은 상속인에 이전한다.

1) 점유권의 상속

상속에 의하여 '피상속인의 점유권'은 '상속인'에게 이전한다(제193조). 상속인의 '사실상 지배'를 요건으로 하지 않기 때문에 상속인이 나중에 사실상의 지배를 취득하더라도 이는 '이미 취득한 점유권을 구체화한 것'에 불과하다. '상속개시' 사실을 모르거나 자기가 '상속인임'을 몰랐다 하더라도 점유권은 상속된다.

2) 피상속인의 점유의 성질과 하자의 승계

'상속인의 점유'는 '피상속인의 점유'와 내용상 동일하므로 상속인은 '피상속인의 점유의 성질과 그 하자'를 그대로 승계한다. 따라서 피상속인의 점유가 타주점유라면 상속인의 점유도 타주점유가 된다.

3) 상속에 의한 점유의 분리 주장 가부

(판례의 입장) 판례는 제199조의 적용을 '부정'한다. 즉, ⅰ) 상속에 의하여 점유권을 취득한 경우에는 상속인은 피상속인의 점유를 떠나 자기만의 점유를 분리하여 주장할 수 없다고 보며(점유의 분리주장 부정), ⅱ) 점유 및 하자의 승계는 인정하여, 피상속인의 점유가 타주점유인 경우 피상속인으로부터 상속에 의하여 점유를 승계한 자의 점유도 타주점유로 된다(점유의 승계 인정).

Ⅱ 점유권의 소멸

제4관 점유권의 효력

Ⅰ 점유의 추정적 효력

1. 자주·선의·평온·공연한 점유의 추정

제197조【점유의 태양】 ① 점유자는 소유의 의사로 선의, 평온 및 공연하게 점유한 것으로 추정한다.

① 점유자는 '소유의 의사'로 '선의, 평온 및 공연'하게 점유한 것으로 추정한다(제197조)(판례는 무과실은 추정되지 않는다고 한다). ② 즉 점유자는 자주·평온·공연한 점유가 추정되며, 위 추정은 무전제의 추정(잠정적 진실의 추정)으로 '증명책임이 전환'된다. 따라서 그 추정을 깨뜨리려면 '상대방'이 타주·강포·은비의 점유 사실을 주장·증명해야 한다.

2. 점유계속의 추정

> **제198조 【점유계속의 추정】** 전후양시에 점유한 사실이 있는 때에는 그 점유는 계속한 것으로 추정한다.

① 전·후 양시에 점유한 사실이 있는 때에는 그 점유는 계속한 것으로 추정된다(제198조). ② 위 추정은 '법률상 사실의 추정'으로 '증명책임이 전환'된다. 따라서 그 추정을 깨뜨리려면 '상대방'이 '점유 중단사실'을 주장·증명해야 한다.

3. 점유의 권리적법의 추정

> **제200조 【권리의 적법의 추정】** 점유자가 점유물에 대하여 행사하는 권리는 적법하게 보유한 것으로 추정한다.

점유자가 점유물에 대하여 행사하는 권리는 적법하게 보유한 것으로 법률상 추정된다(제200조). 따라서 '증명책임이 전환'되므로 그 추정을 깨뜨리려면 '상대방'이 '권리의 부적법'을 주장·증명해야 한다.

Ⅱ 점유자와 회복자의 관계 – 소유권에 기한 물권적 청구권에서 논의함

Ⅲ 점유보호청구권

1. 점유물반환청구권

가. 의의

> **(점유물반환청구권의 예)** 예컨대, 甲이 甲소유 토지를 乙에게 임대를 주어 임차인이 乙이 점유하고 있던 중, 丙이 위 토지를 무단으로 점유하는 경우, 甲은 소유권에 기한 토지반환청구를 할 수 있으며(제213조 본문), 乙은 점유권에 기한 토지반환청구를 하여 점유를 반환받을 수 있다(제204조). 만일 丙이 乙을 기망하여 토지의 점유를 편취한 경우에는 침탈당한 경우가 아니므로 점유권에 기한 반환청구를 할 수 없다.

점유물반환청구권이란 '점유자가 점유를 침탈당한 때에 그 물건의 반환 및 손해의 배상을 청구할 수 있는 권리'를 말한다(제204조 제1항).

나. 요건

① 점유를 '침탈'당하였을 것, 즉 점유자가 그 의사에 반하여 사실적 지배를 빼앗겼어야 한다. 따라서 '사취'된 경우에는 이에 해당되지 않는다. ② 점유침탈자의 '고의·과실'을 요하지 않으나, 점유침탈을 이유로 하는 손해배상의 청구에는 상대방의 고의·과실을 요한다. ③ 점유물반환청구권은 침탈자의 '포괄승계인'(예컨대, 상속인)에 대해서는 행사할 수 있지만, '특별승계인'(예컨대, 매수인)에 대하여는 '악의'인 경우만 행사할 수 있고, '선의'인 경우에는 행사하지 못한다(제204조 제2항).

다. 효과

'물건의 반환 및 손해의 배상'을 청구하는 것이다. 손해배상은 불법행위로 인한 손해배상을 말하는 것인바, 불법행위의 요건을 갖추어야 한다.

라. 제척기간

점유물반환청구권과 손해배상청구권은 그 침탈을 당한 날로부터 1년 내에 행사해야 한다(제204조 제3항).

2. 점유물방해제거청구권

① 점유자가 점유의 방해를 받은 때에는 그 방해의 제거 및 손해의 배상을 청구할 수 있다. ② 전항의 청구권은 '방해가 종료한 날'로부터 1년 내에 행사하여야 한다. 이때 '방해'의 의미에 대해서 **판례**는 '방해상태'가 아니라 '방해행위가 종료한 날'로부터 기산해야 한다고 본다. ③ 공사로 인하여 점유의 방해를 받은 경우에는 공사착수 후 1년을 경과하거나 그 공사가 완성한 때에는 방해의 제거를 청구하지 못한다(제205조).

3. 점유물방해예방청구권

① 점유자가 점유의 방해를 받을 염려가 있는 때에는 그 방해의 예방 또는 손해배상의 담보를 청구할 수 있다. ② 공사로 인하여 점유의 방해를 받을 염려가 있는 경우에는 전조 제3항의 규정을 준용한다(제206조).

Ⅳ 점유의 소와 본권의 소의 관계

1. 의의

> **(점유의 소와 본권의 소의 예)** 예컨대, 甲소유 토지를 乙이 무단으로 점유하여 한 달이 경과한 경우, 甲이 다시 乙로부터 위 토지를 점유를 빼앗으면, 乙은 甲을 상대로 점유의 소인 점유권에 기한 반환청구를 할 수 있다. 이때 甲은 위 소송에서 자신에 본권인 소유권이 있다는 항변을 할 수 없다. 법원도 甲이 소유권이 있다는 이유로 乙의 청구를 기각할 수 없다. 따라서 甲은 乙을 상대로 본권의 소인 소유권에 기한 반환청구를 해서 위 토지를 반환받을 수밖에 없다. 이와 같이 점유의 소와 본권의 소는 전혀 별개의 소송으로서 서로 어떠한 영향도 미치지 아니한다.

점유의 소란 '점유보호청구권을 청구원인으로 하는 소'를 말하고, 본권의 소란 '본권, 즉 소유권·전세권·임차권 등과 같은 점유할 수 있는 권리를 청구원인으로 하는 소'를 말한다.

2. 양자의 관계-독립성

점유의 소와 본권의 소는 전혀 별개의 소송으로서 서로 어떠한 영향도 미치지 아니한다(제208조 제1항). 따라서 두 소를 동시에 제기하든 각각 별도로 제기하든 무방하며, 또한 그 중 하나의 소권이 소멸하더라도 다른 소권을 행사할 수 있다.

3. 본권에 의한 항변금지

점유권에 기인한 소는 본권에 관한 '이유'로 재판하지 못한다(제208조 제2항). 이는 점유의 소는 본권에 관한 '항변'으로 이를 기각할 수 없다는 취지를 밝힌 것이다.

4. 자력구제권

① 점유자는 그 점유를 부정히 침탈 또는 방해하는 행위에 대하여 자력으로써 이를 방위할 수 있다. ② 점유물이 침탈되었을 경우에 부동산일 때에는 점유자는 침탈 후 즉시 가해자를 배제하여 이를 탈환할 수 있고, 동산일 때에는 점유자는 현장에서 또는 추적하여 가해자로부터 이를 탈환할 수 있다(제209조).

제5관 준점유

준점유라 함은 점유를 수반함이 없이 재산권을 사실상 행사(지배)하는 것을 말한다(제210조).

제2절　소유권

제1관 소유권의 내용과 제한

Ⅰ 소유권의 권능

제211조는 「소유자는 '법률의 범위 내'에서 그 소유물을 '사용, 수익, 처분'할 권리가 있다」고 규정하고 있다. '사용'은 물건을 용도에 따라 사용하는 것이고, '수익'은 물건의 과실을 수취하는 것으로서 물건이 가지는 사용가치의 실현하는 것을 의미하고, '처분'은 물건이 가지는 교환가치를 실현하는 것으로서, 물건의 소비 등의 사실적 처분과 담보권설정 등의 법률적 처분을 의미한다.

Ⅱ 소유권의 사용·수익 권능의 포기 허용여부

(소유권의 사용·수익 권능의 포기 부정) 이때 소유권의 사용·수익 권능의 포기가 허용되는지 문제되는바, **판례**는 『소유자가 '채권적'으로 상대방에 대하여 사용·수익의 권능을 포기하거나 사용·수익권 행사에 제한을 설정하는 것 외에, 소유권의 핵심적 권능에 속하는 배타적인 사용·수익 권능이 소유자에게 존재하지 아니한다고 하는 것은 물권법정주의에 반하여 허용될 수 없다』고 하여 이를 부정하고 있다.

Ⅲ 소유권의 제한

소유자는 '법률의 범위 내'에서 그 소유물을 '사용, 수익, 처분'할 권리가 있기 때문에 '법률에 의해서 제한할 수 있다. 다만, 사유재산제도를 부정하거나 소유권의 본질적인 내용을 침해하는 것은 허용되지 않는다.

제2관 부동산소유권의 범위

Ⅰ 토지소유권의 범위

토지의 소유권은 '정당한 이익이 있는 범위 내'에서 '토지의 상하'에 미친다(제212조). 암석이나 토사 등은 토지의 구성부분이므로 토지소유권의 효력이 미친다. 그러나 매장물(제254조)이나 광업권의 객체가 되는 광물에는 토지소유권의 효력이 미치지 아니한다.

Ⅱ 집합건물법 – 건물의 구분소유

건물은 1동을 하나의 건물로 1동 전체 위에 하나의 소유권이 성립되는 것이 원칙이지만 1동의 건물 중 구조상·이용상 독립성이 인정되는 개별 부분에도 독립한 소유권을 인정할 필요가 있다. 이에 민법은 제215조를 두고 있으나, 실제 구분소유관계를 규율하기에는 매우 불충분하여 1984년 집합건물의 소유 및 관리에 관한 법률(집합건물법)이 제정되었다.

Ⅲ 상린관계

상린관계란 '인접하고 있는 부동산소유권의 상호간의 이용관계를 조정하기 위해서 그들 사이의 권리관계를 규정한 것'을 말하며, 이러한 상린관계로부터 발생한 권리를 '상린권'이라고 한다. 이러한 상린권은 소유권의 한 내용을 이룬다고 할 수 있다. 상린관계에 관한 규정(제215조 내지 제244조)은 민법에 의해 당연히 인정되는 소유권의 제한과 확장이라는 양면성을 가진다.

제3관 소유권의 취득

Ⅰ 소유권 취득의 원인

① 소유권의 취득원인에는 ⅰ) 법률행위에 의한 경우(부동산은 제186조, 동산은 제188조 내지 제190조)와 법률규정에 의한 경우(제187조)가 있다. ② 물권편의 법률규정에 의한 특수한 소유권취득원인으로 ⅰ) 취득시효

(제245조), ⅱ) 선의취득(제249조), ⅲ) 무주물선점(제252조), ⅳ) 매장물발견(제254조), ⅴ) 첨부(부합, 혼화, 가공(제256조 내지 제261조)) 등에 관해 따로 규정한다(원시취득).

Ⅱ 점유취득시효

1. 의의

> **(점유시효취득의 예)** 예컨대, 乙소유 토지를 甲이 20년간 계속해서 소유의 의사로 평온, 공연하게 점유하고, 甲이 점유시효취득에 기한 소유권이전등기를 하면 위 토지의 소유권을 취득한다.

> **제245조 【점유로 인한 부동산소유권의 취득기간】** ① 20년간 소유의 의사로 평온, 공연하게 부동산을 점유하는 자는 등기함으로써 그 소유권을 취득한다.

20년간 소유의 의사로 평온, 공연하게 부동산을 점유하는 자는 등기함으로써 그 소유권을 취득한다(제245조 제1항). 취득시효는 당해 부동산을 오랫동안 계속하여 점유한다는 사실상태를 일정한 경우에 권리관계로 높이려고 하는 데에 그 존재이유가 있다.

2. 점유자의 점유취득시효 완성에 기한 소유권이전등기청구권의 성립

가. 청구권의 발생요건 – 점유자는 20년 전·후 양시 점유사실만 주장·증명하면 된다(주체, 객체, 기산점과 기간 순으로 검토)

제245조 제1항에서 시효취득의 요건사실은 ① 20년간 점유 계속사실과 ② 소유의 의사로 평온·공연하게 점유한 사실이다. 그런데 제197조 제1항은 「점유자는 소유의 의사로 선의, 평온 및 공연하게 점유한 것으로 추정한다」고, 제198조는 「전후 양시에 점유한 사실이 있는 때에는 그 점유는 계속된 것으로 추정된다」고 규정하고 있다. 이때 전자는 잠정적 진실의 추정으로 증명책임의 전환을 가져와 이를 다투는 소유자가 이에 대한 반대사실(타주·폭력·은비점유)에 대해서, 후자는 법률상 추정으로 이 역시 증명책임의 전환을 가져와 이를 다투는 소유자가 반대사실(점유중단사실)에 대해서 주장·증명책임을 진다(항변사유로 된다). 따라서 점유자가 시효취득을 주장하기 위해서는 당해 부동산을 '20년 전·후 양시 점유한 사실만' 주장·증명하면 된다.

> **(점유자가 주장·증명해야 할 사실의 예)** 예컨대, 乙소유 토지를 甲이 20년간 계속해서 소유의 의사로 평온, 공연하게 점유하고, 甲이 乙을 상대로 점유시효취득에 기한 소유권이전등기청구의 소를 제기하는 경우, 甲은 현재 점유하고 있는 사실(2016.12.31.), 20년 전 점유한 사실(1996.12.31.)을 주장·증명하면, 제198조에 의해서 20년간 점유를 계속한 사실이 법률상 추정되며, 제197조에 의해서 선의·평온·공연한 점유사실도 법률상 추정되므로 甲의 乙에 대한 점유시효취득에 기한 소유권이전등기청구권이 성립한다.

나. 시효기간 및 기산점

1) 점유가 20년 동안 계속되어어야 한다.

2) 기산점

(점유개시시) '점유를 개시한 때'가 기산점이며, '기산점의 임의선택'은 허용되지 않는다. 따라서 시효기간 전·후 '소유자의 변동'이 있는 경우에는 특히 '점유개시시'를 기산점으로 삼아야 한다(예컨대, 乙소유 토지를 甲이 1990.1.5.부터 2010.1.5.까지 20년간 계속해서 점유한 경우, 甲은 점유개시시인 1990.1.5.를 기산점으로 하여 점유시효취득에 기한 소유권이전등기청구를 할 수 있다).

(예외)–등기의 승계가 없는 경우(점유기간 중 소유자의 변동이 없는 경우), –기산점의 임의선택 가능(역산설 가능)
취득시효를 주장하는 자는 '점유기간 중에 소유자의 변동이 없고', 점유의 승계도 없는 경우 점유자는 '취득시효의 기산점을 임의로 선택'할 수 있고, 취득시효를 주장하는 날로부터 역산하여 20년 이상의 점유 사실이 인정되면 취득시효를 인정한다(역산설)(예컨대, 乙소유 토지를 甲이 1990.1.5.부터 2010.1.5.까지 20년간 계속해서 점유한 경우, 점유기간 동안 소유자의 변동이 없으면, 현재 2016.12.31.를 기산점으로 하여 역산하여 1996.12.31.까지 점유시효취득하였음을 이유로 소유권이전등기청구를 할 수 있다).

3. 소유자의 항변

가. 자주·평온·공연한 점유–소유자의 타주·강포·은비의 항변

1) **자주점유**–소유자의 타주점유 항변

가) **의의:** 자주점유란 '소유의 의사를 가지고 하는 점유'를 말한다.

나) **자주점유의 판단**

① 점유취득의 원인이 된 '권원의 성질'이나 '점유와 관계되는 모든 사정'에 의해 '객관적'으로 판단한다. ② 증여에서 수증자, 매매에서 매수인 등은 자주점유가 인정되며, '(점유취득시효 완성 후의 점유자)'는 자주점유가 인정된다. ③ 지상권자, 전세권자, 질권자, 임차인의 점유는 원칙적으로 타주점유이고, (명의수탁자의 점유)는 언제나 타주점유이다.

다) **자주점유 추정과 번복**

(1) **자주점유의 추정 및 추정의 효과:** ① (자주점유 추정) 점유권원의 성질이 분명하지 아니한 때에는 '제197조 제1항'에 의하여 점유자는 '소유의 의사'로 점유한 것으로 추정된다. ② (자주점유 추정의 효과) 그러므로 점유자가 취득시효를 주장하는 경우, 점유취득시효의 성립을 부정하는 소유자가 점유자의 점유가 소유의 의사가 없는 점유라는 사실을 증명해야 한다.

(2) **추정의 번복:** 점유자가 성질상 소유의 의사가 없는 것으로 보이는 권원에 바탕을 두고 점유를 취득한 사실이 증명된 경우에는 그 추정은 깨어진다. 판례는 악의 무단점유는 자주점유의 추정이 깨진다고 본다.

(악의의 무단점유의 예) 예컨대, 乙소유 토지를 甲이 乙과 아무런 매매계약도 없이 20년간 계속해서 점유한 경우, '점유자 甲은 점유 개시 당시에 소유권 취득의 원인이 될 수 있는 법률행위 기타 법률요건이 없이(매매 사실 등), 그와 같은 법률요건이 없다는 사실을 잘 알면서, 타인 乙소유의 부동산을 무단점유한 것임이 증명'되면 악의의 무단점유로 자주점유의 추정이 깨져서 점유시효취득을 할 수 없다.

2) 평온·공연한 점유–소유자의 강포·은비의 항변

점유의 평온·공연은 제197조 제1항에 의하여 추정되므로 시효취득을 부정하는 소유자가 평온·공연한 점유가 아님을 증명해야 한다. ① '평온한 점유'란 '강포행위'를 쓰지 아니하는 점유를, ② '공연한 점유'란 '은비의 점유'가 아닌 점유를 말한다.

나. 점유의 계속–소유자의 점유 중단의 항변

① 전후 양시에 점유한 사실이 있는 때에는 그 점유는 계속된 것으로 추정한다(제198조). 따라서 시효취득을 부정하는 '소유자'가 점유가 '중단된 사실'을 주장·증명해야 한다. ② **판례**는 취득시효기간의 만료 전에 등기의 소유명의가 변경되었다 하더라도 이로써 종래의 점유상태의 계속이 파괴(중단)되었다고 할 수 없다고 본다.

다. 취득시효의 중단–소유자의 항변

① (시효중단규정 준용) 제168조의 소멸시효의 중단에 관한 규정은 점유취득시효의 중단에도 준용된다(제247조 제2항). ② (청구) 취득시효의 중단사유인 '재판상의 청구'에는, ⅰ) (소제기) 소유자가 시효를 주장하는 점유자를 피고로 하여 '소 제기'한 경우뿐만 아니라(소유권에 기한 반환청구, 방해배제, 소유권확인의 소등), ⅱ) (응소) 시효의 이익을 받는 점유자가 소를 제기한 데 대하여 소유자가 피고로서 '응소'하여 그 소송에서 적극적으로 권리를 주장하고 그것이 받아들여진 경우도 포함된다. ③ (최고) 소유자가 점유자를 상대로 '토지의 인도통지'를 한 경우 등 최고에 해당한다. ④ (가처분) 소유자가 점유자를 상대로 '점유이전금지가처분'을 한 것은 유효한 시효중단사유가 된다.

라. 취득시효이익의 포기–소유자의 항변

소멸시효이익의 포기에 관한 규정도 점유취득시효에 유추적용된다. 이때 시효이익의 포기가 인정되기 위해서는 ⅰ) '시효이익의 포기'사실, 즉 점유자가 시효의 완성으로 인하여 생긴 법률상의 이익을 받지 않겠다는 의사표시를 한 사실, ⅱ) 점유자가 시효완성사실을 '알면서 그 이익을 포기한 사실'을 주장·입증해야 한다.

마. 소멸시효의 항변

취득시효 완성으로 인한 소유권이전등기청구권은 채권적 청구권이므로 10년의 소멸시효에 걸린다. 다만 점유자의 점유가 계속되는 한 시효로 소멸하지 아니한다. 그러나 점유자가 점유를 상실하면 그 때로부터 10년의 소멸시효에 걸린다.

바. 취득시효 완성 후 소유권 취득의 항변

취득시효가 완성되면 '점유자'는 '완성 당시의 소유자'에 대하여 '채권적인 소유권이전등기청구권'을 가지게 될 뿐이므로 취득시효 완성 후 그에 따른 소유권이전등기를 하기 전에 제3자 명의로 소유권이전등기가 마쳐지면 소유자의 소유권이전등기의무가 이행불능이 된다. 따라서 소유자로서는 이러한 사유를 들어 항변할 수 있다(예컨대, 乙소유 토지를 甲이 1990.1.5.부터 2010.1.5.까지 20년간 계속해서 점유하여 점유시효취득이 완성된 후 乙이 丙에게 소유권이전등기를 해 준 경우, 甲은 丙에게 대항할 수 없으므로, 乙의 甲에 대한 소유권이전등기의무는 이행불능이 된다. 따라서 乙은 이행불능의 항변을 할 수 있다).

사. 취득시효 주장의 남용 – 소유자의 항변

취득시효완성 후에 그 사실을 모르고 당해 토지에 관하여 어떠한 권리도 주장하지 않기로 하였다 하더라도 이에 반하여 시효주장을 하는 것은 신의칙상 허용되지 않는다.

4. 점유취득시효 완성의 효과

가. 등기청구권의 발생

① 점유취득시효는 '법률규정에 의한 물권취득'이므로 등기를 필요로 하지 않음이 원칙(제187조)이나, 제245조 제1항은 소유권이전등기를 요구한다(제187조 물권변동의 유일한 예외). ② 따라서 점유취득시효가 완성되어도 바로 소유권을 취득하는 것이 아니라, '소유권이전등기청구권'을 취득할 뿐이며, 점유취득시효 완성으로 인한 소유권이전등기청구권에 대해서 **판례**는 '채권적 청구권'으로 본다. ③ 점유취득시효완성을 이유로 한 소유권이전등기청구의 상대방은 '시효완성 당시의 소유자'이다.

나. 등기를 갖춘 취득시효완성자의 지위

1) 소유권의 원시취득

> **(원시취득)** 부동산점유취득시효는 20년의 시효기간이 완성한 것만으로 점유자가 곧바로 소유권을 취득하는 것은 아니고, 제245조에 따라 점유자 명의로 '등기를 함으로써 소유권을 취득'하게 되며, 이는 '원시취득'에 해당하므로,
>
> **(소유권에 대한 제한의 소멸)** 원소유자의 '소유권에 가하여진 각종 제한에 영향을 받지 않는 완전한 내용의 소유권'을 취득하게 된다.

2) 소유권 취득의 소급효

> **(소급효)** 취득시효로 인한 소유권 취득의 효력은 점유를 개시한 때에 소급한다(제247조 제1항).

> **(시효취득자의 적법 점유)** 이는 '시효취득자의 점유'가 '원소유자'에 대해서 소급하여 적법한 점유가 된다는 의미로, 원소유자는 점유자에 대해서 그 동안의 점유에 대해 ⅰ) 불법점유임을 이유로 대지인도·건물철거를 청구할 수 없고, ⅱ) 점유로 인한 부당이득반환청구나, 손해배상청구도 할 수 없으며, ⅲ) 소유권의 확인을 받을 이익도 없다고 본다.

다. 점유취득시효 완성 후 소유권 등이 이전된 경우의 법률관계

1) '시효기간 만료 전' 소유자가 제3자에게 부동산을 처분한 경우

이 경우 '시효취득자'는 '취득시효기간 완성당시의 등기명의자인 제3자'에게 소유권이전등기를 청구할 수 있다. 제3자에게로의 소유권이전등기 자체가 '점유의 계속'을 깨뜨린 것으로 볼 수 없어, '취득시효의 중단'을 가져온다고 할 수 없기 때문이다(예컨대, 乙소유 토지를 甲이 1990.1.5.부터 2010.1.5.까지 20년간 계속해서 점유한 경우, 2000.1.5. 乙이 丙에게 소유권이전등기를 해준 경우 甲은 丙에게 점유시효취득에 기한 소유권이전등기청구를 할 수 있다).

2) '시효기간 만료 후' 소유자가 제3자에게 소유권을 이전한 경우

가) 제3자에 대한 시효취득의 주장여부 – 점유취득시효 완성자와 제3자 사이의 법률관계

(원칙) – 대항 불가
점유취득시효완성자는 등기함으로써 그 소유권을 취득하며, 그 전에는 소유권이전등기청구권을 가질 뿐이므로, 그 등기를 하기 전에 먼저 등기를 경료하여 그 소유권을 취득한 제3자에 대하여는 시효취득을 주장할 수 없다(예컨대, 乙소유 토지를 甲이 1990.1.5.부터 2010.1.5.까지 20년간 계속해서 점유하여 점유시효취득이 완성된 후 乙이 丙에게 소유권이전등기를 해 준 경우, 甲은 丙에게 대항할 수 없다).

(예외) – 대항 가능
1) 이중매매법리 유추적용: 판례는 이 경우 '이중매매의 법리를 유추적용'하여 ① 점유취득시효 완성 후 소유권을 취득한 제3자가 '선의'이거나 '단순악의'인 경우 매매는 '유효'하다고 본다. ② 그러나 부동산 소유자가 시효취득을 알고서 행한 '배임행위에 제3자가 적극 가담'하였다면 이는 사회질서에 반하는 행위로서 '무효'인바, ③ 점유자는 소유자를 '대위'하여 원인무효의 등기의 말소를 구할 수 있다고 보며, ④ '불법원인급여'에 해당하지 않는다고 본다(예컨대, 乙소유 토지를 甲이 1990.1.5.부터 2010.1.5.까지 20년간 계속해서 점유하여 점유시효취득이 완성된 후 乙이 丙에게 소유권이전등기를 해 준 경우, 丙이 乙의 배임행위에 적극 가담한 경우에는 甲은 丙에게 대항할 수 있다. 따라서 甲은 乙을 대위하여 丙을 상대로 말소등기청구를 하고, 乙을 상대로 점유시효취득에 기한 소유권이전등기청구를 할 수 있다).
2) 2차 점유취득시효: 소유자가 변동된 시점을 새로운 기산점으로 삼아도 다시 취득시효의 점유기간이 완성되는 경우에는 점유자는 '소유권 변동 시'를 기산점으로 삼아 '2차의 취득시효의 완성'을 주장하여 소유권이전등기를 청구할 수 있다(예컨대, 乙소유 토지를 甲이 1970.1.5.부터 1990.1.5.까지 20년간 계속해서 점유하여 점유시효취득이 완성된 후인 1991.1.5. 乙이 丙에게 소유권이전등기를 해 준 경우, 甲은 丙에게 대항할 수 없으나, 丙이 소유권을 취득한 1991.1.5.부터 20년이 경과한 2011.1.5.까지 甲이 여전히 점유하였다면 甲은 丙에게 점유시효취득에 기한 소유권이전등기청구를 할 수 있다).

나) 점유취득시효 완성자와 취득시효 완성당시의 소유자의 법률관계

(취득시효 완성 후 제3자가 소유권을 유효하게 취득한 경우 소유자의 책임) 점유취득시효 완성 후 제3자가 유효하게 소유권을 취득한 경우, 소유자의 점유자에 대한 소유권이전등기의무는 '이행불능'이 된다. 이때 ① (선의) 소유자가 취득시효 완성을 '모르고' 제3자에게 소유권을 이전한 경우에는 '귀책사유가 없기 때문에' 이행불능으로 인한 책임을 지지 않지만, ② (악의) 소유자가 취득시효 완성을 '알고서도' 제3자에게 소유권을 이전한 경우에는 '귀책사유가 있기 때문에' 이행불능으로 인한 책임을 진다(예컨대, 乙소유 토지를 甲이 1990.1.5.부터 2010.1.5.까지 20년간 계속해서 점유하여 점유시효취득이 완성된 후 乙이 丙에게 소유권이전등기를 해 준 경우, 甲은 丙에게 대항할 수 없다. 따라서 乙은 甲에 대해서 소유권이전등기의무가 이행불능이 되므로 乙이 甲의 점유시효취득사실을 알았다면 甲에 대해서 이행불능책임으로 불법손배, 채불손배, 대상청구를 해주어야 한다).

(불법행위책임) ① 소유자가 취득시효완성사실을 '모르고' 제3자에게 소유권을 이전한 경우에는 불법행위가 성립할 수 없지만, ② 점유자가 시효취득을 주장하거나 이로 인한 소유권이전등기청구를 하여, 소유자가 시효취득 사실을 '알았거나 알 수 있었던 경우'에는 불법행위가 성립한다.

(채무불이행책임) ① **판례**는『소유자가 취득시효완성사실을 '모르고' 제3자에게 소유권을 이전한 경우, 점유자에게 시효취득으로 인한 '계약상의 채권·채무관계'가 성립하는 것은 아니므로, 소유자에게 채무불이행책임을 물을 수 없다』고 본다. ② 위 판례에 대해서 ⅰ) 채무불이행이란 채무의 내용에 좇은 이행이 없는 것이고, 시효취득에 의한 등기청구권은 '법정채권'이므로 소유자의 귀책으로 이행불능이 되었으면 채무불이행책임을 물을 수 있다는 견해, ⅱ) 위 판례 사안은 소유자가 시효완성을 '모르고', 소유권을 이전한 경우이므로 소유자의 귀책사유를 인정하기 어려울 것이며, '알고 있었다면' 채무불이행책임을 물을 수 있다고 보는 견해가 있다(소유자가 '알고 있는 경우' 채불책임 성부에 대한 **판례**는 없다).

(대상청구권) **판례**는 대상청구권의 경우에도『① 점유자가 이행불능 전에 소유자에 대하여 시효취득으로 인한 등기청구권을 주장하여 소유자가 취득시효 완성을 '알고 있었던' 경우에는 대상청구권을 행사할 수 있으나, ② 그 이행불능 전에 그와 같은 '권리의 주장을 하지 않았다면'(모르는 경우) 대상청구권을 행사할 수 없다』고 본다.

Ⅲ 등기부취득시효

1. 의의

제245조【점유로 인한 부동산소유권의 취득기간】 ② 부동산의 소유자로 등기한 자가 10년간 소유의 의사로 평온, 공연하게 선의이며 과실 없이 그 부동산을 점유한 때에는 소유권을 취득한다.

(등기부시효취득의 예) 예컨대, 乙소유 토지를 甲이 등기를 위조하여 소유권이전등기를 한 다음, 甲이 丙에게 소유권이전등기하여, 丙이 10년간 등기를 한 경우, 甲명의 등기는 무효이며, 丙의 등기 역시 등기의 공신력이 없어 무효이다. 이때 丙은 10년간 등기와 점유를 하고 있었고, 등기가 무효라는 사실에 대해서 선의·무과실이고, 자주·평온·공연하게 점유하였다면 丙은 소유권을 취득한다. 이를 등기부시효취득이라고 한다.

2. 요건

등기부취득시효를 완성하기 위해서는 ① 10년간 점유 및 등기가 있을 것, ② 자주·평온·공연한 점유일 것, ③ 선의·무과실 점유일 것을 요한다.

가. 소유의 의사로 평온, 공연한 점유

나. 선의·무과실의 점유

① **(의의)** '선의'는 점유자가 자기 소유라고 믿는 것이며, '무과실'은 자기 소유라고 믿은 데 과실이 없는 것을 말한다(따라서 본인이 위조등기를 한 경우에는 등기부취득시효가 인정되지 않는다). ② **(존재시기)** 선의·무과실은 '점유개시 당시'에 있으면 족하고 '시효기간 동안 계속'될 필요는 없다(**판례**).

다. 10년간 점유 및 등기

1) 등기 - 시효취득자 명의로 등기가 있을 것

가) 원칙: 시효취득자가 소유자로 등기되어 있어야 한다. 이 등기는 적법·유효한 등기일 필요는 없다. 형식적 유효요건을 결여한 등기이든, 실체적 유효요건을 결여한 등기이든, 원인무효의 등기이든 상관없다.

나) 무효인 중복등기에 기초한 등기부취득시효(중복등기에서 전술) - 부정: **판례**는 『위 법 조항의 '등기'는 부동산등기법 제15조가 규정한 1부동산 1용지주의에 위배되지 아니한 등기를 말하므로, 어느 부동산에 관하여 등기명의인을 달리하여 소유권보존등기가 2중으로 경료된 경우 뒤에 된 소유권보존등기나 이에 터 잡은 소유권이전등기를 근거로 해서는 등기부취득시효의 완성을 주장할 수 없다』고 본다.

2) 등기의 승계

가) 문제점: 등기부취득시효가 완성되기 위해서는 등기와 점유를 모두 10년간 갖추어야 한다. 민법은 점유에 관하여는 승계를 인정하고 있으나(제199조), 등기에 관하여는 규정이 없는바, 등기의 승계를 인정할 수 있는지 문제된다.

나) 판례의 입장 - 긍정: 판례는 ① 등기와 점유는 '권리의 외관을 표상하는 방법에서 동등한 가치'를 가지며, ② '등기에 공신력'을 주고 있지 아니한 민법 하에서 등기를 믿고 부동산을 취득한 자를 보호하기 위해서 ③ 점유의 승계에 관한 '민법 제199조를 유추적용'하여 등기의 승계를 인정한다.

3) 등기와 점유의 일치

등기부취득시효에서 등기는 점유상태와 일치할 것을 요한다.

3. 효과

등기부취득시효의 요건이 충족되면 그때부터 등기는 실체적 권리관계에 부합하여 시효완성자는 바로 소유권을 취득하게 된다(제245조 제2항). 취득시효로 인한 소유권 취득의 효력은 '점유를 개시한 때에 소급'한다(제247조 제1항). 취득시효로 인한 소유권의 취득은 '원시취득'이다(통설).

Ⅳ 동산소유권의 시효취득

> **제246조【점유로 인한 동산소유권의 취득기간】** ① 10년간 소유의 의사로 평온, 공연하게 동산을 점유한 자는 그 소유권을 취득한다.
> ② 전항의 점유가 선의이며 과실 없이 개시된 경우에는 5년을 경과함으로써 그 소유권을 취득한다.

Ⅴ 소유권 이외의 재산권의 취득시효 - 제248조

Ⅵ 선점·습득·발견

1. 무주물의 선점

> **제252조【무주물의 귀속】** ① 무주의 동산을 소유의 의사로 점유한 자는 그 소유권을 취득한다.
> ② 무주의 부동산은 국유로 한다.
> ③ 야생하는 동물은 무주물로 하고 사양하는 야생동물도 다시 야생상태로 돌아가면 무주물로 한다.

2. 유실물의 습득

> **제253조【유실물의 소유권취득】** 유실물은 법률에 정한 바에 의하여 공고한 후 6월내에 그 소유자가 권리를 주장하지 아니하면 습득자가 그 소유권을 취득한다.

3. 매장물의 발견

> **제254조【매장물의 소유권취득】** 매장물은 법률에 정한 바에 의하여 공고한 후 1년 내에 그 소유자가 권리를 주장하지 아니하면 발견자가 그 소유권을 취득한다. 그러나 타인의 토지 기타 물건으로부터 발견한 매장물은 그 토지 기타 물건의 소유자와 발견자가 절반하여 취득한다.
> **제255조【문화재의 국유】** ① 학술, 기예 또는 고고의 중요한 재료가 되는 물건에 대하여는 제252조 제1항 및 전2조의 규정에 의하지 아니하고 국유로 한다.
> ② 전항의 경우에 습득자, 발견자 및 매장물이 발견된 토지 기타 물건의 소유자는 국가에 대하여 적당한 보상을 청구할 수 있다.

Ⅶ 첨부

1. 첨부의 의의 및 성질

첨부란 '부합·혼화·가공'의 3가지를 말하는데, ① 소유자를 달리하는 물건이 결합되어 하나의 물건으로 되거나(부합·혼화), ② 어떤 물건에 타인의 노력이 가해져 새로운 물건으로 되는 것(가공)을 말한다. 이 제도는 물건을 한 개의 물건으로 보아 복구의 청구를 못하게 하고, 그 물건의 소유자를 정하려는데 그 취지가 있다. 이는 법률규정에 의한 소유권취득의 원인이다.

첨부는 ① 첨부의 결과에 의한 새로운 물건을 누구의 소유로 할 것인가, ② 소유권을 잃게 되는 구 물건의 소유자는 어떠한 지위를 갖는가, ③ 소멸하게 되는 구 물건 위에 존재하였던 제3자의 권리는 어떻게 되는지가 문제되는바, ①②의 경우는 임의규정이나, ③의 경우는 강행규정이다.

2. 부합 -부동산에의 부합

가. 의의

> (부동산에의 부합의 예) 예컨대, 甲소유의 건물에 권원 없이 乙이 철강을 매수하여 증개축 공사를 한 경우 乙
> 소유의 철강은 甲소유의 건물에 부합되어 甲의 소유가 되며, 乙은 철강가격을 보상청구할 수 있다. 증개축한
> 부분도 甲소유의 건물의 구성부분이 되면 부합되어 甲소유가 된다. 이때 乙이 임차인으로서 점유할 권원이
> 있는 경우에도 철강이나 증개축부분이 위 건물의 구성부분이 되면 부합되어 甲의 소유가 되며, 만일 구성부
> 분이 아니라 독립한 물건이 된다면 부합되지 않고, 乙의 소유가 된다.

> **제256조 【부동산에의 부합】** 부동산의 소유자는 그 부동산에 부합한 물건의 소유권을 취득한다. 그러나 타인의 권
> 원에 의하여 부속된 것은 그러하지 아니하다.
> **제257조 【동산 간의 부합】** 동산과 동산이 부합하여 '훼손하지 아니하면 분리할 수 없거나' '그 분리에 과다한 비용'
> 을 요할 경우에는 그 합성물의 소유권은 주된 동산의 소유자에게 속한다. 부합한 동산의 주종을 구별할 수 없는
> 때에는 동산의 소유자는 부합 당시의 가액의 비율로 합성물을 공유한다.

부합이란 '소유자를 각각 달리하는 수개의 물건이 결합하여 한 개의 물건으로 되는 것'을 말한다. 민법
은 부동산에의 부합(제256조)과 동산 간의 부합(제257조)을 규정한다. 이하에서는 부동산에의 부합을 검
토한다.

나. 요건

1) 피부합물과 부합물의 자격이 있을 것

① 피부합물은 부동산이며, ② 부합물은 주로 동산이 해당된다. 부동산도 부합물이 될 수 있는지 문제되
나, **판례**는 『부합한 물건은 동산에만 한정되는 것은 아니고 부동산도 포함한다』는 입장이다(예컨대, 작은 창
고 등은 건물에 부합될 수 있다).

2) 부합이 될 것

> (부합의 정도) (부합의 의미) '부합으로 인하여'라 함은 ⅰ) 훼손하지 아니하면 분리할 수 없거나, ⅱ) 분리에
> 과다한 비용을 요하는 경우는 물론 ⅲ) 분리하게 되면 경제적 가치를 심히 감손케 하는 경우도 포함된다.

> (토지에의 부합) ① '건물'은 토지에 부합하지 않는다. 토지와 건물은 별개의 부동산으로 취급되기 때문이다.
> ② '등기된 입목', '명인방법을 갖춘 수목'도 토지에 부합하지 않는다. ③ '권원없이 식재된 수목'은 토지에 부
> 합한다. 따라서 수목이 타인소유 토지에 부합하면 제256조 본문에 의하여 원칙적으로 토지소유자의 소유가
> 된다. 그러나 '임차권 등의 권원에 의하여 부속'된 경우에는 제256조 단서에 의하여 임차인 등이 수목의 소
> 유권을 보유하게 된다. ④ 다만 '농작물'에 대해서는 『아무런 권원없이 타인 토지에서 경작한 농작물의 소유
> 권은 그 경작자가 위법하게 토지소유자나 점유자를 배제해서 경작한 경우에도 언제나 경작자에게 귀속한다』
> 고 보아 토지에 부합하지 않고, 토지와 별개의 물건으로 보는 것이 **판례**의 태도이다.

3) 권원에 의한 부속이 아닐 것

부합한 물건이 '권원'에 의하여 '부속된 때'는 그 부합물은 '부동산소유자의 소유'가 되지 않고 그것을 '부속시킨 자의 소유'로 남는다(제256조 단서). ① **(권원)**이란 '지상권, 전세권, 임차권 등과 같이 타인의 부동산에 자기의 동산을 부속시켜서 그 부동산을 이용할 수 있는 권리'를 말한다. ② **(부속)**이란, 사회경제적 관념에 의해 '독립성'이 있을 정도로 또는 부동산의 본체적 구성부분이 아닐 정도로 결합된 것을 말한다. ③ **(구성부분이 경우)** 따라서 부동산에 '부합'된 물건이 사실상 분리복구가 불가능하여 거래상 독립한 권리의 객체성을 상실하고 그 부동산과 일체를 이루는 '부동산의 구성부분'이 된 경우에는, '타인이 권원'에 의하여 이를 부합시킨 경우에도 그 물건의 소유권은 '부동산의 소유자'에게 귀속된다.

다. 효과

1) 소유권의 원시적 취득

부합 후 생성된 물건에 대하여 '1개의 소유권만'이 인정되며, '부동산의 소유자'는 부합한 물건의 소유권을 취득한다.

2) 보상청구권

① 부합한 동산의 소유권을 취득한 '부동산소유자'는 '부합물의 소유자'에 대하여 부당이득규정에 의하여 이득을 보상하여야 한다(제261조). ② 이러한 보상청구가 인정되기 위해서는 제261조 자체의 요건만이 아니라, 부당이득의 요건이 모두 충족되어야 한다.

3. 혼화

> **제258조【혼화】** 전조의 규정은 동산과 동산이 혼화하여 식별할 수 없는 경우에 준용한다.

4. 가공

> **제259조【가공】** ① 타인의 동산에 가공한 때에는 그 물건의 소유권은 원재료의 소유자에게 속한다. 그러나 가공으로 인한 가액의 증가가 원재료의 가액보다 현저히 다액인 때에는 가공자의 소유로 한다.
> ② 가공자가 재료의 일부를 제공하였을 때에는 그 가액은 전항의 증가액에 가산한다.

제4관 소유권에 기한 물권적 청구권

I 의의

소유권에 기한 물권적 청구권이란 '소유권의 실현이 침해당하거나 침해당할 우려가 있는 경우에 그 제거나 예방을 청구할 수 있는 권리'로서, '소유물반환청구권'과 '소유물방해제거청구권' 및 '소유물방해예방청구권'을 말한다.

Ⅲ 소유권에 기한 반환청구권 - 제213조

> **(소유권에 기한 인도청구의 예)** 예컨대, 甲소유의 토지에 乙이 점유 권원 없이 점유하는 경우 甲은 민법 제213조 본문의 소유권에 기한 반환청구권을 행사하여 토지의 반환청구를 할 수 있다. 이때 乙은 제213조 단서의 점유할 권리가 있음을 이유로 반환을 거부할 수 있다.

> **제213조 【소유물반환청구권】** 소유자는 그 소유에 속한 물건을 점유한 자에 대하여 반환을 청구할 수 있다. 그러나 점유자가 그 물건을 점유할 권리가 있는 때에는 반환을 거부할 수 있다.

1. 청구권의 성립요건

소유권에 기한 물건인도청구(제213조 본문)를 하기 위해서는 ① 원고의 목적물 소유 사실, ② 피고의 목적물 점유 사실이 인정될 것을 요한다.

가. 청구권자가 소유자일 것

소유물반환청구권자는 '법적인 의미에서의 소유자'를 말한다. 원고는 자신의 소유사실로서 이미 자기 앞으로 소유권을 표상하는 등기가 되어 있었거나(제186조 물권변동), 법률의 규정에 의하여 소유권을 취득한 사실(제187조 물권변동)을 입증해야 한다. 따라서 '미등기 매수인'은 소유물반환청구를 할 수 없다. 소송에서 소유권 존부의 판단시점은 '사실심 변론종결시'이다.

나. 상대방이 점유자일 것

1) 점유자의 판단기준

청구의 상대방은 '현재의 점유자'이다. '사실심 변론종결시'를 기준으로 판단한다. 따라서 점유침탈자라도 현재 그 물건에 대한 점유를 상실한 때에는 청구의 상대방이 되지 않는다.

2) 상대방이 간접점유자인 경우

> **(간접점유자의 예)** 예컨대, 甲 소유의 건물을 乙에게 임차하고, 乙이 丙에게 전대차 하였는데, 임대차가 종료한 사안에서, 甲이 ① 제213조 본문에 의해 소유권에 기한 건물인도청구를 하는 경우에는 직접점유자인 전차인 丙을 상대로 청구해야 하며, 간접점유자 乙을 상대로는 청구할 수 없으며, 만일 乙을 상대로 청구하면 청구기각판결을 받게 된다. ② 만일, 임대차종료를 원인으로 건물반환청구를 하는 경우에는 직접점유자 丙이나 간접점유자 乙을 상대로 청구할 수 있다.

판례는 ① 제213조 본문에 의해 불법점유자에 대한 반환청구는 ⅰ) 현실로 불법점유하고 있는 직접점유자만을 상대로 해야 하며, ⅱ) 간접점유자를 상대로 하면 청구기각해야 한다고 하는 반면, ② 인도 약정(매매 또는 임대차 종료)에 따른 이행청구의 경우에는 직접점유자뿐만 아니라 간접점유자에 대하여도 인도를 구할 수 있다고 본다.

2. 제213조 단서의 '점유할 권리'가 없을 것 - 항변

가. 점유할 권리의 의미와 범위

반환청구의 상대방은 그 물건을 점유할 권리가 있는 때에는 반환을 거부할 수 있다(제213조 단서). 여기서 '점유할 권리'란 민법상 권리뿐만 아니라 '널리 점유를 정당화할 수 있는 모든 법적 지위'를 말한다. 예컨대, 지상권·전세권, 유치권, 임차권 등을 말한다.

나. 증명책임

점유자(상대방)는 물건을 '점유할 권리를 가지고 있다는 사실'을 주장·증명해야 한다.

Ⅲ 소유권에 기한 대지인도와 건물철거청구

1. 요건사실

토지소유자가 소유권에 기한 대지인도(소송물은 제213조 본문의 소유권에 기한 반환청구권)와 건물철거·퇴거청구(소송물은 제214조의 소유권에 기한 방해배제청구권)를 하기 위해서는 ① 원고의 토지소유 사실, ② 피고의 토지 점유사실(건물철거의 경우), ③ 피고의 제3자 소유 건물 점유(건물퇴거의 경우) 사실들이 인정될 것을 요한다.

가. 원고의 토지소유 사실 - 전술함

나. 피고의 토지점유 사실 - 건물철거의 경우

소유 토지상에 '타인이 건물을 소유'하고 있는 경우 그 토지를 인도받기 위해서는 그 전제로 '지상건물의 철거'를 구하여야 한다. 토지 인도를 명하는 판결의 효력이 건물 철거에 미치지 않으므로 따로 건물 철거의 집행권원을 얻기 전에는 토지의 인도집행이 불가능하기 때문이다. 이때 토지점유자는 다음과 같다.

(건물의 소유자)
① **(건물철거청구의 상대방)** - 긍정 ⅰ) 건물철거청구의 상대방인 토지점유자는 건물 점유자가 아니라 '건물의 소유자'이다. ⅱ) 사회통념상 건물은 그 부지를 떠나서는 존재할 수 없는 것이므로 건물의 부지가 된 토지는 그 '건물의 소유자가 점유하는 것'으로 보아야 하기 때문이다.
② **(건물 퇴거청구의 상대방)** - 부정 그러나 '건물의 소유자'에 대하여는 그가 그 건물을 직접 점유하고 있다 하더라도 그 건물의 철거와 대지 인도를 청구할 수 있을 뿐, 그 '건물에서 퇴거할 것'을 청구할 수 없다(→ 퇴거청구하면 청구기각된다).
③ **(토지의 부당이득반환청구의 상대방)** - 긍정 한편, '건물소유자'가 부지 부분에 관한 소유권을 상실하였다 하여도, 건물소유자는 토지소유자와 관계에서는 건물 부지의 불법점유자이므로 건물 부지 부분에 관한 차임 상당의 부당이득 전부에 관한 반환의무를 부담하게 되며, '건물 점유자'인 건물임차인이 토지소유자에게 부지점유자로서 부당이득반환의무를 진다고 볼 수 없다.

> **(건물의 미등기 매수인)**
>
> **(건물철거청구의 상대방)—긍정 판례**는 『건물철거는 그 '소유권의 종국적 처분'에 해당하는 사실행위'이므로 원칙으로는 그 '소유자에게만' 그 철거처분권이 있다고 할 것이나, 그 '건물을 매수하여 점유하고 있는 자'는 등기부상 아직 소유자로서의 등기명의가 없다 하더라도, 그 권리의 범위 내에서 그 점유 중인 '건물에 대하여 법률상 또는 사실상 처분을 할 수 있는 지위'에 있으므로, 그 건물이 건립되어 있어 불법으로 점유를 당하고 있는 토지소유자는 위와 같은 건물의 미등기 매수인에게 그 철거를 요구할 수 있다』고 본다.

다. 피고의 제3자 소유 건물 점유—건물퇴거의 경우

건물의 소유자와 건물의 점유자가 서로 다른 경우 이때 '건물의 점유자'는 '토지의 점유자'가 되지 못한다. 따라서 토지소유자는 건물 소유자에게는 토지인도 및 건물철거청구를, 건물 점유자에게는 소유권에 기한 방해배제청구(제214조)로서 건물의 점유자(예컨대, 건물 임차인)에게 퇴거할 것을 청구할 수 있다.

라. 판례의 정리

판례는 ① '건물소유자'와 '건물(등기건물)의 미등기 매수인'은 ⅰ) 대지인도·건물철거와 ⅱ) 대지에 대한 사용이익의 부당이득반환청구의 상대방으로 인정되나, ⅲ) 건물퇴거청구의 상대방으로는 인정되지 않는다고 보며, ② '건물의 점유자'(예 건물임차인)는 ⅰ) 대지인도·건물철거와 ⅱ) 대지에 대한 사용이익의 부당이득반환청구의 상대방으로 인정되지 않고, ⅲ) 건물퇴거청구의 상대방으로는 인정된다고 본다.

2. 피고의 항변—민법 제213조 단서 점유할 권리의 항변 동일

Ⅳ 점유자와 회복자의 관계

1. 적용범위

> **(제213조 본문의 소유권에 기한 물건반환청구에 있어서 점유자가 제213조 단서의 점유할 권리가 있는 경우에 사용이익반환청구—적용 부정)**
>
> ① **(제201조 내지 제203조 적용 부정)** 소유권에 기한 물건반환청구(제213조 본문)에 있어서 상대방인 점유자가 점유할 권리가 있는 경우(제213조 단서)에는 상대방은 물건반환을 거절할 수 있다. 그러므로 점유자와 회복자에 대한 규정인 제201조 내지 제203조는 적용되지 않는다.
>
> ② **(제741조 적용 긍정)** 그러나 물건의 사용·수익을 정당화하는 것은 아니므로 물건에 대한 사용이익은 반환해야 한다. 따라서 소유자는 상대방에게 사용이익 상당의 부당이득반환청구를 할 수 있다(제741조). 예컨대, 甲이 乙에게 제213조 본문의 소유권에 기한 반환청구를 하는 경우 乙이 제213조 단서의 유치권 항변을 하고, 유치권이 인정되는 경우 乙은 반환을 거절할 수 있다. 따라서 제201조 이하는 적용되지 않는다. 이때 유치권자가 물건을 사용하는 경우 甲은 乙에게 물건의 사용이익을 제741조에 기한 부당이득반환청구를 할 수 있다.

> (제213조 본문의 소유권에 기한 물건반환청구에 있어서 점유자가 제213조 단서의 점유할 권리가 없는 경우에 사용이익반환청구 – 적용 긍정)
> ① (제201조 내지 제203조 적용 긍정) 상대방이 점유할 권리가 없는 경우 상대방은 물건을 반환해야 한다. 이때 **판례**는 제201조 등을 제741조의 특칙으로 보아 점유자와 회복자에 대한 규정인 제201조 내지 제203조를 적용한다. 따라서
> ② (점유자가 선의)일 경우에는 제201조 제1항에 의해 과실수취권이 있고, 사용이익도 과실에 포함되므로 선의점유자는 사용이익을 반환할 필요가 없다.
> ③ (본권에 관한 소에서 패소) 다만, 선의의 점유자라도 본권에 관한 소에서 '패소한 때'에는 그 '소가 제기된 때'로부터 악의의 점유자로 간주되므로(제197조 제2항), 이때부터는 과실을 반환해야 한다('패소한 때'라 함은 '패소로 확정된 때'를 말하나, 피고의 패소로 확정될 것을 대비하여 미리 '소제기일부터의' 부당이득의 반환을 구할 수 있다). 이때 반환범위에 관하여 **판례**는 『악의 수익자가 반환하여야 할 범위는 제748조 제2항에 의해, 그가 받은 이익에 이자를 붙여 반환하고, 위 이자의 이행지체로 인한 지연손해금도 지급하여야 한다』는 입장이다.
> 예컨대, 甲이 乙에게 제213조 본문의 소유권에 기한 반환청구를 하는 경우 乙이 제213조 단서의 점유할 권리가 없는 경우 乙은 반환을 거절할 수 없다. 따라서 甲의 乙에 대한 소유권에 기한 반환청구를 하면 甲이 승소, 乙은 패소판결을 받게 된다. 이때 사용이익 상당의 부당이득반환은 제201조 이하가 적용된다. 따라서 점유시부터 소제기 전까지는 제201조 제1항에 의해 乙은 선의 점유자로 과실취득권이 있으므로 부당이득청구를 할 수 없으며, 제197조 제2항에 의해서 소제기부터 패소한 乙은 악의의 점유자가 되므로 제201조 제2항과 제748조 제2항에 의해 사용이익과 이자를 반환해야 한다.

2. 과실취득권 – 제201조

가. 선의 점유자의 과실취득권 – 제201조 제1항

「선의의 점유자는 점유물의 과실을 취득할 권리가 있다」(제201조 제1항). ① 선의의 점유자란 '과실수취권을 포함하는 권원이 있다고 적극적으로 오신한 점유자'를 말하며, ② 오신을 함에는 오신할 만한 '정당한 근거'가 있어야 한다. 선의의 점유자가 '본권에 관한 소에서 패소한 때'에는 그 '소를 제기한 때'로부터 '악의의 점유자'로 간주된다(제197조 제2항). 과실은 '천연과실'과 '법정과실'을 의미한다. 법정과실에는 '물건사용이익'도 포함된다.

나. 악의 점유자의 과실반환의무 – 제201조 제2항, 제3항

제201조 제2항은 「악의의 점유자는 수취한 과실을 모두 반환하여야 하며 소비하였거나 과실로 훼손 또는 수취하지 못한 과실에 관하여는 그 대가를 보상하여야 한다」고 규정하고 있고, **판례**는 『제201조 제2항이 제748조 제2항에 의한 악의의 수익자의 이자지급의무까지 배제하는 취지는 아니기 때문에 악의 수익자가 반환하여야 할 범위는 '제748조 제2항'에 따라 정하여지는 결과 그는 받은 이익에 '이자'를 붙여 반환하여야 하며, 위 '이자의 이행지체로 인한 지연손해금'도 지급하여야 한다』는 입장이다.

3. 목적물의 멸실·훼손에 대한 책임 – 제202조

> **제202조【점유자의 회복자에 대한 책임】** 점유물이 점유자의 책임 있는 사유로 인하여 멸실 또는 훼손한 때에는 악의의 점유자는 그 손해의 전부를 배상하여야 하며 선의의 점유자는 이익이 현존하는 한도에서 배상하여야 한다. 소유의 의사가 없는 점유자는 선의의 경우에도 손해의 전부를 배상하여야 한다.

4. 점유자의 비용상환청구권 – 제203조

가. 의의

점유자가 점유물을 반환할 때에는 회복자에 대하여 점유물을 보존하기 위하여 지출한 '필요비'와 점유물을 개량하기 위하여 지출한 '유익비'의 반환을 청구할 수 있다(제203조).

나. 요건

1) 비용을 지출할 것

비용상환청구권을 취득하려면 물건의 점유자는 그 물건에 대하여 비용을 지출해야 한다. 이때 ① '필요비'란 물건을 통상 사용하는 데 적합한 상태로 보존·관리하는 데 지출되는 비용으로, 점유자가 과실을 취득한 때에는 '통상의 필요비'는 반환을 청구하지 못하나, 특별한 필요비는 그 반환을 청구할 수 있다. ② '유익비'란 물건의 개량이나 물건의 가치를 증가시키기 위하여 지출된 비용으로, 점유자의 선악을 불문하고 그 가액의 증가가 현존한 경우에 한하여 회복자의 선택에 좇아 현실적으로 지출한 금액이나 잔존하는 증가액의 상환을 청구할 수 있다(제203조 제2항).

2) 청구권자

제203조에 의해 비용상환을 청구할 수 있는 자는 ① 타인의 소유물을 권원없이 점유하는 자여야 하며, ② 그 비용지출과정을 주도하고 관리한 자일 것을 요한다.

따라서 ① (타인 소유물을 점유할 권원을 가지고 점유하는 자)가 타인 소유물에 비용을 지출하는 경우, '제203조'가 아니라 '당사자간의 계약관계' 또는 '당사자간의 관계를 규율하는 법률규정'에 기하여 이를 반환받을 수 있다. 예컨대 임차인은 '제203조'에 의해서가 아니라, '제626조' 등에 의해서 비용을 반환받을 수 있다. 그리고 ② (수급인)은 도급인에 대한 채무이행으로서 비용을 지출한 자이므로 동 조의 비용지출자라고 할 수는 없다. 왜냐하면 도급인만이 소유자에 대한 관계에 있어서 제203조에 의한 비용상환청구권을 행사할 수 있는 비용지출자라고 할 것이고, 수급인은 그러한 비용지출자에 해당하지 않는다고 보아야 하기 때문이다.

3) 상환의무자

제203조의 비용상환의무자는 '소유물반환청구권을 행사하는 현재의 소유자'이다.

Ⅴ 소유권에 기한 방해배제청구권 – 말소등기청구는 후술함

1. 의의

> **제214조【소유물방해제거】** 소유자는 소유권을 방해하는 자에 대하여 방해의 제거를 청구할 수 있다.

2. 요건

제214조의 소유권에 기한 방해제거청구권은 ① 청구권자에게 소유권이 있을 것, ② 청구권자의 소유권에 대한 방해가 있을 것을 요건으로 한다.

판례는 『소유권에 기한 방해배제청구권에 있어서 ⅰ) '방해'라 함은 '현재에도 지속되고 있는 침해'를 의미하고, ⅱ) 법익 침해가 '과거에 일어나서 이미 종결'된 경우에 해당하는 '손해'의 개념과는 다르다 할 것이어서, 소유권에 기한 방해배제청구권은 '방해결과의 제거'를 내용으로 하는 것이 되어서는 아니 되며(이는 손해배상의 영역에 해당한다) 현재 계속되고 있는 방해의 원인을 제거하는 것을 내용으로 한다』.

> **(폐기물매립은 방해가 아니라 손해)** 따라서 『쓰레기 매립으로 조성한 토지에 소유권자가 매립에 동의하지 않은 쓰레기가 매립되어 있다 하더라도 이는 과거의 위법한 매립공사로 인하여 생긴 결과로서 소유권자가 입은 '손해에 해당한다' 할 것일 뿐, 그 쓰레기가 현재 소유권에 대하여 별도의 침해를 지속하고 있다고 볼 수 없으므로 '소유권에 기한 방해배제청구권'을 행사할 수는 없다』고 하였다.

3. 효과

소유자는 소유권을 방해하는 자에 대하여 방해의 제거를 청구할 수 있다(제214조 전문). 물권의 행사가 제한되어 있는 경우에는 그 제한된 범위 내에서는 이 청구권이 인정되지 않는다.

4. 소유물방해예방청구권

> **제214조【방해예방청구권】** 소유자는 소유권을 방해할 염려 있는 행위를 하는 자에 대하여 그 예방이나 손해배상의 담보를 청구할 수 있다.

Ⅵ 말소등기

1. 소유권에 기한 소유권이전등기 말소청구 – 민법 제214조

> **(말소등기청구의 예)** 예컨대, 甲이 乙을 피고로 하여 乙명의 등기말소등기청구를 하는 경우 甲은 甲소유사실, 乙명의 등기사실, 乙등기가 원인무효인 사실을 주장·증명하여야 하며, 만일 甲이 위 요건사실을 증명하면 甲의 말소등기청구권이 인정되며, 이에 피고 乙은 乙명의 등기가 실체관계에 부합하여 유효하다는 사실을 주장·증명해야 패소를 면할 수 있다.

가. 요건사실

말소등기청구를 하기 위해서는 ① 원고의 소유 사실, ② 피고의 소유권이전등기 경료 사실, ③ 등기의 원인무효 사실들이 인정될 것을 요한다.

나. 요건 검토

1) 원고의 소유 사실

원고는 자신의 소유사실로서 '이미 자기 앞으로 소유권을 표상하는 등기'가 되어 있었거나 '법률의 규정에 의하여 소유권을 취득한 사실'을 입증해야 한다.

2) 피고의 소유권이전등기 경료 사실

3) 등기의 원인무효 사실

① 피고 명의의 소유권이전등기는 원고의 소유권에 대한 방해로서의 의미를 가지나, 일단 등기가 경료된 이상 적법하게 이루어진 것으로 법률상 추정되므로 원고는 그 반대사실, 즉 등기원인의 무효사실 또는 등기절차의 위법사실까지 주장·입증하여야 한다.

다. 피고의 항변

1) 등기부상 등기원인의 유효

2) 실체적 권리관계 부합

등기가 실체적 권리관계에 부합한다는 의미는 그 등기절차에 어떤 하자가 있더라도 진실한 권리관계와 합치되는 것이면 유효한 등기로 인정하는 것으로 당사자 사이의 관계에 있어서 사실상 물권변동이 생긴 것과 같은 상태에 있는 것을 말한다. **판례**는 ① 중간생략등기이며, 3자간의 합의가 있었다는 항변 또는 전 소유명의자와 피고 사이에 중간생략등기의 합의가 없었더라도 관계 당사자들 사이에 매매계약이 체결되어 이행되는 등 적법한 원인행위가 성립하였다는 항변, ② 피고가 미등기부동산을 전전 매수하여 최종매수인으로서 소유권보존등기를 경료하였다는 항변, ③ 등기부상 등기원인(예컨대, 매매)과 다른 실제 등기원인(예컨대, 증여)이 있었다는 항변, ④ 점유취득시효가 완성되었다는 항변 등을 들고 있다.

3) 원고의 후발적 소유권 상실

피고로서는 자신의 등기가 원인무효라고 하더라도 그 이후의 최종등기명의자가 등기부취득시효 항변을 제출하여 법원에서 그것이 받아들여진 사실을 주장·입증하여 원고의 소유권 상실을 주장할 수 있다.

4) 그 외 ① 등기가 불법원인급여라서 반환청구할 수 없다는 항변, ② 신의칙에 반한다는 항변 등을 할 수 있다.

2. 말소에 관하여 등기상 이해관계 있는 제3자가 있을 때에는 제3자의 승낙이 있을 것 —부등법 제57조 제1항

> (승낙의사표시청구의 예) 예컨대, 甲 소유의 토지에 乙 명의의 소유권이전등기가 되고 乙의 등기에 기해 丙 명의 가압류(가처분)등기가 된 후 甲이 乙 등기의 말소청구를 한 경우, 乙의 등기의 말소에 있어 丙은 등기상 이해관계 있는 제3자이므로 丙의 승낙이 있어야 하는데, 이러한 경우에는 가압류권자를 상대로 '소유권이전등기 말소에 대한 승낙'을 구하여야 한다.

제5관 공동소유

구분	공유	합유	총유
인적 결합	인적 결합관계가 없는 형태	조합체	비법인 사단
지분	공유지분 있음(제262조 제1항)	합유지분 있음(제273조 제1항)	없음
지분의 처분	자유(제263조)	전원의 동의(제273조 제1항)	없음
사용·수익	지분의 비율에 따라 공유물 전부 사용(제263조), 부당이득청구	조합계약 기타 규약에 정함 (제271조 제2항)	정관 기타 규약에 정함 (제276조 제2항)
처분·변경	전원의 동의(제264조) 처분(매매·저당권·명신해지소이 등), 변경(공유토지 위 건축)	전원의 동의(제272조 본문)	사원총회 결의(제276조 제1항) 결의 없으면 절대무효
보존행위	각자 단독으로 전부청구 가능(제265조 단서), 공유물반환·말소등기·건물철거	각자 단독으로 가능 (제272조 단서)	사원총회 결의(제276조 제1항) 결의 없으면 절대무효
관리행위	과반수 지분으로 가능(제265조 본문), 단독점유·임대차·임대해지		
분할청구	자유(제268조 제1항), 지분의 매매로 전원이 함께 해야	불가(제273조 제2항)	불가

I 공유

1. 서설

가. 공유의 개념 및 법적 성질

공유란 '물건이 지분에 의하여 수인의 소유로 되는 것'을 말한다(제262조 제1항). 공유의 법적 성질은 '1개의 소유권'이 분량적으로 분할되어 수인에게 속하는 상태를 말한다(양적 분할설).

나. 공유의 성립

1) 법률행위에 의한 성립

법률행위에 의해 공유가 성립하기 위해서는 1개의 물건의 '공유의 합의'와 '공동점유'(동산의 경우), '공유등기'(부동산의 경우)가 요구된다(부동산의 경우 甲, 乙, 丙이 공동으로 매수하고 공유하기로 합의하고 공유의 등기를 하면 공유가 된다).

2) 법률의 규정에 의한 성립

민법이 공유를 인정하는 것으로는 ① 타인의 물건 속에서 매장물 발견(제254조 단서), ② 주종을 구별할 수 없는 동산의 부합(제257조 후단)과 혼화(제258조), ③ 공유물의 과실(제102조), ④ 건물의 구분소유에서의 공용부분(제215조 제1항) 및 경계에 설치된 경계표와 담 및 구거(제239조), ⑤ 부부 간의 귀속불명의 재산(제830조 제2항) 등이 있으며, ⑥ 특히 공동상속재산(제1006조)에 대해서 **판례**는 공유설의 입장이다(甲이 사망하고 乙, 丙, 丁이 공동으로 상속을 받는 경우 민법 제1006조에 의해 공유로 본다).

2. 공유의 지분

가. 지분의 개념

> **(지분의 예)** 예컨대, 지분은 공유물의 특정부분을 지칭하는 것이 아니며, '공유물 전부'에 미친다. 즉, 甲·乙·丙 3인이 1개의 물건을 공유하는 경우 세 개의 소유권이 인정되는 것이 아니라 '소유권은 한 개'이고, 각 자가 1/3 비율씩 자기 몫을 가지는 것이 지분이고, 이것이 모여서 공유가 된다.

지분은 '각 공유자가 목적물에 대하여 갖는 소유의 비율'로서, '1개의 소유권의 분량적 일부분'이 된다. 그 지분에 기하여 각 공유자가 가지는 권리가 지분권이다.

나. 지분의 비율

지분의 비율은 '공유자의 의사표시' 또는 '법률의 규정'(제254조 단서, 제257조, 제258조, 제1009조, 집합건물법 제12조)에 의하여 정해진다. 그러나 그것이 '불분명'한 때에는 공유자의 지분은 '균등'한 것으로 추정된다(제262조 제2항).

다. 지분의 처분의 자유

> **(지분의 처분의 예)** 예컨대, 즉, 甲, 乙, 丙이 1/3지분의 공유자들인 경우 甲이 1/3지분을 丁에게 매도하는 경우 다른 공유자들의 동의 등은 필요 없다. 그러나 공유물 전체를 매도할 때는 제264조에 의해 전원의 동의를 얻어야 효력이 있으며, 마찬가지로 지분에 용익물권을 설정하는 것도 공유물 전체를 처분하는 것과 같으므로 전원의 동의가 있어야 한다.

지분은 하나의 소유권과 같은 성질을 가지기 때문에 공유자는 그 지분을 자유로이 처분할 수 있다. 다만, '지분에 관한 용익물권의 설정'은 허용되지 않는다. 왜냐하면 그 효과가 공유물 전체에 미쳐 실질적으로 공유물 전체를 처분하는 것과 같은 결과가 되어 제264조에 의해 공유자 전원의 동의가 있어야 하기 때문이다.

라. 지분의 탄력성

> **(지분의 탄력성의 예)** 예컨대, 甲·乙·丙이 각 1/3 지분으로 공유하는 토지에서 甲이 지분을 포기하거나 상속인 없이 사망한 경우, 甲의 지분은 乙과 丙에게 각 1/6씩 귀속한다. 이를 지분의 탄력성이라고 한다.

지분은 하나의 독립된 소유권과 같은 것이므로 탄력성이 있다. 즉, 공유자가 그 지분을 포기하거나 상속인 없이 사망한 경우에는 그 지분은 다른 공유자에게 각 지분의 비율로 귀속한다(제267조).

3. 공유자간의 법률관계

가. 공유물의 사용 · 수익 – 제263조

> **제263조【공유지분의 처분과 공유물의 사용, 수익】** 공유자는 그 지분을 처분할 수 있고 공유물 전부를 지분의 비율로 사용·수익할 수 있다.

1) 개념

지분은 하나의 소유권의 분량적 일부분이지만 1개의 소유권과 같은 성질을 가지므로, 공유자는 '공유물 전부'에 대하여 '지분의 비율'로 사용·수익할 수 있다(제263조).

2) 공유자 1인이 공유물의 전부 또는 일부를 배타적으로 사용·수익하고 있는 경우의 법률관계

> **(과반수지분권자의 배타적 점유의 경우)**
>
> (1) **적법성**-적법: 공유물에 관하여 과반수 공유지분을 가진 자는 공유물의 관리에 관한 사항을 '단독으로 결정'할 수 있으므로(제265조 본문) 공유물에 관하여 과반수지분권을 가진 자가 그 공유물을 '배타적으로 사용·수익할 것'을 정하는 것은 '공유물의 관리방법'으로서 '적법'하다(예컨대, 과반수지분권자가 공유토지를 '단독으로 점유하는 것'이나, '단독으로 임대하는 것'은 관리방법으로 적법하다).
>
> (2) **소수지분권자의 인도청구**-부정: 과반수지분권자의 점유가 관리행위로서 적법한 이상 소수지분권자는 인도청구를 할 수는 없다(예컨대, 2/3지분권자인 甲이 공유토지를 '단독으로 점유하는 경우' 이는 적법한 점유이므로 소수지분권자인 1/3지분권자 乙이 甲에게 인도청구할 수 없다).
>
> (3) **소수지분권자의 불법행위에 기한 손해배상청구 및 부당이득반환청구**
>
> (가) **(불법행위로 인한 손해배상청구 부정)** 다수지분권자의 배타적 사용은 제265조의 공유물관리방법으로서 '적법'하므로, 소수지분권자는 자신의 지분이 침해되었다고 하여 제750조의 불법행위에 기한 손해배상청구를 할 수는 없다(예컨대, 2/3지분권자인 甲이 공유토지를 '단독으로 점유하는 경우' 이는 적법한 점유이므로 소수지분권자인 1/3지분권자 乙이 甲에게 불법행위로 인한 손해배상청구를 할 수 없다).
>
> (나) **(부당이득반환청구 긍정)** 그러나 i) 공유자는 '공유물 전부'를 '지분의 비율'로 사용·수익할 수 있기 때문에, ii) 과반수지분권자가 단독으로 점유하는 경우 다른 공유자의 지분에 상응하는 부당이득을 하고 있다고 할 것이므로, iii) 소수지분권자는 과반수지분권자에 대해서 지분범위 내에서의 사용·수익부분에 대한 부당이득반환청구를 할 수 있다(예컨대, 2/3지분권자인 甲이 공유토지를 '단독으로 점유하는 경우' 소수지분권자인 1/3지분권자 乙은 甲에게 1/3지분범위 내에서 부당이득반환를 할 수 있다).

> **(소수지분권자의 배타적 점유의 경우)**
>
> (1) **적법성**-부적법: **판례**는 『소수지분권자의 배타적 점유는 비록 지분범위 내에서 사용·수익권이 있다 하더라도 전체적으로 보아 법의 보호를 받을 수 없는 부적법한 것』이라고 본다. 왜냐하면, 제265조 본문은 「공유물의 관리에 관한 사항은 공유자의 지분의 과반수로 정한다」고 규정하고 있는바, 소수지분권자의 단독점유는 위 규정을 위반한 위법이 있기 때문이다.
>
> (2) **다수지분권자의 권리**: 다수지분권자는 ① **(인도청구 긍정)** 제265조 본문의 관리방법의 일환으로 소수지분권자에 대하여 공유물 전부의 인도를 청구할 수 있고, ② **(불법행위와 부당이득 긍정)** 소수지분권자의 공유물에 대한 배타적 지배는 제265조 본문에 반하는 '위법한 점유'이므로 다수지분권자는 자신의 지분침해를 이유로 i) 불법행위로 인한 손해배상청구를 할 수 있으며, ii) 부당이득반환청구도 가능하다.
>
> (3) **다른 소수지분권자의 공유물인도청구**
>
> (가) **문제점**: ① 소수지분권자의 배타적 점유의 경우 다른 소수지분권자는 자신의 지분침해를 이유로 손해배상청구·부당이득반환청구를 할 수 있다. ② 문제는 다른 소수지분권자에게 공유물인도청구를 할 수 있는지에 있다.

(ㄴ) **판례의 입장-긍정:** 판례는 ①『공유물의 소수 지분권자인 피고가 다른 공유자와 협의하지 않고 공유물의 전부 또는 일부를 독점적으로 점유하는 경우 다른 소수 지분권자인 원고가 피고를 상대로 공유물의 인도를 청구할 수는 없다』고 본다. ② 다만, 다른 소수 지분권자인 원고는 공유물의 소수 지분권자인 피고의 행위에 대한 방해금지나 피고가 설치한 지상물의 제거 등 방해배제를 청구할 수 있다고 보았다(전2018다287522).

(제3자의 점유가 공유자 중 1인의 의사에 의한 경우)

① **(과반수지분권자의 의사에 의한 경우)**에는 ⅰ) 제3자의 점유는 법 제265조 본문의 '공유물의 관리행위'로 적법하다. ⅱ) 따라서 소수지분권자는 그 제3자에 대하여 공유물 전부의 인도를 청구할 수 없다. ⅲ) 이 경우 소수지분권자는 지분 비율로 사용·수익권이 있으므로 과반수지분권자에게 그 지분에 상응하는 임료 상당의 부당이득을 반환청구할 수 있으나, ⅳ) 과반수지분권자로부터 사용·수익을 허락받은 제3자의 점유는 적법한 점유이므로 제3자에게 공유물의 사용·수익에 따른 부당이득반환청구를 할 수는 없다 (예컨대, 甲이 2/3지분, 乙이 1/3지분을 갖는데, 甲이 丙에게 공유물을 임대한 경우 乙은 丙에게 공유물의 반환을 청구할 수 없고, 공유자인 甲에게 1/3지분에 해당하는 부분의 부당이득반환청구를 할 수 있으나, 임차인 丙에게는 부당이득반환청구를 할 수 없다).

② **(과반수가 아닌 지분권자의 의사)**에 의한 경우에는 제3자의 점유는 부적법하고, 다른 지분권자는 그 제3자에 대하여 보존행위로 공유물 전부의 인도를 청구할 수 있다.

나. 공유물의 처분 · 변경 - 제264조 - 전원의 동의

> **제264조 【공유물의 처분·변경】** 공유자는 다른 공유자의 동의 없이 공유물을 처분하거나 변경하지 못한다.

공유물의 처분(예컨대, 공유물의 매각행위나 담보권 설정행위, 명의신탁 해지로 인한 소유권이전등기청구)·변경(예컨대, 공유토지 위에 건물신축행위)을 위해서는 '공유자 전원의 동의'가 있어야 한다(제264조). 따라서 공유자 1인이 공유물 '전부'를 처분하거나 변경하는 행위는 무효이다. 다만 이 경우에도 '자기의 지분 범위'에서는 처분권이 있으므로 그 한도에서는 실체적 권리관계에 부합하여 유효하다.

(공유물 전부 처분의 예) 예컨대, 甲과 乙이 공유하는 토지를 甲 단독으로 丙에게 매도하고 그 전체에 관하여 소유권이전등기를 마쳐 준 경우, 위 매매 및 처분행위는 ⅰ) 甲의 지분 범위에서는 실체적 권리관계에 부합하여 유효하지만, ⅱ) 乙의 지분 범위에서는 타인 권리의 매매 및 무권리자의 처분행위(甲과 丙이 계약당사자로 해석되는 경우)에 해당하거나 무권대리(乙과 丙이 계약당사자로 해석되는 경우)로 무효이다.

다. 공유물의 관리 및 보존 - 제265조

> **제265조 【공유물의 관리·보존】** 공유물의 관리에 관한 사항은 공유자의 지분의 과반수로써 결정한다. 그러나 보존행위는 각자가 할 수 있다.

1) 공유물의 관리-과반수

가) 관리의 개념: 공유물의 관리에 관한 사항은 공유자의 지분의 과반수로써 결정한다(제265조 본문). 여기서
관리란 '처분 및 변경에 이르지 않은 것'으로서 '공유물을 이용·개량하는 행위'를 말한다(예컨대, 공유물의 단
독점유, 임대 또는 임대차계약의 해지, 수선, 공유토지의 정지 공사 등).

나) 관리방법

> **(단독점유)** 공유물에 관하여 '과반수 공유지분'을 가진 자(공유자의 과반수가 아니라 '지분의 과반수'이며, 1/2지분
> 은 과반수가 아님)는 공유물의 관리에 관한 사항을 단독으로 결정할 수 있으므로, 공유물에 관하여 과반수지분
> 권을 가진 자가 그 공유물을 배타적으로 사용·수익할 것(단독점유 등)을 정하는 것은 공유물의 관리방법으로
> 서 적법하다.

> **(임대·임대해지)** 공유자가 공유물을 타인에게 임대하는 행위 및 그 임대차계약을 해지하는 행위는 공유물의
> 관리행위에 해당하므로 제265조 본문에 의하여 공유자의 지분의 과반수로써 결정하여야 한다.

2) 공유물의 보존-각자 전부에 대해서

① 공유물의 보존행위(예컨대, 공유토지의 불법점유자에 대한 반환청구, 공유토지 위 건물의 철거청구, 위법한 등기의 말
소등기청구 등)는 각자가 단독으로 할 수 있다(제265조 단서). ② 공유물의 보존행위는 '공유물의 멸실·훼손을
방지하고 그 현상을 유지하기 위하여 하는 사실적 법률적 행위'이다.

> **(공유물 전부에 대해서 제3자 명의 등기)**
> ① **(전부에 대한 말소등기 가능)** 공유자의 1인은 공유물에 관하여 제3자 명의로 '원인무효의 소유권이전등
> 기'가 경료되어 있는 경우 공유물에 관한 '보존행위'로서 제3자에 대하여 그 등기 '전부'의 말소를 구할 수
> 있다(예컨대, 甲, 乙, 丙 공유인 토지에 대해서 丁이 무단으로 소유권이전등기를 한 경우 각 공유자는 丁에 대해서 제
> 265조 단서의 보존행위로 자기의 지분뿐만 아니라 지분 전부에 대해서 말소등기청구를 할 수 있다).
> ② **(지분별로 진정명의 소이등)** 그리고 위 원인무효의 등기에 관하여 각 공유자에게 '해당 지분별'로 '진정명
> 의회복을 원인으로 한 소유권이전등기'를 이행할 것을 단독으로 청구할 수도 있다.

> **(제3자가 공유물의 전부 또는 일부를 불법으로 점유하는 경우)**
> ① **(전부 반환청구)** 제3자가 공유물의 전부 또는 일부를 불법으로 점유하는 경우, 공유지분의 다소를 불문
> 하고 각 공유자는 '지분권에 기한 물권적 청구권'으로서 제3자에 대하여 '단독'으로 '전부'의 반환을 청구할
> 수 있다. 그 근거에 대하여, **판례**는 제256조 단서의 '보존행위'를 근거로 한다. 그러나 ② **(취득시효중단의
> 효과)**는 그 청구를 한 '지분권자의 지분'에 대해서만 생기고, ③ **(부당이득반환청구)**도 '자기의 지분 범위'에
> 서만 할 수 있다.

> **(제3자가 공유토지 위에 건물 신축)**
> **(전부 철거청구)** 제3자가 공유토지 위에 건물을 신축한 경우 공유지분의 다소를 불문하고 각 공유자는 제
> 256조 단서의 '보존행위'를 근거로 제3자에 대하여 '단독'으로 '건물전부'의 철거와 토지의 반환을 청구할 수
> 있다.

4. 공유물의 분할

> **제268조【공유물의 분할청구】** ① 공유자는 공유물의 분할을 청구할 수 있다. 그러나 5년 내의 기간으로 분할하지 아니할 것을 약정할 수 있다.
>
> **제269조【분할의 방법】** ① 분할의 방법에 관하여 협의가 성립되지 아니한 때에는 공유자는 법원에 그 분할을 청구할 수 있다. ② 현물로 분할할 수 없거나 분할로 인하여 현저히 그 가액이 감손될 염려가 있는 때에는 법원은 물건의 경매를 명할 수 있다.

가. 분할의 자유

> **(공유물 분할의 예)** 예컨대, 甲, 乙, 丙이 토지를 공유하고 있는 경우 공유지분은 단독소유권과 같은 것이어서, 甲이 단독으로 소유하고 싶은 경우 乙, 丙을 상대로 위 토지를 분할청구하여 공유관계를 해소하고 단독으로 소유할 수 있다.

공유자는 언제든지 공유물을 자유롭게 분할할 수 있음이 원칙이다(제268조 제1항). 공유물분할의 자유는 지분처분의 자유와 함께 공유의 본질을 이룬다.

나. 분할의 방법

1) 공유물분할청구

공유자는 '다른 공유자 모두를 상대로' 공유물의 분할을 청구할 수 있다. 분할청구권은 형성권이므로 분할청구라는 일방적 의사표시에 의하여 다른 공유자는 분할의 협의를 해야 할 의무를 진다.

2) 협의에 의한 분할

① (원칙 협의분할) 공유물분할은 '협의분할'을 원칙으로 한다. ② (분할방법) 협의에 의해 분할할 때에는 분할방법도 협의로 정해진다. '현물분할'이 원칙이지만, 경우에 따라서는 '대금분할'이나 '가격배상'의 방법도 이용될 수 있다.

3) 재판에 의한 분할

가) **법적 성질**: 분할 협의가 성립되지 아니한 때에는 법원에 분할을 청구할 수 있다. 이는 법원의 재량에 의해 분할이고, '고유필수적 공동소송'이다(공유물 분할은 지분의 매매이므로 처분행위에 해당하므로 제264조에 의해 공유자 전원을 소송의 당사자로 하여야 한다).

나) **분할방법**

> **(현물분할)**을 원칙으로 한다(제269조 제2항). 현물분할을 하는 경우 법원은 각 공유자의 지분비율에 따라 공유물을 현물 그대로 수개의 물건으로 분할하고 분할된 물건에 대하여 각 공유자의 단독소유권을 인정하는 판결을 하여야 한다.

> **(대금분할)** 다만, 현물로 분할할 수 없거나 분할로 인하여 그 가액이 현저히 감소될 염려가 있는 때에는 공유물을 경매하여 그 '대금분할'을 할 수 있다(제269조 제2항).

> (가격배상에 의한 분할) 제269조 제2항은 현물분할과 경매분할만 인정하지만, **판례**는 예외적으로 '가격배상에 의한 분할'도 인정한다. 즉 『공유물을 공유자 중의 1인의 단독소유로 하되 현물을 소유하게 되는 공유자로 하여금 다른 공유자에 대하여 그 지분의 적정한 가격을 배상시키는 방법에 의한 분할도 현물분할의 하나로 허용된다』.

다. 분할의 효과

분할에 의하여 공유관계는 종료하고 '지분의 교환' 또는 '매매'가 있게 된다.

Ⅱ 합유

1. 의의

합유란 '수인이 조합체를 이루어 물건을 소유하는 공동소유의 한 형태'를 말한다(제271조 제1항).

2. 합유의 성립

합유는 '조합체'가 물건의 소유권을 취득함으로써 성립하며, 조합체는 ⅰ) 법률규정 또는 ⅱ) 계약에 의해 성립한다. 특히 부동산의 합유는 등기하여야 한다(부등법 제48조 제4항). 법률규정에 의한 합유에는 조합재산(제704조), 수탁자가 수인인 경우의 신탁재산(신탁법 제50조) 등이 있다.

3. 합유의 법률관계

가. 제271조 제1항의 법률관계

제271조 제1항은 "법률의 규정 또는 계약에 의하여 수인이 조합체로서 물건을 소유하는 때에는 합유로 한다. 합유자의 권리는 합유물 전부에 미친다."고 규정하고 있다. 따라서 동업을 목적으로 한 조합이 조합체로서 부동산의 소유권을 취득하였다면, '제271조 제1항의 규정'에 의하여 당연히 그 '조합체의 합유물'이 된다.

나. 법률규정이나 계약이 없는 경우의 법률관계

법률규정이나 계약이 없으면 제272조부터 제274조(임의규정)의 원칙에 의하여 규율된다(제271조 제2항). 따라서 ⅰ) 합유물을 '처분 또는 변경'하려면 '전원의 동의'가 있어야 하고(제272조 본문), ⅱ) '보존행위'는 '각자'가 할 수 있다(제272조 단서). 그리고 ⅲ) '합유지분의 처분'도 '전원의 동의'가 있어야 하므로(제273조 제1항). 동의 없는 지분의 처분은 무효이며(**판례**), ⅳ) '합유물의 분할청구'는 조합이 존속하고 있는 동안은 불가능하다(제273조 제2항).

4. 합유관계의 종료

합유물의 분할은 원칙적으로 금지되므로, 합유관계가 종료하는 것은 조합체의 해산 또는 합유물의 양도로 인하여 조합재산이 없게 된 때이다(제274조 제1항). 조합체의 해산으로 합유관계를 종료하게 되면 합유물을 분할하게 되는데, 이에 관하여는 공유물의 분할에 관한 규정을 준용한다(제274조 제2항).

5. 합유자 중 1인이 사망한 경우 합유지분이 상속되는지 여부

> (합유지분의 상속 부정) 예컨대, 甲, 乙, 丙이 X토지를 1/3씩 합유하는 경우 甲이 사망하면 甲의 합유지분 1/3이 甲의 상속인에게 상속되는 것이 아니라, 잔존합유자 乙, 丙에게 1/2씩 귀속된다. 만일 합유자가 甲과 乙뿐이라면 甲의 사명으로 잔존 합유자 乙이 단독소유가 된다.

① 조합체인 경우 특별한 약정이 없으면 사망한 조합원은 조합에서 당연탈퇴되므로 그 지분이 상속되지 않는다. ② **판례**는 『부동산의 합유자 중 일부가 사망한 경우, 사망한 합유자의 상속인은 합유자로서의 지위를 승계하는 것이 아니므로 해당 부동산은 잔존 합유자가 2인 이상일 경우에는 잔존 합유자의 합유로 귀속되고 잔존 합유자가 1인인 경우에는 잔존 합유자의 단독소유로 귀속된다』는 입장이다.

Ⅲ 총유

1. 재산귀속 형태 – 총유

> (총유의 예) 비법인사단은 종중이나, 교회 등이며, 이들의 재산은 총유이다. 총유재산의 관리, 처분, 변경, 보존행위는 사원총회의 결의를 요하며, 총회의 결의가 없으면 절대무효이다. 특히 보존행위는 공유나 합유는 각자 할 수 있다는 민법규정이 있지만 총유는 그런 규정이 없기 때문에 총회의 결의를 얻어야 유효하게 할 수 있다. 다만, 채무부담행위는 총회의 결의를 요하지 않으며, 정관에 제한이 있다고 하더라도 유효하게 할 수 있다.

법인 아닌 사단의 사원이 물건을 소유할 때에는 '총유'로 하고(제275조 제1항), 소유권 이외의 재산권은 '준총유'로 한다(제278조). 이때 사원은 총유물을 사용·수익만 할 수 있으며(제276조 제2항), 지분권은 없다.

2. 총유물의 관리·처분행위의 규율

가. 총유물의 관리·처분행위의 요건과 효력

① (총유물의 관리·처분행위의 의의) '총유물의 관리·처분행위'란 '총유물 그 자체에 관한 법률적·사실적 처분행위'와 '이용·개량행위'를 말한다. ② (총회결의 필요) 총유물의 관리·처분은 정관 기타 규약에 의하고, 정관 기타 규약에 정함이 없는 경우에는 '사원총회결의'에 의한다(제276조 제1항). ③ (총회결의 결한 효력) 그러므로 사원총회의 결의 없이 총유물을 관리·처분하는 행위는 '절대적 무효'이며, '추인'할 수도 없고, '제126조의 표현대리'도 성립될 수 없다.

나. 총유물의 관리·처분행위에 관한 소송

① (총유재산에 관한 소송)은 『ⅰ) 법인 아닌 사단이 그 '명의'로 '사원총회의 결의'를 거쳐 하거나 또는 ⅱ) 그 '구성원 전원'이 당사자가 되어 '필수적 공동소송의 형태'로 할 수 있을 뿐 ⅲ) 그 '사단의 구성원'은 설령 그가 사단의 대표자라거나 사원총회의 결의를 거쳤다 하더라도 그 소송의 당사자가 될 수 없고, 이러한 법리는 총유재산의 보존행위로서 소를 제기하는 경우에도 마찬가지』라는 입장이다. ② (비법인사단이 사원총회의 결의 없이 제기한 총유재산에 관한 소송)은 소제기에 관한 '특별수권'을 결하여 '부적법'하다(소각하).

다. 보존행위의 규율

(보존행위의 요건과 효력) ⅰ) 총유물의 보존에 있어서는 '공유물의 보존에 관한 민법 제265조'의 규정이 적용될 수 없고, ⅱ) 제276조 제1항의 규정에 따라 '사원총회의 결의'를 거쳐야 하므로, 법인 아닌 사단은 그 총유재산에 대한 보존행위로서 소송행위를 하는 경우에도 총회의 결의를 거쳐야 한다. ⅲ) 따라서 사원총회의 결의를 거치지 아니한 총유물의 보존행위는 상대방의 선의 여부에 관계없이 '절대적 무효'이다.

라. 채무부담행위의 규율

① **(채무부담행위)**는 총유물의 관리·처분행위가 아니므로 '제276조'가 적용되지 않는다. 따라서 총회의 결의가 없어도 채무부담행위는 '유효'하다. ② **(설계용역계약)** 재건축조합이 재건축사업의 시행을 위하여 '설계용역계약'을 체결하는 것은 단순한 채무부담행위에 불과하다. ③ **(채무보증행위)**의 경우 **판례**는 『채무보증행위는 총유물 그 자체의 관리·처분이 따르지 아니하는 단순한 채무부담행위에 불과하여 이를 총유물의 관리·처분행위라고 볼 수는 없다』는 입장이다. 따라서 『비법인사단인 재건축조합의 조합장이 채무보증계약을 체결하면서 조합원총회 결의를 거치지 않았다고 하더라도 그것만으로 바로 그 보증계약이 무효라고 할 수는 없다』고 한다.

마. 정관에 의한 이사의 대표권 제한 문제

비법인사단에서 정관에 의해 이사의 대표권을 제한한 경우 ⅰ) 대표권 제한에 관하여 등기할 방법이 없어 제60조의 규정을 준용할 수는 없고, ⅱ) 대표권 제한은 내부적 의사결정에 불과하다 할 것이므로, ⅲ) 그 거래 상대방이 그와 같은 대표권 제한 사실을 알았거나 알 수 있었을 경우가 아니라면 그 거래행위는 '유효'하다고 봄이 상당하고, ⅳ) 이 경우 거래의 상대방이 대표권 제한 사실을 알았거나 알 수 있었음은 이를 주장하는 '비법인사단측'이 주장·입증하여야 한다.

제6관 명의신탁

Ⅰ 서설

> **(명의신탁의 예)** 예컨대, 甲이 甲소유의 X토지를 乙에게 명의신탁약정을 하고 乙명의로 소유권이전등기를 해준 경우, 甲이 대내적 소유권자로서 위 토지를 사용·수익하고, 乙이 대외적으로 소유권자가 되는 법리를 명의신탁이라고 한다.

명의신탁이란 '신탁자가 대내적으로 소유권을 유보하여 이를 관리·수익하면서, 대외적으로 공부상의 소유명의만을 수탁자로 하여 두는 것'을 말한다. 명의신탁에 관한 법리는 '판례'를 통하여 그 이론이 형성되어 왔고, 현재는 '부동산 실권리자명의 등기에 관한 법률'(이하 '부동산실명법')이 제정되어 규율되고 있다.

Ⅱ **명의신탁에 관한 종래 판례이론**—명의신탁약정이 유효한 경우(종중과 부부간 명의신탁)—부동산실명법이 적용되지 않는 경우—종래 명의신탁이론이 적용된다.

1. 성립 및 유효성

가. 명의신탁약정과 등기
신탁자와 수탁자 사이에 ① '명의신탁관계의 설정에 관한 합의'가 있어야 하고, ② '수탁자 명의의 등기 또는 등록'이 있어야 한다.

나. 대상
'공부에 의하여 그 귀속관계가 공시되는 권리'에서 인정되므로, 등기나 등록에 의하여 공시되는 '부동산'(토지·건물·입목)물권과 '동산'(선박·자동차·항공기·건설기계)물권 및 '광업권·어업권·무체재산권'에서 명의신탁이 인정될 수 있다. 공부상 그 소유관계를 공시할 수 없는 보통의 '동산'은 명의신탁이 성립하지 않는다.

다. 유효성
명의신탁에 대해서 **판례**는 '유효한 계약'이라고 보았다.

2. 법률관계

가. 소유권귀속
판례는 명의신탁의 법률관계에 관하여 '상대적 권리이전설'의 입장에서, ① '대내적'으로 신탁자와 수탁자와의 관계에서는 '신탁자'에게 소유권이 유보되나, ② '대외적'으로 제3자와의 관계에서는 '수탁자'가 소유자로 인정된다고 본다.

나. 대내관계
대내관계에서는 소유권은 '신탁자'에게 유보된다. 신탁자가 신탁재산을 점유하고, 사용·수익권은 '신탁자'에게 있다.

다. 대외관계

> **(명의신탁의 대외관계의 예)** 예컨대, 甲이 甲소유의 X토지를 乙에게 명의신탁약정을 하고 乙명의로 소유권이전등기를 해준 경우, 乙이 丙에게 소유권을 이전해 준 경우 丙은 선의·악의를 불문하고 유효하게 소유권을 취득하며, 다만 丙이 乙의 '배임행위에 적극 가담'한 경우는 반사회질서 법률행위로서 무효가 되어 소유권을 취득할 수 없게 된다. 이때 甲은 丙을 상대로 직접 말소등기청구를 할 수는 없고, 乙을 대위하여 말소등기청구를 할 수 있다.

1) 소유권자
① 대외관계에서는 소유권이 '수탁자'에게 이전·귀속된다. ② **(수탁자의 처분의 효력)** 따라서 수탁자가 신탁자의 승낙 없이 신탁재산을 처분한 경우에도 ⅰ) **(원칙 유효)** 그 제3취득자는 '선의·악의'를 불문하고 적법하게 그 재산을 취득한다. ⅱ) **(예외 무효)** 다만 제3자가 '배임행위에 적극 가담'한 경우는 반사회질서 법률행위로서 무효가 되어 소유권을 취득할 수 없게 된다.

2) 물권적 청구권과 부당이득반환청구권

제3자가 신탁된 물권에 대하여 방해하거나 방해할 염려가 있는 경우에도, 신탁자는 '직접' 물권적 청구권을 가지지는 않으며, 수탁자를 '대위'하여 물권적 청구권을 행사할 수 있을 뿐이다.

3. 명의신탁 해지의 법률관계

> (명의신탁 해지의 대외관계의 예) 예컨대, 甲이 甲소유의 X토지를 乙에게 명의신탁약정을 하고 乙명의로 소유권이전등기를 해준 경우, 甲이 乙에게 명의신탁을 해지하면 소유권은 甲에게 복귀하나, 甲에게로 소유권이전등기를 하지 않으면 대외적으로는 乙이 소유권자로서 乙이 丙에게 소유권을 이전해 준 경우 丙은 선의·악의를 불문하고 유효하게 소유권을 취득하며, 다만 丙이 乙의 '배임행위에 적극 가담'한 경우는 반사회질서 법률행위로서 무효가 되어 소유권을 취득할 수 없게 된다. 이때 甲은 丙을 상대로 직접 말소등기청구를 할 수는 없고, 乙을 대위하여 말소등기청구를 할 수 있다.

가. 의의 및 방법

명의신탁의 해지란 '명의신탁을 장래를 향하여 종료시키는 명의신탁자의 일방적 의사표시'를 말한다. 신탁자는 원칙적으로 '언제든지' 신탁계약을 해지할 수 있다. 그러나 명의신탁의 해지는 그때까지 명의신탁관계가 '유효함을 전제'로 하는 것이므로, 명의신탁이 '무효'인 경우에는 명의신탁의 해지라는 것은 인정되지 않는다.

나. 해지의 효과

판례는 ① (대내관계)에서는 해지로써 등기 없이 신탁자에게 소유권이 복귀되고, ② (대외관계)에서는 소유권이 당연히 복귀하지 않고 등기이전을 요하므로 등기이전을 하기 전에 수탁자로부터 부동산을 취득한 제3자는 완전한 소유권을 취득한다고 본다(내외관계분리설). 다만 제3자가 수탁자의 배임행위에 적극가담한 경우에는 제103조에 반하여 매매계약은 무효가 된다(i) 명의신탁 후 수탁자가 제3자에게 처분한 경우와 ii) 명의신탁 해지 후 수탁자가 제3자에게 처분한 경우 모두 이중매매법리가 유추적용된다).

Ⅲ 상호명의신탁과 구분소유적 공유

1. 구분소유적 공유의 의의

> (구분소유적 공유의 예) 예컨대, 甲이 乙에게 甲 소유인 X토지(300m²)의 특정한 일부(200m²)를 매도하면서 토지를 분필하는 등의 절차를 피하기 위하여 편의상 乙에게 X토지의 2/3지분, 甲은 1/3지분에 관하여 공유지분등기를 마치고, 甲과 乙은 각자 자기 소유의 특정부분을 사용·수익하는 경우이다. 대외적으로는 공유관계와 동일하다.

구분소유적 공유란 '1필의 토지 중 일부를 특정하여 매수하면서, 그 등기는 토지 전체에 관하여 공유지분 이전등기를 한 경우'를 말한다. 즉, 등기상으로 토지 전체에 대한 공유지분등기가 경료되어 있으나, 내부적으로는 각 공유자들이 그 토지의 특정부분만을 배타적으로 사용·수익하는 관계를 말한다.

2. 법적 성질 - 상호명의신탁

> **(상호명의신탁의 예)** 위 예에서, 甲은 자신 소유로 남아 있는 부분(100m²)의 2/3 지분에 관하여 乙에게 명의신탁하고, 乙은 자신이 취득한 부분(200m²)의 1/3 지분에 관하여 甲에게 명의신탁하여 상호명의신탁한 것으로 본다. 부실법이 적용되지 않으므로 유효하다.

① (의의) 구분소유적 공유관계의 경우, 각 양수인은 자기 양수부분에 대하여 다른 부분의 양수인들에게 그 지분소유명의를 신탁함과 동시에 다른 양수인들로부터 그들의 양수부분에 대한 지분소유명의를 수탁받은 것으로 되는데, 당사자들 사이의 이러한 관계를 '상호명의신탁'이라고 한다. ② (부실법 적용 부정) 상호명의신탁의 경우 '부동산실명법 제2조 제1호 단서 나목'에 의해 동법이 적용되지 않으므로 종래 명의신탁이론이 적용되어 유효하다.

Ⅳ 부동산 실권리자명의 등기에 관한 법률상의 명의신탁

1. 부동산실명법상 유효한 명의신탁

가. 부동산실명법상 규율

① 부동산실명법은 등기에 의하여 공시되는 부동산에 관한 소유권 기타 물권(이하 부동산물권)에 관한 '명의신탁약정'을 '무효'로 한다(동법 제4조 제1항, 제2조 제1호 본문). ② 또한, 이러한 명의신탁약정에 따라 행하여진 '등기에 의한 부동산물권변동'도 '무효'로 한다. ③ 다만, 계약명의신탁에 있어서 매도인이 선의인 경우에는 그러하지 않다(동법 제4조 제2항). 이때에는 부동산물권변동이 무효가 아닐 뿐이므로, 명의신탁약정 자체는 부동산실명법에 의하여 여전히 무효이며, 명의신탁자와 명의수탁자는 형사처벌을 받는다(동법 제7조). ④ 그리고 수탁자로부터 소유권을 취득한 제3자는 선·악을 불문하고 소유권을 취득한다(동법 제4조 제3항). ⑤ 또 **판례**는 유효한 명의신탁의 경우 수탁자가 사망하면 그 재산상속인과의 사이에 명의신탁관계가 존속하게 된다고 본다.

나. 부동산실명법이 적용되지 않는 경우 - 종래 명의신탁이론이 적용된다

1) 종중재산의 명의신탁

2) 부부재산의 명의신탁

3) 상호명의신탁(부동산실명법 제2조 제1호 단서 나목)

4) 양도담보, 가등기담보

5) 신탁법, 신탁업법에 의한 신탁

2. 2자간 명의신탁

> **(2자간 명의신탁의 예)** 예컨대, 甲이 甲소유의 X토지를 乙에게 명의신탁약정을 하고 乙명의로 소유권이전등기를 해준 경우, 2자간 명의신탁이다. 이때 명의신탁약정과 乙명의 소유권이전등기는 무효이며, 甲이 여전

히 소유자이다. 甲은 명의신탁을 해지할 수 없고, 말소등기나 진정명의회복을 원인으로 하는 소유권이전등기를 청구할 수 있다. 乙이 丙에게 소유권이전등기를 해준 경우 丙은 선·악을 불문하고 소유권을 취득하나, 丙이 배임행위에 적극 가담하였으면 제103조 위반으로 무효이다.

가. 의의

2자간 명의신탁이란 '부동산의 소유자로 등기된 자가 수탁자 앞으로 등기를 이전하는 형식의 명의신탁'을 말한다.

나. 신탁자·수탁자 사이의 법률관계

1) 명의신탁약정과 물권변동의 효력

① 신탁자 및 수탁자간의 '명의신탁약정'은 무효이다(동법 제4조 제1항). ② 명의신탁약정에 따른 '물권변동'도 무효이므로(동법 제4조 제2항), ③ 명의수탁자 명의의 '등기'는 무효이고 '명의신탁자'가 소유자이다.

2) 신탁자의 소유권 회복 방법

① (해지 부정) 명의신탁의 해지는 명의신탁관계가 유효함을 전제로 하므로 명의신탁이 무효인 경우에는 명의신탁의 해지는 인정되지 않으므로, 신탁자는 해지에 기한 소유권이전등기를 청구할 수 없다. ② (말소 긍정) 수탁자를 상대로 소유권에 기한 방해배제청구권을 행사하여 수탁자 명의의 등기의 '말소'를 구하거나 '진정명의회복'을 원인으로 한 소유권이전등기'를 구할 수 있다.

다. 명의수탁자가 제3자에게 처분한 경우의 법률관계

(제3자) '제3자'는 선·악을 불문하고 유효하게 소유권을 취득한다(동법 제4조 제3항).

(제3자의 의의와 범위) 제3자란 '명의수탁자가 물권자임을 기초로 그와의 사이에 직접 실질적으로 새로운 이해관계를 맺은 사람'을 말하며, 여기에는 '소유권'이나 '저당권' 등 물권을 취득한 자뿐만 아니라 '압류 또는 가압류채권자'도 포함된다.

(배임행위 적극가담) 또한 제3자가 수탁자의 처분행위에 적극 가담함으로써 사회질서에 반한다고 판단되는 등의 특별한 사정이 있으면 제3자와의 매매는 제103조에 반하여 무효이므로 소유권을 취득할 수 없다.

3. 3자간 등기명의신탁 – 중간생략형 명의신탁

(3자간 명의신탁의 예) 예컨대, A의 소유인 부동산에 관하여 A와 甲이 매매계약을 체결하고, 甲과 乙은 甲을 명의신탁자로 乙을 명의수탁자로 하는 명의신탁약정을 하고, 그 소유권이전등기는 바로 A에게서 乙에게로 하는 경우이다. 이때 甲과 乙의 명의신탁 약정과 乙명의의 소유권이전등기는 무효이다. 그러나 A와 甲 사이의 매매계약은 유효하기 때문에 甲은 A에 대해서 매매로 인한 소유권이전등기청구를, 乙에 대해서는 A를 대위하여 말소등기청구를 하여 소유권을 취득할 수 있다.

가. 의의

중간생략형 명의신탁이란 '명의신탁자가 매매계약의 당사자가 되어 매도인과 매매계약을 체결하되, 매도인과의 합의로 그 등기를 매도인으로부터 명의수탁자 앞으로 이전하는 경우'를 말한다.

나. 신탁자·수탁자 사이의 법률관계

명의신탁자 및 수탁자간의 부동산취득을 목적으로 하는 '명의신탁약정'은 '무효'이다(동법 제4조 제1항).

다. 매도인·수탁자 사이의 법률관계

매도인에게서 명의수탁자에게로의 '소유권이전등기'도 '무효'이다(동법 제4조 제2항 본문). 따라서 매도인이 소유자가 되므로 명의수탁자를 상대로 소유권이전등기의 말소를 청구할 수 있다.

라. 매도인·신탁자 사이의 법률관계

① 3자간 등기명의신탁의 경우 명의신탁약정과 그에 의한 등기가 무효로 되고 그 결과 소유권은 매도인에게 복귀하므로, 매도인은 명의수탁자에게 무효인 그 명의 등기의 말소를 구할 수 있다. ② 법은 매도인과 명의신탁자 사이의 매매계약의 효력을 부정하는 규정을 두고 있지 아니하여 매도인과 명의신탁자 사이의 매매계약은 여전히 유효하다. ③ 따라서 명의신탁자는 매도인에 대하여 매매계약에 기한 소유권이전등기를 청구할 수 있고, 그 소유권이전등기청구권을 보전하기 위하여 매도인을 대위하여 명의수탁자에게 무효인 그 명의 등기의 말소를 구할 수도 있다. ④ 또한 명의수탁자가 명의신탁자 앞으로 바로 경료해 준 소유권이전등기는 결국 '실체관계에 부합하는 등기'로서 '유효'하다.

마. 명의수탁자가 처분한 경우의 법률관계

명의수탁자가 그 신탁재산을 제3자에게 처분하면 그 처분행위는 제3자의 선·악을 불문하고 유효하다(동법 제4조 제3항).

4. 계약명의신탁

> **(계약명의신탁의 예)** 예컨대, 甲이 乙에게 매매를 위임하면서 명의신탁약정을 하고, 명의수탁자 乙이 A의 소유인 부동산에 관하여 A와 매매계약을 체결하고, 소유권이전등기를 A에게서 乙에게로 하는 경우이다.

가. 서설

1) 의의

계약명의신탁이란 '신탁자의 위임에 따라 수탁자가 자기 이름으로 매도인으로부터 부동산을 매수하여 그 등기도 수탁자(매수인) 앞으로 마치는 경우'를 말한다.

2) 3자간 등기명의신탁과의 구별

① 계약당사자를 '매도인'과 '수탁자'로 보는 경우에는 '계약명의신탁'이나, ② 계약당사자를 '매도인'과 '신탁자'로 보는 경우에는 '3자간 등기명의신탁'이 된다. ③ 따라서 이를 판단하기 위해서는 '계약당사자를 확정'해야 하는바, 이는 '법률행위의 해석'을 통해 결정된다.

나. 매도인이 '선의'인 경우

1) 매도인과 수탁자 사이의 법률관계
① 매도인이 명의신탁약정이 있다는 사실을 '알지 못한 경우'에는 매도인과 수탁자 사이의 '매매계약'과 '물권변동'은 '유효'하고(부동산실명법 제4조 제2항 단서), 그 결과 수탁자가 신탁재산에 대한 소유권을 유효하게 취득한다.

2) 매도인과 신탁자 사이의 법률관계
매매계약의 당사자는 매도인과 수탁자이므로 매도인과 신탁자 간에는 아무런 법률관계가 존재하지 않는다.

3) 신탁자와 수탁자 사이의 법률관계

> **(명의신탁약정과 위임계약)** 계약명의신탁에서는 당사자 사이에 민법상의 위임계약과 명의신탁약정이 동시에 존재하게 되는 것이 보통이므로 당사자 사이에 특약이 없는 한, 위임에 관한 규정이 준용된다.

> **(명의신탁약정 및 위임계약의 효력)** 계약명의신탁에서는 당사자 사이에 민법상의 위임계약과 명의신탁약정이 동시에 존재하게 되는데, ① '명의신탁약정'은 무효이다(동법 제4조 제1항). ② 위임계약도 '일부무효에 관한 원칙'(제137조 본문)에 따라 '무효'가 된다.

> **(부당이득반환청구 가부)** 신탁자가 수탁자에게 신탁재산에 대한 부당이득반환청구를 할 수 있는지가 문제된다.
> **판례**는 ① 부동산실명법 시행 전에 명의신탁한 경우 명의신탁자는 명의수탁자에게 부당이득반환청구로 소유권이전등기를 청구할 수 있다고 보나, ② 부동산실명법 시행 후에 명의신탁한 경우 명의신탁자는 명의수탁자에게 부당이득반환청구로 소유권이전등기를 청구할 수 없으며, 매수대금을 부당이득으로 반환청구할 수 있다고 본다.

4) 매도인이 선의인 경우 명의수탁자가 제3자에게 매수부동산을 처분한 경우 법률관계
매도인이 선의인 경우 명의수탁자가 완전한 소유권을 취득하므로 수탁자가 제3자에게 목적부동산을 처분한 경우 처분행위는 완전히 유효하므로 제3자는 선악을 불문하고 소유권을 취득한다(이는 부실법 제4조 제3항이 적용된 결과가 아니라 승계취득한 결과이다).

다. 매도인이 악의인 경우

1) 매도인과 수탁자 사이의 법률관계
매도인이 명의신탁약정이 있다는 사실을 안 경우에는 그 물권변동은 무효이고(동법 제4조 제2항 단서), 매매계약도 불능을 목적으로 한 것으로서 무효이다. 따라서 ⅰ) 매도인은 수탁자에게 소유권이전등기의 말소를 청구할 수 있고, ⅱ) 수탁자는 매도인에게 매매대금의 반환청구를 할 수 있다.

2) 신탁자와 수탁자 사이의 법률관계
① 명의신탁약정은 무효이다(동법 제4조 제1항). ② 일부무효에 관한 원칙에 따라 명의신탁약정을 포함하는 위임 등의 계약이 전체적으로 무효가 된다.

3) 매도인과 신탁자 사이의 법률관계

매도인과 신탁자 사이에는 아무런 법률관계도 없다.

4) 매도인이 악의인 경우 명의수탁자가 제3자에게 수탁부동산을 양도한 경우

제3자는 선·악을 불문하고 소유권을 취득한다(동법 제4조 제3항).

제4장 용익물권

제1절 지상권

제1관 지상권의 의의

> **(지상권의 예)** 예컨대, 甲이 乙 소유의 토지 위에 무단으로 건물을 지은 경우에는 乙이 甲에게 건물철거·토지인도청구를 할 수 있다. 따라서 甲이 위 토지 위에 건물을 짓기 위해서는 乙로부터 토지사용권원을 취득하여야 한다. 채권적 권리로는 임차권이 있으며, 물권적 권리로는 지상권과 전세권이 있다. 이때 지상권은 甲과 乙이 지상권설정계약을 체결하고, 지상권설정등기를 하면 甲은 지상권을 취득한다. 甲을 지상권자, 乙을 지상권설정자라고 하며, 甲은 乙에게 지료를 지급하고 위 건물 소유를 위하여 토지를 사용·수익할 수 있다. 지상권은 물권이므로 지상권설정등기를 해두면, 乙이 丙에게 토지 소유권을 이전한 경우 丙이 甲에게 건물철거·토지인도청구를 할 수 없다.

지상권이란 '타인의 토지에 건물 기타 공작물이나 수목을 소유하기 위하여 그 토지를 사용할 수 있는 권리'(용익물권)를 말한다(제279조).

제2관 관습법상 법정지상권

I 서설

1. 의의

> **(관습법상 지상권의 예)** 예컨대, 甲이 X토지와 위 토지 위에 Y건물을 소유하고 있다가 건물만 乙에게 소유권을 이전해 준 경우 乙은 관습법상 법정지상권을 취득한다(이는 민법에는 규정이 없다). 따라서 나중에 甲이 乙을 상대로 지상권 설정계약 등이 없다는 이유로 건물철거·토지인도청구를 할 수 없다. 반대로 위 예에서 乙이 토지만 소유권을 취득한 경우 甲은 관습법상 법정지상권을 취득한다.

관습법상 법정지상권이란 ' i) 토지와 건물이 동일 소유자의 소유에 속하였다가 ii) 그 중 어느 하나가 매매 또는 기타 원인으로 인하여 소유자가 다르게 되었고, iii) 건물철거특약이 없는 경우 건물소유자에게 인정되는 지상권'을 말한다.

2. 인정이유

건물철거로 인한 '사회경제적 불이익을 방지'하고, 또한 건물철거특약이 없으면 토지소유자는 건물소유자로 하여금 토지를 계속 사용하게 하려는 것이 '당사자의 의사'라고 추단된다는 점에서 인정된다.

Ⅱ 성립요건

관습법상 법정지상권이 성립하기 위해서는 ① 처분 당시 토지와 건물의 소유권이 동일인에게 속할 것, ② 매매 기타원인에 의해 토지와 건물의 소유자가 달라질 것, ③ 건물철거특약이 없을 것을 요한다. 매매 기타 원인으로는 매매, 증여, 대물변제, 공유지 분할, 국세징수법에 의한 공매, 민사집행법상의 강제 경매 등이 있으며, '저당권에 기한 임의경매'의 경우에만 제366조 법정지상권이 성립한다.

Ⅲ 등기의 요부

관습법상 법정지상권은 법률(관습법)에 의한 물권변동이므로 등기는 필요하지 않다. 등기를 하지 않더라도 건물소유자는 대지소유자에 대하여 관습법상 법정지상권을 주장할 수 있고, 대지의 전득자에게도 마찬가지이다. 다만 제3자에게 관습법상 법정지상권을 처분하려면 먼저 이에 관하여 등기하여야 한다(제187조 단서).

Ⅳ 관습법상 법정지상권의 내용

관습법상 법정지상권의 내용에 관하여는 특별한 사정이 없는 한 지상권에 관한 규정이 유추적용된다.

제3관 제366조 법정지상권

Ⅰ 서설

1. 의의

> **(제366조 법정지상권의 예)** 예컨대, 甲이 X토지와 위 토지 위에 Y건물을 소유하고 있다가 乙에게 10억 원을 차용하면서 위 토지에 대해서 저당권을 설정해 준 경우, 甲이 채무를 이행하지 않아 乙이 저당권을 실행하여 임의경매절차가 진행하여 丙이 경락받아 토지의 소유권을 취득한 경우 건물소유자인 甲은 제366조의 법정지상권을 취득한다. 따라서 丙이 甲을 상대로 지상권 설정계약 등이 없다는 이유로 건물철거·토지인도 청구를 할 수 없다.

제366조 법정지상권은 'ⅰ) 토지와 그 지상건물이 동일소유자에게 속한 경우에 ⅱ) 토지와 건물 중 어느 한 쪽에 저당권을 설정한 후, ⅲ) 저당권이 실행되어 경매됨으로써 토지와 건물의 소유자가 다르게 된 때 ⅳ) 건물소유자가 법률에 의하여 취득하는 지상권'을 말한다(제366조).

2. 인정이유

① 건물철거로 인한 사회경제적 손실 방지와 ② 저당권자의 담보가치에 대한 기대를 고려한 공익을 위한 규정이므로, 강행규정이다.

Ⅱ 성립요건

제366조 법정지상권이 성립하기 위해서는 ① 저당권 설정 당시 토지 위에 건물이 존재할 것, ② 저당권 설정 당시에 토지와 건물의 소유자가 동일할 것, ③ 저당권 실행으로 인하여 토지와 건물의 소유자가 달라질 것을 요한다.

Ⅲ 법정지상권의 성립과 내용

1. 성립 –등기 불요

제366조 법정지상권의 취득은 법률에 의한 물권의 취득이므로 등기를 요하지 아니한다(제187조). 낙찰인이 '매각대금을 완납'한 때 (등기 없이) 법정지상권이 성립한다.

2. 내용

가. 범위

제366조 법정지상권은 그 건물을 사용하는 데 일반적으로 필요한 범위라고 인정되는 범위 내의 대지에 한하여 인정된다.

나. 지료

1) 당사자의 협의에 의한 지료결정

2) 법원에 의한 지료결정

다. 존속기간

제280조, 제281조

제4관 특수한 지상권

Ⅰ 구분지상권

1. 의의

(구분지상권의 예) 예컨대, 서울시가 지하철을 설치하기 위해서 甲소유 등 개인 소유의 토지를 통과해야 할 경우 그 토지 전체에 지상권을 설정하는 것은 지상권자에게 너무 많은 비용이 들기 때문에 토지의 지하 공간만 상하 범위를 정하여 지상권을 설정하는 경우를 말한다.

건물 기타 공작물을 소유할 목적으로 타인 토지의 지하 또는 지상의 공간을 그 상하의 범위를 정하여 사용하는 지상권을 말한다(제289조의2).

2. 설정

① 구분지상권설정계약과 등기, ② 배타성 있는 용익권자 전원의 승낙을 요한다.

3. 효력

구분지상권자는 공간에 관한 사용권을 갖는다. 구분지상권 행사를 위해 설정행위로써 토지소유자의 사용권을 제한할 수 있으며, 그 제한을 등기하면 소유자 이외의 제3자에게도 대항할 수 있다(제289조의2, 부등법 제69조).

Ⅲ 분묘기지권

1. 의의

타인의 토지 위에 분묘를 소유하기 위한 지상권 유사의 물권으로, 관습법상 물권이다.

2. 취득

판례에 의하면 ⅰ) 타인의 소유지 내에 토지소유자의 승낙을 얻어 분묘를 설치한 경우(법률행위에 의한 취득), ⅱ) 타인 소유의 토지에 토지소유자의 승낙 없이 분묘를 설치한 후 20년간 평온·공연하게 그 분묘의 기지를 점유하여 분묘기지권을 시효취득한 경우(취득시효), ⅲ) 자기 소유의 토지에 분묘를 설치한 자가 후에 이 토지를 타인에게 양도한 경우(관습법상 법정지상권)에 성립한다.

그리고 ① 분묘로서의 요건을 갖출 것, 즉 내부에 시신이 안장되어 있어야 하고, 그렇지 않은 예장의 경우에는 분묘라 할 수 없다. ② 분묘의 모양(봉분)으로써 공시방법을 갖출 것(등기는 불요), 즉 외부에서 분묘임을 인식할 수 없는 평장·암장의 형태는 분묘라 할 수 없어 분묘기지권을 취득할 수 없고, 봉분 등 외부에서 분묘의 존재를 인식할 수 있는 형태를 갖추고 있는 경우에는 분묘의 외형 자체가 공시방법으로서의 구실을 하며, 등기는 필요하지 않다.

제2절 지역권

제3절 전세권

I 서설

1. 의의

> **(전세권의 예)** 예컨대, 甲이 乙 소유의 부동산을 사용·수익할 필요가 있는 경우 甲은 전세금을 지급하고, 乙은 위 부동산을 甲으로 하여금 사용·수익하게 하는 전세권설정계약을 체결하고, 전세권설정등기를 하면 甲은 전세권을 취득하여 위 부동산을 사용·수익할 수 있다. 甲을 전세권자, 乙을 전세권설정자라고 한다. 전세권은 물권이므로 전세권설정등기를 해두면, 乙이 丙에게 토지 소유권을 이전한 경우 丙이 甲에게 건물철거·토지인도청구를 할 수 없다. 전세권이 종료되면 甲은 위 부동산으로부터 전세금을 우선변제를 받을 수 있다.

전세권이란 'ⅰ) 전세권자가 전세금을 지급하고 타인의 부동산을 점유하여 그 부동산의 용도에 좇아 사용·수익하고, ⅱ) 전세권이 소멸하면 목적부동산으로부터 전세권자는 전세금의 우선변제를 받을 수 있는 효력이 인정되는 물권'을 말한다(제303조 제1항).

2. 법적 성질

판례는 전세권은 '용익물권'인 동시에 '담보물권'이기도 하지만 주된 성질은 용익물권이라고 본다. 전세권은 '부동산 이용권'이라는 점과 전세권에 '경매청구권'과 '우선변제권'이 인정된다는 점을 근거로 한다.

II 전세권의 취득, 존속기간 및 전세금

1. 전세권의 취득

① (성립요건) 전세권이 성립하기 위해서는 '전세권설정계약'과 '전세권설정등기'를 해야 한다. ② (전세금지급이 전세권의 성립요건)인지 문제되는바, **판례**는 『전세금의 지급은 전세권 성립의 요소가 되는 것이다』라고 하여 '전세금의 지급'을 '전세권의 성립요건'으로 파악하여, 전세금의 지급이 있어야 전세권이 유효하게 성립한다고 본다.

2. 전세권의 존속기간

가. 설정합의에 존속기간의 약정이 있는 경우

나. 설정합의에서 존속기간을 정하지 않은 경우

다. 건물전세권의 법정갱신

① (의의) 건물의 전세권설정자가 전세권의 존속기간 만료 전 6월부터 1월까지 사이에 전세권자에 대하여 갱신거절의 통지 또는 조건을 변경하지 아니하면 갱신하지 아니한다는 뜻의 통지를 하지 아니한 경우에는 그 기간이 만료되는 때에 전 전세권과 동일한 조건으로 다시 전세권을 설정한 것으로 보는바(제312조 제

4항, 다만 전세권의 존속기간은 그 정함이 없는 것으로 봄), ② (변경등기 불요) 판례는 제312조 제4항의 취지가 '전세권자의 법적 지위를 두텁게 보호'하고자 하는 데 있음을 근거로 이를 법률규정에 의한 물권변동으로 보아 전세권의 변경등기 없이도 전세권의 갱신이 일어나는 것으로 본다.

3. 전세금

Ⅲ 전세권의 효력

1. 전세권자의 사용·수익

2. 전세권의 처분

가. 전세권의 처분성

전세권자는 '임차권과는 달리' 전세권을 '전세권설정자의 동의 없이' 타인에게 '양도·담보제공·존속기간 내에서 임대·전전세' 등을 할 수 있다. 다만, 이를 설정행위로서 금지한 때에는 그러하지 아니하다(제306조; 임대차에서 임차인은 제629조에 의해 임대인의 동의 없이 임차권을 양도하거나 전대차를 할 수 없다).

나. 전세권의 양도

> **(전세권 양도의 예)** 예컨대, 위 예에서 전세권자 甲은 전세권 자체를 丙에게 양도할 수 있으며, 전세권이 양도되면 전세금반환청구권도 丙에게 양도된다.

① (전세권 양도 허용) 전세권자는 '전세권설정계약에서 달리 정하지 않은 한' 소유자의 의사와 무관하게 '전세권'을 타인에게 양도 또는 담보로 제공할 수 있다(제306조). ② (전세금반환채권의 귀속) 전세권을 양도하면 법적으로 그 '양수인이 현재의 소유자에게 전세금을 활용할 권리'를 준 것이므로 '전세금반환청구권'은 '전세권양수인'에게 귀속된다.

다. 전세금반환채권의 분리양도

> **(전세권의 존속기간 중인 경우)**
> 1) **문제점:** 전세권은 용익물권과 담보물권을 겸유하는 물권이므로, 담보물권의 부종성에 의해 전세권이 양도되면 전세금반환채권도 함께 이전되고(제307조), 전세금반환채권이 양도되면 전세권도 함께 이전되어야 함이 원칙이다. 여기서 전세권의 존속기간 내에는 전세금반환채권만을 전세권과 분리하여 확정적으로 양도할 수 있는지가 문제된다.
> 2) **판례의 입장:** 『① (원칙 불허) 전세권이 존속하는 동안은 전세권을 존속시키기로 하면서 전세금반환채권만을 전세권과 분리하여 확정적으로 양도하는 것은 허용되지 않는 것이며, ② (예외 허용) 다만 전세권 존속 중에는 장래에 그 전세권이 소멸하는 경우에 전세금반환채권이 발생하는 것을 조건으로 그 장래의 조건부 채권을 양도할 수 있을 뿐』이라고 하여, '장래 조건부 채권으로서의 양도'를 인정한다.

(전세금반환채권 양도의 예) 예컨대, 위 예에서 전세권자 甲은 전세기간 중 전세금반환채권을 丙에게 양도할 수 없으며, 다만, 장래 전세권 소멸 시 전세금반환채권이 발생하는 것을 조건으로 '장래 조건부 채권으로서의 양도'만 인정된다.

(전세권의 존속기간 만료 등의 경우)
1) 문제점: 전세권의 존속기간 만료, 소멸청구·통고, 합의해지로 전세권이 종료되면 용익물권은 소멸하고, 담보물권만 존속하는바, 이 경우 전세금반환채권만을 전세권과 분리하여 양도할 수 있는지가 문제된다.
2) 판례의 입장: 판례는 ① 전세권이 종료되어 전세권의 용익물권으로서의 성격은 소멸하고 담보물권으로서의 성격만 남은 상태에서, ② 전세권과 분리하여 전세금반환채권을 양도하는 것은 가능하고, ③ 이 경우 채권양수인은 전세권(담보물권)이 없는 무담보의 채권을 양수한 것이 되고, 채권의 처분에 따르지 않은 전세권(담보물권)은 소멸한다고 본다.

(전세권 소멸 후 전세금반환채권 양도의 예) 예컨대, 위 예에서 전세권자 甲은 전세기간 만료 후 전세금반환채권을 丙에게 양도할 수 있으며, 이대 丙은 전세권(담보물권)이 없는 무담보의 채권을 양수한 것이 되고, 채권이 양도되면 부종성에 의해서 전세권(담보물권)은 소멸한다.

라. 전세권을 목적으로 하는 저당권

(전세권을 목적으로 하는 저당권의 허용여부 – 허용)
저당권은 부동산의 '소유권'을 목적으로 함이 원칙이지만, '전세권'도 그 목적으로 할 수 있다(제371조 제1항). 뿐만 아니라 전세권자는 전세권을 타인에게 '담보로 제공'할 수 있다(제306조). 따라서 전세권을 목적으로 하는 저당권은 우리 민법상 유효하게 성립한다.

(전세권의 존속기간 만료 전의 효력 – 용익물권을 목적으로 하는 저당권)
전세권은 그 존속기간이 만료하기 전에는 주로 '용익물권'으로서의 성격을 갖는다. 따라서 존속기간 동안 전세권을 목적으로 하는 저당권은 주로 '용익물권을 목적으로 하는 저당권'이 된다고 할 것이므로, 전세권의 존속기간 중 피담보채권의 변제기가 도래하면 저당권자는 전세권 자체를 경매하여 환가할 수 있을 것으로 본다.

(전세권의 존속기간 만료 후의 효력 – 물상대위)
1) 전세권의 효력: 전세권은 존속기간이 만료한 것만으로 곧바로 소멸하지 않는다. 즉 '용익물권'으로서의 사용·수익권은 소멸하지만, 전세권설정자가 전세금을 반환하지 아니하는 한 '담보물권'으로서의 경매권과 우선변제권은 소멸하지 아니한다.
2) 전세권을 목적으로 하는 저당권의 효력
(판례의 입장) ① 전세권의 기간만료로 종료된 경우 전세권(용익권)은 소멸하고, 전세권이 소멸하면 저당권도 당연히 소멸하므로, 더 이상 전세권 자체에 대하여 저당권을 실행할 수 없게 되고, ② 저당권자는 '물상대위'의 법리에 의해 ⅰ) 저당권의 가치변형물인 '전세금반환채권'에 대하여 '압류 및 추심명령 또는 전부명령'을

받거나, ⅱ) '제3자가 전세금반환채권에 대하여 실시한 강제집행절차'에서 '배당요구'를 하는 등의 방법으로 '전세권설정자'에 대해 전세금의 지급을 구할 수 있다. ③ ⅰ) 따라서 전세금반환채권에 대한 저당권자나 제3 자의 압류 등이 있으면 전세권설정자는 저당권자에게 전세금을 지급해야 하나, ⅱ) 제3자의 압류 등이 없는 한 전세권설정자는 전세권자에 대해 전세금지급의무를 부담하며, 전세권자에게 전세금을 지급함으로써 그 의무이행을 다한 것이 된다고 본다.

(전세권 저당권의 효력) 예컨대, 위 예에서 전세권자 甲은 丙으로부터 금전을 차용하면서 전세권을 담보로 저당권을 설정해 줄 수 있으며, 전세권이 존속기간 만료등으로 소멸하면 丙의 저당권은 소멸하고, 甲의 乙에 대한 전세금반환채권에 물상대위를 할 수 있다. 즉, 丙은 甲의 乙에 대한 전세금반환채권을 압류·추심이나 전부명령을 받아 乙로부터 전세금을 직접 받을 수 있다. 그러나 압류를 하지 않으면 乙은 甲에게 전세금을 지급해야 한다.

마. 전전세

전전세란 '전세권자가 자신의 전세권을 그대로 유지하면서 그 전세목적물의 일부 또는 전부에 관하여 제3 자와 다시 전세권을 설정하는 것'을 말한다(제306조, 제308조). 전세권자는 설정행위로 전전세가 금지되어 있지 않는 한, 그의 전세권의 존속기간 내에서 전전세할 수 있다.

3. 전세권의 존속기간 중 전세목적물의 소유권이 제3자에게 이전된 경우의 법률관계 – 전세금반환의무자

(전세권설정자의 지위 이전의 효력) 예컨대, 위 예에서 전세권설정자 乙이 丁에 부동산의 소유권을 이전해 준 경우 丁은 전세권설정자의 지위를 승계하고, 전세금반환채무를 면책적 인수하여 丁만이 전세금반환채무를 부담하고, 乙은 그 채무를 면한다. 따라서 甲은 丁에게 전세금반환청구를 해야 한다.

가. 문제점

전세권의 존속기간 중 전세목적물의 소유권이 이전된 경우에 신 소유자가 전세권설정자의 지위를 승계하는지, 따라서 신 소유자만이 전세금반환의무를 부담하고, 구 소유자는 그 의무를 면하는지가 문제된다.

나. 판례의 입장 – 전세권설정자의 지위승계 인정 및 전세금반환채무의 면책적 인수

판례는 전세권의 존속기간 중 전세목적물의 소유권이 이전된 경우에 ① 신 소유자가 전세권설정자의 지위를 승계하고, ② 신 소유자가 전세금반환채무를 면책적 인수하여 신 소유자만이 전세금반환채무를 부담하고, 구 소유자는 그 채무를 면한다(임대차의 경우도 임차인이 대항력을 구비하였으면, 임대인으로부터 소유권을 이전받은 양수인은 임대인의 지위를 승계하고, 임차보증금반환채무를 면책적으로 채무를 인수한다는 점에서 유사하다).

Ⅳ 전세권의 소멸

1. 소멸사유

2. 전세권 소멸시의 법률관계 — 용익물권적 성격은 소멸하고, 전세금반환채권을 담보하기 위한 담보물권으로서의 성격만 남는다.

가. '전세권설정자'의 전세금반환의무와 '전세권자'의 등기말소 및 목적물반환의무의 동시이행관계

전세권이 소멸한 때에는 '전세권설정자'의 전세금반환의무과 '전세권자'의 등기말소 및 목적물반환의무는 동시이행관계에 있으므로, 전세권설정자는 전세권자로부터 그 목적물의 인도 및 전세권설정등기의 말소등기에 필요한 서류의 교부를 받는 동시에 전세금을 반환하여야 한다(제317조).

나. '전세권자'의 경매청구권

1) '전세권자'의 경매청구권과 우선변제권의 인정

전세권자는 전세금반환청구권의 실현을 위하여 전세목적물의 경매를 청구할 수 있고(제318조), 전세권자는 우선변제권을 가지므로 전세권의 목적물 전부에 대하여 후순위권리자 그 밖의 채권자보다 전세금의 우선변제를 받을 권리가 있다(제303조 제1항).

2) 건물의 일부전세권과 경매청구권의 범위

> **(일부전세의 경우 경매청구 부정)** 예컨대, 위 예에서 乙소유의 부동산의 1/2만 전세권설정계약을 한 경우 전세권자 甲은 위 부동산의 1/2 부분만에 대해서 경매를 청구할 수 없다.

가) 건물의 일부 전세 허용 여부와 경매청구의 범위: 전세권의 객체는 '일필의 토지의 일부' 또는 '일동의 건물의 일부'에도 성립한다(부동산등기법 제72조 제1항). 이때 부동산의 일부에 대한 전세권자가 자기의 전세금반환청구권을 실현하기 위하여 그 부동산의 일부에 대해서만 경매청구를 할 수 있는지, 아니면 전부에 대하여 경매청구를 할 수 있는지 문제된다.

나) 판례의 입장: **판례**는 ① 전세권은 건물의 일부에도 성립하며, ② 일부전세의 경우 전세권의 목적물이 아닌 나머지 건물부분에 대하여는 우선변제권은 별론으로 하고 경매청구권은 없다는 입장이다(따라서 우선변제권은 인정될 수 있다).

다. '전세권자'의 우선변제권

전세권자는 목적물의 경매를 신청할 수 있고(제318조), 후순위권리자 기타 채권자보다 우선 변제를 받을 권리가 있다(제303조 제1항). ① 전세권자는 대항력이 없는 일반채권자에 대해서는 언제든지 우선하지만, 대항력을 갖춘 채권이 경합하는 때에는 그 순위에 의한다. ② 저당권보다 전세권이 선순위인 경우 선순위 전세권자가 경매신청하면 양자 모두는 소멸하고 설정등기의 순위에 따라 배당을 받는다. 그러나 후순위 저당권자가 경매를 신청하면 전세권은 소멸하지 않는다. ③ 저당권이 선순위인 경우 저당권자나 전세권자 중 어느 쪽이 경매를 신청하든 양자 모두 소멸하고, 배당순위는 설정등기의 선후에 의한다.

라. 원상회복의무와 부속물수거권

전세권이 소멸하면, 전세권자는 그 목적물을 원상에 회복해야 하고, 그 목적물에 부속시킨 물건을 수거할 수 있다(제316조 제1항). 그러나 전세권설정자가 그 부속물건의 매수를 청구한 때에는 인정되지 않는다(제316조 제1항 단서).

마. 부속물매수청구권

전세권이 소멸하면 전세권설정자는 언제든지 그 부속물의 매수를 청구할 수 있고, 이 경우 전세권자는 정당한 이유 없이 거절하지 못한다(제316조 제1항 단서). 부속물을 전세권설정자의 동의를 얻어 부속시킨 경우와 부속물을 전세권설정자로부터 매수한 경우에는, 전세권자도 전세권설정자에 대해 부속물매수청구권을 갖는다(제316조 제2항).

바. 전세권자의 필요비 · 유익비상환청구권

전세권자는 목적물의 현상을 유지하고 그 통상의 관리에 속한 수선을 하여야 한다(제309조). (필요비 상환청구 부정) 그 결과 전세권자는 필요비의 상환을 청구하지 못한다(따라서 전세권자는 유익비상환청구만 가능하다. 이에 비해 임대차에서는 임대인이 수선의무를 부담하기 때문에 임차인은 필요비와 유익비 상환청구를 모두 할 수 있다는 점에 주의할 것이다).

> **제310조【전세권자의 상환청구권】** ① 전세권자가 목적물을 개량하기 위하여 지출한 금액 기타 유익비에 관하여는 그 가액의 증가가 현존한 경우에 한하여 소유자의 선택에 좇아 그 지출액이나 증가액의 상환을 청구할 수 있다. ② 전항의 경우에 법원은 소유자의 청구에 의하여 상당한 상환기간을 허여할 수 있다.

제5장 담보물권

Ⅰ 담보물권의 의의

Ⅱ 담보물권에 공통되는 성질

1. 부종성

> (부종성의 예) 예컨대, 乙이 소비대차계약을 체결하고 甲으로부터 1억 원을 차용하면서 담보권설정계약을 체결하고, 담보권설정등기를 경료하면 담보권이 설정되는데, 1억 원을 피담보채권이라고 하며, 피담보채권이 발생, 이전, 소멸하면 담보권도 발생, 이전, 소멸하는 성질을 부종성이라고 한다.

담보물권은 피담보채권의 존재를 전제로 한다. 피담보채권이 '발생'해야 담보물권도 '발생'하며, 피담보채권이 소멸하면 담보물권도 당연히 소멸한다.

2. 수반성

피담보채권이 '이전'하면 담보물권도 '이전'하고, 피담보채권을 담보로 제공하면 담보물권도 같이 그 목적이 된다. 부종성 성질 중 하나이다.

3. 물상대위성 – 후술함

담보물권의 목적물이 '멸실·훼손·공용징수'되어 그 목적물에 갈음하는 금전 기타의 물건으로 변하여 목적물소유자에게 귀속되면, 담보물권은 그 목적물에 갈음하는 금전 기타의 물건(예 보험금청구권, 손해배상청구권, 보상금청구권 등)에 대해서도 존속하게 된다.

4. 불가분성

> (불가분성의 예) 예컨대, 乙이 소비대차계약을 체결하고 甲으로부터 1억 원을 차용하면서 담보권설정계약을 체결하고, 담보권설정등기를 경료하면 담보권이 설정된 경우, 乙이 1억 원을 전부 변제할 때까지 담보권은 전

부 효력이 있다는 성질이다. 즉 5천만 원을 변제하면 담보권도 5천만 원 한도로 줄어드는 것이 아니라 전부에 대해서 효력이 있다.

담보물권은 '피담보채권의 전부에 대한 변제'가 있을 때까지 목적물 전부에 대해 그 효력이 미친다. 불가분성은 '모든' 담보물권에 인정된다.

제2절　유치권

제1관 총설

I 유치권의 의의

> (유치권의 예) 예컨대, 甲이 도급인으로 수급인 乙에게 공사대금 1억 원에 건물신축 공사를 맡겼고, 이에 乙이 건물을 완공하였으나, 甲이 공사대금 1억 원을 지급하지 않는 경우, 乙은 甲으로부터 공사대금을 전부 받을 때까지 위 건물을 점유하면서 반환을 거절함으로써 1억 원의 채권을 담보하는 제도를 유치권이라고 한다. 이는 甲과 乙 사이의 약정에 기한 담보권이 아니라 민법이 정한 법정담보물권이다.

유치권이란 'i) 타인의 물건을 점유한 자가 ii) 그 물건에 관하여 생긴 채권을 가지는 경우에, iii) 그 채권의 변제를 받을 때까지 iv) 그 물건을 유치함으로써 채무자의 변제를 간접적으로 강제하는 담보물권'을 말한다(제320조 제1항). 유치권은 법률규정상 당연히 발생하는 '법정담보물권'으로서 공평의 이념에 근거하고 있다.

II 유치권의 법적 성질

1. 물권

유치권은 특정물을 직접 지배하는 배타적 권리라는 점에서 '물권의 성질'을 갖는다. 그러나 '추급효'가 없고, '점유의 상실'에 의하여 '소멸'하며, 동산·부동산을 목적으로 하는 법정담보물권으로서 등기 없이도 당연히 성립한다(따라서 점유를 침탈당한 경우 유치권은 소멸하여 유치권에 기한 반환청구를 할 수 없고, 점유물반환청구에 의해 점유를 회복할 수밖에 없다).

2. 담보물권

① 유치권도 담보물권으로서 담보물권이 가지는 공통된 성질인 '부종성·수반성·불가분성'을 갖는다.
② 유치권에는 '물상대위성'과 '우선변제적 효력'이 없다는 점에서 다른 담보물권과 다르나, 경매권은 있

다. ③ 다만 채무자 또는 제3자가 목적물의 인도를 받으려면 유치권자에게 변제하여야 하므로, '실제에 있어서는 우선변제권이 있는 것'과 같다. ④ 그리고 목적물의 '유치'가 성립요건이라는 점에서, '성립의 선·후'를 불문하고 '모든 물권'에 대항할 수 있다(사실상 최우선순위 담보권). 따라서 선순위 저당권이 설정되어 있는 경우에도 그 설정 후에 제3자가 저당목적물을 점유함으로써 위 목적물에 유치권을 취득할 수 있으며, 유치권자는 저당권자에게 유치권을 주장할 수 있다.

제2관 유치권의 성립요건 –권리저지항변

I 서설

1. 민법의 태도

> **제320조【유치권의 내용】** ① 타인의 물건 또는 유가증권을 점유한 자는 그 물건이나 유가증권에 관하여 생긴 채권이 변제기에 있는 경우에는 변제를 받을 때까지 그 물건 또는 유가증권을 유치할 권리가 있다.
> ② 전항의 규정은 그 점유가 불법행위로 인한 경우에 적용하지 아니한다.

2. 유치권의 성립요건

유치권이 성립하기 위해서는 ① 타인의 물건 또는 유가증권을 점유하고 있을 것, ② 그 목적물에 관하여 생긴 채권이 있을 것, ③ 위 채권이 변제기에 있을 것, ④ 불법점유가 아닐 것(재항변), ⑤ 유치권 배제특약이 없을 것(재항변)을 요한다.

II 유치권의 목적물 –타인의 물건 또는 유가증권을 점유하고 있을 것

III 채권과 목적물과의 견련관계 –그 목적물에 관하여 생긴 채권이 있을 것

1. 목적물에 '관하여 생긴 것'의 의미

> **(물건에 관하여 생긴 채권의 예)** 예컨대, 위 예에서 본 바와 같이 乙은 공사대금받을 때까지 유치권을 행사할 수 있으며, 또한 임차인 乙이 필요비, 유익비를 지출한 경우 임대인 甲이 위 비용을 상환할 때까지 임대목적물을 유치할 수 있으며, 매수인 乙은 매매계약이 무효·취소·해제된 경우 매도인 甲이 매매대금을 반환받을 때까지 매매목적물의 반환을 거절하여 유치권을 행사할 수 있다.

판례는 『'그 물건에 관하여 생긴 채권'은 유치권 제도 본래의 취지인 공평의 원칙에 특별히 반하지 않는 한, ① 채권이 '목적물 자체'로부터 발생한 경우는 물론이고 ② 채권이 목적물의 반환청구권과 '동일한 법률관계나 사실관계로부터 발생'한 경우도 포함한다』고 보아, '기준이원설'의 입장이다. 따라서 ① 채권이 '목적물 자체'로부터 발생한 경우(예 i) 필요비와 ii) 유익비의 상환청구권, iii) 수급인의 공사대금채권)와 ② 채권이

'목적물의 반환청구권'과 '동일한 법률관계'(뎁 매매계약이 무효·취소·해제된 경우 매수인이 대금반환시까지 목적물의 반환을 거절하는 경우) 또는 '동일한 사실관계'(뎁 우연히 서로 물건을 바꾸어간 경우)로부터 발생한 경우에 유치권의 성립을 인정한다.

2. 채권이 있을 것

Ⅳ 채권의 변제기의 도래 - 채권이 변제기에 있을 것

Ⅴ 불법점유가 아닐 것 - 재항변

Ⅵ 유치권배제 특약의 부존재 - 재항변

제3관 유치권의 효력

Ⅰ 유치권자의 권리

1. 목적물을 유치할 권리 - 유치권의 중심적 효력

가. 유치의 의미

유치권자는 그의 채권의 변제를 받을 때까지 목적물을 유치할 수 있는데, 여기서 유치한다는 것은 '목적물의 점유를 계속하면서 인도를 거절하는 것'을 뜻한다. 따라서 유치권자가 목적물을 반환하지 않더라도 '불법행위'가 되지 않고, '이행지체'가 되지 않는다.

나. 유치권의 주장과 사실상 우선변제권

유치권은 '물권'이기 때문에 모든 사람, 즉 '채무자'뿐만 아니라 '선순위 담보권자', '목적물의 양수인 또는 경락인'에 대해서도 주장할 수 있다. 즉, 유치물이 제3자의 소유가 된 때, 채권의 행사는 채무자에게 하여야 하지만 유치권은 제3자에 대해서도 행사할 수 있다.

그러나 유치권자는 원칙적으로 '인도거절권능만' 있고, '우선변제'를 구할 수는 없다. 그러나 경매절차에서의 매수인 등은 목적물의 사용가치와 교환가치를 누리기 위해서 사실상 유치권의 피담보채무를 변제하지 않을 수 없는 경우가 많다. 따라서 유치권자는 '사실상 우선변제'를 받게 된다.

다. 유치권 행사에 대한 법원의 판단 - 상환이행판결

물건인도청구에 대해 피고(점유자)는 '유치권의 항변'을 할 수 있다. 유치권의 주장이 인정되는 경우 유치권은 채권의 변제를 받을 때까지 목적물을 유치하는 것을 내용으로 하므로 원고청구 기각판결을 하는 것이 원칙이나, **판례**는 소송경제와 유치권의 목적은 이것으로 충분히 달성할 수 있다는 이유로, '채무의 변제와 동시에 물건을 인도하라'는 '상환이행판결'을 해야 한다고 본다(질적 일부인용판결로 주문은 "피고는 원고로부터 1억 원을 지급받음과 동시에 물건을 인도하라"고 기재한다).

2. 유치물 사용권 – 소유자의 승낙에 의한 사용과 보존에 필요한 사용

① 유치권자는 '채무자의 승낙 없이' 유치물의 사용·대여·담보제공을 하지 못한다(제324조 제2항). 따라서 소유자의 동의 없이 유치권자로부터 유치권의 목적물을 임차한 자의 점유는 소유자에게 대항할 수 있는 '점유할 정당한 권원'이라고 할 수 없다. ② 보존에 필요하지 않음에도 승낙 없이 유치물을 사용한 경우, 채무자는 '유치권의 소멸청구'를 할 수 있다. ③ 그러나 '유치물의 보존에 필요한 사용'은 채무자의 승낙 없이도 할 수 있다(제324조 제2항 단서). ④ 한편 유치물의 보존을 위하여 사용한 경우, 그에 따른 이익까지 정당화하는 것은 아니므로 그로 인해 얻은 이득은 '부당이득으로 반환'하여야 한다(판례).

Ⅱ 유치권자의 의무

1. 의무의 내용

① (선관의무) 유치권자는 '선량한 관리자의 주의'로 유치물을 점유하여야 한다(제324조 제1항). 이에 위반하여 손해를 입힌 경우 '채무불이행으로 인한 손해배상책임'을 부담한다(제390조). ② (유치물의 사용 등) 유치권자는 채무자의 승낙 없이 '유치물의 사용·대여·담보제공'을 하지 못한다(제324조 제2항).

2. 위반의 효과

① 채무자는 '유치권의 소멸을 청구'할 수 있다(제324조 제3항). 이는 '형성권'이므로 소멸청구 시 유치권은 소멸한다. ② 다만 주의할 점은 유치권자가 소유자의 승낙 없이 목적물을 임대 또는 담보로 제공한 경우에도 '점유는 계속'되고 있으므로(간접점유), 그러한 사실이 있는 것만으로 곧 유치권이 소멸하는 것은 아니고, 채무자가 '소멸청구를 한 때'(제324조 제3항) 비로소 소멸된다는 점이다.

제3절 질권

제1관 의의

질권이란 'ⅰ) 채권자가 그 채권의 담보로 채무자 또는 제3자(물상보증인)가 제공한 동산 또는 재산권을 점유하고, ⅱ) 그 동산 또는 재산권에 대하여 다른 채권자보다 자기채권을 우선적으로 변제를 받을 수 있는 권리'를 말한다(제329조, 제345조).

제2관 동산질권

I 의의

> **제329조【동산질권의 내용】** 동산질권자는 채권의 담보로 채무자 또는 제삼자가 제공한 동산을 점유하고 그 동산에 대하여 다른 채권자보다 자기채권의 우선변제를 받을 권리가 있다.

> (동산 질권의 예) 예컨대, 甲이 乙로부터 100만 원을 차용하면서 시계를 담보로 제공하고, 이행기에 100만 원을 변제하면 시계를 돌려받는 것을 질권을 설정이라고 한다. 甲을 질권설정자, 乙을 질권자라고 한다.

II 동산질권의 성립요건

1. 질권설정계약

2. 목적동산의 인도

질권은 '양도할 수 없는 물건'을 목적으로 하지 못한다(제331조). 질권의 설정은 질권자에게 목적물을 인도함으로써 그 효력이 생긴다(제330조). 질권자는 설정자로 하여금 질물의 점유를 하게 하지 못한다(제332조).

III 동산질권의 효력

1. 효력의 범위

> **제334조【피담보채권의 범위】** 질권은 원본, 이자, 위약금, 질권실행의 비용, 질물보존의 비용 및 채무불이행 또는 질물의 하자로 인한 손해배상의 채권을 담보한다. 그러나 다른 약정이 있는 때에는 그 약정에 의한다.

2. 물상대위

> **제342조【물상대위】** 질권은 질물의 멸실, 훼손 또는 공용징수로 인하여 질권설정자가 받을 금전 기타 물건에 대하여도 이를 행사할 수 있다. 이 경우에는 그 지급 또는 인도전에 압류하여야 한다.

3. 유치적 효력

> **제335조【유치적효력】** 질권자는 전조의 채권의 변제를 받을 때까지 질물을 유치할 수 있다. 그러나 자기보다 우선권이 있는 채권자에게 대항하지 못한다.

4. 우선변제적 효력

가. 의의 – 제329조·제333조

> **제333조 【동산질권의 순위】** 수개의 채권을 담보하기 위하여 동일한 동산에 수개의 질권을 설정한 때에는 그 순위는 설정의 선후에 의한다.
>
> **제340조 【질물 이외의 재산으로부터의 변제】** ① 질권자는 질물에 의하여 변제를 받지 못한 부분의 채권에 한하여 채무자의 다른 재산으로부터 변제를 받을 수 있다.
> ② 전항의 규정은 질물보다 먼저 다른 재산에 관한 배당을 실시하는 경우에는 적용하지 아니한다. 그러나 다른 채권자는 질권자에게 그 배당금액의 공탁을 청구할 수 있다.

나. 행사

> **제338조 【경매, 간이변제충당】** ① 질권자는 채권의 변제를 받기 위하여 질물을 경매할 수 있다.
> ② 정당한 이유있는 때에는 질권자는 감정인의 평가에 의하여 질물로 직접 변제에 충당할 것을 법원에 청구할 수 있다. 이 경우에는 질권자는 미리 채무자 및 질권설정자에게 통지하여야 한다.

5. 유질계약의 금지

> **제339조 【유질계약의 금지】** 질권설정자는 채무변제기전의 계약으로 질권자에게 변제에 갈음하여 질물의 소유권을 취득하게 하거나 법률에 정한 방법에 의하지 아니하고 질물을 처분할 것을 약정하지 못한다.

Ⅳ 동산질권자의 전질권(轉質權)

> **제336조 【전질권】** 질권자는 그 권리의 범위 내에서 자기의 책임으로 질물을 전질할 수 있다. 이 경우에는 전질을 하지 아니하였으면 면할 수 있는 불가항력으로 인한 손해에 대하여도 책임을 부담한다.
>
> **제337조 【전질의 대항요건】** ① 전조의 경우에 질권자가 채무자에게 전질의 사실을 통지하거나 채무자가 이를 승낙함이 아니면 전질로써 채무자, 보증인, 질권설정자 및 그 승계인에게 대항하지 못한다.
> ② 채무자가 전항의 통지를 받거나 승낙을 한 때에는 전질권자의 동의 없이 질권자에게 채무를 변제하여도 이로써 전질권자에게 대항하지 못한다.

제3관 권리질권

I 권리질권의 의의

> **(권리질권의 예)** 예컨대, 甲이 乙에게 1억 원을 빌려주어 1억 원의 채권을 가지고 있었다. 甲이 丙으로부터 1억 원을 차용하려고 할 때 丙이 담보를 요구하는 경우 甲이 乙에 대한 1억 원의 채권을 담보로 제공하는 경

우를 권리질권이라고 한다. 이때 甲은 질권설정자, 丙은 질권자라고 한다. 권리질권이 성립하려면 채권증서가 있으면 증서를 교부하고, 채권증서가 없으면 지명채권양도의 경우 채권양도와 같이 대항요건을 갖추어야 한다. 따라서 甲은 乙에게 질권설정사실을 통지해야 한다.

권리질권이라 '동산을 제외한 채권 기타 재산권을 목적으로 하는 질권'을 말한다(제345조). 오늘날에는 동산질권보다는 권리질권이 보다 더 중요한 기능을 갖는다.

Ⅱ 권리질권의 목적

1. 양도성을 가지는 재산권 — 제355조, 제331조

양도성을 가지는 재산권일 것을 요하기 때문에 채권·주식·무체재산권 등은 권리질권의 목적이 될 수 있지만, 인격권·친족권·상속권·부양청구권 등은 권리질권의 목적이 될 수 없다.

2. 성질상 또는 법률상 제한이 없을 것

점유권·소유권·지역권 등은 성질상 권리질권의 목적이 될 수 없다. 광업권·어업권에 대해서는 특별법에 의해 질권의 설정이 금지되고, 저당권의 목적으로 삼는다(광업법 제11조, 수산업법 제16조 제3항).

Ⅲ 권리질권의 설정방법

1. 질권설정의 합의와 공시방법 — 질권설정의 합의와 채권증서 교부

채권질권은 질권설정의 합의와 공시방법을 갖춤으로써 성립한다. 권리질권의 설정은 법률에 다른 규정이 없으면 그 권리의 양도방법에 의한다(제346조). 채권을 질권의 목적으로 하는 경우에 채권증서가 있으면 그 증서를 질권자에게 교부하여야 질권설정의 효력이 생긴다(제347조). 이때 채권증서란 채권의 존재를 증명하는 서면(예컨대, 예금통장, 보험증권, 차용증서 등)을 말한다. 따라서 이러한 증서가 없으면 채권질권은 결국 질권설정의 합의만으로 설정된다.

2. 지명채권의 질권설정방법

지명채권입질의 대항요건(제349조 제1항, 제450조)은 채권양도의 대항요건과 같다. 즉, 제3채무자에게 대항하기 위해서는 질권설정자가 제3채무자에게 질권설정을 통지하거나 제3채무자가 이를 승낙하여야 하며, 제3채무자 이외의 제3자에게 대항하기 위해서는 질권설정의 통지 또는 승낙이 확정일자 있는 증서에 의하여야 한다.

Ⅳ 채권질권의 효력

1. 효력이 미치는 범위

가. 피담보채권-제355조, 제334조

나. 목적물-제355조, 제343조, 제323조

2. 질권설정자의 권리처분 제한

질권설정자는 질권자의 동의 없이 질권의 목적이 된 권리를 소멸하게 하거나 질권자의 이익을 해하는 변경을 할 수 없다(제352조). 예컨대, 설정자는 채권을 추심하거나 변제의 수령·면제·상계·경개를 할 수 없다. 이에 위반된 행위는 질권자에 대한 관계에서 무효(상대적 무효)이다.

3. 유치적 효력

피담보채권 전부의 변제를 받을 때까지 채권증서를 유치할 수 있다(제355조, 제354조).

4. 우선변제적 효력

가. 채권의 직접 청구

1) 직접청구권

① 질권자는 질권의 목적이 된 채권을 직접 청구할 수 있다. ② 채권의 변제기가 질권자의 채권의 변제기보다 먼저 도래한 때에는 질권자는 제3채무자에 대하여 그 변제금액의 공탁을 청구할 수 있다. 이 경우에 질권은 그 공탁금에 존재한다(제353조). ③ 질권자의 직접청구권 행사에 대하여 제3채무자가 질권설정자에 대한 대항사유로 질권자에게 대항할 수 있는지 문제되는데, 제451조의 규정에 의해 판단하면 된다.

제4절 저당권

제1관 저당권의 의의

(저당권의 예) 예컨대, 乙이 甲으로부터 1억 원을 차용하면서 그 담보로 乙 소유의 토지에 대해서 甲에게 저당권을 설정해 준 경우, 소유자 乙이 저당권설정자이며, 乙이 토지를 점유·사용하며, 甲은 저당권자이며, 위 토지의 교환가치(토지를 경매하여 예상되는 경락대금 정도)를 파악하여 대여해 주는 경우이다.

> **제356조 【저당권의 내용】** 저당권자는 채무자 또는 제3자가 점유를 이전하지 아니하고 채무의 담보로 제공한 부동산에 대하여 다른 채권자보다 자기채권의 우선변제를 받을 권리가 있다.

저당권이란 '채무의 담보로 채무자 또는 제3자(물상보증인)가 점유를 이전하지 아니하고 제공한 부동산에 대하여 우선변제를 받을 권리를 가지는 담보물권'을 말한다(제356조). 저당권은 '목적물에 대한 점유·사용'은 그 '저당권설정자인 소유자'에게 그대로 맡겨 놓은 채, 그 '목적물에 대한 교환가치만'을 파악하는 담보제도이다.

제2관 저당권의 성립

I 저당권의 성립요건

1. 소비대차계약이 있을 것 –피담보채권 발생, –부종성(소비대차계약이 무효·취소되면 저당권도 소멸한다)

2. 저당권설정계약이 있을 것 –유인성(저당권설정계약이 무효·취소되면 저당권도 소멸한다)

3. 저당권설정등기가 있을 것

II 저당권의 부종성

1. 저당권의 부종성의 의의

> **(저당권의 부종성의 예)** 예컨대, 甲이 乙에게 1억 원을 대여해주고, 乙 소유의 부동산에 저당권을 설정해 준 경우, 甲의 1억 원의 피담보채권이 성립해야 甲의 저당권이 성립하고, 소비대차계약의 무효·취소되어 피담보채권이 소멸하면 甲의 저당권도 소멸한다.

저당권은 '피담보채권의 존재'를 전제로 하여서만 성립할 수 있다. 즉 채권이 '성립'하지 않으면 저당권이 성립할 수 없고, 채권이 '소멸'하면 저당권도 소멸한다.

2. 저당권의 '성립'상의 부종성의 완화

가. 문제점

저당권의 성립상의 부종성을 인정하면 원칙적으로 '채권자와 저당권자가 동일인'이어야 하며, '채무자가 저당권설정자'이어야 할 것이다. 이때 실제 채권자 아닌 제3자를 저당권자로 등기하거나, 실제 채무자 아닌 제3자를 채무자로 등기한 경우 그 저당권의 효력을 인정할 수 있는지 문제된다.

나. 제3자를 저당권자로 등기한 경우

> **(저당권자와 채권자가 다른 경우)** 예컨대, 甲이 乙에게 1억 원을 대여해주고, 乙 소유의 부동산에 저당권을 설정해 준 경우, 甲이 채권자이지만 저당권자를 A로 등기한 경우 저당권은 부종성에 반하여 무효이지만, 甲·乙·A 3자간 합의가 있고, 甲이 A에게 채권양도를 하여 A에게 채권이 실질적으로 귀속된 경우에는 위 저당권은 유효하다.

판례는 『근저당권은 채권담보를 위한 것이므로 ⅰ) (원칙 무효) 원칙적으로 채권자와 근저당권자는 동일인이 되어야 하고, ⅱ) (예외 유효) 다만 제3자를 근저당권 명의인으로 하는 근저당권을 설정하는 경우 그 점에 대하여 ㄱ) '채권자와 채무자 및 제3자 사이에 합의'가 있고, ㄴ) 채권양도, 제3자를 위한 계약, 불가분적 채권관계의 형성 등 방법으로 '채권이 그 제3자에게 실질적으로 귀속'되었다고 볼 수 있는 특별한 사정이 있는 경우에는 제3자 명의의 근저당권설정등기도 유효하다』

다. 제3자를 채무자로 등기한 경우

1) 원칙 – 무효

근저당권 설정계약상의 채무자 아닌 제3자를 채무자로 하여 된 근저당권 설정등기는 채무자를 달리 한 것이므로 근저당권의 부종성에 비추어 원인 없는 무효의 등기이다.

> **(저당권설정자와 채무자가 다른 경우)** 예컨대, 甲이 乙에게 1억 원을 대여하면서 B 소유의 부동산에 甲을 채권자, B를 채무자로 하여 저당권등기를 한 경우, 甲은 B에게 피담보채권이 없으므로 위 저당권은 부종성에 반하여 무효이다.

> **(물상보증인의 예)** 주의할 것은 B 소유의 부동산에 甲을 채권자 乙을 채무자로 하여 저당권등기를 한 경우는 B가 물상보증인으로서 채무는 없지만 담보를 제공한 것으로 이때 저당권은 유효하다는 점을 주의해야 한다.

2) 예외 – 유효

> **(명의신탁의 예외)** 예컨대, 甲이 자기소유 부동산을 乙에게 명의신탁한 후 丙에 대한 차용금 채무를 담보하기 위하여, 乙 소유의 부동산에 저당권자 丙, 채무자를 乙로 하여 근저당권등기를 한 경우 위 저당권은 실질적으로 명의신탁자 甲의 丙에 대한 채무를 담보하는 것으로 보아 유효하다고 본다.

> **(매도인의 예외)** 또한, 부동산을 매수한 자(B)가 소유권이전등기를 마치지 아니한 상태에서, C로부터 금전을 차용하면서 매도인(A)인 소유자의 승낙 아래 매수 부동산을 C에게 담보로 제공하고, 저당권자 C, 채무자 A로 하여 근저당권등기를 한 경우 위 근저당권설정등기는 실제 채무자(B)인 매수인의 근저당권자(C)에 대한 채무를 담보하는 것으로서 유효하다고 본다.

판례는 예외적으로 ① (명의신탁) 명의신탁자의 채무를 담보하기 위하여 명의수탁 부동산에 관하여 저당권설정등기를 하면서 편의상 채무자를 명의수탁자로 기재한 경우 저당권은 유효하다. ② 매도인의 경우 예외적으로 부종성을 완화하여 유효하다고 본다.

제3관 저당권의 효력

I 저당권의 효력이 미치는 범위

1. 피담보채권의 범위 - 제360조

> **제360조【피담보채권의 범위】** 저당권은 원본, 이자, 위약금, 채무불이행으로 인한 손해배상 및 저당권의 실행비용을 담보한다. 그러나 지연배상에 대하여는 원본의 이행기일을 경과한 후의 1년분에 한하여 저당권을 행사할 수 있다.

> **(피담보채권의 범위)** 예컨대, 乙이 2014.1.1. 甲으로부터 1억 원을, 이자 월 1%, 변제기 2014.12.31.로 정하여 차용하면서 그 담보로 乙 소유의 토지에 대해서 甲에게 저당권을 설정해 준 경우, 2016.12.31. 현재 저당권은 원본 1억 원, 이자 1,200만 원(=월 100×12), 지연이자는 변제기 2014.12.31.부터 2015.12.31. 까지 1년분 1,200만 원에 한하여 효력이 미친다.

2. 목적물의 범위 - 제358조

가. 저당부동산

저당권의 효력이 미치는 목적물의 범위는 '목적물의 소유권이 미치는 범위'와 일치하는 것이 원칙이므로 '저당권의 목적이 된 토지 또는 건물'에 그 효력이 미친다. 다만, 민법은 이 것 이외에 효력이 미치는 것으로 정한 특별규정이 있다.

나. 부합물 - 부동산에의 부합 전술

저당권의 효력은 저당부동산에 '부합된 물건'에 미친다(제358조 본문). ① '저당권설정 전'의 부합물에는 당연히 저당권의 효력이 미친다. ② '저당권이 설정된 이후'에 부합된 물건에 대하여도 저당권의 효력이 미친다.

다. 종물

① 저당권의 효력은 저당부동산의 '종물'에도 미친다(제358조 본문). ② 저당권의 효력은 제358조 본문을 유추적용하여 저당부동산의 '종된 권리'에도 미친다(판례). 예컨대, ⅰ) (지상권) 토지에 지상권에 기하여 건물을 소유하는 자가 그 건물 위에 저당권을 설정한 경우에는 저당권은 지상권에도 효력을 미친다. ⅱ) (임차권)의 경우에도 건물저당권의 효력이 미치지만 임차권의 양도에는 임대인의 승낙을 요하므로(제629조), 임대인의 승낙이 없는 한 경락인은 단순히 임차권의 취득으로써 임대인에게 대항할 수 없다.

라. 과실

저당부동산에 대한 '압류가 행해진 후(경매개시결정기입등기를 하면 압류의 효력이 발생한다)'에 저당권설정자가 그 부동산으로부터 '수취한 과실 또는 수취할 수 있는 과실'에 대해서는 저당권의 효력이 미친다. 다만 저당권자가 그 부동산에 대한 소유권, 지상권 또는 전세권을 취득한 제3자에 대하여는 압류한 사실을 통지한 후가 아니면 이로써 대항하지 못한다(제359조).

3. 물상대위

가. 의의

> **(물상대위의 예)** 예컨대, 乙이 甲으로부터 1억 원을 차용하면서 그 담보로 乙 소유의 건물에 대해서 甲에게 저당권을 설정해 주었는데, 丙의 과실로 위 건물이 멸실된 경우, 甲의 저당권은 위 건물의 가치변형물인 저당권설정자 乙의 丙에 대한 손해배상청구권에 존속한다. 따라서 甲은 乙의 丙에 대한 손해배상채권에 대해서 압류 및 추심·전부명령을 받아 丙으로부터 직접 채권의 변제를 받을 수 있는 제도가 물상대위이다.

> **제342조【물상대위】** 질권은 질물의 멸실·훼손 또는 공용징수로 인하여 질권설정자가 받을 금전 기타 물건에 대하여도 이를 행사할 수 있다. 이 경우에는 그 지급 또는 인도 전에 압류하여야 한다.

물상대위란 'i) 저당물이 멸실·훼손·공용징수 등으로 ii) 그 저당물에 갈음하는 금전 기타의 물건이 저당권설정자에게 귀속된 경우에 iii) 저당권이 그 저당물의 가치변형물에 존속하는 것'을 말한다(제342조, 제370조).

나. 물상대위의 본질 – 가치권설

판례는 저당권은 저당물의 자체가 아니라 '교환가치의 취득'을 목적으로 하기 때문에 저당물 자체는 멸실·훼손·공용징수되어도 그 가치를 대표하는 것이 존재한다면 그 '가치변형물' 위에도 저당권의 효력이 당연히 미친다고 본다(가치권설; 위 예에서 저당권은 가치변형물인 乙의 丙에 대한 손해배상채권에 존속한다).

다. 물상대위의 적용요건

물상대위가 인정되기 위해서는 ① 저당목적물이 멸실·훼손·공용징수되었을 것, ② 저당권설정자가 금전 기타 물건을 받을 청구권을 취득할 것, ③ 지급 또는 인도전 압류할 것을 요한다.

1) 저당목적물이 멸실·훼손·공용징수되었을 것

> **1** 저당물이 멸실·훼손된 경우처럼 저당물에 '추급할 수 없을 때에만' 인정된다(추급효란 '담보물권이 누구에게 귀속하든 그 소재하는 곳에 추급하여 담보물권을 행사할 수 있는 효력'을 말한다. 저당목적물이 멸실되면 저당권을 행사할 수 없으므로 추급할 수 없다고 한다).

> **2** 저당물에 '추급할 수 있는 때'에는 물상대위가 인정되지 않는다. 따라서 목적물의 '매각대금'이나, '임료', 목적물위에 설정된 '용익물권의 대가' 등에는 물상대위가 인정되지 않는다(즉, 매매나 임대의 경우 목적물이 현존하기 때문에 저당권이 그대로 존속하므로 물상대위가 인정되지 않는다).

2) 저당권설정자가 금전 기타 물건을 받을 청구권을 취득할 것 – 물상대위의 객체

물상대위의 객체는 '현실'의 '금전 기타의 물건'이 아니라, 저당권설정자가 '받을' '금전 기타 대위물의 지급청구권'이다(예컨대, 손해배상청구권, 수용보상금청구권, 보험금청구권).

3) 지급 또는 인도전 압류할 것 - 존속요건

(압류의 의미와 주체)

① (특정성 보전) 민법은 「그 지급 또는 인도전에 압류하여야 한다」고 규정하고 있는바(제342조 단서), 이때 압류를 요구하는 취지는 설정자가 인도를 받으면 설정자의 다른 재산에 혼입되어 특정성을 잃게 되므로, 물상대위의 목적인 채권의 특정성을 유지하여 그 효력을 보전함과 동시에 제3자에게 불측의 손해를 입히지 않으려는 데 있다.

② (압류 주체) 따라서 저당목적물의 변형물인 금전 기타 물건에 대하여 ⅰ) 저당권자가 압류하거나, ⅱ) 제3자가 압류하여 그 금전 또는 물건이 특정된 이상 저당권자가 스스로 이를 압류하지 않고서도 물상대위권을 행사하여 일반 채권자보다 우선변제를 받을 수 있다(특정성보전설).

(물상대위권자가 압류하기 전에 저당목적물의 소유자가 금전 등을 수령한 경우)

① (물상대위 부정) 저당권자가 물상대위권의 행사로 금전 또는 물건의 인도청구권을 '압류하기 전'에 저당목적물 소유자가 그 인도청구권에 기하여 금전 등을 수령한 경우, 저당권자는 더 이상 '물상대위권'을 행사할 수 없게 되나,

② (부당이득반환청구 긍정) 저당목적물 소유자는 저당권자에게 피담보채권액 상당의 '부당이득을 반환할 의무'를 부담한다(위 예에서, 저당권인 甲이 乙의 丙에 대한 손해배상채권을 압류하지 않아서 丙이 乙에게 손해배상을 해준 경우 저당권자 甲은 '저당권을 상실하는 손해'를 입게 되는 반면에, 저당목적물의 소유자 乙은 저당권의 부담이 없었던 것과 같은 상태에서의 대가를 취득하게 되는 것이므로, '이득'을 얻게 된다. 위와 같은 이익을 소유권자 乙에게 종국적으로 귀속시키는 것은 저당권자에 대한 관계에서 공평의 관념에 위배되어 법률상 원인이 없다고 봄이 상당하기 때문이다).

(물상대위권자가 압류하기 전에 다른 채권자가 압류 및 추심을 한 경우)

① (물상대위권자 우선설) 판례는 『물상대위권자의 '압류 전'에 양도 또는 전부명령 등에 의하여 보상금 채권이 타인에게 이전된 경우라도, 보상금이 직접 지급되거나 보상금지급청구권에 관한 강제집행절차에 있어서 '배당요구의 종기에 이르기 전'에는, 여전히 그 청구권에 대한 추급이 가능하다』고 본다(위 예에서, 乙의 다른 후순위채권자 丁이 乙의 丙에 대한 손해배상채권을 압류한 경우에도 甲이 선순위저당권이므로 丁이 압류추심절차에서 甲이 우선변제 받을 수 있다).

② 즉 위 경우 ⅰ) (양수인이나 전부채권자에게 직접 지급되기 전)에는 물상대위권자는 여전히 그 청구권에 대하여 '물상대위권'을 실행할 수 있으며, ⅱ) 만일 (양수인이나 전부채권자가 이전받은 채권에 기하여 지급을 받은 경우) 양수인이나 전부채권자는 물상대위권자에 대하여 피담보채권 상당의 '부당이득반환의무'를 지게 될 것이다(위 예에서, 乙의 다른 후순위채권자 丁이 乙의 丙에 대한 손해배상채권을 압류한 경우에 丙이 丁에게 1억 원을 변제한 경우 甲이 선순위저당권이므로 丁에 대해서 부당이득반환청구를 할 수 있다).

라. 물상대위권의 행사방법

판례는 물상대위권의 행사방법으로 ① '채권압류 및 전부명령'을 신청하는 방법(민사집행법 제273조 제2항)과 ② 담보권자 스스로 압류 및 전부명령을 받지 아니하고 다른 채권자의 강제집행절차에서 민사집행법 제247조 제1항에 의하여 '배당요구를 하는 방법'을 인정하고 있다.

Ⅱ 저당권 침해에 대한 구제

1. 저당권 침해

가. 침해의 의의 – 교환가치 감소

> **(저당권 침해의 예)** 예컨대, 저당산림의 부당한 벌채, 부당관리에 의한 저당건물의 붕괴, 종물의 부당한 분리, 무효인 선순위의 등기의 존재 등과 같이 저당물의 교환가치가 감소되는 경우에 저당권의 침해가 된다. 교환가치는 저당권을 실행했을 때 경락대금이 하락하는 것을 말한다.

저당권은 저당부동산의 '교환가치'로부터 다른 채권자에 우선하여 피담보채권의 변제를 받는 것을 내용으로 하는 물권이므로, 저당목적물 자체를 멸실하는 행위와 저당목적물이 훼손되어 '교환가치가 감소'되는 경우에 '저당권의 침해'가 된다.

나. 저당권 침해 여부에 관한 판례의 입장

1) 저당목적물을 사용·수익하는 경우

저당권은 저당부동산의 '교환가치로부터 우선변제를 받는 것'을 내용으로 하는 물권으로, 저당부동산을 '사용·수익할 권리'는 여전히 '저당권 설정자'에게 있으며, ① (원칙 침해 부정) 저당권설정자가 목적물을 통상의 용법에 따라 사용·수익하거나 제3자에게 용익하게 하는 것은 저당권의 침해가 아니다. ② (예외 침해 긍정) 다만, 저당부동산에 대한 점유가 저당부동산의 '본래의 용법에 따른 사용·수익의 범위를 초과'하여 그 교환가치를 감소시키는 등 '저당권의 실현이 곤란하게 될 사정'이 있는 경우에는 저당권의 침해가 인정될 수 있다.

2) 저당토지 위에 건물을 신축하는 경우

판례는 『① (원칙 침해부정) 저당권이 설정된 토지소유자가 저당 목적물인 토지 위에 건물을 '신축하는 것'은 토지 소유권에 기한 '사용·수익권의 행사'에 해당하여(저당권 침해가 아니다), 저당권자가 그 공사의 중단을 요구할 수는 없음이 원칙이다. ② (예외 침해긍정) 그러나 판례는 위 경우 신축공사를 진행하면, 토지에 대한 경락인으로서는 건물의 철거소송을 제기하거나, 토지를 매도할 수밖에 없다고 할 것이므로, 토지의 입찰에 소극적이 되고 이로 인하여 토지의 교환가치는 본래보다 상당히 감소하게 된다. 이는 저당권이 지배하는 교환가치를 위태롭게 하는 것으로 저당권 침해에 해당한다고 본다.

2. 구제방법

가. 물권적 청구권

1) 방해 제거·예방의 청구 – 제370조, 제214조, – 긍정

> **(저당권에 기한 방해제거청구의 예)** 예컨대, 저당산림의 부당한 벌채, 부당관리에 의한 저당건물의 붕괴, 종물의 부당한 분리, 무효인 선순위의 등기의 존재 등의 경우 저당권자는 저당권에 기한 방해배제로 저당산림의 부당한 벌채 금지, 부당관리에 의한 저당건물의 붕괴 금지, 종물의 부당한 분리 금지, 무효인 선순위의 등기의 말소등기 등을 청구할 수 있다.

저당권의 침해시 저당권자는 저당권에 기해서 침해의 중지, 제거나 예방을 청구할 수 있다(제370조, 제214조).

2) 반환청구 가부 – 부정

저당권자는 목적물을 '점유'하지 않으므로 '반환청구권'은 인정되지 않는다. 따라서 저당물이 분리반출된 경우 저당권의 효력이 미치지 않기 때문에 반환청구를 할 수 없다.

나. 불법행위로 인한 손해배상청구권

다. 담보물보충청구권

① 저당권설정자의 책임 있는 사유로 인하여 ② 저당물의 가액이 현저히 감소한 때에는 ③ 저당권자는 설정자에 대하여 그 원상회복 또는 상당한 담보제공을 청구할 수 있다(제362조). 원상회복은 물권적 청구권에 의해서도 청구할 수 있기 때문에 본조의 청구는 대담보를 청구할 수 있다는 데 의의가 있다.

라. 즉시변제청구권 – 기한 이익의 상실

채무자가 담보를 손상·감소 또는 멸실하게 한 때에는 기한의 이익을 상실한다(제388조 제1호). 따라서 저당권자는 즉시 변제를 청구할 수 있고, 저당권을 실행할 수 있게 된다.

마. 각 구제수단 간의 관계

① 담보물보충청구권을 행사하는 경우에는 손해배상청구권이나 기한의 이익 상실로 인한 즉시변제청구권은 행사하지 못한다(선택적 관계)(담보물보충청구권은 저당권의 존속을 목적으로 하는 구제수단인 반면 다른 구제수단은 저당권의 소멸 또는 해소를 전제로 하기 때문이다). ② 반면에 불법행위로 인한 손해배상청구권과 즉시변제청구권은 함께 행사할 수 있다.

Ⅲ 우선변제적 효력

1. 우선변제권

저당권자는 저당권에 기해 우선변제를 받을 수 있다. 이는 다시 ① 저당권자 자신이 직접 저당권을 실행(경매)하여 그 대가로부터 우선변제를 받거나, ② 저당부동산에 대한 일반채권자가 강제집행을 하거나, 다른 저당권자가 경매신청을 하는 경우 저당권자로서 그 배당에 참여하여 그가 가지는 우선순위에 따라 변제를 받는 것이다.

2. 저당권의 실행 – 임의경매

가. 요건 및 방법

저당권을 실행하기 위해서는 채권이 존재하고 채무자가 변제기에 채무를 이행하지 않아야 한다. 이 경우 저당권자는 그 채권의 변제를 받기 위하여 저당물의 경매를 청구할 수 있다(제363조 제1항). 따라서 변제기가 도래하고 채무자의 이행이 없으면 경매를 청구할 수 있다. 그 불이행에 채무자의 귀책사유를 요하는 것은 아니지만, 변제기 도래 전에는 경매신청을 할 수 없다.

나. 저당권 실행을 위한 임의경매

1) 담보권실행경매에 의한 담보물권의 실행절차

경매절차는 대체로 목적물을 압류하여 현금화(환가)한 후에 채권자의 채권을 변제하는 3단계의 과정을 거친다. 즉, 경매신청(민집법 제4조, 제80조) → 경매개시결정(민집법 제83조 제1항, 제4항) → 현금화 절차(민집법 제97조 이하) → 배당절차(민집법 제145조)의 순으로 진행된다.

2) 매각의 효과

가) **매수인의 권리취득:** 매수인은 '매각대금을 완납한 때'에 매각의 목적인 권리를 취득한다(동법 제135조). 매각대금이 지급되면 법원의 촉탁에 의해 매수인 앞으로 소유권이전등기가 되지만(동법 제144조), 매수인이 '부동산소유권을 취득하는 시기'는 그 등기가 경료된 때가 아니라 '매각대금을 완납한 때'이다.

나) **경매목적물 위의 다른 권리:** ① 경매의 기초가 된 담보물권의 설정등기시를 기준으로 하여 먼저 등기된 권리는 소멸하지 않고, 후에 등기된 권리는 소멸하는 것이 원칙이다. ② 다만, '저당권'은 그 선후를 불문하고 모두 소멸한다. 즉, 저당권에 관해서는 그 변제기의 도래여부를 묻지 않고 '소멸주의'를 취한다(동법 제91조 제2항·제3항).

Ⅳ 저당권과 용익관계

1. 저당권이 용익관계에 미치는 영향

저당권은 목적물의 교환가치만을 파악하고 그 사용·수익권은 저당권설정자에게 남겨두는 제도이므로 저당권실행 전에는 용익관계에 영향을 주지 않는다. 그러나 저당권이 실행되면 목적부동산의 소유권이 경락인에게 이전되므로 기존의 용익관계는 영향을 받게 된다.

2. 저당권실행이 저당권설정자의 용익관계에 미치는 영향

가. 원칙

저당권설정 전후를 불문하고 저당권이 실행되기 이전에는 소유자가 목적물을 아무 구속 없이 이용할 수 있으나, 일단 저당권이 실행된 후에는 경락인이 목적물의 소유권을 취득하게 되어 소유자로서 목적물의 완전한 인도를 청구할 수 있으므로 저당권설정자의 종래의 이용관계는 끝나게 된다.

나. 법정지상권의 문제−제366조 법정지상권에서 전술

> (제366조 법정지상권의 예) 예컨대, 甲이 X토지와 위 토지 위에 Y건물을 소유하고 있다가 乙로부터 10억 원을 차용하면서 위 토지에 대해서 저당권을 설정해 준 경우, 甲이 채무를 이행하지 않아 乙이 저당권을 실행하여 임의경매절차가 진행하여 丙이 경락받아 토지의 소유권을 취득한 경우 건물소유자인 甲은 제366조의 법정지상권을 취득한다. 즉 저당권 설정당시 토지 위에 건물이 존재하고 법정지상권이 성립하는 경우에는 제366조가 규율한다.

저당물의 경매로 인하여 토지와 그 지상건물이 다른 소유자에게 속하는 경우, 제366조에 의하여 법정지상권이 인정되므로 토지저당권에 있어서 저당권설정자의 용익관계가 지상건물의 소유를 위한 이용인 경우에는 저당권의 실행으로 용익관계가 소멸하지 않는 예외가 인정된다.

다. 저당토지상의 건물에 대한 일괄경매권의 문제

1) 의의

> **(제365조 일괄경매의 예)** 예컨대, 甲이 X토지에 건물이 없는 상태에서 乙로부터 10억 원을 차용하면서 위 토지에 대해서 저당권을 설정해 준 후, 甲이 건물을 신축한 경우, 乙이 저당권을 실행하여 임의경매절차가 진행되어 丙이 경락받으면, 위 건물 소유를 목적하는 법정지상권이 성립하지 않기 때문에 丙은 甲을 상대로 건물철거청구를 할 수 있다. 그러면 사회경제적으로 손해이므로 乙이 경매신청을 할 때에 토지뿐만 아니라 건물까지도 일괄하여 경매신청을 할 수 있는 제도이다. 즉 저당권 설정당시 토지 위에 건물이 존재하지 않아 법정지상권이 성립하지 않는 경우에는 제365조가 규율한다.

> **제365조 【저당지상의 건물에 대한 경매청구권】** 토지를 목적으로 저당권을 설정한 후 그 설정자가 그 토지에 건물을 축조한 때에는 저당권자는 토지와 함께 그 건물에 대하여도 경매를 청구할 수 있다. 그러나 그 건물의 경매대가에 대하여는 우선변제를 받을 권리가 없다.

일괄경매권이란 'ⅰ) 토지를 목적으로 하는 저당권이 설정된 후 설정자가 토지에 건물을 축조한 경우 ⅱ) 저당권자는 토지와 함께 건물에 대하여도 경매를 청구할 수 있는 권리'를 말한다(제365조). 이 제도는 ① 법정지상권이 성립되지 않아 건물을 철거하게 됨으로 인한 사회경제적 불이익 방지 및 ② 저당권자에게도 저당토지상의 건물의 존재로 인하여 생기게 되는 경매의 어려움을 해소하여 저당권의 실행을 쉽게 할 수 있도록 하기 위한 취지이다.

2) 요건

일괄경매권이 성립하기 위해서는 ① 토지에 대해 저당권설정 당시에 그 지상에 건물이 없을 것, ② 저당권설정 후에 설정자가 당해 토지에 건물을 건축하였을 것, ③ 경매신청시에 토지와 지상건물의 소유자가 동일할 것을 요한다(**판례**는 건물을 위한 법정지상권이 성립하지 않는 경우에도 건물을 철거하기보다 건물의 매각대금을 수령하는 쪽이 저당권자 및 건물소유자 모두에게 유리하므로 일괄경매의 요건을 완화하고 있다).

3) 효과

가) 우선변제효력의 범위: ① 일괄경매를 하는 경우에도 저당권의 우선변제적 효력은 '건물'에 대하여는 미치지 않는다(제365조 단서). ② 그러나 '다른 저당권자'나 '일반채권자'가 없는 경우에는 건물의 경매대금에서 변제를 받을 수 있다.

나) 토지와 건물의 동일인에의 경락: 동일인에게 경락시켜 건물을 유지하려는 것이 본 조의 취지이므로, 토지와 건물은 '동일인에게 경락'되어야 한다.

3. 저당권의 실행이 제3자의 용익권에 미치는 영향

가. 저당권과 용익물권의 우열관계

경매절차에 따른 매각으로 '최선순위 저당권도 소멸'하게 되므로(민집법 제91조), 저당권과 용익물권의 우열은 '최선순위 저당권의 성립시'를 기준으로 판단하여야 한다. 따라서 최선순위 저당권보다 먼저 설정된 용익물권은 경락절차에 따른 매각으로 소멸하지 않으나, 나중에 설정된 용익물권은 매각으로 소멸한다.

나. 최선순위 저당권설정 전부터 존재하던 용익권

1) 대항력이 없는 경우
제3자의 용익권이 미등기임차권과 같이 대항력이 없는 경우에는, 저당권설정 당시 이미 존재한 것이라도 저당권 실행으로 소멸하며 경락인은 완전한 소유권을 취득한다.

2) 대항력이 있는 경우
제3자의 용익권이 지역권·지상권·전세권·등기된 임차권 등과 같이 대항력이 있는 경우에는, 저당권이 실행되더라도 소멸되지 않으며 경락인은 용익권의 제한을 수반하는 소유권을 취득하게 된다(즉 매수인이 이들 권리를 인수한 것으로 되는 것이며 이를 '인수주의'라고 하기도 한다(민집법 제91조 제1항, 제4항)).

다. 저당권설정 후에 설정된 용익권
저당권설정 후에 설정된 용익권은 저당권의 실행으로 모두 소멸하게 된다.

4. 저당부동산의 제3취득자의 보호

가. 의의

> **(제3취득자의 예)** 예컨대, 乙이 甲으로부터 1억 원을 차용하면서 그 담보로 乙 소유의 토지에 대해서 甲에게 저당권을 설정등기를 해준 후, 乙이 丙에게 매매로 인한 소유권이전등기를 해준 경우와 같이 저당목적물의 소유권 등을 취득한 자를 제3취득자라고 한다. 이때 저당권이 실행되면 제3취득자 丙은 소유권을 상실한다. 이때 민법 제364조에서는 제3취득자의 보호를 위해서 丙으로 하여금 저당부동산의 피담보채무를 변제하고 직접 소유권을 취득할 수 있도록 하였고, 그 범위도 제360조가 적용되어 지연이자는 변제기 후 1년분만 변제하면 되는 것으로 규정하고 있다.

제3취득자란 '저당권이 설정된 후에 저당목적물의 소유권, 지상권, 전세권을 취득한 자'를 말한다(제364조). 제3취득자는 저당권이 실행된 경우에는 그 권리를 상실하게 된다. 이에 민법은 제3취득자를 보호하기 위하여 몇 개의 특칙을 두고 있다.

나. 저당권실행 전의 지위

1) 권리 행사의 자유
제3취득자는 저당권의 침해가 되지 않는 범위 내에서 자유로이 권리를 행사하고 저당물을 사용·수익할 수 있다.

2) 이해관계 있는 제3자로서의 변제권
저당부동산의 제3취득자는 이해관계 있는 제3자로서 채무자의 의사에 반하여도 변제할 수 있는 권리를 갖는다(제469조 제2항; 제3자 변제는 채무전액을 변제해야 한다. 예컨대, 원본의 지연이자가 변제기 후 5년이 경과하였다면 5년분의 지연이자 모두를 변제해야만 한다).

3) 제3취득자의 변제권

가) **의의 및 요건**: 제364조는 제3취득자에게 '부동산으로 담보된 채권을 변제하고 저당권의 소멸을 청구할 수 있는 권리'를 부여하고 있다. 저당부동산의 제3취득자는 이해관계 있는 제3자이므로 제469조에 의해 채무자의 의사에 반해서도 저당채무를 변제할 수 있는 바, 그럼에도 민법은 특별히 제364조를 규정하여 보호하고 있는 것이다(제469조의 제3자 변제는 채무전액을 변제해야 하나, 제3취득자는 제360조 범위 내에서만 변제하면 된다. 예컨대, 원본의 지연이자가 변제기 후 5년이 경과하였더라도 변제기 후 1년분의 지연이자만 변제하면 된다).

나) **효과**

① 저당권의 부종성에 의해 제3취득자의 변제로 저당권은 당연히 소멸되게 된다. ② 변제한 제3취득자는 채무자에 대하여 '구상권'을 가진다. ③ 제3취득자는 구상권을 갖고 채권자를 '법정대위'하게 된다(제481조). 즉 제3취득자가 변제한 경우에는 저당권은 제3취득자에게 이전하게 된다(제482조 제1항). ④ 이때 제3취득자가 소유자인 경우 저당권은 원칙적으로 '혼동으로 소멸'한다.

제4관 저당권의 처분 및 소멸

1. 저당권의 처분

가. 저당권의 양도

(근)저당권을 양도하기 위해서는 반드시 피담보채권과 함께 양도하여야 한다. 저당권의 부종성의 원리에 따라 피담보채권을 남겨둔 채 저당권만을 양도하는 것은 허용되지 않기 때문이다.

나. 저당권부 채권의 양도 – 채권총론의 '채권양도' 부분에서 전술

다. 저당권부 채권의 입질

권리질권에 관한 규정(제349조)이 적용되고, 그 저당권등기에 질권의 부기등기를 하여야 질권의 효력이 저당권에 미친다(제348조).

2. 저당권의 소멸

저당권은 ① 저당권의 포기, ② 저당부동산의 멸실·공용징수, ③ 피담보채권의 시효소멸(부종성으로 인해 피담보채권이 소멸시효로 인하여 소멸하면 저당권도 소멸하지만, 저당권만 단독으로 소멸시효에 걸리지는 않는다), ④ 저당권의 목적이 된 지상권이나 전세권의 소멸, ⑤ 제3취득자의 변제, ⑥ 경매로 인하여 소멸한다.

제5관 특수한 저당권 I–공동저당

I 의의

> **(공동저당의 예)** 예컨대, 乙은 甲으로부터 1억 원을 차용하고, 甲은 이를 담보하기 위해 乙 소유의 A, B부동산에 공동저당권을 설정 받는 경우를 공동저당권이라고 한다.

공동저당이란 '동일한 채권의 담보로서 수 개의 부동산 위에 설정된 저당권'을 말한다(제368조).

II 공동저당권의 성립

1. 설정계약

2. 등기

다른 부동산과 함께 1개의 채권의 '공동저당'으로 되어 있다는 것을 아울러 기재해야 한다.

III 공동저당권의 효과–채무자 소유 수개의 부동산 또는 물상보증인 소유 수개의 부동산에 관하여 공동저당이 설정된 경우

1. 원칙

공동저당권자는 '담보물권의 불가분성'에 의하여 '일괄경매'를 신청할 수도 있고, 공동저당물 중 '일부만'에 대하여 저당권을 실행할 수도 있으며, 이것은 저당권자의 권리에 속한다.

2. 후순위저당권자와의 관계

가. 일괄경매–동시배당, 부담의 안분

> **(경매대가에 비례)**
> ① 공동저당권자는 원칙적으로 목적물 전부에 대하여 '일괄경매'를 신청할 수 있고, 일괄경매에 따라 '동시배당'되는 경우, 각 부동산의 '경매대가에 비례'하여 피담보채권의 분담을 정한다(제368조 제1항). 그 비례안분액을 초과하는 부분은 후순위저당권자의 변제에 충당된다.
> ② 예컨대, 乙은 甲으로부터 1억 원을 차용하고, 甲은 이를 담보하기 위해 乙 소유의 A, B부동산에 공동저당권을 설정 받았다. 그 후 乙은 丁으로부터 8,000만 원을 차용하고, 이를 담보하기 위해 A부동산에 근저당권을 丁에게 설정해 주었고, 戊로부터 9,000만 원을 차용하면서, B부동산에 근저당권을 설정해 준 경우 일괄경매(A부동산은 8,000만 원, B부동산은 1억 2천만 원에 경매됨)하여 동시배당하면, 공동저당권자 甲은 경매대가에 비례하여 A 부동산에 4천만 원, B 부동산에서 6천만 원을 배당받고, 후순위저당권자 丁은 A부동산에 4천만 원, 戊는 B부동산에서 6천만 원을 배당받는다.

> **(제368조 제1항의 적용범위)**
> 본조는 '채무자 소유 수개의 부동산' 또는 '물상보증인 소유 수개의 부동산'에 관하여 공동저당이 설정된 경우에만 적용되고, '채무자와 물상보증인 소유 각 부동산'에 관하여 공동저당이 설정된 경우에는 적용되지 않는다. 변제자대위와 관련된 물상보증인의 이익이 채무자 소유 부동산의 후순위저당권자의 이익보다 우선하기 때문이다.

나. 개별경매 −이시배당, −순차배당, −후순위저당권자의 대위

> **(전부변제)**
> 전액목적물의 일부만을 경매하여 그 대가를 배당하는 때에는, '공동저당권자'는 그 대가로부터 채권액의 '전부를 변제'받을 수 있다(제368조 제2항 제1문).

> **(후순위저당권자의 대위)**
> ① 이 경우 그 경매된 목적물 위의 후순위저당권자는 만약 동시배당을 하였더라면 공동저당권자가 다른 목적물로부터 변제를 받았었을 것으로 예상되는 금액만큼 공동저당권자를 대위하여 그 저당권을 행사할 수 있다(제368조 제2항 제2문). 이를 '후순위저당권자의 대위'라고 한다.
> ② 예컨대, 위 사안에서 개별경매하여 B부동산 먼저 이시배당하는 경우, 공동저당권자 甲은 B부동산에서 1억 원 전부 배당받고, 나머지 2천만 원은 후순위저당권자 戊가 배당받는다. 그 후 A부동산이 경매되어 B부동산의 후순위저당권자 戊는 동시배당되었다면 공동저당권자 甲이 A부동산에서 배당받을 4천만 원에 대해서 제368조 제2항의 대위를 하여 4천만 원을 배당받고, 나머지 4천만 원은 A부동산의 후순위저당권자 丁이 배당받는다.

> **(제368조 제2항 후문의 적용범위)**
> (적용범위) '제368조 제2항 후문'의 후순위저당권의 대위규정은 ⅰ) (적용예) '채무자 소유 수개의 부동산' 또는 '물상보증인 소유 수개의 부동산'에 관하여 공동저당이 설정된 경우에만 적용되고, ⅱ) (적용부정예) '채무자와 물상보증인 소유의 각 부동산'에 관하여 공동저당이 설정된 경우에는 적용되지 않는다.

Ⅳ 채무자와 물상보증인의 각 부동산 위에 공동저당이 설정된 경우

1. 동시배당 −제368조 제1항 적용 부정

> **(동시배당의 예)** 예컨대, 乙은 甲으로부터 1억 원을 차용하고, 甲은 이를 담보하기 위해 채무자 乙 소유의 A부동산과 물상보증인 丙 소유의 B부동산에 공동저당권을 설정 받았다. 그 후 乙은 丁으로부터 8,000만 원을 차용하고, 이를 담보하기 위해 A부동산에 근저당권을 丁에게 설정해 주었고, 丙은 戊로부터 9,000만 원을 차용하면서, B부동산에 근저당권을 설정해주었는데, 일괄경매(A부동산은 8,000만 원, B부동산은 1억 2천만 원에 경매됨)하여 동시배당하면, 공동저당권자 甲은 채무자 소유의 A부동산에 8천만 원을 배당받고, 부족액은 물상보증인 소유의 B부동산의 경매대가에서 2천만 원을 배당받는다. B부동산의 나머지 경매대가는 후순위저당권자 戊가 9천만 원, 물상보증인 丙이 1천만 원을 배당받는다.

① **판례**는 『ⅰ) 변제자대위와 관련된 물상보증인의 이익이 채무자 소유 부동산의 후순위저당권자의 이익보다 우선하기 때문에 본조는 ⅱ) 채무자 소유 수개의 부동산 또는 물상보증인 소유 수개의 부동산에 관하여 공동저당이 설정된 경우에만 적용되고, ⅲ) 채무자와 물상보증인 소유 각 부동산에 관하여 공동저당이 설정된 경우에는 적용되지 않는다. ⅳ) 이러한 경우 경매법원으로서는 채무자 소유 부동산의 경매대가에서 공동저당권자에게 우선적으로 배당을 하고, 부족분이 있는 경우에 한하여 물상보증인 소유 부동산의 경매대가에서 추가로 배당을 하여야 한다』고 본다.

2. 이시배당

(후순위저당권자대위의 적용범위)
앞에서 본 바와 같이 제368조 제2항 후문은 채무자 소유의 여러 부동산 또는 물상보증인 소유 수 개의 부동산 위에 저당권이 설정된 경우에 한하여 적용되고, 채무자와 물상보증인의 각 부동산 위에 공동저당이 설정된 경우에는 적용되지 않는다.

(채무자부동산의 후순위저당권자의 이익과 물상보증인의 이익의 충돌)
1) **문제점:** 채무자와 물상보증인 소유의 각 부동산 위에 공동저당이 설정된 경우 ① 물상보증인 소유의 부동산이 먼저 경매된 경우 물상보증인의 변제자대위와 채무자부동산의 후순위저당권자의 대위가 충돌하게 되는바, 이들 중 어느 권리가 우선할 것인지 문제된다. ② 채무자 소유의 부동산이 먼저 경매되는 경우에도 채무자부동산의 후순위저당권자가 공동저당권자를 대위할 수 있느냐에 대해서도 같은 문제가 제기된다.
2) **판례의 입장 – 물상보증인 우선설**
   판례는 ① 물상보증인은 변제자대위에 의하여 최종적인 책임을 채무자에게 귀속시킬 수 있는 권리를 기대하고 담보로 제공한 자이므로 그 기대이익을 박탈할 수 없는 반면, ② 후순위저당권자는 본래 제368조 제2항에 의한 보호를 기대하지 않고 설정된 것이므로, 나중에 물상보증인 소유의 부동산이 공동담보로 추가되는 사정이 있다고 하여 대위에 의한 보호를 줄 필요가 없다는 점을 근거로 물상보증인의 변제자대위가 우선한다고 본다.
3) **구체적 검토**
   (1) **채무자 소유의 부동산이 먼저 경매되어 공동저당권자가 그의 채권을 변제받은 경우:** 채무자 소유의 부동산이 먼저 경매되어 공동저당권자가 그의 채권을 변제받은 경우, ① 채무자 소유 부동산의 후순위저당권자는 물상보증인 소유 부동산에 제368조 제2항 제2문에 의한 후순위저당권자대위를 할 수 없고, ② 물상보증인이 모두 변제를 받아간다(예컨대, 乙은 甲으로부터 1억 원을 차용하고, 甲은 이를 담보하기 위해 채무자 乙 소유의 A부동산과 물상보증인 丙 소유의 B부동산에 공동저당권을 설정 받았다. 그 후 乙은 丁으로부터 8,000만 원을 차용하고, 이를 담보하기 위해 A부동산에 근저당권을 丁에게 설정해 주었고, 丙은 戊로부터 9,000만 원을 차용하면서, B부동산에 근저당권을 설정해주었는데, 채무자 소유의 A부동산을 먼저 경매하여 이시배당하는 경우, 공동저당권자 甲은 채무자 소유의 A부동산에 8천만 원을 배당받고, 후에 물상보증인 소유의 B부동산의 경매대가에서 2천만 원을 배당받는다. B부동산의 나머지 경매대가는 후순위저당권자 戊가 9천만 원, 물상보증인 丙이 1천만 원을 배당받는다. 채무자 소유의 A부동산의 후순위저당권자 丁은 배당받지 못한다).
   (2) **물상보증인 소유의 부동산이 먼저 경매되어 공동저당권자가 그의 채권을 변제받은 경우:** 물상보증인 소유 부동산이 먼저 경매된 경우 ① 물상보증인이 채무자 소유 부동산에 변제자 대위를 하고,

② 물상보증인 소유 부동산의 후순위저당권자는 이에 대하여 다시 물상대위를 한다(위 사안에서 물상보증인 소유의 B부동산을 먼저 경매한 경우 그 경매절차(1억 2천 배당)에서 甲은 1억 원 전부를 배당받고, 후순위저당권자 戊가 2천만 원으로 배당받게 된다. 그 후에 채무자 乙소유의 A부동산의 경매절차(8천만 원 배당됨)에서 물상보증인 丙이 변제자대위권을 행사하여 8천만 원을 배당받을 것이나, B부동산의 후순위저당권자 戊가 丙의 변제자대위권에 물상대위하여 변제받지 못한 7천만 원(9천만 원−2천만 원)을 배당받고, 丙은 1천만 원을 배당받게 된다).

제6관 특수한 저당권 Ⅱ−근저당

I 서설

1. 의의

> **(근저당권의 예)** 예컨대, A회사는 2010.5.1. B은행으로부터 2억 원을 이자 월 1%, 변제기 2011.5.1.로 정하여 대출받으면서, B은행과 위 채무를 담보하기 위하여 A회사 소유의 부동산에 관하여 채권최고액을 3억원으로 한 근저당권설정계약을 체결하고 같은 날 B은행에게 근저당권설정등기를 마쳐 주었다. 이 경우 존속기간인 1년 내에 A가 피담보채무를 2억 원을 전부변제하였어도 근저당권은 부종성이 없으므로 근저당권은 소멸하지 않고 계속 존속한다. 그 후 피담보채무가 확정되면 근저당권은 통상의 저당권이 되어 확정된 피담보채무를 변제하면 저당권은 소멸하게 된다.

> **제357조【근저당】** ① 저당권은 그 담보할 채무의 최고액만을 정하고 채무의 확정을 장래에 보류하여 이를 설정할 수 있다. 이 경우에는 그 확정될 때까지의 채무의 소멸 또는 이전은 저당권에 영향을 미치지 아니한다.
> ② 전항의 경우에는 채무의 이자는 최고액 중에 산입한 것으로 본다.

근저당이란 'ⅰ) 계속적 거래관계로부터 발생·소멸하는 ⅱ) 다수의 불특정채권을 ⅲ) 장래의 결산기에서 일정한 한도까지 담보하는 저당권'을 말한다(제357조 제1항)(예컨대 은행과 상인 사이의 당좌계정계약, 계속적 어음대부계약, 계속적 상품공급계약, 상호계산계약이 맺어진 경우).

2. 특성

근저당권은 ① '피담보채권'이 장래 발생하는 '불특정' 채권이며, ② '부종성이 완화'되어 저당권의 성립과 소멸에 관한 부종성이 요구되지 않는다. 따라서 피담보채권액이 일시 감소하거나 소멸하게 되더라도 저당권의 존속 자체에 아무런 영향이 없다(제357조 제1항 제2문). ③ 그러나 '특정한 금전채권'을 담보하기 위한 '근저당권'도 실무상 허용된다.

Ⅱ 근저당권의 성립

1. 근저당권 설정계약

가. **당사자**–근저당권자(채권자)와 근저당권설정자(채무자 또는 물상보증인)

① '저당권자'는 원칙적으로 '피담보채권의 채권자'에 한한다. ② 근저당권은 채권담보를 위한 것이므로 원칙적으로 채권자와 근저당권자는 동일인이 되어야 한다.

나. **채권최고액 및 피담보채권**

설정계약에는 담보할 채권의 최고액과 피담보채권의 범위, 근저당권의 기초가 되는 기본계약을 명백히 해야 한다.

2. 근저당권 등기

가. **등기원인과 최고액**

등기원인으로 근저당권의 설정계약임을 기재해야 한다. 또한 채권의 최고액은 반드시 등기하여야 한다(부동산등기법 제75조 제2항).

나. **존속기간 또는 결산기**

근저당권의 존속기간 또는 기본계약에 의한 거래관계의 결산에 관한 약정은 이를 반드시 등기할 필요는 없으며 등기가 없더라도 근저당권의 등기는 유효하다.

Ⅲ 근저당권의 효력

근저당권은 '최고액의 범위 내'에서 설정계약에서 정해진 '피담보채권의 범위에 포함되는 채권을 담보'한다.

1. 피담보채권의 범위

가. **채권최고액**

위약금, 손해배상은 최고액에 포함된다. '지연이자'도 1년분에 한정되지 않고 채권최고액에 포함되는 이상 모두 담보된다(제357조 제2항은 「채무의 이자는 최고액 중에 산입한 것으로 본다」고 하고 있으므로 제360조 단서는 근저당의 경우 그 적용이 없다는 이유로 지연이자를 1년분에 한정할 필요가 없다).

나. **피담보채권액이 최고액을 넘는 경우 변제금액**

> **(피담보채권액이 최고액을 넘는 경우 변제금액)** 예컨대, A회사는 2010.5.1. B은행으로부터 2억 원을 이자 월 1%, 변제기 2011.5.1.로 정하여 대출받으면서, B은행과 위 채무를 담보하기 위하여 A회사 소유의 부동산에 관하여 채권최고액을 3억 원으로 한 근저당권설정계약을 체결하고 같은 날 B은행에게 근저당권설정등기를 마쳐 주었다. 이 경우 존속기간 경과시 피담보채무가 4억 원으로 확정된 경우 채무자 A는 4억 원 전부변

제해야 근저당권등기의 말소를 청구할 수 있다. 만일 A가 물상보증인 C소유의 부동산에 저당권을 설정한 경우에 물상보증인 C는 채권최고액 3억 원만 변제하면 말소등기청구를 할 수 있다.

피담보채권액이 최고액을 초과하면 그 최고액까지만 우선변제를 받을 수 있고, 그 초과부분은 근저당권에 의하여 담보되지 않는다. 채무액이 최고액을 초과하는 경우에 ① (채무자 겸 근저당권설정자)가 '채무액 전부를 변제'해야 하며, 최고액만을 변제하고 근저당권설정등기의 말소를 청구할 수 없다. ② 그러나 (제3취득자나 물상보증인)의 경우는 '최고액'까지만 변제하고 근저당권의 말소를 청구할 수 있다.

2. 피담보채권의 확정

가. 의의

근저당권을 실행하여 피담보채권의 우선변제를 받기 위해서는 유동, 교체하는 채권이 '확정'되어야 한다. 근저당권의 피담보채권액이 확정된 이후부터 근저당권은 '부종성'을 가지게 되어 '보통의 저당권'과 같은 취급을 받게 된다.

나. 근저당권의 확정사유

『① 근저당권의 설정계약 내지 기본계약에 존속기간이나 결산기가 정해져 있으면 그 '존속기간의 만료나 결산기의 도래'로 피담보채권은 확정된다. ② 결산기, 존속기간의 정함이 없는 경우에는 근저당권설정자가 근저당권자를 상대로 '언제든지' 해지의 의사표시를 함으로써 피담보채무를 확정시킬 수 있다. ③ 결산기, 존속기간의 정함이 있는 경우에 근저당권설정자는 결산기 또는 존속기간이 도래하기 전에도 ⅰ) 피담보채무의 현존 여부와 상관없이, 상당한 기간 동안 거래가 없어 새로운 채무의 발생이 없고 앞으로도 거래를 계속할 수 없는 '객관적 사정'이 있으며, ⅱ) 채무자가 채권자로부터 새로이 금원을 차용하는 등 거래를 '계속할 의사가 없는 경우'에, 근저당권자에게 계약을 해지의 의사표시를 함으로써 피담보채무를 확정시킬 수 있다. ④ 근저당권자가 스스로 경매를 신청한 때에는, 채무자와 더 이상의 거래관계를 유지하지 아니하겠다는 취지의 의사를 표시하였다고 봄이 타당하므로 '경매신청시'에 피담보채권이 확정된다. ⑤ 후순위 근저당권자가 경매를 신청한 경우 선순위 근저당권의 피담보채권은 그 근저당권이 소멸하는 시기, 즉 경락인이 '경락대금을 완납한 때'에 확정된다고 보아야 할 것』이라는 입장이다.

다. 피담보채권 확정의 효과

1) 보통의 저당권

근저당권의 피담보채권이 확정되면 근저당권은 '보통의 저당권'과 같이 '부종성, 수반성'을 취득하고, '확정이후 발생한 채권'은 근저당권에 의하여 담보되지 않게 된다.

2) 피담보채무의 범위

근저당권의 피담보채권이 확정되더라도 '채권최고액을 한도로 담보'한다는 근저당권의 본질은 변하지 않는다. 따라서 '제360조'는 적용되지 않으며, 근저당권은 채권최고액의 범위 내에서 확정된 피담보채권 원본으로부터 생기는 '지연손해금'을 '변제기 이후 1년분만 아니라 그 이후 것도 모두 담보'하게 된다.

Ⅳ 포괄근저당

1. 의의

포괄근저당이란 '당좌대월계약과 같이 채권발생의 기초가 되는 거래관계조차도 특정하지 않고서 당사자 사이에 발생하는 현재 및 장래의 일체의 채권을 일정한 최고액까지 담보하는 것을 내용으로 하는 근저당'을 말한다.

2. 포괄근저당권의 유효성

가. 문제점

포괄근저당권은 피담보채권의 범위가 무한히 확대될 수 있는바, 저당권의 부종성과 관련하여 그 유효성이 문제된다.

나. 유형

1) 제한적 포괄근저당

기초적인 거래관계(당좌대월계약이나 어음할인계약, 지급보증계약, 기타 여신거래계약 등)를 한정적으로 정하면서 그 기초적인 거래관계에서 발생하는 채무와 기타 일체의 채무를 피담보채무로 하는 포괄근저당을 말한다.

2) 무제한적 포괄근저당

기초적인 거래관계의 열거 없이 단순히 당사자 사이에 현재 및 장래에 발생할 일체의 채무를 피담보채무로 하는 포괄근저당을 말한다.

다. 유효성 – 유효

판례는 포괄근저당의 효력을 인정하면서 법률행위 해석을 통해 피담보채무의 범위를 제한함으로써 채무자를 보호하며, 최고액의 제한으로 일반채권자나 후순위 담보권자를 보호하는 것으로 해석된다.

제5절 비전형담보물권

제1관 총설

1. 의의

민법이 규정하고 있는 담보물권이 아니면서 실제 거래계에서는 담보적 기능을 수행하고 있는 새로운 물적 담보방법을 '비전형담보'라 하고, '변칙담보'라고도 한다.

2. 비전형담보의 유형

가. 자금을 소비대차에 의하여 얻는 것

> **(양도담보의 예)** 예컨대, 乙이 甲으로부터 1억 원을 차용하면서 그 담보로 시가 2억 원 상당의 乙소유의 토지를 甲에게 매도하고 소유권이전등기를 해주는 방법을 양도담보라고 한다.

> **(가등기담보의 예)** 예컨대, 乙이 甲으로부터 1억 원을 차용하면서 변제기에 이행하지 못할 때에는 시가 2억 원 상당의 乙소유의 토지를 甲에게 주기로 하고 이를 담보하기 위해서 가등기를 방법이다.

① (계약체결과 동시에 소유권이전) 자금을 소비대차에 의해 얻고 채무를 담보하기 위해서 소비대계약체결과 동시에 채권자에게 목적물의 소유권이전등기를 해주는 형식을 취하는 '양도담보'와 ② (장래 채무불이행시 소유권이전) 소비대차계약시 대물변제예약을 하고, 채권자에게 소유권이전등기청구권을 보전하기 위해 가등기를 해놓고, 장래 채무불이행이 있는 때에 목적물의 소유권이전의 본등기를 하는 형식을 취하는 '가등기담보'가 있다.

나. 유담보형과 청산형

> **(유담보의 예)** 예컨대, 乙이 甲으로부터 1억 원을 차용하면서 그 담보로 시가 2억 원 상당의 乙소유의 토지를 甲에게 매도하고 소유권이전등기를 해주고, 청산금 1억 원(=2억−1억)의 지급없이 변제기에 채무불이행시 소유권을 취득하는 경우를 유담보라고 한다.

> **(청산형의 예)** 예컨대, 乙이 甲으로부터 1억 원을 차용하면서 그 담보로 시가 2억 원 상당의 乙소유의 토지를 甲에게 매도하고 소유권이전등기를 해주고, 변제기에 채무불이행시 청산금 1억 원(=2억−1억)을 지급해야 소유권을 취득하는 경우를 말한다. 이때 채무자 乙은 피담보채무 1억 원을 변제하고 소유권이전등기의 말소청구를 할 수 있는 경우를 말한다.

비전형담보는 유담보형과 청산형으로 구분되는데 ① '유담보형'(강한 의미의 양도담보)은 변제기가 도과함과 동시에 또는 채권자가 유담보 실행의 의사표시를 하면 채권자는 그 변제에 갈음하여, 확정적으로 소유권을 취득하는 경우를 말하고', ② '청산형'(약한 의미의 양도담보)은 채권자가 반드시 청산을 해야 하기 때문에 설정자에게 청산금을 지급할 때까지는 확정적으로 목적물의 소유권을 취득하지 못하고, 설정자는 그 전이라면 언제든지 피담보채권을 변제하고 목적물의 소유권을 되찾아 올 수 있는 경우를 말한다. ③ **판례**는 유담보의 약정이 있어서 제607조 및 제608조를 적용하여 이러한 약정에 대해 '약한 의미의 양도담보로서의 효력만' 인정하여, '청산을 요하지 않는 유담보'는 허용하지 않고 있다.

3. 비전형담보에 대한 규제

대물반환의 예약에 관한 제607조 및 제608조와 가등기담보 등에 관한 법률이 이를 규율한다. 이에 대한 관계에 대해서 **판례**는 ① 예약 당시 가액이 차용원리금을 초과하는 경우 제607조, 제608조를 위반한 대물변제의 예약으로 무효이나, ② '약한 의미의 양도담보계약'을 함께 맺은 것으로 보아, 담보의 목적으로 부동산에 대하여 신탁적으로 소유권을 이전한 부분까지 당연무효로 되는 것은 아니라고 하여, '청산형' 양도담보로 전환·존속하는 것으로 보며, ③ 따라서 양도담보권자가 소유권을 취득하기 위해서는 그 차액을 정산할 의무를 부담한다고 본다. ④ 그리고 이러한 대물변제의 예약에 대해서는 이제 가등기담보나, 양도담보로 규율되고 있다.

<h1 style="text-align:center">제2관 가등기담보</h1>

I 서설

1. 의의

가등기담보란 '채권자와 채무자 사이에서 담보목적물에 관하여 대물변제의 예약이나 매매예약 등을 하고 채무불이행시에 채권자가 그 소유권을 취득할 수 있도록 소유권이전등기청구권보전의 가등기를 하는 방법에 의한 물적 담보수단'을 말한다. 이는 1983년 가등기담보 등에 관한 법률(이하 '가담법'으로 약칭함)을 제정하여 규제하고 있다.

2. 사례풀이구조 적성청본3

> ### 🎯 가등기담보 사례풀이구조
>
> Ⅰ. 가담법의 적용범위
> ① 소비대차
> ② 부동산
> ③ 대물변제 예약
> ④ 예약당시 가액이 차용원리금을 초과
> ⑤ 가등기 또는 소유권이전등기
>
> Ⅱ. 법적 성질－담보물권
>
> Ⅲ. 청산절차－선청산 후인도(동이항 가능)
> ① 실행의 통지
> ② 청산기간 경과
> ③ 청산금 지급
>
> Ⅳ. 청산절차를 거치지 않은 가등기에 기한 본등기의 효력－무효. 다만, 실체관계부합시 유효
>
> Ⅴ. 무효인 본등기에 기한 선의 제3자 보호－가담법 제11조 유추적용

Ⅱ 가담법의 적용범위

1. 가담법의 규정내용

> (가등기담보의 예) 예컨대, 乙이 甲으로부터 1억 원을 차용하면서 변제기에 이행하지 못할 때에는 시가 2억 원 상당의 乙소유의 토지를 甲에게 주기로 하고 이를 담보하기 위해서 가등기를 방법이다. 乙을 가등기담보설 정자, 甲을 가등기담보권자라고 한다.

가담법은 제1조에서 「이 법은 차용물의 반환에 관하여 차주가 차용물을 갈음하여 다른 재산권을 이전할 것을 예약할 때 그 재산의 예약 당시 가액이 차용액과 이에 붙인 이자를 합산한 액수를 초과하는 경우에 이에 따른 담보계약과 그 담보의 목적으로 마친 가등기 또는 소유권이전등기의 효력을 정함을 목적으로 한다」고 규정하고 있다.

2. 가담법의 적용범위

가. 피담보채권－소비대차

판례는 ① 가담법은 피담보채권이 소비대차 또는 준소비대차로부터 발생한 경우에만 적용된다고 보며, ② 피담보채권이 소비대차 이외의 매매대금채권이나, 공사대금채권 등인 경우는 가담법이 적용되지 않으며, ③ 피담보채권인 매매대금채권에 대여금채권이 포함된 경우에도 가담법이 적용되지 않는다고 본다(⇨ 소비대차 이외의 사유, 즉 매매대금채권, 공사대금채권을 담보하는 약정은 양도담보로 규율된다).

나. 목적물－부동산

가담법이 적용되는 목적물은 '등기·등록을 할 수 있는 것'이어야 한다(동법 제1조, 제18조). 따라서 '부동산'에만 적용되고, '동산'이나 '채권'에는 적용되지 않는다(⇨ 동산은 양도담보로 규율되며, 신탁적 양도설에 따른다).

다. 대물변제의 예약－청산형의 경우에도 적용되는지 여부

가담법은 '대물변제 예약'을 한 경우에 적용된다. 그러나 **판례**는 이에 한정하지 않고, 담보목적으로 '매매예약'이 체결된 경우에도 가담법의 적용을 인정하며, 이러한 예약이 없는 경우에는 가담법이 적용되지 않는다(⇨ 양도담보로 규율된다).

라. 약정 당시의 목적물의 시가가 변제기까지의 차용원리금을 초과할 것

① 가담법은 '대물변제 예약 당시의 목적물의 시가'(예 10억 원)가 '차용원리금'(예 5억 원)을 초과하는 경우에만 적용된다. ② 따라서 예약당시 목적물의 가액(3억 원)이 변제기까지의 차용원리금(5억 원)보다 낮은 경우에는 그 약정은 제607조, 제608조에 위반되지 않기 때문에 가담법이 적용되지 않으며, 이 경우 그 후 목적물의 시가가 상승하여 차용원리금을 초과하게 된 경우에도 가담법이 적용되지 않는다(⇨ 따라서 가담법상 청산금평가액의 통지 및 청산금지급 등의 절차를 이행할 여지가 없다. 이 경우는 양도담보로 규율된다).

마. 가등기 또는 소유권이전등기가 경료된 경우일 것

당사자 사이에 대물변제예약이 있다고 하더라도, 그 채권 담보의 목적으로 가등기 또는 소유권이전등기가 경료되어야 가담법이 적용되며, 경료되지 않은 경우에는 그 적용이 없게 된다(⇨ 양도담보로 규율된다).

Ⅲ 가담법이 적용되는 경우 법률관계

1. 가등기담보권의 법적 성질

가담법은 가등기담보가 담보물권인지를 명시적으로 밝히고 있지 아니하여 그 법적 성질이 무엇인지 문제된다. **판례**는 가담법이 가등기담보권자에게 담보물권에 특유한 권리인 경매청구권(가담법 제12조), 우선변제권(동법 제13조), 별제권(동법 제17조 제1항) 등을 인정하는 등 저당권자와 유사한 지위를 인정하고 있다는 것을 근거로 가등기담보를 담보물권으로 본다(담보물권설).

2. 가등기담보권의 실행 – 청산절차

가. 권리취득에 의한 실행

1) 실행방법
① 비전형담보의 사적 실행에 따른 청산방식으로는, ⅰ) 채권자가 목적물의 가액에서 채권액을 공제한 나머지를 반환하고 그 목적물을 소유권을 취득하는 '귀속청산'과, ⅱ) 제3자에게 목적물을 처분하여 그 환가대금에서 자기채권의 만족을 취하는 '처분청산'의 두 방식이 있는데, ② 가담법은 이 중 '귀속청산의 방식만'을 인정하면서 그 귀속실행절차에 관해 엄격한 제한을 가하고 있다.

2) 실행절차
① (실행통지) 채권자가 담보계약에 의한 담보권을 실행하여 그 담보목적부동산의 소유권을 취득하기 위하여는, 그 채권의 변제기 후에 '청산금의 평가액'을 '채무자 등'에게 통지하고(가담법 제3조 제1항), ② (청산기간경과) 그 통지가 채무자 등에게 도달한 날로부터 2월(이를 '청산기간'이라 함)이 경과하여야 하며, ③ (청산금지급) 채권자는 청산금을 채무자 등에게 지급하여야 한다(가담법 제4조 제1항). 채권자는 일단 통지하고 나면 그가 통지한 청산금의 수액에 관하여 다툴 수 없다(가담법 제9조).

3) 가등기담보권의 말소와 소유권의 취득 – 가담법 제4조 제2항 후단, 제4조 제3항
① (원칙 말소청구 가능) 가등기담보권자가 청산절차를 거쳤다고 하더라도, 채무자 등은 청산금채권을 변제받을 때까지 그 피담보채무액을 채권자에게 지급하고 그 채권담보의 목적으로 경료된 '소유권이전등기'의 말소를 청구할 수 있다. ② (가등기에 기한 본등기를 청구) ⅰ) 담보가등기가 경료된 경우에는 '청산기간이 경과'하여야 그 가등기에 기한 본등기를 청구할 수 있다. ⅱ) '청산금이 없는 때'에는 청산기간의 경과 후 바로, '청산금이 있는 때'에는 그 청산금을 지급하거나 공탁을 한 때에 본등기를 청구할 수 있다. ⅲ) 그 후 소유권이전의 본등기를 갖춘 때에 소유권을 취득한다. ⅳ) 이때 가등기담보권자의 본등기청구 및 목적물의 인도청구와 청산금지급채무는 '동시이행의 관계'에 선다(가담법 제4조 제3항). ⅴ) 한편, 청산금의 지급과 소유권의 취득에 관한 위 규정에 반하는 특약으로서 채무자 등에게 불리한 것은 그 효력이 없다(가담법 제4조 제4항).

4) 가담법상의 청산절차를 거치지 않고 경료된 가등기에 기한 본등기의 효력
판례는 청산절차를 거치지 않은 가등기에 기한 본등기는 무효이며, 다만 실체적 권리관계에 부합하는 경우에 위 본등기는 유효하다는 입장이다.

나. 경매에 의한 실행 – 가담법 제12조 제1항

가등기담보권자는 선택적으로 청산금 지급에 의한 소유권 취득이나 또는 저당권 실행의 경우와 같이 '경매청구'를 할 수 있다. 이때 경매에 관하여는 가등기담보권을 '저당권'으로 본다.

3. 가담법이 정한 청산절차를 거치지 않고 가등기에 기한 본등기가 마쳐진 경우에도 가담법 제11조 단서를 적용할 수 있는지 여부

이에 대해서 **판례**(긍정)는 『채권자가 가담법에 정해진 청산절차를 밟지 아니하여 담보목적부동산의 소유권을 취득하지 못하였음에도, 그 담보목적부동산을 처분하여(청산절차를 거치지 않고 가등기에 기한 본등기가 마쳐진 경우) '선의의 제3자가 소유권을 취득'하고, 그로 인하여 '가담법 제11조 단서'에 의하여 채무자가 소유권이전등기의 말소를 청구할 수 없게 된다』고 보아 가담법 제11조 단서의 적용을 인정하고 있다.

제3관 양도담보 – 가담법이 적용되지 않는 경우

I 양도담보의 의의

> **(양도담보의 예)** 예컨대, 乙이 甲에게 1억 원의 매매대금채무를 담보하기 위해서 시가 2억 원 상당의 乙소유의 토지를 甲에게 매도하고 소유권이전등기를 해주는 방법이다. 乙을 양도담보설정자, 甲을 양도담보권자라고 한다.

양도담보란 'i) 채무자가 채권의 담보를 목적으로 물건의 소유권(또는 기타의 재산권)을 채권자에게 이전하고, ii) 채무자가 채무를 이행하지 않는 경우에는 채권자는 그 목적물로부터 우선변제를 받지만, iii) 채무자가 채무를 이행하면 채권자는 목적물의 소유권을 채무자에게 반환하는 비전형담보'를 말한다. 이에는 가담법이 적용되는 경우와 가담법이 적용되지 않는 경우가 있는데 전자는 앞에서 검토하였으므로, 여기서는 후자만 검토하기로 한다.

II 양도담보의 유효성

양도담보의 유효성은 **판례**가 일찍부터 인정한 바이고, 현행 민법이 시행된 이후에도 특히 제607조·제608조에도 불구하고 담보목적의 범위 내에서는 유효하다는 입장이다.

III 양도담보의 법적 성격

> **(양도담보의 법적성격)** 예컨대, 乙이 甲으로부터 1억 원을 차용하면서 그 담보로 시가 2억 원 상당의 乙소유의 토지를 甲에게 매도하고 소유권이전등기를 해준 경우 위 토지의 대내적 소유권은 양도담보설정자 乙에

> 게, 대외적 소유권은 양도담보권자 甲에 이전되므로, 甲이 丙에게 소유권을 이전하면 丙의 선악을 불문하고 丙은 소유권을 취득한다.

가담법이 적용되지 않는 양도담보권(동산·부동산)이 설정된 경우에 판례는 신탁적 양도설 입장에서 『① (대외적)으로 '양도담보권자'에게 그 소유권이 이전되지만, (대내적)으로는 '양도담보설정자'가 소유자이며, 양도담보권자는 담보계약에 따른 권리만을 갖는바, 양도담보권자가 그 소유권을 행사함에 있어서는 양도담보권설정자에 대하여 담보목적을 넘어서 행사하지 않을 채무를 부담할 뿐이다. ② (제3자) 채권자로부터 그 담보목적 부동산을 양수한 제3자는 양도담보 사실에 대한 선악을 불문하고 그 소유권을 취득하게 된다』고 한다.

Ⅳ 가담법이 적용되지 않는 양도담보의 법률관계 – 가담법이 적용되지 않는 부동산 양도담보

1. 적용범위

가. 피담보채권

가담법이 적용되지 않는 양도담보는 '소비대차 이외의 사유', 즉 매매대금채권, 공사대금채권, 불법행위채권, 부당이득반환청구권 등을 피담보채권으로 하는 경우에 적용된다.

나. 목적물

가담법이 적용되지 않는 양도담보는 '부동산'과 '동산양도담보'에 모두 적용된다.

다. 대물변제의 예약

가담법이 적용되지 않는 양도담보는 ① '대물변제 예약'을 하지 않은 경우와 ② 유담보의 특약이 없는 청산형 비전형담보에 주로 적용된다.

라. 약정 당시의 목적물의 시가가 변제기까지의 차용원리금보다 낮을 것

가담법이 적용되지 않는 양도담보는 예약당시 목적물의 가액이 변제기까지의 차용원리금보다 '낮은 경우'에 적용된다.

마. 가등기 또는 소유권이전등기가 경료되지 않은 경우

가담법이 적용되지 않는 양도담보는 당사자 사이에 대물변제예약이 있다고 하더라도, 그 채권 담보의 목적으로 가등기 또는 소유권이전등기가 경료되지 않은 경우에 적용된다.

2. 법률관계

가. 대내적 관계

> (대내적 관계) 예컨대, 乙이 甲으로부터 1억 원을 차용하면서 그 담보로 시가 2억 원 상당의 乙소유의 토지를 甲에게 매도하고 소유권이전등기를 해준 경우 양도담보설정자 乙이 대내적 소유권을 가지며, 사용·수익권이 있다. 을이 채무를 변제한 후 甲에게 목적물인도청구를 하면 이는 소유권에 기한 물권적 청구권이다.

① 담보권자와 설정자 사이의 내부관계에서는 '설정자'가 실질적으로 소유권을 가진다. ② '양도담보권자'는 담보 목적의 범위에서 소유권을 행사할 제한이 따른다. 따라서 피담보채권이 변제된 이후에 설정자가 행사하는 목적물인도청구권은 위 실질적 '소유권에 기한 물권적 청구권'으로 따로 '시효소멸되는 것'은 아니다. ③ 그리고 '설정자'가 사용·수익할 수 있고, '양도담보권자'는 담보권이 있을 뿐 사용·수익권은 없다.

나. 대외적 관계

> (양도담보의 대외적 관계) 예컨대, 乙이 甲으로부터 1억 원을 차용하면서 그 담보로 시가 2억 원 상당의 乙소유의 토지를 甲에게 매도하고 소유권이전등기를 해준 경우 위 토지의 대외적 소유권은 양도담보권자 甲에 이전되므로, 甲이 丙에게 소유권을 이전하면 丙의 선악을 불문하고 丙은 소유권을 취득하나, 乙이 제3자에게 소유권을 이전해주면 이는 무권리자 처분행위로 무효이다.

대외적 효력과 관련해서는 양도담보설정자에 의한 처분의 효력이 문제된다. 신탁적양도설에 의하는 한 양도담보권자가 소유자이고, 양도담보설정자는 목적물에 대한 처분권한을 갖지 못하므로 목적물을 제3자에게 처분할 수 없으며, 설정자가 제3자에게 목적물을 처분하는 경우, 이는 무권리자의 처분행위로서 무효임이 원칙이나, 제3자는 선의취득의 요건을 충족하는 경우에만 권리를 취득할 수 있다.

다. 청산절차 – 실행방법

1) 청산방법

① 판례에 의하면 '대내적 관계'에서는 '양도담보권자'는 '소유자'가 아니고 '담보계약에 따른 권리'만 갖기 때문에 채무자가 이행기에 채무를 이행하지 않으면 양도담보권자는 ⅰ) 설정자를 상대로 '소유권에 기한 목적물인도청구'는 할 수 없고, ⅱ) '담보계약에 따라 취득한 환가권(귀속청산 또는 처분청산)의 실행을 위한 일환으로' 목적물의 인도를 청구할 수 있다. ② 가담법이 적용되지 않는 양도담보의 경우에는 '처분청산' 및 '귀속청산'이 허용되고, '경매청구'는 허용되지 않는다.

2) 청산순서

① 가담법이 적용되지 않는 양도담보의 경우 담보권자는 설정자에 대해서 담보권 실행을 위하여 먼저 가등기에 기한 본등기 및 목적물의 인도를 청구할 수 있다(선인도 후청산). ② 양도담보권자는 위와 같이 인도받은 목적물의 가액을 스스로 평가하거나(귀속청산) 그 처분대가로(처분청산) 자기 채권의 변제에 우선 충당하고, 나머지가 있으면 이를 설정자에게 반환한다. ③ (동이항 불허) 양도담보권자가 설정자에게 목적물의 인도를 청구하는 경우 설정자가 청산금채권으로 동시이행의 항변을 하는 것은 허용되지 않는다. 왜냐하면 가담법이 적용되지 않는 경우에는 양도담보권자가 먼저 목적물을 인도 받은 후 귀속청산 또는 처분청산을 하는 것이 허용되기 때문이다.

라. 양도담보권자가 가등기에 기한 본등기를 한 경우와 제3자 보호 범위

> 가담법이 적용되지 않는 양도담보의 경우에 채권자가 채권담보의 목적으로 부동산에 가등기를 경료하였다가, 그 후 변제기까지 변제를 받지 못하게 되어 위 가등기에 기한 소유권이전의 본등기를 경료한 경우, 판례는

(특약이 있는 경우) 당사자들 사이에 채무자가 변제기에 피담보채무를 변제하지 아니하면 채권·채무관계는 소멸하고 부동산의 소유권이 확정적으로 채권자에게 귀속된다는 명시의 특약이 있는 경우에는 변제기에 채무불이행시 소유권이 채권자에게 확정적으로 귀속하므로 채무자는 피담보채무를 변제하고 말소등기청구를 할 수 없다.

(특약이 없는 경우) 그러나 위와 같은 약정이 없는 한, 그 본등기도 채권담보의 목적으로 경료된 것으로서 정산절차를 예정하고 있는 이른바 '약한 의미의 양도담보'가 된 것으로 보아 채무자는 청산 전에는 피담보채무를 변제하고 말소등기청구를 할 수 있다고 본다(위 판례는 가담법이 시행되기 전의 판례이지만 시행 후에도 위 입장을 유지하고 있다).

(소유권 취득 부정) 따라서 청산절차를 완료하지 아니한 이상 변제기가 도과하였다는 것만으로 그 부동산의 소유권을 취득할 수는 없다 할 것이며, 본등기는 단지 담보목적의 범위 내에서만 유효한 것으로 취급된다.

(말소등기청구) 그러므로 채무자는 ⅰ) 양도담보권자가 정산절차를 완료하여 그 소유권을 취득하기 전까지 그 채무를 변제하고 양도담보로 이루어진 소유권이전등기의 말소를 구할 수 있고, 또한 ⅱ) 미리 그 말소를 구할 이익이 있는 경우에는 그 채무의 변제를 조건으로 말소를 소구할 수 있다.

Ⅴ 동산양도담보

1. 가담법의 적용여부

가담법은 '부동산의 양도담보'에만 적용될 뿐 '동산의 양도담보'에는 적용되지 않는다. 왜냐하면, 가담법이 제1조에서 동법이 적용될 수 있는 목적물을 부동산으로 한정시키고 있기 때문이다.

2. 내용이 변동하는 집합동산의 양도담보 – 유동집합물 양도담보 유성효3이

가. 유동집합물 양도담보의 의의

(유동집합물의 양도담보) 예컨대, A농장에서 돼지를 사육하던 甲은 C은행에게서 대출을 받으면서 그 담보를 위하여 C은행에게 목적물을 'A농장 안의 돼지 전부'로 특정하여 이를 양도담보로 제공하였는데, 그 계약 내용에 의하면 甲은 통상의 영업 범위 내에서 위 돼지를 처분할 수 있는 대신 그가 새로이 구입하여 위 농장 안에 사육하게 된 돼지는 그때그때 별다른 약정이 없더라도 당연히 양도담보의 목적물이 되는 것으로 하는 계약을 말한다.

① 거래계에서는 양도담보설정자가 특정한 장소에 있는 동산 전부를 양도담보로 제공하되, 양도담보설정자는 통상의 영업 범위에서 그 안에 있는 개개의 동산을 처분할 수 있고 한편 양도담보설정자가 통상의 영업 범위에서 그 안으로 반입하는 개개의 동산에 관하여는 그때그때 별도의 약정이 없더라도 당연히 양도담보의 효력이 미치는 것을 내용으로 하는 양도담보가 흔히 행하여지는바, 이를 '내용이 증감·변동하는 유동집합물의 양도담보'라고 하는데, 그 유효성에 대해서 다툼이 있다.

나. 유동집합물 양도담보의 유효성 – 긍정

판례는 『ⅰ) 일반적으로 일단의 증감 변동하는 동산을 하나의 물건으로 보아 이를 채권담보의 목적으로 삼으려는 집합물에 대한 양도담보설정계약체결도 가능하며, ii) 동산의 집단이 어느 정도 '특정'(장소·수량·종류)되어 있고, iii) 적당한 '공시방법'(양도담보는 점유개정이 공시방법임)을 갖춘 경우에는 그 전부를 하나의 재산권으로 보아 이에 유효한 담보권의 설정이 된 것으로 볼 수 있다』고 하여, 집합물을 하나의 물건으로 보아 이에 대한 양도담보의 설정이 '유효'하다는 입장이다.

다. 동산양도담보의 법적 성질 – 신탁적 양도설

판례는 동산양도담보의 법적 성질을 '신탁적 양도'로 보아 대내적으로 양도담보설정자의 소유로서 사용·수익권이 있으며, 대외적으로는 양도담보권자의 소유로서, 제3자에게 소유권에 기한 물권적 청구권과 제3자이의의 소를 제기할 수 있다고 본다.

라. 유동집합물에 대한 양도담보의 효력이 미치는 범위

1) 특약이 있는 경우

유동집합물에 대한 양도담보는 '그때그때 별도의 약정이 없더라도' 당연히 '양도담보의 효력이 미치는 것'을 내용(특약이 있는 경우이다)으로 하기 때문에 양도담보의 효력이 '담보권설정후의 산출물'에도 당연히 미친다.

2) 특약이 없는 경우

판례는『 i) 물건을 양도담보의 목적으로 양도한 경우에는 목적물에 대한 '사용·수익권'은 '양도담보설정자'에게 있는 것이고, ii) 채권자 甲과 채무자 乙 사이에 채무자 乙이 이 사건 양도담보의 목적물인 돼지를 점유하는 동안 이를 무상으로 사용하기로 약정한 사실을 인정할 수 있는바, iii) 양도담보 목적물로서 원물인 돼지가 출산한 새끼돼지는 천연과실에 해당하고 그 천연과실의 수취권은 원물인 돼지의 사용권을 가지는 양도담보설정자인 乙에게 귀속되는 것이므로, iv) 천연과실인 위 새끼돼지에 대하여는 양도담보의 효력이 미치는 것이라고 할 수 없다』고 하여, 천연과실의 법리로 해결하고 있다.

마. 제3자이의의 소

> **(제3자 이의의 소)** 위 예에서, 甲에 대하여 매매대금채권을 가지고 있던 F가 위 A 농장에 있는 돼지 전부에 대하여 가압류집행을 하는 경우 대외적인 소유권자인 양도담보권자인 C은행이 제3자 이의의 소를 제기할 수 있다.

제3자이의의 소는 집행목적물에 대하여 제3자가 '소유권' 또는 '양도나 인도를 저지하는 권리'를 가진 경우에 그가 이를 침해하는 강제집행에 대하여 이의를 하여 집행의 배제를 구하는 소이다. 위 청구를 제기할 수 있으려면 '집행목적물의 소유권자'이어야 한다. 양도담보의 목적물에 양도담보설정자의 채권자가 목적물에 강제집행신청을 하는 경우 '양도담보권자'는 '대외적 소유권자'로서 '제3자 이의의 소'를 제기할 수 있다.

바. 동산 이중 양도담보

> (이중 양도담보) 예컨대, A농장에서 돼지를 사육하던 甲은 C은행에게서 대출을 받으면서 그 담보를 위하여 C은행에게 목적물을 'A농장 안의 돼지 전부'로 특정하여 이를 양도담보로 제공하였는데, 그후 A는 D에게 다시 동일한 내용의 이중 양도담보를 설정해 준 경우 이는 무권리자 처분행위로 무효이며, '점유개정'에 의한 인도로는 '선의취득이 성립하지 않는다.

동산에 대하여 이중으로 양도담보권을 정한 경우 원칙적으로 '제1양도담보권자'가 우선한다. 왜냐하면 설정자의 '제2양도담보설정행위'는 '무권리자의 처분행위'로서 무효이고 다만 예외적으로 선의취득이 성립할 수 있다면 유효가 될 수 있는데 '점유개정'에 의한 인도로는 '선의취득이 성립하지 않기 때문'이다.

사. 물상대위 – 양도담보권에 기한 물상대위권 인정 여부 – 적극

> (물상대위) 예컨대, A농장에서 돼지를 사육하던 甲은 C은행에게서 대출을 받으면서 그 담보를 위하여 C은행에게 목적물을 'A농장 안의 돼지 전부'로 특정하여 이를 양도담보로 제공하였는데, A농장에 불이 나서 돼지들이 모두 소실되었고, 이에 C은행의 양도담보권은 돼지의 가치변형물인 A의 화재보험금청구권에 물상대위를 할 수 있다. 즉 C는 A의 화재보험금청구권에 압류 및 추심을 하여 채권을 회수할 수 있다.

판례는 『ⅰ) '담보물의 교환가치를 취득하는 것'을 목적으로 하는 양도담보권의 성격에 비추어 보면, 양도담보로 제공된 목적물이 멸실, 훼손됨에 따라 양도담보설정자와 제3자 사이에 교환가치에 대한 배상 또는 보상 등의 법률관계가 발생되는 경우에도 그로 인하여 양도담보설정자가 받을 금전 기타 물건에 대하여 담보적 효력이 미친다. ⅱ) 따라서 양도담보권자는 양도담보 목적물이 소실되어 양도담보설정자가 보험회사에 대하여 화재보험금청구권을 취득한 경우에도 담보물 가치의 변형물인 위 '화재보험금청구권'에 대하여 '양도담보권에 기한 물상대위권'을 행사할 수 있다』고 하여 물상대위를 인정한다.

memo

저자약력

박승수 변호사

· 제40회 사법시험 합격
· (현) 법무법인 지석 변호사
· 2000년부터 사법시험 · 변리사 민법, 민사소송법 강의
· 2010년부터 변호사시험 민법, 민사소송법, 민사기록형 강의
· 2015년부터 변호사시험 상법 강의
· 충남대, 경북대, 영남대, 제주대, 중앙대, 서강대, 인하대, 성균관대, 원광대 등 특강
· (전) 베리타스학원 민법, 민사소송법 전임
· (전) 한림법학원 민법, 민사소송법 전임
· (현) 합격의법학원 민법, 민사소송법, 상법, 민사기록형 강의 전임

주요저서

민법입문 제1판~제3판(에듀비 간)
로스쿨 민법정리(에듀비 간)
로스쿨 민사소송법정리(에듀비 간)
로스쿨 상법정리(에듀비 간)
로스쿨 요건사실과 기록형정리(학연 간)
로스쿨 민사법 기록형 단기완성(에듀비 간)
로스쿨 민법 500제 선택형(에듀비 간)
로스쿨 민사소송법 300제 선택형(에듀비 간)
로스쿨 상법 200제 선택형(나눔에듀 간)
로스쿨 민법 기본사례(에듀비 간)
로스쿨 민사소송법 기본사례(에듀비 간)
로스쿨 민법 실전기출사례(에듀비 간)
로스쿨 민사소송법 실전기출사례(에듀비 간)
로스쿨 민법(에듀비 간)

로스쿨 상법 사례연습(나눔에듀 간)
로스쿨 민법 핵심체크(에듀비 간)
로스쿨 민사소송법 핵심체크(에듀비 간)
로스쿨 기출 민사법 기록형(학연 간)
로스쿨 기출 민법 민소법 사례형문제 실전답안(학연 간)
로스쿨 민법 암기장(에듀비 간)
로스쿨 민사소송법 암기장(에듀비 간)
로스쿨 상법 암기장(나눔에듀 간)
2차논술대비 민법 사례연습(에듀비 간)
2차논술대비 민사소송법 사례연습(에듀비 간)
변리사 민사소송법정리(에듀비 간)
변리사 민사소송법 사례연습(에듀비 간)
변리사 민사소송법 ZIP(에듀비 간)

제4판
로스쿨 민법입문

제4판발행	2022년 8월 15일
지은이	박승수
펴낸이	안종만 · 안상준
기획/편집	이승현
표지디자인	Benstory
제 작	고철민 · 조영환
펴낸곳	(주) **박영시**
	서울특별시 금천구 가산디지털2로 53, 210호(가산동, 한라시그마밸리)
	등록 1959. 3. 11. 제300–1959–1호(倫)
전 화	02)733–6771
f a x	02)736–4818
e-mail	pys@pybook.co.kr
homepage	www.pybook.co.kr
ISBN	979–11–303–4274–0 13360

* 파본은 구입하신 곳에서 교환해 드립니다. 본서의 무단복제행위를 금합니다.
* 저자와 협의하여 인지첨부를 생략합니다.

정 가   30,000원